云南统计年鉴

YUNNAN STATISTICAL YEARBOOK

2013

（总第 29 期 No. 29）

云南省统计局 编

Compiled by Statistical Bureau of Yunnan Province

中国统计出版社
China Statistics Press

图书在版编目(CIP)数据

云南统计年鉴. 2013 : 汉英对照 / 云南省统计局编.
- -北京:中国统计出版社, 2013.9
ISBN 978 -7 -5037 -6961 -0
Ⅰ. ①云… Ⅱ. ①云… Ⅲ. ①统计资料 -
云南省 -2013 -年鉴 -汉、英 Ⅳ. ①C832.74 -54

中国版本图书馆 CIP 数据核字(2013)第 215634 号

云南统计年鉴 -2013

作　　者/ 云南省统计局
责任编辑/ 佘竞雄
装帧设计/ 王　舸
出版发行/ 中国统计出版社
地　　址/ 北京市丰台区西三环南路甲 6 号 邮政编码/100073
电　　话/ 邮购(010)63376909 书店(010)68783171
网　　址/ http://csp. stats. gov. cn
印　　刷/ 昆明木行印刷有限公司
经　　销/ 新华书店
开　　本/ 880mm ×1230mm 1/16
字　　数/ 1000 千字
印　　张/ 37.5
版　　别/ 2013 年 9 月第 1 版
版　　次/ 2013 年 9 月第 1 次印刷
定　　价/ 468.00 元　　Price:468.00 RMB

《云南统计年鉴》
2013

Yunnan Statistical Yearbook 2013

编 者 说 明

一、《云南统计年—2013》是一部全面反映云南省国民经济和社会发展情况的统计资料工具书，汇集了全省及各州市、县（市、区）2012 年和主要年份经济和社会发展主要统计数据。

二、本年鉴对上年度年鉴章节内容进行了部分调整，调整后全书共 19 章，即：1. 省情概况；2. 国民经济核算；3. 固定资产投资；4. 城乡市场消费；5. 公共财政；6. 对外经济贸易；7. 农业和农村；8. 工业和能源；9. 建筑业和房地产业；10. 交通运输、通信和服务业；11. 金融和保险业；12. 旅游业；13. 教育、科技和文化；14. 卫生、体育和社会管理；15. 人口与就业；16. 资源与环境；17. 民族自治地方经济概况；18. 城市经济概况；19. 县域经济概况。

三、本年鉴每个章节后多附有主要统计指标解释，对主要统计指标的含义、统计范围和统计方法作了简要说明。本年鉴的资料来源，大部分来自年度统计报表。由于统计口径范围和调查方法的差别，部分指标各州市、县（市、区）数字相加可能不等于全省总计，对于一些统计指标的统计口径范围发生变化的，本年鉴对有关数据作了相应的调整，并在有关统计表中作了注释，在使用中请注意。

四、度量衡单位均采用国家颁布的国际统一标准计量单位。本年鉴对计量单位进一步统一调整。本年鉴各表中的“空格”表示无该项统计指标数据，或表示最小单位数；或资料不详；“#”表示指标的其中项。

五、对各级党委、政府和有关部门给予《云南统计年鉴—2013》编辑工作的大力支持和关心，以及参与此项工作的同志付出的辛勤努力表示衷心感谢！为不断改进和提高本年鉴质量，更好地满足社会各界的需要，希望广大读者提出宝贵的意见。本年鉴如有差错之处，请读者批评指正。

EDITOR' S NOTES

I. *Yunnan Statistical Yearbook 2013* is an annual statistics reference book which fully reflects the national economy and social development in Yunnan province. The present yearbook covers comprehensive data in each city, county and prefecture in 2012 as well as some key data in significant years of the whole province.

II. After revision, this book contains the following Nineteen parts: 1. Provincial survey; 2. National Accounts; 3. Investment in Fixed Assets; 4. Urban and Rural Consumption. 5. Public Finance; 6. Foreign Trade; 7. Agriculture and Country; 8. Industry and Energy; 9. Construction and Real Estate; 10. Transport, Communications and Service Industry; 11. Banking and Insurance; 12. Tourism; 13. Education, Science and Technology and Culture; 14. Public Health, Sports and Social Services; 15. Population and Employment; 16. Resources and Environment. 17. Survey of NationalAutonomous Area. 18. EconomicSurvey of Cities; 19. Survey ofIntra – county Economies.

Ⅲ. Explanatory Notes on Principal Statistical Indicators are provided at the end of each part to describe the content, scope and method of provincial statistical indicators briefly. The major data in this publication are obtained from annual statistical reports. It is advisable to note in the reference that the sum of data of each city, county and prefecture may not correspondingly equal the total of the whole province in some statistical indicators due to different statistical ranges and investigation methods. As for changes of statistical ranges, the relevant data are adjusted and explained accordingly in the present yearbook.

Ⅳ. The units of measurement used in this book are international standard measurement units issued by the state. Units measurements are adjusted furtherly in this yearbook " (Blank)" indicates that the data are not available; or refers to numbers of minimum units or refers to numbers which are not in detail. "#" indicates that the major items of the total.

Ⅴ. Thanks for the great support and attention given by party members and governments at every level, and colleagues who participate in this editing work. In order to perfect the yearbook and meet the requirements of the society better, comments from various readers are highly appreciated. At the same time, readers are welcome to correct our mistakes made in this book.

目　　录

CONTENTS

一、省情概况

Chapter 1　Provincial Survey

二、国民经济核算

Chapter 2　National Accounts

三、固定资产投资

Chapter 3 Investment in Fixed Assets

四、城乡市场消费

Chapter 4 Urban and Rural Consumption

五、公 共 财 政

Chapter 5 Public Finance

六、对外经济贸易

Chapter 6 Foreign Trade

七、农业和农村

Chapter 7　Agriculture and Country

八、工业和能源

Chapter 8 Industry and Energy

九、建筑业和房地产业

Chapter 9 Construction and Real Estate

十、交通运输、通信和服务业

Chapter 10 Transport,Communication And Service Industry

十一、金融和保险业

Chapter 11 Banking and Insurance

十二、旅游业

Chapter 12 Tourism

十三、教育、科技和文化

Chapter 13 Education, Science and Technology and Culture

十四、卫生、体育和社会管理

Chapter 14 Public Health, Sports and Social Mangement

十五、人口与就业

Chapter 15 Population and Employment

十六、资源与环境

Chapter 16 Resources and Environment

十七、民族自治地方经济概况

Chapter 18 Survey of National Autonomous Areas

十八、城市经济概况

Chapter 18 Economic Survey of Cities

十九、县域经济概况

Chapter 19 Survey of Intra - county Economies

一、省情概况
Provincial Survey

1−1 人口和资源(2012年)
Population and Resources (2012)

指 标	Item	2012
全省年末人口总数（万人）	Total Population (year-end) (10 000 persons)	4 659.00
人口密度（人/平方千米）	Population Density (person/sq .km)	118.22
全省土地面积（万平方千米）	Total Land Area (10 000 sq .km)	39.41
民族自治地方土地面积（万平方千米）	Autonomous Area of Nationalities (10 000 sq.km)	27.67
全省年末耕地总资源（万公顷）(2008年)	Total Cultivated Land Resources at Year-end (10 000 hectares)(2008)	607.78
#常用耕地面积（万公顷）	Area of Cultivated Land in Common Use (10 000 hectares)	423.01
牧草地面积（万公顷）(2008年)	Area of Grassland (10 000 hectares)(2008)	78.19
全省森林面积（万公顷）	Forest Area (10 000 hectares)	1 817.73
全省森林覆盖率(%)	ForestCoverageRate(%)	47.50
全省活立木总蓄积量（亿立方米）	Standing Stock Volume (100 million cu.m)	15.54
全省水面面积（万公顷）(2008年)	Water Area (10 000 hectares)(2008)	28.00
全省水能资源理论蕴藏量（亿千瓦）	Hydropower Resources by Theoretic (100 million kw)	1.04
全省水资源总量（亿立方米）	Total of Water Resources (100 million cu.m)	1 689.77
全省铁矿保有资源储量（亿吨）	Ensured Reserves of Iron Ore (100 million tons)	35.67
全省煤矿保有资源储量（亿吨）	Ensured Reserves of Coal Ores (100 million tons)	289.84
全省磷矿石保有资源储量（亿吨）	Ensured Reserves of Phosphate Ores (100 million tons)	42.40

注：森林资源有关数据为2007年云南省第五次森林资源连续清查数据。
Note: Data of forest resource are the reviewing data of the 5th provincial continuous forest resource census in 2007.

1-2 全省行政区划及代码(2012年)
Administrative Divisions and Their Codes in Yunnan (2012)

州、市 Autonomous Prefectures and Municipalities	市、县、区 Cities at County Level, Counties and Districts under the Jurisdiction of Cities	县级市、县、区数 Number of Cities at County Level, Counties and Districts under the Jurisdiction of Cities		
		市辖区 Districts under Municipal Jurisdiction	县级市 Cities at County Level	县 Counties
昆 明 市 Kunming	呈贡区 五华区 盘龙区 官渡区 西山区 东川区 晋宁县 富民县 宜良县 石林县 嵩明县 禄劝县 寻甸县 安宁市 Chenggong, Panlong District, Wuhua District, Guandu District, Xishan District,Dongchuan District,Jinning, Fumin, YiLiang, Shilin, Songming, Luquan, Xundian, Anning City	6	1	7
曲 靖 市 Qujing	麒麟区 马龙县 陆良县 师宗县 罗平县 富源县 会泽县 沾益县 宣威市 Qilin District, Malong, Luliang, Shizong, Luoping, Fuyuan, Huize, Zhanyi, Xuanwei City	1	1	7
玉 溪 市 Yuxi	红塔区 江川县 澄江县 通海县 华宁县 易门县 峨山县 新平县 元江县 Hongta District, Jiangchuan, Chengjiang, Tonghai, Huaning, Yimen, Eshan, Xinping,Yuanjiang	1		8
保 山 市 Baoshan	隆阳区 施甸县 腾冲县 龙陵县 昌宁县 Longyang District, Shidian, Tengchong, Longling, Changning	1		4
昭 通 市 Zhaotong	昭阳区 鲁甸县 巧家县 盐津县 大关县 永善县 绥江县 镇雄县 彝良县 威信县 水富县 Zhaoyang District, Ludian, Qiaojia, Yanjin, Daguan, Yongshan, Suijiang, Zhenxiong, Yiliang, Weixin, Shuifu	1		10
丽 江 市 Lijiang	古城区 玉龙县 永胜县 华坪县 宁蒗县 Gucheng District,Yulong, Yongsheng, Huaping, Ninglang	1		4
普 洱 市 Pu'er	思茅区 宁洱县 墨江县 景东县 景谷县 镇沅县 江城县 孟连县 澜沧县 西盟县 Simao District, N ing'er, Mojiang, Jingdong, Jinggu, Zhenyuan, Jiangcheng, Menglian, Lancang, Ximeng	1		9
临 沧 市 Lincang	临翔区 凤庆县 云 县 永德县 镇康县 双江县 耿马县 沧源县 Linxiang District, Fengqing, Yunxian, Yongde, Zhenkang, Shuangjiang, Gengma, Cangyuan	1		7
楚 雄 州 Chuxiong	楚雄市 双柏县 牟定县 南华县 姚安县 大姚县 永仁县 元谋县 武定县 禄丰县 Chuxiong City, Shuangbo, Mouding, Nanhua, Yao'an, Dayao, Yongren, Yuanmou, Wuding, Lufeng		1	9
红 河 州 Honghe	蒙自市 个旧市 开远市 屏边县 建水县 石屏县 弥勒县 泸西县 元阳县 红河县 金平县 绿春县 河口县 Mengzi City, Gejiu City, Kaiyuan City, Pingbian, Jianshui, Shiping, Mile, Luxi, Yuanyang,Honghe, Jinping, Luchun, Hekou		3	10
文 山 州 Wenshan	文山市 砚山县 西畴县 麻栗坡县 马关县 丘北县 广南县 富宁县 Wenshan City, Yanshan, Xichou, Malipo, Maguan, Qiubei, Guangnan, Funing		1	7
西双版纳州 Xishuangbanna	景洪市 勐海县 勐腊县 Jinghong City, Menghai, Mengla		1	2
大 理 州 Dali	大理市 漾濞县 祥云县 宾川县 弥渡县 南涧县 巍山县 永平县 云龙县 洱源县 剑川县 鹤庆县 Dali City, Yangbi, Xiangyun, Binchuan, Midu, Nanjian, Weishan, Yongping, Yunlong,Eryuan, Jianchuan, Heqing		1	11
德 宏 州 Dehong	芒市 瑞丽市 梁河县 盈江县 陇川县 Mangshi City, Ruili City, Lianghe, Yingjiang, Longchuan		2	3
怒 江 州 Nujiang	泸水县 福贡县 贡山县 兰坪县 Lushui,Fugong,Gongshan,Lanping			4
迪 庆 州 Diqing	香格里拉县 德钦县 维西县 Shangri-La, Deqin, Weixi			3
全 省 Yunnan	**8个省辖市、8个民族自治州；13个市辖区、11个县级市、29个民族自治县、76个县** **8 Provincial Jurisdiction Cities,8 Ethinic Minority Autonomous Prefectures, 13 Municipal Jurisdiction Districts，11 Cities at County Level,29 ethinic minority autonomous counties，76 counties**			

1-2 续表1

单位：个

州 市 Region		县、市、区总计 Total	#县级市 Cities at County Level	#市辖区 Municipal Districts	#民族自治县 Ethnic Minority Autonomous Counties	#边境县 Counties of Border
全 省	**Yunnan**	**129**	**11**	**13**	**29**	**25**
昆 明	Kunming	14	1	6	3	
曲 靖	Qujing	9	1	1		
玉 溪	Yuxi	9		1	3	
保 山	Baoshan	5		1		2
昭 通	Zhaotong	11		1		
丽 江	Lijiang	5		1	2	
普 洱	Pu'er	10		1	9	4
临 沧	Lincang	8		1	3	3
楚 雄	Chuxiong	10	1			
红 河	Honghe	13	3		3	3
文 山	Wenshan	8	1			3
西双版纳	Xishuangbanna	3	1			3
大 理	Dali	12	1		3	
德 宏	Dehong	5	2			4
怒 江	Nujiang	4			2	3
迪 庆	Diqing	3			1	

continued

(unit)

乡、镇、街道办事处合计 Total	街道办事处 Community Offices	镇 Towns	乡 Townships	民族乡 Townships of Ethinic Minority	村、居委会合计 Total	居委会 Community Residents' Committees	村委会 Villagers Committees
1 368	**122**	**591**	**655**	**144**	**14 138**	**1 830**	**12 308**
127	68	43	16	4	1 604	622	982
115	9	62	44	8	1 604	227	1 377
75	24	25	26	10	702	262	440
72	2	30	40	10	912	41	871
143	3	66	74	17	1 312	142	1 170
63	4	20	39	17	459	48	411
103		31	72	12	1 036	41	995
77	2	32	43	13	928	31	897
103		54	49	4	1 098	62	1 036
133	3	55	75	5	1 308	127	1 181
104	3	42	59	16	956	73	883
32	1	18	13	7	243	21	222
112	2	68	42	11	1 143	66	1 077
51	1	23	27	5	376	40	336
29		13	16	2	270	14	256
29		9	20	3	187	13	174

1-2　续表2　continued

单位：个　　(unit)

州市县	Region	行政区划代码 Administrative Division Codes	合计 Total	街道办事处 Community Offices	镇 Town	乡 Township	#民族乡 Townships of Nationalities	合计 Total	居委会 Community Residents' Committees	村委会 Villagers Committees
全　省	**Yunnan**	**530000**	**1368**	**122**	**591**	**655**	**144**	**14138**	**1830**	**12308**
昆 明 市	**Kunming**	**530100**	**127**	**68**	**43**	**16**	**4**	**1604**	**622**	**982**
呈贡区	Chenggong	530114	10	10				65	65	
五华区	Wuhua	530102	10	10				88	88	
盘龙区	Panlong	530103	10	10				97	49	48
官渡区	Guandu	530111	10	10				108	108	
西山区	Xishan	530112	10	10				102	102	
东川区	Dongchuan	530113	8	1	6	1		163	33	130
晋宁县	Jinning	530122	7	1	4	2	2	135	6	129
富民县	Fumin	530124	6	1	5			75	2	73
宜良县	Yiliang	530125	8	2	4	2	2	138	88	50
石林县	Shilin	530126	5	1	3	1		93	4	89
嵩明县	Songming	530127	4	1	3			75	35	40
禄劝县	Luquan	530128	16	1	9	6		194	2	192
寻甸县	Xundian	530129	14	1	9	4		174	7	167
安宁市	Anning	530181	9	9				97	33	64
曲 靖 市	**Qujing**	**530300**	**115**	**9**	**62**	**44**	**8**	**1604**	**227**	**1377**
麒麟区	Qilin	530302	11	5	3	3		119	60	59
马龙县	Malong	530321	8		5	3		67	15	52
陆良县	Luliang	530322	10		8	2		140	27	113
师宗县	Shizong	530323	8		5	3	3	109	5	104
罗平县	Luoping	530324	12		6	6	3	154	30	124
富源县	Fuyuan	530325	11		10	1	1	161	18	143
会泽县	Huize	530326	21		8	13	1	376	19	357
沾益县	Zhanyi	530328	8		3	5		122	28	94
宣威市	Xuanwei	530381	26	4	14	8		356	25	331
玉 溪 市	**Yuxi**	**530400**	**75**	**24**	**25**	**26**	**10**	**702**	**262**	**440**
红塔区	Hongta	530402	11	9		2	2	104	94	10
江川县	Jiangchuan	530421	7	1	4	2	1	72	19	53
澄江县	Chengjiang	530422	6	2	4			40	18	22
通海县	Tonghai	530423	9	2	4	3	3	73	27	46
华宁县	Huaning	530424	5	1	3	1	1	77	23	54
易门县	Yimen	530425	7	2	1	4	3	58	19	39
峨山县	Eshan	530426	8	2	3	3		75	13	62
新平县	Xinping	530427	12	2	4	6		123	26	97
元江县	Yuanjiang	530428	10	3	2	5		80	23	57

1-2 续表3 continued

单位：个 (unit)

州市县	Region	行政区划代码 Administrative Division Codes	合计 Total	街道办事处 Community Offices	镇 Town	乡 Township	民族乡 Townships of Nationalities	合计 Total	居委会 Community Residents' Committees	村委会 Villagers Committees
保山市	**Baoshan**	**530500**	**72**	**2**	**30**	**40**	**10**	**912**	**41**	**871**
隆阳区	Longyang	530502	18	2	6	10	4	309	20	289
施甸县	Shidian	530521	13		5	8	2	137	2	135
腾冲县	Tengchong	530522	18		11	7		221	8	213
龙陵县	Longling	530523	10		3	7	1	121	5	116
昌宁县	Changning	530524	13		5	8	3	124	6	118
昭通市	**Zhaotong**	**530600**	**143**	**3**	**66**	**74**	**17**	**1312**	**142**	**1170**
昭阳区	Zhaoyang	530602	20	3	3	14	4	182	59	123
鲁甸县	Ludian	530621	12		3	9	2	87	7	80
巧家县	Qiaojia	530622	16		6	10		183	4	179
盐津县	Yanjin	530623	10		6	4		94	16	78
大关县	Daguan	530624	9		6	3	1	80	4	76
永善县	Yongshan	530625	15		6	9	2	137	4	133
绥江县	Suijiang	530626	5		4	1		42	11	31
镇雄县	Zhenxiong	530627	28		21	7	2	254	20	234
彝良县	Yiliang	530628	15		3	12	5	137	4	133
威信县	Weixin	530629	10		7	3	1	87	4	83
水富县	Shuifu	530630	3		1	2		29	9	20
丽江市	**Lijiang**	**530700**	**63**	**4**	**20**	**39**	**17**	**459**	**48**	**411**
古城区	Gucheng	530702	9	4	2	3	2	59	23	36
玉龙县	Yulong	530721	16		7	9	3	102	5	97
永胜县	Yongsheng	530722	15		6	9	7	147	8	139
华坪县	Huaping	530723	8		4	4	4	60	5	55
宁蒗县	Ninglang	530724	15		1	14	1	91	7	84
普洱市	**Pu'er**	**530800**	**103**		**31**	**72**	**12**	**1036**	**41**	**995**
思茅区	Simao	530802	7		4	3	2	70	10	60
宁洱县	Ning'er	530821	9		2	7		89	4	85
墨江县	Mojiang	530822	15		2	13	2	168	5	163
景东县	Jingdong	530823	13		4	9		170	4	166
景谷县	Jinggu	530824	10		4	6		136	4	132
镇沅县	Zhenyuan	530825	9		5	4		111	2	109
江城县	Jiangcheng	530826	7		2	5		50	2	48
孟连县	Menglian	530827	6		3	3		42	3	39
澜沧县	Lancang	530828	20		3	17	7	161	4	157
西盟县	Ximeng	530829	7		2	5	1	39	3	36
临沧市	**Lincang**	**530900**	**77**	**2**	**32**	**43**	**13**	**928**	**31**	**897**
临翔区	Linxiang	530902	10	2	1	7	2	102	9	93
凤庆县	Fengqing	530921	13		8	5	3	187	4	183
云 县	Yunxian	530922	12		7	5	3	194	4	190
永德县	Yongde	530923	10		3	7	2	118	2	116
镇康县	Zhenkang	530924	7		3	4	1	74	3	71
双江县	Shuangjiang	530925	6		2	4		75	3	72
耿马县	Gengma	530926	9		4	5	1	85	3	82
沧源县	Cangyuan	530927	10		4	6	1	93	3	90

1-2 续表4 continued

单位：个 (unit)

州市县	Region	行政区划代码 Administrative Division Codes	合计 Total	街道办事处 Community Offices	镇 Town	乡 Township	#民族乡 Townships of Nationalities	合计 Total	居委会 Community Residents' Committees	村委会 Villagers Committees
楚雄州	**Chuxiong**	**532300**	**103**		**54**	**49**	**4**	**1 098**	**62**	**1 036**
楚雄市	Chuxiong	532301	15		11	4		152	20	132
双柏县	Shuangbo	532322	8		5	3		84	2	82
牟定县	Mouding	532323	7		4	3		89	5	84
南华县	Nanhua	532324	10		6	4	1	128	5	123
姚安县	Yao'an	532325	9		5	4		77	4	73
大姚县	Dayao	532326	12		3	9	1	129	3	126
永仁县	Yongren	532327	7		3	4	1	63	3	60
元谋县	Yuanmou	532328	10		3	7		78	5	73
武定县	Wuding	532329	11		3	8	1	133	7	126
禄丰县	Lufeng	532331	14		11	3		165	8	157
红河州	**Honghe**	**532500**	**133**	**3**	**55**	**75**	**5**	**1 308**	**127**	**1 181**
蒙自市	Mengzi	532503	11		7	4	2	101	15	86
个旧市	Gejiu	532501	10	1	7	2		112	33	79
开远市	Kaiyuan	532502	7	2	2	3	1	74	22	52
屏边县	Pingbian	532523	7		1	6		80	4	76
建水县	Jianshui	532524	14		8	6		153	15	138
石屏县	Shiping	532525	9		7	2		115	3	112
弥勒县	Mile	532526	12		10	2		139	10	129
泸西县	Luxi	532527	8		5	3		86	5	81
元阳县	Yuanyang	532528	14		2	12		138	4	134
红河县	Honghe	532529	13		1	12		91	3	88
金平县	Jinping	532530	13		2	11	1	98	4	94
绿春县	Luchun	532531	9		1	8		87	6	81
河口县	Hekou	532532	6		2	4	1	34	3	31
文山州	**Wenshan**	**532600**	**104**	**3**	**42**	**59**	**16**	**956**	**73**	**883**
文山市	Wenshan	532601	17	3	7	7	5	137	24	113
砚山县	Yangshan	532622	11		4	7	4	101	16	85
西畴县	Xichou	532623	9		2	7		72	3	69
麻栗坡县	Malipo	532624	11		4	7	1	102	9	93
马关县	Maguang	532625	13		9	4		124	4	120
丘北县	Qiubei	532626	12		3	9	5	101	6	95
广南县	Guangnan	532627	18		7	11		174	7	167
富宁县	Funing	532628	13		6	7	1	145	4	141
西双版纳州	**Xishuangbanna**	**532800**	**32**	**1**	**18**	**13**	**7**	**243**	**21**	**222**
景洪市	Jinghong	532801	11	1	5	5	2	99	14	85
勐海县	Menghai	532822	11		6	5	3	88	3	85
勐腊县	Mengla	532823	10		7	3	2	56	4	52

1-2　续表5　continued

单位：个　(unit)

州市县	Region	行政区划代码 Administr-ative Division Codes	合计 Total	街道办事处 Community Offices	镇 Town	乡 Township	#民族乡 Townships of Nationalities	合计 Total	居委会 Community Residents' Committees	村委会 Villagers Committees
大理州	**Dali**	**532900**	**112**	**2**	**68**	**42**	**11**	**1 143**	**66**	**1 077**
大理市	Dali	532901	13	2	10	1	1	142	32	110
漾濞县	yangbi	532922	9		3	6		66	1	65
祥云县	Xiangyun	532923	10		8	2	1	136	4	132
宾川县	Binchuan	532924	10		8	2	2	90	9	81
弥渡县	Midu	532925	8		5	3	1	89	4	85
南涧县	Nanjian	532926	8		5	3		80	1	79
巍山县	Weishan	532927	10		4	6		83	4	79
永平县	Yongping	532928	7		3	4	3	73	1	72
云龙县	Yunlong	532929	11		4	7	2	86	1	85
洱源县	Eryuan	532930	9		6	3		90	2	88
剑川县	Jianchuan	532931	8		5	3		93	5	88
鹤庆县	Heqing	532932	9		7	2	1	115	2	113
德宏州	**Dehong**	**533100**	**51**	**1**	**23**	**27**	**5**	**376**	**40**	**336**
芒　市	Mangshi	533103	12	1	5	6	1	94	14	80
瑞丽市	Ruili	533102	6		3	3		40	11	29
梁河县	Lianghe	533122	9		3	6	2	66	4	62
盈江县	Yingjiang	533123	15		8	7	1	103	6	97
陇川县	Longchuan	533124	9		4	5	1	73	5	68
怒江州	**Nujiang**	**533300**	**29**		**13**	**16**	**2**	**270**	**14**	**256**
泸水县	Lushui	533321	9		6	3	1	76	5	71
福贡县	Fugong	533323	7		1	6	1	58	1	57
贡山县	Gongshan	533324	5		2	3		28	2	26
兰坪县	Lanping	533325	8		4	4		108	6	102
迪庆州	**Diqing**	**533400**	**29**		**9**	**20**	**3**	**187**	**13**	**174**
香格里拉县	Shangri-La	533421	11		4	7	1	63	8	55
德钦县	Deqing	533422	8		2	6	2	42	2	40
维西县	Weixi	533423	10		3	7		82	3	79

1−3 主要年份云南国民经济指标数据

指　　标	Item	2005
云南生产总值(当年价)(亿 元)	**Gross Regional Product of Yunnan Province (at current prices) (100 Million yuan)**	**3 461.73**
#非公经济增加值	#Added Value of Individual and Private Economy	1 211.76
年末总人口数 (万 人)	**Total Population at Year-end (10 000 persons)**	**4 450.40**
年末就业人员数 (万 人)	**Total Number of Employed Persons at Year-end (10 000 persons)**	**2 461.32**
#职工人数	Staff and Workers	235.71
工农业总产值 (亿 元)	**Gross Output Value of Industry and Agriculture (100 million yuan)**	**4 318.42**
农业总产值	Gross Output Value of Farming, Forestry, Animal Husbandry and Fishery	1 068.58
工业总产值(当年价)	Gross Output Value of Industry (at current prices)	3 249.84
#轻工业产值	Total Output Value of Light Industry	1 120.47
重工业产值	Total Output Value of Heavy Industry	2 129.37
主要农产品产量(万吨)	**Output of Major Agricultural Products (10 000 tons)**	
粮　食	Grain	1 514.90
油　料	Oil-bearing Crops	36.22
甘　蔗	Sugarcane	1 415.50
烤　烟	Flue-cured Tobacco	77.22
水　果	Fruits	136.63
茶　叶	Tea	11.59
猪、牛、羊肉	Pork,Beef and Mutton	277.32
水产品	Aquatic Product	23.85
主要工业产品产量	**Output of Major Industrial Products**	
原　煤 (万吨)	Raw Coal	6 462.14
粗　钢 (万吨)	Steel	531.41
成品钢材(万吨)	Steel Products	486.93
发电量 (亿千瓦小时)	Electricity (100 million kwh)	624.20
糖 (万吨)	Sugar	153.57
卷　烟 (亿 支)	Cigarettes(100 million pieces)	3 157.35
水　泥 (万吨)	Cement	2 832.62
布 (万 米)	Cloth (10 000 m)	1 385.00
机制纸及纸板 (万吨)	Machine-made Paper and Paperboards	28.88
能源生产与消费(等价热值)	**Production and Consumption of Energy(Equivalent Caloricity)**	
能源生产总量(万吨标准煤)	Total Energy Production (10 000 tons of SCE)	5 353.36
能源消费总量(万吨标准煤)	Total Energy Consumption (10 000 tons of SCE)	6 023.97
万元生产总值能耗(吨标准煤/万元)	Total Energy Consumption per 10 000 yuan of GRP (tons of SEC/10 000 yuan)	1.74

注：工业总产值及轻重工业产值从1995年开始按新规定的计算方法统计，万元生产总值能耗按当年价格计算。

Principal Indicators on National Economy in Significant Years of Yunnan

2006	2007	2008	2009	2010	2011	2012
2 011.19	**4 772.52**	**5 692.12**	**6 169.75**	**7 224.18**	**8 893.12**	**10 309.47**
411.00	1 784.92	2 191.47	2 412.38	2 931.38	3 743.14	4 546.48
4 240.80	**4 514.00**	**4 543.00**	**4 571.00**	**4 601.60**	**4 631.00**	**4 659.00**
2 295.40	**2 573.80**	**2 638.40**	**2 684.80**	**2 765.85**	**2 857.24**	**2 881.90**
273.40	280.72	286.73	293.60	303.68	317.18	344.65
2 270.22	**6 552.09**	**7 380.27**	**7 967.94**	**9 691.23**	**11 901.64**	**14 321.68**
680.86	1 414.79	1 641.46	1 706.19	1 810.53	2 306.49	2 680.22
1 589.36	5 137.30	5 738.81	6 261.75	7 880.70	9 595.15	11 641.46
802.70	1 830.16	1 447.80	1 930.88	2 317.95	2 779.50	3 555.22
786.66	3 307.14	4 291.01	4 330.87	5 562.75	6 815.66	8 086.25
1 457.60	1 460.70	1 518.59	1 576.92	1 650.00	1 755.38	1 827.84
39.01	36.65	40.38	50.16	34.23	60.75	62.84
1 678.73	1 938.67	1 898.75	1 761.31	1 750.92	1 898.78	2 043.78
75.78	76.68	83.97	88.03	95.40	101.82	111.05
162.59	202.37	266.18	342.74	397.91	476.43	581.12
13.82	16.99	17.15	18.29	20.73	23.83	27.17
296.13	238.60	257.18	270.88	474.82	517.44	578.18
29.24	33.39	39.37	43.06	48.17	54.88	68.01
2 216.00	7 755.19	8 657.43	8 921.02	9 763.38	9 957.41	7 610.37
189.41	883.85	901.31	1 049.05	1 293.77	1 323.23	1 526.69
183.71	789.99	836.62	973.30	1 214.99	1 351.85	1 600.04
317.46	904.51	1 039.56	1 173.82	1 364.85	1 555.13	1 533.94
152.25	188.04	211.02	223.91	179.78	173.51	205.93
3 063.85	3 351.30	3 397.75	3 457.90	3 573.78	3 649.91	3 841.16
1 642.80	3 568.53	4 011.98	5 046.45	5 786.16	6 788.88	7 793.66
5 855.00	616.00	374.78	365.00	412.76	449.58	419.00
22.32	37.72	42.79	46.02	44.87	49.12	51.46
2 471.77	6 546.65	7 595.31	7 851.21	8 822.03	9 752.64	10 577.62
3 468.33	7 132.63	7 510.82	8 032.06	8 674.17	9 540.28	10 433.68
1.72	1.49	1.32	1.30	1.20	1.09	1.01

Note:The gross output value of light and heavy industries have been calculated by a new approach since 1995， numbers of total energy consumption per 10000 yuan of GDP are calculated at current prices.

1-3 续表

指　　标	Item	2005
全社会固定资产投资总额	**Total Investment in Fixed Assets**	**1 777.60**
社会消费品零售总额（亿 元）	**Total Retail Sales of Consumer Goods (100 million yuan)**	**1 034.40**
进出口总额(亿美元)	**Total Value of Exports and Imports (USD 100 million)**	**47.38**
出口额	Exports Value	26.42
进口额	Imports Value	20.97
实际利用外商投资总额(亿美元)	Actually Utilized Foreign Investment Value	2.92
财　政（亿 元）	**Government Finance (100 million yuan)**	
财政总收入	Government Revenue	766.40
财政支出	Government Expenditure	766.31
交通运输邮电	**Transport, Posts and Telecommunication Services**	
货运周转量（亿吨公里）	Freight Traffic(100 million ton-km)	656.49
铁　路	Railways	270.37
公　路	Highways	381.96
水　路	Waterways	2.93
民用航空	Civil Aviation	1.23
旅客周转量（亿人公里）	Passenger Traffic(100 million passenger-km)	331.60
铁　路	Railways	41.04
公　路	Highways	233.12
水　路	Waterways	1.05
民用航空	Civil Aviation	56.39
邮电业务总量（亿 元）	Total Post and Telecommunication Services(10 000 yuan)	262.20
旅游总收入(亿元)	**Total Tourism Revenue(100 million yuan)**	**430.14**
#旅游外汇收入(亿美元)	Foreign Exchange Earning from International Tourism(USD 100 million)	5.28
职工工资	**Wages of Staff and Workers**	
职工工资总额（亿 元）	Total Wages of Staff and Wokers (100 million yuan)	377.15
#国有单位职工工资总额（亿 元）	Total Wages of Staff and Wokers of State-owned Entities (100 million yuan)	283.30
职工年均工资（万元）	Annual Average Wages of Staff and Workers (yuan)	1.61
#国有单位职工年均工资（万元）	Annual Average Wages of Staff and Workers of State-owned Units (yuan)	1.69
居民消费价格指数（%）(上年=100)	**Consumer Price Index (%)(preceding year = 100)**	**101.40**
教育文化	**Education and Culture**	
高等学校数（所）	Number of Regular Institutions of Higher Education (unit)	44
高等学校在校学生数（万人）	Student Enrollment of Regular Institutions of Higher Education (10 000 person)	23.21
中等专业学校在校学生数（万人）	Student Enrollment of Specialized Secondary Schools (10 000 person)	15.56
普通中学在校学生数（万 人）	Student Enrollment of Regular Secondary Schools (10 000 persons)	238.88
小学在校学生数（万 人）	Student Enrollment of Primary Schools (10 000 persons)	441.23
艺术表演团体（个）	Number of Art Performance Groups (unit)	135.00
报纸出版数量（亿 份）	Number of Newspapers Issued (100 million pieces)	4.97
各类杂志出版数量（亿 册）	Number of Magazines Issued (100 million pieces)	0.23
图书出版数量（亿 册）	Number of Books Published (100 million copies)	1.29
卫　生	**Health Care**	
卫生机构数（个）	Number of Health Institutions (unit)	10 110
床位数（万 张）	Number of Sickbeds of Health Institutions (10 000 units)	10.70
#医院病床数（万 张）	Number of Sickbeds of Hospital (10 000 units)	7.47
专业卫生技术人员（万 人）	Number of Medical Technical Personnel (10 000 persons)	11.84
#医　生（万 人）	Doctors (10 000 persons)	5.58

注：1.进出口总额包括边境贸易，1998年以前为外贸业务数，1999年以后为海关进出口统计数。
2.财政收入为总收入，包括上划中央的"两税"收入。
3.从1996年开始卫生机构数包括主要卫生机构、诊所、卫生保健所、医务室等。

continued

2006	2007	2008	2009	2010	2011	2012
2 220.45	**2 759.00**	**3 435.90**	**4 526.40**	**5 528.71**	**6 185.30**	**7 831.10**
1 204.75	**1 422.57**	**1 764.74**	**2 051.06**	**2 542.44**	**3 000.14**	**3 541.60**
62.31	**87.80**	**95.99**	**80.19**	**133.68**	**160.53**	**210.05**
33.91	47.36	49.87	45.14	76.06	94.70	100.18
28.40	40.44	46.12	35.05	57.62	65.80	109.87
4.29	5.52	9.36	9.10	13.29	17.38	21.89
887.00	1 111.30	1 360.00	1 490.82	1 809.20	2 258.20	2 624.20
893.58	1 135.22	1 470.24	1 952.34	2 285.72	2 929.60	3 573.41
692.21	770.96	811.15	910.43	990.50	1 070.11	1 164.80
277.21	314.23	336.20	340.95	358.31	369.70	379.75
409.46	450.83	468.63	496.14	548.53	617.27	702.51
4.22	4.59	5.16	5.42	6.91	8.19	8.71
1.32	1.31	1.16	1.16	1.29	1.04	1.12
362.40	393.40	411.89	448.45	523.64	610.78	669.96
47.22	52.63	66.61	63.37	80.73	91.91	91.74
247.71	265.80	272.98	302.22	352.10	424.57	470.20
1.17	1.21	1.54	1.55	1.78	1.96	2.02
66.30	73.76	70.76	81.31	89.03	92.34	106.01
337.58	469.35	606.99	669.99	268.94	316.22	362.59
499.77	**559.21**	**663.28**	**810.73**	**1 006.83**	**1 300.29**	**1 702.54**
6.58	8.60	10.08	11.72	13.24	16.09	19.47
458.62	566.49	683.69	788.38	903.72	1 111.38	1 340.24
339.88	398.49	473.30	546.72	619.53	709.16	794.46
1.87	2.05	2.40	2.70	3.02	3.54	3.89
2.00	2.29	2.68	3.03	3.43	4.04	4.51
101.90	**105.90**	**105.70**	**97.90**	**103.70**	**104.90**	**102.70**
50	51	59	61	61	64	66
26.81	30.21	34.35	38.95	43.69	48.76	51.22
17.35	18.63	20.53	23.37	29.00	30.15	31.56
244.70	251.77	259.48	264.97	270.63	270.90	265.95
452.26	453.31	451.04	444.14	435.21	424.08	406.70
126.00	131.00	127.00	146.00	142.00	161.00	220.00
5.33	5.59	5.89	6.72	6.41	6.52	6.54
2 898.00	0.28	0.33	0.31	0.35	0.33	0.39
1.74	1.60	1.75	1.71	1.51	1.70	1.67
10 020	9 693	9 249	9 251	9 699	9 956	10 070
11.05	11.90	12.78	14.01	15.71	17.34	19.47
7.74	8.32	9.04	9.97	11.25	12.63	14.35
12.14	12.37	12.62	13.38	14.17	14.93	16.48
5.65	5.66	5.73	5.94	6.21	6.34	6.69

Note: a.The total value of imports and exports includes frontier trade value. The data before 1998 refer to those of foreign trade, and those after 1999 refer to the statistical data of imports and exports of the customs.

b.The government revenue is the total government revenue,including two taxes turned over to the central government.

c.The number of health institutions has included main health institutions, clinics, care centers and so forth since 1996.

1-4 主要年份云南国民经济主要指标总量和增长速度

指标	Item	总量指标	
		1978	1990
生产总值(GDP)(亿元)	**Gross Regional Product of Yunnan Province**	**69.05**	**451.67**
年末总人口(万人)	**Total Population at Year-end (10 000 persons)**	**3 091.50**	**3 730.60**
全社会固定资产投资总额(亿元)	**Total Investment in Fixed Assets (100 million yuan)**	**15.04**	**75.74**
社会消费品零售总额(亿元)	**Total Retail Sales of Consumer Goods (100 million yuan)**	**28. 38**	**145.59**
进出口总额(亿美元)	**Total Value of Exports and Imports (USD 10 000)**	**1. 04**	**5.48**
出口额	Export Value	0.69	4.35
进口额	Import Value	0.35	1.14
财　政 (亿 元)	**Government Finance (100 million yuan)**		
财政总收入	Government Revenue	11.76	77.43
财政支出	Government Expenditure	18.3	90.76
主要农产品产量(万吨)	**Output of Major Agriculture Products(10 000 tons)**		
粮　食	Grain	864.05	1 061.21
油　料	Oil-bearing Crops	5.51	13.31
甘　蔗	Sugarcane	160.01	661.88
烤　烟	Flue-cured Tobacco	10.63	43.60
水　果	Fruits	12.26	43.60
茶　叶	Tea	1.78	4.48
猪、牛、羊肉	Pork,Beef and Mutton	29.23	74.74
水产品	Aquatic Products	1.12	4.60
主要工业产品产量 (万吨)	**Output of Major Industrial Products (10 000 tons)**		
原　煤	Raw Coal	1 483.00	2 227.00
粗　钢	Steel	35.12	80.15
成品钢材	Steel Products	25.59	68.97
发电量 (亿千瓦小时)	Electricity (100 million kwh)	52.51	125.78
水　泥	Cement	131.00	471.00
卷　烟 (亿 支)	Cigarettes(100 million pieces)	315.00	2 240.00
布 (万 米)	Cloth (10 000 m)	10 507.00	17 974.00
机制纸及纸板	Machine-made Paper and Paperboards	5.12	15.43
糖	Sugar	14.00	51.00
运输邮电	**Transportation**		
货运周转量 (亿吨公里)	Freight Traffic(100 million ton-km)	62.34	260.67
旅客周转量 (亿人公里)	Passenger Traffic(100 million passenger-km)	24.25	87.67
邮电业务总量 (亿 元)	Total Post and Telecommunication Services(10 000 yuan)	0.30	1.27
居民消费价格(CPI)总指数(%)	**Consumer Price Index(%)**	**100.2**	**102.8**
国有单位职工平均工资(元)	**Average Wages of Staff and Workers of State-owned Entities(yuan)**	**629**	**2 200**
教 育 (万人)	**Education (10 000 persons)**		
高等学校在校学生数	Student Enrollment of Regular Institutions of Higher Education	1.59	4.35
中等专业学校在校学生数	Student Enrollment of Specialized Secondary Schools	2.66	7.38
普通中学在校学生数	Student Enrollment of Regular Secondary Schools	128.54	123.95
小学在校学生数	Student Enrollment of Primary Schools	436.03	446.86
卫　生	**Health Care**		
医院病床数(万 张)	Number of Hospital Sickbeds (10 000)	5.41	7.61
专业卫生技术人员(万人)	Number of Medical Technical Personnel (10 000 persons)	6.55	10.16
#医　生	Number of Doctors	3.11	5.39

注：2002年进出口总额因口径与1995年以前不一致，故不可比。

Growth Rate and Total Amounts of Principal Indicators on National Economy in Significant Years of Yunnan

Aggregate Data			各年比上年增长(±%) Growth Rate over Last Year				年平均增长速度(%) Average Annual Growth Rate(%)		
2000	2011	2012	1990	2000	2011	2012	1979-2012	1991-2012	2001-2012
2 011.19	**8 893.12**	**10 309.47**	**8.7**	**7.5**	**13.7**	**13.0**	**10.1**	**10.3**	**10.8**
4 240.80	**4 631.00**	**4 659.00**	**2.3**	**1.2**	**0.6**	**0.6**	**1.2**	**1.0**	**0.8**
697.94	**6 185.30**	**7 831.10**	**11.7**	**-2.7**	**11.9**	**22.1**	**19.9**	**23.8**	**22.0**
583.17	**3 000.14**	**3 541.60**	**2.4**	**8.2**	**18.0**	**18.0**	**15.3**	**15.6**	**16.2**
18.13	**160.53**	**210.05**	**0.1**	**9.2**	**20.1**	**30.8**	**16.9**	**18.0**	**22.6**
11.75	94.70	100.18	16.2	13.6	24.5	5.8	15.8	15.3	19.6
6.38	65.80	109.87	-34.2	2.0	14.2	67.0	18.4	23.1	26.8
432.95	2 258.71	2 624.20	22.4	1.8	24.8	16.2	17.2	17.4	16.2
414.11	2 929.60	3 573.41	10.8	9.5	28.2	22.0	16.8	18.2	19.7
1 467.80	1 755.38	1 827.84	6.3	4.9	14.7	4.1	2.2	2.5	1.8
26.98	60.75	62.84	21.9	30.8	77.5	3.4	7.4	7.3	7.3
1 420.29	1 898.78	2 043.78	20.1	-7.0	8.4	7.6	7.8	5.3	3.1
64.61	101.82	111.05	-4.5	6.0	6.7	9.1	7.1	4.3	4.6
76.95	476.43	581.12	27.0	4.2	19.7	22.0	12.0	12.5	18.4
7.94	23.83	27.17	4.9	5.7	15.0	14.0	8.3	8.5	10.8
191.51	517.44	578.18	9.4	6.2	9.0	11.7	9.2	9.7	9.6
16.62	54.88	68.01	4.3	7.0	13.9	23.9	12.8	13.0	12.5
2 216.00	9 957.41	7 610.37	2.1	-16.8	2.0	-23.6	4.9	5.7	10.8
189.41	1 323.23	1 526.69	11.0	6.0	2.3	15.4	11.7	14.3	19.0
183.71	1 351.85	1 600.04	11.5	0.9	11.3	18.4	12.9	15.4	19.8
317.46	1 555.13	1 533.94	10.2	6.5	13.9	-1.4	10.4	12.0	14.0
1 642.80	6 788.88	7 793.66	4.1	1.2	17.3	14.8	12.8	13.6	13.9
3 063.85	3 649.91	3 841.16	10.0	1.5	2.1	5.2	7.6	2.5	1.9
5 855.00	449.58	419.00	0.4	-4.0	8.9	-6.8	-9.0	-15.7	-19.7
22.32	49.12	51.46	1.4	-6.6	9.5	4.8	7.0	5.6	7.2
152.25	173.51	205.93	9.9	-6.3	-3.5	18.7	8.2	6.5	2.5
479.52	1 070.11	1 164.80	15.7	8.2	8.0	8.8	9.0	7.0	7.7
237.94	610.49	669.96	-6.7	0.0	16.6	9.7	10.3	9.7	9.0
85.64	316.22	362.59	15.5	39.8	9.4	14.7	23.2	29.3	12.8
97.9	**104.9**	**102.7**	**2.8**	**-2.1**	**4.9**	**2.7**	**5.5**	**5.2**	**2.7**
9 422	**40 379**	**45 081**	**13.6**	**11.5**	**17.6**	**11.6**	**13.4**	**14.7**	**13.9**
9.04	48.76	51.22	-3.5	22.3	11.6	5.0	10.8	11.9	15.6
11.92	30.15	31.56	2.8	-0.3	4.0	4.7	7.5	6.8	8.5
185.97	271.29	265.95	3.7	11.1	0.2	-2.0	2.2	3.5	3.0
472.06	424.08	406.70	-2.3	-1.8	-2.6	-4.1	-0.2	-0.4	-1.2
6.61	12.63	14.35	1.5	2.4	12.3	13.6	2.9	2.9	6.7
12.41	14.93	16.48	-89.7	2.5	5.4	10.4	2.8	2.2	2.4
6.26	6.34	6.69	3.8	3.2	2.1	5.5	2.3	1.0	0.6

Note: The total Value of import and export in 2002 can not be compared with those before 1995 because of the different accounting approaches.

1-5 按经济类型划分的云南国民经济主要指标数据(2012年)

Principal National Economical Indicators by Types of Economy of Yunnan(2012)

指　　标	Item	全　省 Yunnan	比重 (%) As Percentage to Total (%) (total=100)
生产总值(GDP)(亿元)	**Gross Regional Product (100 million yuan)**	**10 309.47**	**100.0**
国有经济	State-owned Economy	4 392.76	42.6
集体经济	Collective-owned Economy	1 370.23	13.3
非公有制经济	Non-public-owned Economy	4 546.48	44.1
规模以上工业增加值(亿元)	**Added Value of Industry (100 million yuan)**	**3 084.96**	**100.0**
国有企业	State-owned Enterprises	315.71	10.2
集体企业	Collective-owned Enterprises	22.80	0.7
股份合作制企业	Joint Stock Cooperative Enterprises	9.76	0.3
股份制企业	Joint Stock Enterprises	2 393.36	77.6
外商及港澳台资企业	Foreign-funded and Enterprises funded by Hong Kong,Macao and Taiwan	136.88	4.5
其他工业	Other Enterprises	206.44	6.7
全社会固定资产投资总额(亿元)	**Total Investment in Fixed Assets (100 million yuan)**	**7 831.10**	**100.0**
国有经济	State-owned Economy	3 007.87	38.4
集体经济	Collective-owned Economy	184.01	2.4
个体私营经济	Individual and Private Economy	81.36	1.0
其他各种经济	Other Types of Ownership Economy	4 280.27	54.7
农村农户投资	Investment of rural households	277.59	3.5
社会消费品零售总额(亿元)	**Total Retail Sales of Consumer Goods (100 million yuan)**	**3 541.60**	**100.0**
公有经济	Public Ownership Economy	672.58	19.0
其中：国有经济	Of which:State-owned Economy	555.30	15.7
非公有经济	Individual and Private Enterprises	2 869.02	81.0
其中：私有经济	Of which: Private Economy	2 556.18	72.2
就业人员总数(万人)	**Total Number of Employed Persons (10 000 persons)**	**2 881.90**	**100.0**
城镇国有单位就业人员	Employed Persons in Urban State-owned Entities	194.62	6.8
城镇集体单位就业人员	Employed Persons in Urban Collective-owned Entities	12.68	0.4
城镇其他经济类型单位就业人员	Employed Persons in Entities of Other Types of Ownership	110.40	3.8
城镇个体私营就业人员	Self-employed Individuals and Others	376.86	13.1
乡村就业人员	Rural Employed Persons	2 187.34	75.9

注：生产总值、规模以上工业增加值按当年价格计算。
Note: Gross regicnal product and added value of industry are calculated at current prices.

1-6 云南省国民经济主要数据占全国的比重(2012年)
Proportion of Principal Indicators of National Economy of Yunnan Province to the Whole Country (2012)

单位：%　　(%)

指标	Item	全国 China	云南 Yunnan	云南占全国的比重(%) Proportion of Yunnan to National Total(%)
生产总值(GDP)(亿元)	**Gross Regional Product (100 million yuan)**	**519 322.00**	**10 309.47**	**2.0**
第一产业	Primary Industry	52 377.00	1 654.55	3.2
第二产业	Secondary Industry	235 319.00	4 419.20	1.9
第三产业	Tertiary Industry	231 626.00	4 235.72	1.8
人均生产总值(元/人)	**Per Capita Gross Regional Product(yuan/person)**	**38 449**	**22 195**	**57.7**
年末总人口(万人)	**Total Population at the Year-end (10 000 persons)**	**135 404.00**	**4 659.00**	**3.4**
城镇化率(%)	**Urbanization rate(%)**	**52.57**	**39.31**	**74.8**
全部职工平均工资(元)	**Average Wages of All Staff and Workers (yuan)**	**46 769**	**38 908**	**83.2**
城镇居民年平均可支配收入(元)	**Annual Average Disposable Income of Urban Households (yuan)**	**24 565**	**21 075**	**85.8**
农村居民年人均纯收入(元)	**Rural Per Capita Net Income (yuan)**	**7 917**	**5 417**	**68.4**
城乡居民储蓄存款年末余额(亿元)	**Balance of Savings Deposits of Urban and Rural Residents at the Year-end (100 million yuan)**	**410 201.00**	**7 437.47**	**1.8**
全社会固定资产投资额(亿元)	**Total Investment in Fixed Assets of the whole Province (100 million yuan)**	**364 835.00**	**7 831.10**	**2.1**
社会消费品零售总额(亿元)	**Total Retail Sales of Consumer Goods (100 million yuan)**	**210 307.00**	**3 541.60**	**1.7**
对外贸易进出口总额（亿美元）	**Total Value of Export and Import in Foreign Trade (USD 100 million)**	**38 668.00**	**210.05**	**0.5**
#出口总额	Total Export Value	20 489.00	100.18	0.5
实际利用外商直接投资(亿美元)	**Actually Utilized Direct Foreign Investment (USD 100 million)**	**1 117.00**	**21.89**	**2.0**
工农业主要产品产量(万吨)	**Output of Major Industrial and Farm Products (10 000 tons)**			
粮　食	Grain	58 957.00	1 827.84	3.1
烤　烟	Flue-cured Tobacco	320.00	111.05	34.7
油　料	Oil-bearing Crops	3 476.00	62.84	1.8
猪、牛、羊肉	Pork , Beef and Mutton	6 398.00	578.18	9.0
原　煤(亿吨)	Coal	36.50	0.76	2.1
粗　钢	Steel	71 716.00	1 526.69	2.1
成品钢材	Steel Products	95 317.60	1 600.04	1.7
发电量(亿千瓦小时)	Electricity (100 million kwh)	49 377.70	1 533.94	3.1
水　泥(亿吨)	Cement	22.10	0.78	3.5
农用化肥(折100%)	Chemical Fertilizer	7 296.00	345.43	4.7
布(亿米)	Cloth (100 million m)	840.80	419.00	49.8
糖	Sugar (10 000 tons)	1 406.80	205.93	14.6
卷　烟(亿支)	Cigarettes (10 billions cigarettes)	25 160.90	3 841.16	15.3
普通高等学校在校学生数(万人)	**Student Enrollment of Regular Institutions of Higher Education(10 000 persons)**	**2 391.30**	**51.22**	**2.1**
卫生机构病床数(万张)	**Number of Hospital Sickbeds (10 000 beds)**	**557.00**	**19.47**	**3.5**
卫生技术人员(万人)	**Medical Technical Personnel (10 000 persons)**	**650.00**	**16.48**	**2.5**
#医生	Doctors	252.00	6.69	2.7

1-7 全省按国民经济行业分的法人单位数（2009-2012年）
Number of Legal Entities by National Economy Sector (2009-2012)

单位：个 (unit)

国民经济行业	National Economy Sector	2009	2010	2011	2012
全　省	**Yunnan**	**148 613**	**170 936**	**197 322**	**214 490**
农、林、牧、渔业	Agriculture, Forestry, Animal Husbandry and Fishery	7 026	10 133	14 416	19 175
采矿业	Mining	5 092	5 282	5 645	5 801
制造业	Manufacturing	15 424	16 219	17 252	17 663
电力、燃气及水生产和供应业	Production and Supply of Electricity, Gas and Water	1 894	2 087	2 224	2 351
建筑业	Construction	4 736	6 412	8 042	8 603
批发和零售业	Wholesale and Retail Trades	30 421	39 082	48 812	54 080
交通运输、仓储和邮政业	Transport, Storage and Post	2 631	3 178	3 859	4 201
住宿和餐饮业	Hotels and Catering Services	2 671	3 044	3 324	3 498
信息传输、软件业和信息技术服务业	Information Transmission, Computer Services and Software	3 277	3 722	4 320	5 021
金融业	Financial Intermediation	1 156	1 544	2 112	2 607
房地产业	Real Estate	5 162	6 828	8 421	9 013
租赁和商务服务业	Leasing and Business Services	8 265	10 329	13 450	14 924
科学研究和技术服务业	Scientific Research, Technical Services and Geologic Prospecting	5 183	5 711	6 209	6 656
水利、环境和公共设施管理业	Management of Water Conservancy, Environment and Public Facilities	1 801	1 926	2 102	2 210
居民服务、修理和其他服务业	Services to Households and Other Services	2 026	2 407	2 882	3 381
教　育	Education	7 403	7 618	7 962	8 203
卫生和社会工作	Health, Social Security and Social Welfare	4 229	4 332	4 435	4 517
文化、体育和娱乐业	Culture, Sports and Entertainment	2 359	2 561	2 809	3 393
公共管理、社会保障和社会组织	Public Management and Social Organizations	37 854	38 518	39 046	39 193
国际组织	International Organization		3	3	

1-8 各州市法人单位数(2007-2012年)
Number of Legal Entities by Region (2007-2012)

单位：个 (unit)

州　市	Region	2007	2008	2009	2010	2011	2012
全　省	**Yunnan**	**110 196**	**126 405**	**148 613**	**170 936**	**197 322**	**214 490**
昆　明	Kunming	33 341	39 353	51 453	61 867	74 604	78 113
曲　靖	Qujing	9 590	11 951	13 763	15 531	17 371	19 615
玉　溪	Yuxi	8 033	9 317	9 789	10 918	12 075	13 108
保　山	Baoshan	4 421	4 741	5 431	5 889	6 624	7 325
昭　通	Zhaotong	5 538	7 128	7 398	8 737	9 510	10 244
丽　江	Lijiang	2 931	3 453	4 011	4 720	5 522	6 346
普　洱	Pu'er	5 590	6 591	7 139	7 679	8 743	10 009
临　沧	Lincang	4 436	4 199	4 900	5 586	6 324	7 147
楚　雄	Chuxiong	6 792	6 471	7 639	8 500	9 589	10 402
红　河	Honghe	8 611	10 128	11 777	13 081	14 361	15 837
文　山	Wenshan	4 933	5 240	5 934	6 537	7 442	8 128
西双版纳	Xishuangbanna	2 597	3 034	3 708	4 295	5 233	5 603
大　理	Dali	7 343	7 901	8 057	9 150	10 557	12 050
德　宏	Dehong	3 893	3 962	4 346	4 795	5 273	5 956
怒　江	Nujiang	1 177	1 670	1 890	2 069	2 290	2 625
迪　庆	Diqing	970	1 266	1 378	1 582	1 804	1 982

1−9 各州市基本单位数(2012年)
Number of Basic Entities by Region (2012)

单位：个 (unit)

州 市	Region	法人单位数 Number of Impersonal Entities	单产业法人 Single-industry Corporation	多产业法人 Multi-industry Corporation	产业活动单位数 Number of Industrial Activity Entities	多产业法人单位所属产业活动 Activity of Multi-industry Corporation
全　省	**Yunnan**	**214 490**	**199 742**	**14 748**	**288 079**	**88 337**
昆　明	Kunming	78 113	75 158	2 955	90 420	15 262
曲　靖	Qujing	19 615	18 273	1 342	27 261	8 988
玉　溪	Yuxi	13 108	12 346	762	16 844	4 498
保　山	Baoshan	7 325	6 543	782	11 456	4 913
昭　通	Zhaotong	10 244	9 372	872	16 952	7 580
丽　江	Lijiang	6 346	5 937	409	8 389	2 452
普　洱	Pu'er	10 009	9 105	904	13 984	4 879
临　沧	Lincang	7 147	6 469	678	10 568	4 099
楚　雄	Chuxiong	10 402	8 999	1 403	16 364	7 365
红　河	Honghe	15 837	14 564	1 273	22 708	8 144
文　山	Wenshan	8 128	7 379	749	12 987	5 608
西双版纳	Xishuangbanna	5 603	5 205	398	7 559	2 354
大　理	Dali	12 050	10 929	1 121	17 286	6 357
德　宏	Dehong	5 956	5 246	710	9 143	3 897
怒　江	Nujiang	2 625	2 460	165	3 435	975
迪　庆	Diqing	1 982	1 757	225	2 723	966

注：本表产业活动单位的汇总范围，包括外省(地、州)法人单位在本地的产业活动单位，但不包括本省(地、州)法人单位在外地的产业活动单位。

Note: The number of industrial activity entities by region does not include the number outside the province.

Chapter 2

二、国民经济核算

National Accounts

2-1 云南生产总值(1978–2012年)

Historic Gross Regional Product (1978-2012)

单位：亿元 (100 million yuan)

年份 Year	生产总值 Gross Regional Product	第一产业 Primary Industry	第二产业 Secondary Industry	工业 Industry	建筑业 Construction	第三产业 Tertiary Industry	人均生产总值(元/人) Per Capita Gross Regional Product (yuan/person)
1978	69.05	29.46	27.58	20.91	6.67	12.01	226
1979	76.83	32.38	30.50	23.56	6.94	13.95	247
1980	84.27	35.89	33.98	25.86	8.12	14.40	267
1981	94.13	41.23	35.80	28.62	7.18	17.10	294
1982	110.12	47.04	42.39	34.21	8.18	20.69	339
1983	120.07	49.33	47.28	39.08	8.20	23.46	363
1984	139.58	57.33	54.38	44.14	10.24	27.87	416
1985	164.96	66.07	65.41	52.51	12.90	33.48	486
1986	182.28	71.32	70.83	61.09	9.74	40.13	528
1987	229.03	84.06	84.30	73.30	11.00	60.67	653
1988	301.09	103.47	112.40	99.19	13.21	85.22	845
1989	363.05	119.01	138.06	124.73	13.33	105.98	1 003
1990	451.67	168.13	157.80	142.77	15.03	125.74	1 224
1991	517.41	169.48	179.56	162.32	17.24	168.37	1 377
1992	618.69	186.80	219.03	193.90	25.13	212.86	1 625
1993	783.27	191.45	325.57	284.65	40.92	266.25	2 030
1994	983.78	236.25	428.68	383.91	44.77	318.85	2 515
1995	1 222.15	302.69	534.78	480.95	53.83	384.68	3 083
1996	1 517.69	360.48	669.06	599.82	69.24	488.15	3 779
1997	1 676.17	387.02	743.82	657.05	86.77	545.33	4 121
1998	1 831.33	403.43	818.26	705.55	112.71	609.64	4 446
1999	1 899.82	406.87	811.90	686.09	125.81	681.05	4 558
2000	2 011.19	431.80	833.25	704.00	129.25	746.14	4 770
2001	2 138.31	444.42	868.06	730.81	137.25	825.83	5 015
2002	2 312.82	463.44	934.88	788.44	146.44	914.50	5 366
2003	2 556.02	494.60	1 047.66	882.08	165.58	1 013.76	5 870
2004	3 081.91	593.59	1 281.63	1 066.41	215.22	1 206.69	7 012
2005	3 462.73	661.69	1 426.42	1 168.68	257.74	1 374.62	7 809
2006	3 988.14	724.40	1 705.83	1 401.57	304.26	1 557.91	8 929
2007	4 772.52	837.35	2 038.39	1 696.29	342.10	1 896.78	10 609
2008	5 692.12	1 020.56	2 452.75	2 051.73	401.02	2 218.81	12 570
2009	6 169.75	1 067.60	2 582.53	2 088.17	494.36	2 519.62	13 539
2010	7 224.18	1 108.38	3 223.49	2 604.07	619.42	2 892.31	15 752
2011	8 893.12	1 411.01	3 780.32	2 994.30	786.02	3 701.79	19 265
2012	10 309.47	1 654.55	4 419.20	3 450.72	968.48	4 235.72	22 195

注：生产总值按当年价格计算。

Note: Gross Product is calculated at current prices.

2-2 云南生产总值指数(一)（1978-2012年）

Historic Indices of Gross Regional Product (Ⅰ)(1978-2012)

本表按不变价计算　　Data in this table are calculated at constant price

(上年=100)　　(preceding year=100)

年份 Year	生产总值指数（%） Indices of Gross Regional Product of (%)	第一产业 Primary Industry	第二产业 Secondary Industry	工业 Industry	建筑业 Construction	第三产业 Tertiary Industry	人均生产总值指数（%） Indices of Per Capita Gross Regional Product (%)
1978	121.7	113.7	129.0	128.3	132.6	119.2	119.0
1979	103.1	93.0	105.8	106.3	103.2	114.8	101.3
1980	108.5	109.8	110.1	109.4	113.9	102.5	107.1
1981	107.8	109.3	103.3	105.7	91.5	117.2	106.3
1982	115.5	112.8	115.1	115.7	111.6	120.4	113.6
1983	108.4	104.2	108.9	110.3	100.2	113.3	106.6
1984	114.5	113.7	112.9	111.8	120.0	118.9	113.0
1985	113.0	106.8	113.6	112.6	119.3	119.6	111.5
1986	104.3	97.7	106.6	106.6	106.7	107.1	102.7
1987	112.3	107.7	110.4	110.3	111.0	120.7	110.4
1988	116.0	107.8	118.5	118.1	120.8	119.0	114.2
1989	105.8	103.2	103.9	104.5	100.4	111.3	104.1
1990	108.7	108.5	109.8	110.1	107.9	107.1	106.7
1991	106.6	101.1	108.9	109.3	105.5	111.0	104.7
1992	110.9	103.0	116.8	115.2	133.5	113.4	109.5
1993	111.1	102.5	113.7	113.2	117.8	117.0	109.6
1994	112.2	103.0	117.3	117.7	114.0	114.7	110.7
1995	111.7	105.0	113.5	114.2	107.1	115.2	110.3
1996	111.1	105.2	111.5	112.0	106.6	115.1	109.7
1997	109.7	104.6	110.6	109.6	120.4	112.3	108.3
1998	108.1	103.0	109.2	107.2	126.6	110.3	106.7
1999	107.3	104.5	107.0	106.5	110.9	109.3	106.0
2000	107.5	105.6	105.8	107.0	97.2	110.4	106.2
2001	106.8	103.9	103.9	103.9	104.2	111.7	105.6
2002	109.0	103.8	109.3	110.0	105.8	111.4	107.8
2003	108.8	105.5	110.1	110.2	109.7	109.1	107.7
2004	111.3	105.3	112.7	111.8	117.8	112.8	110.3
2005	108.9	104.8	107.5	106.4	113.6	111.7	107.9
2006	111.6	105.5	116.8	116.5	118.2	109.0	110.7
2007	112.2	104.2	115.2	117.0	107.2	112.5	111.4
2008	110.6	106.3	112.1	113.4	105.5	110.7	109.8
2009	112.1	105.2	113.6	111.2	126.3	113.1	111.4
2010	112.3	104.2	115.8	114.6	121.1	111.5	111.6
2011	113.7	106.0	117.9	117.6	119.4	112.0	112.9
2012	113.0	106.7	116.7	115.6	121.2	110.9	112.3

2–3 云南生产总值指数(二)(1978–2012年)

Historic Indices of Gross Regional Product (Ⅱ)(1978-2012)

本表按不变价计算 Data in this table are calculated at constant price

(1952年=100) (year of 1952=100)

年份 Year	生产总值指数(%) Indices of Gross Regional Product (%)	第一产业 Primary Industry	第二产业 Secondary Industry	工业 Industry	建筑业 Construction	第三产业 Tertiary Industry	人均生产总值指数(%) Indices of Per Capita Gross Regional Product (%)
1978	459.8	250.1	1 441.3	1 382.2	1 874.0	362.8	253.9
1979	474.1	232.6	1 524.9	1 469.3	1 934.0	416.5	257.2
1980	514.4	255.4	1 678.9	1 607.4	2 202.8	426.9	275.5
1981	554.5	279.2	1 734.3	1 699.0	2 015.6	500.3	292.9
1982	640.4	314.9	1 996.2	1 965.7	2 249.4	602.4	332.7
1983	694.2	328.1	2 173.9	2 168.2	2 253.9	682.5	354.7
1984	794.9	373.0	2 454.3	2 424.0	2 704.7	811.5	400.8
1985	898.2	398.4	2 788.1	2 729.4	3 226.7	970.6	446.9
1986	936.8	389.2	2 972.1	2 909.5	3 442.9	1 039.5	459.0
1987	1 052.0	419.2	3 281.2	3 209.2	3 821.6	1 254.7	506.7
1988	1 220.3	451.9	3 888.2	3 790.1	4 616.5	1 493.1	578.7
1989	1 291.1	466.4	4 039.8	3 960.7	4 635.0	1 661.8	602.4
1990	1 403.4	506.0	4 435.7	4 360.7	5 001.2	1 779.8	642.8
1991	1 496.0	511.6	4 830.5	4 766.2	5 276.3	1 975.6	673.0
1992	1 659.1	526.9	5 642.0	5 490.7	7 043.9	2 240.3	736.9
1993	1 843.3	540.1	6 415.0	6 215.5	8 297.7	2 621.2	807.6
1994	2 068.2	556.3	7 524.8	7 315.6	9 459.4	3 006.5	894.0
1995	2 310.2	584.1	8 540.6	8 354.4	10 131.0	3 463.5	986.1
1996	2 566.6	614.5	9 522.8	9 356.9	10 799.6	3 986.5	1 081.8
1997	2 815.6	642.8	10 532.2	10 255.2	13 002.7	4 476.8	1 171.6
1998	3 043.7	662.1	11 501.2	10 993.6	16 461.4	4 937.9	1 250.1
1999	3 265.9	691.9	12 306.3	11 708.2	18 255.7	5 397.1	1 325.1
2000	3 510.8	730.6	13 020.1	12 527.8	17 744.5	5 958.4	1 407.3
2001	3 749.5	759.1	13 527.9	13 016.4	18 489.8	6 655.5	1 486.1
2002	4 087.0	787.9	14 786.0	14 318.0	19 562.2	7 414.2	1 602.0
2003	4 446.7	831.2	16 279.4	15 778.4	21 459.7	8 088.9	1 725.4
2004	4 949.2	875.3	18 346.9	17 640.3	25 279.5	9 124.3	1 903.1
2005	5 389.7	917.3	19 722.9	18 769.3	28 717.5	10 191.8	2 053.4
2006	6 014.9	967.8	23 036.3	21 866.2	33 944.1	11 109.1	2 273.1
2007	6 748.7	1 008.4	26 537.8	25 583.5	36 388.1	12 497.7	2 532.2
2008	7 464.1	1 071.9	29 748.9	29 011.7	38 389.4	13 835.0	2 780.4
2009	8 367.3	1 127.6	33 794.8	32 261.0	48 485.8	15 647.4	3 097.4
2010	9 396.5	1 175.0	39 134.4	36 971.1	58 716.3	17 446.9	3 456.7
2011	10 683.8	1 245.5	46 139.5	43 478.0	70 107.3	19 540.5	3 902.6
2012	12 072.7	1 328.9	53 844.8	50 260.6	84 970.0	21 670.4	4 382.6

2-4 各州市生产总值(2012年)

单位：亿元

州 市	Region	生产总值 Gross Regional Product	第一产业 Primary Industry	第二产业 Secondary Industry	工业 Industry	建筑业 Construction	第三产业 Tertiary Industry
全 省	**Yunnan**	**10 309.47**	**1 654.55**	**4 419.20**	**3 450.72**	**968.48**	**4 235.72**
昆 明	Kunming	3 011.14	159.17	1 378.48	1 008.42	370.06	1 473.49
曲 靖	Qujing	1 400.17	262.30	742.92	657.32	85.60	394.95
玉 溪	Yuxi	1 000.17	97.44	623.95	598.33	25.62	278.78
保 山	Baoshan	389.96	112.92	133.93	100.06	33.87	143.11
昭 通	Zhaotong	555.60	113.35	270.61	206.11	64.50	171.64
丽 江	Lijiang	212.24	36.61	89.74	56.68	33.06	85.89
普 洱	Pu'er	366.85	112.88	133.56	84.72	48.84	120.41
临 沧	Lincang	352.98	107.64	150.56	112.53	38.02	94.78
楚 雄	Chuxiong	570.02	134.00	239.54	193.99	45.55	196.48
红 河	Honghe	905.43	155.45	485.14	411.78	73.37	264.84
文 山	Wenshan	478.02	115.08	183.64	133.79	49.85	179.30
西双版纳	Xishuangbanna	232.64	67.53	68.16	44.51	23.65	96.95
大 理	Dali	672.09	145.89	284.92	235.20	49.72	241.28
德 宏	Dehong	201.00	57.66	67.48	51.74	15.74	75.86
怒 江	Nujiang	74.94	11.44	26.16	17.56	8.60	37.34
迪 庆	Diqing	113.63	9.09	45.71	22.80	22.91	58.83

注：由于各州、市分别核算，各州、市数相加不等于全省数。

Gross Regional Product by Region (2012)

(100 million yuan)

		三次产业构成 Composition (%)			
交通运输、仓储及邮政业 Transport,Storage, Post and Telecommunication Services	批发和零售业 Wholesale and Retail Trades and Catering Services	第一产业 Primary Industry	第二产业 Secondary Industry	第三产业 Tertiary Industry	人均GDP(元/人) Per Capita Gross Regional Product (yuan/pearion)
247.53	**1 039.64**	**16.0**	**42.9**	**41.1**	**22 195**
85.12	332.04	5.3	45.8	48.9	46 256
48.79	91.36	18.7	53.1	28.2	23 661
32.56	38.82	9.7	62.4	27.9	43 037
19.96	27.10	29.0	34.3	36.7	15 397
17.34	24.68	20.4	48.7	30.9	10 528
6.97	14.97	17.2	42.3	40.5	16 870
11.57	19.40	30.8	36.4	32.8	14 286
7.89	13.60	30.5	42.7	26.8	14 376
23.34	45.36	23.5	42.0	34.5	21 022
17.43	61.10	17.2	53.6	29.2	19 909
17.62	47.52	24.1	38.4	37.5	13 459
9.64	11.57	29.0	29.3	41.7	20 309
31.73	48.01	21.7	42.4	35.9	19 282
5.34	16.16	28.7	33.6	37.7	16 408
2.80	5.36	15.3	34.9	49.8	13 953
6.97	9.90	8.0	40.2	51.8	28 133

Note:The sum of the data of all prefectures and cities is not necessary equal to the provincial total because the regional data are calculated respectively.

2-5 支出法云南省生产总值(1978-2012年)

年 份 Year	生产总值(亿元) Gross Regional Product of Yunnan Province by Expenditure Approach (100 million yuan)	最终消费 Final Consumption Expenditure	居民消费 Household Consumption	农村居民 Rural Households	城镇居民 Urban Households	政府消费 Government Consumption
1978	69.05	52.03	47.80	33.03	14.77	4.23
1979	76.83	58.86	54.35	36.05	18.30	4.51
1980	84.27	63.35	58.87	38.10	20.77	4.48
1981	94.13	67.85	63.04	41.12	21.92	4.81
1982	110.12	84.44	78.72	52.89	25.83	5.72
1983	120.07	89.85	83.45	54.63	28.82	6.40
1984	139.58	101.28	93.70	56.24	37.46	7.58
1985	164.96	119.86	110.69	56.90	53.79	9.17
1986	182.28	133.08	121.36	55.49	65.87	11.72
1987	229.03	155.63	141.23	58.78	82.45	14.40
1988	301.09	197.01	178.00	57.37	120.63	19.01
1989	363.05	241.71	218.26	54.94	163.32	23.45
1990	451.67	298.97	269.68	57.71	211.97	29.29
1991	517.41	361.73	325.36	65.58	259.78	36.37
1992	618.69	413.48	365.98	67.05	298.93	47.50
1993	783.27	473.88	417.49	68.68	348.81	56.39
1994	983.78	576.50	498.67	73.25	425.42	77.83
1995	1 222.15	697.85	595.27	76.74	518.53	102.58
1996	1 517.69	874.19	736.07	80.71	655.36	138.12
1997	1 676.17	1 002.35	821.93	100.56	721.37	180.42
1998	1 831.33	1 113.45	866.26	103.63	762.63	247.19
1999	1 899.82	1 286.18	998.08	193.51	804.57	288.10
2000	2 011.19	1 524.48	1 097.63	327.70	769.93	426.85
2001	2 138.31	1 473.30	962.06	417.68	544.38	511.24
2002	2 312.82	1 581.97	1 061.50	433.10	628.40	520.47
2003	2 556.02	1 656.30	1 126.28	416.22	710.06	530.02
2004	3 081.91	2 042.43	1 456.91	521.76	935.15	585.52
2005	3 462.73	2 364.21	1 704.10	616.99	1 087.11	660.11
2006	3 988.14	2 659.07	1 863.52	684.54	1 178.98	795.55
2007	4 772.52	2 955.03	2 095.31	805.52	1 289.79	859.72
2008	5 692.12	3 410.47	2 474.62	911.15	1 563.47	935.85
2009	6 169.75	3 768.76	2 723.45	954.96	1 768.49	1 045.31
2010	7 224.18	4 332.64	3 123.69	1 137.92	1 985.77	1 208.95
2011	8 893.12	5 273.62	3 821.44	1 429.23	2 392.21	1 452.18
2012	10 309.47	6 306.75	4 543.53	1 624.16	2 919.37	1 763.22

Gross Regional Product of Yunnan Province by Expenditure Approach (1978-2012)

资本形成总额 Gross Capital Formation	固定资本 Gross Fixed Capital Formation	存货增加 Changes in Inventory	净出口 Net Export	最终消费率(%) Final Consumption Rate(%)	资本形成率(%) Capital Formation Rate (%)
26.96	20.55	6.41	-9.94	75.4	39.0
30.63	27.64	2.99	-12.66	76.6	39.9
30.30	28.70	1.60	-9.38	75.2	36.0
28.35	26.09	2.26	-2.07	72.1	30.1
35.83	29.01	6.82	-10.15	76.7	32.5
34.57	29.63	4.94	-4.35	74.8	28.8
48.01	41.97	6.04	-9.71	72.6	34.4
56.76	50.07	6.69	-11.66	72.7	34.4
63.21	55.66	7.55	-14.01	73.0	34.7
68.70	59.75	8.95	4.70	68.0	30.0
93.77	77.51	16.26	10.31	65.4	31.1
114.22	79.90	34.32	7.12	66.6	31.5
132.16	89.25	42.91	20.54	66.2	29.3
185.88	150.37	35.51	-30.20	69.9	35.9
254.18	208.41	45.77	-48.97	66.8	41.1
372.84	288.95	83.89	-63.45	60.5	47.6
437.78	337.09	100.69	-30.50	58.6	44.5
498.64	399.91	98.73	25.66	57.1	40.8
623.77	472.82	150.95	19.73	57.6	41.1
717.40	560.29	157.11	-43.58	59.8	42.8
785.64	703.15	82.49	-67.76	60.8	42.9
761.83	738.21	23.62	-148.19	67.7	40.1
746.15	722.27	23.88	-259.44	75.8	37.1
957.96	770.20	187.76	-292.95	68.9	44.8
920.50	860.67	59.83	-189.65	68.4	39.8
1 188.55	1 068.51	120.04	-288.83	64.8	46.5
1 450.44	1 352.78	97.66	-410.96	66.3	47.1
1 798.86	1 564.23	234.63	-700.34	68.3	52.0
2 025.26	1 795.88	229.38	-696.19	66.7	50.8
2 113.54	2 063.58	49.96	-296.05	61.9	44.3
3 017.36	2 302.17	715.19	-735.71	59.9	53.0
3 756.61	3 502.42	254.19	-1 355.62	61.1	60.9
5 578.57	5 213.05	365.52	-2 687.03	60.0	77.2
7 138.91	6 678.17	460.74	-3 519.41	59.3	80.3
8 576.36	7 949.51	626.85	-4 573.64	61.2	83.2

2-6 支出法云南省生产总值构成（1978—2012年）

Composition of Gross Regional Product of Yunnan Province by Expenditure Approach (1978-2012)

年份	比重(资本形成总额=100)(%) Proportion (Gross Capital Formation=100)		比重(最终消费=100)(%) Proporton (Final Consumption Expenditure=100)	
Year	固定资本形成总额 Gross Fixed Capital Formation	存货增加 Changes in Inventory	居民消费 Household Consumption	政府消费 Government Consumption
1978	76.2	23.8	91.9	8.1
1979	90.2	9.8	92.3	7.7
1980	94.7	5.3	92.9	7.1
1981	92.0	8.0	92.9	7.1
1982	81.0	19.0	93.2	6.8
1983	85.7	14.3	92.9	7.1
1984	87.4	12.6	92.5	7.5
1985	88.2	11.8	92.3	7.7
1986	88.1	11.9	91.2	8.8
1987	87.0	13.0	90.7	9.3
1988	82.7	17.3	90.4	9.6
1989	70.0	30.0	90.3	9.7
1990	67.5	32.5	90.2	9.8
1991	80.9	19.1	89.9	10.1
1992	82.0	18.0	88.5	11.5
1993	77.5	22.5	88.1	11.9
1994	77.0	23.0	86.5	13.5
1995	80.2	19.8	85.3	14.7
1996	75.8	24.2	84.2	15.8
1997	78.1	21.9	82.0	18.0
1998	89.5	10.5	77.8	22.2
1999	96.9	3.1	77.6	22.4
2000	96.8	3.2	72.0	28.0
2001	80.4	19.6	65.3	34.7
2002	93.5	6.5	67.1	32.9
2003	89.9	10.1	68.0	32.0
2004	93.3	6.7	71.3	28.7
2005	87.0	13.0	72.1	27.9
2006	88.7	11.3	70.1	29.9
2007	97.6	2.4	70.9	29.1
2008	76.3	23.7	72.6	27.4
2009	93.2	6.8	72.3	27.7
2010	93.4	6.6	72.1	27.9
				27.9
2011	93.5	6.5	72.5	27.5
2012	92.7	7.3	72.0	28.0

2-7 支出法各州市生产总值(2012年)

Gross Regional Product by Expenditure Approach and Region (2012)

州　市 Region	生产总值(亿元) Gross Regional Product by Expenditure Approach (100 million yuan)	最终消费 Final Consumption Expenditure	资本形成总额 Gross Capital Formation	最终消费率(%) Final Consumption Rate (%)	资本形成率(%) Capital Formation Rate(%)
全　省 Yunnan	**10 309.47**	**6 306.75**	**8 576.36**	**61.2**	**83.2**
昆　明 Kunming	3 011.14	1 358.64	2 080.27	45.1	69.1
曲　靖 Qujing	1 400.17	587.12	678.81	41.9	48.5
玉　溪 Yuxi	1 000.17	337.59	360.10	33.8	36.0
保　山 Baoshan	389.96	286.43	237.39	73.5	60.9
昭　通 Zhaotong	555.60	358.78	442.67	64.6	79.7
丽　江 Lijiang	212.24	123.59	244.50	58.2	115.2
普　洱 Pu'er	366.85	268.59	361.87	73.2	98.6
临　沧 Lincang	352.98	229.41	320.40	65.0	90.8
楚　雄 Chuxiong	570.02	316.85	241.98	55.6	42.5
红　河 Honghe	905.43	420.72	544.87	46.5	60.2
文　山 Wenshan	478.02	313.78	385.13	65.6	80.6
西双版纳 Xishuangbann	232.64	144.28	130.09	62.0	55.9
大　理 Dali	672.09	416.16	428.55	61.9	63.8
德　宏 Dehong	201.00	144.90	194.58	72.1	96.8
怒　江 Nujiang	74.94	24.89	47.90	33.2	63.9
迪　庆 Diqing	113.63	48.87	64.41	43.0	56.7

注：1.由于受净出口及计算误差影响，最终消费加资本形成总额不等于支出法地区生产总值。

2.由于各州、市分别核算，各州、市数相加不等于全省数。

Note:a.The sum of final consumption expenditure plus gross capital formation is not equal to gross regional by expenditure approach because of net export and calculation errors.

b.The sum of data of all prefectures and cities is not equal to the provincial total because the regional data are calculated respectively.

2-8 各州市资本形成总额及构成(2012年)
Gross Capital Formation and Its Composition by Region (2012)

州 市 Region	资本形成总额（亿 元）Gross Capital Formation (100 million yuan)	固定资本 Gross Fixed Capital Formation	存货增加 Changes in Inventory	构 成（资本形成总额为100）(%) Composition (Gross Capital Formation=100) 固定资本 Gross Fixed Capital Formation	存货增加 Changes in Inventory
全 省 Yunnan	**8 576.36**	**7 949.51**	**626.85**	**92.7**	**7.3**
昆 明 Kunming	2 080.27	2 040.14	40.13	98.1	1.9
曲 靖 Qujing	678.81	592.20	86.61	87.2	12.8
玉 溪 Yuxi	360.10	282.14	77.96	78.4	21.6
保 山 Baoshan	237.39	226.82	10.57	95.5	4.5
昭 通 Zhaotong	442.67	421.78	20.89	95.3	4.7
丽 江 Lijiang	244.50	236.79	7.71	96.8	3.2
普 洱 Pu'er	361.87	330.68	31.19	91.4	8.6
临 沧 Lincang	320.40	303.19	17.21	94.6	5.4
楚 雄 Chuxiong	241.98	227.42	14.56	94.0	6
红 河 Honghe	544.87	500.39	44.48	91.8	8.2
文 山 Wenshan	385.13	337.84	47.29	87.7	12.3
西双版纳 Xishuangbanna	130.09	116.97	13.12	89.9	10.1
大 理 Dali	428.55	374.76	53.79	87.4	12.6
德 宏 Dehong	194.58	164.44	30.14	84.5	15.5
怒 江 Nujiang	47.90	41.09	6.81	85.8	14.2
迪 庆 Diqing	64.41	58.37	6.04	90.6	9.4

注：由于各州、市分别核算，各州、市数相加不等于全省数。
Note:The sum of data of all prefectures and cities is not equal to the provincial total because the regional data are calculated respectively.

2-9 各州市最终消费及构成(2012年)

Final Consumption Expenditure and Its Composition by Region (2012)

州 市	Region	最终消费（亿元）Final Consumption Expenditure(100 million yuan)	居民消费 Households Consumption	农村居民 Rural Households	城镇居民 Urban Households	政府消费 Government Consumption	构成(最终消费=100)(%) Composition (%) 居民消费 Household Consumption	政府消费 Government Consumption
全 省	**Yunnan**	**6 306.75**	**4 543.53**	**1 624.16**	**2 919.37**	**1 763.22**	**72.0**	**28.0**
昆 明	Kunming	1 358.64	1 024.39	207.23	817.16	334.25	75.4	24.6
曲 靖	Qujing	587.12	502.08	157.21	344.87	85.04	85.5	14.5
玉 溪	Yuxi	337.59	235.53	120.90	114.63	102.06	69.8	30.2
保 山	Baoshan	286.43	189.79	99.56	90.23	96.64	66.3	33.7
昭 通	Zhaotong	358.78	292.11	150.87	141.24	66.67	81.4	18.6
丽 江	Lijiang	123.59	84.15	36.12	48.03	39.44	68.1	31.9
普 洱	Pu'er	268.59	193.55	79.12	114.43	75.04	72.1	27.9
临 沧	Lincang	229.41	164.91	70.03	94.88	64.50	71.9	28.1
楚 雄	Chuxiong	316.85	241.72	99.67	142.05	75.13	76.3	23.7
红 河	Honghe	420.72	315.21	125.74	189.47	105.51	74.9	25.1
文 山	Wenshan	313.78	218.54	78.28	140.26	95.24	69.6	30.4
西双版纳	Xishuangbanna	144.28	111.21	45.50	65.71	33.07	77.1	22.9
大 理	Dali	416.16	315.98	134.47	181.51	100.18	75.9	24.1
德 宏	Dehong	144.90	100.40	34.07	66.33	44.50	69.3	30.7
怒 江	Nujiang	24.89	15.71	8.41	7.30	9.18	63.1	36.9
迪 庆	Diqing	48.87	26.34	12.83	13.51	22.53	53.9	46.1

注：由于各州、市分别核算，各州、市数相加不等于全省数。

Note:The sum of data of all prefectures and cities is not equal to the provincial total because the regional data are calculated respectively.

2-10 各州市生产总值构成(2012年)

Composition of Gross Regional Product by Region (2012)

州　市 Region	生产总值（亿元）Gross Regional Product (100 million yuan)	劳动者报酬 Remuneration For Labourers	生产税净额 Net Taxe on Production	固定资产折旧 Depreciation of Surplus	营业盈余 Operating Surplus
全　省 Yunnan	**10 309.47**	**5 214.01**	**2 316.81**	**1 069.53**	**1 709.12**
昆　明 Kunming	3 011.14	1 244.96	703.46	386.36	676.36
曲　靖 Qujing	1 400.17	734.52	272.55	218.51	174.59
玉　溪 Yuxi	1 000.17	259.89	316.35	153.66	270.27
保　山 Baoshan	389.96	242.03	37.46	52.83	57.64
昭　通 Zhaotong	555.60	299.63	119.26	64.36	72.35
丽　江 Lijiang	212.24	114.09	30.33	31.51	36.31
普　洱 Pu'er	366.85	219.69	26.35	54.95	65.86
临　沧 Lincang	352.98	220.46	30.77	60.51	41.24
楚　雄 Chuxiong	570.02	269.28	118.03	78.37	104.34
红　河 Honghe	905.43	377.59	213.48	129.35	185.01
文　山 Wenshan	478.02	254.35	60.19	49.79	113.69
西双版纳 Xishuangbanna	232.64	145.16	20.97	31.56	34.95
大　理 Dali	672.09	375.11	103.57	94.23	99.18
德　宏 Dehong	201.00	119.55	24.68	13.15	43.62
怒　江 Nujiang	74.94	34.48	9.37	10.14	20.95
迪　庆 Diqing	113.63	57.34	10.09	24.91	21.29

注：由于各州、市分别核算，各州、市数相加不等于全省数。
Note:The sum of data of all prefectures and cities is not equal to the provincial total because the regional data are calculated respectively.

2-11 非公有制经济增加值(2005-2012年)
Added Value of Non-Public Ownership Economy (2005-2012)

单位：亿元 (100 million yuan)

州 市	Region	非公经济增加值 Added Value of Non-Public ownership Economy	第一产业 Primary Industry	第二产业 Secondary Industry	第三产业 Tertiary Industry
2005		1 211.76	142.27	523.62	545.87
2006		1 457.20	159.37	674.70	623.13
2007		1 784.92	190.92	831.50	762.50
2008		2 191.47	239.81	1 056.28	895.38
2009		2 412.38	263.69	1 115.65	1 033.04
2010		2 931.38	277.06	1 412.90	1 241.42
2011		3 743.14	365.45	1 705.82	1 671.87
2012		4 546.48	455.00	2 081.44	2 010.04
昆　明	Kunming	1362.95	39.79	567.78	755.38
曲　靖	Qujing	606.32	105.73	312.44	188.15
玉　溪	Yuxi	323.92	28.66	179.63	115.63
保　山	Baoshan	160.09	15.04	81.67	63.38
昭　通	Zhaotong	226.73	30.03	131.27	65.43
丽　江	Lijiang	114.75	11.66	66.03	37.06
普　洱	Pu'er	149.22	29.41	72.73	47.08
临　沧	Lincang	138.08	26.53	79.43	32.12
楚　雄	Chuxiong	257.90	39.08	129.58	89.24
红　河	Honghe	317.72	27.13	191.96	98.63
文　山	Wenshan	243.50	31.49	113.43	98.58
西双版纳	Xishuangbanna	87.07	12.40	37.93	36.74
大　理	Dali	313.25	45.75	166.73	100.77
德　宏	Dehong	77.65	10.09	38.75	28.81
怒　江	Nujiang	26.81	2.22	11.45	13.14
迪　庆	Diqing	51.80	2.29	25.30	24.21

主要统计指标解释

生产总值 即原国内生产总值，指按市场价格计算的一个国家（或地区）所有常住单位在一定时期内生产活动的最终成果（国家称国内生产总值，各省区市称地区生产总值）。生产总值有三种表现形态，即价值形态、收入形态和产品形态。从价值形态看，它是所有常住单位在一定时期内生产的全部货物和服务价值超过同期投入的全部非固定资产货物和服务价值的差额，即所有常住单位的增加值之和；从收入形态看，它是所有常住单位在一定时期内创造并分配给常住单位和非常住单位的初次收入之和；从产品形态看，它是所有常住单位在一定时期内最终使用的货物和服务价值减去货物和服务进口价值。在实际核算中，生产总值有三种计算方法，即生产法、收入法和支出法。

生产法 是从生产的角度衡量常住单位在核算期内新创造价值的一种计算方法。即从生产的全部货物和服务总产品的价值中，扣除生产过程中投入的中间产品的价值，得到增加值。全社会所有常住单位增加值的总和就是生产总值。计算公式为：

增加值 = 总产出 − 中间投入

国（地区）外净要素收入 是指本国（或本地区）居民对国（或本地区）外从事投资和提供劳务所得的要素收入，与外国（或本地区）居民对本国（或本地区）从事投资和提供劳务所得的要素收入的差额。

三次产业 三次产业的划分是世界上较为常用的产业结构分类，但各国的划分不尽一致。中国的三次产业划分是：

第一产业：是指农（种植）、林、牧、渔业，农林牧渔服务业。

第二产业：是指采掘业，制造业，电力、燃气及水的生产和供应业，建筑业。

第三产业：是指除第一、二产业以外的其他行业。包括：交通运输、仓储和邮政业，信息传输、计算机服务和软件业，批发和零售业，住宿和餐饮业，金融业，房地产业，租赁和商务服务业，科学研究、技术服务和地质勘查业，水利、环境和公共设施管理业，居民服务和其他服务业，教育，卫生、社会保障和社会福利业，文化、体育和娱乐业，公共管理和社会组织。

总产出 指常住单位在核算期内生产的货物和服务的价值总和，总产出中既包括核算期内新增加的价值，也包括中间投入的转移价值，它反映了国民经济各个部门生产活动的总规模。

中间投入 指常住单位在生产货物或提供服务的过程中，消耗和使用的所有原材料、燃料动力等货物和各种服务的价值。中间投入也称中间消耗，货物投入是生产过程中消耗或转换的有形的物质产品，不包括固定资产。服务投入是在生产过程中消耗的各种服务，包括金融保险、运输邮电、文化教育等等。

劳动者报酬 指劳动者因从事生产活动所获得的全部报酬。包括劳动者获得的各种形式的工资、奖金和津贴，既包括货币形式的，也包括实物形式的，还包括劳动者所享受的公费医疗和医药卫生费、上下班交通补贴、单位支付的社会保险费、住房公积金等。对于个体经济来说，其所有者所获得的劳动报酬和经营利润不易区分，这两部分统一作为劳动者报酬处理。

生产税净额 指生产税减生产补贴后的余额。生产税指政府对生产单位从事生产、销售和经营活动以及因从事生产活动使用某些生产要素（如固定资产、土地、劳动力）所征收的各种税、附加费和规费。生产补贴与生产税相反，指政府对生产单位的单方面转移支出，因此视为负生产税，包括政策亏损补贴、价格补贴等。

固定资产折旧 指一定时期内为弥补固定资产损耗按照规定的固定资产折旧率提取的固定资产折旧，或按国民经济核算统一规定的折旧率虚拟计算的固定资产折旧。它反映了固定资产在当期生产中的转移价值。各类企业和企业化管理的事业单位的固定资产折旧是指实际计提的折旧费；不计提折旧的政府机关、非企业化管理的事业单位和居民住房的固定资产折旧是按照统一规定的折旧率和固定资产原值计算的虚拟折旧。原则上，固定资产折旧应按固定资产当期的重置价值计算，但是目前我国尚不具备对全社会固定资产进行重估价的基础，所以暂时只能采用上述办法。

营业盈余 指常住单位创造的增加值扣除劳动者报酬、生产税净额和固定资产折旧后的余额。它相当于企业的营业利润加上生产补贴，但要扣除从利润中开支的工资和福利等。

支出法地区生产总值 是从最终使用的角度反映一个国家或地区一定时期内生产活动最终成果的一种方法，包括最终消费支出、资本形成总额及货物和服务净出口三部分。计算公式为：

支出法地区生产总值 = 最终消费支出 + 资本形成总额 + 货物和服务净出口

最终消费支出 指常住单位为满足物质、文化和精神生活的需要，从本国经济领土和国外购买的货物和服务的支出。它不包括非常住单位在本国经济领土内的消费支出。最终消费支出分为居民消费支出和政府消费支出。

居民消费支出 指常住住户在一定时期内对于货物和服务的全部最终消费支出。居民消费支出除了直接以货币形式购买的货物和服务的消费支出外，还包括以其他方式获得的货物和服务的消费支出，即所谓的虚拟消费支出。居民虚拟消费支出包括如下几种类型：单位以实物报酬及实物转移的形式提供给劳动者的货物和服务；住户生产并由本住户消费了的货物和服务，其中的服务仅指住户的自有住房服务和付酬的家庭雇员提供的家庭和个人服务；金融机构提供的金融媒介服务。

政府消费支出 指政府部门为全社会提供的公共服务的消费支出和免费或以较低的价格向居民住户提供的货物和服务的净支出，前者等于政府服务的产出价值减去政府单位所获得的经营收入的价值，后者等于政府部门免费或以较低价格向居民住户提供的货物和服务的市场价值减去向住户收取的价值。

资本形成总额 指常住单位在一定时期内获得减去处置的固定资产和存货的净额，包括固定资本形成总额和存货增加两部分。

固定资本形成总额 指常住单位在一定时期内获得的固定资产减处置的固定资产的价值总额。固定资产是通过生产活动生产出来的，且其使用年限在一年以上、单位价值在规定标准以上的资产，不包括自然资产。可分为有形固定资本形成总额和无形固定资本形成总额。有形固定资本形成总额包括一定时期内完成的建筑工程、安装工程和设备工器具购置（减处置）价值，以及土地改良、新增役、种、奶、毛、娱乐用牲畜和新增经济林木价值。无形固定资本形成总额包括矿藏的勘探、计算机软件等获得减处置。

存货增加 指常住单位在一定时期内存货实物量变动的市场价值，即期末价值减期初价值的差额，再扣除当期由于价格变动而产生的持有收益。存货增加可以是正值，也可以是负值，正值表示存货上升，负值表示存货下降。存货包括生产单位购进的原材料、燃料和储备物资等存货，以及生产单位生产的产成品、在制品和半成品等存货。

货物和服务净出口 指货物和服务出口减货物和服务进口的差额。出口包括常住单位向非常住单位出售或无偿转让的各种货物和服务的价值；进口包括常住单位从非常住单位购买或无偿得到的各种货物和服务的价值。由于服务活动的提供与使用同时发生，一般把常住单位从非常住单位得到的服务作为进口，非常住单位从常住单位得到的服务作为出口。货物的出口和进口都按离岸价格计算。

Explanatory Notes on Principal Statistical Indicators

Gross Regional Product was called gross domestic Product under national level before. At national level, it is still called gross domestic product , It refers to the final products at market prices produced by all resident entities in a country (or territory) during a certain period of time. Gross regional product is expressed in three different forms, i. e. value, income, and product respectively. Gross regional product in its value form refers to the difference between the total value of all goods and services produced by all resident entities during a certain period of time and that of goods and services of the nature of non – fixed assets input in the same period, i. e. it is the sum of added value of all resident entities. Gross regional product in the form of income refers to the total initial income created by all resident entities and distributed to resident and non – resident entities in a certain period of time. Gross regional product in the form of product refers to the balance of the value of all goods and services for final consumption by all resident units minus the net export value of goods and services during a given period of time. In the practice of national accounting, gross regional product is calculated by three approaches, i. e. production approach, income approach and expenditure approach.

Production Approach refers to the calculation method for measuring the newly increased value of resident entities in the accounting period from the perspective of production, i. e. the value of total goods and services produced minus that of intermediate products input in the process of production is added value. The sum of added value created by all resident entities makes GDP. The formula is as follows: Added Value = Total Output – Intermediate Input

Net Factor Income from Abroad refers to the difference between factor income earned by residents of a country (or territory) from their investment and labor services in foreign countries (or territories) and that earned by residents of foreign countries (or territories) from their investment and labor services in that country (or territory).

Three Industries Classification of economic activities into three industries is a common practice in the world, although the grouping varies to some extent form country to country. In China, economic activities are categorized as follows: Primary industry refers to farming, forestry, animal husbandry and fishery. Secondary industry refers to mining and quarrying, manufacturing, production and supply of electricity, water, fuel gas and construction.

Tertiary industry refers to all other economic activities not included in primary or secondary industry, including services of farming, forestry, animal husbandry and fishery, communications and transportation, storage and postal services, information transmission, computer and software services wholesale and retail trade, hotel and food services, banking, real estate, lease and commercial services, scientific research and technical service, geological prospecting, management services of water conservancy, environment and public facilities, resident and other services, education, health care, social security and welfare, culture, sports and entertainment, public management and social organizations.

Total Output refers to the total value of goods and services produced by resident entities in the accounting period, including newly increased value and transfer value in intermediate input, which reflects the general scale of productive activities of each sector of the national economy.

Intermediate Input also known as intermediate consumption refers to the value of goods such as raw materials, fuels, power, etc. and various services consumed and used in the process of production or provision of services. Goods input refers to tangible material products consumed or transferred in production; and services input are those consumed in production, including banking, insurance, communications and transportation, culture, education, etc.

Compensation of Employees refers to the total payment of various forms to employees for the productive activities they are engaged in. It includes wages, bonuses and allowances, which the employees earn in cash or in kind.

It also includes the free medical services provided to the employees and the medicine expenses, transport subsidies and social insurance, and housing fund paid by the employers. As regards the individual economy, since compensation of employees is not easily distinguishable from the operating surplus, both parts are treated as compensation of employees.

Net Taxes on Production refers to taxes on production less subsidies on production. The taxes on production refers to the various taxes, extra charges and fees levied on the production units on their production, sale and business activities as well as on the use of some factors of production, such as fixed assets, land and labour in the production activities they are engaged in. In contrast to taxes on production, subsidies on production refer to the unilateral government transfer to the production units and are therefore regarded as negative taxes on production. They include subsidies on the loss due to implementation of government policies, price subsidies, etc.

Depreciation of Fixed Assets refers to the depreciation of fixed assets in a given period, drawn in accordance with the stipulated depreciation rate for the purpose of compensating the wear – and – tear loss of the fixed assets or the depreciation of fixed assets imputed in accordance with the stipulated unified depreciation rate in the national economic accounting system. It reflects the value of transfer of the fixed assets in the production of the current period. The depreciation of fixed assets in various enterprises and institutions managed as enterprises refers to the depreciation expenses actually drawn. In government agencies and institutions not managed as enterprises which do not draw the depreciation expenses, as well as for the houses of residents, the depreciation of fixed assets is the imputed depreciation, which is calculated in accordance with the stipulated unified depreciation rate. In principle, the depreciation of fixed assets should be calculated on the basis of the re – purchased value of the fixed assets. However, currently the conditions in China do not facilitate the revaluation of all the fixed assets. Therefore, only the above – mentioned methods can be adopted at present.

Operating Surplus refers to the balance of the value added created by the resident units after deducting the labourers remuneration, net taxes on production and the depreciation of fixed assets. It is equivalent to the business profit of the enterprises plus subsidies to production, but the wages and welfare expenses paid from the profits should be deducted.

Gross Regional Product by Expenditure Approach refers to the method of measuring the final results of production activities of a country or region during a given period from the perspective of final uses. It includes final consumption expenditure, gross capital formation and net export of goods and services. The formula for computation is. :

Gross Regional Product by expenditure approach = final consumption expenditure + gross capital formation + net export of goods and services

Final Consumption Expenditure refers to the total expenditure of resident units for purchases of goods and services from both the domestic economic territory and abroad to meet the needs of material, cultural and spiritual life. It does not include the expenditure of non – resident units on consumption in the economic territory of the country. The final consumption expenditure is broken down into household consumption expenditure and government consumption expenditure.

Household Consumption Expenditure refers to the total expenditure of resident households on the final consumption of goods and services. In addition to the consumption of goods and services bought by the households directly with money, the household consumption expenditure also includes expenditure on goods and services obtained by the households in other ways, i. e. the so – called imputed consumption expenditure, which includes the following: a) the goods and services provided to households by employers in the form of payment in kind and transfer in kind; b) goods and services produced and consumed by the households themselves, in which the services refer to the owner – occupied housing and services offered by payed family employees; c) financial intermediate services provided by financial institution.

Government Consumption Expenditure refers to the consumption expenditure spent for the provision of 40 National Accounts public services provided by the government to the whole country and the net expenditure on the goods and services provided by the government to households free of charge or at reduced prices. The former equals to the output value of the government services minus the value of operating income obtained by the government departments. The latter equals to the market value of the goods and services provided by the government free of charge or at reduced prices to the households minus the value received by the government from the households.

Gross Capital Formation refers to the fixed assets acquired less disposals and the net value of inventory, thus including gross fixed capital formation and changes in inventories. Gross Fixed Capital Formation refers to the value of acquisitions less those disposals of fixed assets during a given period. Fixed assets are the assets produced through production activities with unit value above a specified amount and which could be used for over one year. Natural assets are not included. Gross fixed capital formation can be categorized into total tangible fixed capital formation and total intangible fixed capital formation. Total tangible fixed capital formation includes the value of the construction projects and installation projects completed and the equipment, apparatus and instruments purchased (less those disposed) as well as the value of land improved, the value of draught animals, breeding stock and animals for milk, for wool and for recreational purposes and the newly increased forest with economic value. Total intangible fixed capital formation includes the prospecting of minerals and the acquisition of computer software minus the disposal of them.

Changes in Inventories refers to the market value of the change in the physical volume of inventory of resident units during a given period, i. e. the difference between the values at the beginning and at the end of the period minus the gains due to the change in prices. The changes in inventories can have a positive or a negative value. A positive value indicates an increase in inventory while a negative value indicates a decrease in inventory. The inventory includes raw materials, fuels and reserve materials purchased by the production units as well as the inventory of finished products, semi – finished products and work – in – progress.

Net Export of Goods and Services refers to the exports of goods and services subtracting the imports of goods and services. Exports include the value of various goods and services sold or gratuitously transferred by resident units to non – resident units. Imports include the value of various goods and services purchased or gratuitously acquired resident units from non – resident units. Because the provision of services and the use of them happen simultaneously, the acquisition of services by resident units from abroad is usually treated as import while the acquisition of services by non – resident units in this country is usually treated as export. The exports and imports of goods are calculated at FOB.

Chapter 3

三、固定资产投资
Investment in Fixed Assets

3-1 全社会固定资产投资总额（1978-2012年）
Total Investment in Fixed Assets(1978-2012)

单位：亿元 (100 million yuan)

年 份 Year	固定资产投资额 Investment in Fixed Assets	国有经济 State-owned Entities	集体经济 Collective-owned Entities	其他经济 Others	个体经济 Self-employed Entities	农 村 Rural
1978	15.04	13.43	1.15		0.46	0.46
1979	16.77	14.45	1.26		1.07	1.07
1980	20.90	15.95	1.45		3.50	3.50
1981	18.68	13.99	1.47		3.22	3.20
1982	24.55	20.25	1.75		2.55	2.50
1983	24.50	20.23	1.11		3.15	3.11
1984	32.99	24.13	3.92		4.94	4.83
1985	46.28	31.99	7.43		6.85	6.58
1986	49.92	33.91	8.48		7.53	7.15
1987	54.38	36.09	10.02		8.27	7.72
1988	67.77	45.61	10.80		11.35	10.17
1989	67.80	41.72	14.00		12.08	10.40
1990	75.74	51.22	12.57		11.96	11.05
1991	98.32	71.19	14.21		12.92	12.10
1992	140.69	103.93	20.32		16.44	14.87
1993	251.40	181.38	37.26	9.81	22.96	19.82
1994	321.73	221.11	38.69	26.76	35.17	31.56
1995	380.57	262.84	38.55	39.66	39.52	35.95
1996	448.02	298.67	47.56	55.34	46.45	41.98
1997	540.50	367.04	51.30	68.92	53.24	47.40
1998	672.54	483.90	51.21	77.87	59.56	51.50
1999	717.28	498.35	52.43	66.13	100.37	45.65
2000	697.94	466.20	47.44	74.28	110.03	49.75
2001	734.81	490.41	42.44	73.81	128.16	55.86
2002	828.65	522.34	53.36	117.10	135.85	56.09
2003	1 021.18	544.48	54.89	223.89	197.93	65.68
2004	1 330.60	617.34	58.04	376.44	278.78	72.50
2005	1 755.30	815.27	79.47	619.98	240.58	63.28
2006	2 220.45	1 067.50	136.81	639.11	377.03	142.90
2007	2 798.89	1 211.78	193.99	806.76	586.36	234.12
2008	3 526.60	1 426.95	228.97	1 118.10	752.58	261.70
2009	4 527.02	2 144.32	111.54	1 851.44	419.72	386.48
2010	5 528.71	2 623.07	107.41	2 549.41	24.44	224.39
2011	6 185.30	2 463.63	99.35	3 328.78	35.25	258.29
2012	7 831.10	3 007.87	184.01	4 280.27	81.36	277.59

注：1.2006年国家对全社会固定资产投资口径和计算方法作了调整。
2.2010年国家对全社会固定资产投资口径范围、统计起点和计算方法作了调整，投资项目统计起点由50万元提高到500万以上

Note: a.In 2006,the National Bureau of Statistics adjusted the coverage and calculation method for calculating total investment in fixed assets.
b.In 2010,the National Bureau of Statistics adjusted the coverage ,statistical starting point and calculation method for calculating total investment in fixed assets.Statistical starting point of investment project raised to 5 million yuan from 0.5 million yuan.

3-2 按经济类型分固定资产投资构成(1978-2012年)
Total Investment in Fixed Assets by Economic Types (1978-2012)

单位：% (%)

年 份 Year	固定资产投资构成 Investment in Fixed Assets	国有经济 State-owned Entities	集体经济 Collective-owned Entities	其他经济 Others	个体经济 Self-employed Entities	农 村 Rural
1978	100.0	89.3	7.6		3.1	3.1
1979	100.0	86.2	7.5		6.3	6.4
1980	100.0	76.3	6.9		16.8	16.7
1981	100.0	74.9	7.9		17.2	17.1
1982	100.0	82.5	7.1		10.4	10.2
1983	100.0	82.6	4.5		12.9	12.7
1984	100.0	73.1	11.9		15.0	14.6
1985	100.0	69.1	16.1		14.8	14.2
1986	100.0	67.9	17.0		15.1	14.3
1987	100.0	66.4	18.4		15.2	14.2
1988	100.0	67.3	15.9		16.8	15.0
1989	100.0	61.5	20.6		17.9	15.3
1990	100.0	67.6	16.6		15.8	14.6
1991	100.0	72.4	14.5		13.1	12.3
1992	100.0	73.9	14.4		11.7	10.6
1993	100.0	72.1	14.8	3.9	9.2	7.9
1994	100.0	68.7	12.1	8.3	10.9	9.8
1995	100.0	69.1	10.1	10.4	10.4	9.4
1996	100.0	66.7	10.5	12.4	10.4	9.4
1997	100.0	67.9	9.5	12.7	9.9	8.8
1998	100.0	72.0	7.5	11.6	8.9	7.7
1999	100.0	69.5	7.3	9.2	14.0	6.4
2000	100.0	66.8	6.8	10.6	15.8	7.1
2001	100.0	66.7	5.8	10.0	17.5	7.6
2002	100.0	63.0	6.4	14.1	16.5	6.8
2003	100.0	53.3	5.4	21.9	19.4	6.4
2004	100.0	46.4	4.4	28.3	20.9	5.4
2005	100.0	46.4	4.5	35.3	13.8	3.6
2006	100.0	48.1	6.2	28.8	16.9	6.4
2007	100.0	43.3	6.9	28.8	21.0	8.4
2008	100.0	40.5	6.5	31.7	21.3	7.4
2009	100.0	47.4	2.5	40.9	9.3	8.5
2010	100.0	47.5	1.9	46.1	0.4	4.1
2011	100.0	39.8	1.6	53.8	0.6	4.2
2012	100.0	38.4	2.4	54.7	1.0	3.5

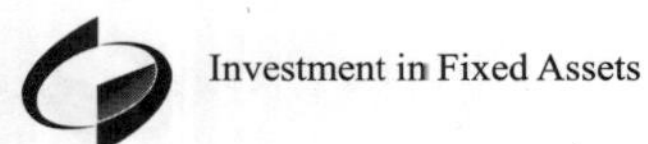

3-3 固定资产投资(不含农户)情况(一)(2012年)

Total Investment in Fixed Asset (Exclude Rural Households)(Ⅰ)(2012)

单位：亿元 (100 million yuan)

国民经济行业	National Economic Sector	固定资产投资 Total Investment	房地产开发 Investment in Real Estate Development
固定资产投资总额	**Total Investment in Fixed Assets**	**7 553.51**	**1 782.14**
按登记注册类型分	**Grouped by Registration Status**		
内 资	Domestic Fund	7 329.90	1 746.78
国 有	State-owned	3 007.87	118.07
集 体	Collective-owned	184.01	23.11
联 营	Joint Ownership	10.08	0.03
股份制	Share Holding	67.20	52.65
其 他	Others	4 060.74	1 552.92
港澳台商投资	Fund from Hong Kong,Macao and Taiwan	65.71	27.85
# 合资经营	Joint Venture	33.07	15.41
合作经营	Collaborative Operation	0.91	
独 资	Solely Foreign-owned	21.24	12.44
外商投资	Fund from Overseas	76.55	7.51
# 合资经营	Joint Venture	23.83	1.89
合作经营	Collaborative Operation	6.60	5.62
独 资	Solely Foreign-owned	11.06	
按隶属关系分	**Grouped by Jurisdiction of Management**		
中 央	Central Investment	754.16	14.41
地 方	Local Investment	6 799.36	1 767.73
省	Province	688.47	58.74
州(市)	Prefectures(Cities)	706.63	199.04
县(区、县级市)	Counties(Regions and Cities at County Level)	1 967.32	277.50
其 他	Others	3 436.93	1 232.45
按建设性质分	**Grouped by Type of Construction**		
# 新 建	New Construction	4 268.87	
扩 建	Expansion	650.34	
改建和技术改造	Reconstruction and Technical Transformation	656.74	
单纯建造生活设施	Housing	34.00	
迁 建	Removal and Reconstruction	62.71	
恢 复	Resumption	14.55	
单纯购置	Purchase only	84.16	

3-4 固定资产投资(不含农户)情况(二)(2012年)

Total Investment in Fixed Assets (Exclude Rural Households) (Ⅱ)(2012)

单位：亿元 (100 million yuan)

类　别	Category	全　省 Yunnan	地　方 Local
固定资产投资额	**Total Investment in Fixed Assets**	**7 553.51**	**6 799.36**
#住宅投资	Residential Buildings	1 429.20	1 419.36
#经济适用房	Economically Affordable Houses		
按构成分	**Investment by Structure**		
建筑工程	Construction	5 132.44	4 894.37
安装工程	Installation	358.23	322.38
设备工器具购置	Purchase of Equipment and Instruments	818.52	670.52
#购置旧设备	Purchase of Second-hand Equipments	4.11	4.11
#用于更新的设备	Purchase of Equipment to Renew Old Ones	195.49	153.36
其他费用	Others	1 244.32	912.09
#旧建筑物购置费	Purchase of Used Buildings	28.18	28.18
#土地购置费	Purchase of Field	451.12	444.38
本年新增固定资产	**Newly Increased Real Estate**	**3 696.06**	**3 630.36**
本年施工房屋面积(万平方米)	Project under Construction (10 000 sq.m)	24 555.38	24 364.29
#住　宅	Residential Building	13 604.83	13 531.09
#经济适用房	Economically Affordable Houses		
本年竣工房屋面积(万平方米)	Project Completed and Put into Use (10 000 sq.m)	3 983.25	3 927.00
#住　宅	Residential Building	2 309.47	2 284.04
#经济适用房	Economically Affordable Houses		
本年竣工房屋价值	Project Completed and Put into Use	759.33	746.58
#住　宅	Residential Building	432.90	426.69
施工项目个数（个）	Number of Projects Under Construction (unit)	17 114	16 866
#本年新开工	Started This Year	10 530	10 393
本年投产项目个数(个)	Number of Projects Put into Use (unit)	8 692	8 598
规划用地面积(万平方米)	Land Space Planned (10 000 sq.m)	163 511.69	90 558.49
本年实际征用和购置土地面积(万平方米)	Land Space Purchased and Used This Year (10 000sq.m)	25 903.31	10 203.90
本年实际征用和购置土地成交价款	Value of Land Purchased and Used This Year	492.56	486.90
本年资金来源合计	**Total Fund of Different Sources**	**8 673.43**	**7 892.97**
上年末结余资金	Fund Left Last Year	903.25	859.85
本年资金来源小计	Total Fund of This Year	7 770.18	7 033.14
国家预算内资金	State Budgetary Appropriations	676.72	656.40
国内贷款	Domestic Loans	1 222.93	876.84
债　券	Stock	4.31	2.31
利用外资	Overseas Funds	17.77	16.07
#外商直接投资	Direct Foreign Investment	9.01	7.30
自筹资金	Self-raising Fund	4 443.54	4 112.79
#企事业单位自有资金	Fund of Enterprises	1 319.28	1 092.59
其他资金来源	Other Sources of Funds	1 404.91	1 368.73
本年各项应付款合计	**Total of Account Payable**	**1 295.11**	**1 203.71**
#工程款	for Projects	679.29	655.28

3-5 按国民经济行业分的固定资产投资(2012年)

Investment in Fixed Assets by National Economic Sector (2012)

单位：亿元 (100 million yuan)

国民经济行业	National Economic Sector	全省 Yunnan
固定资产投资额	**Total Investment in Fixed Assets**	**7 553.51**
农、林、牧、渔业	**Farming, Forestry, Animal Husbandry and Fishery**	**143.13**
农业	Farming	32.43
林业	Forestry	12.10
畜牧业	Animal Husbandry	32.59
渔业	Fishery	2.20
农、林、牧、渔服务业	Services for Farming, Forestry, Animal Husbandry and Fishery	63.81
采矿业	**Mining**	**368.33**
煤炭开采和洗选业	Mining and Washing of Coal	175.07
石油和天然气开采业	Extraction of Petroleum and Natural Gas	
黑色金属矿采选业	Mining and Dressing of Ferrous Metal Ores	43.74
有色金属矿采选业	Mining and Dressing of Nonferrous Metals Ores	119.97
非金属矿采选业	Mining and Dressing of Nonmetal Ores	25.99
开采辅助活动	Mining Auxiliary Activities	2.61
其他采矿业	Mining and Dressing of Other Ores	0.95
制造业	**Manufacture**	**1 207.12**
农副食品加工业	Processing of Farm and Sideline Food	108.61
食品制造业	Manufacture of Food	39.77
饮料制造业	Manufacture of Beverage	62.43
烟草制品业	Tobacco Products	36.09
纺织业	Textile Industry	5.67
纺织服装、鞋、帽制造业	Manufacture of Textile Garments, Footwear and Headgear	7.72
皮革、毛皮、羽毛(绒)及其制品业	Feather, Furs, Down and Related Products	2.86
木材加工及木、竹、藤、棕、草制品业	Timber Processing, Bamboo, Cane, Palm Fiber & Straw Products	26.26
家具制造业	Manufacture of Furniture	7.37
造纸及纸制品业	Papermaking and Paper Products	20.32
印刷业和记录媒介的复制	Printing and Record Medium Reproduction	11.87
文教体育用品制造业	Manufacture of Cultural, Educational and Sports Goods	10.67
石油加工、炼焦及核燃料加工业	Petroleum Refining, Coking and Nuclear Fuel Processing	28.99
化学原料及化学制品制造业	Manufacture of Raw Chemical Materials and Chemica Products	104.27
医药制造业	Manufacture of Medicines	35.18
化学纤维制造业	Chemical Fiber Manufacturing	1.97
橡胶和塑料制品业	Rubber and Plastic Products	32.05
非金属矿物制品业	Nonmetal Mineral Products	158.75
黑色金属冶炼及压延加工业	Smelting and Pressing of Ferrous Metals	85.00
有色金属冶炼及压延加工业	Smelting and Pressing of Nonferrous Metals	134.74
金属制品业	Metal Products	41.67
通用设备制造业	Manufacture of General Purpose Equipment	18.22
专用设备制造业	Manufacture of Special Purpose Equipment	21.98
汽车制造业	Automotive Industry	15.83
铁路、船舶、航空航天等制造业	Manufacture of Transport Equipment for Railway,Boats and Aerospace and Other Transport Equipments	4.04
电气机械及器材制造业	Electric Equipment and Machinery	23.44
计算机、通信和其他电子设备制造业	Communication Equipment, Computers and Other Electronic Equipment Production	10.21
仪器仪表制造业 制造业	Instrument Industry	6.46
其他制造业	Other Goods Production	136.77
废弃资源综合利用业	Comprehensive Utilization of Discarded Resources and Waste	6.64
金属制品、机械和设备修理业	Manufacture of Metal Products, Machine and Equipment Maintenance	1.27
电力、燃气及水的生产和供应业	**Production and Supply of Electric,Gas and Water**	**950.96**
电力、热力的生产和供应业	Production and Supply of Electric Power and Heat Power	862.07
燃气生产和供应业	Production and Supply of Gas	17.66
水的生产和供应业	Production and Supply of Tap Water	71.23
建筑业	**Construction**	**3.78**
房屋建筑业	House Building	2.08
土木工程建筑业	Construction Industry of Civil Engineering	0.32
建筑安装业	Construction Installation	0.10
建筑装饰和其他建筑业	Building Decoration and Other Construction Industry	1.28

3-5 续表 continued

单位：亿元

国民经济行业	National Economic Sector	全 省 Yunnan
交通运输、仓储和邮政业	**Transport, Storage and Postal Services**	**804.63**
铁路运输业	Railway Transport	66.38
道路运输业	Road Transport	647.00
水上运输业	Waterway Transport	12.11
航空运输业	Air Transport	35.94
管道运输业	Pipeline Transport	4.47
装卸搬运和其他运输服务业	Loading and Unloading and Other Transport Services	3.41
仓储业	Storage	35.32
邮政业	Postal Services	
信息传输、软件和信息技术服务业	**Information Transmission Computer Service and Software Service**	**59.70**
电信、广播电视和卫星传输服务业	Telecommunication and Other Information Transmission Service	59.46
互联网和相关服务业	Computer Service	0.24
软件和信息技术服务业	Software Service	
批发和零售业	**Wholesale and Retail Trades**	**230.59**
批发业	Wholesale Trade	63.12
零售业	Retail Trade	167.47
住宿和餐饮业	**Hotels and Catering Services**	**147.54**
住宿业	Hotels	133.70
餐饮业	Catering Services	13.84
金融业	**Finance and Insurance**	**4.94**
货币金融业	Banking	4.76
资本市场业	Securities Industry	
保险业	Insurance	0.02
其他金融业	Other Financial Trade	0.16
房地产业	**Real Estate Trade**	**2 277.48**
租赁和商务服务业	**Leasing and Business Services**	**52.30**
租赁业	Leasing Services	0.11
商务服务业	Business Services	52.19
科学研究和技术服务业	**Scientific Research,Technology Service and Geological Prospecting**	**30.48**
研究与试验发展	Research and Experimental Development	13.21
专业技术服务业	Special Technical Services	13.32
科技交流和推广服务业	Scientific & Technological Exchange and Promotion Services	3.95
水利、环境和公共设施管理业	**Management of Water Conservancy,Environment and Public Facilities**	**762.85**
水利管理业	Management of Water Conservancy	234.99
生态保护和环境治理业	Protection of Ecological Environment and Admistration of Environment	81.52
公共设施管理业	Management of Public Facilities	446.34
居民服务和其他服务业	**Services to Households and Other Services**	**22.54**
居民服务业	Services to Households	18.81
机动车、电子产品和日用产品修理业	Repair Industry of Automotive Vehicles、Electronic Products and Daily Produc	3.70
其他服务业	Other Services	0.03
教　育	**Education**	**184.92**
卫生和社会工作	**Health Care, Social Work**	**70.46**
卫　生	Health Care	65.45
社会工作	Social Work	5.01
文化、体育和娱乐业	**Culture, Sports and Recreation**	**114.23**
新闻出版业	Publication	1.25
广播、电视、电影和音像业	Radio, Television, Film and Video	4.13
文化艺术业	Culture and Arts	25.63
体　育	Sports	45.48
娱乐业	Recreation	37.74
公共管理和社会组织	**Public Administration and Social Organizations**	**117.54**
中国共产党机关	Organs of Communist Party of China	0.43
国家机构	Government Agencies	66.23
人民政协和民主党派	CPPCC and Democratic Parties	0.31
社会保障	Social Security	1.44
群众团体、社会团体和其他成员组织	Mass Groups, Social Groups and Religion Organization	4.75
基层群众自治组织	Self-governing Mass Organizations at the Grass-roots Level	44.38
国际组织	**International Organizations**	

3–6 新增生产能力(2012年)

Newly Increased Production Capacity (2012)

单位：万吨/年 (10 000 tons/year)

生产能力(或)效益名称	Item	建设规模 Total Construction Size	本年施工规模 Under Construction This Year	本年新开工 Started This Year	累计生产能力 Accumulative Production Capacity	本年新增 Newly Increased This Year
原煤开采	Coal Mining	2 891.45	2 458.95	1 201.05	1 308.45	1 150.95
洗　煤	Coal Washing	2 655.00	2 247.00	1 120.00	1 705.00	1 449.00
焦　炭	Coke	826.10	606.10	276.10	436.10	306.10
铁矿开采(原矿)	Iron Ore Mining	1 692.98	1 014.78	702.52	872.02	471.62
铁矿选矿处理量)	Iron Ore Processing Capacity	93.60	69.60	69.60	69.60	69.60
铁矿石成品矿	Refined Iron Ore Mine	25.00	25.00	25.00	25.00	25.00
生　铁	Pig Iron	411.70	411.70	221.00	286.20	97.00
铁合金	Ferroalloy	308.78	247.33	216.18	230.91	215.71
钢　材	Rolled Steel	401.80	216.80	51.80	196.80	76.80
铜冶炼	Copper Smelting	46.10	36.10	26.10	26.10	26.10
氧化铝	Aluminum Oxide	90.00	90.00	90.00	80.00	80.00
铝加工	Aluminum Machining	112.00	82.00	2.00	2.00	2.00
发电机组容量(万千瓦)	Installation Capacity of Power Generation (10 000 kw)	5 650.26	4 333.37	510.69	2 177.51	989.38
水力发电	Hydro Power Generation	4 941.41	3 812.91	289.17	1 757.57	857.54
火力发电	Thermal Power Generation	420.00	285.00	15.00	295.00	15.00
其他发电	Others	288.85	235.46	206.52	124.94	116.84
输电线路长度(11万伏及以上)(公里)	Length of Transmission Line (over 110kv) (km)	1 342	1 315	1 236	1 107	1 107
水　泥	Cement	3 765.00	3 569.00	1 657.00	2 124.00	1 562.00
氮　肥	Nitrogen Fertilizers	17.27	17.27	17.27	17.27	17.27
磷　肥	Phosphate Fertilizers	157.10	112.40	88.10	84.30	40.10
塑料树脂及共聚物	Plastics,Colophony and Copolymer	0.75	0.60	0.55	0.75	0.60
合成橡胶	Synthetic Rubber	5.00	5.00			
酒	Liquor	78.03	57.83	43.23	32.83	22.83
啤　酒	Beer	52.00	32.00	20.00	30.00	20.00
白　酒	Wine	11.63	11.63	9.33	2.13	2.13
机制纸浆　(万吨/年)	Machine-made Pulp	19.60	19.60	5.50		
新建公路(公里)	Length of Newly-built Highway (km)	7 179	6 336	3 918	4 127	3 286
#高速公路	Expressway	1 118	829	122	257	150
一级公路	Class-A Highway	93	36	13	15	10
二级公路	Class-B Highway	2 032	1 702	589	1 254	598
改建公路(公里)	Length of Reconstructed Highway (km)	6 684	6 233	4 169	4 905	4 166
一级公路	Class-A Highway	53	53	26		
二级公路	Class-B Highway	754	603	313	605	483
新建独立公路桥梁（延长米)	Length of Newly-built Bridges (m)	12 737	12 009	9 860	9 238	8 555
新建独立公路桥梁(座)	Number of Newly-built Bridges (set)	49	48	37	30	30
新(扩)建客、货运站(个)	Cargo or Passenger Terminals (unit)	27	26	19	21	19
新(扩)建客货运站（万平方米)	Cargo or Passenger Terminals (10 000 sq.m)	64	56	46	49	42
候机楼（座)	Terminals (unit)	1	1			
候机楼（平方米)	Terminals (sq.m)	33 456	33 456			
城市自来水供水能力(万吨/日)	Urban Volume of Water Supply (10 000 tons/day)	74.96	63.96	51.16	54.26	46.06
城市污水处理能力(万吨/日)	Urban Capacity of Sewage Treatment (10 000 tons/day	121.87	51.17	23.72	64.92	28.32

主要统计指标解释

固定资产投资 是以货币形式表现的在一定时期内建造和购置固定资产的工作量以及与此有关的费用的总称。该指标是反映固定资产投资规模、结构和发展速度的综合性指标，又是观察工程进度和考核投资效果的重要依据。固定资产投资按登记注册类型可分为国有、集体、个体、联营、股份制、外商、港澳台商、其他等。固定资产投资统计口径为各种登记注册类型的企业、事业、行政单位及个体户进行的计划总投资（或实际需要总投资）500 万元以上的建设项目投资。

全社会固定资产投资 根据国家投资统计制度规定，从 2010 年起全社会固定资产投资统计口径为 500 万元以上建设项目（含房地产开发）投资和农村农户投资。

固定资产投资按国民经济行业分 根据建设项目建成投产后的主要产品或主要用途及社会经济活动性质来确定国民经济行业。一般情况下，一个建设项目或一个企业、事业单位只能属于一种国民经济行业。

固定资产投资按隶属关系分 是按建设单位或企业、事业、行政单位的主管上级机关确定的。

（1）中央：是指中共中央、人大常委会和国务院各部、委、局、总公司以及直属机构直接领导的建设项目和企业、事业、行政单位。这些单位的固定资产投资计划由国务院各部门直接编制和下达，建设中所需物资、主要设备以及建设中的问题都由中央有关部门安排和解决。

（2）地方：是由省（自治区、直辖市）、地区（州、盟、省辖市）、县（旗、县级市）三级政府及业务主管部门直接领导管理的建设项目和企业、事业、行政单位。地方项目还包括不隶属以上各级政府及主管部门的建设项目和企业、事业单位，如外商投资企业和无主管部门的企业等。

固定资产投资按建设性质分 根据整个建设项目情况来确定。建设项目的性质一般分为新建、扩建、改建和技术改造、迁建、恢复等。

（1）新建：一般指从无到有开始建设的企业、事业和行政单位或建设项目。现有企业、事业、行政单位一般不属于新建。但如有的单位原有基础很小，经过建设后新增的固定资产价值超过该企、事业、行政单位原有固定资产价值（原值）三倍以上的也应作为新建。

（2）扩建：指在厂内或其他地点，为扩大原有产品的生产能力（或效益）或增加新的产品生产能力，而增建主要的生产车间（或主要工程）、分厂、独立的生产线。行政、事业单位在原单位增建业务用房（如学校增建教学用房、医院增建门诊部、病房等）也作为扩建。

现有企、事业单位为扩大原有主要产品生产能力或增加新的产品生产能力，增建一个或几个主要生产车间（或主要工程）、分厂，同时进行一些更新改造工程的，也应作为扩建。

（3）改建和技术改造：指现有企业、事业单位，对原有设施进行技术改造或更新（包括相应配套的辅助性生产、生活福利设施）的建设项目。现有企业、事业单位为适应市场变化的需要，而改变企业的主要产品种类（如军工企业转产民用品等）的建设项目，应作为改建。原有产品生产作业线由于各工序（车间）之间能力不平衡，为填平补齐充分发挥原有生产能力而增建不增加本企业主要产品设计能力的车间，也应作为改建。技术改造是指企业、事业单位在现有基础上，用先进的技术代替落后的技术，用先进的工艺和装备代替落后的工艺和装备，以改变企业落后的技术经济面貌，实现以内涵为主的扩大再生产，达到提高产品质量、促进产品更新换代、节约能源、降低消耗、扩大生产规模、全面提高社会经济效益的目的。技术改造具体包括以下内容：机器设备和工具的更新改造；生产工艺改革、节约能源和原材料的改造；厂房建筑和公共设施的改造；保护环境进行的“三废”治理改造；劳动条件和生产环境的改造等。

固定资产投资按构成分 固定资产投资活动按其工程内容和实现方式分为建筑工程、安装工程，设备、工具、器具购置，其他费用四个部分。

（1）建筑工程：指各种房屋、建筑物的建造工程，又称建筑工作量。包括各种房屋建造工程；各种用途设备基础和各种工业窑炉的砌筑工程及金属结构工程；为施工而进行的各种准备工作和临时工程以及完工后的清理工作等；铁路、道路的铺设，矿井的开凿及石油管道的架设等；水利工程；防空地下建筑等特殊工程；列入房屋工程预算内的暖气、卫生、通风、照明、煤气等设备的价值及装设油饰工程；列入建筑工程预算内的各种管道（蒸汽、压缩空气、石油、给排水等管道）、电力、电讯电缆导线等的敷设工程；房地产开发单位进行的商品房屋开发建设工程、土地开发工程。

（2）安装工程：指各种设备、装置的安装工程，又称安装工作量。包括各种需要安装设备的装配和安装，与设备相连的装设工程及附属于被安装设备的其他工程；为测定安装工程质量，对设备进行的试运工作。但不包括被安装设备本身的价值。

（3）设备、工具、器具购置：指建设单位或企、事业单位购置或自制的，达到固定资产标准的设备、工具、器具的价值。新建单位及扩建单位的新建车间，按照设计或计划要求购置或自制的全部设备、工具、器具，不论是否达到固定资产标准均计入" 设备、工具、器具购置" 中。

（4）其他费用：指在固定资产建造和购置过程中发生的，除上述几项内容以外的各种应分摊计入固定资产的费用。

新增固定资产 指已经完成建造和购置过程，并已交付生产或使用单位的固定资产的价值。包括已经建成投入生产或交付使用的工程投资和达到固定资产标准的设备、工具、器具的投资及有关应摊入的费用。属于增加固定资产价值的其他建设费用，应随同交付使用的工程一并计入新增固定资产。

施工房屋面积 指报告期内施工的全部房屋建筑面积。包括本期新开工的面积和上期开工跨入本期继续施工的房屋面积，以及上期已停缓建在本期复工的房屋面积。本期竣工和本期施工后又停缓建的房屋，其建筑面积仍计入本期施工房屋面积中。

房屋新开工面积 指报告期内新开工的全部房屋建筑面积，以单位工程为核算对象。房屋新开工面积指整栋房屋的全部建筑面积，不能分割计算。

竣工房屋面积 指在报告期内房屋建筑按照设计要求已全部完工，达到住人和使用条件，经验收鉴定合格（或达到竣工验收标准），可正式移交使用的各栋房屋建筑面积的总和。

竣工房屋价值 指在报告期内竣工房屋本身的建造价值。竣工房屋价值按房屋设计和预算规定的内容计算。

施工项目 指报告期内进行过建筑或安装施工活动的项目。凡是报告期内施过工的建设项目，不论施工时间长短，均作为施工项目统计。施工项目个数可以反映一定时期固定资产投资的实际规模，与同期全部建成投产项目个数相比，可以从建设速度的角度反映固定资产投资的效果。

全部建成投产项目 报告期内按设计文件规定建成主体工程和相应配套的辅助设施，形成生产能力或工程效益，经验收合格，并且已正式投入生产或交付使用的建设项目。

新增生产能力 指通过固定资产投资活动而增加的设计能力或工程效益，它是用实物形态表示的固定资产投资的成果。新增生产能力的计算，是以能独立发挥生产能力或效益的工程为对象。当工程建成，经有关部门鉴定合格，正式移交投入生产，即可计算新增生产能力。

规划用地面积 指根据经有关部门批准的项目规划，建设项目需要使用的土地面积。

实际征用和购置土地面积 指报告期内通过征用等各种方式获得使用权的土地面积。

实际征用和购置土地成交价款 指报告期内征用和购置土地进行土地使用权交易活动的最终金额。征用和购置的土地成交价款与征用和购置土地面积同口径，目的是正确计算平均土地征用和购置价格。

固定资产投资的资金来源 根据固定资产投资的资金来源不同，分为上年末结余资金和本年资金来源。其中本年资金来源又分为六种：

（1）国家预算资金：包括中央预算资金和地方预算资金。其中中央预算资金分为财政拨款和财政安排

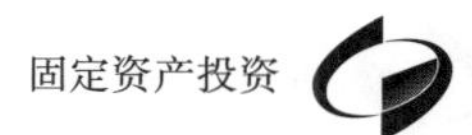

的贷款两部分。

（2）国内贷款：指报告期固定资产投资项目单位向银行及非银行金融机构借入的用于固定资产投资的各种国内借款。包括银行利用自有资金及吸收的存款发放的贷款、上级主管部门拨入的国内贷款、国家专项贷款（包括煤代油贷款、劳改煤矿专项贷款等），地方财政专项资金安排的贷款、国内储备贷款、周转贷款等。银行贷款、非银行金融机构贷款等。

（3）债券：是企业（公司）或金融机构通过发行各种债券筹集到的用于固定资产投资的资金。包括由银行代理国家专业投资公司发行的重点企业债券和基本建设债券。指企业或金融机构为筹集用于固定资产投资的资金向投资者出具的承诺按一定发行条件还本付息的债务凭证，包括金融债券和企业债券。

（4）利用外资：指报告期收到的用于固定资产建造和购置投资的境外资金（包括设备、材料、技术在内）。计算利用外资时，需要折算成人民币，折算中所使用的外汇汇率按现汇计算，即按使用外汇时的汇率计算。

（5）自筹资金：指固定资产投资单位报告期收到的，由各地区、各部门及企业、事业单位筹集用于固定资产投资的预算外资金，包括中央各部门、各级地方和企业、事业单位的自有资金。

（6）其他资金来源：指在报告期收到的除以上各种资金之外其他用于固定资产投资的资金。包括社会集资、个人资金、无偿捐赠的资金及其他单位拨入的资金等。

Explanatory Notes on Principle Statistical Indicators

Total Investment in Fixed Assets refers to the volume of activities in construction and purchases of fixed assets and related fees, expressed in monetary terms during the reference period. It is a comprehensive indicator which shows the size, structure and growth of the investment in fixed assets, providing a basis for observing the progress of construction projects and evaluating results of investment. Total investment in fixed assets includes, by type of ownership, the investment by State - owned units, collective - owned units, individuals, joint ownership units, share - holding units, as well as investments by entrepreneurs from foreign countries and from Hong Kong, Macao and Taiwan, and by other units. Its statistical range is construction projects involving a total planned (or required) investment over 5 million yuan by enterprises of various types of ownership, institutions, administrative units and individuals in urban areas. In other words, all investments that take place in county towns and urban areas, investment in construction projects under the direct leadership and management of government agencies at and above county levels and investments by enterprises and institutions at and above county levels are covered in urban investment in fixed assets.

Investment in Fixed Assets of the Whole Society According to the regulations of national investment system, statistical coverage of the investment in fixed assets of the whole province refers to the construction projects investment and rural household investment over 5 million yuan (excludes that of real estate).

Investment in Fixed Assets by Sector The classification of construction projects by sector is determined by the major products or the purpose of the projects when they are put into production or use, and by the nature of their social economic activities. In general, one project or one enterprise or institution can only be classified into one sector.

Investment in Fixed Assets by Jurisdiction of Management refers to the classification of investment by the competent authorities under which investment is made by construction units, enterprises, institutions or administrative units.

(1) **Central Investment** refers to the investment in projects or by enterprises, institutions or administrative units which are under the direct leadership and management of the State Council and of the national commissions, ministries, agencies and State - owned large corporations. Various ministries and departments of the State Council prepare and implement plans for investment in fixed assets by those departments, and arrange and ensure the supply

of materials and key equipment required for the projects.

(2) **Local Investment** refers to the investment in projects or by enterprises, institutions or administrative units which are under the direct leadership and management of departments under the provincial, prefecture and county governments. Also included are projects by foreign – invested enterprises and enterprises without competent managing authorities.

Investment in Fixed Assets by Type of Construction Construction projects in general can be classified, by the type of construction, into new construction, expansion, reconstruction and technical transformation, moving and restoration.

(1) **New Construction in General** refers to construction projects, which start from scratch, of enterprises, institutions, administrative agencies. Construction in existing enterprises, institutions or agencies is generally not considered as new construction. In case the size of the existing unit is quite small, and the value of newly added fixed assets is more than three times of the original value, the expansion will be considered as new construction.

(2) **Expansion** refers to construction of new major production workshop, branch factory or independent production line within a factory or in other locations, for the purpose of increasing the production capacity (or improving efficiency) or adding new production capacity. Newly constructed accommodation for the operation of institutions and administrative organizations (such as newly constructed buildings for teaching in schools, buildings for clinics or wards in hospitals, etc.) are also classified as expansion.

Also included in expansion are investments by existing enterprises or institutions in building major production line (s) or branch factory (ies) along with some work on innovation, for the purpose of expanding the production capacity of original products or producing new products.

(3) **Reconstruction and technical transformation** refers to construction projects by existing enterprises or institutions in innovation or technical transformation of the old facilities (including auxiliary production equipment and welfare facilities). Also considered as reconstruction is the construction of new workshops by the existing enterprises or institutions to change the variety of products to meet the market demand (such as the production of civil products by defense industries), or to bring the designed production capacity into full play through a more balanced production process on production lines. Technical transformation refers to replacement of old technology or equipment by new technology or equipment, in order to expand the reproduction through improvement of technology contents in production, to improve product quality, to promote new products, to save energy, to reduce consumption, to expand the production scale and to improve overall social – economic efficiency. Contents of technical transformation include: updating of machinery, equipment and tools; reforming production process by using energy or materials saving technology; construction of factory workshops and transformation of public facilities; improvement of working conditions and environment, etc.

Investment in Fixed Assets by Structure By their contents and the mode of implementation, investment activities are classified into 3 categories, i. e. construction and installation, purchase of equipment and instrument, and other expenses.

(1) **Construction (work volume of construction)** refers to the construction of houses and buildings, They include construction of houses; equipment foundations, industrial kilns and stoves, and metal structure work; preparation works and temporary works for project construction, and clearing up works post project construction; pavement of railways and roads, drilling of mines and putting up of oil pipes; construction of water conservancy; construction of underground air – raid shelters and construction of other special projects; value of equipment for heating, sanitation, ventilation, lighting, gas, painting, etc. that are covered by the budget of housing projects; laying out of various pipelines (for steam, compressed air, petroleum, tap water and sewage) and wiring and cabling for electric power and for communications; installation of various machinery and equipment; testing operation for pre – testing the quality of installation projects, and land and other development work conducted by real estate developers for commercialized housing.

(2) **Installation (work volume of installation)** refers to the installation of various kinds of equipment and instruments, the installation projects connected with the equipment and other projects attach to the installation equipment; preparing work of the equipment to test the quality of the installation projects. The value of equipment installed is itself not included in the value of installation projects.

(3) **Purchase of Equipment and Instruments** refers to the total value of equipment, tools, and instruments purchased or self – produced which come up to the cut – off point for fixed assets by the construction units or investing enterprises or institutions. Equipment, tools and instruments purchased or self – produced for new workshops by newly established or expanded units are categorized as " purchase of equipment and instruments" no matter whether they come up to the cut – off point for fixed assets.

(4) **Other Expenses** refer to expenses arising during the construction or purchase of fixed assets other than those mentioned above.

Newly Increased Fixed Assets refer to the newly increased value of fixed assets, constructed or purchased, that have been transferred to the investors. This is an indicator that demonstrates the results of investment in fixed assets in monetary terms, and an important indicator to reflect the speed of construction and to calculate the efficiency of investment.

Floor Space under Construction refers to total floor space of all buildings under construction during the reference period, including floor space of newly started buildings during the reference period, floor space of construction extended from the previous period to the current period, and floor space of construction suspended during the previous period and resumed in the current period. Floor space of construction completed in the current period, and floor space of construction started and then suspended in the current period are also included in the floor space under construction of the current year.

Floor Space of Newly Started refers to the total floor space of buildings of newly started in the reference period and its accounting coverage is the unit construction. It is the total floor space of the whole building and it should be calculated as a whole.

Floor Space Completed refers to the floor space of all buildings completed in the reference period, which has been appraised and accepted (or come up to the designed standards) and has been transferred to owner units.

Value of Floor Space Completed refers to the value of floor space of all buildings completed in the reference period, it is calculated according to the building design and the content of the budget regulation.

Projects under Construction refer to projects with construction and installation activities undertaken in the reference period. The number of projects under construction can reflect the actual size of investment in fixed assets during a given period, and when compared with the number of projects completed and put into use during the same period, it demonstrates the results of investment in fixed assets from the angle of the speed of the construction. Depending on the nature of construction activities, projects under construction can also be classified into projects beginning construction in current year, winding – up projects in current year and stopped or suspended projects in previous years (with resumption of work in current year).

Projects Completed and Put into Use refers to the construction projects which have been completed the main work and responding supporting facilities which has built up the productivity or project benefit in accordance with the design documents, have been checked and accepted after relevant examination; and have been formally delivered for use in the reference period.

Newly Increased Production Capacity (or Project Efficiency) refers to the increase in design capacity (or project efficiency) through investment in fixed assets, which reflects the accomplishment of investment in fixed assets in physical form, and its calculating coverage is the construction which can produce the production capacity and project efficiency independently and has been appraised and accepted (or come up to the designed standards) and has been transferred to use formally when it is completed.

Plan Land Area for Use refers to the land area of the construction projects and the project planning which have

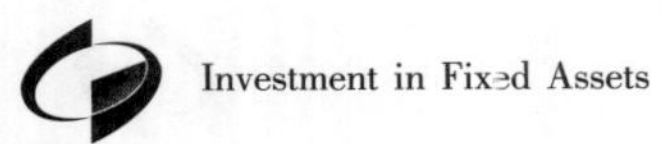

been approved by relevant department.

Actual Requisitioning and Purchased Land Area refers to the area of the land obtained by requisition and other ways in the reference period.

Actual Sales Amount of Requisitioning and Purchasing Land refers to the final amount of money spent on requisitioning and purchasing land in the reference period. In order to calculating the average requisitioning land and purchasing price correctly, the coverage of requisitioning and purchasing land area is same as that of actual price of requisitioning and purchasing land.

Sources of Funds for Investment in Fixed Assets are categorized as surplus fund from the year – end of preceding year and source of funds this year , depending on the sources of investment. Source of funds this year are categorized as follows:

(1) **Fund from the State Budget Consists of Budgetary Appropriation Includes Central Budget Funds and Local Budget Funds.** central budget funds includes funds from the budget of the central government, capital construction fund (operation fund and non – operational fund), special expenses (e. g. expenses on substituting petroleum with coal), loans from repayment, discount fund, expenses on innovation and trial production of new products, expenses on urban construction, expenses on temporary construction from business departments, development fund for less developed areas, as well as local budgetary fund transferred from the central budget.

(2) **Domestic loans** refer to loans of various forms borrowed by investing units from banks and non – bank financial institutions during the reference period for the purpose of investment in fixed assets, including loans issued by banks from their self – owned funds and deposit, loans appropriated by higher authorities, special loans by government, loans arranged by local government from special funds, domestic reserve loan, and working loan.

(3) **Bond** refers to the funds raised by enterprises (corporations) or financial institutions through bonds issue and used for the investment in fixed assets, including the key enterprises bond and fundamental construction bond issued by banks deputized for national professional investment corporations.

(4) **Foreign investment** refers to foreign funds received during the reference period for the construction and purchase of investment in fixed assets (covering equipment, materials and technology). In calculating the utilization of foreign capital, foreign currencies are converted into Chinese Renminbi applying the current exchange rate when the foreign capitals are actually used.

(5) **Self – raised funds** refer to extra – budgetary funds for investment in fixed assets received during the reference period by investing units from central government ministries, local governments, enterprises and institutions, including their self – raised funds.

(6) **Others** refer to funds for investment in fixed assets received from sources other than those listed above, including capital raised through issuing bonds by enterprises or financial institutions, funds raised from individuals and through donations, and funds transferred from other units.

Chapter 4

四、城乡市场消费
Urban and Rural Consumption

4-1 全省主要年份流通业基本情况
Basic Statistics on Circulation of Commodities of Yunnan Province in Significant Years

类　别	Category	2008	2009	2010	2011	2012
全省限额以上法人企业（个）	**Corporate Enterprises above Designated Size (unit)**	**2 004**	**2 017**	**2 445**	**2 798**	**3 424**
批发和零售业	Wholesale and Retail Trades	1 518	1 512	1 842	2 098	2 616
住宿业	Hotels	359	373	423	479	512
餐饮业	Catering Services	127	132	180	221	296
全省限额以上企业从业人员(万人)	**Employed Persons in Enterprises above Designated Size (10 000 person)**	**20.12**	**21.64**	**26.21**	**31.49**	**38.47**
批发和零售业	Wholesale and Retail Trades	14.04	14.72	17.39	21.60	25.86
住宿业	Hotels	4.67	5.22	5.97	6.20	7.65
餐饮业	Catering Services	1.42	1.71	2.85	3.69	4.96
全省批发和零售业（亿元）	**Wholesale and Retail Trade (100 million yuan)**					
商品购进总额	Total Purchases	2 727.88	2 662.38	3 677.09	4 715.39	6 819.51
商品销售总额	Total Sales	4 699.22	4 847.27	6 229.16	7 919.71	10 381.17
商品库存总额	Total Inventory	469.74	562.87	700.06	618.28	818.70
全省社会消费品零售总额(亿元)	**Total Retail Sales of Consumer Goods (100 million yuan)**	**1 764.74**	**2 051.06**	**2 542.44**	**3 000.14**	**3 541.60**
按销售单位所在地分	**Grouped by Location of Marketing Establishments**					
城　镇	Urban Areas	1 387.01	1 622.74	2 183.32	2 407.21	2 846.92
#城　区	Cities	985.53	1 255.02	1 664.65	1 904.12	2 244.95
乡　村	Rural Areas	377.73	428.32	359.12	592.93	694.68
按行业分	**Grouped by Sector**					
批发和零售业	Wholesale and Retail Trades	1 351.77	1 626.15	2 023.54	2 393.91	2 764.90
住宿和餐饮业	Hotels and Catering Services	306.76	304.82	362.82	433.80	512.35
按经济成分分	**Grouped by Type of Economic Ownership**					
公有制经济	Public Ownership Economy	305.93	335.24	475.35	564.64	672.58
#国有经济	Of Which: State-owned Economy	198.37	223.62	359.11	473.40	555.30
非公有制经济	Non-public Ownership Economy	1 458.81	1 715.82	2 067.10	2 435.50	2 869.02
#私有经济	Of Which: Private Ownership Economy	1 207.23	1 440.72	1 843.61	2 168.09	2 556.18

注：1. 2008年数据为第二次经济普查数据，统计口径与非普查年份有差异；2009年起购销存数据包括达到限额标准的个体户。
2. 限额以上住宿业的统计口径，2008年后为年主营业务收入200万元以上的企业，2007年及以前的为评为星级的住宿企业。
3. 2005—2008年零售额相关数据根据2008年第二次经济普查结果有所调整。
4. 零售额按行业分为其中数，未包括其他行业数据。

Note: a.Data of 2008 are that of the Second Economic Census,and the statistical coverage of 2008 differs from that of years without census. Buying,selling and stocking data of 2009 include that of individual-employed people up to limited standards.
b. The calculating standard of business of star-rated hotels in 2008 are enterprises of revenue from principal business above 2 million Yuan, while in 2007, the star-rated hotels.
c.Relevant data of retail sales from year 2005 to 2008 have been adjusted according to the Second Economic Census held in 2008.
d.Data of retail Sales are that of each Sector under retail trades,exclude data of other sector.

4-2 社会消费品零售总额（1978-2012年）
Historical Total Retail Sales of Consumer Goods (1978-2012)

单位：亿元 (100 million yuan)

年份 Year	社会消费品零售总额 Total Retail Sales of Consumer Goods	城镇 Urban Areas	#城区 Cities	乡村 Rural Areas	按行业分 Grouped by Sector 批发零售贸易业 Wholesale and Retail Trades	住宿餐饮业 Hotels and Catering Services
1978	28.38	18.74	6.93	9.64		
1979	32.60	20.36	8.49	12.24		
1980	37.96	24.35	10.79	13.61		
1981	42.04	26.33	10.24	15.71		
1982	44.54	27.71	11.89	16.84		
1983	55.19	34.21	14.66	20.97		
1984	65.58	41.25	21.01	24.34		
1985	84.45	54.38	31.54	30.07		
1986	91.91	58.08	30.35	33.83		
1987	102.55	65.76	33.94	36.79		
1988	135.57	89.13	46.24	46.44		
1989	142.15	94.10	49.98	48.05		
1990	145.59	97.58	52.44	48.02		
1991	163.75	111.73	59.90	52.02		
1992	204.60	144.05	81.00	60.55		
1993	261.90	195.20	117.62	66.70		
1994	304.97	228.78	142.05	76.19		
1995	369.55	277.47	172.30	92.08		
1996	414.18	309.01	192.07	105.17		
1997	467.07	353.25	227.60	113.82		
1998	500.09	382.53	256.26	117.55		
1999	538.95	413.04	283.37	125.91	463.07	61.78
2000	583.17	448.36	309.28	134.81	493.53	74.87
2001	640.80	493.65	343.41	147.14	533.82	90.10
2002	711.25	550.37	384.61	160.88	585.57	106.61
2003	782.46	605.75	425.26	176.71	635.42	124.63
2004	915.31	710.20	498.96	205.11	732.07	134.55
2005	1 041.29	809.19	568.30	232.10	829.62	156.54
2006	1 204.75	938.82	659.75	265.93	963.16	181.23
2007	1 422.57	1 111.53	786.82	311.04	1 093.98	236.87
2008	1 764.74	1 387.01	985.53	377.73	1 351.77	306.76
2009	2 051.06	1 622.74	1 255.02	428.32	1 626.15	304.82
2010	2 542.44	2 183.32	1 664.65	359.12	2 023.54	362.82
2011	3 000.14	2 407.21	1 904.12	592.93	2 393.91	433.80
2012	3 541.60	2 846.92	2 244.95	694.68	2 764.90	512.35

注：2005—2008年零售额相关数据根据2008年第二次经济普查结果有所调整。
Note:Relevant data of retail sales from 2005 to 2008 have been adjusted according to the Second Economic Census held in 2008.

4-3 各州市社会消费品零售总额(2012年)

单位：亿元

州市	Region	社会消费品零售总额 Total Retail Sales of Consumer Goods	按销售单位所在地分 Grouped by Location of Marketing Establishments		
			城镇 Urban Areas	#城区 Cities	乡村 Rural Areas
全省	**Yunnan**	**3 541.60**	**2 846.92**	**2 244.95**	**694.68**
昆明	Kunming	1 493.80	1 434.77	1 401.52	59.03
曲靖	Qujing	331.69	238.44	174.27	93.25
玉溪	Yuxi	198.64	157.82	118.45	40.82
保山	Baoshan	119.69	81.92	57.44	37.77
昭通	Zhaotong	149.61	106.32	38.17	43.30
丽江	Lijiang	65.69	48.72	27.63	16.97
普洱	Pu'er	102.17	81.01	31.78	21.16
临沧	Lincang	101.97	64.11	45.66	37.86
楚雄	Chuxiong	184.70	156.38	89.74	28.32
红河	Honghe	217.31	172.83	138.66	44.48
文山	Wenshan	204.81	135.22	48.42	69.59
西双版纳	Xishuangbanna	71.21	51.51	30.38	19.70
大理	Dali	204.58	170.45	117.53	34.13
德宏	Dehong	78.34	55.80	46.54	22.53
怒江	Nujiang	20.64	14.46	14.46	6.18
迪庆	Diqing	30.02	16.33	1.97	13.70

注：分州市相加不等于全省合计数。

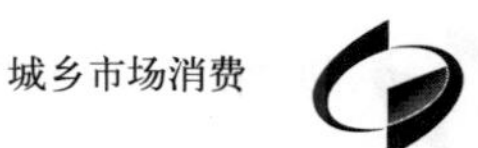

Total Retail Sales of Consumer Goods by Region (2012)

按行业分 Grouped by Sector		按经济成分分 Grouped by Type of Ownership			
批发零售贸易业 Wholesale and Retail Trades	住宿餐饮业 Hotels and Catering Services	公有制经济 Public Ownership Economy	国有经济 Of Which: State-owned Economy	非公有制经济 Non-public Ownership Economy	私有经济 Of Which: Private Ownership Economy
2 764.90	**512.35**	**672.58**	**555.30**	**2 869.02**	**2 556.18**
1 281.34	212.46	260.64	208.36	1 233.16	819.27
284.23	47.46	67.29	36.86	264.39	167.20
163.96	34.67	47.65	35.73	150.99	120.08
102.19	17.50	37.25	34.40	82.45	81.03
130.06	19.55	31.07	30.39	118.54	98.74
49.69	16.00	8.78	8.09	56.91	54.66
85.15	17.02	15.17	12.52	87.00	86.97
86.87	15.10	14.97	13.15	87.01	72.76
157.78	26.92	45.50	39.41	139.20	127.56
178.97	38.33	90.13	74.54	127.18	95.86
170.03	34.78	45.14	34.85	159.68	159.68
61.68	9.53	14.22	13.00	56.98	41.43
175.26	29.31	47.66	40.64	156.91	139.12
68.11	10.22	12.96	11.24	65.38	62.21
17.38	3.26	4.88	4.87	15.77	10.43
26.48	3.54	11.21	8.60	18.82	18.82

Note: The sum of the data of various regions is not equal to the provincial total.

4-4 限额以上批发和零售业商品购进、销售、库存总额(2012年)

单位：亿元

类别	Category	法人企业数(个) Number of Corporate Enterprises (unit)	产业活动单位和个体户数(个) Number of Industrial Activity Entities and Self-employed Entities (unit)
全省	**Yunnan**	**2 616**	**541**
批发业	**Wholesale Trade**	**1 110**	**46**
按登记注册类型分	**Grouped by Status of Registration**		
内资企业	Domestic-funded Enterprises	1 097	13
国有企业	State-owned Enterprises	67	2
集体企业	Collective-owned Enterprises	28	
股份合作企业	Joint Stock Cooperative Enterprises	10	
联营企业	Joint Ownership Enterprises	5	
有限责任公司	Limited Liability Companies	290	1
股份有限公司	Incorporated Corporations	54	7
私营企业	Private Enterprises	589	3
其他企业	Other Enterprises	54	
港澳台商投资企业	Enterprises Invested by Hong Kong, Macao and Taiwan	7	
外商投资企业	Foreign-funded Enterprises	6	
个体经营	Individual Operation		33
按国民经济行业分	**Grouped by Sector**		
农、林、牧产品批发	Wholesale of Farming, Forestry and Animal Husbandry Products	37	5
食品、饮料及烟草制品批发	Wholesale of Food, Beverages and Tobaccos	138	15
米、面制品及食用油批发	Wholesale of Rice, Flour and Edible Oil	42	2
酒、饮料及茶叶批发	Wholesale of Liquor、Beverages and Tea	22	1
烟草制品批发	Wholesale of Tobaccos	16	
纺织、服装及家庭用品批发	Wholesale of Textiles, Garments and Daily Consumer Articles	39	3
文化、体育用品及器材批发	Wholesale of Culture, Sports Appliances and Equipments	10	1
医药及医疗器材批发	Wholesale of Medicines and Medical Appliances	103	
矿产品、建材及化工产品批发	Wholesale of Mineral Products, Building Materials and Chemical Products	623	19
煤炭及制品批发	Wholesale of Coal and Related Products	80	
石油及制品批发	Wholesale of Petrolem and Related Products	37	1
金属及金属矿批发	Wholesale of Metal Materials	12	5
建材批发	Wholesale of Building Materials	216	8
化肥批发	Wholesale of Chemical Fertilizer	63	4
其他化工产品批发	Wholesale of Other Chemical Products	115	
机械设备、五金交电及电子产品批发	Wholesale of Machinery, Hardware and Electronic Products	124	2
汽车批发	Wholesale of Motor Vehicles	10	
计算机、软件及辅助设备批发	Wholesale of Computer, Software and Assistant Appliances	19	
其他机械设备及电子产品批发	Wholesale of Machinery and Electronic Products	52	
贸易经纪与代理	Trade Broker and Agency	3	
其他批发业	Other Wholesale Trades	33	1

Total Purchases, Sales and Inventory of Enterprises above Designated Size of Wholesale and Retail Trades (2012)

(100 million yuan)

从业人员数（万人） Number of Employed Persons (10000person)	商品购进总额 Total Purchases of Goods	进口 Imports of Goods	商品销售总额 Total Sales of Goods	批发 Wholesale	出口 Outputs	零售 Retail	年末库存总额 Inventory at Year-end	年末零售营业面积（万平方米） Retail Operating Area at Year-end (10 000 sq.m)
25.86	**6 819.51**	**179.26**	**7 412.36**	**5 454.54**	**214.38**	**1 957.83**	**818.70**	**1 023.50**
11.51	**5 249.62**	**150.61**	**5 732.85**	**5 314.02**	**211.00**	**418.83**	**620.19**	**459.56**
11.16	5 173.65	144.56	5 658.30	5 245.62	210.13	412.68	597.72	455.43
3.19	2 179.47	37.53	2 435.70	2 353.57	69.36	82.13	364.69	29.59
0.12	14.42	0.02	15.01	13.52		1.49	1.96	5.14
0.05	4.63	0.41	5.38	5.03	0.14	0.35	1.15	1.24
0.02	11.76	0.41	11.74	11.68	0.27	0.06	0.59	0.14
1.33	1 037.07	25.55	1 045.14	999.36	13.20	45.78	86.50	72.19
0.89	421.70	41.93	582.14	433.10	45.38	149.04	22.48	114.97
5.41	1 319.00	35.39	1 369.37	1 237.66	79.86	131.71	110.09	226.46
0.15	185.59	3.32	193.83	191.70	1.92	2.13	10.26	5.69
0.10	13.19		15.09	11.09	0.49	4.00	0.87	0.74
0.10	35.58	1.38	31.85	31.22	0.38	0.63	20.57	0.16
0.15	27.20	4.67	27.61	26.08		1.52	1.03	3.23
0.13	146.31	8.98	153.16	151.77	1.40	1.39	6.01	18.84
3.10	1 262.95	10.83	1 458.85	1 448.40	15.90	10.45	304.70	41.06
0.23	69.21	2.59	65.55	62.00	0.55	3.56	21.88	16.26
0.20	31.57	1.40	33.63	33.18	0.89	0.45	20.43	3.65
2.36	1 061.52		1 254.59	1 250.94		3.65	257.60	3.31
3.50	517.64	0.46	510.52	446.69	24.31	63.83	51.44	136.05
0.05	64.25	40.04	65.71	56.38	33.09	9.32	5.12	1.63
1.04	245.91	4.33	256.24	250.70	3.53	5.53	23.57	24.49
3.03	2 554.25	67.86	2 827.78	2 517.97	20.86	309.81	183.42	208.06
0.21	200.47		208.01	190.90		17.11	7.76	24.56
0.85	421.77	3.55	606.54	438.79	2.41	167.75	19.81	120.55
0.04	6.01		9.55	9.49	0.80	0.07	0.56	0.77
0.54	960.65	30.47	991.77	933.07	3.35	58.70	51.70	13.59
0.20	155.32	11.83	153.10	131.35	0.99	21.76	14.95	5.22
0.67	540.77	0.07	579.05	539.03	4.32	40.01	70.62	29.28
0.53	164.98	3.82	167.45	149.04	41.54	18.40	23.76	12.87
0.04	15.50		16.51	15.88	2.70	0.63	2.72	0.25
0.08	17.84		18.44	17.04	1.06	1.40	2.02	0.19
0.29	90.75	3.70	90.07	75.64	19.33	14.43	15.50	10.30
0.01	126.18	14.05	131.68	131.68	41.89	0.00	5.50	0.11
0.12	167.15	0.24	161.47	161.38	28.49	0.09	16.67	16.46

4-4 续表

单位：亿元

类 别	Category	法人企业数（个）Number of Corporate Enterprises (unit)	产业活动及个体户数(个) Number of Industnial Activity Entities and Self-employed Entities(unit)
零售业	**Retail Trade**	**1 506**	**495**
按登记注册类型分	**Grouped by Status of Registration**		
内资企业	Domestic Funded Enterprises	1 477	38
国有企业	State-owned Enterprises	83	10
集体企业	Collective-owned Enterprises	35	2
股份合作企业	Joint Stock Cooperative Enterprises	44	1
联营企业	Joint Ownership	2	
有限责任公司	Limited Liability Companies	414	13
股份有限公司	Incorporated Corporations	36	1
私营企业	Private Enterprises	768	11
其他企业	Other Enterprises	95	
港澳台商投资企业	Enterprises Invested by Hong Kong, Macao and Taiwan	14	2
外商投资企业	Foreign-funded Enterprises	15	
个体经营	Individual Operation		455
按国民经济行业分	**Grouped by Sector**		
综合零售	Integrated Retail	272	197
百货零售	Retail of General Merchandise	113	73
超级市场零售	Retail of Supermarkets	101	74
食品、饮料及烟草制品专门零售	Retail of Food, Beverages and Tobaccos	146	107
粮油零售	Retail of Food and Edible Oil	58	8
酒、饮料及茶叶零售	Retail of Liquor、Beverages and Tea	17	5
烟草制品零售	Retail of Tobaccos	11	1
纺织、服装及日用品专门零售	Retail of Textiles, Garments and Daily Consumer Articles	36	14
服装零售	Retail of Garments	21	10
文化、体育用品及器材专门零售	Retail of Culture, Sports Appliances and Equipments	68	10
图书、报刊零售	Retail of Books and Newspapers and Periodicals	44	
珠宝首饰零售	Retail of Jewels	19	9
医药及医疗器材专门零售	Retail of Medicines and Medical Equipments	83	8
药品零售	Retail of Medicines	80	8
汽车、摩托车、燃料及零配件专门零售	Retail of Motor Vehicles, Motorcycles,Fuel and Parts	625	54
汽车零售	Retail of Motor Vehicles	454	12
汽车零配件零售	Retail of Motor Vehicles Parts	21	1
摩托车及零配件零售	Retail of Motorcycle and Parts	70	9
机动车燃料零售	Retail of Fuel of Motor Vehicles	80	32
家用电器及电子产品专门零售	Special Retail of Household Electric Appliances and Electronic Products	185	50
家用视听设备零售	Retail of Audio-visual Equipments	20	21
日用家电设备零售	Retail of Household Electric Appliances	65	20
计算机、软件及辅助设备零售	Retail of Computer, Software and Assistant Appliances	77	3
通信设备零售	Retail of Communication Equipments	21	6
五金、家具及室内装修材料专门零售	Special Retail of Hardware, Furniture and Decoration Materials	37	48
货摊、无店铺及其他零售业	Non-shop and Other Retails	54	7
其他未列明的零售	Other Retail Trades not Listed Here	38	5
各州市限额以上批发和零售业	**Wholesale and Retail Enterprises above Designated Size of Regions**		
昆 明	Kunming	824	42
曲 靖	Qujing	239	79
玉 溪	Yuxi	188	23
保 山	Baoshan	116	11
昭 通	Zhaotong	105	9
丽 江	Lijiang	79	32
普 洱	Pu'er	88	83
临 沧	Lincang	62	31
楚 雄	Chuxiong	159	70
红 河	Honghe	172	27
文 山	Wenshan	130	39
西双版纳	Xishuangbanna	102	8
大 理	Dali	146	48
德 宏	Dehong	170	33
怒 江	Nujiang	13	6
迪 庆	Diqing	23	

continued

(100 million yuan)

从业人员数（万人）Number of Employed Persons (10 000 persons)	商品购进总额 Total Purchases of Goods	进口 Imports	销售总额 Total Sales	批发 Wholesale	出口 Outputs	零售 Retail	年末库存总额 Inventory at Year-end	年末零售营业面积（万平方米）Retail Operating Area at Year-end (10 000 sq.m)
14.34	**1 569.89**	**28.65**	**1 679.52**	**140.52**	**3.38**	**1 538.99**	**198.51**	**563.94**
11.05	1 299.41	28.62	1 400.32	127.25	3.38	1 273.07	169.00	458.24
0.71	243.62		247.76	32.59		215.18	9.23	49.07
0.22	25.93		29.75	2.30		27.45	1.08	10.02
0.24	18.52		20.77	6.24		14.53	1.45	13.03
0.02	1.28		1.52	0.00		1.52	0.20	0.48
3.71	375.22	6.46	430.25	28.48	0.52	401.77	53.09	196.39
0.48	111.92	0.02	113.42	7.01		106.41	4.85	9.69
5.08	430.27	5.96	462.82	46.37	2.81	416.44	88.12	159.62
0.58	92.66	16.19	94.02	4.26	0.05	89.77	10.97	19.95
0.35	84.57		78.28	5.84		72.44	13.69	10.77
0.58	66.75		79.54	0.06		79.48	7.37	26.85
2.36	119.16	0.02	121.38	7.37		114.01	8.45	68.08
4.69	267.73	2.23	320.23	26.56	2.75	293.68	35.34	160.89
1.38	109.14	2.14	147.53	12.47	2.16	135.06	18.23	55.03
2.15	111.61	0.09	124.30	6.45	0.15	117.85	12.95	73.47
1.65	98.03	0.14	103.09	12.58	0.26	90.52	11.89	46.69
0.23	26.90		27.26	4.65	0.08	22.61	5.73	12.23
0.27	10.05	0.03	11.66	2.36	0.13	9.30	1.37	4.21
0.13	5.69	0.11	6.21	0.32		5.89	1.34	0.94
0.58	34.86	0.31	40.10	8.21	0.24	31.89	7.73	22.24
0.49	31.99		35.58	7.07		28.51	6.60	19.67
0.77	65.55	0.15	69.70	4.82	0.01	64.89	21.99	27.70
0.27	20.45		20.20	1.25	0.01	18.95	4.43	16.53
0.48	43.76	0.15	48.04	3.23		44.82	17.42	10.80
2.05	54.33		72.59	6.91		65.68	8.67	12.20
2.04	53.72		71.77	6.91		64.87	8.59	12.14
3.32	879.71	25.71	888.45	66.96		821.48	97.85	181.32
2.13	489.96	25.60	496.93	15.17		481.75	82.56	98.86
0.13	32.95		30.75	0.55		30.19	4.43	4.75
0.15	12.35	0.11	12.33	2.15		10.18	2.28	5.28
0.91	344.45		348.44	49.08		299.36	8.58	72.43
0.79	98.25	0.09	113.07	8.77	0.07	104.30	10.50	38.26
0.21	22.49	0.02	34.90	0.72		34.18	2.54	24.71
0.23	18.60	0.02	19.17	0.28		18.89	2.62	8.34
0.23	37.21	0.05	39.01	4.73		34.29	3.27	2.04
0.11	18.07		17.93	2.87		15.06	2.04	2.76
0.34	58.09		57.61	3.44		54.17	3.69	66.09
0.16	13.34	0.02	14.68	2.29	0.04	12.39	0.86	8.55
0.12	10.70		11.63	1.85		9.78	0.73	6.98
11.77	4 319.96	133.42	4 687.46	3 649.25	127.77	1 038.21	416.44	492.59
2.47	445.65	0.05	487.30	320.76	0.10	166.54	89.81	94.44
1.83	307.20	0.83	362.03	230.86	7.19	131.17	32.83	66.90
0.91	120.96	0.40	117.15	62.38		54.77	29.64	18.90
0.80	148.04		163.19	100.46		62.73	25.90	17.48
0.56	85.35	0.03	96.09	62.87		33.22	11.26	17.60
0.76	110.18	5.80	128.21	86.94	0.58	41.27	25.74	26.09
0.54	101.54	1.21	93.46	66.27	0.51	27.19	17.47	16.18
0.87	139.07	0.02	195.05	135.47	0.16	59.58	44.55	49.89
1.23	269.63	2.64	267.46	162.65	5.48	104.80	34.43	44.06
1.02	122.05	1.37	125.11	45.97	1.46	79.15	9.79	45.97
0.65	226.48	11.02	231.74	194.87	4.79	36.87	18.23	32.24
1.30	237.93		262.58	180.80	1.95	81.79	31.51	69.03
0.82	147.42	21.08	152.86	122.23	64.39	30.63	10.44	21.73
0.09	9.48		10.76	4.83		5.93	0.75	5.06
0.22	28.55	1.38	31.92	27.95		3.97	19.90	5.35

4-5 限额以上批发和零售业商品销售情况(2011-2012年)
Total Sales of Enterprises above Designated Size in Wholesale and Retail Trades by Category of Commodities (2011-2012)

单位：亿元 (100 million yuan)

类别	Category	商品销售额 Sales		批发 Wholesale Trade		零售 Retail Trade	
		2011	2012	2011	2012	2011	2012
全省	**Yunnan**	**5 443.95**	**6 638.02**	**4 059.77**	**4 879.64**	**1 384.18**	**1 758.39**
食品、饮料、烟酒类	Food,Beverages,Tobacco and Liquor	1 077.29	1 297.99	917.53	1 063.27	159.76	234.72
粮油、食品类	Food and Oil	297.30	371.73	173.81	190.59	123.49	181.14
饮料类	Beverages	22.91	39.39	7.09	14.52	15.83	24.87
烟酒类	Tobacco and Liquor	757.07	886.88	736.62	858.16	20.44	28.71
服装、鞋帽、针、纺织品类	Clothing, Footwerw, Headgear，Kaitting and Textiles	309.66	397.41	203.33	269.93	106.33	127.48
服装类	Clothing	235.23	313.35	154.24	217.63	80.99	95.72
鞋帽类	Footwear and Headgear	35.45	42.02	19.10	20.94	16.36	21.08
针、纺织类	Knitting and Textile	38.98	42.04	30.00	31.36	8.98	10.69
化妆品类	Cosmetics	19.95	25.16	5.68	6.03	14.26	19.12
金银珠宝类	Gold,Silver and Jewelry	46.22	78.41	16.66	35.41	29.56	43.00
日用品类	Articles for Daily Use	67.13	126.70	31.03	70.24	36.10	56.46
洗涤用品类	Washing Articles	26.49	37.94	14.56	20.77	11.93	17.18
儿童玩具类	Children Toys	3.98	5.02	1.79	2.23	2.19	2.79
五金、电料类	Hardware and Electrical Materials	12.62	13.71	8.07	6.68	4.55	7.03
体育、娱乐用品类	Sports and Recreation Articles	5.13	5.31	1.04	1.06	4.09	4.25
书报杂志类	Newspapers and Magazines	34.63	36.92	16.85	17.82	17.78	19.11
电子出版物及音像制品类	E-journals and Audio-visual Products Series Products	2.17	2.21	1.57	1.65	0.60	0.57

4-5 续表 continued

单位：亿元 (100 million yuan)

类 别	Category	商品销售额 Sales 2011	2012	批 发 Wholesale Trade 2011	2012	零 售 Retail Trade 2011	2012
家用电器和音像器材类	Household Appliances and Audio-visual Equipment	97.82	136.97	41.85	64.52	55.98	72.45
中西药品类	Traditional Chinese and Western Medicines	227.48	285.18	179.70	221.03	47.77	64.15
西药	Western Medicine	196.48	245.63	160.72	198.57	35.76	47.06
中草药及中成药	Herban Medicine and Traditional Chinese Medicines Products	25.56	32.82	17.69	21.16	7.87	11.66
文化办公用品类	Cultural Goods and Office Stationary	55.64	67.93	28.69	37.98	26.95	29.95
家具类	Furniture	7.04	15.62	0.72	0.85	6.32	14.76
通讯器材类	Communication Equipment	23.06	40.27	8.59	21.75	14.47	18.52
煤炭及制品类	Coal and Related Products	125.90	190.89	117.06	177.31	8.84	13.58
木材及制品类	Timber and Related Products	9.72	9.48	9.72	9.48		
石油及制品类	Petroleum and Related Products	786.61	980.17	419.44	514.60	367.17	465.56
化工材料及制品类	Chemical Industrial Materials and Related Products	498.39	542.57	498.39	542.57		
化肥类	Fertilizer	254.59	312.86	254.59	312.86		
金属材料类	Metal Materials	861.99	978.78	861.99	978.78		
建筑及装潢材料类	Building and Decoration Materials	36.72	78.59	18.44	39.28	18.28	39.30
机电产品及设备类	Mechanical and Electric Products and Equipment	117.78	99.27	105.66	87.90	12.11	11.37
农机类	Agricultural Machinary	6.09	7.28	6.09	7.28		
汽车类	Automobiles	464.46	518.19	32.51	29.55	431.95	488.64
种子饲料类	Seeds and Forage	9.23	10.88	9.23	10.88		
棉麻类	Cotton and Hemp	1.24	1.60	1.15	1.47	0.09	0.13
其他类	Others	546.05	697.80	524.84	669.58	21.21	28.22

注：因年度限额以上单位数量及填报的数据均有变化，去年同期数以今年为准，与2011年鉴数据有区别。

Note: Because the number of enterprises above designated size changed,data in 2011 are different from that of Yunn Statistical Yearbook 2011. Data in 2011 are subject to Yunn Statistical Yearbook 2011

4-6 限额以上批发和零售业法人企业财务状况(2012年)

单位：亿元

类 别	Category	法人企业数（个）Number of Enterprises (unit)
全 省	**Yunan**	**2 616**
批发业	**Wholesale Trade**	**1 110**
# 国有及国有控股	Of Which: State-owned and State-holding	137
按登记注册类型分	**Grouped by Status of Registration**	
内 资	Domestic Funded Enterprises	1 097
国 有	State-owned	67
集 体	Collective-owned	28
股份合作	Cooperative	10
联营企业	Joint Ownership	5
有限责任公司	Limited Liability Corporations	290
股份有限公司	Share-holding Corporations Ltd.	54
私营企业	Private-funded Enterprises	589
其 他	Others	54
港澳台商投资企业	Enterprises with Funds from Hong Kong,Macao and Taiwan	7
外商投资企业	Share-holding Corporations Ltd. with Foreign Investment	6
按国民经济行业分	**Grouped by Sector**	
农、林、牧产品批发	Wholesale of Farming, Forestry and Animal Husbandry Products	37
食品、饮料及烟草制品批发	Wholesale of Food, Beverages and Tobaccos	138
米、面制品及食用油批发	Wholesale of Rice, Flour and Edible Oil	42
酒、饮料及茶叶批发	Wholesale of Liquor、Beverages and Tea	22
烟草制品批发	Wholesale of Tobaccos	16
纺织、服装及日用品批发	Wholesale of Textiles, Garments and Daily Consumer Articles	39
文化、体育用品及器材批发	Wholesale of Culture, Sports Appliances and Equipments	10
医药及医疗器材批发	Wholesale of Medicines and Medical Appliances	103
矿产品、建材及化工产品批发	Wholesale of Mineral Products, Building Materials and Chemical Products	623
煤炭及制品批发	Wholesale of Coal and Related Products	80
石油及制品批发	Wholesale of Petrolem and Related Products	37
金属及金属矿批发	Wholesale of Metal Materials	216
建材批发	Wholesale of Building Materials	63
化肥批发	Wholesale of Chemical Fertilizer	115
其他化工产品批发	Wholesale of Other Chemical Products	97
机械设备、五金交电及电子产品批发	Wholesale of Machinery, Hardware and Electronic Products	124
汽车批发	Wholesale of Motor Vehicles	10
计算机、软件及辅助设备批发	Wholesale of Computer, Software and Assistant Appliances	19
其他机械设备及电子产品批发	Wholesale of Machinery and Electronic Products	52
贸易经纪与代理	Trade Broker and Agency	3
其他批发业	Other Wholesale Trades	33

Financial Indicators of Enterprises above Designated Size of Wholesales and Retail Trades (2012)

(100 million yuan)

年末资产负债 Assets and Liabilities at Year-end					
流动资产合计 Total Working Capitals	固定资产原价 Original Value of Fixed Assets	本年折旧 Depreciation in the Year	资产合计 Total Assets	负债合计 Total Liabilities	所有者权益合计 Total Owners' Equities
2 742.78	**400.28**	**25.11**	**3 571.90**	**2 508.72**	**1 063.18**
2 228.89	**249.20**	**18.38**	**2 801.34**	**1 972.10**	**829.24**
1 241.44	193.68	14.63	1 672.98	995.23	677.75
2 194.00	247.07	18.19	2 760.32	1 947.99	812.33
962.78	128.25	11.94	1 102.74	647.27	455.47
4.41	1.16	0.03	5.56	4.24	1.32
2.76	0.83	0.04	3.95	2.98	0.97
5.36	0.73	0.03	6.45	4.52	1.94
555.93	35.22	1.54	840.20	641.54	198.66
168.05	51.01	2.33	252.78	172.76	80.02
402.76	27.72	2.14	454.08	387.79	66.30
91.94	2.15	0.13	94.56	86.90	7.66
4.47	0.81	0.05	5.65	2.89	2.76
30.42	1.31	0.14	35.37	21.21	14.15
61.11	2.44	0.18	65.95	60.31	5.64
662.04	115.46	11.13	775.47	390.90	384.57
34.94	6.90	0.20	51.34	40.44	10.91
35.87	0.42	0.04	49.26	33.51	15.75
547.38	103.11	10.71	620.17	270.31	349.86
85.77	0.61	0.05	86.57	72.46	14.11
63.74	1.55	0.08	69.95	62.50	7.46
100.49	6.38	0.69	115.02	85.10	29.92
1 016.17	109.79	5.41	1 410.98	1 109.13	301.85
99.09	5.37	0.36	113.52	99.64	13.87
71.40	59.86	2.85	151.36	76.84	74.52
351.09	13.92	0.94	395.22	346.23	49.00
78.80	1.82	0.16	93.79	88.30	5.49
273.49	16.58	0.52	495.22	356.03	139.18
137.81	10.79	0.51	155.04	137.58	17.46
127.52	7.24	0.51	153.24	116.12	37.12
8.40	0.86	0.07	11.72	8.29	3.43
6.98	0.21	0.02	8.20	6.34	1.86
98.55	5.14	0.38	117.78	89.02	28.76
40.29	0.13	0.01	40.66	38.97	1.69
71.76	5.60	0.32	83.50	36.62	46.88

4-6 续表1

单位：亿元

类　别	Category	营业收入合计 Total Business Revenue
全　省	**Yunan**	**6 283.67**
批发业	**Wholesale Trade**	**4 869.82**
# 国有及国有控股	Of Which: State-owned and State-holding	3 098.92
按登记注册类型分	**Grouped by Status of Registration**	
内　资	Domestic Funded Enterprises	4 825.52
国　有	State-owned	2 217.95
集　体	Collective-owned	13.87
股份合作	Cooperative	5.18
联营企业	Joint Ownership	11.48
有限责任公司	Limited Liability Corporations	981.72
股份有限公司	Share-holding Corporations Ltd.	521.38
私营企业	Private-funded Enterprises	884.71
其　他	Others	189.24
港澳台商投资企业	Enterprises with Funds from Hong Kong,Macao and Taiwan	14.16
外商投资企业	Share-holding Corporations Ltd. with Foreign Investment	30.14
按国民经济行业分	**Grouped by Sector**	
农、林、牧产品批发	Wholesale of Farming, Forestry and Animal Husbandry Products	146.78
食品、饮料及烟草制品批发	Wholesale of Food, Beverages and Tobaccos	1 289.33
米、面制品及食用油批发	Wholesale of Rice, Flour and Edible Oil	61.16
酒、饮料及茶叶批发	Wholesale of Liquor、Beverages and Tea	33.48
烟草制品批发	Wholesale of Tobaccos	1 105.29
纺织、服装及日用品批发	Wholesale of Textiles, Garments and Daily Consumer Articles	93.40
文化、体育用品及器材批发	Wholesale of Culture, Sports Appliances and Equipments	57.98
医药及医疗器材批发	Wholesale of Medicines and Medical Appliances	228.79
矿产品、建材及化工产品批发	Wholesale of Mineral Products, Building Materials and Chemical Products	2 604.21
煤炭及制品批发	Wholesale of Coal and Related Products	198.49
石油及制品批发	Wholesale of Petrolem and Related Products	548.00
金属及金属矿批发	Wholesale of Metal Materials	875.16
建材批发	Wholesale of Building Materials	132.16
化肥批发	Wholesale of Chemical Fertilizer	572.93
其他化工产品批发	Wholesale of Other Chemical Products	262.93
机械设备、五金交电及电子产品批发	Wholesale of Machinery, Hardware and Electronic Products	157.82
汽车批发	Wholesale of Motor Vehicles	15.28
计算机、软件及辅助设备批发	Wholesale of Computer, Software and Assistant Appliances	16.53
其他机械设备及电子产品批发	Wholesale of Machinery and Electronic Products	84.85
贸易经纪与代理	Trade Broker and Agency	131.68
其他批发业	Other Wholesale Trades	159.83

continued

(100 million yuan)

损益及分配 Losses,Profits and Distribution						
#主营业务收入 Revenue from Principal Business	主营业务成本 Cost of Principal Business	主营业务税金及附加 Taxes and Other Charges on Principal Business	其他业务利润 Profits from otlerl Business	销售费用 Expenses on Business	管理费用 Expenses on Management	财务费用 Expenses on Finance
6 190.05	**5 618.03**	**32.45**	**17.18**	**208.49**	**112.44**	**35.70**
4 802.68	**4 393.32**	**27.98**	**8.27**	**131.50**	**72.58**	**25.20**
3 058.58	2 712.80	25.75	4.89	94.68	52.28	6.45
4 758.38	4 360.86	27.89	8.20	128.87	71.63	24.86
2 188.79	1 891.44	24.72	3.50	72.92	42.24	1.74
12.83	12.22	0.03	0.09	0.53	0.39	0.16
4.91	4.24	0.02		0.35	0.28	0.04
11.48	10.94	0.01		0.20	0.19	0.16
976.68	934.18	1.32	2.44	20.84	11.24	10.05
499.08	481.69	0.49	0.73	12.18	5.93	1.37
875.40	841.93	1.23	1.37	19.54	10.10	10.23
189.20	184.22	0.07	0.07	2.32	1.26	1.12
14.16	8.93	0.03	0.02	0.80	0.26	0.02
30.14	23.52	0.05	0.04	1.82	0.69	0.32
146.46	143.33	0.06	0.16	1.80	0.83	1.11
1 268.55	999.94	24.27	2.56	55.69	38.03	-4.42
60.37	58.77	0.02	0.24	1.43	1.21	0.87
33.47	25.18	0.07	0.03	2.87	0.69	0.31
1 085.36	830.58	24.12	2.29	49.42	35.19	-6.50
92.88	76.21	0.24	0.28	7.33	0.57	0.11
57.87	55.96	0.06	0.07	1.08	0.52	-0.01
226.68	209.24	0.27	0.23	9.57	3.77	1.29
2 563.54	2 487.62	2.52	3.81	44.52	20.83	24.74
197.25	187.75	0.43	1.31	4.88	2.07	3.30
533.37	499.48	0.55	0.34	13.66	4.16	1.89
868.12	858.95	0.44	0.62	6.86	5.03	7.42
131.78	128.41	0.10	0.18	1.37	0.91	2.06
556.65	545.98	0.43	0.94	13.38	5.65	7.93
261.82	254.20	0.21	0.39	3.86	2.75	2.11
155.27	146.33	0.25	1.06	4.78	5.27	0.97
15.08	14.01	0.02	0.22	0.60	0.31	0.10
16.25	15.60	0.02	0.09	0.29	0.33	0.14
83.88	77.12	0.12	0.71	3.26	4.00	0.65
131.68	125.88	0.06	0.01	4.16	0.24	1.10
159.75	148.80	0.25	0.07	2.57	2.52	0.31

4—6 续表2

单位：亿元

类 别	Category	营业利润 Profits from Business
全 省	**Yunan**	**213.89**
批发业	**Wholesale Trade**	**176.01**
# 国有及国有控股	Of Which: State-owned and State-holding	176.92
按登记注册类型分	**Grouped by Status of Registration**	
内 资	Domestic Funded Enterprises	171.33
国 有	State-owned	159.05
集 体	Collective-owned	0.13
股份合作	Cooperative	0.14
联营企业	Joint Ownership	0.18
有限责任公司	Limited Liability Corporations	4.95
股份有限公司	Share-holding Corporations Ltd.	10.84
私营企业	Private-funded Enterprises	-3.56
其 他	Others	-0.41
港澳台商投资企业	Enterprises with Funds from Hong Kong,Macao and Taiwan	0.90
外商投资企业	Share-holding Corporations Ltd. with Foreign Investment	3.78
按国民经济行业分	**Grouped by Sector**	
农、林、牧产品批发	Wholesale of Farming, Forestry and Animal Husbandry Products	-0.58
食品、饮料及烟草制品批发	Wholesale of Food, Beverages and Tobaccos	155.91
米、面制品及食用油批发	Wholesale of Rice, Flour and Edible Oil	-1.75
酒、饮料及茶叶批发	Wholesale of Liquor、Beverages and Tea	4.33
烟草制品批发	Wholesale of Tobaccos	152.97
纺织、服装及日用品批发	Wholesale of Textiles, Garments and Daily Consumer Articles	4.84
文化、体育用品及器材批发	Wholesale of Culture, Sports Appliances and Equipments	1.27
医药及医疗器材批发	Wholesale of Medicines and Medical Appliances	3.33
矿产品、建材及化工产品批发	Wholesale of Mineral Products, Building Materials and Chemical Products	4.86
煤炭及制品批发	Wholesale of Coal and Related Products	-1.05
石油及制品批发	Wholesale of Petrolem and Related Products	11.69
金属及金属矿批发	Wholesale of Metal Materials	-3.90
建材批发	Wholesale of Building Materials	-2.13
化肥批发	Wholesale of Chemical Fertilizer	0.14
其他化工产品批发	Wholesale of Other Chemical Products	-0.41
机械设备、五金交电及电子产品批发	Wholesale of Machinery, Hardware and Electronic Products	0.31
汽车批发	Wholesale of Motor Vehicles	0.15
计算机、软件及辅助设备批发	Wholesale of Computer, Software and Assistant Appliances	0.10
其他机械设备及电子产品批发	Wholesale of Machinery and Electronic Products	-0.08
贸易经纪与代理	Trade Broker and Agency	0.17
其他批发业	Other Wholesale Trades	5.91

continued

(100 million yuan)

损 益 及 分 配 Losses,Profits and Distribution				人工成本及增值税 Labour Cost and Added-value Tax	
补贴收入 Subsidy Income	营业外收入 Non-operating Income	利润总额 Total Profits	应交所得税 Income Tax Payable	应付职工薪酬 Total Wages Payable	本年应交增值税 Value Added Tax Payable
19.41	**40.05**	**232.88**	**57.51**	**112.67**	**130.76**
18.21	**36.83**	**199.91**	**51.96**	**70.19**	**87.05**
17.01	33.11	194.49	48.33	44.44	62.60
18.01	36.60	194.95	51.20	68.81	85.28
15.24	31.04	177.65	45.55	36.33	49.06
0.03	0.11	0.20	0.02	0.25	0.10
0.02	0.02	0.13	0.03	0.16	0.12
0.02	0.03	0.22	0.02	0.09	0.05
2.14	3.43	7.33	1.87	18.67	13.82
0.14	0.58	11.09	2.48	5.56	3.50
0.38	1.21	-1.32	1.14	7.28	18.31
0.04	0.18	-0.35	0.08	0.48	0.32
0.02	0.03	0.93	0.14	0.49	1.22
0.19	0.20	4.02	0.62	0.90	0.54
0.15	0.41	-0.36	0.02	0.27	0.11
16.60	20.59	175.31	44.70	38.33	48.68
1.67	1.84	0.04	0.02	0.78	0.96
0.24	0.25	4.52	0.77	5.47	0.55
14.40	18.15	170.08	43.77	31.44	46.95
0.08	0.10	4.93	0.70	0.91	2.07
0.05	0.06	1.32	0.07	0.39	0.22
0.04	0.26	3.50	0.64	4.11	5.86
0.91	14.79	5.84	3.39	21.97	27.59
0.01	0.02	0.29	0.45	0.71	1.34
0.06	12.04	7.80	1.46	5.35	5.20
0.24	1.15	-2.93	0.38	2.50	11.24
0.01	0.04	-1.62	0.08	0.49	0.67
0.47	1.11	1.83	0.55	3.53	7.42
0.08	0.38	-0.11	0.39	9.19	1.13
0.33	0.50	4.42	1.23	2.97	1.59
0.01	0.01	0.16	0.05	0.34	0.11
		0.08	0.01	0.30	0.11
0.31	0.46	4.03	1.15	1.91	0.89
0.01	0.07	0.24	0.05	0.16	0.18
0.03	0.06	4.71	1.16	1.09	0.75

4−6　续表3

单位：亿元

类　别	Category	土地和固定资产支出 Expenses on Land and Fixed Assets
全　省	**Yunan**	**56.65**
批发业	**Wholesale Trade**	**35.10**
# 国有及国有控股	Of Which: State-owned and State-holding	27.74
按登记注册类型分	**Grouped by Status of Registration**	
内　资	Domestic Funded Enterprises	34.42
国　有	State-owned	18.58
集　体	Collective-owned	
股份合作	Cooperative	0.08
联营企业	Joint Ownership	
有限责任公司	Limited Liability Corporations	4.31
股份有限公司	Share-holding Corporations Ltd.	8.23
私营企业	Private-funded Enterprises	2.97
其　他	Others	0.25
港澳台商投资企业	Enterprises with Funds from Hong Kong,Macao and Taiwan	0.02
外商投资企业	Share-holding Corporations Ltd. with Foreign Investment	0.66
按国民经济行业分	**Grouped by Sector**	
农、林、牧产品批发	Wholesale of Farming, Forestry and Animal Husbandry Products	0.64
食品、饮料及烟草制品批发	Wholesale of Food, Beverages and Tobaccos	13.64
米、面制品及食月油批发	Wholesale of Rice, Flour and Edible Oil	0.39
酒、饮料及茶叶批发	Wholesale of Liquor、Beverages and Tea	0.04
烟草制品批发	Wholesale of Tobaccos	13.04
纺织、服装及日用品批发	Wholesale of Textiles, Garments and Daily Consumer Articles	0.04
文化、体育用品及器材批发	Wholesale of Culture, Sports Appliances and Equipments	0.03
医药及医疗器材批发	Wholesale of Medicines and Medical Appliances	1.10
矿产品、建材及化工产品批发	Wholesale of Mineral Products, Building Materials and Chemical Products	16.29
煤炭及制品批发	Wholesale of Coal and Related Products	0.75
石油及制品批发	Wholesale of Petrolem and Related Products	8.36
金属及金属矿批发	Wholesale of Metal Materials	2.18
建材批发	Wholesale of Building Materials	0.64
化肥批发	Wholesale of Chemical Fertilizer	0.88
其他化工产品批发	Wholesale of Other Chemical Products	3.45
机械设备、五金交电及电子产品批发	Wholesale of Machinery, Hardware and Electronic Products	2.06
汽车批发	Wholesale of Motor Vehicles	0.12
计算机、软件及辅助设备批发	Wholesale of Computer, Software and Assistant Appliances	0.00
其他机械设备及电子产品批发	Wholesale of Machinery and Electronic Products	1.93
贸易经纪与代理	Trade Broker and Agency	0.08
其他批发业	Other Wholesale Trades	1.22

continued

(100 million yuan)

土地购置 Purchase of Land	房屋和建筑物 Houses and Buildings	机器设备 Machinery Equipment	运输工具 Transportation Means	其他费用 Other Expenses
8.91	**22.55**	**15.91**	**5.20**	**4.08**
4.88	**14.90**	**10.15**	**2.80**	**2.38**
3.90	11.55	9.57	1.78	0.94
4.88	14.90	10.11	2.79	1.75
2.51	9.97	3.55	1.67	0.88
	0.06		0.01	
1.37	1.82	0.28	0.42	0.42
0.33	1.80	5.94	0.12	0.04
0.62	1.09	0.33	0.54	0.39
0.04	0.16	0.02	0.02	0.01
		0.01	0.01	
		0.03		0.63
	0.34	0.07	0.03	0.20
1.34	8.04	1.87	1.50	0.88
0.20	0.12	0.03	0.03	
		0.01	0.02	
1.14	7.85	1.81	1.39	0.86
			0.04	
0.01		0.01		
0.58	0.19	0.12	0.13	0.08
1.98	5.12	7.97	0.77	0.45
	0.27	0.11	0.15	0.23
0.74	1.33	6.23	0.02	0.04
0.89	0.99	0.06	0.20	0.04
0.23	0.27	0.02	0.07	0.05
0.07	0.37	0.25	0.17	0.02
0.05	1.89	1.30	0.13	0.08
	1.06	0.06	0.22	0.73
	0.10	0.01	0.01	
	0.96	0.05	0.20	0.72
			0.07	0.01
0.96	0.15	0.05	0.03	0.03

4-6 续表4

单位：亿元

类 别	Category	法人企业数（个）Number of Enterprises (unit)
零售业	**Retail Trade**	**1 506**
# 国有及国有控股	Of Which: State-owned and State-holding	128
按登记注册类型分	**Grouped by Status of Registration**	
内资	Domestic Funded Enterprises	1 477
国有	State-owned	83
集体	Collective-owned	35
股份合作	Cooperative	44
联营企业	Joint Ownership	2
有限责任公司	Limited Liability Corporations	414
股份有限公司	Share-holding Corporations Ltd.	36
私营企业	Private-funded Enterprises	768
其他	Others	95
港澳台商投资企业	Enterprises with Funds from Hong Kong,Macao and Taiwan	14
外商投资企业	Share-holding Corporations Ltd. with Foreign Investment	15
按国民经济行业分	**Grouped by Sector**	
综合零售	Integrated Retail	272
百货零售	Retail of General Merchandise	113
超级市场零售	Retail of Supermarkets	101
食品、饮料及烟草制品专门零售	Retail of Food, Beverages and Tobaccos	146
粮油零售	Retail of Food and Edible Oil	58
酒、饮料及茶叶零售	Retail of Liquor、Beverages and Tea	17
烟草制品零售	Retail of Tobaccos	11
纺织、服装及日用品专门零售	Retail of Textiles, Garments and Daily Consumer Articles	36
服装零售	Retail of Garments	21
文化、体育用品及器材专门零售	Retail of Culture, Sports Appliances and Equipments	68
图书、报刊零售	Retail of Books and Newspapers and Periodicals	44
珠宝首饰零售	Retail of Jewels	19
医药及医疗器材专门零售	Retail of Medicines and Medical Equipments	83
药品零售	Retail of Medicines	80
汽车、摩托车、燃料及零配件专门零售	Retail of Motor Vehicles, Motorcycles,Fuel and Parts	625
汽车零售	Retail of Motor Vehicles	454
汽车零配件零售	Retail of Motor Vehicles Parts	21
摩托车及零配件零售	Retail of Motorcycle and Parts	70
机动车燃料零售	Retail of Fuel of Motor Vehicles	80
家用电器及电子产品专门零售	Special Retail of Household Electric Appliances and Electronic Products	185
家用视听设备零售	Retail of Household Audio-visual Equipments	20
日用家电设备零售	Retail of Household Electric Appliances	65
计算机、软件及辅助设备零售	Retail of Computer, Software and Assistant Appliances	77
通讯设备零售	Retail of Communication Equipments	21
五金、家具及室内装修材料专门零售	Special Retail of Hardware, Furniture and Decoration Materials	37
无店铺及其他零售业	Non-shop and Other Retails	54
其他未列明的零售	Other Retail Trades not Listed Here	38
各州市限额以上批发和零售业	**Wholesale and Retail Enterprises above Designated Size of Regions**	
昆明	Kunming	824
曲靖	Qujing	239
玉溪	Yuxi	188
保山	Baoshan	116
昭通	Zhaotong	105
丽江	Lijiang	79
普洱	Pu'er	88
临沧	Lincang	62
楚雄	Chuxiong	159
红河	Honghe	172
文山	Wenshan	130
西双版纳	Xishuangbanna	102
大理	Dali	146
德宏	Dehong	170
怒江	Nujiang	13
迪庆	Diqing	23

continued

(100 million yuan)

年末资产负债 Assets and Liabilities at Year-end					
流动资产合计 Total Working Capitals	固定资产原价 Original Value of Fixed Assets	本年折旧 Depreciation in the Year	资产合计 Total Assets	负债合计 Total Liabilities	所有者权益合计 Total Owners' Equities
513.90	**151.09**	**6.73**	**770.56**	**536.62**	**233.94**
53.28	37.76	2.30	142.95	92.79	50.16
451.28	132.61	7.87	687.97	490.58	197.40
17.08	20.32	1.61	58.30	34.85	23.45
3.94	3.14	0.05	6.85	4.56	2.29
1.96	2.56	0.06	4.50	2.98	1.51
0.33	0.03		0.38	0.23	0.14
184.59	48.19	2.54	253.30	175.79	77.52
33.72	13.81	0.59	81.27	57.81	23.46
187.53	38.09	2.59	251.11	192.28	58.83
22.14	6.47	0.43	32.27	22.08	10.19
36.40	3.52	0.36	43.53	24.59	18.94
26.22	14.96	- 1.50	39.06	21.45	17.61
94.30	46.83	- 0.29	148.57	97.40	51.17
50.13	23.95	0.91	77.91	47.64	30.27
39.27	15.84	- 1.35	54.21	39.95	14.26
23.07	11.18	0.32	40.45	23.35	17.10
12.01	5.76	0.14	19.70	13.02	6.68
4.97	1.01	0.06	6.86	2.79	4.07
2.32	0.54	0.06	2.89	1.16	1.73
14.12	4.31	0.22	19.23	12.08	7.16
11.85	1.87	0.21	14.37	8.90	5.47
51.81	13.98	0.75	69.26	37.47	31.79
9.27	5.87	0.22	14.71	7.77	6.94
42.16	8.08	0.53	53.61	29.36	24.25
25.69	4.87	0.40	35.95	23.44	12.51
25.26	4.85	0.40	35.42	23.03	12.39
264.40	60.47	4.66	399.85	306.50	93.35
197.73	26.38	2.23	243.22	195.02	48.19
15.83	1.01	0.05	17.30	15.66	1.63
4.63	0.74	0.03	5.47	4.42	1.04
46.21	32.35	2.35	133.87	91.39	42.48
27.92	4.75	0.37	35.43	24.28	11.15
10.34	3.23	0.26	13.71	9.43	4.28
4.94	0.61	0.05	5.78	4.13	1.65
8.65	0.62	0.03	10.58	8.05	2.54
3.82	0.24	0.02	5.06	2.64	2.42
4.79	2.34	0.12	10.68	4.31	6.37
7.80	2.34	0.17	11.13	7.79	3.35
5.99	1.73	0.14	8.20	5.47	2.72
1 846.74	152.29	13.55	2 327.09	1 784.58	542.51
175.16	48.96	2.61	219.65	112.20	107.45
119.45	30.89	0.98	152.43	73.95	78.48
45.52	14.24	0.70	71.50	35.06	36.44
55.42	19.19	0.55	74.32	43.34	30.98
41.20	7.65	0.41	59.81	49.86	9.95
37.07	13.67	0.46	51.96	33.06	18.90
45.80	6.89	0.36	60.19	47.91	12.28
65.06	20.64	1.19	89.67	45.71	43.96
89.76	25.07	1.16	150.06	88.71	61.35
24.57	9.44	0.41	37.99	25.69	12.30
58.64	12.46	0.55	75.10	55.69	19.41
71.93	28.81	1.53	108.89	49.91	58.98
32.55	5.58	0.20	41.37	29.21	12.16
2.09	2.08	0.10	3.75	1.49	2.26
31.83	2.42	0.34	48.13	32.35	15.78

4-6 续表5

单位：亿元

类　　别	Category	营业收入 Total Business Revenue
零 售 业	**Retail Trade**	**1 413.85**
# 国有及国有控股	Of Which: State-owned and State-holding	346.27
按登记注册类型分	**Grouped by Status of Registration**	
内　资	Domestic Funded Enterprises	1 273.28
国　有	State-owned	227.59
集　体	Collective-owned	27.04
股份合作	Cooperative	20.45
联营企业	Joint Ownership	1.52
有限责任公司	Limited Liability Corporations	384.73
股份有限公司	Share-holding Corporations Ltd.	105.91
私营企业	Private-funded Enterprises	423.38
其　他	Others	82.66
港澳台商投资企业	Enterprises with Funds from Hong Kong,Macao and Taiwan	67.72
外商投资企业	Share-holding Corporations Ltd. with Foreign Investment	72.85
按国民经济行业分	**Grouped by Sector**	
综合零售	Integrated Retail	241.09
百货零售	Retail of General Merchandise	117.61
超级市场零售	Retail of Supermarkets	94.78
食品、饮料及烟草制品专门零售	Retail of Food, Beverages and Tobaccos	67.28
粮油零售	Retail of Food and Edible Oil	25.90
酒、饮料及茶叶零售	Retail of Liquor、Beverages and Tea	10.97
烟草制品零售	Retail of Tobaccos	6.47
纺织、服装及日用品专门零售	Retail of Textiles, Garments and Daily Consumer Articles	29.32
服装零售	Retail of Garments	25.55
文化、体育用品及器材专门零售	Retail of Culture, Sports Appliances and Equipments	58.39
图书、报刊零售	Retail of Books and Newspapers and Periodicals	18.65
珠宝首饰零售	Retail of Jewels	38.69
医药及医疗器材专门零售	Retail of Medicines and Medical Equipments	60.08
药品零售	Retail of Medicines	59.30
汽车、摩托车、燃料及零配件专门零售	Retail of Motor Vehicles, Motorcycles,Fuel and Parts	830.69
汽车零售	Retail of Motor Vehicles	457.38
汽车零配件零售	Retail of Motor Vehicles Parts	29.53
摩托车及零配件零售	Retail of Motorcycle and Parts	10.91
机动车燃料零售	Retail of Fuel of Motor Vehicles	332.87
家用电器及电子产品专门零售	Special Retail of Household Electric Appliances and Electronic Products	86.47
家用视听设备零售	Retail of Books and Newspapers and Periodicals	29.61
日用家电设备零售	Retail of Household Electric Appliances	15.23
计算机、软件及辅助设备零售	Retail of Computer, Software and Assistant Appliances	24.98
通讯设备零售	Retail of Communication Equipments	14.66
五金、家具及室内装修材料专门零售	Special Retail of Hardware, Furniture and Decoration Materials	26.24
无店铺及其他零售业	Non-shop and Other Retails	14.28
其他未列明的零售	Other Retail Trades not Listed Here	11.62
各州市限额以上批发和零售业	**Wholesale and Retail Enterprises above Designated Size of Regions**	
昆　明	Kunming	3 921.90
曲　靖	Qujing	452.44
玉　溪	Yuxi	316.61
保　山	Baoshan	118.46
昭　通	Zhaotong	146.65
丽　江	Lijiang	84.69
普　洱	Pu'er	103.23
临　沧	Lincang	67.34
楚　雄	Chuxiong	151.67
红　河	Honghe	206.90
文　山	Wenshan	85.86
西双版纳	Xishuangbanna	223.69
大　理	Dali	230.50
德　宏	Dehong	130.97
怒　江	Nujiang	9.71
迪　庆	Diqing	33.04

continued

(100 million yuan)

损 益 及 分 配 Losses Profits and Distribution						
# 主营业务收入 Revenue from Principal Business	主营业务成本 Cost of Principal Business	主营业务税金及附加 Taxes and Other Charges on Principal Business	其他业务利润 Profits from otlerl Business	销 售 费 用 Expenses on Business	管 理 费 用 Expenses on Management	财 务 费 用 Expenses on Finance
1 387.37	**1 224.71**	**4.47**	**8.91**	**76.99**	**39.86**	**10.50**
341.78	319.93	0.40	0.54	12.09	4.50	0.79
1 249.47	1 106.65	4.02	6.39	64.79	36.60	10.02
224.11	214.38	0.21	0.21	6.10	1.50	0.48
26.96	24.90	0.17	0.07	1.08	0.70	0.07
16.70	15.57	0.02	0.11	0.66	0.43	0.07
1.51	1.34			0.13	0.04	0.02
375.60	308.44	1.33	3.35	23.55	15.42	3.76
105.24	92.73	0.29	0.20	5.65	2.43	0.33
417.63	374.51	1.47	2.07	24.87	14.68	4.37
81.73	74.78	0.52	0.38	2.76	1.40	0.92
67.05	58.79	0.12	0.68	4.45	1.43	0.25
70.85	59.27	0.33	1.84	7.75	1.82	0.23
230.74	195.59	1.49	4.74	17.47	9.98	1.41
109.68	94.21	0.69	2.45	6.06	6.04	0.62
93.49	76.64	0.56	2.23	10.29	3.21	0.65
65.40	58.22	0.19	0.28	2.63	2.46	0.65
25.60	24.58	0.02	0.10	0.68	0.65	0.38
10.76	9.04	0.07	0.03	0.65	0.75	0.03
5.54	4.28	0.03	0.01	0.36	0.45	0.04
29.32	23.80	0.23	0.14	3.72	1.45	0.43
25.55	20.76	0.21	0.09	3.16	1.23	0.34
57.94	36.75	0.62	0.52	8.79	5.92	0.92
18.21	12.78	0.07	0.42	2.14	2.39	0.03
38.67	23.06	0.55	0.10	6.55	3.49	0.89
59.75	52.12	0.38	0.13	10.24	2.80	0.41
58.96	51.48	0.36	0.13	10.21	2.72	0.40
820.88	759.19	1.04	2.40	24.45	13.01	6.20
450.84	410.83	0.70	2.08	13.95	9.73	5.15
29.31	27.68	0.03	0.08	0.81	0.52	0.12
10.76	9.79	0.02	0.07	0.43	0.31	0.03
329.96	310.89	0.30	0.18	9.26	2.46	0.91
85.40	67.51	0.27	0.59	7.67	2.91	0.27
29.38	20.97	0.12	0.15	2.79	0.64	0.03
15.22	13.39	0.04	0.13	1.30	0.28	0.05
24.48	22.34	0.06	0.10	1.14	0.70	0.16
14.53	9.28	0.04	0.21	2.15	1.14	0.02
26.11	22.96	0.11	0.08	1.59	0.52	0.05
11.84	8.58	0.15	0.04	0.44	0.80	0.16
9.19	6.35	0.11	0.04	0.31	0.67	0.13
3 878.49	3 593.94	10.65	13.10	115.42	55.53	27.62
444.31	393.40	4.11	0.61	19.84	10.28	1.25
314.13	280.23	1.84	0.87	10.69	7.05	0.92
115.12	97.91	1.41	0.18	6.21	3.52	0.38
143.99	126.36	2.27	0.10	5.73	4.16	0.23
77.60	67.70	1.14	0.25	3.73	2.34	1.13
100.36	83.54	1.31	0.14	5.57	2.92	0.30
64.79	52.79	1.10	0.03	3.49	2.35	0.19
147.62	120.54	1.76	0.48	7.63	4.35	0.57
206.46	170.58	2.47	0.18	8.98	6.80	0.29
84.48	78.10	0.18	0.13	2.94	1.68	0.59
221.38	212.05	0.93	0.15	3.75	2.52	0.97
225.91	194.19	2.07	0.62	8.47	5.45	0.51
123.08	114.48	0.66	0.30	2.69	1.87	0.42
9.55	7.65	0.23	0.01	0.68	0.69	0.02
32.76	24.59	0.32	0.02	2.69	0.93	0.32

4-6 续表6

单位：亿元

类别	Category	营业利润 Profits from Business
零售业	**Retail Trade**	**37.87**
# 国有及国有控股	Of Which: State-owned and State-holding	5.27
按登记注册类型分	**Grouped by Status of Registration**	
内资	Domestic Funded Enterprises	31.20
国有	State-owned	2.11
集体	Collective-owned	0.09
股份合作	Cooperative	0.05
联营企业	Joint Ownership	
有限责任公司	Limited Liability Corporations	15.85
股份有限公司	Share-holding Corporations Ltd.	4.06
私营企业	Private-funded Enterprises	7.00
其他	Others	2.04
港澳台商投资企业	Enterprises with Funds from Hong Kong,Macao and Taiwan	2.57
外商投资企业	Share-holding Corporations Ltd. with Foreign Investment	4.11
按国民经济行业分	**Grouped by Sector**	
综合零售	Integrated Retail	9.19
百货零售	Retail of General Merchandise	5.41
超级市场零售	Retail of Supermarkets	3.05
食品、饮料及烟草制品专门零售	Retail of Food, Beverages and Tobaccos	1.95
粮油零售	Retail of Food and Edible Oil	-0.53
酒、饮料及茶叶零售	Retail of Liquor、Beverages and Tea	0.44
烟草制品零售	Retail of Tobaccos	0.61
纺织、服装及日用品专门零售	Retail of Textiles, Garments and Daily Consumer Articles	-0.28
服装零售	Retail of Garments	-0.11
文化、体育用品及器材专门零售	Retail of Culture, Sports Appliances and Equipments	5.28
图书、报刊零售	Retail of Books and Newspapers and Periodicals	1.10
珠宝首饰零售	Retail of Jewels	4.17
医药及医疗器材专门零售	Retail of Medicines and Medical Equipments	2.32
药品零售	Retail of Medicines	2.31
汽车、摩托车、燃料及零配件专门零售	Retail of Motor Vehicles, Motorcycles,Fuel and Parts	8.52
汽车零售	Retail of Motor Vehicles	3.62
汽车零配件零售	Retail of Motor Vehicles Parts	0.26
摩托车及零配件零售	Retail of Motorcycle and Parts	0.19
机动车燃料零售	Retail of Fuel of Motor Vehicles	4.45
家用电器及电子产品专门零售	Special Retail of Household Electric Appliances and Electronic Products	7.25
家用视听设备零售	Retail of Household Audio-visual Equipments	5.03
日用家电设备零售	Retail of Household Electric Appliances	0.24
计算机、软件及辅助设备零售	Retail of Computer, Software and Assistant Appliances	0.13
通讯设备零售	Retail of Communication Equipments	1.85
五金、家具及室内装修材料专门零售	Special Retail of Hardware, Furniture and Decoration Materials	0.96
无店铺及其他零售业	Non-shop and Other Retails	2.69
其他未列明的零售	Other Retail Trades not Listed Here	2.62
各州市限额以上批发和零售业	**Wholesale and Retail Enterprises above Designated Size of Regions**	
昆明	Kunming	96.09
曲靖	Qujing	22.42
玉溪	Yuxi	14.53
保山	Baoshan	5.80
昭通	Zhaotong	5.00
丽江	Lijiang	0.59
普洱	Pu'er	6.80
临沧	Lincang	7.32
楚雄	Chuxiong	13.84
红河	Honghe	17.07
文山	Wenshan	1.41
西双版纳	Xishuangbanna	1.54
大理	Dali	15.74
德宏	Dehong	1.43
怒江	Nujiang	0.34
迪庆	Diqing	3.97

continued

(100 million yuan)

损益及分配 Losses,Profits and Distribution				人工成本及增值税 Labour Cost and Value Added Tax	
补贴收入 Subsidy Income	营业外收入 Non-operating Income	利润总额 Total Profits	应交所得税 Income Tax Payable	应付职工薪酬 Wages Payable	本年应交增值税 Value Added Tax Payable
1.20	**3.22**	**32.98**	**5.55**	**42.47**	**43.71**
0.76	1.18	6.39	0.75	8.52	19.56
1.19	3.08	25.70	4.38	38.13	39.06
0.42	0.62	2.64	0.27	5.28	16.53
0.01	0.12	0.19	0.03	0.37	0.10
0.02	0.04	0.10	0.01	0.36	0.05
		0.01		0.07	0.02
0.42	1.08	11.54	1.73	13.63	12.53
0.10	0.15	3.95	0.62	2.25	1.29
0.21	1.02	5.45	1.42	14.55	7.35
0.01	0.05	1.82	0.30	1.62	1.19
0.01	0.07	3.13	0.54	1.31	2.78
	0.07	4.15	0.63	3.03	1.87
-0.01	0.58	9.44	1.65	10.21	5.20
-0.03	0.23	5.55	1.06	4.00	2.68
0.01	0.25	3.31	0.57	5.40	2.29
0.83	1.09	2.66	0.38	2.45	0.63
0.75	0.97	0.10	0.03	0.45	0.17
0.01	0.01	0.45	0.10	0.72	0.18
	0.01	0.67	0.17	0.79	0.08
0.01	0.09	0.09	0.11	1.19	2.43
	0.05	0.22	0.07	1.00	2.08
0.29	0.59	5.82	1.11	4.38	4.31
0.16	0.38	1.45	0.17	2.03	1.34
0.13	0.21	4.36	0.93	2.28	2.95
0.03	0.13	2.28	0.39	5.54	2.48
0.03	0.13	2.28	0.39	5.51	2.45
0.03	0.37	8.61	1.53	15.40	26.62
	0.31	3.67	1.03	8.56	8.15
		0.24	0.08	0.50	0.16
	0.01	0.18	0.02	0.33	0.08
0.02	0.05	4.53	0.41	6.00	18.23
0.01	0.07	0.71	0.21	2.21	1.34
0.01	0.03	0.25	0.05	0.56	0.41
0.01	0.01	0.23	0.04	0.52	0.36
	0.01	0.16	0.10	0.64	0.26
	0.01	0.07	0.02	0.33	0.28
	0.05	0.46	0.07	0.58	0.32
	0.26	2.91	0.11	0.53	0.38
	0.02	2.59	0.04	0.43	0.27
2.68	6.61	100.66	26.01	43.12	75.71
4.11	16.56	27.69	6.41	7.87	12.56
1.70	1.96	16.00	3.73	5.72	3.84
0.15	2.26	7.99	2.00	2.88	3.69
1.58	1.64	6.46	1.78	4.23	3.03
1.47	1.87	2.22	0.94	1.93	1.87
1.18	1.29	7.91	2.11	4.43	4.25
1.26	1.29	8.24	1.58	2.43	2.26
1.86	2.52	15.51	3.83	3.31	6.01
1.23	1.47	16.98	3.87	10.84	5.13
0.15	0.26	1.72	0.31	1.49	2.79
0.08	0.15	1.81	0.58	9.79	1.36
1.48	1.56	13.51	3.25	7.20	5.06
0.24	0.34	1.64	0.40	1.57	2.28
0.01	0.02	0.34	0.07	0.35	0.28
0.22	0.24	4.21	0.64	5.52	0.65

4-6 续表7

单位：亿元

类　别	Category	土地和固定资产支出 Expenses on Land and Fixed Assets
零 售 业	**Retail Trade**	**21.55**
# 国有及国有控股	Of Which: State-owned and State-holding	4.18
按登记注册类型分	**Grouped by Status of Registration**	
内　资	Domestic Funded Enterprises	16.43
国　有	State-owned	2.83
集　体	Collective-owned	0.35
股份合作	Cooperative	0.12
联营企业	Joint Ownership	
有限责任公司	Limited Liability Corporations	4.82
股份有限公司	Share-holding Corporations Ltd.	1.31
私营企业	Private-funded Enterprises	5.12
其　他	Others	1.86
港澳台商投资企业	Enterprises with Funds from Hong Kong,Macao and Taiwan	2.88
外商投资企业	Share-holding Corporations Ltd. with Foreign Investment	2.24
按国民经济行业分	**Grouped by Sector**	
综合零售	Integrated Retail	8.09
百货零售	Retail of General Merchandise	2.56
超级市场零售	Retail of Supermarkets	5.26
食品、饮料及烟草制品专门零售	Retail of Food, Beverages and Tobaccos	1.43
粮油零售	Retail of Food and Edible Oil	0.43
酒、饮料及茶叶零售	Retail of Liquor、Beverages and Tea	0.33
烟草制品零售	Retail of Tobaccos	0.10
纺织、服装及日用品专门零售	Retail of Textiles, Garments and Daily Consumer Articles	0.09
服装零售	Retail of Garments	0.09
文化、体育用品及器材专门零售	Retail of Culture, Sports Appliances and Equipments	1.36
图书、报刊零售	Retail of Books and Newspapers and Periodicals	0.37
珠宝首饰零售	Retail of Jewels	0.99
医药及医疗器材专门零售	Retail of Medicines and Medical Equipments	0.22
药品零售	Retail of Medicines	0.21
汽车、摩托车、燃料及零配件专门零售	Retail of Motor Vehicles, Motorcycles,Fuel and Parts	9.86
汽车零售	Retail of Motor Vehicles	4.52
汽车零配件零售	Retail of Motor Vehicles Parts	0.12
摩托车及零配件零售	Retail of Motorcycle and Parts	0.09
机动车燃料零售	Retail of Fuel of Motor Vehicles	5.14
家用电器及电子产品专门零售	Special Retail of Household Electric Appliances and Electronic Products	0.11
家用视听设备零售	Retail of Books and Newspapers and Periodicals	0.01
日用家电设备零售	Retail of Household Electric Appliances	0.04
计算机、软件及辅助设备零售	Retail of Computer, Software and Assistant Appliances	0.05
通讯设备零售	Retail of Communication Equipments	0.01
五金、家具及室内装修材料专门零售	Special Retail of Hardware, Furniture and Decoration Materials	0.08
无店铺及其他零售业	Non-shop and Other Retails	0.29
其他未列明的零售	Other Retail Trades not Listed Here	0.25
各州市限额以上批发和零售业	**Wholesale and Retail Enterprises above Designated Size of Regions**	
昆　明	Kunming	22.58
曲　靖	Qujing	3.30
玉　溪	Yuxi	1.74
保　山	Baoshan	2.12
昭　通	Zhaotong	2.90
丽　江	Lijiang	1.73
普　洱	Pu'er	6.50
临　沧	Lincang	1.65
楚　雄	Chuxiong	1.34
红　河	Honghe	1.92
文　山	Wenshan	1.57
西双版纳	Xishuangbanna	6.09
大　理	Dali	1.96
德　宏	Dehong	0.70
怒　江	Nujiang	0.27
迪　庆	Diqing	0.28

continued

(100 million yuan)

土地购置 Purchase of Land	房屋和建筑物 Houses and Buildings	机器设备 Machinery Equipment	运输工具 Transportation Means	其他费用 Other Expenses
4.03	**7.65**	**5.77**	**2.40**	**1.71**
0.30	0.77	2.83	0.23	0.05
3.22	6.35	3.74	2.32	0.80
0.28	0.66	1.72	0.17	0.01
0.03	0.30	0.01	0.01	
0.01	0.10		0.01	
0.48	3.06	0.31	0.64	0.33
	0.10	1.10	0.02	0.09
2.37	1.38	0.38	0.71	0.28
0.04	0.76	0.21	0.75	0.09
	2.11	0.13	0.06	0.58
0.81	-0.81	1.90	0.02	0.33
1.03	3.73	2.16	0.11	1.05
1.03	1.23	0.12	0.05	0.14
	2.28	2.05	0.04	0.89
0.21	0.78	0.28	0.05	0.11
0.01	0.32	0.06	0.03	
0.10	0.16	0.06		
0.03	0.02		0.01	0.05
		0.05	0.01	0.03
		0.05	0.01	0.03
0.02	0.87	0.04	0.23	0.21
0.02	0.25	0.03	0.06	
	0.62	0.01	0.16	0.20
0.08	0.04	0.03	0.04	0.03
0.08	0.04	0.03	0.03	0.03
2.62	2.00	3.19	1.80	0.25
0.73	1.59	0.33	1.62	0.25
	0.04	0.06	0.02	
0.07		0.00	0.01	
1.82	0.37	2.80	0.15	
	0.03	0.01	0.05	0.02
			0.00	
		0.01	0.03	
	0.03		0.02	
	0.00			
0.02	0.04		0.02	
0.04	0.15	0.01	0.08	
0.04	0.12	0.01	0.07	
4.64	5.96	7.03	2.65	2.30
0.31	2.06	0.35	0.20	0.38
0.05	0.36	1.07	0.18	0.08
0.42	0.73	0.74	0.14	0.09
0.60	0.88	1.35	0.08	
0.03	1.14	0.39	0.16	0.01
0.90	3.33	1.41	0.65	0.20
0.34	0.90	0.15	0.11	0.15
0.26	0.42	0.34	0.18	0.15
0.09	0.85	0.74	0.19	0.04
0.53	0.17	0.67	0.19	
0.24	3.85	1.33	0.11	0.55
0.34	1.13	0.27	0.20	0.02
0.13	0.43	0.04	0.06	0.04
	0.20	0.01	0.03	0.03
0.03	0.13	0.01	0.06	0.04

4-7 限额以上住宿和餐饮业经营情况(2012年)

单位：亿元

类　别	Category	法人企业数（个）Number of Corporate Enterprises (unit)	产业单位和个体户数(个) Number of Industrial Activity Entities and Self-employed Entities(unit)
全　省	**Yunnan**	**808**	**733**
住 宿 业	**Hotel Industry**	**512**	**175**
按登记注册类型分组	**Grouped by Status of Registration**		
内资企业	Domestic-funded Enterprises	489	51
国有企业	State-owned Enterprises	85	16
集体企业	Collective-owned Enterprises	22	1
股份合作企业	Joint Stock Cooperative Enterprises	6	
联营企业	Joint Ownership Enterprises	3	
有限责任公司	Limited Liability Companies	133	17
国有独资公司	Wholly State-funded Companies	5	
其他有限责任公司	Other Joint Ownership Enterprises	128	17
股份有限公司	Incorporated Corporations	12	4
私营企业	Private Enterprises	188	12
私营独资企业	Private Sale Proprietorship Enterprises	45	
私营合伙企业	Private Partnership Enterprises	5	1
私营有限责任公司	Private Limited Liability Companies	132	11
私营股份有限公司	Private Incorporated Corporations	6	
其他企业	Other Enterprises	40	1
港澳台商投资企业	Enterprises Funded by Hong Kong, Macao and Taiwan	9	1
与港澳台商合资经营企业	Joint-Ventures Enterprises	6	
外商投资企业	Foreign-funded Enterprises	14	
中外合资经营企业	Sino-foreign Joint Ventures	10	
外资企业	Wholly Foreign-funded Enterprises	3	
个体经营	Individual Operation		123
按国民经济行业分组	**Grouped by Sector**		
旅游饭店	Tour Hotel	392	85
一般旅馆	General Hotel	105	78
其他住宿服务	Other Accommodation Services	15	12
按星级分	**Grouped by Star Rate**		
五星	Five-star	23	5
四星	Foure-star	76	15
三星	Three-star	140	23
二星及以下	Two-star and bleow Two-star	273	132

Basic Statistics on Commodity Sales of Hotels Industry Attained Star level and Catering Services above Designated Size (2012)

(100 million yuan)

从业人员数（万人） Number of Employed Persons (10000persons)	营业总收入 Total Business Income	客房收入 Guest Room Services	餐费收入 Catering Services	商品销售收入 Retail Sales of Commodities	其他收入 Other	年末餐饮营业面积（万平方米） Catering Services Operational Area at Year-end (10 000 sq.m)	客房数（万间） Number of Hotel Rooms (10 000 units)	床位数（万个） Number of Hotel Beds (10 000 units)	餐位数（万位） Number of Dining Seats (10 000 units)
12.03	**169.23**	**53.00**	**98.63**	**6.79**	**10.81**	**291.64**	**20.58**	**33.76**	**82.05**
7.06	**93.01**	**51.16**	**28.17**	**4.33**	**9.35**	**152.40**	**19.88**	**32.56**	**37.84**
6.30	81.99	44.97	24.73	4.13	8.16	131.54	18.72	30.54	33.79
1.11	14.67	6.94	4.70	0.88	2.16	25.16	8.49	14.35	13.79
0.17	1.52	0.83	0.49	0.03	0.17	3.13	0.21	0.40	0.94
0.03	0.30	0.20	0.06	0.01	0.03	0.92	0.07	0.13	0.17
0.04	0.51	0.25	0.22		0.05	0.27	0.04	0.07	0.13
2.27	34.29	18.54	10.31	2.40	3.03	47.31	2.62	4.44	7.67
0.10	1.19	0.45	0.58	0.04	0.13	3.51	0.07	0.11	0.37
2.17	33.09	18.10	9.73	2.36	2.90	43.80	2.55	4.32	7.30
0.23	3.23	1.85	1.16	0.09	0.12	3.87	0.31	0.59	1.03
1.98	21.20	12.64	6.15	0.65	1.75	42.33	6.47	9.67	8.29
0.31	3.76	1.98	1.05	0.32	0.41	8.62	0.40	0.77	1.67
0.04	0.37	0.19	0.16	0.01	0.01	1.02	0.06	0.10	0.19
1.59	16.74	10.34	4.76	0.32	1.32	31.16	5.95	8.69	6.19
0.04	0.34	0.13	0.18	0.01	0.02	1.54	0.06	0.11	0.24
0.45	6.27	3.71	1.64	0.07	0.85	8.55	0.51	0.90	1.78
0.21	3.27	1.64	1.10	0.01	0.53	2.07	0.24	0.40	0.62
0.14	2.10	1.14	0.74		0.22	1.55	0.18	0.29	0.47
0.15	2.28	1.24	0.86	0.01	0.18	3.02	0.16	0.26	0.65
0.10	1.51	0.77	0.60	0.01	0.14	1.36	0.10	0.18	0.38
0.04	0.75	0.46	0.25		0.03	0.66	0.05	0.07	0.12
0.40	5.46	3.31	1.49	0.18	0.48	15.77	0.76	1.36	2.78
5.73	75.24	40.82	23.86	3.08	7.48	111.95	17.84	29.00	30.56
1.15	15.92	9.31	3.77	1.23	1.62	32.54	1.82	3.18	6.07
0.19	1.84	1.03	0.54	0.02	0.25	7.91	0.22	0.39	1.21
1.16	17.59	10.45	5.84	0.32	0.98	12.27	1.08	1.85	2.31
1.61	20.05	10.48	6.75	0.59	2.23	31.63	6.78	10.43	14.24
1.26	15.35	7.85	4.81	0.41	2.28	29.66	4.28	8.21	7.48
3.03	40.02	22.38	10.77	3.01	3.87	78.84	7.75	12.07	13.82

4-7 续表

单位：亿元

类　别	Category	法人企业数(个) Number of Corporate Enterprises (unit)	产业单位和个体户数(个) Number of Industrial Activity Entities and Self-employed Entities(unit)
餐 饮 业	**Total of Catering Services**	**296**	**558**
按登记注册类型分组	**Grouped by Status of Registration**		
内资企业	Domestic-funded Enterprises	287	16
国有企业	State-owned Enterprises	11	8
集体企业	Collective-owned Enterprises	3	1
股份合作企业	Joint Stock Cooperative Enterprises	2	
联营企业	Joint Ownership Enterprises		
有限责任公司	Limited Liability Companies	72	4
其他有限责任公司	Other Joint Ownership Enterprises	71	4
股份有限公司	Incorporated Corporations	5	
私营企业	Private Enterprises	160	3
私营独资企业	Private Sale Proprietorship Enterprises	42	
私营有限责任公司	Private Limited Liability Companies	111	3
私营股份有限公司	Private Incorporated Corporations	6	
其他企业	Other Enterprises	34	
港澳台商投资企业	Enterprises Funded by Hong Kong, Macao and Taiwan	5	
与港澳台商合资经营企业	Joint-Ventures Enterprises	3	
港澳台商独资经营企业	Enterprises Wholly Funded by Hong Kong, Macao and Taiwan	2	
外商投资企业	Foreign-funded Enterprises	4	
个体经营	Individual Operation		542
按国民经济行业分组	**Grouped by Sector**		
正餐服务	Dinner Service	285	538
快餐服务	Snack Service	4	8
饮料及冷饮服务	Service of Beverages and Cold Drink	2	3
其他餐饮服务	Others Catering Services	5	9
各州市限额以上住宿和餐饮业	**Hotel Industry and Retail Enterprises above Designated Size of Regions**		
昆　明	Kunming	330	163
曲　靖	Qujing	70	76
玉　溪	Yuxi	39	46
保　山	Baoshan	24	30
昭　通	Zhaotong	34	14
丽　江	Lijiang	60	49
普　洱	Pu'er	20	23
临　沧	Lincang	13	28
楚　雄	Chuxiong	40	100
红　河	Honghe	48	56
文　山	Wenshan	22	40
西双版纳	Xishuangbanna	30	26
大　理	Dali	32	54
德　宏	Dehong	16	18
怒　江	Nujiang	8	9
迪　庆	Diqing	22	1

continued

(100 million yuan)

从业人员数(万人) Number of Employed Persons (10 000 persons)	营业总收入 Total Business Income	客房收入 Guest Room Services	餐费收入 Catering Services	商品销售收入 Retail Sales of Commodities	其他收入 Other	年末餐饮营业面积(万平方米) Catering Services Operational Area at the Year-end (10 000 sq.m)	客房数(万间) Number of Hotel Rooms (10 000 units)	床位数(万个) Number of Hotel beds (10 000 units)	餐位数(万位) Number of Dining Seats (10 000 units)
4.96	**76.22**	**1.84**	**70.46**	**2.47**	**1.46**	**139.24**	**0.69**	**1.20**	**44.20**
2.64	40.21	1.38	36.65	1.40	0.78	75.21	0.38	0.68	21.94
0.19	1.77	0.23	1.49	0.05		6.98	0.07	0.13	2.29
0.03	0.27	0.06	0.20			1.00	0.02	0.04	0.57
0.01	0.14		0.13			0.33			0.07
0.71	10.84	0.17	9.53	0.97	0.18	19.97	0.06	0.12	7.34
0.71	10.82	0.15	9.52	0.97	0.18	19.95	0.06	0.11	7.34
0.03	0.26		0.26			0.75			0.13
1.37	21.98	0.77	20.34	0.35	0.52	39.19	0.19	0.33	9.31
0.27	3.84	0.10	3.64	0.03	0.08	7.95	0.05	0.08	2.46
1.04	17.48	0.67	16.05	0.32	0.44	29.75	0.14	0.24	6.47
0.06	0.58		0.58			1.28		0.01	0.28
0.30	4.96	0.15	4.70	0.03	0.08	6.98	0.03	0.06	2.23
0.18	3.64		2.97	0.27	0.40	1.18			0.89
0.07	1.47		1.01	0.27	0.19	0.77			0.49
0.10	2.17		1.96		0.21	0.41			0.40
0.47	5.72		5.72			1.37			0.77
1.68	26.66	0.46	25.12	0.80	0.28	61.47	0.32	0.52	20.60
4.24	66.03	1.84	60.78	2.36	1.06	130.86	0.69	1.20	40.12
0.60	8.24		7.99	0.04	0.21	6.26			3.15
0.03	0.30		0.29	0.01	0.01	0.52			0.20
0.10	1.66		1.40	0.06	0.19	1.60			0.74
5.34	84.14	20.22	55.05	3.60	5.26	108.03	11.44	17.17	35.79
1.03	17.16	5.80	10.29	0.56	0.52	23.13	0.73	1.26	6.69
0.62	7.01	1.96	4.13	0.49	0.43	18.82	0.47	0.81	5.29
0.49	5.16	2.52	2.24	0.16	0.24	10.37	0.41	0.70	1.96
0.32	3.46	1.32	1.43	0.32	0.40	9.38	0.33	0.54	2.27
0.78	11.15	6.05	4.01	0.14	0.94	11.00	0.93	1.69	2.66
0.19	2.22	1.04	0.98	0.05	0.14	7.30	0.27	0.49	1.99
0.16	2.21	0.83	1.06	0.15	0.17	7.00	0.18	0.31	1.52
0.50	7.92	1.64	5.31	0.39	0.59	21.21	0.81	1.25	7.64
0.71	8.39	2.51	4.76	0.44	0.68	23.12	0.59	1.12	7.34
0.31	3.88	1.26	2.09	0.15	0.38	8.33	0.32	0.55	1.86
0.45	5.37	2.60	2.27	0.13	0.36	10.75	0.56	1.03	1.71
0.55	5.96	2.51	2.94	0.10	0.41	17.65	0.58	1.05	2.71
0.39	2.93	1.30	1.36	0.08	0.19	6.80	0.24	0.39	1.58
0.06	0.50	0.31	0.13		0.05	0.85	0.13	0.23	0.20
0.14	1.76	1.13	0.56	0.03	0.05	7.90	2.60	5.16	0.82

4-8 限额以上住宿和餐饮业企业财务状况(2012年)

单位：亿元

类别	Category	法人企业数(个) Number of Enterprises (unit)	流动资产合计 Total Working Capitals
全省	**Yunnan**	**808**	**123.13**
住宿业	**Hotels**	**512**	**84.78**
# 国有及国有控股	Of Which: State-owned and State-holding	117	27.25
按登记注册类型分	**Grouped by Status of Registration**		
内资	Domestic Funded Enterprises	489	78.73
国有	State-owned	85	9.13
集体	Collective-owned	22	2.13
股份合作	Cooperative	6	0.15
联营企业	Joint Ownership	3	0.15
有限责任公司	Limited Liability Corporations	133	35.73
国有独资公司	State Sole Funded Corporations	5	0.56
其他有限责任公司	Other Limited Liability Corporations	128	35.17
股份有限公司	Share-holding Corporations Ltd.	12	0.93
私营企业	Private Enterprises	188	22.03
私营独资	Private-funded Enterprises	45	1.54
私营合伙	Private Partnership Enterprises	5	0.29
私营有限责任公司	Private Limited Liability Corporations	132	19.94
私营股份有限公司	Private Share-holding Corporations Ltd.	6	0.26
其他	Others	40	8.48
港澳台商投资企业	Enterprises with Funds from Hong Kong,Macao and Taiwan	9	4.45
与港澳台商合资经营	Joint-venture	6	3.61
外商投资企业	Foreign Funded Enterprises	14	1.60
中外合资经营	Joint-venture	10	1.16
外资企业	Sole Foreign Investment	3	0.42
按国民经济行业分	**Grouped by Sector**		
旅游饭店	Tourist Hotels	392	77.97
一般旅馆	General Hotels	105	5.17
其他住宿服务	Other Accommodation Services	15	1.64
按星级分	**Grouped by Star Rate**		
五星	Five-star	23	24.56
四星	Foure-star	76	22.59
三星	Three-star	140	11.32
二星及以下	Two-star and bleow Two-star	273	26.31

Financial Indicators of Enterprises above Designated Size of Catering Services by Region (2012)

(100 million yuan)

年末资产负债 Assets and Liabilities at Year-end				
固定资产原价 Original Value of Fixed Assets	本年折旧 Depreciation in the Year	资产合计 Total Assets	负债合计 Total Liabilities	所有者权益合计 Total Owners' Equities
203.29	**9.23**	**328.37**	**191.17**	**137.20**
178.26	**7.63**	**261.45**	**151.88**	**109.57**
64.32	2.81	77.52	35.82	41.70
160.99	7.35	242.33	141.28	101.05
32.46	1.68	32.64	13.62	19.02
3.41	0.13	4.51	1.80	2.71
0.55	0.01	0.42	0.08	0.34
0.40	0.02	0.32	0.12	0.20
64.46	2.62	93.43	55.67	37.77
3.00	0.09	2.81	1.58	1.23
61.45	2.53	90.63	54.09	36.54
5.95	0.22	4.80	2.38	2.43
44.26	2.22	87.04	55.50	31.54
6.39	0.26	8.36	3.11	5.25
0.59	0.04	1.10	0.33	0.77
36.72	1.89	76.91	51.40	25.51
0.56	0.04	0.67	0.66	0.01
9.50	0.45	19.16	12.12	7.04
9.24	0.29	12.22	8.60	3.62
4.33	0.12	6.00	2.79	3.21
8.03	-0.01	6.90	2.00	4.90
4.60	-0.03	5.52	1.58	3.94
3.35	0.01	1.27	0.25	1.02
158.23	6.68	234.79	134.73	100.05
16.71	0.80	22.38	13.90	8.49
3.32	0.15	4.28	3.25	1.03
45.53	1.11	60.34	33.51	26.83
45.37	2.59	81.96	46.82	35.14
31.58	1.67	36.29	19.12	17.17
55.79	2.26	82.86	52.42	30.44

4-8 续表1

单位：亿元

类　别	Category	营业收入 Business Revenue	主营业务收入 Revenue from Principal Business
全　省	**Yunnan**	**125.10**	**121.32**
住 宿 业	**Hotels**	**77.25**	**74.03**
#国有及国有控股	Of Which: State-owned and State-holding	24.21	23.16
按登记注册类型分	**Grouped by Status of Registration**		
内 资	Domestic Funded Enterprises	72.10	69.16
国 有	State-owned	13.05	12.30
集 体	Collective-owned	1.48	1.45
股份合作	Cooperative	0.30	0.28
联营企业	Joint Ownership	0.52	0.52
有限责任公司	Limited Liability Corporations	29.40	28.78
国有独资公司	State Sole Funded Corporations	1.19	1.19
其他有限责任公司	Other Limited Liability Corporations	28.20	27.59
股份有限公司	Share-holding Corporations Ltd.	2.10	2.07
私营企业	Private Enterprises	19.52	18.15
私营独资	Private-funded Enterprises	3.77	3.66
私营合伙	Private Partnership Enterprises	0.35	0.35
私营有限责任公司	Private Limited Liability Corporations	15.05	13.83
私营股份有限公司	Private Share-holding Corporations Ltd.	0.34	0.32
其 他	Others	5.74	5.61
港澳台商投资企业	Enterprises with Funds from Hong Kong,Macao and Taiwan	2.92	2.92
与港澳台商合资经营	Joint-venture	2.10	2.10
外商投资企业	Foreign Funded Enterprises	2.23	1.95
中外合资经营	Joint-venture	1.53	1.25
外资企业	Sole Foreign Investment	0.68	0.68
按国民经济行业分	**Grouped by Sector**		
旅游饭店	Tourist Hotels	64.48	61.38
一般旅馆	General Hotels	11.70	11.60
其他住宿服务	Other Accommodation Services	1.07	1.05
按星级分	**Grouped by Star Rate**		
五星	Five-star	15.77	15.30
四星	Foure-star	17.76	16.50
三星	Three-star	13.72	13.10
二星及以下	Two-star and bleow Two-star	29.99	29.13

continued

(100 million yuan)

损 益 及 分 配 Losses Profits and Distribution					
主营业务成本 Cost of Principal Business	主营业务税金及附加 Taxes and Other Charges on Principal Business	其他业务利润 Profits of Other Business	营 业 费 用 Expenses on Business	管 理 费 用 Expenses on Management	财 务 费 用 Expenses on Finance
50.96	**6.60**	**3.06**	**34.93**	**26.24**	**2.98**
25.34	**4.03**	**2.51**	**23.04**	**20.45**	**2.11**
7.63	1.27	0.63	8.01	6.76	0.22
24.00	3.75	2.10	21.42	18.73	2.05
4.42	0.67	0.20	4.08	3.58	0.15
0.77	0.08	0.02	0.31	0.29	0.01
0.16	0.01		0.08	0.07	
0.16	0.03		0.21	0.13	
7.99	1.57	0.35	9.66	7.77	0.77
0.38	0.06		0.42	0.31	0.02
7.61	1.51	0.35	9.23	7.46	0.75
0.71	0.11	0.05	0.69	0.79	
7.42	0.96	0.55	4.88	4.55	0.71
1.84	0.17	0.01	0.43	0.49	0.14
0.18	0.02		0.05	0.08	0.03
5.27	0.75	0.52	4.32	3.88	0.53
0.13	0.01	0.02	0.08	0.11	
2.37	0.32	0.93	1.50	1.55	0.41
0.81	0.17	0.27	0.81	1.03	0.04
0.51	0.12		0.54	0.68	0.05
0.53	0.11	0.14	0.81	0.69	0.01
0.41	0.07	0.14	0.64	0.28	0.05
0.12	0.04		0.15	0.34	-0.04
19.11	3.43	2.33	20.23	18.34	1.69
5.86	0.54	0.19	2.53	1.64	0.38
0.37	0.06		0.29	0.47	0.04
2.94	0.87	0.36	5.29	5.09	0.09
4.81	0.89	0.79	5.66	5.01	0.52
5.99	0.71	0.32	3.68	3.17	0.32
11.59	1.56	1.05	8.41	7.18	1.18

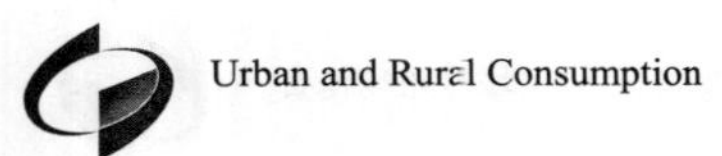

4-8 续表2

单位：亿元

类别	Category	营业利润 Profits from Business	补贴收入 Subsidy Income
全 省	**Yunnan**	**0.75**	**0.27**
住宿业	**Hotels**	**-0.16**	**0.21**
# 国有及国有控股	Of Which: State-owned and State-holding	-0.43	0.11
按登记注册类型分	**Grouped by Status of Registration**		
内 资	Domestic Funded Enterprises	-0.32	0.21
国 有	State-owned	-0.40	0.08
集 体	Collective-owned	0.02	0.01
股份合作	Cooperative	-0.03	
联营企业	Joint Ownership	-0.03	
有限责任公司	Limited Liability Corporations	1.35	0.04
国有独资公司	State Sole Funded Corporations		0.01
其他有限责任公司	Other Limited Liability Corporations	1.34	0.03
股份有限公司	Share-holding Corporations Ltd.	-0.23	
私营企业	Private Enterprises	-0.53	0.02
私营独资	Private-funded Enterprises	0.45	
私营合伙	Private Partnership Enterprises	-0.01	
私营有限责任公司	Private Limited Liability Corporations	-0.94	0.02
私营股份有限公司	Private Share-holding Corporations Ltd.	-0.02	
其 他	Others	-0.48	0.06
港澳台商投资企业	Enterprises with Funds from Hong Kong,Macao and Taiwan	0.06	
与港澳台商合资经营	Joint-venture	0.20	
外商投资企业	Foreign Funded Enterprises	0.10	0.01
中外合资经营	Joint-venture	0.10	0.01
外资企业	Sole Foreign Investment	0.07	
按国民经济行业分	**Grouped by Sector**		
旅游饭店	Tourist Hotels	-0.32	0.20
一般旅馆	General Hotels	0.31	0.01
其他住宿服务	Other Accommodation Services	-0.15	
按星级分	**Grouped by Star Rate**		
五星	Five-star	1.13	0.01
四星	Foure-star	-0.53	0.03
三星	Three-star	-0.51	0.10
二星及以下	Two-star and bleow Two-star	-0.26	0.08

continued

(100 million yuan)

损 益 及 分 配 Losses Profits and Distribution			人工成本 Labour Cost
营业外收入 Non-operating Income	利润总额 Total Profits	应交所得税 Income Tax Payable	本年应付职工薪酬 Wages Payable This Year
14.53	**14.17**	**1.09**	**22.94**
0.83	**0.40**	**0.72**	**15.68**
0.33	-0.01	0.21	5.32
0.82	0.29	0.69	14.47
0.26	-0.01	0.06	2.61
0.01	0.04	0.01	0.39
0.01	-0.03		0.09
	-0.04		0.16
0.31	1.43	0.47	5.87
0.01		0.01	0.37
0.31	1.43	0.46	5.50
0.01	-0.19	0.02	0.47
0.11	-0.35	0.12	3.63
0.01	0.36	0.03	0.51
	-0.01		0.08
0.09	-0.69	0.09	2.97
0.01	-0.01		0.07
0.11	-0.57	0.02	1.25
	0.04		0.83
	0.18		0.62
0.01	0.07	0.02	0.38
0.01	0.07	0.02	0.20
	0.07	0.02	0.17
0.78	0.30	0.65	13.60
0.05	0.24	0.07	1.83
	-0.13		0.25
0.09	1.06	0.27	2.91
0.12	-0.42	0.16	3.95
0.17	-0.34	0.11	3.12
0.45	0.10	0.18	5.71

4-8 续表3

单位：亿元

类　别	Category	土地和固定资产支出 Expenses on Land and Fixed Assets	土地购置 Purchase of Land
全　省	**Yunnan**	**22.99**	**3.86**
住宿业	**Hotels**	**16.44**	**3.76**
# 国有及国有控股	Of Which: State-owned and State-holding	1.48	
按登记注册类型分	**Grouped by Status of Registration**		
内资	Domestic Funded Enterprises	16.33	3.76
国有	State-owned	0.34	
集体	Collective-owned	0.01	
股份合作	Cooperative		
联营企业	Joint Ownership	0.01	
有限责任公司	Limited Liability Corporations	4.79	0.70
国有独资公司	State Sole Funded Corporations	0.15	
其他有限责任公司	Other Limited Liability Corporations	4.64	0.70
股份有限公司	Share-holding Corporations Ltd.	0.15	
私营企业	Private Enterprises	10.88	3.05
私营独资	Private-funded Enterprises	0.25	0.03
私营合伙	Private Partnership Enterprises	0.26	0.10
私营有限责任公司	Private Limited Liability Corporations	10.37	2.92
私营股份有限公司	Private Share-holding Corporations Ltd.		
其他	Others	0.16	
港澳台商投资企业	Enterprises with Funds from Hong Kong,Macao and Taiwan	0.10	
与港澳台商合资经营	Joint-venture	0.10	
外商投资企业	Foreign Funded Enterprises	0.01	
中外合资经营	Joint-venture	0.01	
外资企业	Sole Foreign Investment		
按国民经济行业分	**Grouped by Sector**		
旅游饭店	Tourist Hotels	15.39	3.63
一般旅馆	General Hotels	1.05	0.13
其他住宿服务	Other Accommodation Services		
按星级分	**Grouped by Star Rate**		
五星	Five-star	3.52	0.15
四星	Foure-star	5.69	2.49
三星	Three-star	0.95	0.20
二星及以下	Two-star and bleow Two-star	6.28	0.93

continued

(100 million yuan)

房屋和建筑物 Houses and Buildings	机器设备 Machinery Equipment	运输工具 Transportation Means	其他费用 Other Expenses
13.90	**3.21**	**0.93**	**1.09**
8.94	**2.23**	**0.76**	**0.75**
0.88	0.31	0.06	0.23
8.88	2.21	0.75	0.74
0.10	0.11	0.02	0.10
	0.01		
2.71	0.82	0.06	0.50
0.06	0.01	0.01	0.08
2.66	0.81	0.05	0.42
0.14		0.01	
5.92	1.25	0.54	0.13
0.18	0.04		
0.16	0.01		
5.57	1.20	0.54	0.13
0.01	0.01	0.12	0.01
0.06	0.01	0.01	0.02
0.06	0.01	0.01	0.02
	0.01		
	0.01		
8.22	2.04	0.76	0.74
0.72	0.19	0.01	0.02
2.19	1.09	0.03	0.06
2.03	0.33	0.66	0.19
0.56	0.13	0.03	0.03
4.16	0.68	0.04	0.47

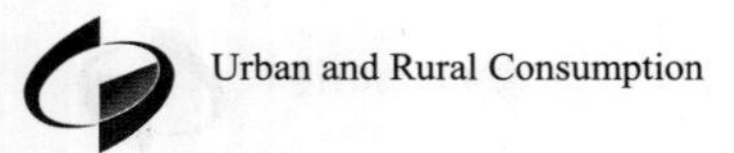

4-8 续表4

单位：亿元

类 别	Category	法人企业数(个) Number of Enterprises (unit)	流动资产合计 Total Working Capitals
餐 饮 业	**Catering Service**	**296**	**38.35**
# 国有及国有控股	Of Which: State-owned and State-holding	17	2.44
按登记注册类型分	**Grouped by Status of Registration**		
内 资	Domestic Funded Enterprises	287	36.55
国 有	State-owned	11	0.40
集 体	Collective-owned	3	0.05
股份合作	Cooperative	2	0.06
联营企业	Joint Ownership		
有限责任公司	Limited Liability Corporations	72	8.63
其他有限责任公司	Other Limited Liability Corporations	71	8.63
股份有限公司	Share-holding Corporations Ltd.	5	0.26
私营企业	Private Enterprises	160	25.56
私营独资	Private-funded Enterprises	42	2.71
私营有限责任公司	Private Limited Liability Corporations	111	22.14
私营股份有限公司	Private Share-holding Corporations Ltd.	6	0.70
其 他	Others	34	1.58
港澳台商投资企业	Enterprises with Funds from Hong Kong,Macao and Taiwan	5	1.47
与港澳台商合资经营	Joint-venture	3	0.99
港澳台商独资	Sole Investment	2	0.48
外商投资企业	Foreign Funded Enterprises	4	0.33
按国民经济行业分	**Grouped by Sector**		
正餐服务业	Dinner Service	285	35.97
快餐服务业	Snack Service	4	0.81
饮料及冷饮服务业	Service of Beverages and Cold Drinks	2	0.68
其他餐饮服务业	Other Carering Services	5	0.89

continued

(100 million yuan)

年末资产负债 Assets and Liabilities at Year-end				
固定资产原价 Original Value of Fixed Assets	本年折旧 Depreciation in the Year	资产合计 Total Assets	负债合计 Total Liabilities	所有者权益合计 Total Owners' Equities
25.03	**1.60**	**66.92**	**39.29**	**27.63**
2.96	0.14	5.56	2.99	2.57
23.16	1.25	62.57	37.20	25.38
0.68	0.03	0.92	0.59	0.33
0.10		0.16	0.13	0.03
0.14		0.62	0.34	0.27
5.35	0.31	15.02	10.48	4.55
5.34	0.29	14.99	10.48	4.51
0.09	0.01	0.34	0.11	0.23
15.74	0.83	42.66	24.37	18.30
2.81	0.10	6.08	2.80	3.28
12.81	0.73	35.54	20.66	14.88
0.13	0.01	1.03	0.90	0.13
1.07	0.07	2.86	1.18	1.68
1.19	0.08	2.64	1.12	1.52
0.44	0.02	1.26	0.35	0.91
0.75	0.06	1.37	0.77	0.61
0.68	0.27	1.71	0.98	0.74
22.96	1.24	61.45	36.33	25.12
1.48	0.33	3.12	1.76	1.36
0.07	0.01	0.71	0.58	0.13
0.53	0.03	1.65	0.63	1.02

4-8 续表5

单位：亿元

类 别	Category	营业收入合计 Business Revenue	主营业务收入 Revenue from Principal Business
餐 饮 业	**Catering Service**	**47.85**	**47.28**
# 国有及国有控股	Of Which: State-owned and State-holding	3.32	3.22
按登记注册类型分	**Grouped by Status of Registration**		
内 资	Domestic Funded Enterprises	38.50	38.11
国 有	State-owned	0.80	0.72
集 体	Collective-owned	0.22	0.22
股份合作	Cooperative	0.14	0.14
联营企业	Joint Ownership		
有限责任公司	Limited Liability Corporations	10.43	10.37
其他有限责任公司	Other Limited Liability Corporations	10.40	10.34
股份有限公司	Share-holding Corporations Ltd.	0.26	0.26
私营企业	Private Enterprises	21.67	21.54
私营独资	Private-funded Enterprises	3.83	3.77
私营有限责任公司	Private Limited Liability Corporations	17.24	17.17
私营股份有限公司	Private Share-holding Corporations Ltd.	0.58	0.58
其 他	Others	5.00	4.88
港澳台商投资企业	Enterprises with Funds from Hong Kong,Macao and Taiwan	3.63	3.45
与港澳台商合资经营	Joint-venture	1.46	1.46
港澳台商独资	Sole Investment	2.17	1.99
外商投资企业	Foreign Funded Enterprises	5.72	5.72
按国民经济行业分	**Grouped by Sector**		
正餐服务业	Dinner Service	38.74	38.43
快餐服务业	Snack Service	7.82	7.64
饮料及冷饮服务业	Service of Beverages and Cold Drinks	0.14	0.14
其他餐饮服务业	Other Carering Services	1.16	1.07

continued

(100 million yuan)

损 益 及 分 配 Losses Profits and Distribution					
主营业务成本 Cost of Principal Business	主营业务税金及附加 Taxes and Other Charges on Principal Business	其他业务利润 Profits from Other Business	营 业 费 用 Expenses on Business	管 理 费 用 Expenses on Management	财 务 费 用 Expenses on Finance
25.62	**2.57**	**0.55**	**11.88**	**5.79**	**0.88**
2.04	0.10	0.02	0.53	0.54	0.01
21.01	2.12	0.40	9.33	4.99	0.88
0.36	0.03	0.01	0.11	0.20	
0.11	0.01		0.05	0.02	
0.09	0.01		0.03	0.01	
5.98	0.50	0.15	2.50	1.32	0.18
5.98	0.50	0.15	2.48	1.32	0.18
0.16	0.05		0.10	0.05	
11.51	1.14	0.20	5.09	2.85	0.64
2.04	0.21	0.12	0.78	0.28	0.08
9.21	0.90	0.07	4.15	2.41	0.55
0.25	0.03		0.15	0.16	0.01
2.79	0.37	0.05	1.45	0.54	0.06
1.80	0.14	0.14	1.24	0.35	-0.01
1.07	0.03		0.15	0.18	-0.01
0.73	0.11	0.14	1.10	0.17	-0.01
2.82	0.31		1.31	0.45	0.01
21.28	2.12	0.40	9.46	5.00	0.89
3.55	0.42	0.14	2.36	0.59	
0.03	0.01		0.02	0.02	
0.76	0.02		0.04	0.18	-0.01

4-8 续表6

单位：亿元

类别	Category	营业利润 Profits from Business	补贴收入 Subsidy Income
餐饮业	**Catering Service**	**0.91**	**0.06**
# 国有及国有控股	Of Which: State-owned and State-holding	0.05	0.01
按登记注册类型分	**Grouped by Status of Registration**		
内资	Domestic Funded Enterprises	0.01	0.05
国有	State-owned	0.05	0.01
集体	Collective-owned	0.01	
股份合作	Cooperative		
联营企业	Joint Ownership		
有限责任公司	Limited Liability Corporations		
其他有限责任公司	Other Limited Liability Corporations		
股份有限公司	Share-holding Corporations Ltd.	-0.11	
私营企业	Private Enterprises	0.38	0.05
私营独资	Private-funded Enterprises	0.40	
私营有限责任公司	Private Limited Liability Corporations	-0.01	0.04
私营股份有限公司	Private Share-holding Corporations Ltd.	-0.02	
其他	Others	-0.31	
港澳台商投资企业	Enterprises with Funds from Hong Kong,Macao and Taiwan	0.07	
与港澳台商合资经营	Joint-venture	0.04	
港澳台商独资	Sole Investment	0.03	
外商投资企业	Foreign Funded Enterprises	0.83	
按国民经济行业分	**Grouped by Sector**		
正餐服务业	Dinner Service	-0.10	0.05
快餐服务业	Snack Service	0.86	
饮料及冷饮服务业	Service of Beverages and Cold Drinks	0.05	
其他餐饮服务业	Other Carering Services	0.10	

continued

(100 million yuan)

损 益 及 分 配 Losses Profits and Distribution			人工成本 Labour Cost
营业外收入 Non-operating Income	利润总额 Total Profits	应交所得税 Income Tax Payable	本年应付职工薪酬 Total Wages Payable
13.70	**13.76**	**0.37**	**7.26**
0.02	0.02	0.02	0.80
13.17	12.94	0.35	5.91
0.02	0.05		0.14
	0.01		0.01
			0.03
0.03	-0.01	0.09	1.76
0.03	-0.01	0.09	1.76
	-0.12		0.07
13.11	13.34	0.21	3.24
0.01	0.34	0.03	0.57
13.10	13.01	0.17	2.54
	-0.01		0.12
0.01	-0.32	0.04	0.66
0.52	0.01	0.02	0.61
0.52	0.04	0.01	0.29
	-0.03	0.01	0.32
	0.81		0.74
13.69	12.87	0.35	5.90
0.01	0.78	0.01	1.04
	0.02		0.02
	0.10	0.01	0.30

4-8 续表7

单位：亿元

类　别	Category	土地和固定资产支出 Expenses on Land and Fixed Assets	土地购置 Purchase of Land
餐饮业	**Catering Service**	**6.55**	**0.11**
# 国有及国有控股	Of Which: State-owned and State-holding	1.31	
按登记注册类型分	**Grouped by Status of Registration**		
内资	Domestic Funded Enterprises	6.02	0.11
国有	State-owned	0.02	
集体	Collective-owned		
股份合作	Cooperative		
联营企业	Joint Ownership		
有限责任公司	Limited Liability Corporations	1.28	0.04
其他有限责任公司	Other Limited Liability Corporations	1.28	0.04
股份有限公司	Share-holding Corporations Ltd.		
私营企业	Private Enterprises	4.71	0.06
私营独资	Private-funded Enterprises	0.24	0.05
私营有限责任公司	Private Limited Liability Corporations	4.46	0.02
私营股份有限公司	Private Share-holding Corporations Ltd.	0.01	
其他	Others	0.01	
港澳台商投资企业	Enterprises with Funds from Hong Kong,Macao and Taiwan	0.45	
与港澳台商合资经营	Joint-venture	0.22	
港澳台商独资	Sole Investment	0.23	
外商投资企业	Foreign Funded Enterprises	0.08	
按国民经济行业分	**Grouped by Sector**		
正餐服务业	Dinner Service	5.99	0.11
快餐服务业	Snack Service	0.33	
饮料及冷饮服务业	Service of Beverages and Cold Drinks		
其他餐饮服务业	Other Carering Services	0.22	

continued

(100 million yuan)

房屋和建筑物 Houses and Buildings	机器设备 Machinery Equipment	运输工具 Transportation Means	其他费用 Other Expenses
4.96	**0.98**	**0.17**	**0.33**
0.60	0.58	0.13	
4.96	0.57	0.16	0.22
0.02			
0.70	0.39	0.14	0.02
0.70	0.39	0.14	0.02
4.25	0.18	0.02	0.20
0.15	0.05		
4.10	0.13	0.02	0.20
	0.01		
	0.34		0.11
	0.22		
	0.13		0.11
	0.07		0.01
4.96	0.55	0.16	0.22
	0.21		0.12
	0.22		

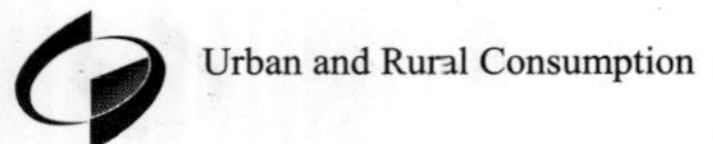

4−9 各州市限额以上住宿和餐饮业企业财务状况(2012年)

单位：亿元

州 市	Region	企业数(个) Number of Enterprises (unit)	流动资产合计 Total Working Capitals	固定资产原价 Original Value of Fixed Assets	本年折旧 Depreciation in the Year	资产合计 Total Assets	负债合计 Total Liabilities	所有者权益合计 Total Owners' Equities
全 省	**Yunnan**	**808**	**123.13**	**203.29**	**9.23**	**328.37**	**191.17**	**137.20**
昆 明	Kunming	330	63.38	83.21	4.41	135.75	73.65	62.10
曲 靖	Qujing	70	4.59	12.07	0.57	17.33	11.03	6.31
玉 溪	Yuxi	39	4.24	11.56	0.48	12.26	7.54	4.73
保 山	Baoshan	24	1.75	7.68	0.22	11.48	7.28	4.21
昭 通	Zhaotong	34	1.53	4.97	0.23	6.35	4.11	2.24
丽 江	Lijiang	60	10.50	17.44	0.80	26.08	14.98	11.10
普 洱	Pu'er	20	1.15	3.23	0.17	4.68	2.29	2.39
临 沧	Lincang	13	1.65	3.71	0.12	4.77	2.55	2.22
楚 雄	Chuxiong	40	2.09	4.01	0.20	6.49	3.33	3.16
红 河	Honghe	48	14.47	14.20	0.26	26.69	13.21	13.48
文 山	Wenshan	22	2.33	4.49	0.21	6.48	4.98	1.51
西双版纳	Xishuangbanna	30	3.89	13.04	0.58	15.76	12.91	2.85
大 理	Dali	32	2.78	8.47	0.33	9.28	6.63	2.65
德 宏	Dehong	16	6.20	8.13	0.53	35.53	21.75	13.79
怒 江	Nujiang	8	0.24	1.54	0.12	1.48	1.17	0.31
迪 庆	Diqing	22	2.34	5.55		7.94	3.77	4.17

Financial Indicators of Enterprises above Designated Size of Catering Services by Region (2012)

(100 million yuan)

营业收入 Business Revenue	主营业务收入 Revenue from Principal Business	主营业务成本 Cost of Principal Business	主营业务税金及附加 Taxes and Other Charges on Principal Business	其他业务利润 Profits from Other Business	营业费用 Expenses on Business	管理费用 Expenses on Management	财务费用 Expenses on Finance
125.10	**121.32**	**50.96**	**6.60**	**3.06**	**34.93**	**26.24**	**2.98**
69.35	68.13	27.88	3.74	1.68	20.76	13.58	1.14
11.84	11.80	7.26	0.51	0.06	1.84	1.15	0.16
4.12	4.05	2.19	0.23	0.04	0.71	1.02	0.19
3.14	3.12	0.98	0.18	0.01	1.01	0.95	0.07
2.85	2.67	1.30	0.13	0.06	0.41	0.61	0.17
9.09	8.61	2.49	0.63	0.98	2.41	2.99	0.45
1.30	1.24	0.57	0.06	0.04	0.31	0.32	0.05
1.12	1.08	0.31	0.06		0.23	0.33	0.09
2.56	2.44	1.48	0.12	0.03	0.47	0.48	0.09
5.87	5.68	2.36	0.25	0.03	2.32	0.92	0.09
1.80	1.78	0.82	0.09		0.32	0.65	0.11
4.42	3.90	1.01	0.23	0.11	1.37	1.38	0.13
3.12	3.07	1.01	0.17	0.01	0.90	0.93	0.13
2.30	1.78	0.54	0.09	0.01	1.16	0.36	
0.45	0.45	0.18	0.02		0.09	0.10	0.01
1.78	1.52	0.61	0.08		0.61	0.47	0.11

4–9 续表1

单位：亿元

州 市	Region	营业利润 Profits from Business	补贴收入 Subsidy Income	营业外收入 Non-operating Income	利润总额 Total Profits	应交所得税 Income Tax Payable	本年应付职工薪酬 Total Wages Payable
全 省	**Yunnan**	**0.75**	**0.27**	**14.53**	**14.17**	**1.09**	**22.94**
昆 明	Kunming	1.79	0.14	13.98	14.77	0.85	12.99
曲 靖	Qujing	0.83	0.02	0.05	0.86	0.09	1.39
玉 溪	Yuxi	-0.22	0.01	0.02	-0.22	0.01	0.89
保 山	Baoshan	-0.07	0.01	0.16	0.06	0.02	0.50
昭 通	Zhaotong	-0.14		-0.03	-0.17		0.53
丽 江	Lijiang	-0.20	0.06	0.09	-0.23	0.02	1.98
普 洱	Pu'er	-0.01			-0.01	0.01	0.30
临 沧	Lincang	0.09	0.01	0.02	0.09		0.18
楚 雄	Chuxiong	-0.15		0.03	0.16	0.01	0.39
红 河	Honghe	-0.39		0.04	-0.43	0.01	0.89
文 山	Wenshan	-0.22		0.01	-0.18		0.35
西双版纳	Xishuangbanna	-0.18		0.06	-0.12	0.04	0.81
大 理	Dali	-0.05	0.02	0.02	-0.06	0.01	0.77
德 宏	Dehong	-0.30		0.07	-0.26		0.55
怒 江	Nujiang	0.03			0.03		0.10
迪 庆	Diqing	-0.07			-0.11		0.33

continued

(100 million yuan)

土地和固定资产支出 Expenses on Land and Fixed Assets	土地购置 Purchase of Land	房屋和建筑物 Houses and Buildings	机器设备 Machinery Equipment	运输工具 Transportation Means	其他费用 Other Expenses
22.99	**3.86**	**13.90**	**3.21**	**0.93**	**1.09**
7.63	0.43	5.18	1.22	0.21	0.59
0.26	0.03	0.17	0.05		0.01
0.26		0.15	0.02	0.01	0.08
2.74	0.15	1.53	1.04	0.01	
0.01					0.01
0.93		0.56	0.32	0.02	0.03
1.18	0.24	0.62	0.07	0.01	0.24
0.18		0.16	0.02		
0.70	0.10	0.52	0.07	0.01	
0.70		0.59	0.11	0.01	
0.21	0.05	0.04		0.12	
0.23		0.17	0.03	0.01	0.02
3.10	0.29	2.61	0.12	0.02	0.07
4.84	2.58	1.58	0.14	0.50	0.03
0.01					
0.01					

主要统计指标解释

社会消费品零售总额 指国民经济各行业直接销售给城乡居民和社会集团的消费品总额。它是反映各行业通过多种商品流通渠道向居民和社会集团供应的生活消费品总量，是研究国内零售市场变动情况、反映经济景气变化程度的重要指标。

社会消费品零售总额包括：（1）售给城乡居民作为生活用品和修建房屋用的建筑材料；（2）售给社会集团的各种办公用品和公用消费品；（3）售给机关、团体、学校、部队、企业、事业单位的职工食堂和旅店（招待所）附设专门供本店旅客食用，不对外营业的食堂的各种食品、燃料；企业、事业单位和国营农场直接售给本单位职工和职工食堂的自己生产的产品；（4）售给部队干部、战士生活用的粮食、副食品、衣着品、日用品、燃料；（5）售给来华的外国人、华侨、港澳台同胞的消费品（包括友谊商店、在海关前后设立的免税商店、外轮供应公司等）；（6）居民自费购买的中、西药品、中药材及医疗用品；（7）报社、出版社直接售给居民和社会集团的报纸、图书、杂志，集邮公司（包括集邮专柜）出售的新、旧纪念邮票、特种邮票、首日封、集邮册、集邮工具等；（8）旧货寄售商店（信托商店）自购、自销部分的商品；（9）煤气公司、液化石油气站售给居民和社会集团的煤气、灶具和罐装液化石油气。

批发零售业商品购、销、存总额 指各种登记注册类型的批发、零售贸易企业（单位）以本企业（单位）为总体的，从国内、国外市场购进的商品总量、销售和出口的商品总量、库存商品总量等情况。该指标对促进工农业生产发展、活跃市场、平抑物价、保障供给、满足需求具有举足轻重的作用。该指标可以反映商品流通过程中商品的购进、销售、库存之间的比例关系和存在的问题。

商品购进总额 指从本企业（单位）以外的单位和个人购进（包括从境外直接进口）作为转卖或加工后转卖的商品金额。它反映批发零售贸易业从国内、国外市场上购进商品的总量。

商品购进总额包括：（1）从工农业生产者购进的商品；（2）从出版社、报社的出版发行部门购进的图书、杂志、报纸和音像制品；（3）从各种登记注册类型的批发零售贸易企业（单位）购进的商品；（4）从其他单位购进的商品，如：从机关、团体、企业单位购进的剩余物资，从餐饮业、服务业购进的商品，从海关、市场管理部门购进的缉私和没收的商品、从居民手中收购的废旧商品等；（5）从国（境）外直接进口的商品。

商品销售总额 指对本企业（单位）以外的单位和个人出售（包括对境外直接出口）的商品金额（包括售给本单位消费用的商品，含增值税）。它反映批发零售贸易业在国内市场上销售商品以及出口商品的总量。商品销售总额包括：（1）售给城乡居民和社会集团消费用的商品；（2）售给工业、农业、建筑业、运输邮电业、批发零售贸易业、餐饮服务业等作为生产、经营使用的商品；（3）售给批发零售贸易业作为转卖或加工后转卖的商品；（4）对国（境）外直接出口的商品。

批发零售业库存 指报告期末各种登记注册类型的批发零售贸易企业（单位）已取得所有权的商品。它反映批发零售贸易企业（单位）的商品库存情况和对市场商品供应的保证程度。

期末库存包括：（1）存放在批发零售业经营单位（如：门市部、批发站、采购站、经营处）仓库、货场、货柜和货架中的商品；（2）挑选、整理、包装中的商品；（3）已记入购进而尚未达到本单位的商品，即发货单或银行承兑凭证已到而货未到的商品；（4）寄放他处的商品，如：因购货方拒绝付款而暂时存放在购货方的商品和已办理加工成品收回手续而未提回的商品；（5）委托其他单位代销（未作销售或调出）尚未售出的商品；（6）代其他单位购进尚未交付的商品。

Explanatory Notes on Principal Statistical Indicators

Total Retail Sales of Consumer Goods refer to the total amount of consumer goods directly sold by all sectors of the national economy to urban and rural residents and social groups. This indicator is used to show the total supplies of consumer goods through various channels of commodity circulation to households and institutions, and to study changes in the domestic retail market and in economic climate.

Total retail sales of consumer goods include: 1). commodities sold to urban and rural residents for their daily use and building materials sold to them for construction or repair of houses; 2). office appliances and supplies sold to social groups; 3). food and fuels sold to staff canteens of government departments, organizations institutions, enterprises, schools, military units and to canteens attached to hotels and hostels that only serve their guests, and commodities produced by enterprises, institutions or state farms and sold directly to their employees or their staff canteens; 4). grain and non – staple food, clothing, articles for daily use and fuels sold to military personnel; 5). consumer goods sold to foreigners, overseas Chinese, and Chinese compatriots from Taiwan, Hong Kong and Macao during their stay in the mainland of China(including friendship store, duty – free shops near customs and ocean shipping supply company. 6). Chinese and western medicines, Chinese herbal medicine and medical facilities purchased by residents; 7). newspapers, books and magazines directly sold to residents and social groups by publishers, new and old commemorative stamps, special stamps, first – day covers, stamp albums and other stamp – collection articles sold by stamp companies(including stamp collecting counter); 8). consumer goods purchased and then sold by second – hand shops(trust shop); 9). stoves, coal gas and liquefied petroleum gas sold by gas companies to households and social groups.

Total Purchases, Sales and Inventory of Commodities in Wholesale and Retail Trade refer to the total volume of commodities purchased, total volume of sales and exports, and inventory of commodities by wholesale and retail enterprises (establishments) of different status of registration from domestic and overseas markets. This indictor plays an important role in promoting industrial and agricultural production, thriving market, stabilizing prices, ensuring market supply and meeting the needs of consumers. It also reflects the proportional relationship among purchase, sales and inventory of commodities in the circulation of goods and reveals the existing problems.

Total Purchases of Commodities refer to the total volume of commodities purchased by the enterprises (establishments) from other establishments or individuals (including direct imports from abroad) for the purpose of re – selling, either with or without further processing of the commodities purchased. This indicator is used to show the total volume of commodities purchased by wholesale and retail establishments from domestic and overseas markets. Total purchases include: 1). agricultural and industrial products purchased from producers; 2). books, publishers; 3). commodities purchased from wholesale and retail establishments of different status of registration; 4). commodities purchased from other entities, such as surplus materials purchased from government departments, enterprises or institutions, commodities purchased from food and service establishments, confiscated goods purchased from customs authorities or market management agencies, second – hand goods and wastes purchased from residents; and 5). commodities directly imported from abroad.

Total Sales of Commodities refer to total volume of commodities sold by the establishments to other establishments and individuals (including direct exports) (including goods sold for self consumption and value added tax). This indicator is used to show the total volume of commodities sold at domestic markets and exports. Total sales include: 1). commodities sold to urban and rural residents and social groups for their consumption; 2). commodities sold to establishments in industry, agriculture, construction, transportation, post and telecommunications, wholesale and retail trade, food service and other service industries for their production and operation; 3). commodities sold to wholesale and retail establishments for re – selling, with or without further processing; and 4). commodities for direct export to other countries.

Inventory of Commodities of Wholesale and Retail Enterprises refers to total commodities possessed by wholesale and retail enterprises (establishments) of various status of registration at the end of the report period, which reflects the commodity inventory level of various wholesale and retail enterprises and the potential for market supply. It includes: 1). commodities stored in warehouses, goods yards, counters, and shelves of operating establishments (such as stores, wholesale centers, procurement stations and operating offices) of wholesale and retail trade; 2). commodities in the process of selecting, sorting, and packing; 3). commodities not arrived but recorded as purchase in the account, i. e. commodities not arrived but payment receipts for the commodities from the sellers or the banks arrived; 4). commodities deposited in other places rather than places mentioned above, for instance: commodities in the hold of purchasers temporarily due to the refusal of payment and commodities not taken back after going through the formalities; 5). commodities entrusted to other entities to sell but not sold yet; 6). commodities purchased for other entities but not delivered yet.

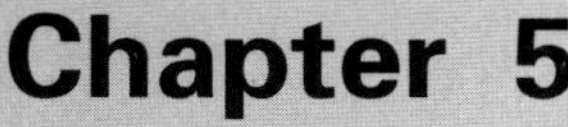

五、公共财政
Public Finance

5–1 地方公共财政预算收支额(1980–2012年)
Pubilc Budgetary Revenue and Expenditure of Local Government (1980-2012)

单位：亿元 (100 million yuan)

年 份 Year	地方公共财政预算收入 Pubilc Budgetary Revenue of Local Government	增值税 Value Added Tax	营业税 Business Tax	企业所得税 Enterprise Income Tax	地方公共财政预算支出 Pubilc Budgetary Expenditure of Local Government	农业支出 Expenditure for Agriculture	文教科卫事业费 Expenditure for Culture, Education, Science and Health	行政管理费 Expenditure for Government Administra-tion	社会保障补助支出 Expenditure for Social Security
1980	11.64				17.32	2.65	3.79	2.05	
1981	12.69				15.73	2.46	4.30	2.21	
1982	15.66				18.80	3.15	5.14	2.47	
1983	17.17				24.23	3.68	6.55	2.98	
1984	19.73				30.77	4.41	8.15	4.54	
1985	27.41			5.98	36.70	4.18	9.38	4.92	
1986	30.01			4.50	47.31	5.71	11.29	5.75	
1987	37.49			4.78	53.86	6.66	12.59	6.29	
1988	50.53			7.59	64.84	8.39	15.56	6.45	
1989	63.27			9.19	81.89	11.62	18.15	7.50	
1990	77.43			7.21	90.76	13.20	21.32	8.88	
1991	99.78			8.09	110.82	15.91	24.08	10.56	
1992	109.32			5.17	121.59	18.53	28.76	13.86	
1993	204.94			4.99	200.62	23.82	37.36	16.73	
1994	76.70	22.52	11.75	6.72	203.73	25.06	48.91	21.40	
1995	98.35	23.28	15.40	7.87	235.10	28.28	54.06	24.47	
1996	130.01	26.54	21.21	9.42	270.39	32.51	69.04	30.22	
1997	150.42	27.84	25.36	9.70	313.20	33.82	75.01	30.58	
1998	168.23	30.57	29.76	14.47	328.00	34.66	80.50	32.07	2.71
1999	172.67	31.06	33.94	14.95	378.05	36.59	89.86	33.47	7.33
2000	180.75	31.37	36.00	20.17	414.11	39.20	98.70	37.24	15.89
2001	191.28	33.62	36.68	26.29	496.43	45.26	116.70	44.76	26.21
2002	206.76	34.42	41.41	25.78	526.89	46.35	132.37	49.36	25.67
2003	229.00	39.11	45.17	21.50	587.35	48.99	143.99	55.43	42.30
2004	263.36	45.56	56.57	27.78	663.64	71.90	170.60	67.76	33.31
2005	321.65	56.02	67.64	33.35	766.31	73.50	192.06	78.12	29.03
2006	379.97	67.50	89.49	41.30	893.58	83.86	236.16	95.21	34.15
2007	486.71	85.72	112.47	55.71	1 135.22	127.60	300.55	187.01	170.48
2008	614.05	99.41	136.63	66.03	1 470.24	177.77	392.19	217.12	224.72
2009	698.25	97.53	175.79	65.29	1 952.34	267.28	510.84	237.22	304.10
2010	871.19	112.78	237.26	82.28	2 285.72	327.21	615.46	246.50	304.69
2011	1 111.16	136.64	277.71	110.61	2 929.60	409.80	793.63	282.05	386.50
2012	1 338.15	148.00	340.54	135.82	3 572.66	518.60	1 036.48	338.16	439.06

注：1.本表中1994年以来的财政收支及分组口径调整，与历史资料不可比。
2.2006年以前农业支出包括农业支出、林业支出、水利气象支出和农林水利气象部门事业费。
3.2007年以后财政支出科目调整，对应关系为：农业支出对应农林水事务、文教科卫事业费对应文教科卫支出、行政管理费对应一般公共服务、社会保障补助支出对应社会保障和就业。

Note: a.Since 1994,the local government revenue and expenditure and the grouping standard in this table are not comparable with the previous years.
b.Before 2006,the expenditure for agriculture included the spending on agriculture,forestry,water conservancy and meteorology and operating expenses for agriculture,forestry,water conservancy and meteorology.
c.After2007, the local government expenditure category changed,the corresponding relationships are as follows:operating expense for agriculture refers to the expenditure for agriculture,forestry and water conservancy,operating expense for culture,education,science and technology and health care refers to expenditure for culture,education,science and technology and health care,operating expense for government administration refers to the expenditure for public service,operating expense for social security refers to the expenditure for social security and employment.

5–2 地方公共财政预算收入(2011–2012年)

Pubilc Budgetary Revenue of Local Government (2011-2012)

单位：亿元 (100 million yuan)

类　别	Category	2011	2012	2012年比2011年增长(%) Increase rate in 2012 over 2011 (%)
地方公共财政预算收入	**Pubilc Budgetary Revenue of Local Government**	**1 111.16**	**1 338.15**	**20.4**
税收收入	**Tax Revenue**	**881.95**	**1 063.90**	**20.6**
增值税	Value-added Tax	136.64	148.00	8.3
营业税	Business Tax	277.71	340.54	22.6
企业所得税	Enterprise Income Tax	110.61	135.82	22.8
个人所得税	Personal Income Tax	41.38	37.10	-10.3
资源税	Resource Tax	14.08	17.70	25.7
固定资产投资方向调节税	Tax Raised from Adjustment of Real-estate Investment			
城市维护建设税	Tax on City Maintenance and Construction	79.39	93.80	18.1
房产税	Tax on Real Estates	18.08	24.66	36.4
印花税	Stamp Tax	9.95	11.86	19.2
城镇土地使用税	Holding Tax on Urban and County Land	15.33	19.28	25.7
土地增值税	Land Value Added Tax	30.09	43.80	45.6
车船税	Tax on Vehicles and Their Registration	7.42	9.02	21.6
耕地占用税	Farmland Occupation Tax	46.82	67.01	43.1
契　税	Contract Tax	54.90	59.19	7.8
烟叶税	Tobacco Leaf Tax	39.55	56.11	41.9
其他税收收入	Others			
非税收入	**Non-tax Revenue**	**229.21**	**274.25**	**19.7**
专项收入	Specific Revenue	80.32	88.58	10.3
行政性收费收入	Income from Administrative Fees	54.18	66.27	22.3
罚没收入	Penalty and Confiscatory Income	36.26	45.02	24.2
国有资本经营收入	Profits of State-owned Enterprises	8.97	-1.32	
国有资源(资产)有偿使用收入	Revenue of Compensable Use of State-owned Resources (Assets)	22.17	43.53	96.4
其他收入	Others	27.32	32.18	17.8

5-3 地方公共财政预算支出（2011-2012年）
Pubilc Budgetary Expenditure of Local Government (2011-2012)

单位：亿元 (100 million yuan)

类 别	Item	2011	2012	2012年比2011年增长(%) Increase rate in 2012 over 2011 (%)
地方公共财政预算支出	**Pubilc Budgetary Expenditure of Local Government**	**2 929.60**	**3 572.66**	**22.0**
一般公共服务	General Public Service	282.05	338.16	19.9
公共安全	Public Security	165.32	185.88	12.4
教 育	Education	483.00	674.82	39.7
科学技术	Science and Technology	28.30	32.67	15.4
文化体育与传媒	Culture, Sports and Media	45.34	62.06	36.9
社会保障和就业	Social Security and Employment	386.50	439.06	13.6
医疗卫生	Health	236.98	266.94	12.6
环境保护	Environment Protection	95.86	101.12	5.5
城乡社区事务	Urban and Rural Community Affairs	122.96	148.84	21.0
农林水事务	Farming, Forestry and Irrigation Affairs	409.80	518.60	26.6
交通运输	Transport	276.19	309.57	12.1
工业商业金融等事务	Industrial,Commercial and Financial Affairs	98.46	119.62	21.5
其他各项支出	Others	44.23	43.01	-2.8

5-4 各州市地方公共财政预算收入(2011-2012年)
Pubilc Budgetary Revenue of Local Government by Region (2011-2012)

单位：亿元 (100 million yuan)

州　市	Region	2011	2012	2012年比2011年增长(%) Increase Rate in 2012 over 2011 (%)
全　省	**Yunnan**	**1 111.16**	**1 338.15**	**20.4**
昆　明	Kunming	317.69	378.40	19.1
曲　靖	Qujing	88.31	103.83	17.6
玉　溪	Yuxi	77.25	90.22	16.8
保　山	Baoshan	28.20	35.55	26.1
昭　通	Zhaotong	32.59	39.47	21.1
丽　江	Lijiang	26.26	38.01	44.7
普　洱	Pu'er	39.29	47.90	21.9
临　沧	Lincang	21.39	30.22	41.3
楚　雄	Chuxiong	37.58	46.32	23.3
红　河	Honghe	72.79	84.48	16.1
文　山	Wenshan	27.45	36.13	31.6
西双版纳	Xishuangbanna	17.60	22.26	26.5
大　理	Dali	45.95	59.28	29.0
德　宏	Dehong	18.91	24.32	28.6
怒　江	Nujiang	6.66	7.51	12.8
迪　庆	Diqing	8.60	10.75	25.0

5-5 各州市地方公共财政预算支出(2011-2012年)

Pubilc Budgetary Expenditure of Local Government by Region(2011-2012)

单位：亿元 (100 million yuan)

州 市	Region	2011	2012	2012年比2011年增长(%) Increase Rate in 2012 over 2011 (%)
全 省	**Yunnan**	**2 929.60**	**3 572.66**	**22.0**
昆 明	Kunming	441.73	525.50	19.0
曲 靖	Qujing	222.19	281.93	26.9
玉 溪	Yuxi	139.65	161.82	15.9
保 山	Baoshan	106.43	141.57	33.0
昭 通	Zhaotong	178.28	248.09	39.2
丽 江	Lijiang	81.49	106.73	31.0
普 洱	Pu'er	145.75	170.09	16.7
临 沧	Lincang	128.79	160.62	24.7
楚 雄	Chuxiong	126.76	158.02	24.7
红 河	Honghe	213.19	248.08	16.4
文 山	Wenshan	143.79	167.80	16.7
西双版纳	Xishuangbanna	67.12	80.63	20.1
大 理	Dali	159.62	200.50	25.6
德 宏	Dehong	92.30	102.16	10.7
怒 江	Nujiang	42.68	50.39	18.0
迪 庆	Diqing	66.11	73.14	10.6

主要统计指标解释

财政收入 指国家财政参与社会产品分配所取得的收入，是实现国家职能的财力保证。

地方公共财政预算收入 是指按照一定的形式和程序，由地方各级财政部门组织并纳入地方公共财政预算管理的各项收入。主要包括：

1. **税收收入：**包括国内增值税、营业税、企业所得税、个人所得税、资源税、城市维护建设税、各银行总行、各保险公司总公司集中交纳的部分、房产税、印花税、城镇土地使用税、土地增值税、车船税、耕地占用税、契税、烟叶税等。

2. **非税收入：**包括专项收入、行政事业性收费、罚没收入、国有资本经营收入、国有资源（资产）有偿使用收入和其他收入。

财政支出 指国家财政将筹集起来的资金进行分配使用，以满足经济建设和各项事业的需要。

地方公共财政预算支出 是指地方各级财政部门对所集中的预算收入有计划地分配和使用而安排的支出。主要包括：

1. **一般公共服务：**指政府提供基本公共管理与服务的支出，包括人大事务、政协事务、政府办公厅（室）及相关机构事务、发展与改革事务、统计信息事务、财政事务、税收事务、审计事务、海关事务、人力资源事务、纪检监察事务、人口与计划生育事务、商贸事务、知识产权事务、工商行政管理事务、国土资源事务、海洋管理事务、测绘事务、地震事务、气象事务、民族事务、宗教事务、港澳台侨事务、档案事务、共产党事务、民主党派事务及工商联事务、群众团体事务、彩票事务等。

2. **公共安全：**指政府维护社会公共安全方面的支出，包括武装警察、公安、国家安全、检察、法院、司法行政、监狱、劳教、国家保密、缉私警察等。

3. **教育：**指政府教育事务支出，包括教育行政管理、学前教育、小学教育、初中教育、普通高中教育、普通高等教育、初等职业教育、中专教育、技校教育、职业高中教育、高等职业教育、广播电视教育、留学生教育、特殊教育、干部继续教育、教育机关服务等。

4. **科学技术：**指用于科学技术方面的支出，包括科学技术管理事务、基础研究、应用研究、技术研究与开发、科技条件与服务、社会科学、科学技术普及、科技交流与合作等。

5. **文化教育与传媒：**指政府在文化、文物、体育、广播影视、新闻出版等方面的支出。

6. **社会保障和就业：**指政府在社会保障与就业方面的支出，包括社会保障和就业管理事务、民政管理事务、财政对社会保险基金的补助、补充全国社会保障基金、行政事业单位离退休、企业改革补助、就业补助、抚恤、退役安置、社会福利、残疾人事业、城市居民最低生活保障、其他城镇社会救济、农村社会救济、自然灾害生活救助、红十字事务等。

7. **医疗卫生：**指政府医疗卫生方面的支出，包括医疗卫生管理事务支出、医疗服务支出、医疗保障支出、疾病预防控制支出、卫生监督支出、妇幼保健支出、农村卫生支出等。

8. **环境保护：**指政府环境保护支出，包括环境保护管理事务支出、环境监测与监察支出、污染治理支出、自然生态保护支出、天然林保护工程支出、退耕还林支出、风沙荒漠治理支出、退牧还草支出、已垦草原退耕还草、能源节约利用、污染减排、可再生能源和资源综合利用等支出。

9. **城乡社区事务**：指政府城乡社区事务支出，包括城乡社区管理事务支出、城乡社区规划与管理支出、城乡社区公共设施支出、城乡社区住宅支出、城乡社区环境卫生支出、建设市场管理与监督支出等。

10. **农林水事务**：指政府农林水事务支出，包括农业支出、林业支出、水利支出、扶贫支出、农业综合开发支出等。

11. **交通运输**：指政府交通运输和邮政业方面的支出，包括公路运输支出、水路运输支出、铁路运输支出、民用航空运输支出、邮政业支出等。

12. **工业商业金融等事务**：指政府对工业、商业及金融等方面的支出，包括采掘业支出、制造业支出、建筑业支出、工业和信息产业监管支出、国有资产监管支出、商业流通事务支出、金融业监管支出、旅游业管理与服务支出等。

Explanatory Notes on Principal Statistical Indicators

Government Revenue refers to income for the government finance through participating in the distribution of social products. It is the financial guarantee to ensure government functioning.

Public Budgetary Revenuen of Local government refers to incomes which were organized and managed by the financial departments of local governments at all levels according to certain forms and procedures.

The contents of the local government budgetary revenue include the following main items:

1. **Tax Revenues** including domestic value added tax (VAT), domestic consumption tax, VAT and consumption tax from imports, VAT and consumption tax rebate for exports, business tax, corporate income tax, individual income tax, resource tax, city maintenance and construct tax, house property tax, stamp tax, urban land use tax, land appreciation tax, tax on vehicles and boat operation, ship tonnage tax, vehicle purchase tax, tariffs, farm land occupation tax, deed tax, and tobacco leaf tax, etc.

2. **Non – tax Revenue** including special program receipts, charge of administrative and institutional units, penalty receipts and others non – tax receipts.

Government Expenditure refers to the distribution and use of the funds which the government finance has raised, so as to meet the needs of economic construction and various causes.

Public Budgetary Expenditure of Local Government refers to the planned distribution and use of the raised budgetary revenue by the financial departments of local government at all levels.

It includes the following main items

1. **Expenditure for General Public Services** refers to the spending on the basic public management and services which provided by governments, including the expense on affairs of People's Congress, affairs of People's Political Consultative Conference, affairs of government general office and relative institutions, affairs of development and reform, affairs of statistics, affairs of finance, affairs of taxation, affairs of audit, affairs of customs, affairs of human resources and social security, affairs of discipline inspection and supervision, affairs of population and family

planning, affairs of commerce and trade, affairs of intellectual property, affairs of administration for industry and commerce, affairs of land and resources, affairs of oceanic administration, affairs of surveying and mapping, affairs of earthquake, ethnic affairs, religious affairs, affairs of Hong Kong, Macao, Taiwan, and Overseas Chinese, affairs of archives administration, affairs of Chinese Communist Party, affairs of democratic parties and federation of industry and commerce, affairs of mass organization, and affairs of lottery, etc.

2. **Expenditure for Public Security** refers to the spending of government on maintaining social and public security, including the expense on armed police force, public security, state security, prosecution, courts, justice, prison, labour education and rehabilitation, protection of state secrecy, anti – smuggling police, etc.

3. **Expenditure for Education** refers to the spending of government on education, including the expense on the administration of education, pre – primary education, primary education, secondary education, high school education, regular higher education, primary vocational education, secondary vocational education, technical school education, vocational high school education and higher vocational education, radio and television education, student abroad education, special education, on the job training of cadres, education authorities services, etc.

4. **Expenditure for Science and Technology** refers to the spending of government on science and technology (S&T), including the expense on the administration of S&T, basic research, applied research, research and development, conditions and services of S&T, popularization of social science, science and technology, exchanges and cooperation of S&T, etc.

5. **Expenditure for Culture, Sport and Media** refers to the spending of government on culture, cultural heritage, sports, radio, film, television, press and publication, etc.

6. **Expenditure for Social Safety Net and Employment Effort** refers to the spending of government on social safety net and employment, including the expense on administration of social safety net and employment, civil affairs, budgetary subsidy on the social insurance funds, subsidy on National Social Security Fund, retirees of administrative units and institutions, subsidy on enterprise reform, subsidy on employment effort, pension, placement of ex – serviceman, social welfare, the handicapped undertakings, the system of cost of living allowances for urban residents, other urban social relief, rural social relief, living relief of natural disasters, affairs of Red Cross Society, etc.

7. **Expenditure for Medical and Health Care** refers to the spending of government on medical and health care, including the expense on administration of medical and health care, medical services, health care, disease prevention and control, health inspection and supervision, women and children's health, rural health care, etc.

8. **Expenditure for Environment Protection** refers to the spending of government on environment protection, including the expense on administration of environment protection, environment monitoring and supervision, pollution control, natural ecology protection, project of virgin forests protection, reforesting farmland, controlling the sources of dust storms, returning pastureland to grassland, returning pastureland to grassland, returning cultivated land to grassland, energy conservation, emissions reduction, comprehensive utilization of renewable energy and resources, etc.

9. **Expenditure for Urban and Rural Community Affairs** refers to the spending of government on urban and rural community affairs, including the expense on administration of urban and rural community, planning and management of urban and rural community, public facilities of urban and rural community, housing of urban and rural community, sanitation of urban and rural community, management and supervision on the construction market, etc.

10. **Expenditure for Agriculture, Forestry and Water Conservancy** refers to the spending of government on agriculture, forestry and water conservancy, including the expense on agriculture, forestry, water conservancy, poverty alleviation, comprehensive agricultural development, etc.

11. **Expenditure for Transportation** refers to the spending of government on transportation and postal services, including the expense on road transportation, waterway transportation, railway transportation, civil aviation transportation, and postal services.

12. **Expenditure for Industry, Commerce and Banking** refers to the spending of government on industry, commerce and banking, including the expense on mining, manufacturing, construction, industry and information technology supervision and administration, State - owned assets supervision and administration, commerce and circulation affairs, financial intermediation supervision and administration, tourism administration and service, etc.

Chapter 6

六、对外经济贸易

Foreign Trade

6–1 进出口贸易总额（1980–2012年）
Total Value of Import and Export Trade (1980-2012)

单位：亿美元 (USD 100 million)

年 份 Year	进出口总额 Total Value of Export and Import	出口额 Exports	进口额 Imports	差 额（出超+、入超-） Balance (Favorable balance(+), Trade Deficit(-))
1980	1.10	0.96	0.14	0.82
1981	1.35	1.03	0.31	0.72
1982	1.36	1.09	0.27	0.82
1983	1.47	1.19	0.29	0.90
1984	1.51	1.11	0.39	0.72
1985	2.10	1.2 9	0.81	0.48
1986	2.65	1.69	0.96	0.72
1987	3.42	2.62	0.80	1.82
1988	4.44	3.42	1.02	2.40
1989	5.48	3.74	1.73	2.01
1990	5.48	4.34	1.14	3.21
1991	5.51	4.01	1.50	2.51
1992	6.71	4.67	2.04	2.63
1993	8.40	5.23	3.17	2.06
1994	13.44	9.10	4.34	4.76
1995	18.96	12.15	6.81	5.35
1996	19.22	10.96	8.26	2.70
1997	19.37	11.72	7.65	4.08
1998	19.03	11.74	7.30	4.44
1999	16.60	10.34	6.25	4.09
2000	18.13	11.75	6.38	5.37
2001	19.89	12.44	7.45	4.99
2002	22.26	14.30	7.97	6.33
2003	26.77	16.77	9.91	6.85
2004	37.48	22.39	15.09	7.30
2005	47.38	26.42	20.97	5.45
2006	62.32	33.91	28.40	5.51
2007	87.80	47.36	40.44	6.92
2008	95.99	49.87	46.12	3.75
2009	80.19	45.14	35.05	10.09
2010	133.68	76.06	57.62	18.43
2011	160.53	94.73	65.80	28.93
2012	210.05	100.18	109.87	-9.69

6–2 主要贸易方式进出口总额（1980–2012年）

Total Value of Main Trade Modes of Import and Export (1980-2012)

单位：亿美元 (USD 100 million)

年份 Year	进出口总额 Total Value of Export and Import			一般贸易		边境小额贸易	
		出口额 Exports	进口额 Imports	出口额 Exports	进口额 Imports	出口额 Exports	进口额 Imports
1980	1.10	0.96	0.14				
1981	1.35	1.03	0.31				
1982	1.36	1.09	0.27				
1983	1.47	1.19	0.29				
1984	1.51	1.11	0.39				
1985	2.10	1.29	0.81			0.21	0.23
1986	2.65	1.69	0.96			0.28	0.31
1987	3.42	2.62	0.80			0.61	0.64
1988	4.44	3.42	1.02			1.31	1.01
1989	5.48	3.74	1.73			1.66	0.90
1990	5.48	4.34	1.14			1.28	0.75
1991	5.51	4.01	1.50			1.03	0.53
1992	6.71	4.67	2.04			1.55	0.75
1993	8.40	5.23	3.17			2.08	0.77
1994	13.44	9.10	4.34			1.46	1.11
1995	18.96	12.15	6.81			1.18	1.13
1996	19.22	10.96	8.26			0.45	0.91
1997	19.37	11.72	7.65			0.42	0.32
1998	19.03	11.31	5.22	9.25	3.60	0.89	0.42
1999	16.60	10.34	6.25	7.23	4.71	2.32	0.56
2000	18.13	11.75	6.38	7.84	4.21	2.78	0.78
2001	19.89	12.44	7.45	8.66	5.25	2.30	1.16
2002	22.26	14.29	7.97	10.57	5.25	2.31	1.37
2003	26.77	16.76	9.92	12.82	6.97	2.53	1.66
2004	37.48	22.39	15.04	16.73	11.27	3.09	2.15
2005	47.38	26.42	20.97	18.24	15.21	3.86	2.69
2006	62.32	33.91	28.40	22.34	20.28	4.65	3.11
2007	87.80	47.36	40.44	34.54	30.15	5.68	4.43
2008	95.99	49.87	46.12	39.96	37.51	5.72	6.29
2009	80.19	45.14	35.05	35.85	27.74	7.07	5.54
2010	133.68	76.03	57.62	44.34	47.23	9.88	7.47
2011	160.53	94.73	65.80	67.98	53.32	12.16	7.88
2012	210.05	100.18	109.87	48.33	64.45	13.95	7.54

6–3 边境贸易进出口总额（1996–2012年）
Total Value of Imports and Exports of Border Trade (1996-2012)

单位：亿美元 (USD 100 million)

年　份 Year	边境贸易进出口总额 Total Value of Export and Import	出 口 额 Exports	进 口 额 Imports
1996	1.36	0.45	0.91
1997	0.74	0.42	0.32
1998	1.31	0.89	0.42
1999	2.78	2.32	0.56
2000	3.56	2.78	0.78
2001	3.46	2.30	1.16
2002	3.68	2.31	1.37
2003	4.19	2.53	1.66
2004	5.24	3.09	2.15
2005	6.55	3.86	2.69
2006	7.76	4.65	3.11
2007	10.11	5.68	4.43
2008	12.01	5.72	6.29
2009	12.61	7.07	5.54
2010	17.36	9.88	7.47
2011	20.05	12.16	7.88
2012	21.49	13.95	7.54

6–4 各州市进出口总额(2012年)

Total Value of Import and Export by Region (2012)

单位：亿美元 (USD 100 million)

州 市	Region	进出口总额 Total Value of Import and Export	出口额 Exports	2012年比2011年增长(%) Increase Rate Over 2011(%)	进口额 Imports	2012年比2011年增长(%) Increase Rate Over 2011(%)	2012年比2011年增长(%) Increase Rate Over 2011(%)
全 省	**Yunnan**	**210.05**	**100.18**	**5.8**	**109.87**	**67.6**	**31.0**
昆 明	Kunming	144.10	56.86	-13.9	87.2	61.7	20.1
曲 靖	Qujing	2.54	2.02	59.9	0.5	11.2	46.9
玉 溪	Yuxi	5.33	5.01	39.9	0.3	-24.2	33.3
保 山	Baoshan	1.46	0.78	-16.9	0.7	-30.5	-23.8
昭 通	Zhaotong	0.26	0.21	304.2	0.0	714.8	342.1
丽 江	Lijiang	0.85	0.85	36.9	-	200.0	37.0
普 洱	Pu'er	2.51	1.21	-2.7	1.3	51.8	19.6
临 沧	Lincang	1.71	0.75	23.1	1.0	1.3	9.8
楚 雄	Chuxiong	1.75	1.75	31.0	-	-93.4	29.1
红 河	Honghe	25.40	13.65	219.8	11.8	421.5	289.6
文 山	Wenshan	1.70	1.62	67.9	0.1	-32.5	56.2
西双版纳	Xishuangbanna	4.06	1.32	39.9	2.7	232.4	34.8
大 理	Dali	2.34	1.66	-0.8	0.7	15.8	3.5
德 宏	Dehong	15.74	12.39	11.7	3.4	22.1	13.7
怒 江	Nujiang	0.15	0.01	-1.6	0.2	45.4	42.6
迪 庆	Diqing	0.14	0.10	-3.2	0.0	137.8	18.8

6–5 引进利用外资概况（1986–2012年）
Utilization of Foreign Capital (1986-2012)

年 份 Year	协议利用外资 Utilization of Foreign Capital		对外借款 Foreign Borrowings		外商直接投资 Foreign Direct Investment		外商其他投资 Other Foreign Investment	
	项目（个）Number of Projects (unit)	金额（亿美元）Value (USD 100 million)	项目（个）Number of Projects (unit)	金额（亿美元）Value (USD 100 million)	项目（个）Number of Projects (unit)	金额（亿美元）Value (USD 100 million)	项目（个）Number of Projects (unit)	金额（亿美元）Value (USD 100 million)
签订利用外资协议（合同）额 Total Amount of Contracted Foreign Capital								
1986	9				7		2	
1987	9	0.14			9	0.11		0.04
1988	9		1		8			
1989	10	0.04			10	0.03		0.01
1990	16				11			
1991	31	0.60		0.34	22	0.16	6	0.10
1992	202				202			
1993	509	5.64			509	5.01		0.63
1994	262				262			
1995	277		8		269			
1996	159		6		153			
1997	135	3.25	8	0.57	127	2.67		
1998	122		3		119			
1999	140		2		138			
2000	110		4		106			
2001	140	2.94			140	2.94		
2002	150				150			
2003	167	5.44			167	5.44		
2004	167				167			
2005	152	4.36			152	4.36		
2006	204				204			
2007	170	9.66			170	9.66		
2008	228				228			
2009	190	16.82			190	16.82		
2010	163				163			
2011	163	21.54			163	21.54		
2012	121	10.95			121	10.95		

注：从1991年起实际利用外资额中对外借款从国家外汇管理局云南分局取得数字，1990年以前是从中国银行昆明分行取得数字。1994年后对外借款从云南省发改委外经处取得数字。

Note:Since 1991,data of borrowings in the foreign investment actually used have been obtained from Yunnan Branch of State Foreign Exchange Admistration Bureau,Before 1990,they were obtained from Kunming Branch of Bank of China. Since 1994, data of foreign exchange borrowings have been obtained from Foreign Trade Section of Provincial Development and Reform Commission.

6-5 续表1 continued

年 份 Year	协议利用外资 Utilization of Foreign Capital		对 外 借 款 Foreign Borrowings		外商直接投资 Foreign Direct Investment		外商其他投资 Other Foreign Investment	
	项 目 （个） Number of Projects (unit)	金 额 （亿美元） Value (USD 100 million)	项 目 （个） Number of Projects (unit)	金 额 （亿美元） Value (USD 100 million)	项 目 （个） Number of Projects (unit)	金 额 （亿美元） Value (USD 100 million)	项 目 （个） Number of Projects (unit)	金 额 （亿美元） Value (USD 100 million)
实际利用外资金额 Total Amount of Foreign Capital Actually Used								
1986		0.06		0.02		0.04		
1987								
1988		0.08				0.03		0.05
1989								
1990				0.04		0.03		0.05
1991								
1992		0.50		0.21		0.23		0.06
1993								
1994		3.14		1.11		2.03		
1995			27					
1996		3.38		1.58		1.80		
1997								
1998		2.98		1.52		1.46		
1999								
2000								
2001								
2002		2.84		1.72		1.12		
2003								
2004		2.14		0.73		1.42		
2005								
2006		4.29		1.27		3.02		
2007								
2008		9.36		1.59		7.77		
2009								
2010		13.29				13.29		
2011		17.38				17.38		
2012		21.89				21.89		

6–6 分行业利用外商直接投资情况(2012年)

Utilization of Foreign Direct Investment by Sector (2012)

单位：亿美金 (USD 100 million)

国民经济行业	National Economic Sector	协议投资 Contracted Investment 项目(个) Number of Projects(unit)	金额 Value	实际投资金额 Actual Investment Amount
全　省	**Yunnan**	**121**	**10.95**	**21.89**
农、林、牧、渔业	Farming,Forestry,Animal Husbandry and Fishery	13	0.09	0.53
采矿业	Mining and Quarrying	1	0.11	0.94
制造业	Manufacturing	18	1.94	2.72
电力、煤气及水的生产和供应业	Production and Supply of Electricity,Gas and Water	10	0.91	1.44
建筑业	Construction	2	0.01	1.95
地质勘查、水利管理业	Geological Prospecting and Water Conservancy	-	-	-
交通运输、仓储及邮电通信业	Transport,Storage,Postal and Telecommunication Services	-	-	0.01
批发和零售贸易餐饮业	Wholesale and Retail Trade and Food Services	36	2.39	3.47
房地产业	Real Estate	3	0.97	6.58
社会服务业	Social Services	28	4.54	4.27
卫生体育和社会福利业	Health Care,Sports and Social Welfare	-	-	-
教育、文化艺术和广播电影电视业	Education,Culture and Arts,Broadcasting,Film and Television	-	-	-
科学研究和综合技术服务业	Scientific Research and Polytechnic Services	-	-	-
其他行业	Others	-	-	-

6–7 各州市利用外商直接投资情况（2011–2012年）
Utilization of Foreign Direct Investment by Region (2011-2012)

单位：亿美金 (USD 100 million)

州市	Region	协议投资 Contracted Investment 项目(个) Number of Projects (unit) 2011	2012	金额 Value 2011	2012	实际投资金额 Actual Investment 2011	2012
全省	**Yunnan**	**163**	**121**	**21.54**	**10.95**	**17.38**	**21.89**
昆明	Kunming	77	63	9.47	3.77	11.00	14.01
曲靖	Qujing	5	5	0.47	0.36	0.28	0.11
玉溪	Yuxi	2	2	0.20	0.02	0.34	0.46
保山	Baoshan	4	1	3.34	0.78	0.52	0.73
昭通	Zhaotong	2	1	1.50	0.11	0.04	0.09
丽江	Lijiang	3	2	0.07	-0.01	0.03	0.29
普洱	Pu'er	5	2	0.31	0.41	0.42	1.01
临沧	Lincang	5		0.26		0.30	0.32
楚雄	Chuxiong	4	3	0.20	0.02	0.25	0.36
红河	Honghe	3	3	0.43	0.01	0.22	0.29
文山	Wenshan	5	3	0.27	0.08	0.08	0.09
西双版纳	Xishuangbanna	7	5	0.69	0.01	0.05	0.14
大理	Dali	4	7	0.04	0.12	0.30	0.39
德宏	Dehong	5	3	0.68	0.74	0.52	0.89
怒江	Nujiang			0.03	0.06	0.15	0.01
迪庆	Diqing	2	2	0.04	0.12	1.03	0.36
省直	Those Directly under Provincal Government	30	19	4.55	4.37	1.83	2.33

6–8 实际利用外资额（2007–2012年）

Foreign Investment Actually Utilized(2007-2012)

单位：亿美元 (USD 100 million)

项　目	Item	2007	2008	2009	2010	2011	2012
全　省	**Yunnan**	**5.52**	**9.36**	**9.10**	**13.29**	**17.38**	**21.89**
外商直接投资	Foreign Direct Investment	3.95	7.77	9.10	13.29	17.38	21.89
合资经营企业	Joint Ventures	1.71	2.95	3.65	4.68	5.58	6.82
合作经营企业	Cooperative Enterprises	0.23	0.29	0.36	0.68	0.65	0.07
独资企业	Sole Proprietorship Enterprises	2.01	4.53	5.08	6.96	10.12	14.90
外商投资股份制企业	Foreign-funded Joint Stock Enterprises			0.01	0.96	1.03	0.10

6–9　对外承包工程和劳务合作（1990–2012年）
Contracted Projects and Labor Cooperation with Foreign Countries(1990-2012)

单位：亿美元　　(USD 100 million)

年　份 Year	合 同 份 数 （份） Number of Contracts (unit)	合 同 金 额 Contracted Value	完 成 营 业 额 Value of Business Fulfilled
承包工程 Contracted Projects			
1990	19	0.07	0.04
1991	19	0.11	0.08
1992	6	0.15	0.15
1993	3	0.40	0.26
1994	15	1.02	0.21
1995	46	2.20	1.01
1996	25	0.78	1.22
1997	47	0.77	0.91
1998	72	3.06	0.99
1999	120	2.50	1.25
2000	162	2.96	1.53
2001	60	1.53	1.45
2002	107	2.94	2.25
2003	71	3.07	2.44
2004	83	3.16	3.36
2005	131	5.34	3.87
2006	85	6.04	4.33
2007	96	7.00	4.99
2008	94	7.80	6.17
2009	63	9.24	7.38
2010	22	9.71	9.85
2011	47	11.21	11.45
2012			
劳务合作 Labor Consultation Senice			
1990	3		
1991	4	0.01	
1992	3	0.01	
1993	9	0.01	
1994	7	0.03	0.01
1995	7	0.02	0.01
1996	9	0.02	0.01
1997	13	0.10	0.03
1998	11	0.04	0.01
1999	14	0.02	0.03
2000	8	0.04	0.02
2001	9	0.02	0.01
2002	2		0.01
2003	2	0.01	
2004	2		0.01
2005	1		
2006			
2007	2	0.01	0.02
2008	6	0.15	0.04
2009	26	0.06	0.04
2010	16	0.05	0.05
2011	-	-	-
2012	-	-	-

注：从2009年起承包工程统计包括设计咨询在内。
Note:Since 2009, statistics of design consultation had been included in that of construction projects under contract.

6-10 云南省对主要国家或地区出口总额（2011-2012年）

Total Value of Provincial Exports to Major Countries and Regions (2011-2012)

单位：亿美元 (USD 100 million)

国家或地区	Country or Region	2011	2012	2012年比2011年增长(%) Increase Rate in 2012 Over 2011 (%)
亚洲小计	**Asia**	**61.76**	**87.02**	**40.9**
阿富汗	Afghanistan		-	-
孟加拉国	Bangladesh	1.44	0.68	-52.5
文　莱	Brunei	0.01	0.06	395.5
缅　甸	Myanmar	14.00	15.29	9.3
柬埔寨	Cambodia	0.07	0.07	1.8
朝鲜	The Democratic People's Republic of Korea		0.01	226.1
中国香港	Hong Kong,China	5.94	38.44	546.9
中国澳门	Macao，China	0.15	..17	14.5
中国台湾	Taiwan,China	1.14	0.99	-12.3
印　度	India	6.94	4.26	-38.6
印度尼西亚	Indonesia	2.43	3.58	47.3
伊　朗	Iran	1.38	0.42	-69.5
以色列	Israel	0.37	0.07	-79.7
日　本	Japan	3.03	2.36	-22.1
约　旦	Jordan	0.20	0.03	-84.9
科威特	Kuwait	0.17	0.02	-90.1
老　挝	Laos	1.04	1.52	47.6
黎巴嫩	Lebanon	0.12	0.01	-89.6
马来西亚	Malaysia	2.48	2.31	-7
尼泊尔	Nepal		-	166.7
阿　曼	Oman	0.01	0.16	1 214.4
巴基斯坦	Pakistan	0.31	0.07	-78.4
菲律宾	The Philippines	0.52	0.42	-20.1
沙特阿拉伯	Saudi Arabia	0.56	0.19	-64.9
新加坡	Singapore	1.20	0.84	-30.5
韩　国	The Republic of Korea	1.62	1.04	-35.8
斯里兰卡	Sri Lanka	0.62	0.33	-47.0
叙利亚	Syria	0.13	0.05	-62.6
泰　国	Thailand	4.01	4.39	9.3
土耳其	Turkey	0.30	0.14	-54.3
阿拉伯联合酋长国	The United Arab Emirates	0.99	0.49	-51.1
越　南	Vietnam	9.73	8.29	-14.9
非洲小计	**Africa**	**4.29**	**1.67**	**-61.0**
阿尔及利亚	Algeria	0.24	0.04	-82.0
埃　及	Egypt	0.58	0.13	-78.2
埃塞俄比亚	Ethiopia	0.02	0.01	-17.3
肯尼亚	Kenya	0.26	0.16	-37.1
毛里求斯	Mauritius	0.07	0.09	31.4
摩洛哥	Morocco	0.35	0.04	-89.5

6-10 续表1 continued

单位：亿美元 (USD 100 million)

国 家 或 地 区	Country or Region	2011	2012	2012年比2011年增长(%) Increase Rate in 2012 Over 2011(%)
尼日尔	Niger		-	-
尼日利亚	Nigeria	0.19	0.12	-36.6
南非(阿扎尼亚)	South Africa (Azania)	0.62	0.22	-65.0
多 哥	Togo	0.11	0.12	8.4
津巴布韦	Zimbabwe	0.02	0.01	-85.7
欧洲小计	**Europe**	**13.76**	**6.49**	**-52.8**
比利时	Belgium	1.80	0.92	-48.7
丹 麦	Denmark	0.08	0.03	-64.9
英 国	The United Kingdom	1.31	0.42	-68.2
德 国	Germany	2.84	1.50	-47.2
法 国	France	1.00	0.61	-38.7
爱尔兰	Ireland	0.02	0.02	-9.4
意大利	Italy	1.34	0.69	-48.5
荷 兰	The Netherlands	2.19	0.77	-64.6
希 腊	Greece	0.22	0.05	-74.9
葡萄牙	Portugal	0.14	0.02	-83.1
西班牙	Spain	1.14	0.39	-65.7
奥地利	Austria		0.01	112.0
保加利亚	Bulgaria	0.04	0.01	-77.8
芬 兰	Finland	0.05	0.03	-43.9
匈牙利	Hungary	0.01		-70.7
马耳他	Malta	0.11	0.04	-67.6
挪 威	Norway	0.01		-21.6
波 兰	Poland	0.29	0.26	-9.4
罗马尼亚	Romania	0.12	0.03	-74.2
瑞 典	Sweden	0.07	0.04	-39.2
瑞 士	Switzerland	0.02	0.02	-11.1
拉脱维亚	Latvia	0.01	0.01	-44.4
立陶宛	Lithuania	0.02	0.02	-28.3
俄罗斯联邦	Russia	0.29	0.35	21.3
乌克兰	Ukraine	0.30	0.16	-45.9
南斯拉夫	Yugoslavia		-	-
斯洛文尼亚	Slovenia	0.13	0.02	-83.6
捷 克	Czech	0.01	0.01	12.6
拉丁美洲小计	**Latin America**	**6.08**	**2.31**	**-62.0**
阿根廷	Argentina	0.46	0.29	-38.1
巴 西	Brazil	2.81	1.16	-58.8
智 利	Chile	0.42	0.11	-74.0
哥伦比亚	Colombia	0.12	0.06	-49.8
多米尼加联邦	The Commonwealth of Dominica		-	-

6－10 续表2 continued

单位：亿美元 (USD 100 million)

国家或地区	Country or Region	2011	2012	2012年比2011年增长(%) Increase Rate in 2012 Over 2011 (%)
古巴	Cuba	0.01	0.09	1 541.7
多米尼加共和国	The Dominican Republic	0.02	0.01	-61.8
海地	Haiti		-	87.5
墨西哥	Mexico	0.81	0.26	-67.6
巴拿马	Panama	0.76	0.16	-79.5
巴拉圭	Paraguay	0.03	0.01	-51.0
秘鲁	Peru	0.14	0.04	-73.8
波多黎各	Puerto Rico		-	-73.7
圣卢西亚岛	Saint Lucia		-	-
萨尔瓦多	El Salvador	0.02	0.01	-60.3
乌拉圭	Uruguay	0.09	0.01	-87.9
委内瑞拉	Venezuela	0.10	0.03	-70.2
北美洲小计	**North America**	**7.77**	**2.18**	**-71.9**
加拿大	Canada	0.44	0.28	-36.7
美国	The United States	7.31	1.90	-74.0
大洋洲小计	**Oceanica**	**1.07**	**0.50**	**-53.1**
澳大利亚	Australia	0.81	0.44	-45.9
斐济	Fiji	0.01		-61.7
新西兰	New Zealand	0.18	0.03	-82.4
巴布亚新几内亚	Papua New Guinea	0.05	0.01	-71.9
合计中：东南亚国家联盟	**Total of ASEAN**	**35.49**	**36.76**	**3.6**
合计中：欧洲联盟	**Total of European Union**	**12.79**	**5.90**	**-53.9**

6-11 云南省对主要国家或地区进口总额（2011-2012年）

Total Value of Provincial Imports from Major Countries and Regions (2011-2012)

单位：亿美元 (USD 100 million)

国家或地区	Country or Region	2011	2012	2012年比2011年增长(%) Increase Rate in 2012 Over 2011(%)
亚洲小计	**Asia**	**33.91**	**55.53**	**63.7**
缅　甸	Myanmar	6.72	7.43	10.3
中国香港	Hong Kong,China	0.08	16.44	20 348.0
中国澳门	Macao,China		-	-
中国台湾	Taiwan,China	0.20	1.72	772.6
印　度	India	1.48	0.35	-76.5
印度尼西亚	Indonesia	2.78	7.84	181.8
伊　朗	Iran	0.38	0.15	-60.2
以色列	Israel	0.09	0.12	38.8
日　本	Japan	1.95	0.79	-59.6
科威特	Kuwait	0.17	0.12	-33.6
老　挝	Laos	1.62	1.95	20.1
马来西亚	Malaysia	6.73	7.92	17.8
菲律宾	The Philippines	0.14	0.78	443.9
卡塔尔	Qatar	0.21	0.33	58.0
沙特阿拉伯	Saudi Arabia	1.84	0.89	-51.2
新加坡	Singapore	0.28	0.18	-37.1
韩　国	The Republic of Korea	0.18	0.28	59.5
泰　国	Thailand	3.37	2.62	-22.1
阿拉伯联合酋长国	The United Arab Emira	0.26	0.35	36.4
越　南	Vietnam	2.41	2.17	-9.7

6-11 续表 continued

单位：亿美元 (USD 100 million)

国家或地区	Country or Region	2011	2012	2012年比2011年增长(%) Increase Rate in 2012 Over 2011 (%)
非洲小计	**Africa**	**5.94**	**17.08**	**187.8**
南非(阿扎尼亚)	South Africa	3.57	14.10	296.2
坦桑尼亚	Tanzania			133.3
欧洲小计	**Europe**	**5.72**	**5.93**	**3.7**
比利时	Belgium	0.26	0.37	41.8
丹　麦	Denmark	0.05	0.08	42.9
英　国	The United Kingdon	0.18	0.14	-25.7
德　国	Federal Republic of Germany	2.33	1.48	-36.3
法　国	France	0.16	1.24	675.7
爱尔兰	Ireland			
意大利	Italy	0.38	0.37	-4.1
荷　兰	The Netherlands	0.55	0.55	2.1
西班牙	Spain	0.09	0.03	-68.7
奥地利	Austria	0.74	0.78	4.9
芬　兰	Finland	0.03	0.05	42.8
罗马尼亚	Romania			160.0
瑞　典	Sweden	0.19	0.08	-59.0
瑞　士	Switzerland	0.09	0.05	-38.8
哈萨克斯坦	Kazakhstan		-	-
俄罗斯联邦	Russia	0.11	0.15	35.5
乌克兰	Ukraine	0.05	0.13	159.5
拉丁美洲小计	**Latin America**	**11.67**	**17.40**	**50.7**
阿根廷	Argentina	0.23		-98.7
巴　西	Brazil	2.36	2.40	1.4
智　利	Chile	1.19	3.37	184.9
圭亚那	Guyana		-	-
墨西哥	Mexico	2.78	4.07	47.6
秘　鲁	Peru	4.91	7.09	47.4
北美洲小计	**North America**	**3.36**	**5.37**	**60.5**
加拿大	Canada	0.52	1.99	283.9
美　国	The United States	2.84	3.37	19.4
大洋洲小计	**Oceanica**	**5.20**	**6.48**	**27.2**
澳大利亚	Australia	5.17	6.46	27.5
新西兰	New Zealand	0.03	0.02	-38.5
东南亚国家联盟	**Total of ASEAN**	**24.05**	**30.88**	**28.4**
欧洲联盟	**Total of European Union**	**5.12**	**5.19**	**1.7**

6−12 实际利用外商直接投资额(按国别或地区分)(2011−2012年)
Actually Utilized Foreign Direct Investment by Country and Region (2011-2012)

单位：亿美元 (USD 100 million)

国家或地区	Country or Region	2011	2012	名称	Item	2011	2012
总 计	**Total**	**17.38**	**21.89**	丹 麦	Denmark	0.06	-
亚 洲	**Asia**			爱尔兰	Ireland		-
#中国香港	Hong Kong,China	10.40	15.82	希 腊	Greece		-
中国台湾	Taiwan,China	0.09	0.22	葡萄牙	Portugal		-
中国澳门	Macao,China	0.05	0.09	西班牙	Spain	0.23	0.01
菲律宾	The Philippines	0.25	-	芬 兰	Finland		-
泰 国	Thailand	0.01	0.02	瑞 士	Switzerland	0.08	0.29
新加坡	Singapore	0.32	0.33	俄罗斯联邦	Russia		-
马来西亚	Malaysia		-	**拉丁美洲**	**Latin America**		**-**
日 本	Japan	0.02	0.03	#巴 西	Brazil		-
韩 国	The Republic of Korea	0.10	0.01	维尔京群岛	Virgin Islands	1.85	0.45
缅 甸	Myanmar	0.09	0.27	开曼群岛	Cayman Islands	0.08	0.03
非 洲	**Africa**		**-**	**北美洲**	**North America**		**-**
欧 洲	**Europe**		**-**	#加拿大	Canada	0.10	0.04
#德 国	Germany		-	美 国	The United States	0.17	0.04
法 国	France	0.26	-	**大洋洲**	**Oceanica**		**-**
意大利	Italy	0.00	-	#澳大利亚	Australia		0.10
荷 兰	The Netherlands	0.05	0.10	新西兰	New Zealand		-
英 国	The United Kingdom	0.04	0.01	**其 他**	**Others**		**-**
比利时	Belgium		-				

主要统计指标解释

进出口总额 指对外经济贸易中实际进出云南省境内的货物总金额。包括对外贸易实际进出口货物，来料加工装配进出口货物，国家间、联合国及国际组织无偿援助物资和赠送品，华侨、港澳同胞和外籍华人捐赠品，租赁期满归承租人所有的租赁货物，进料加工进出口货物，边境地方贸易及边境地区小额贸易进出口货物（边民互市贸易除外），中外合资企业、中外合作经营企业、外商独资经营企业进出口货物和公用物品，到、离岸价格在规定限额以上的进出口货样和广告品（无商业价值、无使用价值和免费提供出口的除外），从保税仓库提取在中国境内销售的进口货物，以及其他进出口货物。该指标可以观察一个国家在对外贸易方面的总规模。我国规定出口货物按离岸价格统计，进口货物按到岸价格统计。

商品经营单位所在地进、出口额 指所在地海关注册登记的有进出口经营权的企业实际进、出口额。利用外资 指各级政府、部门、企业和其他经济组织通过对外借款、吸收外商直接投资以及用其他方式筹措的境外现汇、设备、技术等。

对外借款 指通过对外正式签订借款协议，从境外筹措的资金，包括政府贷款、国际金融组织贷款、外国银行商业贷款、出口信贷以及以前还包括对外发行股票。该指标是利用外资的重要部分。

外商直接投资 指外国企业和经济组织或个人（包括华侨、港澳同胞以及云南省在境外注册的企业）按中国有关政策、法规，用现汇、实物、技术等在云南境内开办外商独资企业、与中国境内的企业或经济组织共同举办中外合资经营企业、合作经营企业或合作开发资源的投资（包括外商投资收益的再投资），以及政府有关部门批准的项目投资总额内企业从境外借入的资金。

外商其他投资 指除对外借款和外商直接投资以外的各种利用外资的形式。包括企业在境内外股票市场公开发行的以外币计价的股票（目前主要是在香港证券市场发行的 H 股和在境内证券市场发行的 B 股）发行价总额，国际租赁进口设备的应付款，补偿贸易中外商提供的进口设备、技术、物料的价款，加工装配贸易中外商提供的进口设备、物料的价款。

对外承包工程 指各对外承包公司以招标议标承包方式承揽的下列业务：（1）承包国外工程建设项目；（2）承包云南对外经援项目；（3）承包云南驻外机构的工程建设项目；（4）承包云南境内利用外资进行建设的工程项目；（5）与外国承包公司合营或联合承包工程项目时云南公司分包部分；（6）对外承包兼营的房屋开发业务。对外承包工程营业额是以货币表现的本期内完成的对外承包工程工作量，包括以前年度签订的合同和本年度新签订的合同在报告期内完成的工作量。

对外劳务合作 指以收取工资的形式向业主或承包商提供技术和劳动服务活动。云南对外承包公司在境外开办的合营企业，中国公司同时又提供劳务的，其劳务部分也纳入劳务合作统计。劳务合作营业额按报告期内雇主提交的结算数（包括工资、加班费和奖金等）统计。

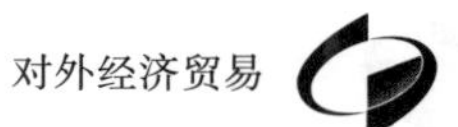

Explanatory Notes on Principal Statistical Indicators

Total value of Imports and Exports refers to the total value of goods imported into and exported from the boundary of China, including the actual imports and exports through foreign trade, imported and exported goods under the processing and assembling trade gifts and supplies as aid given gratis between governments and by the United Nations and other international organizations, and contributions donated by overseas Chinese, compatriots in Hong Kong and Macao and Chinese with foreign citizenship, leasing commodities owned by leaseholders at the expiration of the lease term, imported and exported goods processed with imported materials, commodities trading in border areas (excluding mutual exchange goods), imported and exported goods and articles for public use of the Sino – foreign joint ventures, cooperative enterprises and wholly foreign – funded enterprises. Imported or exported samples and advertising goods for whose CIF or FOB value are beyond the permitted ceiling (excluding goods of no trading or use value and free commodities for export), imported goods sold in China from bonded warehouses and other imported or exported goods. This indicator can be used to observe the general scale of foreign trade in a country. In accordance with the stipulation of the Chinese government, imp orts are calculated at CIF, while exports are calculated at FOB.

Import and Export Value by Location of operating Establishments refers to actual value of import and export business operated by establishments which have been registered by the local customhouse and are entitled to run import and export business.

Utilization of Foreign Capital refers to spot exchange, equipment and technology raised from abroad, by foreign borrowings, foreign direct investment and other forms undertaken by t he Chinese governments at all levels, various departments, enterprises and other economic entities.

Foreign Borrowings refer to funds raised from abroad through formal borrowing agreements with foreign institutions, including loans of foreign governments, loans of international financial institutions, commercial loans of foreign banks, export credit, and funds raised by Chinese stocks issued abroad (before 1996). It is an import ant part of China's utilization of foreign capital.

Foreign Direct Investment refers to the investments inside China by foreign enterprises and economic organizations or individuals (including overseas Chinese, compatriots from Hong Kong, Macao and Taiwan, and Chinese enterprises registered abroad), following the relevant policies and laws of China, for the establishment of wholly foreign – funded enterprises, Sino – foreign joint ventures and cooperative enterprises or for co – operative exploration of resources with enterprises or economic organizations in Yunnan. It also includes the reinvestment of the foreign entrepreneurs with the profits gained from the original investment and the funds that enterprises borrow from abroad in the total investment of projects, which are approved by the relevant government departments.

Other Foreign Investment refers to all forms of utilization of foreign capital except foreign borrowings and foreign direct investment. It includes the total value of stocks in foreign currencies issued by enterprises at domestic or foreign stock exchanges (now mainly consisting of H shares issued at Hong Kong Security Market and B shares issued at the domestic security markets), rent payable for imported equipment through international leasing arrangement, costs of imported equipment, technology and materials provided by foreign counterparts in compensation trade and processing and assembling trade.

International Contracted Projects refer to projects undertaken by Chinese contractors (contracting companies) through bidding process, including: 1). overseas construction projects financed by foreign investors; 2). overseas projects financed by the Yunnan provincial government through its foreign aid programs; 3). construction projects of Yunnan diplomatic missions, trade offices and other institutions stationed abroad; 4). construction projects in Yunnan financed by foreign investors ; 5). sub – contracted projects undertaken by Yunnan contractors in joint or united contracts with foreign contractor (s); 6). housing development projects. Business volume of international contracted projects is the work volume of contracted projects completed during the report period, expressed in monetary terms, including completed work on projects contracted in previous years and the current year.

International Cooperation refers to the supply of technology and labor services to employers or contractors by receiving salaries and wages. Labor services provided by joint ventures of Yunnan international contracting corporations should be included in the statistics of labor co – operation with foreign countries. Business volume of labor cooperation is calculated according to the settled amount (including wages and salaries, overtime pay, bonuses, etc) provided by the employers during the report period.

Chapter 7

七、农业和农村
Agriculture and Country

7-1 云南省农村和农业生产基本情况(2008-2012年)

Basic Statistics on Rural Areas and Agriculture Production (2008-2012)

指　　标	Item	2008	2009	2010	2011	2012
农村基层组织情况（个）	**Rural Grass-roots Units (unit)**					
乡镇个数	Number of Townships and Towns	1 206	1 188	1 188	1 181	1 174
#镇个数	Number of Towns	476	492	497	506	539
村委会个数	Number of Villagers' Committees	13 099	13 034	12 927	12 911	12 828
乡村户数及人口	**Number of Rural Households and Population**					
乡村户数（万户）	Number of Rural Households(10 000 households)	915	928	947	961	969
乡村人口数（万人）	Rural Population (10 000 persons)	3 640	3 671	3 711	3 741	3 725
乡村从业人员（万人）	**Number of Rural Employed Persons (10 000 persons)**	**2 113**	**2 137**	**2 167**	**2 191**	**2 187**
#农业从业人员	Number of Employees Involved in Agriculture	1 659	1 658	1 650	1 646	1 619
按人口性别分	**Popucation Grouped by Sex**					
	Male (10 000 persons)	1 099	1 117	1 137	1 153	1 152
女	Female (10 000 persons)	1 014	1 021	1 030	1 038	1 035

注：1.乡村总人口是按1984年前的老口径统计，故本表的数字大于人口篇乡村总人口数。乡镇个数中不包括城关镇、街道办事处。
　　2."交通运输、仓储和邮政业就业人员"2003年以前统计口径为"交通运输和邮电通讯业就为人员"；"批发与零售业就业人员"2003年以前统计口径为"批发、零售、餐饮、金融、保险就业人员"2011年，制度变化，无分行业从业人员。

Note: a. The total rural population is calculated accolding to original standards before 1984, so the data in this table are larger than the rural population in chapter on population. since 2001,the data of townships and towns have not included those of urban towns.
　b.The employed persons of transport.storage and post service have calculated including the telecommunication service and unincorperated the storage before 2003;employed persons of wholesale trade .retail trade refers to the employed persons of holesale trade ,retail trade, food services.wbanking and insurance trades.

7-2 主要农业机械拥有量(1978-2012年)
Historic Number of Major Agricultural Machinery Owned (1978-2012)

年 份 Year	农业机械总动力(万千瓦) Total Power of Agricultural Machinery (10 000 kw)	农用大中型拖拉机(万台/亿瓦特) Large and Medium-sized Agricultural Tractors (10 000 units/ 100 million watt)	农用小型及手扶拖拉机(万台/亿瓦特) Small and Walking Agricultural Tractors (10 000 units/ 100 million watt)	大中型拖拉机机引农具(万部) Farm Tools Towed by Large and Medium Sized Tractors (10 000 units)	小型拖拉机机引农具(万部) Farm Tools Towed by Small Tractors (10 000 units)	农用水泵(万台) Water Pumps for Agricultural Use (10 000 units)	联 合 收割机(台) Combine Harvesters (unit)	机 动 脱粒机(万台) Power-driver Shellers (10 000 units)
1978	243	1.44	2.52	2.23	1.87	1.71	215	4.19
1979	292	1.67	3.13	2.19	2.42	2.12	201	5.07
1980	295	1.72	3.34	2.11	2.96	2.21	184	5.36
1981	328	1.68	3.42	2.06	3.11	2.24	156	5.28
1982	335	1.65	3.80	1.86	2.88	2.19	170	4.84
1983	369	1.82	4.90	1.76	3.35	2.66	93	4.22
1984	407	1.84	6.11	1.47	3.20	2.79	68	3.97
1985	439	1.77	7.38	1.28	2.95	2.82	53	3.38
1986	475	1.91	8.62	1.10	4.00	3.24	53	3.13
1987	513	1.78 / 6.92	9.06 / 14.75	1.06	3.53	3.45	42	3.17
1988	579	1.75 / 6.86	11.57 / 10.27	1.02	3.91	3.71	60	3.74
1989	612	1.68 / 6.68	12.81 / 11.40	0.97	4.41	4.22	124	3.39
1990	649	1.62 / 6.39	14.13 / 12.62	0.94	5.40	4.46	120	3.66
1991	710	1.55 / 6.19	15.99 / 14.30	0.90	6.45	4.77	154	4.14
1992	754	1.39 / 5.58	17.22 / 15.36	0.86	6.40	5.01	125	4.59
1993	788	1.17 / 4.84	18.42 / 16.56	0.76	7.54	5.19	197	5.05
1994	850	1.05 / 4.42	19.87 / 17.99	0.67	8.00	4.46	126	5.44
1995	906	0.96 / 3.95	21.62 / 19.69	0.66	8.97	5.70	134	5.92
1996	1 003	0.84 / 3.57	26.03 / 24.04	0.35	6.52	5.41	101	8.01
1997	1 104	0.85 / 3.61	29.16 / 27.99	0.34	7.47	5.89	171	9.70
1998	1 177	1.01 / 3.89	31.41 / 3.05	0.36	8.17	6.20	257	10.22
1999	1 255	1.56 / 4.99	30.44 / 29.83	0.82	13.90	7.88	360	9.24
2000	1 301	3.83 / 10.16	30.07 / 29.94	0.81	15.03	8.88	450	11.10
2001	1 398	5.26 / 13.75	30.48 / 29.98	0.88	15.79	9.03	484	11.57
2002	1 460	6.69 / 17.69	29.91 / 30.39	1.03	16.46	9.49	483	11.58
2003	1 543	8.63 / 23.10	30.51 / 30.71	0.91	17.20	10.19	652	11.24
2004	1 608	9.15 / 25.08	30.48 / 31.04	0.90	16.66	11.01	817	11.57
2005	1 666	4.50 / 12.14	27.48 / 30.74	1.15	18.08	11.77	1 150	12.40
2006	1 755	4.86 / 12.83	27.88 / 28.13	1.23	18.83	12.72	1 570	14.82
2007	1 862	7.51 / 18.10	28.68 / 32.81	1.51	20.23	14.73	2 168	17.67
2008	2 014	17.51 / 37.90	29.57 / 31.17	1.91	22.30	17.09	2 537	21.80
2009	2 159	20.89 / 44.63	32.12 / 33.86	2.79	25.79	20.55	3 016	24.31
2010	2 411	22.51 / 49.41	33.92 / 35.82	3.15	27.69	21.66	3 496	27.10
2011	2 628	24.32 / 54.34	35.52 / 36.87	3.86	30.51	25.62	4 299	31.85
2012	2 874	26.77/61.88	37.12/38.18	4.54	32.08	27.58	5 075	33.92

7–3 各州市农村基本情况及农业生产条件(2012年)
Basic Conditions of Rural Areas and Agricultural Production by Region (2012)

州 市	Region	乡镇个数(个) Number of Townships and Towns (unit)	镇个数(个) Number of Towns (unit)	村委会个数(个) Number of Villagers' Commitees (unit)	自来水受益村数(个) Villages with Tap Water Supply (unit)	通汽车村数(个) Villages with Highway (unit)	通电话村数(个) Villages with Telephone Service (unit)	农村用电量(亿千瓦时) Rural Consumption of Electricity (100 million kwh)	乡村办电站/装机容量(个/亿千瓦) Number of Power Stations Owned by Villages and Their Installed Capacity (unit/100 million kw)
全 省	**Yunnan**	**1 174**	**539**	**12 828**	**12 228**	**12 759**	**12 651**	**73.78**	**344/30.08**
昆 明	Kunming	59	43	989	982	988	989	9.04	28/2.36
曲 靖	Qujing	104	61	1 533	1 432	1 533	1 532	9.53	14/0.58
玉 溪	Yuxi	68	37	659	649	659	659	14.60	22/0.14
保 山	Baoshan	66	26	881	873	881	881	3.70	39/2.38
昭 通	Zhaotong	130	75	1 160	1 083	1 156	1 159	5.19	95/8.34
丽 江	Lijiang	55	15	451	361	448	435	1.26	37/3.11
普 洱	Pu'er	94	22	995	995	960	907	2.14	10/0.39
临 沧	Lincang	68	25	892	889	885	888	1.63	5/0.3
楚 雄	Chuxiong	93	44	1 036	1 026	1 036	1 036	3.87	8/1.64
红 河	Honghe	118	42	1 176	1 081	1 173	1 124	7.94	8/0.59
文 山	Wenshan	94	35	955	810	954	949	4.52	10/1.56
西双版纳	Xishuangbann	31	18	222	222	222	218	1.14	
大 理	Dali	98	57	1 097	1 054	1 084	1 097	7.18	48/3.00
德 宏	Dehong	45	19	340	332	340	335	0.81	
怒 江	Nujiang	25	11	259	259	257	259	0.49	12/5.66
迪 庆	Diqing	26	9	183	180	183	183	0.73	8/0.03

7−4 各州市农田水利情况(2012年)

Basic Conditions of Farmland Water Conservancy by Region (2012)

单位：万公顷 (10 000 hectares)

州 市	Region	水库座数 (座) Number of Reservoirs (unit)	水库总库容 (亿立方米) Capacity of Reservoirs (100 million cu.m)	农田水利情况 Irrigation and Water Conservancy		
				有效灌溉面积 Irrigated Area	旱涝保收面积 Area with Stable Yields Despite Drought or Waterlogging	机电排灌面积 Mechenical and Electric Irrigation and Drainage Area
全 省	**Yunnan**	**5 631**	**121.96**	**167.79**	**94.30**	**18.28**
昆 明	Kunming	808	26.29	13.22	8.80	4.05
曲 靖	Qujing	689	22.09	18.80	11.43	2.66
玉 溪	Yuxi	564	7.12	7.98	5.44	1.65
保 山	Baoshan	269	4.67	11.87	8.36	0.66
昭 通	Zhaotong	174	6.33	14.46	5.99	0.46
丽 江	Lijiang	136	3.62	7.16	3.66	0.84
普 洱	Pu'er	299	5.71	12.00	6.39	0.07
临 沧	Lincang	227	3.29	9.68	4.63	0.17
楚 雄	Chuxiong	1 075	12.34	12.42	8.03	1.01
红 河	Honghe	429	9.80	18.04	9.29	3.22
文 山	Wenshan	237	5.82	11.78	5.68	0.57
西双版纳	Xishuangbanna	183	3.45	4.89	2.88	0.01
大 理	Dali	437	7.29	14.90	8.09	2.69
德 宏	Dehong	70	3.54	6.84	3.41	0.03
怒 江	Nujiang	20	0.36	1.55	1.05	
迪 庆	Diqing	14	0.24	2.23	1.19	0.20

注：由于常规统计和水利普查在指标范围和口径上有差别，关于合并两者的数据的方案还没正式下发，省级还未正式发布水利普查数据，以上为常规统计的数据。

Note:Data in this table are conventional statistical data because the census data in water haven't been officially released.The coverage of the conventional statistical data and that of the census data in water are different.Scheme of merging them into one hasn't been officially issued.

7-5 水库库容量（2008-2012年）

年份 Year	水　库（座） Number of Reservoirs (unit)			
	总计 Total	大型水库 Large Reservoirs	中型水库 Medium Sized Reservoirs	小型水库 Small Reservoirs
2008	5 474	6	178	5 290
2009	5 514	6	183	5 325
2010	5 555	7	188	5 360
2011	5 590	7	201	5 382
2012	5 631	9	211	5 411

Storage Capacity of Reservoirs (2008-2012)

水库库容量（亿立方米） Reservoir Capacity (100 million cu.m)				比上年增长（%） Increase Rate Over Last Year(%)	
总计 Total	大型水库 Large Reservoirs	中型水库 Medium Sized Reservoirs	小型水库 Small Reservoirs	水　库 Number of Reservoirs	水库库容量 Capacity of Reservoirs
106.98	21.62	50.94	34.42	1.3	0.7
108.30	21.63	52.01	34.67	0.7	1.2
111.04	22.69	53.46	34.89	0.7	2.5
114.19	22.69	56.15	35.35	0.6	2.8
122.00	28.25	57.86	35.83	0.7	6.8

7-6 各州市农用化肥及农用薄膜施用量(2012年)

Quantity of Chemical Fertilizers and Chemical Film Used for Farming by Region (2012)

单位：万吨 (10 000 tons)

州 市	Region	化肥施用量 Consumption of Chemical Fertilizer	氮 肥 Nitrogenous Fertilizer	磷 肥 Phosphate Fertilizer	钾 肥 Potash Fertilizer	复合肥 Compound Fertilizer	农用塑料薄膜使用量 Plastic Film	地膜使用量 Mulching Film	农药使用量 Compound Fertilizer
全 省	**Yunnan**	**210.21**	**106.81**	**30.59**	**21.99**	**50.82**	**10.13**	**8.19**	**5.53**
昆 明	Kunming	17.86	9.74	3.28	1.24	3.60	1.38	1.01	0.54
曲 靖	Qujing	35.47	16.62	6.70	3.47	8.68	2.21	2.02	0.59
玉 溪	Yuxi	8.97	5.13	1.16	2.06	0.62	0.94	0.57	0.46
保 山	Baoshan	12.40	6.71	1.50	1.81	2.38	0.57	0.52	0.48
昭 通	Zhaotong	14.23	8.54	2.04	1.59	2.06	0.68	0.60	0.13
丽 江	Lijiang	8.46	3.54	2.06	0.74	2.12	0.28	0.24	0.13
普 洱	Pu'er	7.53	5.20	0.68	0.68	0.97	0.41	0.27	0.44
临 沧	Lincang	19.24	7.17	0.65	0.95	10.48	0.34	0.28	0.23
楚 雄	Chuxiong	13.88	7.99	2.55	0.58	2.77	0.71	0.60	0.31
红 河	Honghe	22.99	11.32	3.55	2.61	5.50	1.18	0.79	0.87
文 山	Wenshan	15.73	8.55	2.29	1.57	3.33	0.47	0.42	0.27
西双版纳	Xishuangbanna	5.24	2.58	0.42	1.44	0.79	0.05	0.05	0.46
大 理	Dali	18.18	7.30	2.62	2.39	5.88	0.61	0.54	0.43
德 宏	Dehong	7.94	5.29	0.74	0.79	1.12	0.19	0.18	0.15
怒 江	Nujiang	0.87	0.47	0.10	0.02	0.28	0.04	0.04	0.01
迪 庆	Diqing	1.22	0.65	0.24	0.08	0.25	0.07	0.06	0.04

注：化肥施用量按折纯计算。

Note: Consumption of chemical fertilizers is calculated according to the volume of effective component of the chemical fertilizers.

7-7 农、林、牧、渔业总产值(2011-2012年)
Gross Output Value of Farming, Forestry, Animal Husbandry and Fishery (2011-2012)

单位：亿元 (100 million yuan)

项　　目	Item	按当年价格计算 At Current Prices	
		2011	2012
农、林、牧、渔业总产值	**Gross Output Value of Farming, Forestry, Animal Husbandry and Fishery**	**2 306.49**	**2 680.22**
农业产值	**Gross Output Value of Farming**	**1 124.72**	**1 398.18**
谷物及其他作物	Cereals and Other Crops	665.58	758.92
#谷物	Corn Cereals	266.94	307.40
薯类	Tubers	46.52	47.58
油料	Oil-bering Crops	29.16	33.93
豆类	Beans and Peas	42.75	47.97
糖料	Sugar Crops	72.15	83.80
烟草	Tobacco	179.46	227.01
蔬菜园艺作物	Vegetables and Horticultural Crops	251.20	296.85
水果、坚果、饮料和香料作物	Fruits，Nuts, Beverages and Spiceberry Crops	183.03	253.14
中药材	Traditional Chinese Medicinal Materials	24.91	89.28
林业产值	**Gross Output Value of Animal Husbandry**	**245.67**	**225.83**
林木的培育和种植	Cultivation of Forest Trees	48.89	51.51
竹木采运	Logging and Transport of Timber and Bamboo	72.99	79.31
林产品	Forest Products	123.78	95.01
牧业产值	**Gross Output Value of Animal Husbandry**	**808.20**	**912.97**
牲畜饲养产值	Livestock Raising	127.45	158.60
生猪产值	Hogs	563.89	635.92
家禽产值	Poultry	106.99	104.90
狩猎和捕捉动物	Hunting	0.09	0.09
其他畜牧业	Others	9.77	13.46
渔业产值	**Gross Output Value of Fishery**	**55.93**	**63.10**
农、林、牧、渔服务业产值	**Output Value of Services in Support of Farming, Forestry，Animal Husbandry and Fishery**	**71.98**	**80.14**

7-8 历年农、林、牧、渔业总产值（1978-2012年）

Historic Total Output Value of Farming，Forestry, Animal Husbandry and Fishery (1978-2012)

（按当年价格计算） (calculated at current prices)

单位：亿元 (100 million yuan)

年 份 Year	农业总产值 Historic Total Output Value of Farming	农 业 Farming	林 业 Forestry	牧 业 Animal Husbandry	渔 业 Fishery	农、林、牧、渔服务业 Services in Support of Agriculture,Forestry, Animal Husbandry and Fishery
1978	40.02	28.58	2.48	7.08	0.08	1.80
1979	44.71	31.03	3.17	8.27	0.09	2.15
1980	48.20	33.02	2.94	10.22	0.19	1.83
1981	55.20	38.32	3.77	10.74	0.20	2.17
1982	61.84	41.90	3.87	12.79	0.21	3.07
1983	65.68	42.30	4.73	13.84	0.24	4.57
1984	77.36	48.78	5.97	15.79	0.27	6.55
1985	88.88	52.02	7.90	20.33	0.40	8.23
1986	96.01	51.80	7.40	26.14	0.71	9.96
1987	111.25	61.75	8.85	29.42	0.95	10.28
1988	135.39	76.11	10.05	37.01	1.56	10.66
1989	152.68	84.30	12.97	41.68	1.93	11.80
1990	211.72	119.63	18.27	54.01	1.39	18.42
1991	222.93	130.67	18.69	55.68	1.37	16.52
1992	250.35	146.70	22.84	61.54	2.02	17.25
1993	281.21	179.39	25.39	72.89	3.54	
1994	356.78	228.99	30.41	92.13	5.25	
1995	474.46	299.48	40.53	127.19	7.26	
1996	567.51	369.36	43.21	146.03	8.91	
1997	612.01	397.09	40.40	163.93	10.59	
1998	620.02	381.26	41.77	184.83	12.16	
1999	642.48	394.96	45.60	188.82	13.10	
2000	680.86	416.36	49.75	201.49	13.26	
2001	703.53	431.31	47.21	210.63	14.38	
2002	737.55	445.35	53.52	223.49	15.19	
2002(新口径)	743.75	414.89	59.27	223.49	15.19	
2003	799.33	433.91	73.17	242.53	16.56	33.16
2004	965.22	516.92	86.40	305.42	19.14	35.19
2005	1 068.58	559.32	105.53	339.68	22.97	41.08
2006	1 209.76	630.19	142.59	362.89	26.30	44.78
2007	1 414.79	707.15	156.27	459.63	35.73	56.00
2008	1 641.46	790.87	183.60	570.01	38.12	58.86
2009	1 706.19	850.65	196.13	557.76	41.96	59.69
2010	1 810.53	925.58	184.23	588.81	48.06	63.85
2011	2 306.49	1 124.72	245.67	808.20	55.93	71.98
2012	2 680.22	1 398.18	225.83	912.97	63.10	80.14

注： 1．“农林牧渔服务业”1992年及以前年份为“副业”。

2．从2003年开始，按新国民经济行业分类标准，农业总产值中取消“农民家庭兼营的商品性工业”；“木材采运”改为全社会口径；增加“农林牧渔服务业”。“农林牧渔服务业”包含在“农业总产值”中(下同)。

Note: a. Services in Support of farming，forestry,animal husbandry and fishery was called sideline production before 1992.

b. According to the new standards for the classification of National Economy,subsidiary commercial industry operated by farmers has been deleted from the output value of agriculture since 2003. The Statitcal Coverage of logging and transport of timber has been changed to the whole society. Services in support of farming, forestry,animal husbandry and fishery are added.Services of farming, forestry,animal husbandry and fishery are included in the output value of agriculture (The same as below).

7-9 农、林、牧、渔业总产值指数（1978–2012年）

Indices of Historic Gross Output Value of Farming，Forestry, Animal Husbandry and Fishery (1978-2012)

（以1952年为100） (1952=100)

年 份 Year	农业总产值指数 Indices of Historic Gross Output Value of Farming	农 业 Farming	林 业 Forestry	牧 业 Animal Husbandry	渔 业 Fishery	农、林、牧、渔服务业 Services in Support of Agriculture,Forestry, Animal Husbandry and Fishery
1978	249.2	233.0	13 119.8	410.2	1 296.6	103.5
1979	235.2	213.5	14 288.8	404.3	1 619.3	103.9
1980	251.2	231.3	14 938.3	418.3	1 759.0	104.9
1981	273.6	255.7	16 118.2	439.9	1 886.9	105.7
1982	302.9	274.1	16 885.3	525.0	1 946.7	150.0
1983	319.7	274.8	19 622.1	568.2	2 225.7	222.2
1984	368.3	303.7	25 504.0	645.6	2 500.9	321.5
1985	391.8	308.2	29 241.5	700.0	3 058.1	404.4
1986	382.6	288.0	25 449.1	717.4	3 599.1	489.3
1987	406.0	315.8	24 428.5	738.9	4 402.0	504.9
1988	432.8	339.7	25 935.5	781.7	5 771.3	524.1
1989	445.3	346.4	27 366.2	821.8	5 091.1	530.0
1990	474.5	366.1	29 995.2	882.9	5 318.0	566.6
1991	501.1	398.6	30 756.4	929.5	5 702.4	514.0
1992	523.0	416.5	33 893.6	968.5	6 181.4	503.7
1993	538.8	422.1	40 280.4	991.9	7 462.5	479.0
1994	555.4	426.3	42 959.2	1 050.2	9 256.1	
1995	591.2	457.0	43 946.1	1 112.7	11 177.8	
1996	634.9	490.8	46 714.7	1 195.0	13 223.3	
1997	686.9	530.1	49 941.7	1 303.4	14 728.1	
1998	718.1	533.2	52 506.4	1 467.9	18 282.1	
1999	753.7	555.6	53 943.5	1 571.6	20 274.7	
2000	802.7	589.3	56 155.9	1 705.5	20 850.3	
2001	831.5	611.7	54 154.9	1 800.6	22 289.4	
2002	870.0	633.3	59 030.7	1 892.0	24 368.0	
2003	927.8	663.1	67 532.6	2 027.4	25 600.1	105.1
2004	990.7	703.8	70 033.8	2 204.5	28 027.2	116.6
2005	1 059.1	734.0	76 196.7	2 431.6	31 222.3	121.1
2006	1 148.5	791.1	86 271.6	2 610.6	36 558.9	132.5
2007	1 232.3	844.1	94 553.7	2 767.3	44 309.4	146.7
2008	1 329.7	899.8	105 521.9	3 016.3	47 278.1	152.1
2009	1 407.2	938.0	112 529.3	3 255.4	52 293.3	153.9
2010	1 472.9	972.1	119 348.5	3 440.4	57 204.7	158.6
2011	1 562.2	1 038.5	133 935.2	3 527.5	62 460.7	170.5
2012	1 672.1	1 094.5	147 321.8	3 803.6	71 248.7	184.5

注：1. 本表按可比价格计算。
2. “农林牧渔业”1993年及以前年份为“副业”。
3. 农林牧渔服务业产值指数从2003年开始计算，为新农业发展速度口径。

Note: a. The data in this table are calculated at comparable prices.
b.Farming，forestry,animal husbandry and fishery in 1993 and years before 1993 were called sideline production.
c.The indices of services in support of agriculture,forestry,animal husbandry and fishery has been calculated according the new calculating coverage of agriculture developing speed since 2003.

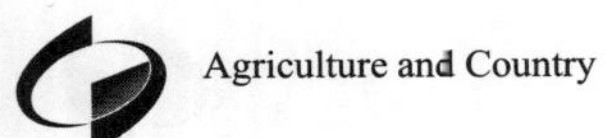

7–10 各州市农、林、牧、渔业总产值(2012年)
Gross Output Value of Farming, Forestry, Animal Husbandry and Fishery by Region (2012)

(按当年价格计算) (calculated at current prices)
单位：亿元 (100 million yuan)

州市	Region	农业总产值 Gross Output Value of Farming	农业 Farming	林业 Forestry	牧业 Animal Husbandry	渔业 Fishery	农、林、牧、渔服务业 Services in Support of Agriculture,Forestry, Animal Husbandry and Fishery
全省	**Yunnan**	**2 680.22**	**1 398.18**	**225.83**	**912.97**	**63.10**	**80.14**
昆明	Kunming	268.84	146.12	7.50	99.76	6.26	9.20
曲靖	Qujing	443.87	186.21	12.47	230.37	10.09	4.72
玉溪	Yuxi	170.95	98.50	3.99	64.27	2.28	1.90
保山	Baoshan	184.91	92.77	14.92	70.67	3.73	2.83
昭通	Zhaotong	176.79	81.51	5.37	86.33	0.68	2.90
丽江	Lijiang	65.62	31.63	2.74	26.95	2.40	1.90
普洱	Pu'er	190.24	93.28	37.70	44.91	10.47	3.89
临沧	Lincang	180.46	111.21	12.83	50.03	3.13	3.27
楚雄	Chuxiong	221.01	120.15	6.59	79.48	2.53	12.26
红河	Honghe	260.83	121.35	14.46	113.67	7.59	3.76
文山	Wenshan	192.46	100.81	9.79	76.80	2.62	2.45
西双版纳	Xishuangbanna	115.20	41.46	59.42	8.09	3.29	2.94
大理	Dali	285.58	154.90	8.97	107.64	6.93	7.14
德宏	Dehong	91.34	55.94	11.78	18.37	2.97	2.28
怒江	Nujiang	17.23	7.28	2.46	6.43	0.04	1.01
迪庆	Diqing	14.76	6.86	1.87	4.50	0.24	1.28

注：由于省、州(市)农业总产值实行分级核算，所以各州(市)加总不等于全省合计数(下同)。
Note:Total agricultural output value is not the value calculated by plusing the agricultural output value of each prefecture(city) because the agricultural output value of the province and prefecture(city) are accounted at different levels.(Same as below).

7-11 各州市农、林、牧、渔业总产值指数(2012年)

Indices of Gross Output Value of Agriculture, Forestry, Animal Husbandry and Fishery by Region (2012)

(以上年为100) (preceding year= 100)

单位：% (%)

州 市	Region	指 数 Indices of Gross Output Value of Agriculture	农 业 Farming	林 业 Forestry	牧 业 Animal Husbandry	渔 业 Fishery	农、林、牧、渔服务业 Services in Support of Agriculture,Forestry, Animal Husbandry and Fishery
全 省	**Yunnan**	**107.0**	**105.4**	**110.0**	**107.8**	**114.1**	**108.2**
昆 明	Kunming	106.8	106.2	97.6	107.6	112.4	112.9
曲 靖	Qujing	107.6	106.8	109.9	108.5	115.2	113.9
玉 溪	Yuxi	107.4	107.5	103.4	107.7	104.6	108.5
保 山	Baoshan	107.0	105.4	107.7	110.2	112.9	80.4
昭 通	Zhaotong	107.5	108.5	115.9	106.2	120.7	103.4
丽 江	Lijiang	107.4	111.0	88.3	105.5	109.9	113.3
普 洱	Pu'er	107.5	107.9	102.1	107.6	126.6	121.0
临 沧	Lincang	107.4	107.7	116.1	107.4	117.8	106.9
楚 雄	Chuxiong	107.3	118.5	98.3	109.8	115.1	93.4
红 河	Honghe	107.3	104.1	113.4	109.7	112.4	111.8
文 山	Wenshan	107.2	103.9	144.0	108.5	86.8	110.4
西双版纳	Xishuangbanna	107.3	111.5	104.2	104.2	112.4	126.1
大 理	Dali	107.1	107.0	117.5	109.9	119.4	113.4
德 宏	Dehong	107.6	106.2	119.0	104.9	110.9	110.9
怒 江	Nujiang	106.5	129.8	135.9	124.0	129.4	108.7
迪 庆	Diqing	107.5	111.5	100.6	106.4	99.5	106.0

注：本表按可比价格计算。

Note : The data in the table are calculated at comparable prices.

7-12 各州市农、林、牧、渔业总产值构成(2012年)
Composition of Gross Output Value of Farming, Forestry, Animal Husbandry and Fishery by Region (2012)

(按当年价格计算) (calculated at current prices)
单位：% (%)

州市	Region	构成 Composition	农业 Farming	林业 Forestry	牧业 Animal Husbandry	渔业 Fishery	农、林、牧、渔服务业 Services in Support of Agriculture,Forestry, Animal Husbandry and Fishery
全省	**Yunnan**	**100.0**	**52.2**	**8.4**	**34.1**	**2.3**	**3.0**
昆明	Kunming	100.0	54.4	2.8	37.1	2.3	3.4
曲靖	Qujing	100.0	41.9	2.8	51.9	2.3	1.1
玉溪	Yuxi	100.0	57.6	2.3	37.6	1.4	1.1
保山	Baoshan	100.0	50.2	8.1	38.2	2.0	1.5
昭通	Zhaotong	100.0	46.1	3.0	48.8	0.4	1.7
丽江	Lijiang	100.0	48.2	4.2	41.0	3.7	2.9
普洱	Pu'er	100.0	49.0	19.8	23.6	5.6	2.0
临沧	Lincang	100.0	61.6	7.1	27.8	1.7	1.8
楚雄	Chuxiong	100.0	54.4	3.0	36.0	1.1	5.5
红河	Honghe	100.0	46.5	5.5	43.6	2.9	1.5
文山	Wenshan	100.0	52.4	5.1	40.0	1.4	1.3
西双版纳	Xishuangbanna	100.0	36.0	51.6	7.1	2.9	2.6
大理	Dali	100.0	54.2	3.2	37.7	2.4	2.5
德宏	Dehong	100.0	61.2	12.9	20.1	3.3	2.5
怒江	Nujiang	100.0	42.3	14.3	37.3	0.2	5.9
迪庆	Diqing	100.0	46.5	12.7	30.5	1.6	8.7

7-13 各州市农、林、牧、渔业增加值(2012年)
Added Value of Farming, Forestry, Animal Husbandry and Fishery by Region (2012)

(按当年价格计算)　　(calculated at current prices)

单位：亿元　　(100 million yuan)

州市	Region	农业增加值 Added Value of Farming	农业 Farming	林业 Forestry	牧业 Animal Husbandry	渔业 Fishery	农、林、牧、渔服务业 Services in Support of Agriculture，Forestry, Animal Husbandry and Fishery
全　省	**Yunnan**	**1 654.55**	**934.96**	**151.31**	**498.94**	**38.81**	**30.53**
昆　明	Kunming	159.17	91.22	4.86	54.57	3.55	4.97
曲　靖	Qujing	262.36	115.42	7.46	130.11	6.02	3.35
玉　溪	Yuxi	97.42	63.77	2.68	28.22	1.50	1.25
保　山	Baoshan	112.93	59.98	7.63	41.05	2.36	1.90
昭　通	Zhaotong	113.35	58.96	3.99	47.90	0.48	2.03
丽　江	Lijiang	36.61	17.30	1.48	15.33	1.42	1.08
普　洱	Pu'er	112.89	57.26	24.09	23.54	5.58	2.43
临　沧	Lincang	110.25	71.42	7.20	27.53	1.88	2.21
楚　雄	Chuxiong	130.31	78.31	0.47	43.34	1.38	6.81
红　河	Honghe	155.45	73.82	9.07	65.63	4.58	2.35
文　山	Wenshan	115.08	55.68	6.85	49.18	1.72	1.65
西双版纳	Xishuangbanna	67.53	23.75	35.92	4.08	2.14	1.65
大　理	Dali	154.81	84.37	4.76	57.39	3.96	4.34
德　宏	Dehong	57.66	33.60	10.26	10.78	1.75	1.27
怒　江	Nujiang	11.44	4.93	1.76	4.15	0.03	0.56
迪　庆	Diqing	9.09	3.99	1.61	2.29	0.17	1.03

注：从2003年开始，农林牧渔业增加值为新口径核算数。

Note:The data of added value of farming, forestry, animal husbandry and fishery have been calculated according to the new standards since 2003.

7−14 各州市农、林、牧、渔业中间消耗(2012年)
Intermediate Consumption of Farming, Forestry, Animal Husbandry and Fishery by Region (2012)

(按当年价格计算) (calculated at current prices)
单位：亿元 (100 million yuan)

州 市	Region	农业中间消耗 Intermediate Consumption of Farming	农 业 Farming	林 业 Forestry	牧 业 Animal Husbandry	渔 业 Fishery	农、林、牧、渔服务业 Services in Support of Agriculture，Forestry, Animal Husbandry and Fishery
全 省	**Yunnan**	**1 025.67**	**463.22**	**74.52**	**414.03**	**24.29**	**49.61**
昆 明	Kunming	109.68	54.90	2.64	45.20	2.71	4.22
曲 靖	Qujing	181.50	70.80	5.01	100.26	4.07	1.36
玉 溪	Yuxi	73.53	34.74	1.31	36.05	0.78	0.65
保 山	Baoshan	71.99	32.79	7.29	29.62	1.36	0.93
昭 通	Zhaotong	63.44	22.56	1.38	38.43	0.20	0.88
丽 江	Lijiang	29.01	14.34	1.25	11.62	0.98	0.82
普 洱	Pu'er	77.35	36.03	13.61	21.36	4.89	1.46
临 沧	Lincang	70.21	39.78	5.63	22.50	1.24	1.06
楚 雄	Chuxiong	90.70	41.84	6.13	36.14	1.14	5.45
红 河	Honghe	105.38	47.53	5.39	48.04	3.02	1.40
文 山	Wenshan	77.38	45.12	2.93	27.62	0.91	0.79
西双版纳	Xishuangbanna	47.66	17.71	23.49	4.02	1.15	1.29
大 理	Dali	130.76	70.54	4.21	50.25	2.97	2.80
德 宏	Dehong	33.68	22.35	1.51	7.59	1.22	1.01
怒 江	Nujiang	5.79	2.35	0.70	2.27	0.02	0.46
迪 庆	Diqing	5.67	2.87	0.26	2.21	0.08	0.25

7-15 各州市农林牧渔业中间消耗、增加值占总产值比重(2012年)
Proportion of Intermediate Consumption and Added Value of Farming, Forestry, Animal Husbandry and Fishery to Gross Output Value by Region (2012)

(按当年价格计算) (calculated at current prices)
单位：亿元 (100 million yuan)

州市	Region	农、林、牧、渔业总产值 Gross Output Value of Farming, Forestry, Animal Husbandry and Fishery	农、林、牧、渔业中间消耗 Intermediate Consumption of Farming, Forestry, Animal Husbandry and Fishery	农、林、牧、渔业增加值 Added Value of Farming,Forestry, Animal Husbandry and Fishery	占农、林、牧、渔业总产值比重(%) Proportion to Gross Output Value (%)	
					中间消耗 Intermediate Consumption	增加值 Added Value
全　省	**Yunnan**	**2 680.22**	**1 025.67**	**1 654.55**	**38.3**	**61.7**
昆　明	Kunming	268.84	109.68	159.17	40.8	59.2
曲　靖	Qujing	443.87	181.50	262.36	40.9	59.1
玉　溪	Yuxi	170.95	73.53	97.42	43.0	57.0
保　山	Baoshan	184.91	71.99	112.93	38.9	61.1
昭　通	Zhaotong	176.79	63.44	113.35	35.9	64.1
丽　江	Lijiang	65.62	29.01	36.61	44.2	55.8
普　洱	Pu'er	190.24	77.35	112.89	40.7	59.3
临　沧	Lincang	180.46	70.21	110.25	38.9	61.1
楚　雄	Chuxiong	221.01	90.70	130.31	41.0	59.0
红　河	Honghe	260.83	105.38	155.45	40.4	59.6
文　山	Wenshan	192.46	77.38	115.08	40.2	59.8
西双版纳	Xishuangbanna	115.20	47.66	67.53	41.4	58.6
大　理	Dali	285.58	130.76	154.81	45.8	54.2
德　宏	Dehong	91.34	33.68	57.66	36.9	63.1
怒　江	Nujiang	17.23	5.79	11.44	33.6	66.4
迪　庆	Diqing	14.76	5.67	9.09	38.4	61.6

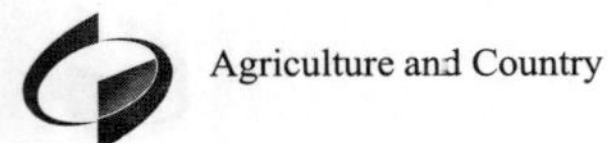

7-16 主要农产品产量（1978-2012年）
Output of Major Farm Products in Significant Years

单位：万吨 (10 000 tons)

年份 Year	粮食 Grain	稻谷 Rice	小麦 Wheat	玉米 Corn	豆类 Beans	#大豆 Soybeans	薯类 Tubers	油料 Oil-bearing Crops	花生 Peanuts	油菜籽 Rapeseeds	烟叶 Tobacco	烤烟 Flue-cured Tobacco
1978	864.05	411.60	85.95	233.10		9.70	48.65	5.51	2.05	3.18		12.26
1979	792.90	382.50	70.55	225.05		6.50	46.90	4.61	1.63	2.74		10.59
1980	865.55	387.60	78.55	263.05		7.05	53.60	6.48	1.83	4.18		10.38
1981	917.09	436.20	73.81	269.79		7.86	53.40	10.71	2.63	7.25		16.36
1982	945.90	463.90	67.20	278.20		8.70	56.00	13.81	3.00	9.95		25.10
1983	954.35	456.90	86.60	268.95		8.80	55.90	13.80	2.57	10.63		14.44
1984	1 005.00	500.90	82.00	273.95		10.00	60.55	12.37	3.06	8.37		27.50
1985	935.00	482.95	61.90	248.75		9.60	63.00	11.81	3.60	7.17		41.00
1986	870.00	440.00	43.50	257.80		9.50	64.70	10.98	3.44	6.70		28.60
1987	934.84	457.96	74.58	249.81		8.42	64.29	13.52	2.88	10.03		33.56
1988	940.72	458.32	82.72	250.37		9.37	60.75	11.89	2.77	8.57		50.73
1989	998.41	467.54	80.40	292.79		10.18	66.31	10.32	2.93	6.72		45.67
1990	1 061.21	509.44	106.79	280.56		10.12	67.51	13.31	2.93	9.65	44.70	43.60
1991	1 093.00	516.87	115.11	300.15		10.10	69.64	17.16	3.14	13.07		58.18
1992	1 070.40	503.39	127.57	272.20		8.82	66.50	18.85	2.96	14.88		77.80
1993	1 085.24	479.31	135.58	289.12		10.08	73.89	13.37	3.37	9.04		87.44
1994	1 146.47	510.23	124.07	332.36		11.14	78.55	13.95	4.11	9.06		59.23
1995	1 188.91	515.77	138.50	341.83		13.13	79.48	19.58	4.33	14.29	76.83	76.07
1996	1 246.30	535.15	145.39	365.03		12.02	82.72	18.81	4.32	13.61	90.19	88.39
1997	1 271.90	533.77	166.14	365.63		12.54	85.10	17.43	3.82	12.80	110.16	109.28
1998	1 319.50	540.86	152.22	420.72		12.95	87.58	17.46	4.55	11.95	57.29	56.37
1999	1 399.25	534.34	153.47	463.44		13.43	98.86	20.62	4.78	14.54	62.66	60.95
2000	1 467.80	536.29	151.19	473.30		13.99	145.46	26.98	5.35	19.11	65.57	64.61
2001	1 486.30	595.87	137.88	477.30		15.97	148.96	27.66	5.40	20.42	61.47	60.08
2002	1 424.74	543.20	134.11	461.50		15.89	153.88	27.52	5.37	20.52	71.80	66.15
2003	1 471.01	635.89	124.35	399.93		14.81	172.29	29.70	5.34	22.75	65.49	63.68
2004	1 509.50	639.40	121.67	425.66		20.62	191.39	33.41	5.59	26.23	70.75	69.24
2005	1 514.93	646.34	106.86	449.31		17.39	193.60	36.22	5.75	29.02	79.09	77.22
2006	1 457.60	612.90	93.00	478.00	93.80	10.90	157.40	39.01	5.80	31.57	77.73	75.78
2007	1 460.70	589.70	91.20	498.60	80.10	17.90	162.20	36.65	6.11	29.07	79.12	76.68
2008	1 518.59	621.01	83.05	529.55	112.12	26.16	169.76	40.38	6.70	32.10	86.38	83.97
2009	1 576.92	636.23	92.30	542.67	130.36	29.06	172.18	50.16	7.13	41.41	91.69	88.03
2010	1 650.00	492.75	40.52	741.29	84.51	26.54	226.08	34.23	7.01	25.98	99.14	95.40
2011	1 755.38	509.20	85.81	704.80	113.01	46.53	250.02	60.75	7.04	51.84	105.57	101.82
2012	1 827.84	483.82	79.99	787.78	118.96	30.00	260.04	62.84	7.49	53.50	115.00	111.05

7-16 续表 continued

单位：万吨 (10 000 tons)

年 份 Year	糖 料 Sugar Crops	甘 蔗 Sugar cane	茶 叶 Tea	水 果 Fruits	猪牛羊肉 Pork, Beef and Mutton	禽 蛋 Poultry Eggs	水产品 Aquatic Products	麻 类 Fiber Crops	棉 花 Cotton
1978	160.04	160.01	1.78	11.62	29.23		1.12		
1979	181.46	181.44	1.49	9.74	30.01		1.40		
1980	184.59	184.45	1.78	11.63	30.91		1.52		
1981	224.95	224.74	2.04	13.90	35.92		1.63		
1982	307.44	307.12	2.28	14.12	37.84	2.59	1.69		
1983	354.60	354.15	2.57	16.77	46.91	2.78	1.93		
1984	378.01	377.76	2.82	22.64	51.54	3.97	2.17		
1985	480.13	479.77	3.11	21.18	56.82	3.90	2.65		
1986	529.85	529.49	3.41	27.49	56.73	3.84	3.12		
1987	558.80	558.47	3.92	31.63	59.62	4.04	3.81		
1988	584.29	583.83	4.28	33.96	64.55	4.09	4.13		
1989	551.82	551.28	4.27	34.32	68.34	4.59	4.41		
1990	662.32	661.88	4.48	31.97	74.74	4.90	4.60	0.22	0.04
1991	821.29	820.74	4.77	36.74	81.27	5.13	4.94		
1992	907.20	906.89	2.29	42.83	87.28	4.82	5.37		
1993	900.03	899.92	6.10	47.72	96.16	5.17	5.83		
1994	928.46	928.00	6.38	50.14	107.68	6.42	6.85		
1995	1 056.31	1 055.92	6.40	55.71	120.45	6.85	8.44	0.22	0.07
1996	1 143.36	1 143.08	6.82	59.01	133.37	7.41	10.20	0.30	0.06
1997	1 435.18	1 434.92	7.08	66.02	148.95	8.51	11.89	0.23	0.07
1998	1 598.09	1 597.71	7.75	68.07	166.21	8.70	13.84	0.22	0.08
1999	1 526.89	1 526.53	7.51	73.83	180.35	9.83	15.53	0.21	0.06
2000	1 420.61	1 420.29	7.94	76.95	191.51	10.63	16.62	0.19	0.05
2001	1 481.49	1 481.10	8.07	79.29	203.84	11.80	18.02	0.49	0.05
2002	1 733.66	1 733.36	8.36	85.63	218.74	13.16	19.26	2.33	0.04
2003	1 695.24	1 694.96	8.59	96.53	234.53	14.39	20.43	4.49	0.03
2004	1 688.80	1 688.49	9.51	115.52	257.10	16.49	22.05	13.66	0.03
2005	1 415.89	1 415.50	11.59	136.63	277.32	20.35	23.85	14.10	0.02
2006	1 679.06	1 678.73	13.82	162.56	296.13	20.54	29.24	5.88	0.02
2007	1 938.81	1 938.67	16.99	202.37	238.60	18.00	33.39	2.42	0.03
2008	1 898.88	1 898.75	17.15	266.18	257.18	19.41	39.37	2.28	0.04
2009	1 761.42	1 761.31	18.29	342.74	270.88	20.75	43.06	1.84	0.04
2010	1 750.97	1 750.92	20.73	397.91	474.82	37.78	48.17	0.56	0.04
2011	1 898.78	1 898.78	23.83	476.43	517.44	40.98	54.88	1.05	0.04
2012	2 043.78	2 043.78	27.17	581.12	578.18	47.40	68.01	1.02	0.07

注：1.1991年起粮食总产量为抽样调查数，2001年起分品种粮食为抽样调查数，2010年起粮食产量为全面统计数。
2.2006—2007年粮食产量、猪、牛、羊肉产量为农业普查衔接数，2008年起为抽样调查数，2010年起畜牧业数据为全面统计数。

Note: a.Since 1991, the data of total output of grain are numbers of sample surveys.Since 2001,grain data by variety are numbers of sample surveys.Since 2010, data of grain output are data of comprehensive statistics.
b.The data of grain output and output of pork,beef and mutton are linked up with the agricultural census from 2006 to 2007,and since 2008, they are numbers of sample surveys.Since 2010, data of animal husbandry are data of comprehensive statistics.

7-17 粮食播种面积和产量（1978-2012年）

Sown Areas and Grain Yields (1978-2012)

单位：万吨，万公顷 (10 000 tons,10 000 hectares)

年 份 Year	粮食产量 Total Yield of Grain	夏收粮 Summer Harvest Grain		秋收粮 Autumn Harvest Grain	
		面 积 Area	粮食产量 Grain Yield	面 积 Area	粮食产量 Grain Yield
1978	864.05	105.26	134.79	262.52	729.26
1979	792.90	103.81	107.27	264.93	685.63
1980	865.55	93.99	126.64	265.28	738.91
1981	917.10	88.24	124.01	265.75	793.09
1982	945.90	82.72	111.59	264.67	834.31
1983	954.35	84.86	140.28	262.22	814.07
1984	1 005.00	85.43	135.28	258.70	869.72
1985	935.00	84.55	109.23	247.30	825.77
1986	870.00	84.42	75.48	248.87	794.52
1987	934.84	85.87	133.89	250.58	800.95
1988	940.72	92.86	138.49	248.92	802.23
1989	998.41	97.85	132.19	254.86	866.22
1990	1 061.21	102.87	170.02	259.36	891.19
1991	1 093.00	104.41	184.25	257.48	908.75
1992	1 070.40	105.62	196.00	252.58	874.40
1993	1 085.24	106.54	211.24	246.17	874.00
1994	1 146.47	113.62	201.36	253.26	945.11
1995	1 188.91	112.69	228.18	251.59	960.73
1996	1 246.30		234.30		1 012.00
1997	1 271.90		254.70		1 017.20
1998	1 319.50		240.15		1 079.35
1999	1 399.25	130.09	234.49	274.12	1 164.76
2000	1 467.80	126.48	241.00	272.69	1 226.80
2001	1 486.30	133.00	233.86	300.90	1 252.44
2002	1 424.74	121.82	240.85	294.24	1 183.89
2003	1 471.01	119.45	244.55	287.39	1 226.46
2004	1 509.50	117.67	236.32	298.17	1 273.18
2005	1 514.93	118.89	222.31	306.50	1 292.62
2006	1 457.60	110.55	220.60	291.66	1 237.00
2007	1 460.70	109.72	223.40	289.73	1 237.30
2008	1 518.59	110.17	207.58	299.42	1 311.01
2009	1 576.92	112.83	236.47	307.18	1 340.45
2010	1 650.00	116.23	139.44	313.67	1 484.98
2011	1 755.38	118.00	237.22	318.45	1 441.40
2012	1 827.84	117.27	270.11	324.51	1 557.73

注：1991—2009年粮食数据为抽样调查数，2010年起粮食数据为全面统计数。粮食总计为夏收粮、早稻与秋收粮之和。

Note:Numbers of total yield of grain from year 1991 to 2009 are data of sample survey,but since 2010,complete statistical survey.Total yield of grain refers to the sum of summer grain,early rice and autumn grain.

7－18 各州市主要农作物播种面积(2012年)

Total Sown Areas of Major Farm Crops by Region (2012)

单位：万公顷 (10 000 hectares)

州 市	Region	总播种面积 Total Sown Area	粮食播种面积 Sown Area of Grain Crops	稻谷 Rice	小麦 Wheat	玉米 Corn	豆类 Beans	薯类 Tubers
全 省	**Yunnan**	**698.52**	**441.78**	**72.22**	**39.80**	**160.26**	**61.72**	**67.38**
昆 明	Kunming	44.92	28.04	2.91	3.21	9.57	4.37	4.39
曲 靖	Qujing	112.17	67.04	5.27	3.65	20.09	7.257	20.12
玉 溪	Yuxi	26.94	10.80	2.06	1.57	4.86	1.03	0.55
保 山	Baoshan	41.26	25.74	6.88	1.51	8.43	3.20	2.02
昭 通	Zhaotong	75.02	54.82	2.85	4.97	22.38	4.75	17.71
丽 江	Lijiang	18.59	13.53	1.74	1.68	3.90	2.58	2.35
普 洱	Pu'er	48.22	34.50	8.66	2.74	15.92	4.06	1.63
临 沧	Lincang	48.99	29.13	4.45	4.13	12.65	4.05	1.98
楚 雄	Chuxiong	39.36	24.61	4.96	3.40	7.03	5.13	1.42
红 河	Honghe	63.92	39.17	8.76	3.82	13.51	5.20	3.86
文 山	Wenshan	79.99	45.92	6.52	5.20	16.88	11.13	6.09
西双版纳	Xishuangbanna	12.82	9.02	3.85	0.01	4.39	0.32	0.10
大 理	Dali	42.33	30.78	5.92	1.67	10.07	5.31	2.02
德 宏	Dehong	27.14	15.32	6.46	0.60	5.97	0.73	1.54
怒 江	Nujiang	10.44	8.16	0.64	0.69	2.84	2.00	1.06
迪 庆	Diqing	6.43	5.19	0.30	0.94	1.79	0.62	0.53

7-18 续表 continued

单位：万公顷 (10 000 hectares)

州　　市	Region	油料播种面积 Oil-bearing Crops	#花 生 Peanuts	#油菜籽 Rapeseeds	甘 蔗 Sugarcane	烤烟播种面积 Flue-cured Tobacco	蔬菜播种面积 Vegetables and Melon	其他作物 Other Farm Crops
全　省	**Yunnan**	**34.33**	**4.88**	**28.12**	**32.77**	**52.58**	**85.03**	**37.36**
昆　明	Kunming	0.89	0.07	0.75	0.00	4.30	8.23	3.25
曲　靖	Qujing	7.74	0.08	7.58	0.00	10.57	13.03	12.59
玉　溪	Yuxi	1.93	0.07	1.82	1.58	5.09	6.60	0.76
保　山	Baoshan	3.47	0.07	3.38	3.38	4.01	2.87	0.88
昭　通	Zhaotong	3.15	0.50	2.60	0.15	2.63	7.73	5.51
丽　江	Lijiang	0.63	0.08	0.48	0.13	1.76	0.93	0.54
普　洱	Pu'er	1.43	0.95	0.47	3.37	3.30	2.82	2.26
临　沧	Lincang	1.19	0.19	0.95	10.52	2.84	2.21	1.54
楚　雄	Chuxiong	2.28	0.09	2.07	0.03	4.99	6.32	0.75
红　河	Honghe	2.25	0.88	1.32	2.52	4.55	9.51	4.88
文　山	Wenshan	5.62	1.60	3.37	3.88	3.72	17.22	2.12
西双版纳	Xishuangbanna	0.18	0.18	0.00	1.39		1.41	0.35
大　理	Dali	1.78	0.04	1.70	0.10	4.33	3.90	0.80
德　宏	Dehong	1.21	0.06	1.15	5.57	0.36	1.26	0.58
怒　江	Nujiang	0.34	0.01	0.25	0.13	0.03	0.84	0.24
迪　庆	Diqing	0.24		0.23		0.11	0.16	0.33

注：2001年起全省粮食播种面积为抽样调查数。2010年起全省粮食播种面积为全面统计数。
Note: Since 2001 the data from sample surveys have been used for the total sown area of grain crops in the whole province.

7-19 橡胶、咖啡和香料作物面积和产量(2007-2012年)
Areas and Output of Rubber,Coffee and Perfume (2007-2012)

单位：万公顷、万吨 (10 000 hectare,10 000 tons)

年份 Year	橡胶 Rubber			咖啡 Coffee			香料作物(折香料油) Perfume Plants (perfume oil)		
	年末实有面积 Real Area at Year-end	收获面积 Harvest Area	总产量 Total Output	年末实有面积 Real Area at Year-end	收获面积 Harvest Area	总产量 Total Output	年末实有面积 Real Area at Year-end	收获面积 Harvest Area	总产量 Total Output
2007	39.65	16.66	28.22	2.04	1.49	2.96	0.52	0.40	0.09
2008	43.58	17.35	25.72	2.43	1.62	3.29	0.45	0.38	0.10
2009	46.14	48.67	18.46	3.66	2.24	4.76	0.48	0.34	0.11
2010	48.67	21.04	33.06	4.31	2.50	4.94	0.60	0.52	0.08
2011	53.03	22.25	36.34	6.13	2.94	6.51	0.60	0.51	0.11
2012	55.64	24.95	38.98	9.23	3.76	9.18	0.50	0.40	0.07

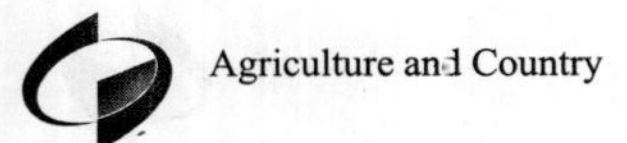

7-20 茶叶、水果生产情况(2007-2012年)

单位：万公顷、万吨 (10 000 hectares,10 000 tons)

年 份	茶 叶		水 果		香 蕉		苹 果	
Year	面 积 Area	产 量 Output	面 积 Area	产 量 Output	面 积 Area	产 量 Output	面 积 Area	产 量 Output
2007	30.29	16.99	26.51	202.37	3.62	54.00	3.11	23.49
2008	33.57	17.15	28.90	266.18	5.09	94.85	2.99	26.80
2009	35.46	18.29	32.72	342.74	5.85	115.59	3.05	26.93
2010	36.77	20.73	31.52	397.91	6.32	133.58	3.09	25.79
2011	38	23.83	37.69	476.43	7.98	168.74	3.19	25.29
2012	38.96	27.17	42.02	581.12	9.13	218.29	4.06	32.24

Planting Areas and Output of Tea and Fruits (2007-2012)

柑橘		梨		葡萄		菠萝		瓜果		#西瓜	
面积 Area	产量 Output	面积 Area	产量 Output	面积 Area	产量 Output	面积 Area	产量 Output	面积 Area	产量 Output	面积 Area	产量 Output
3.21	28.08	4.34	24.05	0.70	9.38	0.38	2.49	2.22	49.60	1.88	42.62
3.29	32.72	4.69	28.69	0.79	12.84	0.41	2.89	1.83	47.26	1.49	39.32
3.41	38.31	4.83	27.87	0.96	16.71	0.43	3.65	1.78	38.89	1.40	31.36
3.43	41.66	5.16	33.2	1.23	20.6	0.38	3.62	2.49	56.27	2.11	48.22
3.65	45.04	4.89	36.41	1.92	35.61	0.41	3.63	2.84	71.04	2.39	60.28
3.95	51.73	5.22	41.63	2.71	54.35	0.40	5.51	2.77	70.40	2.21	59.26

7-21 各州市营造林生产情况

Forestry Production by Region

单位：万公顷 (10 000 hectares)

年 份 Year 州 市 Region		造林面积 Afforested Area	更新造林面积 Area of Reforested Slash	幼林抚育作业面积 Area of Cultivating Young Growth	成林抚育面积 Area of Cultivating Mature Forest	零星(四旁)植树(万株) Number of Four-side Tree Planting(10 000 trees)	育苗面积(公顷) Area of Growing Seedings (hectare)	本年新育苗面积(公顷) Newly Raising Seeding (hectare)
2000		43.07	15.18	15.06	18.14	13 433	1 886	
2001		33.50	0.84	11.59	6.77	13 151	2 642	
2002		40.23	1.80	9.59	5.64	11 226	2 579	
2003		49.51	2.19	9.25	3.12	11 972	3 303	
2004		25.93	1.30	8.71	3.02	10 990	3 098	
2005		21.10	1.32	8.03	1.65	11 687	3 748	
2006		15.88	1.07	8.22	6.11	10 112	2 040	
2007		31.92	1.03	6.40	3.96	8 650	1 911	
2008		56.61	1.04	7.49	2.42	8 891	3 627	
2009		71.35	0.50	2.16	3.84	9 166	4 332	3 090
2010		66.15	0.64	3.06	4.86	9 261	5 823	3 505
2011		61.96	0.28	4.28	12.73	9 323	4 358	2 964
2012		54.45	0.49	1.88	14.02	10 740	6 449	4 431
昆 明	Kunming	1.38				1 577	1 928	1 683
曲 靖	Qujing	5.18	0.06	0.46	1.80	1 773	527	221
玉 溪	Yuxi	1.93			0.43	461	123	13
保 山	Baoshan	4.24			0.38	523	348	307
昭 通	Zhaotong	6.01		0.52	1.77	954	785	560
丽 江	Lijiang	4.69		0.90	0.90	251	173	69
普 洱	Pu'er	1.45	0.43		1.04	278	657	144
临 沧	Lincang	6.87			1.36	255	235	235
楚 雄	Chuxiong	4.28			0.67	1 797	190	190
红 河	Honghe	2.94			2.00	653	647	294
文 山	Wenshan	4.84			1.10	573	184	87
西双版纳	Xishuangbanna	0.36				100	26	26
大 理	Dali	4.30			0.75	1 097	265	250
德 宏	Dehong	2.07			1.03	181	283	282
怒 江	Nujiang	1.74			0.40	133	69	66
迪 庆	Diqing	2.18			0.40	134	9	4

注：零星四旁植树是指在路、沟旁、渠旁、宅旁植树。

Note:Scattered (four-side)Planting Trees refer to trees planted by the roadside,near the ditch,canal and house.

7-22 各州市主要林产品产量(2012年)

Output of Major Forest Products by Region (2012)

单位：万吨 (10 000 tons)

州 市	Region	橡 胶 Rubber	松 脂 Pine Resin	油桐籽 Tung-oil Seeds	油茶籽 Rapeseeds	核 桃 Walnuts	板 栗 Chestnuts	紫 胶 Shellac
全 省	**Yunnan**	**38.98**	**15.71**	**1.93**	**1.43**	**50.85**	**7.08**	**0.15**
昆 明	Kunming					1.46	2.89	
曲 靖	Qujing			0.62	0.29	2.39	1.39	
玉 溪	Yuxi		0.10			0.55	0.39	
保 山	Baoshan		0.04	0.02	0.04	4.36	0.23	0.01
昭 通	Zhaotong			0.23		3.23	0.20	
丽 江	Lijiang					3.86	0.18	
普 洱	Pu'er	4.55	11.54			0.95	0.07	0.05
临 沧	Lincang	2.91	2.45	0.05	0.01	9.49	0.05	0.08
楚 雄	Chuxiong		1.28			3.81	1.01	
红 河	Honghe	1.75				0.31	0.13	
文 山	Wenshan	0.01	0.09	0.01	0.90	0.17	0.10	0.01
西双版纳	Xishuangbanna	29.20				0.01	0.14	
大 理	Dali		0.04	0.01		17.05	0.14	
德 宏	Dehong	0.55	0.11	0.02	0.19	0.34	0.06	
怒 江	Nujiang		0.02	0.05		0.85	0.05	
迪 庆	Diqing		0.04			1.55	0.05	

7-23 畜牧业生产情况（2008-2012年）
Basic Conditions of Animal Husbandry Production （2008-2012）

单位：万头、万吨 (10 000 heads,10 000tons)

指标	Item	2008	2009	2010	2011	2012
牲畜年末头数	**Number of Livestock (at year-end)**					
大牲畜	Large Livestock	883.57	919.54	923.06	1 180.37	1 207.68
牛	Cattle and Buffaloes	706.43	742.57	746.65	998.38	1 028.74
马	Horses	75.30	74.36	74.30	75.87	71.43
驴	Donkeys	34.19	34.06	35.02	39.27	39.43
骡	Mules	67.65	68.55	67.09	66.85	68.08
猪	Hogs	2 669.03	2 736.17	3 698.90	3 866.48	4 112.65
羊（万只）	Goats and Sheep (10 000 heads)	843.27	877.59	1 112.38	1 163.72	1 229.04
畜禽产品产量	**Output of Livestock and Poultry Products**					
肉类总产量	**Total Output of Meat**	**288.28**	**304.59**	**512.60**	**563.51**	**633.56**
猪肉	Pork	219.58	230.82	418.65	455.81	508.96
牛肉	Beef	26.12	27.99	40.89	45.30	50.97
羊肉	Mutton	11.47	12.07	15.29	16.33	18.24
其他畜禽产品产量	**Output of Other Livestock and Poultry Products**					
牛奶	Milk	44.67	48.38	59.31	62.00	66.58
绵羊毛	Sheep Wool	0.15	0.17	0.19	0.16	0.17
禽蛋	Poultry Eggs	19.41	20.75	37.78	40.98	47.40
蚕茧	Silkworm Cocoons	2.84	2.66	2.50	2.94	2.64

注：2006—2007年畜牧业主要产品数据为第二次农业普查修正数据，2008年—2010为抽样调查数。2010起为全面统计数。
Note: From 2006 to 2007, the data of animal husbandry production is corrected by The Census of Agriculture, and the data from 2008 to 2010 are on the basis of sample survey.Since 2010, data of animal husbandry are data of comprehensive statistics.

7-24 各州市畜产品产量(2012年)

Output of Livestock Products by Region (2012)

单位：万吨 (10 000 tons)

州 市	Region	畜产品产量 Output of Livestock Products	猪 肉 Pork	牛 肉 Beef	羊 肉 Mutton	奶 类 Milk	牛 奶 Cow Milk	绵羊毛(吨) Sheep Wool(ton)	禽 蛋 Eggs	蜂 蜜 Honey
全 省	**Yunnan**	**578.18**	**508.96**	**50.97**	**18.24**	**70.87**	**66.58**	**1 699**	**47.40**	**0.75**
昆 明	Kunming	42.58	37.37	3.41	1.80	12.01	10.86	180	8.22	0.11
曲 靖	Qujing	160.33	143.89	11.44	4.99	2.20	0.57	205	5.48	0.17
玉 溪	Yuxi	24.38	21.54	2.14	0.69	0.70	0.66	23	9.67	0.02
保 山	Baoshan	39.28	35.25	3.18	0.85	0.98	0.98	5	1.39	0.06
昭 通	Zhaotong	45.67	42.33	2.50	0.84	0.06	0.06	736	2.20	0.02
丽 江	Lijiang	12.28	9.87	1.45	0.95	0.86	0.86	196	0.45	0.02
普 洱	Pu'er	15.82	14.07	1.41	0.34	0.02	0.02		0.70	0.06
临 沧	Lincang	24.11	21.23	2.20	0.68	0.03	0.03		0.63	0.03
楚 雄	Chuxiong	35.98	29.45	4.80	1.72	0.09	0.09	16	1.04	0.09
红 河	Honghe	62.35	57.58	3.71	1.06	3.59	2.45	46	7.20	0.04
文 山	Wenshan	50.86	44.31	5.79	0.75	0.04	0.04		2.04	0.01
西双版纳	Xishuangbanna	3.03	2.62	0.41	0.01				0.25	0.01
大 理	Dali	47.02	37.38	6.73	2.91	48.52	48.19	199	7.35	0.08
德 宏	Dehong	8.57	7.47	0.97	0.13	0.32	0.32		0.53	0.01
怒 江	Nujiang	3.37	2.61	0.36	0.39	0.01	0.01	41	0.13	0.02
迪 庆	Diqing	2.56	1.97	0.45	0.14	1.45	1.45	52	0.11	0.02

7−25　各州市水产品产量及养殖面积(2012年)

Output of Aquatic Products and Aquaculture Areas by Region (2012)

单位：万吨，万公顷 | (10 000 tons,10 000 hectare)

州　市	Region	水产品产量 Output of Aquatic Products	养殖产量 Artificially Cultured	捕捞产量 Naturally Grown	鱼类 Fish	虾蟹类 Shrimps, Prawns and Crabs	贝类 Shellfish	其他 Others	水产养殖面积 Aquiculture Area
全　省	**Yunnan**	**68.01**	**63.21**	**4.80**	**66.94**	**0.55**	**0.14**	**0.39**	**12.40**
昆　明	Kunming	3.71	3.20	0.52	3.60	0.11		0.01	0.69
曲　靖	Qujing	10.61	9.92	0.70	10.58	0.03			1.82
玉　溪	Yuxi	1.55	1.36	0.19	1.54	0.01			1.07
保　山	Baoshan	3.09	2.94	0.15	3.08				0.96
昭　通	Zhaotong	2.07	2.02	0.04	2.07				0.50
丽　江	Lijiang	1.24	1.06	0.18	1.18			0.06	0.41
普　洱	Pu'er	10.02	9.62	0.40	9.95	0.05	0.02		0.87
临　沧	Lincang	5.00	4.71	0.29	4.91	0.01	0.03	0.05	1.07
楚　雄	Chuxiong	1.93	1.89	0.04	1.93				0.86
红　河	Honghe	6.81	6.75	0.07	6.76	0.05			1.33
文　山	Wenshan	6.64	5.98	0.66	6.57	0.03	0.02	0.01	1.16
西双版纳	Xishuangbanna	5.02	4.65	0.37	4.99	0.02		0.01	0.45
大　理	Dali	6.63	5.58	1.05	6.19	0.22		0.22	0.79
德　宏	Dehong	3.36	3.22	0.13	3.26	0.02	0.07	0.02	0.35
怒　江	Nujiang	0.06	0.06		0.06				0.01
迪　庆	Diqing	0.27	0.26	0.01	0.27				0.05

7-26 各州市主要蔬菜产品产量(2012年)
Output of Major Vegetable Products by Region (2012)

单位：万吨 (10 000 tons)

州 市	Region	蔬菜产量 Yield of Vegetable	叶菜类 Leaf Vegetables	瓜菜类 Melon Vegetables	块根块茎类 Root and Stem Vegetables	茄果菜类 Eggplant Vegetables	葱蒜类 Onion and Garlic Vegetables
全 省	**Yunnan**	**1 472.66**	**148.46**	**101.32**	**260.91**	**170.97**	**111.01**
昆 明	Kunming	229.59	41.46	16.99	19.91	15.45	12.58
曲 靖	Qujing	208.07	14.93	8.05	58.62	18.61	7.27
玉 溪	Yuxi	173.62	12.11	9.40	31.08	12.50	16.94
保 山	Baoshan	53.07	7.31	5.25	5.83	14.68	2.34
昭 通	Zhaotong	113.65	6.50	7.02	19.94	8.59	4.30
丽 江	Lijiang	20.83	1.47	1.56	1.58	2.57	4.88
普 洱	Pu'er	37.21	6.95	5.99	5.80	4.84	1.72
临 沧	Lincang	45.61	6.79	5.40	8.83	4.20	2.07
楚 雄	Chuxiong	147.90	4.12	8.76	38.97	19.44	4.61
红 河	Honghe	203.70	16.79	15.43	39.83	38.48	11.23
文 山	Wenshan	95.64	11.83	7.35	16.00	19.31	2.37
西双版纳	Xishuangbanna	13.80	0.81	2.19	0.43	4.07	0.10
大 理	Dali	106.31	12.28	4.49	9.20	6.62	39.53
德 宏	Dehong	13.78	3.47	2.16	1.55	0.92	0.73
怒 江	Nujiang	7.28	1.14	1.03	2.92	0.49	0.19
迪 庆	Diqing	2.59	0.49	0.27	0.43	0.23	0.17

注：2010年蔬菜按照新口径进行统计，叶菜类中减少大白菜和圆白菜两项。

Note:Output of vegetable is calculated by new statical coverage in 2010,Chinese cabbage and cabbage are excluded from the coverage of leaf vegetables.

7-27 各州市特种作物生产情况(2012年)
Output of Special Crops by Region (2012)

州市	Region	鲜切花 (亿枝) Fresh Cut Flowers (100 million branches)	药材 (万吨) Medicinal Materials (10 000 tons)	食用菌 (万吨) Edible Mushrooms (10 000 tons)
全省	**Yunnan**	**71.80**	**16.23**	**5.25**
昆明	Kunming	58.08	0.34	0.20
曲靖	Qujing	6.23	3.41	2.53
玉溪	Yuxi	11.32	0.17	0.02
保山	Baoshan	0.03	0.29	0.32
昭通	Zhaotong	7.22	1.15	0.09
丽江	Lijiang	0.21	1.26	0.01
普洱	Pu'er	0.01	0.36	0.05
临沧	Lincang	0.03	0.90	0.27
楚雄	Chuxiong	2.07	0.34	0.79
红河	Honghe	1.29	2.19	0.18
文山	Wenshan	0.03	4.31	0.14
西双版纳	Xishuangbanna		0.07	0.19
大理	Dali	0.34	0.90	0.31
德宏	Dehong	0.01	0.88	0.09
怒江	Nujiang		0.20	0.07
迪庆	Diqing	0.04	0.72	0.01

7-28 各州市农村改水、改厕投入情况(2012年)

Basic Statistics on Rural Improventing Water Use and Rural Improved on Sanitation Lavatories by Region (2012)

单位:亿元 (100 million yuan)

州、市	Region	农村改水投入 Investment in Rural Improventing Water Use	国家 State Investment	集体 Collective Investment	个人 Individual Investment	农村改厕投入 Investment in Rural Improved on Sanitation Lavatories	国家 State Investment	集体 Collective Investment	个人 Individual Investment
全　省	**Yunnan**	**10.49**	**8.26**	**0.81**	**1.03**	**2.85**	**1.20**	**0.13**	**1.50**
昆　明	Kunming	1.79	1.34	0.08	0.30	0.28	0.16	0.03	0.09
曲　靖	Qujing	1.94	1.82	0.02	0.08	0.37	0.26	0.01	0.09
玉　溪	Yuxi	0.46	0.41	0.02	0.03	0.13	0.04	0.01	0.08
保　山	Baoshan	0.53	0.51		0.02	0.29	0.05		0.23
昭　通	Zhaotong	2.22	1.15	0.62	0.15	0.16	0.08		0.08
丽　江	Lijiang	0.04	0.02		0.02	0.07	0.03		0.04
普　洱	Pu'er	0.14	0.10			0.09	0.03		0.06
临　沧	Lincang	0.70	0.61		0.09	0.29	0.11		0.17
楚　雄	Chuxiong	0.44	0.37	0.01	0.06	0.16	0.10		0.06
红　河	Honghe	0.17	0.17			0.13	0.10	0.01	0.02
文　山	Wenshan	0.63	0.49		0.15	0.15	0.08		0.08
西双版纳	Xishuangbanna	0.64	0.64			0.04	0.01		0.03
大　理	Dali	0.46	0.36		0.09	0.44	0.06	0.03	0.35
德　宏	Dehong	0.15	0.09	0.04	0.02	0.16	0.04	0.03	0.08
怒　江	Nujiang	0.13	0.13			0.05	0.03		0.02
迪　庆	Diqing	0.05	0.05			0.02	0.01		0.01

7-29 各州市农村改水、改厕情况(2012年)

Basic Statistics on Rural Improventing Water Use and Improved on Sanitation Lavatories by Region(2012)

州市	Region	农村改水（万人） Number of Rural Persons Benefited from Improventing Water Use (10 000 persons)				农村改厕（万户） Number of Rural Households Improved on Sanitation Lavatories (10 000 units)				
		农村总人口 Total Number of Rural Population	累计已改水受益人口 Number of Rural Persons Benefited from Improventing Water Use by Accumulative	自来水 Tap Water	手压机井 Manual Pumped Well	农村总户数 Total Number of Rural Households	累计使用卫生厕所户数 Number of Rural Households Using Sanitation Lavatories by Accumulative	卫生厕所普及率(%) Percentage of Rural Households with Access to Sanitation Lavatories	无害化卫生厕所普及率(%) Harmless Health Center Penetration (%)	累计使用卫生公厕户数 Number of Rural Households Using Sanitation Lavatories by Accumulative
全省	**Yunnan**	**3 722.34**	**3 407.63**	**2 526.82**	**79.09**	**961.6**	**564.6**	**58.7**	**31.4**	**138.51**
昆明	Kunming	277.77	262.11	224.26	5.38	82.02	60.43	73.7	42.7	17.85
曲靖	Qujing	543.39	591.69	332.59	25.16	144.17	82.49	57.2	30.9	16.98
玉溪	Yuxi	177.77	168.29	167.1		51.37	30.58	59.5	51.6	7.01
保山	Baoshan	230.27	196.06	159.63	0.87	56.27	34.59	61.5	20.2	0.34
昭通	Zhaotong	496.18	386.52	259.93	15.08	123.94	68.91	55.6	28.3	25.73
丽江	Lijiang	103.48	84.03	76.57	1.35	27.27	15.02	55.1	20.8	2.35
普洱	Pu'er	209.76	170.76	158.38	0.03	56.40	29.45	52.2	29.2	3.83
临沧	Lincang	208.34	189.02	179.91	0.51	49.64	30.59	61.6	32.9	3.34
楚雄	Chuxiong	215.76	205.76	161.99	6.74	61.29	44.75	73.0	39.8	2.09
红河	Honghe	360.1	312.35	235.6	8.86	93.19	54.27	58.2	38.9	35.10
文山	Wenshan	316.78	289.82	154.05	2.21	73.20	39.98	54.6	29.5	5.88
西双版纳	Xishuangbanna	96.65	80.04	75.51	4.53	25.55	15.78	61.7	24.3	5.99
大理	Dali	322.83	258.35	205.08	4.94	76.12	38.83	51.0	14.7	9.46
德宏	Dehong	83.99	93.06	82.48	3.42	20.53	12.53	61.0	33.4	1.08
怒江	Nujiang	48.02	94.12	29.82		13.28	2.17	16.3	13.7	1.26
迪庆	Diqing	31.26	25.64	24		7.40	4.22	57.0	30.3	0.22

7–30 生物产业发展情况(2011–2012年)
Development of Biological Industry (2011-2012)

指　　标	Item	2011	2012
一、生物产业总产值(亿元)	**Overall Production Value(100 million)**	**4 344.30**	**5 142.11**
其中：工业产值(亿元)	Of Which:Value of Industrial Output(100 million)	2 167.34	2 606.04
二、生物产业工业产品产量(万吨)	**Output of Industrial Products(10 000 tons)**	**914.19**	**1 052.37**
其中：生物农业(万吨)	Of Which:Biological Agriculture(10 000 tons)	849.50	973.08
生物林业(万吨)	Bioforestry(10 000 tons)	44.75	56.32
生物医药(万吨)	Biomedicine(10 000 tons)	2.75	4.89
生物能源(万吨	Biofuel (10 000 tons)	12.96	13.93
三、生物产业销售收入(亿元)	**Sales Revenue(100 million)**	**2 935.76**	**3 665.95**
四、生物产品出口额(亿美元)	**Value of Exports(USD 100 million)**	**18.26**	**21.03**
五、生物产业固定资产投资(亿元)	**Investment in the Fixed Assets (100 million)**	**205.96**	**268.65**
其中：中型以上企业固定资产投资(亿元)	Of Which: Enterprise Over Medium Size (100 million)	121.32	172.47
六、生物产业企业数(个)	**Number of Enterprises(unit)**	**5 698.00**	**6 218.00**
其中：中型以上企业数(个)	Of Which: Enterprise Over Medium Size (unit)	1 046.00	1 154.00
从业人数(万人)	Employees(10 thousand)	140.88	143.67
拥有专利数(项)	Number of Patents(Item)	583.00	927.00

7-31 各州市生物产业基本情况(2012年)
Base Situation of Biological Industry by Region(2012)

州市	Region	生物产业总产值(亿元) Overall Production Value (100 million)	工业产值(亿元) Value of Industrial Output (100 million)	销售额(亿元) Sales (100 million)	从业人员数(万人) Employees (10 thousand)	生物产业固定资产投资(亿元) Investment in the Fixed Assets (100 million)
全省	**Yunnan**	**5 142.11**	**2 606.04**	**3 665.95**	**143.67**	**268.65**
昆明	Kunming	890.83	671.82	878.70	24.90	51.50
曲靖	Qujing	602.89	244.39	449.53	4.18	33.01
玉溪	Yuxi	700.10	540.38	520.29	2.60	21.29
保山	Baoshan	245.11	48.70	94.96	8.50	2.83
昭通	Zhaotong	218.81	77.21	163.03	4.93	3.14
丽江	Lijiang	77.78	27.74	24.20	1.39	2.04
普洱	Pu'er	319.34	104.35	244.19	67.16	25.10
临沧	Lincang	276.25	104.50	155.60	5.30	46.53
楚雄	Chuxiong	377.00	197.12	180.91	4.80	55.61
红河	Honghe	444.45	237.72	284.26	5.05	7.39
文山	Wenshan	264.95	74.23	203.93	4.43	6.29
西双版纳	Xishuangbann	130.31	25.05	125.64	1.90	5.36
大理	Dali	462.24	206.38	301.01	5.20	6.88
德宏	Dehong	89.89	29.39	19.25	1.83	0.34
怒江	Nujiang	13.10	2.30	7.17	0.50	0.25
迪庆	Diqing	29.06	14.76	13.28	1.00	1.09

主要统计指标解释

农、林、牧、渔业总产值 指以货币形式表现的农林渔业全部产品总量和对农、林、牧、渔业生产活动进行的各种支持性服务活动的价值。它反映了一定时期（通常指一年）农、林、牧、渔业生产及其服务的总成果和总规模。

1957 年以前的农业总产值包括了厩肥和农民自给性手工业（如：农民自制衣服、鞋、袜，自己从事粮食初步加工等）。1958 年及以后的农业总产值，林业中增加了村及村以下竹木采伐产值；牧业中取消了厩肥产值；副业中取消了农民自给性手工业产值，增加了村及村以下的工业产值；渔业中增加了机械化捕鱼产值。1980 年及以后农业总产值，在副业中增加了农民商品性家庭手工业的产值。从 1984 年起村及村以下办工业产值划归工业。1993 年取消副业产值，农业总产值改为农、林、牧、渔业总产值。原副业产值的采集野生植物和农民家庭兼营商品性工业划归农业产值；捕猎野兽野禽划归牧业产值。2003 年开始，增加农林牧渔服务业产值，同时取消农民家庭兼营商品性工业，竹木采运由村及村以下扩大到全社会口径。

农、林、牧、渔业中间消耗 指各种经济类型的农业生产单位和农户在农业生产经营过程中投入（或消耗）的各种物质产品和劳务价值的总和。包括中间物质消耗和中间劳务消耗两个部份。计入中间消耗必须具备以下两个条件：一是与总产出相对应的生产过程中消耗的物质产品和劳务活动；二是本期投入并一次性消耗的不属于固定资产的非耐用品。

农、林、牧、渔业增加值 指农、林、牧、渔及农林牧渔服务业生产货物或提供服务活动而增加的价值。增加值的计算方法有两种，一是生产法：农、林、牧、渔业增加值 = 农、林、牧、渔业总产出 - 农、林、牧、渔业中间消耗；二是分配法：农、林、牧、渔业增加值 = 固定资产折旧 + 劳动者报酬 + 生产税净额（生产税 - 生产补贴） + 营业盈余。

自来水受益村数 包括取水、净水、输配水三部分组成的自来水供给的，或由取水和输配水两部分的符合饮用卫生标准的简易自来水年末实际受益的村委会个数。

通汽车村数 指拥有乡级以上公路通过，并通达客运或货运汽车的村委会个数。

粮食产量 指全社会的产量。包括国营农场等全民所有制经营的、集体统一经营的和农民家庭经营的粮食产量，还包括工矿企业家属办的农场和其他生产单位的产量。粮食除包括稻谷、小麦、玉米、高粱、谷子及其他杂粮外，还包括薯类和大豆。其产量计算方法，豆类按去豆荚后的干豆计算；薯类（包括甘薯和马铃薯，不包括芋头和木薯）1963 年以前按每 4 公斤鲜薯折 1 公斤粮食计算，从 1964 年以后按 5 公斤鲜薯折 1 公斤粮食计算。其他粮食一律按脱粒后的原粮计算。

谷物 指稻谷、小麦、玉米、谷子、高粱和其他谷物，不包括薯类和豆类。其他谷物指除稻谷、小麦、玉谷、高粱以外的一些子实主要用作粮食的作物，包括大麦、元麦（青稞）、莜麦、荞麦、糜子等。

油料产量 指全部油料作物的生产量。包括花生、油菜籽、芝麻、向日葵子、胡麻子（亚麻子）和其他油料。不包括大豆、木本油料和野生油料。花生以带壳干花生计算。

水产品产量 指人工养殖的水产品天然生长的水产品的捕捞量。包括海水的鱼类、虾蟹类、贝类和藻类以及淡水的鱼类、虾蟹类、贝类，不包括淡水水生植物。

猪、牛、羊产量 指当年的猪、牛、羊的肉产量。即屠宰后除去头、蹄、下水后带骨肉（即胴体重）的重量。

期初（末）畜禽存栏头（只）数 指报告期初（末）农村各种合作经济组织和国营农场、农民个人、机关、团体、学校、工矿企业、部队等单位以及城镇居民饲养的大牲畜、猪、羊、家禽等畜禽的存栏数。数据上报方式及数据调整情况同猪、牛、羊肉产量。

灌溉面积 指有效灌溉面积，即具有一定的水源，地块比较平整，灌溉工程或设备已经配套，在一般年景下当年能够正常灌溉的耕地面积。

迹地更新面积 在新、旧采伐迹地和火烧迹地上，进行人工更新或人工促进天然更新的面积（包括乔木林和灌木林）称迹地更新面积。迹地更新面积不包括未经人工措施的天然更新面积以及补植面积。

农作物播种面积　指实际播种或移植有农作物的面积。凡是实际种植有农作物的面积，不论种植在耕地上还是种植在非耕地上，均包括在农作物播种面积中。在播种季节基本结束后，因遭灾而重新改种和补种的农作物面积，也包括在内。它是反映我国耕地面积利用情况的一个重要指标。目前，农作物播种面积主要包括粮食、棉花、油料、糖料、麻类、烟叶、蔬菜和瓜类、药材和其他农作物九大类。

农用化肥施用量　指本年内实际用于农业生产的化肥数量，包括氮肥、磷肥、钾肥和复合肥。化肥施用量要求按折纯量计算数量。折纯量是指把氮肥、磷肥、钾肥分别按含氮、含五氧化二磷、含氧化钾的百分之百成分进行折算后的数量。复合肥按其所含主要成分折算。公式为：

折纯量 = 实物量 × 某种化肥有效成份含量的百分比

农业机械总动力　指主要用于农、林、牧、渔业的各种动力机械的动力总和。包括耕作机械、排灌机械、收获机械、农用运输机械、植物保护机械、牧业机械、林业机械、渔业机械和其他农业机械（内燃机按引擎马力折成瓦（特）计算、电动机按功率折成瓦（特）计算）。不包括专门用于乡、镇、村、组办工业、基本建设、非农业运输、科学试验和教学等非农业生产方面用的动力机械与作业机械。这个指标的统计数据主要来源于农机部门。

农村自来水普及率　指农村饮用自来水人口数占农村人口总数的百分比。计算公式为：

$$\text{农村自来水普及率} = \frac{\text{农村饮用自来水人口数}}{\text{农村人口总数}} \times 100\%$$

农村卫生厕所普及率　指使用各种类型卫生厕所的农户数占农村总户数的百分比。其中，农村卫生厕所包括三格化粪池式、双瓮漏斗式、三联沼气池式、粪尿分集式、完整下水道水冲式和其他类型的厕所，以及粪便及时清理并进行高温堆肥无害化处理的非水冲式厕所。农村总户数指县城以下农村农户总数。计算公式为：

$$\text{农村卫生厕所普及率} = \frac{\text{使用卫生厕所农户数}}{\text{农村总户数}} \times 100\%$$

Explanatory Notes on Principal Statistical Indicators

Gross Output Value of Farming, Forestry, Animal Husbandry and Fishery refers to the total value of products of farming, forestry, animal husbandry and fishery and the value of support services for production of farming, forestry, animal husbandry and fishery, which reflects the total scale and result of agricultural production and services during a given period (generally one year).

The gross agricultural output value before 1957 included output value of barnyard manure and farmers' self-supporting handicraft industry (e.g., self-made clothing, shoes, socks, initial grain processing, etc.). Since 1958, output value of felling timber and bamboo by villages and organizations has been included in below village that of forestry; output value of barnyard manure has been excluded from that of animal husbandry; output value of farmers' self-supporting handicraft industry has been excluded from that of sideline production, while output value of industries run by villages and organizations had been included in it; output value of mechanized fishing has been included in that of fishery. Since 1980, output value of farmers' commercial household handicraft industry has been added to that of sideline production. Since 1984, output value of industries run by villages or organizations below village has been classified into that of industry. Since 1993, output value of sideline production has been cancelled and gross agricultural output value has been changed to gross output value of farming, forestry, animal husbandry and fishery; output value of wild plants gathering and commercial industry run by rural households has been incorporated to agricultural output value; output value of animal and bird hunting has been classified into that of animal husbandry. Since 2003, output value of services of farming, forestry, animal husbandry and fishery has been added while farmers' commercial household industry has been cancelled, and transporting and felling timber and bamboo by villages and organizations below village has been expanded to all levels.

Intermediate Consumption of Farming, Forestry, Animal Husbandry and Fishery refers to the total value of material products and labor input (or consumed) by various agricultural production entities and rural households in the process of agricultural production and operation. It is composed of intermediate material consumption and intermediate labor consumption. Items calculated into intermediate consumption should satisfy the following two conditions: first, they are material products and labor consumed in the process of production against total output; second, they are is non – durable goods that do not belong to fixed assets but input and consumed up one time in the present phase.

Added Value of Farming, Forestry, Animal Husbandry and Fishery refers to the added Value produced by manufacturing goods or supplying service in farming, forestry, animal husbandry, fishery and service in support of farming,forestry, animal husbandry, fishery . There are two methods to calculate value added: one is the method of production: added value of farming, forestry, animal husbandry and fishery = total output of farming, forestry, animal husbandry and fishery – intermediate consumption of farming, forestry, animal husbandry and fishery; the other is the method of distribution: added value of farming, forestry, animal husbandry and fishery = depreciation of fixed assets – remuneration of laborers + net production tax (production tax — production subsidy) + business surplus.

Number of Villages Benefiting from Tap Water Supply refers to the number of villages practically enjoying tap water supply composed of water intakes, water treatment and water conveyance and distribution or up – to – standard potable water supply composed of water intakes and water conveyance and distribution at the year – end.

Number of Villages Accessible to Motor Vehicle refers to the number of villages with town – level road passing through and transport service.

Grain Yield refers to the total yield in the whole country including grain produced by state farms, collective entities, rural households, industrial enterprises and mines. Grain includes rice, wheat, maize, sorghum, millet and other cereals as well as tubers and soybeans. Output of beans refers to dry beans without pods. Output of tubers (sweet potatoes and potatoes, not including taros and cassava) was converted into that of grain at the ratio 4:1, i. e. 4 kilograms of fresh tubers was equivalent to 1 kilogram of grain up to 1963. Since 1964 the ratio for conversion has been 5:1. Tubers supplied as vegetables (such as potatoes) in cities and suburbs are calculated as fresh vegetables and their output is not included in the output of grain. Other kinds of grain are calculated as husked grain.

Cereals refer to rice, wheat, maize millet, sorghum and other kinds of grain, but tubers and beans are not included. Other kinds of grain refer to some crops whose seeds are mainly used for food such as barley, highland barley, naked oats, buckwheat, broom corn millet, etc.

Output of Oil – bearing Crops refers to the total production of oil – bearing crops of various kinds, including peanuts (dry, in shell), rapeseeds, sesame, sunflower seeds, flax seeds, and other oil – bearing crops. Soybeans, oil – bearing woody plants, and wild oil – bearing crops are not included.

Output of Aquatic Products refers to catches of both artificially cultured and naturally grown aquatic products, including fish, shrimps, crabs and shellfish in sea and inland water as well as seaweed. Freshwater plants are not included.

Output of Pork, Beef, and Mutton refers to the weight of the meat of slaughtered hogs, cattle, sheep and goats with head, feet, and offal taken away.

Number of Livestock or Poultry in Stock at Beginning (or End) of Period refers to the total number of large animals, pigs, sheep, fowls, etc. raised by rural cooperative organizations, State farms, rural individuals, government agencies, schools, industrial and mining enterprises, army, and urban residents at the beginning (or end) of the reference period. Data reporting system and data adjustment are the same as that in the output of pork, beef and mutton.

Irrigated Area refers to area under effective irrigation, i. e. , area of cultivated land which is relatively level and has water source and complete sets of irrigation facilities to lift and move adequate water for irrigation purpose under normal conditions.

Reforested area refers to the area created by artificial reforestation or artificial measures promoting regeneration (including arbor and shrubbery forests) in new and old cut – over areas and burned areas. Reforested area excludes natural forest regeneration area and reinforcement planting area.

Sown Area of Crops refers to area of land sown or transplanted with crops regardless of being in cultivated area or non – cultivated area. Area of land re – sown due to natural disasters is also included. This is an important indicator that can reflect the utilization condition of the cultivated land in China. At present, the sown area of crops mainly include the following 9 categories of crops: grain, cotton, oil – bearing crops, sugar crops, flax crops, tobacco, vegetables and melons, medicinal materials and other farm crops.

Consumption of Chemical Fertilizers in Agriculture refers to the quantity of chemical fertilizers applied in agriculture in the year, including nitrogenous fertilizer, phosphate fertilizer, potash fertilizer, and compound fertilizer. The consumption of chemical fertilizers is calculated in terms of volume of effective components by means of converting the gross weight of the respective fertilizers into weight containing effective component (e. g. nitrogen content in nitrogenous fertilizer, phosphorous pentoxide contents in phosphate fertilizer, and potassium oxide contents in potash fertilizer). Compound fertilizer is converted in regard to its major components. The formula is:

Volume of effective component = physical quantity × effective component of certain chemical fertilizer (%)

Total Power of Agricultural Machinery refers to total mechanical power of machinery used in agriculture, forestry, animal husbandry and fishery, including machinery for ploughing, irrigation and drainage, harvesting, transport, plant protection, animal husbandry, forestry and fishery and other agricultural machineries. (For the power of internal combustion engines, it is converted from its horsepower into watts while for electric motors the output power is converted into watts.) Machinery employed for non – agricultural purposes, such as the machines used in township – run and village – run industry, construction, non – agricultural transport, scientific experiments and teaching, are not included. Data are mainly from agricultural machinery agencies.

Ratio of Access to tap water in rural areas refers to the percentage of the population drinking the tap water in rural areas over the rural population. It is calculated as:

Ratio of Access to tap water in rural areas = the population drinking the tap water in rural areas ÷ the rural population × 100%

Dissemination Ratio of the Sanitation Toilets in Rural Areas refers to the percentage of the number of rural families using all types of sanitation toilets over number of the rural families. In which, the sanitation toilets in rural areas include the toilets with three lattices cesspool, funnel toilets with two urns, triad marsh gas tank toilets, toilets with separate collection of the excrement and urine, flushing toilets with integrated sewer and other types of toilets and the non – flushing toilets which can clean the excrement and urine in time and can disposed them with high temperature compost harmlessly. The number of rural families refers to the number of the rural families under the county towns.

It is calculated as:

Dissemination ratio of the sanitation toilets in rural areas = number of rural families using all types of sanitation toilets ÷ number of rural families × 100%.

Chapter 8

八、工业和能源

Industry and Energy

8－1 工业总产值及其构成（1978－2012年）

Gross Industrial Output Value by Light and Heavy Industry(1978-2012)

单位：亿元 (100 million yuan)

年 份 Year	工业总产值 Gross Industrial Output Value	轻 工 业 Light Industry	重 工 业 Heavy Industry	占全部工业总产值的比重(%) Share in Gross Industrial Output Value(%) 轻 工 业 Light Industry	重 工 业 Heavy Industry
1978	55.43	23.84	31.60	43.0	57.0
1979	62.38	26.26	36.12	42.1	57.9
1980	65.35	29.54	35.81	45.2	54.8
1981	72.54	35.18	37.36	48.5	51.5
1982	83.60	41.30	42.30	49.4	50.6
1983	95.11	47.37	47.75	49.8	50.2
1984	112.27	55.13	57.15	49.1	50.9
1985	136.26	65.93	70.33	48.4	51.6
1986	147.02	67.71	79.31	46.1	53.9
1987	181.85	85.53	96.32	47.0	53.0
1988	244.63	121.64	122.99	49.7	50.3
1989	304.91	154.61	150.30	50.7	49.3
1990	345.26	181.14	164.12	52.5	47.5
1991	393.63	203.85	189.78	51.8	48.2
1992	477.07	240.85	236.22	50.5	49.5
1993	690.08	333.28	356.79	48.3	51.7
1994	948.71	514.69	434.02	54.3	45.7
1995	1 230.01	656.60	573.41	53.4	46.6
1996	1 291.38	695.56	595.82	53.9	46.1
1997	1 440.11	751.15	688.96	52.2	47.8
1998	1 503.23	774.72	728.52	51.5	48.5
1999	1 561.08	793.88	767.20	50.9	49.1
2000	1 589.36	802.70	786.66	50.5	49.5
2001	1 675.11	863.76	811.35	51.6	48.4
2002	1 850.46	954.27	896.19	51.6	48.4
2003	2 176.40	1 014.70	1 161.69	46.6	53.4
2004	2 479.07	917.21	1 561.86	37.0	63.0
2005	3 249.84	1 120.47	2 129.37	34.5	65.5
2006	4 110.25	1 269.63	2 840.61	30.9	69.1
2007	5 137.30	1 830.16	3 307.14	35.6	64.4
2008	5 738.81	1 447.80	4 291.01	25.2	74.8
2009	6 261.75	1 930.88	4 330.87	30.8	69.2
2010	7 880.70	2 317.95	5 562.75	29.4	70.6
2011	9 595.15	2 779.50	6 815.66	29.0	71.0
2012	11 641.46	3 555.22	8 086.25	30.5	69.5

注：本表总产值按当年价格计算。

Note:Gross output values in this table are calculated at current prices.

8-2 规模以上工业增加值(2007-2012年)

单位：亿元

工业行业	Industrial Sector	2007 工业增加值 Industrial Added Value	2007 比上年增长(%) Increase Pate over Last Year (%)
全　省	**Yunnan**	**1 494.38**	**17.5**
轻工业	Light Industry	691.08	17.9
重工业	Heavy Industry	803.30	16.5
煤炭开采和洗选业	Mining and Washing of Coal	30.78	5.1
石油和天然气开采业	Extraction of Petroleum and Natural Gas	0.03	-16.1
黑色金属矿采选业	Mining and Processing of Ferrous Metal Ores	18.18	37.6
有色金属矿采选业	Mining and Processing of Non-Ferrous Metal Ores	65.20	18.5
非金属矿采选业	Mining and Processing of Nonmetal Ores	14.20	12.5
开采辅助活动	Mining Auxiliary Activities		
其他采矿业	Other Minerals Mining		
农副食品加工业	Processing of Food from Agricultural Products	37.79	20.0
食品制造业	Manufacture of Foods	5.84	27.4
酒、饮料和精制茶制造业	Beverage Manufacturing	27.89	44.9
烟草制品业	Manufacture of Tobacco	539.89	17.7
纺织业	Manufacture of Textile	2.47	12.5
纺织服装、服饰业	Textile,Clothing, Footwear Production	0.36	34.3
皮革、毛皮、羽毛及其制品和制鞋业	Feather, Furs, Down, Related Products and Footwear		-65.7
木材加工及木、竹、藤、棕、草制品业	Processing of Timber, Manufacture of Wood,Bamboo, Rattan, Palm and Straw Products	4.43	5.2
家具制造业	Manufacture of Furniture	0.07	-24.8
造纸及纸制品业	Manufacture of Paper and Paper Products	12.40	17.6
印刷业和记录媒介的复制	Printing, Reproduction of Recording Media	16.51	15.0
文教、工美、体育和娱乐用品制造业	Manufacture of Culture, Education,Industrial Arts, Sports and Entertainment Goods		
石油加工、炼焦及核燃料加工业	Processing of Petroleum, Coking, Processing of Nuclear Fuel	30.70	47.4
化学原料及化学制品制造业	Manufacture of Raw Chemical Materials and Chemical Products	86.49	18.6
医药制造业	Manufacture of Medicines	31.48	24.0
化学纤维制造业	Manufacture of Chemical Fibers	3.79	4.8
橡胶制品业	Manufacture of Rubber	0.71	11.0
塑料制品业	Manufacture of Plastics	4.26	6.5
橡胶和塑料制品业	Rubber and Plastic Products		
非金属矿物制品业	Manufacture of Non-metallic Mineral Products	39.73	5.1
黑色金属冶炼及压延加工业	Smelting and Pressing of Ferrous Metals	76.62	33.0
有色金属冶炼及压延加工业	Smelting and Pressing of Non-ferrous Metals	199.54	7.0
金属制品业	Manufacture of Metal Products	3.80	10.5
通用设备制造业	Manufacture of General Purpose Machinery	15.58	40.9
专用设备制造业	Manufacture of Special Purpose Machinery	12.92	19.2
交通运输设备制造业	Manufacture of Transport Equipment	17.56	18.7
汽车制造业	Automotive Industry		
铁路、船舶、航空航天和其他运输设备制	Manufacture of Transport Equipment for Railway,Boats and Aerospace and Other Transport Equipments		
电气机械及器材制造业	Manufacture of Electrical Machinery and Equipment	9.26	8.9
计算机、通信和其他电子设备制造业	Computers,Communication Equipment and other Computers and Other Electronic Equipment	3.64	18.4
仪器仪表制造业	Instrument Industry	1.80	4.6
工艺品及其他制造业	Handicraft Articles and Others	1.67	11.9
废弃资源综合利用业	Comprehensive Utilization of Discarded Resources and Waste	0.18	-68.8
金属制品、机械和设备修理业	Manufacture of Metal Products, Machinery and Equipment Repairing		
电力、热力的生产和供应业	Production and Supply of Electric Power and Heat Power	172.14	15.9
燃气生产和供应业	Production and Supply of Gas	0.86	107.2
水的生产和供应业	Production and Supply of Water	5.62	2.4

注：本表绝对数按当年价格计算，增幅按可比价计算。

Added Value of Industry Above Designated Size (2007-2012)

(100 million yuan)

2008		2009		2010		2011		2012	
工业增加值 Industrial Added Value	比上年增长(%) Increase Rate over Last Year (%)	工业增加值 Industrial Added Value	比上年增长(%) Increase Rate over Last Year (%)	工业增加值 Industrial Added Value	比上年增长(%) Increase Rate over Last Year (%)	工业增加值 Industrial Added Value	比上年增长(%) Increase Rate over Last Year (%)	工业增加值 Industrial Added Value	比上年增长(%) Increase Rate over Last Year (%)
1 803.62	**12.6**	**1 904.38**	**11.2**	**2 246.91**	**15.0**	**2 753.64**	**18.0**	**3 084.96**	**15.6**
818.60	14.2	884.66	13.0	1 037.45	15.0	1 245.65	17.9	1 353.79	17.1
985.02	11.3	1 019.72	9.8	1 209.46	15.0	1 507.99	18.0	1 731.17	14.4
78.93	35.2	93.39	3.1	130.87	14.8	174.16	29.0	222.45	18.2
0.03	-48.8	0.01	-58.3		-55.3				
31.31	33.6	32.50	10.5	34.39	14.7	60.89	33.8	61.42	14.8
56.42	6.2	49.90	7.4	62.27	5.7	87.62	18.2	99.80	23.2
20.20	20.9	23.88	7.3	25.56	9.2	34.71	18.9	42.22	35.3
37.75	14.5	46.24	15.4	62.43	9.7	87.36	19.7	112.44	29.2
7.80	17.4	9.50	14.0	19.39	27.1	26.54	27.2	34.06	29.3
24.10	-4.2	28.22	15.3	33.59	22.6	47.68	25.1	53.66	27.2
659.39	15.3	689.82	11.4	797.20	16.0	938.05	17.5	976.25	13.2
2.87	21.6	2.59	-14.9	2.78	17.7	3.22	5.6	4.71	51.1
0.41	-0.1	0.32	-9.7	0.33	14.9	0.27	-1.9	1.45	98.4
0.03	17.7	0.03	-12.9	0.02	11.3	0.77		1.83	58.2
3.94	7.7	4.54	12.8	8.76	39.2	8.31	7.6	13.38	81.9
0.24	13.0	0.22	-8.0	0.24	39.8	0.20	-14.0	0.34	-5.5
13.02	7.6	14.69	15.7	16.19	2.8	17.97	15.3	21.19	24.3
16.28	-2.8	18.86	14.6	23.25	8.8	25.71	10.6	24.17	7.1
0.02	0.5							16.84	140.5
57.49	35.5	50.59	0.9	35.96	15.8	46.29	3.5	46.81	-3.7
125.80	19.3	114.86	5.4	125.91	17.1	187.30	22.1	202.21	9.6
39.76	18.9	46.97	17.2	47.68	12.0	58.61	22.7	73.89	26.6
4.00	1.5	4.39	2.6	4.67	-2.4	5.00	1.1	4.56	-0.2
0.81	4.2	2.80	-0.9	0.80	48.1	1.74	24.5		
7.16	40.8	8.04	14.7	9.23	9.6	10.32	14.7		
								13.09	48.9
40.37	11.8	52.51	20.7	73.83	18.9	89.52	20.1	98.82	17.1
110.98	8.0	97.76	9.1	113.53	18.7	153.01	12.6	158.69	5.6
177.54	-4.7	152.74	3.6	223.80	11.0	247.68	16.7	335.16	19.7
4.16	12.1	10.40	76.7	13.09	4.2	13.17	11.6	19.28	49.1
17.99	9.4	17.15	-7.7	23.37	42.7	30.07	15.7	19.38	-11.1
12.43	5.1	16.36	15.2	18.39	9.8	18.85	-0.2	18.09	17.9
23.12	29.6	34.60	50.4	33.95	-0.1	36.07	9.6		
								25.40	17.9
								7.15	-6.3
11.32	22.3	12.41	12.8	17.12	4.7	16.39	5.6	15.37	10.3
3.75	26.0	3.71	6.4	3.43	54.2	5.65	28.2	6.63	29.9
2.29	7.7	2.78	10.0	4.84	10.2	4.40	5.6	5.27	19.7
1.62	14.6	9.59	567.6	6.80	-29.0	10.24	4.6	1.25	41.9
0.38	69.4	0.40	35.1	1.41	3.7	1.52	28.6	0.84	-20.9
								0.07	36.8
203.31	12.1	242.36	16.6	255.70	19.9	290.53	18.3	332.49	10.1
0.77	21.4	2.42	122.1	6.38	39.1	5.50	-13.6	5.44	14.2
5.84	3.7	6.83	15.8	9.75	-3.1	8.32	-4.4	8.85	6.6

Note:Absolute figures in this table are calculated at current prices and rates of increase are calculated at comparable prices.

8-3 规模以上工业发展指数(2002-2012年)

(按可比价格计算，按上年为100)

工业行业	Industrial Sector	2002	2003
全　省	**Yunnan**	**108.1**	**109.1**
轻工业	Light Industry	104.5	108.7
重工业	Heavy Industry	113.2	109.6
煤炭开采和洗选业	Mining and Washing of Coal	110.0	111.7
石油和天然气开采业	Extraction of Petroleum and Natural Gas	250.6	88.6
黑色金属矿采选业	Mining and Processing of Ferrous Metal Ores	142.2	71.5
有色金属矿采选业	Mining and Processing of Non-Ferrous Metal Ores	96.7	109.7
非金属矿采选业	Mining and Processing of Nonmetal Ores	112.5	99.0
开采辅助活动	Mining Auxiliary Activities		
其他采矿业	Other Minerals Mining		
农副食品加工业	Processing of Food from Agricultural Products	118.7	181.6
食品制造业	Manufacture of Foods	115.9	181.9
酒、饮料和精制茶制造业	Beverage Manufacturing	111.8	132.0
烟草制品业	Manufacture of Tobacco	98.9	103.0
纺织业	Manufacture of Textile	95.0	111.8
纺织服装、服饰业	Textile,Clothing, Footwear Production	69.0	115.0
皮革、毛皮、羽毛及其制品和制鞋业	Feather, Furs, Down, Related Products and Footwear	57.4	35.4
木材加工及木、竹、藤、棕、草制品业	Processing of Timber, Manufacture of Wood,Bamboo, Rattan, Palm and Straw Products	103.5	122.6
家具制造业	Manufacture of Furniture	63.6	136.1
造纸及纸制品业	Manufacture of Paper and Paper Products	120.8	100.4
印刷业和记录媒介的复制	Printing, Reproduction of Recording Media	115.2	109.1
文教、工美、体育和娱乐用品制造业	Manufacture of Culture, Education,Industrial Arts, Sports and Entertainment Goods	111.2	104.6
石油加工、炼焦及核燃料加工业	Processing of Petroleum, Coking, Processing of Nuclear Fuel	111.4	170.7
化学原料及化学制品制造业	Manufacture of Raw Chemical Materials and Chemical Products	120.9	113.7
医药制造业	Manufacture of Medicines	110.9	102.2
化学纤维制造业	Manufacture of Chemical Fibers	100.0	97.9
橡胶制品业	Manufacture of Rubber	79.6	105.0
塑料制品业	Manufacture of Plastics	118.9	114.6
橡胶和塑料制品业	Rubber and Plastic Products		
非金属矿物制品业	Manufacture of Non-metallic Mineral Products	113.5	145.8
黑色金属冶炼及压延加工业	Smelting and Pressing of Ferrous Metals	126.5	124.9
有色金属冶炼及压延加工业	Smelting and Pressing of Non-ferrous Metals	122.8	125.4
金属制品业	Manufacture of Metal Products	118.0	67.4
通用设备制造业	Manufacture of General Purpose Machinery	127.7	49.6
专用设备制造业	Manufacture of Special Purpose Machinery	127.8	113.0
交通运输设备制造业	Manufacture of Transport Equipment	105.5	195.9
汽车制造业	Automotive Industry		
铁路、船舶、航空航天和其他运输设备制	Manufacture of Transport Equipment for Railway,Boats and Aerospace and Other Transport Equipments		
电气机械及器材制造业	Manufacture of Electrical Machinery and Equipment	108.8	101.0
计算机、通信和其他电子设备制造业	Computers,Communication Equipment and other Computers and Other Electronic Equipment	107.2	87.4
仪器仪表制造业	Instrument Industry	96.3	94.8
工艺品及其他制造业	Handicraft Articles and Others	109.4	121.9
废弃资源综合利用业	Comprehensive Utilization of Discarded Resources and Waste	106.7	100.0
金属制品、机械和设备修理业	Manufacture of Metal Products, Machinery and Equipment Repairing		
电力、热力的生产和供应业	Production and Supply of Electric Power and Heat Power	111.2	126.1
燃气生产和供应业	Production and Supply of Gas	102.8	295.2
水的生产和供应业	Production and Supply of Water	116.1	99.9
昆　明	Kunming	107.4	108.4
曲　靖	Qujing	113.0	106.2
玉　溪	Yuxi	100.3	110.1
保　山	Baoshan	109.5	110.6
昭　通	Zhaotong	117.1	104.8
丽　江	Lijiang	116.8	131.8
普　洱	Pu'er	111.7	114.3
临　沧	Lincang	110.5	110.8
楚　雄	Chuxiong	113.6	104.6
红　河	Honghe	110.4	109.4
文　山	Wenshan	125.6	114.2
西双版纳	Xishuangbanna	107.2	125.7
大　理	Dali	117.8	115.9
德　宏	Dehong	117.6	138.0
怒　江	Nujiang	131.2	122.4
迪　庆	Diqing	114.6	110.8

Development Indices of Industry above Designated by Sector Size (2002-2012)

Data in this table are calculated at comparable prices,preceding year=100)

2004	2005	2006	2007	2008	2009	2010	2011	2012
116.6	**108.4**	**117.8**	**117.5**	**112.6**	**111.2**	**115.0**	**118.0**	**115.6**
110.8	105.8	109.6	117.9	114.2	113.0	115.0	117.9	117.1
126.4	111.8	127.1	116.5	111.3	109.8	115.0	118.0	114.4
119.1	118.7	102.4	105.1	135.2	103.1	114.8	129.0	118.2
68.4	118.3	122.0	83.9	51.2	41.7	44.7		
383.0	81.4	135.8	137.6	133.6	110.5	114.7	133.8	114.8
120.2	123.2	164.0	118.5	106.2	107.4	105.7	118.2	123.2
147.3	126.1	159.9	112.5	120.9	107.3	109.2	118.9	135.3
139.3	97.1	108.3	120.0	114.5	115.4	109.7	119.7	129.2
144.8	92.6	111.5	127.4	117.4	114.0	127.1	127.2	129.3
129.3	126.1	129.0	144.9	95.8	115.3	122.6	125.1	127.2
108.5	106.1	109.2	117.7	115.3	111.4	116.0	117.5	113.2
208.1	113.9	96.7	112.5	121.6	85.1	117.7	105.6	151.1
103.2	73.4	138.6	134.3	99.9	90.3	114.9	98.1	198.4
48.7	58.4	28.5	34.4	117.7	87.1	111.3		158.2
124.7	85.6	96.2	105.2	107.7	112.8	139.2	107.6	181.9
210.9	58.5	152.0	75.2	113.0	92.0	139.8	86.0	94.5
121.4	89.4	94.6	117.6	107.6	115.7	102.8	115.3	124.3
118.7	103.5	113.5	115.0	97.2	114.6	108.8	110.6	107.1
135.6	97.9	80.8	100.0	100.5				240.5
124.4	142.7	114.2	147.4	135.5	100.9	115.8	103.5	96.3
122.8	119.0	122.0	118.6	119.3	105.4	117.1	122.1	109.6
113.8	109.4	113.5	124.0	118.9	117.2	112.0	122.7	126.6
98.4	218.7	109.8	104.8	101.5	102.6	97.6	101.1	99.8
118.2	106.8	109.2	111.0	104.2	99.1	148.1	124.5	
88.4	86.4	109.6	106.5	140.8	114.7	109.6	114.7	
								148.9
127.5	97.8	124.8	105.1	111.8	120.7	118.9	120.1	117.1
137.2	98.2	113.0	133.0	108.0	109.1	118.7	112.6	105.6
122.5	112.8	149.5	107.0	95.3	103.6	111.0	116.7	119.7
94.5	136.6	114.4	110.5	112.1	176.7	104.2	111.6	149.1
139.5	112.0	124.5	140.9	109.4	92.3	142.7	115.7	88.9
108.5	105.6	113.1	119.2	105.1	115.2	109.8	99.8	117.9
170.3	108.7	109.3	118.7	129.6	150.4	99.9	109.6	
								117.9
								93.7
125.1	108.5	125.9	108.9	122.3	112.8	104.7	105.6	110.3
139.4	114.7	108.8	118.4	126.0	106.4	154.2	128.2	129.9
85.5	87.9	112.0	104.6	107.7	110.0	110.2	105.6	119.7
56.0	139.4	94.4	111.9	114.6	667.6	71.0	104.6	141.9
100.0	66.9	76.0	31.2	169.4	135.1	103.7	128.6	79.1
								136.8
122.0	116.6	124.1	115.9	112.1	116.6	119.9	118.3	110.1
149.1	91.0	93.4	207.2	121.4	222.1	139.1	86.4	114.2
112.2	109.4	118.3	102.4	103.7	115.8	96.9	95.6	106.6
119.4	113.2	117.4	117.7	113.0	110.1	115.8	116.6	115.6
112.4	117.4	127.9	114.9	113.1	112.7	115.1	115.9	115.7
108.8	102.6	118.5	119.5	116.6	111.5	115.9	116.6	117.2
123.4	127.4	141.8	118.9	112.7	125.8	115.2	125.6	112.5
140.6	113.0	120.7	116.2	106.2	111.3	116.8	122.9	120.1
114.8	100.2	143.2	125.1	121.0	117.2	124.4	132.7	126.9
120.1	119.4	122.4	129.8	129.2	118.2	114.0	126.8	124.3
106.0	105.2	116.9	123.4	124.1	102.7	104.6	124.2	120.5
107.5	120.3	111.5	119.7	114.1	110.0	114.4	116.2	120.5
111.7	105.6	115.8	111.7	109.3	110.1	110.1	117.1	116.0
113.0	132.5	128.4	128.8	116.1	118.6	116.1	124.2	116.5
165.3	123.6	161.3	137.6	100.7	112.2	110.1	118.8	121.9
127.3	112.5	123.5	121.7	113.6	116.2	115.8	124.7	114.1
110.4	68.9	146.7	133.5	103.7	131.4	128.1	119.1	119.1
111.7	149.8	289.6	107.6	101.3	107.7	93.2	101.1	114.2
177.1	143.4	108.1	109.4	106.9	118.3	115.1	111.9	102.8

8-4 规模以上工业企业主要经济数据

单位：亿元

年 份 类 别	Year Item	企业单位数（个） Number of Enterprises (unit)	亏损企业 Lossmaking Enterprises
1998		2 516	1 092
1999		2 212	973
2000		2 124	862
2001		2 031	853
2002		2 072	911
2003		1 995	846
2004		2 407	856
2005		2 362	829
2006		2 601	813
2007		2 698	744
2008		3 320	1 056
2009		3 489	1 036
2010		3 599	832
2011		2 773	599
2012		3 211	805
按登记注册类型分	**Grouped by Registration Status**		
内资企业	Domestic Funded Enterprises	3 036	765
国有企业	State-owned Enterprises	212	60
集体企业	Collective-owned Enterprises	65	14
股份合作企业	Share Holding Enterprises	26	9
联营企业	Joint Ownership Enterprises	9	4
有限责任公司	Limited Liability Corporations	973	292
股份有限公司	Share-holding Corporations Limited	140	37
私营企业	Private Enterprises	1 455	310
其他企业	Other Enterprises	156	39
港、澳、台商投资企业	Enterprises with Funds from Hong Kong, Macao and Taiwan	81	16
外商投资企业	Foreign Funded Enterprises	94	24
在总计中:亏损企业	Of which:Lossmaking Enterprises	805	805
在总计中:国有控股企业	Of which:State-holding Enterprises	540	167
按轻重工业分	**Grouped by Light & Heavy Industries**		
轻工业	Light Industry	872	125
重工业	Heavy Industry	2 339	680
按企业规模分	**Grouped by Size of Enterprises**		
大型企业	Large Enterprises	109	21
中型企业	Medium-sized Enterprises	723	158
小型企业	Small Enterprises	2 273	591
微型企业	Mini Enterprises	106	35

Main Economic Indicators of Industrial Enterprises above Designated Size

(100 million yuan)

工业总产值 Gross Industrial Output Value	工业销售产值 Industrial Sale Output Value	出口交货值 Delivery Value of Exports	资产合计 Total Assets	产成品 Finished Goods
1 017.29	993.64		2 077.82	78.12
1 002.88	990.57		2 155.11	85.90
1 063.36	1 050.45		2 310.22	75.61
1 157.40	1 141.31		2 585.06	80.17
1 320.62	1 307.43		2 722.14	82.86
1 557.17	1 547.14		3 033.50	131.01
2 093.98	2 061.84	94.04	3 567.17	116.54
2 596.21	2 577.47	89.63	3 964.32	146.72
3 393.09	3 338.22	115.76	4 808.98	186.21
4 298.29	4 225.66	159.26	5 834.12	219.13
5 144.58	4 896.85	116.03	7 185.11	259.64
5 178.21	4 962.99	99.14	7 674.88	266.08
6 464.63	6 247.87	115.14	9 611.09	317.04
7 780.83	7 527.74	114.19	11 053.93	417.82
9 224.81	8 783.33	125.59	13 076.97	513.52
8 757.33	8 341.77	110.96	12 463.86	482.70
1 246.82	1 214.40	1.75	2 095.80	73.02
87.37	85.23	0.06	57.17	2.52
25.52	22.99		26.46	3.18
7.59	7.69		9.82	0.18
3 829.15	3 671.09	57.80	6 384.14	188.57
1 261.25	1 188.14	10.51	1 762.80	80.28
2 080.55	1 951.68	36.53	1 840.38	121.98
219.08	200.54	4.32	287.28	12.97
198.81	188.41	6.04	225.91	14.96
268.67	253.15	8.59	387.20	15.86
1 806.55	1 666.80	21.84	3 136.50	151.36
4 901.53	4 742.49	36.81	8 482.38	253.23
2 661.59	2 534.21	67.16	2 837.65	167.19
6 563.22	6 249.12	58.44	10 239.32	346.34
4 324.06	4 185.86	38.18	6 553.65	210.32
2 404.76	2 255.58	48.45	3 201.17	124.25
2 446.04	2 292.04	37.07	3 230.41	175.59
49.95	49.86	1.90	91.74	3.37

8-4 续表1

单位：亿元

年份 类别	Year Item	负债合计 Total Liabilities	主营业务收入 Revenue from Principal Business
1998		1 182.83	999.43
1999		1 187.45	979.15
2000		1 280.62	1 058.91
2001		1 399.56	1 161.38
2002		1 475.14	1 313.29
2003		1 664.86	1 537.37
2004		1 878.60	2 052.46
2005		2 068.42	2 569.71
2006		2 638.14	3 357.53
2007		3 173.66	4 306.61
2008		4 168.36	4 961.12
2009		4 382.48	4 968.08
2010		5 735.24	6 356.24
2011		6 763.81	7 621.91
2012		8 255.51	8 942.15
按登记注册类型分	**Grouped by Registration Status**		
内资企业	Domestic Funded Enterprises	7 909.42	8 501.00
国有企业	State-owned Enterprises	1 494.44	1 336.89
集体企业	Collective-owned Enterprises	38.63	86.48
股份合作企业	Share Holding Enterprises	16.23	21.25
联营企业	Joint Ownership Enterprises	5.76	7.16
有限责任公司	Limited Liability Corporations	3 933.56	3 592.42
股份有限公司	Share-holding Corporations Limited	1 105.52	1 311.91
私营企业	Private Enterprises	1 110.14	1 948.81
其他企业	Other Enterprises	205.14	196.08
港、澳、台商投资企业	Enterprises with Funds from Hong Kong, Macao and Taiwan	121.19	192.15
外商投资企业	Foreign Funded Enterprises	224.90	249.00
在总计中:亏损企业	Of which:Lossmaking Enterprises	2 487.28	1 728.54
在总计中:国有控股企业	Of which:State-holding Enterprises	5 301.88	4 906.05
按轻重工业分	**Grouped by Light & Heavy Industries**		
轻工业	Light Industry	1 120.75	2 444.16
重工业	Heavy Industry	7 134.77	6 497.99
按企业规模分	**Grouped by Size of Enterprises**		
大型企业	Large Enterprises	3 906.22	4 333.69
中型企业	Medium-sized Enterprises	2 071.87	2 255.24
小型企业	Small Enterprises	2 216.47	2 300.18
微型企业	Mini Enterprises	60.94	53.05

continued

(100 million yuan)

主营业务税金及附加 Taxes and Other Charges on Principal Business	销售费用 Operating Expenses	管理费用 Administration Expenses	利润总额 Total Profits	亏损企业亏损总额 Total Losses of Lossmaking Enterprises	利税总额 Total Pre-tax Profits	本年应交增值税 Value Added Tax Payable	全部从业人员年均人数(万人) Employed Persons at Year-end (10 000 persons)
171.25	22.57	80.82	68.48	37.40	323.75	84.03	92.60
173.28	23.81	84.58	53.20	36.71	309.41	82.94	87.23
174.86	26.58	86.12	69.75	23.15	333.13	88.52	11.63
171.03	36.40	94.09	82.19	20.15	347.40	94.18	2.22
192.48	52.00	102.95	73.16	30.04	371.47	105.83	0.79
207.08	57.37	119.55	108.06	29.44	439.03	123.90	0.10
227.08	64.86	144.36	215.47	24.63	593.76	151.21	27.05
245.62	76.28	154.21	227.91	31.18	651.22	177.68	9.83
278.24	90.70	179.26	310.18	32.78	806.86	218.45	35.15
327.11	108.45	208.88	388.61	28.21	996.13	280.41	0.46
389.51	133.66	275.17	310.14	99.67	1 005.52	305.87	2.12
442.36	150.01	282.10	360.25	59.77	1 094.18	291.57	3.25
507.41	198.84	371.07	599.34	38.14	1 444.33	337.57	92.60
619.98	214.50	402.02	639.70	57.08	1 664.48	404.80	90.62
706.73	245.99	431.81	586.52	130.29	1 758.58	463.85	101.04
701.19	215.84	406.46	546.75	121.12	1 694.66	445.41	95.82
7.55	28.46	75.82	61.23	18.37	138.94	69.87	13.74
0.59	2.19	3.85	3.78	0.74	7.01	2.64	1.49
0.41	0.27	1.42	2.20	0.20	3.56	0.95	0.58
0.17	0.18	0.26	0.57	0.09	1.04	0.30	0.16
673.37	87.04	184.82	290.19	58.68	1 226.95	263.12	36.30
4.74	42.25	50.56	43.59	19.33	84.18	35.66	9.48
12.48	50.87	81.23	138.20	19.30	216.94	65.72	31.06
1.88	4.60	8.49	6.99	4.40	16.03	7.15	3.01
1.32	8.63	12.22	26.67	1.89	36.18	8.18	2.56
4.22	21.52	13.13	13.11	7.29	27.74	10.26	2.66
7.37	33.64	79.85	-130.29	130.29	-78.75	43.88	25.77
679.43	114.95	255.79	293.65	80.90	1 291.43	317.73	40.69
667.38	126.65	144.12	301.17	13.78	1 185.99	217.26	24.23
39.35	119.34	287.69	285.35	116.52	572.59	246.59	76.81
672.33	102.54	199.07	280.68	35.10	1 231.66	278.25	31.63
17.76	85.88	131.12	153.42	52.13	268.02	96.39	41.04
16.52	56.97	100.10	150.29	41.11	255.59	88.16	28.13
0.12	0.61	1.51	2.14	1.95	3.31	1.05	0.24

8-4 续表2

单位：亿元

类 别	Item	企业单位数(个) Number of Enterprises (unit)	亏损企业 Lossmaking Enterprises
按行业类别分	**Grouped by Industry Sector**		
采矿业	**Mining**	**686**	**143**
煤炭开采和洗选业	Coal Mining and Dressing	472	89
石油和天然气开采业	Petroleum & Natural Gas Extraction		
黑色金属矿采选业	Mining & Dressing of Ferrous Metals	66	25
有色金属矿采选业	Mining and Processing of Non-Ferrous Metal Ores	110	28
非金属矿采选业	Mining and Processing of Nonmetal Ores	36	1
开采辅助活动	Assitant Activities of Mining	1	
其他采矿业	Mining of Other Ores	1	
制造业	**Manufacturing Industry**	**2 229**	**566**
农副食品加工业	Processing of Food from Agricultural Products	303	42
食品制造业	Manufacture of Foods	99	6
酒、饮料和精制茶制造业	Manufacture of Wine,Beverage and Refined Tea	115	16
烟草制品业	Manufacture of Tobacco	16	
纺织业	Manufacture of Textile	21	4
纺织服装、服饰业	Manufacture of Textile Wearing Apparel and Dress Adornment	5	1
皮革、毛皮、羽毛及其制品和制鞋业	Manufacture of Leather.Fur,Feather and Related Products	4	1
木材加工和木、竹、藤、棕、草制品业	Processing of Timber, Manufacture of Wood, Bamboo, Rattan, Palm and Straw Products	68	22
家具制造业	Manufacture of Furniture	3	1
造纸和纸制品业	Manufacture of Paper and Paper Products	64	13
印刷和记录媒介复制业	Printing, Reproduction of Recording Media	49	4
文教、工美、体育和娱乐用品制造业	Manufacture of Articles for Culture,Education,Arts, Sport Activities and Entertainment	14	
石油加工、炼焦和核燃料加工业	Processing of Petroleum, Coking, Processing of Nuclear Fuel	37	10
化学原料和化学制品制造业	Manufacture of Raw Chemical Materials and Chemical Products	281	80
医药制造业	Manufacture of Medicines	92	16
化学纤维制造业	Manufacture of Chemical Fibers	2	
橡胶和塑料制品业	Manufacture of Rubber and Plastics	81	15
非金属矿物制品业	Manufacture of Non-metallic Mineral Products	297	107
黑色金属冶炼和压延加工业	Smelting and Pressing of Ferrous Metals	185	100
有色金属冶炼和压延加工业	Smelting and Pressing of Non-ferrous Metals	180	68
金属制品业	Manufacture of Metal Products	67	12
通用设备制造业	Manufacture of General Purpose Machinery	57	13
专用设备制造业	Manufacture of Special Purpose Machinery	46	13
汽车制造业	Manufacture of Cars	26	8
铁路、船舶、航空航天和其他运输设备制造业	Manufacture of Railways,Boats,Aerospace and Other Transport Equipment	5	1
电气机械和器材制造业	Manufacture of Electrical Machinery and Equipment	68	7
计算机、通信和其他电子设备制造业	Manufacture of Computer,Communication Equipment and Electronic Equipment	12	1
仪器仪表制造业	Manufacture of Measuring Instruments and Machinery	14	
其他制造业	Other Manufacturing Industry	11	2
废弃资源综合利用业	Comprehensive Utilization of Waste	7	3
金属制品、机械和设备修理业	Manufacture of Metal Products, Machinery and Equipment Repairing		
电力、热力、燃气及水生产和供应业	**Production and Supply of Electricity Gas and Water**	**296**	**96**
电力、热力生产和供应业	Production and Supply of Electric Power and Heat Power	272	85
燃气生产和供应业	Production and Supply of Gas	6	3
水的生产和供应业	Production and Supply of Water	18	8

continued

(100 million yuan)

工业总产值 Gross Industrial Output Value	工业销售产值 Industrial Sale Output Value		资产合计 Total Assets	产成品 Finished Goods
		出口交货值 Delivery Value of Exports		
980.74	**927.89**		**1 499.62**	**42.37**
502.41	501.30		623.69	12.46
176.29	155.82		347.44	15.28
204.18	185.61		366.81	8.80
97.16	84.51		161.38	5.78
0.30	0.25		0.18	0.04
0.40	0.40		0.12	0.01
7 153.65	**6 769.45**	**125.59**	**7 814.23**	**466.56**
412.19	383.50	20.60	346.96	21.42
139.26	134.08	11.14	98.80	7.15
147.92	134.45	8.68	179.42	15.06
1 421.64	1 381.33	13.94	1 515.17	85.09
19.55	17.46	3.13	40.30	3.10
3.50	3.47		8.91	0.91
5.28	5.01		3.43	0.82
50.16	45.36	0.27	64.67	3.79
0.99	0.88		2.17	0.12
68.93	64.87		91.94	6.39
63.03	59.28		77.00	5.56
47.54	42.46		18.82	1.40
252.36	247.29	0.20	313.56	8.44
846.44	786.17	33.48	1 077.41	59.83
219.02	197.79	5.50	275.02	14.57
13.20	13.38		9.58	0.47
109.79	108.32		53.96	5.83
359.75	344.87	0.55	523.19	17.32
1 012.12	959.44	0.05	866.91	45.85
1 424.86	1 331.65	13.43	1 593.07	104.61
76.97	75.08	2.69	107.90	7.17
67.49	64.53	2.05	76.99	10.38
74.65	68.77	2.34	84.99	6.97
140.99	136.41	2.01	126.13	7.00
36.53	31.14		51.00	8.42
87.53	83.77	1.65	122.08	15.32
24.85	22.14	1.05	43.89	1.91
14.10	14.06	1.69	23.71	1.17
9.93	9.44	1.16	14.08	0.46
3.10	3.03		3.16	0.05
1 090.42	**1 085.99**		**3 763.11**	**4.59**
1 039.00	1 036.79		3 641.34	3.55
35.19	33.13		46.70	1.00
16.23	16.07		75.07	0.05

8-4 续表3

单位：亿元

类别	Sector	负债合计 Total Liabilities
按行业类别分	**Grouped by Industry Sector**	
采矿业	**Mining**	**854.53**
煤炭开采和洗选业	Coal Mining and Dressing	353.65
石油和天然气开采业	Petroleum & Natural Gas Extraction	
黑色金属矿采选业	Mining & Dressing of Ferrous Metals	199.69
有色金属矿采选业	Mining and Processing of Non-Ferrous Metal Ores	203.26
非金属矿采选业	Mining and Processing of Nonmetal Ores	97.67
开采辅助活动	Assitant Activities of Mining	0.17
其他采矿业	Mining of Other Ores	0.09
制造业	**Manufacturing Industry**	**4 501.29**
农副食品加工业	Processing of Food from Agricultural Products	223.56
食品制造业	Manufacture of Foods	47.61
酒、饮料和精制茶制造业	Manufacture of Wine,Beverage and Refined Tea	101.90
烟草制品业	Manufacture of Tobacco	384.58
纺织业	Manufacture of Textile	24.63
纺织服装、服饰业	Manufacture of Textile Wearing Apparel and Dress Adornment	4.93
皮革、毛皮、羽毛及其制品和制鞋业	Manufacture of Leather.Fur,Feather and Related Products	1.49
木材加工和木、竹、藤、棕、草制品业	Processing of Timber, Manufacture of Wood, Bamboo, Rattan, Palm and Straw Products	36.41
家具制造业	Manufacture of Furniture	1.50
造纸和纸制品业	Manufacture of Paper and Paper Products	59.37
印刷和记录媒介复制业	Printing, Reproduction of Recording Media	31.63
文教、工美、体育和娱乐用品制造业	Manufacture of Articles for Culture,Education,Arts, Sport Activities and Entertainment	4.00
石油加工、炼焦和核燃料加工业	Processing of Petroleum, Coking, Processing of Nuclear Fuel	225.07
化学原料和化学制品制造业	Manufacture of Raw Chemical Materials and Chemical Products	688.33
医药制造业	Manufacture of Medicines	127.35
化学纤维制造业	Manufacture of Chemical Fibers	1.62
橡胶和塑料制品业	Manufacture of Rubber and Plastics	28.80
非金属矿物制品业	Manufacture of Non-metallic Mineral Products	356.79
黑色金属冶炼和压延加工业	Smelting and Pressing of Ferrous Metals	605.75
有色金属冶炼和压延加工业	Smelting and Pressing of Non-ferrous Metals	1 137.20
金属制品业	Manufacture of Metal Products	83.14
通用设备制造业	Manufacture of General Purpose Machinery	45.60
专用设备制造业	Manufacture of Special Purpose Machinery	63.00
汽车制造业	Manufacture of Cars	73.64
铁路、船舶、航空航天和其他运输设备制造业	Manufacture of Railways,Boats,Aerospace and Other Transport Equipment	29.44
电气机械和器材制造业	Manufacture of Electrical Machinery and Equipment	83.04
计算机、通信和其他电子设备制造业	Manufacture of Computer,Communication Equipment and Electronic Equipment	14.50
仪器仪表制造业	Manufacture of Measuring Instruments and Machinery	6.94
其他制造业	Other Manufacturing Industry	7.11
废弃资源综合利用业	Comprehensive Utilization of Waste	2.38
金属制品、机械和设备修理业	Manufacture of Metal Products, Machinery and Equipment Repairing	
电力、热力、燃气及水生产和供应业	**Production and Supply of Electricity Gas and Water**	**2 899.69**
电力、热力生产和供应业	Production and Supply of Electric Power and Heat Power	2 835.13
燃气生产和供应业	Production and Supply of Gas	25.63
水的生产和供应业	Production and Supply of Water	38.94

continued

(100 million yuan)

主营业务收入 Revenue from Principal Business	主营业务税金及附加 Taxes and Other Charges on Principal Business	销售费用 Operating Expenses	管理费用 Administration Expenses	利润总额 Total Profit	亏损企业亏损总额 Total Losses of Loss making Enterprises	利税总额 Total Pre-tax Profit	本年应交增值税 Value Added Tax Payable	全部从业人员年均人数(万人) Employed Persons at Year-end (10 000 persons)
939.57	**21.32**	**38.52**	**82.91**	**103.03**	**15.25**	**200.26**	**75.38**	**22.40**
517.01	9.72	20.38	44.09	56.60	6.29	109.24	42.55	15.02
157.95	4.85	11.72	11.19	11.60	3.83	26.18	9.66	1.90
180.34	3.11	2.32	15.99	23.10	3.53	42.20	15.93	4.21
83.63	3.65	4.09	11.63	11.71	1.60	22.59	7.21	1.27
0.25			0.01	0.01		0.03	0.02	
0.40		0.01		0.02		0.03	0.01	
6 802.82	**677.51**	**197.08**	**300.51**	**433.88**	**81.18**	**1 421.93**	**309.85**	**70.02**
382.34	1.48	11.76	16.81	30.39	4.27	42.25	10.34	5.84
133.19	0.46	14.94	8.10	10.15	0.61	14.05	3.43	2.44
135.26	3.31	12.50	7.17	16.19	0.93	24.42	4.85	3.49
1 288.25	656.68	34.88	75.68	184.35		1 012.84	171.80	4.15
19.61	0.21	0.27	1.40	1.52	0.14	2.23	0.49	0.75
3.94	0.03	0.16	0.16	0.55	0.02	0.66	0.08	0.24
4.93	0.02	0.13	0.18	0.20	0.03	0.28	0.06	0.20
43.56	0.32	1.24	2.57	1.62	1.57	3.76	1.82	1.42
0.84		0.08	0.04	0.01		0.04	0.02	0.06
64.69	0.29	2.71	4.14	3.74	1.61	6.77	2.74	1.28
61.55	0.43	1.06	5.49	11.58	0.06	15.69	3.67	1.08
42.64	0.11	1.66	2.38	6.84		8.03	1.08	0.52
246.61	0.43	2.68	5.45	5.97	7.14	10.81	4.40	1.73
789.46	3.10	29.33	39.76	27.13	19.52	47.57	17.20	8.22
198.99	1.61	36.70	15.67	25.43	1.13	40.48	13.43	2.32
13.33	0.09	0.04	0.70	3.29		4.16	0.78	0.04
108.06	0.24	1.80	2.94	4.02	0.40	5.73	1.44	1.79
343.00	1.91	9.54	15.75	16.04	6.38	33.60	15.47	5.90
1 005.37	1.10	9.65	21.59	22.78	11.23	37.17	13.25	7.84
1 401.36	4.04	11.48	42.15	33.71	18.84	70.50	32.71	12.17
72.75	0.32	1.03	3.37	3.00	0.36	4.95	1.62	1.52
65.29	0.24	2.88	5.19	2.90	0.38	4.40	1.26	1.37
68.47	0.19	1.95	5.53	2.53	2.74	3.98	1.25	1.45
138.50	0.19	3.09	4.86	12.25	0.72	14.65	2.19	1.48
33.33	0.23	0.67	4.09	2.67	0.09	4.10	1.19	0.23
86.96	0.30	3.59	5.16	1.48	2.93	3.80	2.01	1.41
26.65	0.11	0.87	1.71	2.26	0.02	3.23	0.85	0.52
10.54	0.02	0.16	1.58	0.66		0.80	0.12	0.27
9.63	0.01	0.15	0.81	0.43	0.02	0.63	0.18	0.23
3.72	0.03	0.10	0.09	0.18	0.05	0.34	0.13	0.08
1 199.77	**7.89**	**10.39**	**48.38**	**49.62**	**33.86**	**136.39**	**78.62**	**8.62**
1 151.58	5.72	7.65	44.87	48.56	33.20	132.17	77.72	7.97
33.18	0.05	0.88	1.79	0.12	0.27	0.41	0.18	0.27
15.00	2.12	1.86	1.73	0.94	0.40	3.81	0.72	0.38

8−5 规模以上工业企业主要财务分析数据(2012年)

类 别	Item	综合经济效益指数(%) Composite Economic Performance Index (%)
全 省	**Yunnan**	**270.4**
按登记注册类型分组	**By Status of Registration**	
内资企业	**Domestic Funded**	**271.1**
国有企业	State-owned Enterprises	231.2
中央企业	Central Enterprises	378.2
地方企业	Local Enterprises	192.3
集体企业	Collective-owned Enterprises	173.7
股份合作企业	Cooperative Enterprises	175.2
联营企业	Joint Ownership Enterprises	206.3
国有联营企业	State Joint Ownership Enterprises	192.5
集体联营企业	Collective Joint Ownership Enterprises	168.2
国有与集体联营企业	Joint State-collective Enterprises	523.8
其他联营企业	Other Joint Ownership Enterprises	215.5
有限责任公司	Limited Liability Corporations	395.2
国有独资公司	State Sole Funded Corporations	596.0
其他有限责任公司	Other Limited Liability Corporations	345.8
股份有限公司	Share-holding Corporations Limited	218.7
私营企业	Private Enterprises	185.2
私营独资企业	Private-funded Enterprises	203.0
私营合伙企业	Private Partnership Enterprises	135.3
私营有限责任公司	Private Limited Liability Corporations	187.2
私营股份有限公司	Private Share-holding Corporations Ltd.	173.3
其他企业	Other Enterprises	150.1
港、澳、台商投资企业	**Enterprises with Funds from Hong Kong,**	**278.3**
合资经营企业(港或澳、台资)	Macao and Taiwan	305.4
合作经营企业(港或澳、台资)	Joint-venture Enterprises	123.7
港澳台商独资经营企业	Cooperative Enterprises	298.8
港澳台商投资股份有限公司	Enterprises with Sole Investment	200.8
其他港澳台投资	Share-holding Corporations Ltd.	43.3
外商投资企业	**Foreign Funded Enterprises**	**244.9**
中外合资经营企业	Joint-venture Enterprises	242.5
中外合作经营企业	Cooperation Enterprises	270.6
外资企业	Enterprises with Sole Funds	232.6
外商投资股份有限公司	Share-holding Corporations Ltd.	503.6
其他外商投资	Other Foreign-funded Enterprises	
在总计中:亏损企业	of Which:Loss-suffering Enterprises	81.7
在总计中:国有控股企业	of Which:State-holding Enterprises	383.7
在总计中:农村工业	of Which:Rural Area Industry	176.4
在总计中:轻工业	of Which: Light Industry	548.2
重工业	Heavy Industry	186.1
在总计中:大型企业	of Which: Large Enterprises	447.2
中型企业	Medium-sized Enterprises	197.4
小型企业	Small Enterprises	162.5

Main Financial Analytical Indicators of Industry above Designated Size (2012)

总资产贡献率 (%) Ratio of Total Assets to Industrial Output Value (%)	资本保值增值率 (%) Capital Maintenance and Increment Ratio (%)	资产负债率 (%) Assets Liability Ratio (%)	流动资产周转率 (%) Ratio of Turnover of Working Capitals (%)	成本费用利润率 (%) Ratio of Profits to Cost (%)	全员劳动生产率 (万元/人) Overall Labor Productivity (10 000 yuan/person)	产品销售率 (%) Proportion of Products Sold (%)
16.5	**111.9**	**63.1**	**1.9**	**7.6**	**25.37**	**95.2**
16.7	**112.2**	**63.5**	**1.9**	**7.4**	**25.49**	**95.3**
9.1	113.3	71.3	2.8	4.7	21.73	97.4
7.9	97.0	76.3	4.3	3.6	45.29	98.0
10.5	127.5	66.2	2.0	6.0	14.85	96.9
15.1	109.2	67.6	3.4	4.6	9.45	97.6
15.2	83.5	61.4	1.5	11.8	8.69	90.1
14.6	151.4	58.6	2.6	8.3	12.55	101.3
8.5	122.5	64.9	1.8	4.3	16.89	102.2
5.5	478.1	32.3	5.9	0.6		102.6
39.1	270.5	23.3	1.6	55.0	27.44	101.4
15.6	104.6	69.9	4.2	5.0	14.69	99.9
22.6	110.4	61.6	1.6	10.8	42.39	95.9
29.7	68.9	43.2	1.1	9.5	75.80	96.3
19.7	161.4	67.2	2.0	11.2	33.55	95.7
7.0	102.6	62.7	1.7	3.4	22.82	94.2
14.5	125.1	60.3	2.1	7.7	11.11	93.8
20.4	120.7	52.5	2.0	14.2	8.38	95.4
16.0	146.8	53.3	3.1	1.9	3.83	94.8
13.9	128.5	62.0	2.2	6.9	12.00	93.7
9.6	109.6	60.0	1.7	6.7	12.33	92.3
10.7	153.4	71.4	2.3	3.7	8.66	91.5
18.5	**114.6**	**53.6**	**1.6**	**15.8**	**21.17**	**94.8**
18.6	95.9	52.2	1.7	15.9	25.81	94.8
6.8	434.3	50.5	1.8	0.3	1.77	88.2
23.1	109.5	65.7	1.4	22.5	19.63	96.5
4.8	631.8	39.8	1.6	1.9	9.98	91.0
	100.0					
9.1	**103.2**	**58.1**	**1.7**	**5.5**	**25.08**	**94.2**
8.2	95.8	56.5	1.6	4.4	26.00	93.2
9.5	110.7	75.3	2.6	7.2	27.27	95.5
11.2	141.6	60.1	1.6	6.4	21.14	96.3
27.2	118.1	14.5	1.9	51.5	32.73	104.4
0.5	232.9	79.3	2.2	- 7.0	5.95	92.3
18.2	108.1	62.5	1.8	7.3	43.80	96.8
23.7	95.0	70.6	2.9	9.5	5.40	98.8
45.8	113.8	39.5	1.6	19.9	54.79	95.2
8.3	110.9	69.7	2.0	4.6	15.96	95.2
21.7	107.5	59.6	1.8	8.2	52.57	96.8
11.1	120.0	64.7	1.9	7.2	15.03	93.8
11.0	115.0	68.6	2.0	7.0	9.70	93.7

8-5 续表

类别	Sector	综合经济效益指数 (%) Composite Economic Performance Index (%)
按行业类别分	**Grouped by Industry Sector**	
采矿业	**Mining**	**213.6**
煤炭开采和洗选业	Coal Mining and Dressing	209.7
石油和天然气开采业	Petroleum & Natural Gas Extraction	43.3
黑色金属矿采选业	Mining & Dressing of Ferrous Metals	252.4
有色金属矿采选业	Mining and Processing of Non-Ferrous Metal Ores	227.3
非金属矿采选业	Mining and Processing of Nonmetal Ores	322.0
开采辅助活动	Assitant Activities of Mining	137.0
其他采矿业	Mining of Other Ores	227.7
制造业	**Manufacturing Industry**	**297.4**
农副食品加工业	Processing of Food from Agricultural Products	195.6
食品制造业	Manufacture of Foods	216.5
酒、饮料和精制茶制造业	Manufacture of Wine,Beverage and Refined Tea	198.7
烟草制品业	Manufacture of Tobacco	1 794.4
纺织业	Manufacture of Textile	122.3
纺织服装、服饰业	Manufacture of Textile Wearing Apparel and Dress Adornment	157.3
皮革、毛皮、羽毛及其制品和制鞋业	Manufacture of Leather.Fur,Feather and Related Products	167.8
木材加工和木、竹、藤、棕、草制品业	Processing of Timber, Manufacture of Wood, Bamboo, Rattan, Palm and Straw Products	131.0
家具制造业	Manufacture of Furniture	72.1
造纸和纸制品业	Manufacture of Paper and Paper Products	165.5
印刷和记录媒介复制业	Printing, Reproduction of Recording Media	288.1
文教、工美、体育和娱乐用品制造业	Manufacture of Articles for Culture,Education,Arts, Sport Activities and Entertainment	453.4
石油加工、炼焦和核燃料加工业	Processing of Petroleum, Coking, Processing of Nuclear Fuel	183.1
化学原料和化学制品制造业	Manufacture of Raw Chemical Materials and Chemical Products	187.2
医药制造业	Manufacture of Medicines	296.1
化学纤维制造业	Manufacture of Chemical Fibers	1 072.2
橡胶和塑料制品业	Manufacture of Rubber and Plastics	159.4
非金属矿物制品业	Manufacture of Non-metallic Mineral Products	162.4
黑色金属冶炼和压延加工业	Smelting and Pressing of Ferrous Metals	187.6
有色金属冶炼和压延加工业	Smelting and Pressing of Non-ferrous Metals	176.0
金属制品业	Manufacture of Metal Products	115.8
通用设备制造业	Manufacture of General Purpose Machinery	125.4
专用设备制造业	Manufacture of Special Purpose Machinery	123.9
汽车制造业	Manufacture of Cars	224.8
铁路、船舶、航空航天和其他运输设备制造业	Manufacture of Railways,Boats,Aerospace and Other Transport Equipment	370.6
电气机械和器材制造业	Manufacture of Electrical Machinery and Equipment	107.6
计算机、通信和其他电子设备制造业	Manufacture of Computer,Communication Equipment and Electronic Equipment	155.5
仪器仪表制造业	Manufacture of Measuring Instruments and Machinery	100.4
其他制造业	Other Manufacturing Industry	91.6
废弃资源综合利用业	Comprehensive Utilization of Waste	139.0
金属制品、机械和设备修理业	Manufacture of Metal Products, Machinery and Equipment Repairing	43.3
电力、热力、燃气及水生产和供应业	**Production and Supply of Electricity Gas and Water**	**292.7**
电力、热力生产和供应业	Production and Supply of Electric Power and Heat Power	302.5
燃气生产和供应业	Production and Supply of Gas	169.3
水的生产和供应业	Production and Supply of Water	191.9

continued

总资产贡献率 (%) Ratio of Total Assets to Industrial Output Value (%)	资本保值增值率 (%) Capital Maintenance and Increment Ratio (%)	资产负债率 (%) Assets Liability Ratio(%)	流动资产周转率 (%) Ratio of Turnover of Working Capitals (%)	成本费用利润率 (%) Ratio of Profits to Cost (%)	全员劳动生产率 (万元/人) Overall Labor Productivity (10 000 yuan /person)	产品销售率 (%) Proportion of Products Sold (%)
16.2	**120.1**	**57.0**	**1.5**	**12.7**	**13.13**	**94.6**
21.2	137.3	56.7	2.0	12.7	9.65	99.8
	100.0					
9.8	107.8	57.5	1.0	8.0	25.65	88.4
13.8	113.6	55.4	1.3	15.1	15.29	90.9
17.5	107.2	60.5	1.6	16.8	28.48	87.0
34.5	100.0	97.3	3.9	2.3		82.0
53.9	100.0	69.1	7.0	5.8		100.0
21.2	**110.8**	**57.6**	**1.8**	**7.5**	**28.42**	**94.6**
16.1	118.6	64.4	2.3	8.5	11.82	93.0
19.0	132.9	48.2	3.4	8.0	12.26	96.3
16.1	115.0	56.8	1.5	13.7	10.34	90.9
70.9	111.4	25.4	1.4	39.4	240.75	97.2
7.7	108.0	61.1	1.3	8.3	4.19	89.3
11.2	225.0	55.4	0.8	16.1	2.05	99.2
11.3	403.5	43.4	3.8	4.2	2.46	94.9
9.3	180.1	56.3	1.8	3.8	5.55	90.4
5.0	84.1	69.5	0.9	1.7	2.57	88.5
9.0	95.8	64.6	1.5	6.0	12.37	94.1
21.6	104.1	41.1	1.4	23.0	18.00	94.1
70.1	613.5	21.3	5.4	18.2	15.52	89.3
5.8	108.0	71.8	1.6	2.4	18.32	98.0
6.9	115.3	63.9	1.9	3.5	17.15	92.9
16.8	121.8	46.3	1.2	14.8	25.77	90.3
42.8	101.7	16.9	1.7	33.0	133.91	101.4
14.9	143.8	53.4	3.9	3.8	5.67	98.7
8.7	108.7	68.2	1.9	4.9	11.84	95.9
6.3	106.3	69.9	2.6	2.3	17.38	94.8
7.5	102.4	71.4	1.9	2.5	16.34	93.5
6.5	144.7	77.1	1.2	4.3	6.03	97.6
6.7	95.5	59.2	1.3	4.6	7.53	95.6
6.5	102.7	74.1	1.3	3.8	8.41	92.1
13.5	101.1	58.4	2.3	9.6	16.92	96.8
9.6	123.8	57.7	1.1	8.6	44.54	85.3
5.4	109.0	68.0	1.2	1.7	7.03	95.7
9.5	158.1	33.0	1.2	9.1	7.77	89.1
2.4	40.9	29.3	0.6	6.5	5.77	99.7
5.6	108.6	50.5	1.1	4.7	2.16	95.0
17.2	237.2	75.4	1.9	5.0	2.86	97.8
	100.0					
6.5	**110.5**	**77.1**	**3.4**	**4.3**	**32.28**	**99.6**
6.6	110.0	77.9	3.7	4.3	33.49	99.8
0.7	137.3	54.9	1.9	0.4	17.35	94.2
6.0	108.8	51.9	0.9	7.1	17.43	99.0

8-6 各州市规模以上工业企业主要经济数据(2012年)

Main Economic Indicators of Industry above Designated Size by region(2012)

单位：亿元 (100 million yuan)

州 市	Region	企业单位数(个) Number of Enterprises (unit)	大型企业 Large Enterprises	中型企业 Medium-sized Enterprises	小型企业 Small Enterprises	微型企业 Mini Eenterprises	亏损企业数(个) Number of Loss making Enterprises (unit)	工业总产值 Gross Industrial Output Value
全 省	**Yunnan**	**3 211**	**109**	**723**	**2 273**	**106**	**805**	**9 224.81**
昆 明	Kunming	878	38	137	676	27	176	3 010.28
曲 靖	Qujing	507	24	148	326	9	134	1 455.14
玉 溪	Yuxi	302	10	72	215	5	79	1 258.46
保 山	Baoshan	121	2	29	85	5	29	208.78
昭 通	Zhaotong	203	3	52	145	3	41	326.11
丽 江	Lijiang	77	1	19	57		8	125.53
普 洱	Pu'er	119	1	31	78	9	44	163.03
临 沧	Lincang	84	1	28	55		29	161.36
楚 雄	Chuxiong	181	2	33	139	7	35	430.60
红 河	Honghe	226	13	68	139	6	76	997.94
文 山	Wenshan	132	4	30	93	5	33	306.06
西双版纳	Xishuangbanna	51	2	10	36	3	18	69.94
大 理	Dali	207	5	41	149	12	49	538.43
德 宏	Dehong	83	2	17	53	11	34	107.04
怒 江	Nujiang	20	1	2	14	3	10	28.55
迪 庆	Diqing	20		6	13	1	10	37.56

8-6 续表1 cntinued

单位：亿元 (100 million yuan)

州 市	Region	私营企业 Private Enterprises	其他企业 Other Enterprises	港澳台商投资企业 Enterprises with Funds from Hong Kong, Macao and Taiwan	外商投资企业 Foreign Funded Enterprises	工业销售产值(当年价) Sales Value of Industry (at current prices)	出口交货值 Delivery Value of Exports
全 省	**Yunnan**					**8 783.33**	**125.59**
昆 明	Kunming					2 905.29	60.79
曲 靖	Qujing					1 421.29	9.34
玉 溪	Yuxi					1 200.21	9.82
保 山	Baoshan					193.72	8.95
昭 通	Zhaotong					307.02	0.90
丽 江	Lijiang					121.63	1.35
普 洱	Pu'er					152.55	6.55
临 沧	Lincang					141.05	1.12
楚 雄	Chuxiong					406.75	4.92
红 河	Honghe					922.34	9.66
文 山	Wenshan					273.29	1.58
西双版纳	Xishuangbanna					61.87	
大 理	Dali					509.04	8.11
德 宏	Dehong					105.18	1.58
怒 江	Nujiang					27.29	
迪 庆	Diqing					34.82	0.93

8-6 续表2 Continued

单位：亿元 (100 million yuan)

州 市	Region	资产合计 Total Assets	产成品 Finished Goods	流动资产 Annual Average Balance of Working Capitals	固定资产净值 Annual Average Balance of Net Value of Fixed Assets	负债合计 Total Liabilities
全 省	**Yunnan**	**13 076.97**	**513.52**	**5 108.91**	**4 667.58**	**8 255.51**
昆 明	Kunming	3 582.86	208.60	1 851.33	922.32	2 143.38
曲 靖	Qujing	1 953.85	42.75	728.06	696.07	1 341.61
玉 溪	Yuxi	1 225.04	59.39	622.51	279.94	536.38
保 山	Baoshan	431.64	12.67	106.82	213.27	298.91
昭 通	Zhaotong	702.24	11.31	216.00	253.89	450.53
丽 江	Lijiang	323.08	4.73	104.58	173.72	239.79
普 洱	Pu'er	541.47	10.09	100.87	319.43	423.92
临 沧	Lincang	569.95	9.47	116.37	268.04	416.08
楚 雄	Chuxiong	484.20	23.78	193.94	140.47	261.70
红 河	Honghe	1 348.80	63.98	536.26	518.65	894.24
文 山	Wenshan	460.11	30.18	154.92	181.68	281.72
西双版纳	Xishuangbanna	202.81	6.60	64.09	82.58	130.51
大 理	Dali	817.56	19.85	209.61	378.67	530.93
德 宏	Dehong	260.29	5.81	60.03	151.62	185.60
怒 江	Nujiang	84.98	1.93	25.04	38.60	52.98
迪 庆	Diqing	88.08	2.40	18.47	48.64	67.18

8-6 续表3 cntinued

单位：亿元 (100 million yuan)

州 市	Region	主营业务收入 Revenue from Principal Business	主营业务税金及附加 Taxes and Other Charge on Principal Business	销售费用 Selling expenses	管理费用 Administration Expenses
全 省	**Yunnan**	**8 942.15**	**706.73**	**245.99**	**431.81**
昆 明	Kunming	3 133.30	159.96	107.35	132.80
曲 靖	Qujing	1 407.37	98.54	28.81	72.14
玉 溪	Yuxi	1 146.41	239.66	28.44	52.03
保 山	Baoshan	188.60	1.99	6.43	11.36
昭 通	Zhaotong	306.98	37.52	9.97	25.44
丽 江	Lijiang	121.12	1.76	3.49	5.19
普 洱	Pu'er	154.03	1.14	3.40	7.97
临 沧	Lincang	144.60	1.29	4.13	7.78
楚 雄	Chuxiong	391.29	49.23	8.88	18.19
红 河	Honghe	944.41	81.84	14.80	46.95
文 山	Wenshan	265.18	2.10	11.99	18.39
西双版纳	Xishuangbanna	66.78	0.65	3.93	6.25
大 理	Dali	509.04	29.52	10.80	16.83
德 宏	Dehong	105.15	0.68	1.83	4.80
怒 江	Nujiang	27.20	0.20	0.55	3.29
迪 庆	Diqing	30.69	0.64	1.19	2.41

8-6 续表4 Continued

单位：亿元 (100 million yuan)

州 市	Region	利税总额 Total Pre-tax Profits	本年应交增值税 Value Added Tax Payable	利润总额 Total Profit	亏损企业亏损总额 Total Losses of Loss making Enterprises	全部从业人员年均人数(万人) Average Number of Employed Persons at Year-end (10 000 persons)
全 省	**Yunnan**	**1 758.58**	**463.85**	**586.52**	**130.29**	**101.04**
昆 明	Kunming	451.53	122.56	168.46	27.37	25.72
曲 靖	Qujing	230.54	67.18	64.41	46.45	18.15
玉 溪	Yuxi	408.31	77.68	90.86	5.64	9.34
保 山	Baoshan	29.41	11.02	16.39	4.11	3.29
昭 通	Zhaotong	78.30	24.82	15.96	6.02	5.14
丽 江	Lijiang	27.40	10.32	15.30	0.55	1.97
普 洱	Pu'er	23.29	9.86	12.21	5.66	4.45
临 沧	Lincang	27.52	9.25	16.94	3.24	2.44
楚 雄	Chuxiong	89.80	21.07	19.49	1.80	4.57
红 河	Honghe	173.20	51.60	39.60	14.28	13.09
文 山	Wenshan	68.56	20.20	46.21	3.36	3.30
西双版纳	Xishuangbanna	14.63	3.94	10.02	1.40	1.37
大 理	Dali	113.60	23.35	60.70	2.31	5.15
德 宏	Dehong	17.65	7.32	9.64	4.09	1.73
怒 江	Nujiang	2.14	1.90	0.04	0.75	0.89
迪 庆	Diqing	2.70	1.77	0.29	3.28	0.46

8-7 各州市规模以上工业主要财务分析数据(2012年)

Main Financial Analytical Indicators of Industry above Designated Size by Region (2012)

		综合经济效益指数(%) Composite Economic Performance Index (%)	总资产贡献率(%) Ratio of Total Assets to Industrial Output Value (%)	资本保值增值率(%) Capital Maintenance and Increment Ratio (%)	资产负债率(%) Assets-Liability Ratio (%)	流动资产周转率(%) Ratio of Turnover of Working Capitals (%)	成本费用利润率(%) Ratio of Profits to Cost (%)	全员劳动生产率(万元/人) Overall Labor Productivity (10 000 yuan /person)	产品销售率(%) Proportion of Products Sold(%)
全省	**Yunnan**	**270.4**	**16.5**	**111.9**	**63.1**	**1.9**	**7.6**	**25.37**	**95.2**
昆明	Kunming	270.6	14.9	108.6	59.8	1.8	6.0	26.87	96.5
曲靖	Qujing	217.4	15.2	111.1	68.7	2.1	5.1	18.43	97.7
玉溪	Yuxi	491.4	35.7	108.5	43.8	1.9	11.0	53.64	95.4
保山	Baoshan	202.2	10.0	111.5	69.3	1.8	9.4	15.40	92.8
昭通	Zhaotong	212.1	14.4	117.8	64.2	1.5	6.3	17.78	94.1
丽江	Lijiang	265.9	13.2	118.9	74.2	1.5	14.6	22.31	96.9
普洱	Pu'er	164.4	7.7	105.3	78.3	1.6	8.6	11.26	93.6
临沧	Lincang	238.9	7.6	112.5	73.0	1.5	13.4	20.63	87.4
楚雄	Chuxiong	273.0	21.6	114.9	54.1	2.1	5.9	24.74	94.5
红河	Honghe	248.9	15.8	109.5	66.3	1.8	4.7	24.16	92.4
文山	Wenshan	358.2	19.8	140.0	61.2	2.0	20.1	30.18	89.3
西双版纳	Xishuangbanna	212.9	8.5	106.9	64.4	1.1	17.2	13.86	88.5
大理	Dali	358.8	18.1	127.3	64.9	2.7	14.3	33.72	94.5
德宏	Dehong	150.2	9.5	107.9	71.3	2.0	10.2	6.36	98.3
怒江	Nujiang	103.3	4.9	99.0	62.4	1.1	0.1	7.44	95.6
迪庆	Diqing	144.0	5.3	130.5	76.3	1.6	1.0	12.89	92.7

8-8　主要产品产量(2012年)

Output of Major Industrial Products (2012)

单位：万吨　　　　(10 000 tons)

名　　称	Item	生产量　Output
原　煤	Coal	7 610.37
洗精煤	Washed Coal	1 239.31
焦　炭	Coke	1 555.30
#机 焦	Machine-made Coke	946.15
发电量（亿千瓦小时）	Electricity (100 million kwh)	1 533.94
#水 电	Thermal Power	1 038.11
火 电	Hydro Power	468.50
铁矿石原矿量	Ironstone in Original Iron Ores	2 621.89
锰矿石成品矿	Manganese Ore	37.79
铜选矿产品含铜量	Copper Content of Copper Dressing Products	23.94
铅选矿产品含铅量	Lead Content of Lead Dressing Products	17.18
锌选矿产品含锌量	Zinc Content of Zinc Dressing Products	56.01
锡选矿产品含锡量	Stannum Content of Stannum Dressing Products	3.01
钨精矿折含量	tungsten ores & concentrates	0.39
硫铁矿（折S 35%）	Pyrite Ore(converted into 35% sulphur)	42.55
磷矿石（折P203 30%）	Rock Phosphate (converted into 30% P2O3)	2 410.12
生　铁	Pig Iron	1 582.78
粗　钢	Crude Steel	1 526.69
钢　材	Rolled Steel	1 600.04
中小型型钢	Medium and Small Rolled Steel	69.38
棒　材	Steel Bar	83.43
钢　筋	Corrugated Steel Bar	783.94
盘　条（线材）	Wire Rod(Wire Stock)	436.58
中　板	Medium Steel Plate	12.43
铁合金	Ferroalloy	163.09
十种有色金属	Ten Kinds of Nonferrous Metals	286.46
#铜	Copper	44.92
原 铝	Primary Aluminum	89.47
铅	Lead	55.81
锌	Zinc	85.15
锡	Stannum	8.68
锑	Stibium	2.25
硫　酸（折100%）	Sulfuric Acid(converted into 100% H2SO4)	1 210.55
烧　碱（折100%）	Caustic soda (converted into 100% sodium hydroxide)	22.93
电　石（折合量）	Calcium Carbide(Reduced quantity)	57.95
黄　磷	Yellow Phosphorus	53.53
纯　碱	Soda ash	15.27
塑　料	Plastic	24.77
合成氨	Synthetic ammonia	236.81
化　肥(折100%)	Chemical Fertilizer(converted into 100% nitrogen,phosphorus and kalium)	345.43
#氮　肥	Nitrogen Fertilizer	116.22
磷　肥	Phosphate fertilizer	229.21
农用簿膜	Agriculture Plastic Film	6.16
小型拖拉机（万台）	Agricultural Transport Machinery(10 000 units)	3.82
饲料	Forage	206.57
复烤烟叶	Flue-cured Tobacco	60.01
卷　烟（亿支）	Cigarettes(100 million pieces)	3 841.16
成品糖	Sugar of Finished Product	205.93
发酵酒精（折96度）(万升)	Fermenting Alcohol (Converted into 96% alc.)(10 kiloliters)	18 255.71
精制茶叶	Refined Tea	8.97

注：统计范围为年主营业务收入2000万元及以上工业

Note:Seatistical Coverage refers to ewterprises of revenue from principal business up to and over 20 million yuan.

8-8 续表 continued

单位：万吨 (10 000 tons)

名　称	Item	生产量 Output
原　盐	Salt	118.06
饮料酒（亿升）	Liquor (100 million liters)	9.76
#白 酒（折65度）(亿升)	White Spirit (converted into 65% alc.)(100 million liters)	0.65
啤 酒(亿升)	Beer (100 million liters)	8.86
葡萄酒(万升)	Wine(10 000 kiloliters)	1 849.40
软饮料	Soft Drinks	262.56
罐　头	Canned Food	2.81
乳制品	Milk Products	47.03
糖　果	Candy	0.57
化学纤维	Chemical Fiber	3.86
纱	Yarn	0.61
布（万米）	Cloth (10 000 m)	419.00
#纯棉布(万米)	#Cotton Cloth (10 000 m)	419.00
印染布（万米）	Printed Fabric (10 000 m)	2 157.00
丝（吨）	Silk (ton)	2 777.25
服　装（万件）	Garments (10 000 pieces)	952.72
塑料制品	Plastic Products	33.30
自来水生产量（万立方米）	tap water output (10 000 cu.m)	45 307.14
合成洗涤剂	Synthetic Detergents	1.52
卫生陶瓷器（万件）	Ceramics for Daily Use (10 000 units)	7 223.00
日用玻璃制品	Glass Products for Daily Use	25.06
纸　浆	paper pulp	29.76
机制纸及纸板	Machine-made Paper and Cardboard	51.46
大　米	Rice	12.86
小麦粉	wheat flour	6.96
食用植物油	Edible Vegetable Oil	13.61
水　泥	Cement	7 793.66
平板玻璃（万重量箱）	Plate Glass (10 000 weight boxes)	848.44
大理石板材（万平方米）	Marble Building Block (10 000 sq.m)	225.73
商品混凝土（万立方米）	Concrete (10 000 cu.m)	1 415.80
人造板（万立方米）	Manmade Plates (10 000 cu.m)	238.46
复合地板（万平方米）	Engineered Floor(10 000 sq.m)	123.12
松　香	Rosin	25.55
矿山设备	Mining Equipment	3.47
金属轧制设备	Metal Shaping Equipment	0.21
起重设备	lifting equipment	2.01
发电设备（万千瓦）	Power Equipment (10 000 kw.)	71.23
交流电动机（万千瓦）	Alternating Current Motor (10 000 kw.)	139.85
变压器（万千伏安）	Transformer (10 000 KVA)	1 321.96
金属切削机床（万台）	Metal-cutting Machine Tools (10 000 units)	6.70
汽　车（万辆）	Motor Vehicles (10 000 units)	10.90
内燃机（万千瓦）	Internal Combustion Engines (10 000 kw)	1 335.94
电力电缆（万公里）	Electric Power Cable (10 000km)	33.22
轴　承（万套）	Bearing (10 000 units)	49.00
打印机（万台）	Printers (10 000unit)	8.91
单色印刷（万令）	single-color printing (10 000 reams)	85.67
化学药品原药	Chemical Medicine	0.03
中成药	Chinese Traditional Patent Medicine	3.17
光学仪器(万台、个)	Optical instrument 10 000 units, unit)	140.73

8-9 全省综合能源平衡表(2012年)

行　　业	Sector	能源消费总量（万吨标准煤）Total Energy Consumption (10 000 tons of SCE)
一.可供本地区消费的能源量	**Total Energy Available for Consumption**	**10 433.70**
1.年初库存量	Stock in Early Year	715.46
2.一次能源生产量	Primary Energy Output	10 577.62
3.外省(区、市)调入量	Quantity of Fold	3 396.77
4.进 口 量	Imports	69.22
5.境内轮船和飞机在境外加油量	Fueling Charge in Foreign Countries of Domestic Motorship Engine	1.75
6.本省(区、市)调出量(—)	Quantity of Call-out (-)	-3 233.11
7.出 口 量(-)	Exports	-84.44
8.境外轮船和飞机在境内加油量(-)	Fueling Charge in Foreign Counteries of Foreign Motorship Engine	- 0.94
9.年末库存量(-)	Stock at Year-end	-1 008.63
二.加工转换投入(-)产出(+)量	**Input(-) and Outputin(+) Processing and Transformation**	**-426.45**
三.损 失 量	**Losses(-)**	**359.88**
四.终端消费量	**Final Energy Consumpltion**	**9 647.35**
(一)第一产业	Primary Indusrty	184.21
1.农.林.牧.渔业	Farming,Forestry,Animal Husbandry,Fishery	184.21
(二)第二产业	Secondary Industry	6 994.62
1.工　　业	Industry	6 805.06
2.建 筑 业	Construction	189.56
(三)第三产业	Tertiary Industry	1 558.60
1.交通运输、仓储和邮政业	Transport、Storage、Post and Telecommunication Services	1 010.12
2.批发、零售业和住宿、餐饮业	Wholesale and Retail Trades、Hotels and Catering Services.	275.31
3.其他	Others	273.17
(四)生活消费	Residential Consumption	909.91
1. 城　　镇	Urban Areas	435.77
2. 乡　　村	Rural Areas	474.14
五.平衡差额（+、—）	**Balance**	**0.02**
六.消费量合计	**Total Consumption of Energy**	**10 433.68**

注：本表为等价热值。

Balance Sheet of Overall Energy (2012)

原 煤 (万 吨) Coal (10 000 tons)	焦 炭 (万 吨) Coke (10 000 tons)	石油及石油制品 (万 吨) Petroleum and Related Products (10 000 tons)	天 然 气 (亿立方米) Natural Gas Consumption (100 million cu.m)	电 力 (亿千瓦小时) Electricity Consumption (100 million kwh)
9 843.42	**-249.09**	**1 069.87**	**4.30**	**833.83**
755.27	84.54	40.27		
10 384.72		1.71	0.05	1 265.71
1 138.81	138.75	1 069.64	4.25	0.38
		4.00		19.36
		1.20		
-1 490.89	-374.84	-0.47		-425.81
				-25.81
		-0.64		
-944.49	-97.54	-45.84		
-6 385.29	**1 586.36**	**-0.72**		**479.80**
				110.01
3 458.12	**1 337.27**	**1 069.15**	**4.30**	**1 203.61**
200.04	2.01	25.27	0.01	11.07
200.04	2.01	25.27	0.01	11.07
2 760.69	1 334.93	210.34	3.93	935.59
2 732.05	1 334.93	147.36	3.93	913.75
28.64		62.98		21.84
152.35		725.02	0.09	107.71
14.29		637.60	0.02	20.11
90.47		52.50	0.06	32.81
47.59		34.92	0.01	54.78
345.04	0.33	108.52	0.27	149.25
33.96	0.21	57.69	0.27	89.94
311.09	0.12	50.82		59.32
0.01	**0.01**	**0.01**		**0.01**
9 843.41	**1 338.87**	**1 069.87**	**4.30**	**1 313.62**

Note:Data used in this table are equivalent caloricity.

8-10 主要年份能源生产和消费总量及其构成

Total Production and Consumption of Energy and Their Composition in Significant Years

单位：万吨标准煤 (10 000 tons of SCE)

年份 Year	能源生产总量 Total Production of Energy	占能源生产总量的比重(%) Percentage to Total Production (%)		能源消费总量 Total Consumption of Energy	占能源消费总量的比重(%) Percentage to Total Consumption (%)			
		原煤 Coal	一次电 Hydro Power		煤炭 Coal	石油 Petroleum	天然气 Natural Gas	一次电 Hydro Power
1952	17.50	90.30	9.70	19.00	83.20	7.90		8.90
1957	114.30	96.00	4.00	119.20	92.00	4.10		3.90
1962	224.70	93.50	6.50	256.30	89.30	4.50		6.20
1965	326.10	93.90	6.10	348.70	87.80	6.50		5.70
1970	555.60	91.80	8.20	591.50	86.20	6.10		7.70
1975	861.10	85.60	14.40	920.30	80.10	6.40		13.50
1976	751.20	85.40	14.60	797.00	79.40	6.80		13.80
1977	893.20	86.30	13.70	931.10	79.60	7.30		13.10
1978	1 002.60	84.50	15.50	1 065.90	78.20	7.20		14.60
1979	933.90	82.70	17.30	1 072.20	72.00	7.50	5.40	15.10
1980	841.90	79.60	20.40	946.10	67.00	9.00	5.70	18.30
1981	872.50	77.90	22.10	948.40	65.90	8.60	5.90	19.60
1982	930.20	81.90	18.10	1 020.60	69.70	8.30	4.90	17.10
1983	966.30	83.30	16.70	1 094.70	72.20	8.50	4.60	14.70
1984	1 076.30	81.50	18.50	1 226.30	71.20	8.30	4.20	16.30
1985	1 162.80	80.40	19.60	1 298.33	69.60	8.50	4.40	17.50
1986	1 220.30	79.50	20.50	1 399.07	69.70	8.40	4.10	17.80
1987	1 355.30	91.10	8.90	1 533.22	72.20	8.40	3.50	15.90
1988	1 404.50	83.50	16.50	1 622.52	75.70	6.90	3.10	14.30
1989	1 522.79	81.80	18.20	1 706.87	72.30	8.10	3.20	16.40
1990	1 594.50	79.80	20.20	1 954.18	71.70	7.20	2.80	18.30
1991	1 649.02	75.30	24.70	1 961.92	67.00	8.50	2.80	21.70
1992	1 763.66	77.10	22.90	2 016.61	69.40	8.00	2.70	19.90
1993	1 811.57	76.70	24.30	2 089.80	70.00	8.00	2.70	19.30
1994	2 073.79	71.50	28.50	2 282.80	66.00	7.70	2.50	23.80
1995	2 313.65	69.20	30.80	2 640.55	66.10	6.90	2.20	24.80
1996	2 556.85	68.60	31.40	2 819.43	64.50	6.90	2.50	26.10
1997	2 619.97	71.85	28.15	3 428.98	71.38	6.01	2.01	20.60
1998	2 451.49	71.99	28.01	3 364.49	71.31	6.52	1.76	20.41
1999	2 267.97	67.06	32.94	3 287.97	68.22	7.18	1.88	22.72
2000	2 471.77	64.03	32.11	3 468.33	62.61	7.46	1.81	25.39
2001	2 611.54	65.48	30.53	3 741.03	62.33	10.62	1.72	22.57
2002	3 259.95	67.19	29.41	4 131.31	61.04	11.12	1.51	23.70
2003	3 608.45	64.24	30.78	4 449.97	60.85	11.64	1.53	22.01
2004	4 455.68	68.13	27.04	5 209.81	63.30	11.13	1.34	20.16
2005	5 353.36	68.93	26.61	6 023.97	62.48	11.14	1.35	21.11
2006	6 075.09	75.29	22.42	6 620.57	67.70	11.52	1.09	17.62
2007	6 546.65	73.82	23.70	7 132.63	66.47	12.37	1.02	17.93
2008	7 595.31	68.87	29.48	7 510.82	60.83	12.81	0.93	23.79
2009	7 851.21	68.65	28.59	8 032.06	62.62	12.74	0.75	21.22
2010	8 822.03	66.60	32.05	8 674.17	56.73	15.11	0.56	23.98
2011	9 752.64	63.97	35.03	9 540.28	55.97	14.88	0.53	27.72
2012	10 577.62	59.33	39.15	10 433.68	53.16	14.93	0.50	29.87

注：采用数据为等价热值，2005至2008年数据根据云南省第二次全国经济普查数据修正。

Note:Data used in this table are equivalent caloricity.Data from year 2005 to 2008 are regulated according to that of the Second National Economic Census.

8-11 全省能源生产弹性系数(1980—2012年)

Elasticity Ratio of Energy Production at Current Year (1980-2012)

年 份 Year	当年能源生产增长(%) Growth Rate of Energy Production at Current Year (%)	当年电力生产增长(%) Growth Rate of Electricity Production at Current Year (%)	当年生产总值增长(%) Growth Rate of Gross Regional Product of Yunnan province at Current Year (%)	当年能源生产弹性系数 Elasticity Ratio of Energy Production at Current Year	当年电力生产弹性系数 Elasticity Ratio of Electricity Production at Current Year
1980	-9.85	1.63	8.5	-1.16	0.19
1981	3.63	6.17	7.8	0.47	0.79
1982	6.61	3.96	15.5	0.43	0.26
1983	3.88	-0.63	8.4	0.46	-0.07
1984	11.38	14.00	14.5	0.78	0.97
1985	8.04	7.37	13.0	0.62	0.57
1986	4.94	12.02	4.3	1.15	2.80
1987	11.06	11.61	12.3	0.90	0.94
1988	3.63	8.41	16.0	0.23	0.53
1989	8.42	11.60	5.8	1.45	2.00
1990	4.71	10.22	8.7	0.54	1.17
1991	3.42	11.98	6.6	0.52	1.82
1992	6.95	10.58	10.9	0.64	0.97
1993	2.72	10.48	11.1	0.24	0.94
1994	14.47	18.22	12.2	1.19	1.49
1995	11.57	12.29	11.7	0.99	1.05
1996	10.51	11.05	11.1	0.95	1.00
1997	2.47	-0.20	9.7	0.25	-0.02
1998	-6.43	4.54	8.1	-0.79	0.56
1999	-7.49	12.69	7.3	-1.03	1.74
2000	8.99	6.46	7.5	1.20	0.86
2001	5.65	13.25	6.8	0.83	1.95
2002	24.83	18.76	9.0	2.76	2.08
2003	10.69	11.20	8.8	1.21	1.27
2004	23.48	15.43	11.3	2.08	1.37
2005	20.15	13.89	9.0	2.26	1.56
2006	13.48	20.74	11.6	1.16	1.79
2007	7.76	20.02	12.2	0.64	1.64
2008	16.02	14.93	10.6	1.51	1.41
2009	3.37	12.91	12.1	0.28	1.07
2010	12.37	16.27	12.3	1.01	1.32
2011	10.55	13.94	13.7	0.77	1.02
2012	8.46	12.24	13.0	0.65	0.94

注：2005至2008年数据根据云南省第二次全国经济普查数据修正。
Note: Data from year 2005 to 2008 are regulated according to that of the Second National Economic Census.

8-12 全省能源消费弹性系数(1980-2012年)

Elasticity Ratio of Energy Production at Current Year (1980-2012)

年 份 Year	当年能源消费增长(%) Growth Rate of Energy Consumption at Current Year (%)	当年电力消费增长(%) Growth Rate of Electricity Consumption at Current Year (%)	当年生产总值增长(%) Growth Rate of Gross Regional Product at Current Year of Yunnan province (%)	当年能源消费弹性系数 Elasticity Ratio of Energy Consumption at Current Year	当年电力消费弹性系数 Elasticity Ratio of Electricity Consumption at Current Year
1980	-11.76	5.07	8.5	-1.38	0.60
1981	0.24	3.42	7.8	0.03	0.44
1982	7.61	4.47	15.5	0.49	0.29
1983	7.26	-0.21	8.4	0.86	-0.02
1984	12.02	13.15	14.5	0.83	0.91
1985	5.87	9.05	13.0	0.45	0.70
1986	7.76	17.69	4.3	1.81	4.12
1987	9.59	4.44	12.3	0.78	0.36
1988	5.82	20.80	16.0	0.36	1.30
1989	5.20	4.74	5.8	0.90	0.82
1990	14.49	12.60	8.7	1.67	1.45
1991	0.40	13.26	6.6	0.06	2.01
1992	2.79	9.79	10.9	0.26	0.90
1993	3.63	26.98	11.1	0.33	2.43
1994	9.24	-0.58	12.2	0.76	-0.05
1995	15.67	14.41	11.7	1.34	1.23
1996	6.77	12.82	11.1	0.61	1.16
1997	21.62	4.56	9.7	2.23	0.47
1998	-1.88	2.44	8.1	-0.23	0.30
1999	-2.27	9.75	7.3	-0.31	1.34
2000	5.49	6.93	7.5	0.73	0.92
2001	7.86	9.40	6.8	1.16	1.38
2002	10.43	13.37	9.0	1.16	1.48
2003	7.71	4.15	8.8	0.88	0.47
2004	17.08	15.96	11.3	1.51	1.41
2005	15.63	17.27	8.9	1.74	1.94
2006	9.90	15.86	11.6	0.85	1.37
2007	7.73	15.47	12.2	0.63	1.27
2008	5.30	11.26	10.6	0.50	1.06
2009	6.94	7.44	12.1	0.57	0.62
2010	7.99	22.04	12.3	0.65	1.79
2011	9.98	19.90	13.7	0.73	1.45
2012	9.36	9.28	13.0	0.72	0.71

注：2005至2008年数据根据云南省第二次全国经济普查数据修正。
Note:Data from year 2005 to 2008 are regulated according to that of the Second National Economic Census.

8-13 全省规模以上工业企业能源消费与库存(2012年)
Total Consumption and Inventory of Energy of Industrial Enterprises above Designated Size (2012)

单位：万吨 (10 000 tons)

名　称	Item	年初库存 Stock in Early Year	能源消费量 Consumption	工业生产 Industrial Production	非工业生产 Non-industrial Production	年末库存 Stock at Year-end
原　煤	Raw Coal	613.55	8 390.90	8 373.24	17.66	793.28
洗精煤	Well Washed Coal	68.66	1 746.42	1 746.41	0.01	99.16
其他洗煤	Other Washed Coal	3.70	48.15	48.14	0.01	0.76
煤制品	Manufacture of Coal	1.00	14.18	14.18		0.90
焦　炭	Coke	54.91	1 246.61	1 244.38	2.23	55.73
其他焦化产品	Other Coked Products	3.32	39.58	39.58		3.18
焦炉煤气（亿立方米）	Coal Gas of Coking Furnace (100 million cu.m)		17.20	17.20		
高炉煤气（亿立方米）	Coal Gas of Furnace (100 million cu.m)		191.93	191.93		
其他煤气（亿立方米）	Other Coal Gas (100 million cu.m)		6.37	6.37		
天然气(亿立方米)	Natural Gas (100 million cu.m)		3.50	3.49	0.01	
液化天然气	Liquefied Natural Gas		0.02	0.02		
原　油	Raw Oil	0.01	0.06	0.06		0.01
汽　油	Gasoline	0.08	3.67	1.18	2.49	0.10
煤　油	Kerosene	0.01	0.15	0.15		0.01
柴　油	Diesel Oil	2.03	36.05	31.08	4.97	1.60
燃料油	Fuel Oil	0.07	2.61	2.61		0.05
液化石油气	Liquefied Petroleum Gas	0.01	0.61	0.59	0.02	0.01
炼厂干气	Gas of Metallurgical Plant					
其他石油制品	Other Petroleum Products)	3.36	39.24	39.24		2.87
热　力（万百万千焦）	Heat (10 000 million kilo-joule)		568.52	568.47	0.05	
电　力（亿千瓦小时）	Electricity (100 million kwh)		853.28	840.06	13.22	
其他燃料(万吨标准煤)	Other Fuel (10 000 tons of SCE)	0.07	2.79	2.79	0.00	0.44

8-14 主要年份能源利用经济效益指标（一）
Indicators on Economic Benefits from Energy Utilization in Significant Years（Ⅰ）

(按当年价格计算) (Calculated at current prices)

年份 Year	能源消费量（万吨标准煤）Total Consumption of Energy (10 000 tons of SCE)	工业部门消费 Industrial Consumption	万元工业产值耗能（吨标准煤/万元）Energy Consumption of Industrial Output Value per 10 000 yuan (ton of SCE/10 000 yuan)	万元生产总值耗能（吨标准煤/万元）Energy Consumption of Gross Regional Product per 10 000 yuan (ton of SCE/10 000 yuan)	吨能创造工业产值（万元）Industrial Output Value Created by Energy of One Ton (10 000 yuan)	吨能创造生产总值（万元）Gross Regional Product Created by Energy of One Ton (10 000 yuan)
1952	19.00	11.40	4.99	1.61	0.20	0.62
1957	119.20	72.70	10.65	5.29	0.09	0.19
1962	256.30	166.60	17.72	10.46	0.06	0.10
1965	348.70	226.70	17.17	10.37	0.06	0.10
1970	591.50	390.40	19.19	15.36	0.05	0.07
1975	920.30	607.40	21.74	16.95	0.05	0.06
1976	797.00	494.10	24.45	16.18	0.04	0.06
1977	931.10	605.20	20.14	16.67	0.05	0.06
1978	1 065.9	692.80	19.23	15.44	0.05	0.06
1979	1 072.2	696.90	17.19	13.96	0.06	0.07
1980	946.10	615.50	14.48	11.23	0.07	0.09
1981	948.40	612.60	13.07	10.08	0.08	0.10
1982	1 020.60	668.20	12.21	9.27	0.08	0.11
1983	1 094.70	651.30	11.51	9.12	0.09	0.11
1984	1 226.30	709.70	10.92	8.79	0.09	0.11
1985	1 298.33	761.10	9.53	7.87	0.11	0.13
1986	1 399.07	875.00	9.52	7.68	0.11	0.13
1987	1 533.22	937.80	8.43	6.69	0.12	0.15
1988	1 622.52	991.50	6.63	5.39	0.15	0.19
1989	1 706.87	1 037.10	5.60	4.70	0.18	0.21
1990	1 954.18	1 143.60	5.66	4.33	0.18	0.23
1991	1 961.92	1 143.40	4.98	3.79	0.20	0.26
1992	2 016.61	1 189.10	4.23	3.26	0.24	0.31
1993	2 089.80	1 282.00	3.03	2.68	0.33	0.37
1994	2 282.80	1 402.70	2.41	2.34	0.42	0.43
1995	2 640.55	1 948.65	2.48	2.19	0.40	0.46
1996	2 819.43	2 036.82	2.55	1.89	0.39	0.53
1997	3 428.98	2 429.07	2.77	2.09	0.36	0.48
1998	3 364.49	2 383.39	2.40	1.88	0.42	0.53
1999	3 287.97	2 224.42	2.20	1.77	0.45	0.56
2000	3 468.33	2 346.44	1.48	1.72	0.68	0.58
2001	3 741.03	2 481.69	1.48	1.75	0.67	0.57
2002	4 131.31	2 796.86	1.51	1.79	0.66	0.56
2003	4 449.97	3 132.01	1.44	1.74	0.69	0.57
2004	5 209.81	3 802.21	1.53	1.69	0.65	0.59
2005	6 023.97	4 390.68	1.35	1.74	0.74	0.57
2006	6 620.57	4 883.00	1.19	1.66	0.84	0.60
2007	7 132.63	5 300.98	1.03	1.49	0.97	0.67
2008	7 510.82	5 597.96	0.98	1.32	1.03	0.76
2009	8 032.06	5 868.90	0.94	1.30	1.07	0.77
2010	8 674.17	6 088.39	0.90	1.20	1.11	0.83
2011	9 540.28	6 939.30	0.87	1.09	1.15	0.92
2012	10 433.68	7 591.39	0.83	1.01	1.20	0.99

注：1.能源综合数据按等价热值计算。
2.生产总值、工业总产值按当年价计算。
3.2005至2008年能源消费量根据云南省全国第二次经济普查数据进行了调整。

Note: a.Comprehensive data of energy were calculated according to equivalent caloricity
b.Total output value and gross value of industrial output were calculated according to the prices of their respective years.
c.The energy consumption volume of year 2005 to 2008 were regulated according to the materials of the second National Economic Census.

8-15 主要年份能源利用经济效益指标（二）
Indicators on Economic Benefits from Energy Utilization in Significant Years (Ⅱ)

年 份 Year	能源消费总量（万吨标准煤）Total Consumption of Energy (10 000 tons of SCE)		规模以上工业综合能耗（万吨标准煤）Comprehensive Energy Consumption of the Industrial Enterprises above Designated Size (10 000 tons of SCE)	万元生产总值耗能（吨标准煤/万元）Energy Consumption of Gross Regional Product per 10 000 yuan (tons of SCE/10 000 yuan)		规模以上万元工业增加值能耗（吨标准煤/万元）Energy Consumption per 10 000 yuan of Industrial Added Value above Designated Size (ton of SCE/10 000 yuan)
	等价热值 Equivalent Caloricity	当量热值 Equivalent Heat Value	当量热值 Equivalent Heat Value	按等价热值 Equivalent Caloricity	按当量热值 Equivalent Heat Value	按当量热值 Equivalent Heat Value
			按2000年可比价计算			
2000	3 468.33	2 940.74		1.72	1.46	
2001	3 741.03	3 240.39		1.74	1.51	
2002	4 131.31	3 576.86		1.76	1.53	
2003	4 449.97	3 861.70		1.75	1.52	
2004	5 209.81	4 576.79	3 338.83	1.83	1.61	4.35
2005	6 023.97	5 219.55	3 546.35	1.95	1.69	4.26
			按2005年可比价计算			
2005	6 023.97	5 219.55	3 546.35	1.74	1.51	3.55
2006	6 620.57	5 976.53	4 095.81	1.71	1.55	3.40
2007	7 132.63	6 487.79	4 269.52	1.65	1.50	3.16
2008	7 510.82	6 534.34	4 212.50	1.57	1.37	2.85
2009	8 032.06	7 222.76	4 446.47	1.49	1.34	2.74
2010	8 674.17	7 655.60	4 607.10	1.44	1.26	2.47
			按2010年可比价计算			
2010	8 674.17	7 655.60	4 607.10	1.20	1.06	2.05
2011	9 540.28	8 121.85	4 974.14	1.16	0.99	1.88
2012	10 433.68	8 730.66	5 298.34	1.12	0.94	1.73

注：采用数据为等价热值，2005至2008年数据根据云南省第二次全国经济普查数据修正。

Note:Data used in this table are equivalent caloricity.Data from year 2005 to 2008 are regulated according to that of the Second National Economic Census.

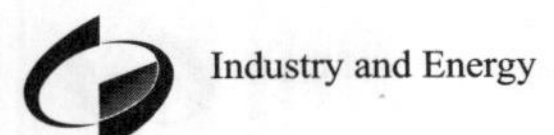

8-16　主要国民经济行业能源消费总量和构成(2008-2012年)

单位：万吨标准煤

国民经济行业	National Economic Sector	2008	
		能源消费量 Total Consumption of Energy	构　成 (%) Percentage (%)
工　业	**Industry**	**5 597.99**	**100.00**
轻工业	Light Industry	306.51	5.48
重工业	Heavy Industry	5 291.48	94.52
采矿业	**Mining**	**530.14**	**9.47**
煤炭开采和洗选业	Coal Mining and Dressing	285.27	5.10
石油和天然气开采业	Petroleum and Natural Gas Extraction		
黑色金属矿采选业	Ferrous Metals Mining and Dressing	95.07	1.70
有色金属矿采选业	Nonferrous Metals Mining and Dressing	100.63	1.80
非金属矿采选业	Nonmetal Minerals Mining and Dressing	49.17	0.88
其他采矿业	Other Mining		
制造业	**Manufacturing**	**4 611.61**	**82.38**
农副食品加工业	Agricultural Non-staple Food Processing	100.13	1.79
食品制造业	Food Manufacturing	11.31	0.20
饮料制造业	Beverage Manufacturing	26.76	0.48
烟草制品业	Tobacco Production	33.58	0.60
纺织业	Textile Industry	17.00	0.30
纺织服装、鞋、帽制造业	Textile,Clothing, Footwear Production	0.93	0.02
皮革、毛皮、羽绒及其制品业	Leather, Furs, Down and Related Products	0.25	
木材加工及竹、藤、棕、草制品业	Timber Processing, Bamboo, Cane, Palm Fiber and Straw Products	33.37	0.60
家具制造业	Furniture Manufacturing	3.75	0.07
造纸及纸制品业	Papermaking and Paper Products	61.54	1.10
印刷业	Printing	4.11	0.07
文教体育用品制造业	Cultural, Educational and Sports Goods	0.17	

注：采用数据为等价热值，2005至2008年数据根据云南省第二次全国经济普查数据修正。

Total Consumption of Energy of Main National Economic Sectors and Its Composition (2008-2012)

(10 000 tonsof SCE)

2009		2010		2011		2012	
能源消费量 Total Consumption of Energy	构 成 (%) Percentage (%)	能源消费量 Total Consumption of Energy	构 成 (%) Percentage (%)	能源消费量 Total Consumption of Energy	构 成 (%) Percentage (%)	能源消费量 Total Consumption of Energy	构 成 (%) Percentage (%)
5 868.90	**100.00**	**6 301.64**	**100.00**	**6 939.30**	**100.00**	**7 591.40**	**100.00**
387.31	6.60	299.01	4.74	320.45	4.62	363.91	4.79
5 481.59	93.40	6 002.63	95.26	6 618.85	95.38	7 227.49	95.21
530.39	**9.04**	**569.22**	**9.03**	**662.95**	**9.55**	**361.89**	**4.77**
222.90	3.80	279.44	4.43	293.13	4.22	78.76	1.04
0.01		0.01		0.90	0.01		
104.95	1.79	93.05	1.48	115.88	1.67	128.44	1.69
113.91	1.94	110.94	1.76	187.85	2.71	88.80	1.17
88.62	1.51	85.79	1.36	65.19	0.94	65.85	0.87
						0.04	0.00
5 023.18	**85.59**	**5 111.43**	**81.11**	**5 675.65**	**81.79**	**6 450.07**	**84.97**
182.66	3.11	122.76	1.95	100.10	1.44	163.43	2.15
18.63	0.32	15.04	0.24	22.51	0.32	23.87	0.31
35.31	0.60	28.25	0.45	36.43	0.52	28.76	0.38
34.18	0.58	34.09	0.54	47.09	0.68	32.55	0.43
13.59	0.23	9.36	0.15	8.30	0.12	7.36	0.10
1.35	0.02	2.73	0.04	0.73	0.01	0.31	0.00
0.23		0.18		0.77	0.01	0.28	0.00
20.11	0.34	15.30	0.24	29.21	0.42	20.32	0.27
4.92	0.08	0.51	0.01	1.72	0.02	0.07	0.00
62.53	1.07	57.92	0.92	62.82	0.91	77.09	1.02
5.13	0.09	4.05	0.06	6.50	0.09	4.35	0.06
				0.71	0.01	0.52	0.01

Note:Data used in this table are equivalent caloricity.Data from year 2005 to 2008 are regulated according to that of the Second National Economic Census.

8-16 续表

单位：万吨标准煤

国民经济行业	National Economic Sector	2008	
		能源消费量 Total Consumption of Energy	构 成 (%) Percentage (%)
石油加工、炼焦及核燃料加工业	Petroleum Processing,Coking and Nuclear Fuel Processing	239.05	4.27
化学原料及化学品制造业	Raw Chemical Materials and Chemical Products	1 199.93	21.44
医药制造业	Medical and Pharmaceutical Products	12.15	0.22
化学纤维制造业	Chemical Fiber	5.63	0.10
橡胶和塑料制品业	Rubber and plastic Products Manufacturing	12.97	0.23
非金属矿物制品业	Nonmetal Mineral Products	654.47	11.69
黑色金属冶炼及压延加工业	Smelting and Pressing of Ferrous Metals	1 433.82	25.61
有色金属冶炼及压延加工业	Smelting and Pressing of Nonferrous Metals	663.17	11.85
金属制品业	Metal Products Manufacturing	20.59	0.37
通用设备制造业	General-purpose Machinery Manufacturing	20.93	0.37
专用设备制造业	Special Purposes Equipment Manufacturing	5.17	0.09
交通运输设备制造业	Transport Equipment Manufacturing	8.72	0.16
电气机械及器材制造业	Electric Equipment and Machinery Manufacturing	4.55	0.08
通信设备、计算机及其他电子设备制造业	Communication Equipment, Computers and Other Electronic Equipment Production	0.63	0.01
仪器仪表、文化办公用机械制造业	Instruments, Meters, Cultural and Clerical Machinery Manufacturing	1.36	0.02
工艺品及其他制造业	Handicraft Articles and Other Goods Production	29.20	0.52
废弃资源和废旧材料回收加工业	Recycling and Disposal of Waste	6.38	0.11
电力、燃气及水生产和供应业	**Production and Supply of Electric Power, Gas and Water**	**456.25**	**8.15**
电力、热力的生产和供应业	Production and Supply of Electric Power and Heat	433.92	7.75
燃气生产和供应业	Gas Production and Supply	16.60	0.30
水的生产和供应业	Water Production and Supply	5.73	0.10
建筑业	**Construction**	**116.29**	
交通运输、仓储及邮电通信业	**Transport, Storage and Post Services**	**690.45**	

注：能源综合消费量按等价热值计算。

continued

(10 000 tonsof SCE)

2009		2010		2011		2012	
能源消费量 Total Consumption of Energy	构　成 (%) Percentage (%)	能源消费量 Total Consumption of Energy	构　成 (%) Percentage (%)	能源消费量 Total Consumption of Energy	构　成 (%) Percentage (%)	能源消费量 Total Consumption of Energy	构　成 (%) Percentage (%)
192.05	3.27	250.56	3.98	358.56	5.17	819.09	10.79
1 170.43	19.94	1 149.29	18.24	1 302.22	18.77	1 442.29	19.00
14.72	0.25	13.50	0.21	16.51	0.24	17.49	0.23
6.13	0.10	5.86	0.09	5.25	0.08	4.94	0.07
17.99	0.31	14.82	0.24	23.26	0.34	13.23	0.17
895.02	15.25	954.47	15.15	1 033.76	14.90	1 001.47	13.19
1 472.20	25.08	1 495.21	23.73	1 508.78	21.74	1 689.77	22.26
760.64	12.96	873.26	13.86	1 004.46	14.47	1 054.28	13.89
40.06	0.68	14.23	0.23	33.26	0.48	9.44	0.12
13.72	0.23	16.05	0.25	25.58	0.37	6.22	0.08
7.27	0.12	5.41	0.09	9.48	0.14	5.61	0.07
31.36	0.53	12.00	0.19	13.42	0.19	15.54	0.20
4.95	0.08	3.94	0.06	4.58	0.07	5.68	0.07
0.60	0.01	1.05	0.02	1.72	0.02	1.71	0.02
1.37	0.02	1.26	0.02	1.59	0.02	1.26	0.02
7.93	0.14	4.76	0.08	11.02	0.16	2.92	0.04
8.10	0.14	5.57	0.09	5.33	0.08	0.24	0.00
315.33	**5.37**	**620.99**	**9.85**	**600.70**	**8.66**	**779.44**	**10.27**
293.71	5.00	594.31	9.43	568.78	8.20	750.45	9.89
15.23	0.26	21.77	0.35	20.14	0.29	24.31	0.32
6.39	0.11	4.91	0.08	11.77	0.17	4.68	0.06
130.80		**159.53**		**191.26**		**189.56**	
709.33		**881.94**		**947.28**		**1 010.13**	

Note:The energy consumption volume was calculated according to the equivalent caloricity.

8-17 主要国民经济行业原煤消费量和构成(2008-2012年)

单位：万吨

国民经济行业	National Economic Sector	2008	
		原煤消费量 Total Consumption of Coal	构 成 (%) Percentage (%)
工 业	**Industry**	**7 273.29**	**100.00**
轻工业	Light Industry	240.62	3.31
重工业	Heavy Industry	7 032.68	96.69
采矿业	**Mining**	**1 569.77**	**21.58**
煤炭开采和洗选业	Coal Mining and Dressing	1 508.80	20.74
石油和天然气开采业	Petroleum and Natural Gas Extraction		
黑色金属矿采选业	Ferrous Metals Mining and Dressing	12.20	0.17
有色金属矿采选业	Nonferrous Metals Mining and Dressing	12.48	0.17
非金属矿采选业	Nonmetal Minerals Mining and Dressing	36.29	0.50
其他采矿业	Other Mining		
制造业	**Manufacturing**	**3 065.01**	**42.14**
农副食品加工业	Agricultural Non-staple Food Processing	64.58	0.89
食品制造业	Food Manufacturing	9.61	0.13
饮料制造业	Beverage Manufacturing	26.66	0.37
烟草制品业	Tobacco Production	26.63	0.37
纺织业	Textile Industry	20.18	0.28
纺织服装、鞋、帽制造业	Textile,Clothing, Footwear Production	0.55	0.01
皮革、毛皮、羽绒及其制品业	Leather, Furs, Down and Related Products	0.45	0.01
木材加工及竹、藤、棕、草制品业	Timber Processing, Bamboo, Cane, Palm Fiber and Straw Products	30.76	0.42
家具制造业	Furniture Manufacturing	0.45	0.01
造纸及纸制品业	Papermaking and Paper Products	61.95	0.85
印刷业	Printing	0.51	0.01
文教体育用品制造业	Cultural, Educational and Sports Goods		

注：2005至2008年数据根据云南省第二次全国经济普查数据修正。

Total Consumption Coal of Main National Economic Sectors and Its Composition (2008-2012)

(10 000 tons)

2009		2010		2011		2012	
原煤消费量 Total Consumption of Coal	构　成 (%) Percentage (%)	原煤消费量 Total Consumption of Coal	构　成 (%) Percentage (%)	原煤消费量 Total Consumption of Coal	构　成 (%) Percentage (%)	原煤消费量 Total Consumption of Coal	构　成 (%) Percentage (%)
7 884.94	**100.00**	**8 397.26**	**100.00**	**8 888.78**	**100.00**	**9117.34**	**100.00**
259.74	3.29	273.44	3.26	232.42	2.61	235.63	2.58
7 625.19	96.71	8 123.82	96.74	8 656.36	97.39	8 881.71	97.42
1 498.21	**19.00**	**1 825.27**	**21.74**	**2 059.15**	**23.17**	**2 607.05**	**28.59**
1 409.73	17.88	1 731.78	20.62	1 996.11	22.46	2 542.47	27.89
				0.01			
12.25	0.16	12.54	0.15	11.48	0.13	12.64	0.14
34.18	0.43	35.37	0.42	0.88	0.01	0.15	0.00
42.05	0.53	45.58	0.54	50.67	0.57	51.80	0.57
3 195.65	**40.53**	**3 369.23**	**40.12**	**3 445.64**	**38.76**	**3 567.52**	**39.13**
64.44	0.82	63.91	0.76	32.52	0.37	42.40	0.47
14.30	0.18	15.55	0.19	14.84	0.17	15.12	0.17
34.92	0.44	34.41	0.41	38.43	0.43	28.86	0.32
29.49	0.37	25.36	0.30	26.60	0.30	21.46	0.24
15.03	0.19	15.16	0.18	7.18	0.08	7.12	0.08
0.35		22.21	0.26	0.34		0.18	0.00
0.02		0.02		0.10		0.36	0.00
5.78	0.07	5.07	0.06	10.60	0.12	3.54	0.04
0.01		0.01		0.10			
65.38	0.83	66.42	0.79	69.35	0.78	80.10	0.88
0.84	0.01	0.84	0.01	0.64	0.01	0.26	0.00
				0.01			

Note:Data from year 2005 to 2008 are regulated according to that of the Second National Economic Census.

8-17 续表

单位：万吨

国民经济行业	National Economic Sector	2008 原煤消费量 Total Consumption of Coal	2008 构成(%) Percentage (%)
石油加工、炼焦及核燃料加工业	Petroleum Processing,Coking and Nuclear Fuel Processing	974.18	13.39
化学原料及化学品制造业	Raw Chemical Materials and Chemical Products	738.65	10.16
医药制造业	Medical and Pharmaceutical Products	12.15	0.17
化学纤维制造业	Chemical Fiber	9.21	0.13
橡胶和塑料制品业	Rubber and plastic Products Manufacturing	3.66	0.05
非金属矿物制品业	Nonmetal Mineral Products	751.68	10.33
黑色金属冶炼及压延加工业	Smelting and Pressing of Ferrous Metals	193.32	2.66
有色金属冶炼及压延加工业	Smelting and Pressing of Nonferrous Metals	116.88	1.61
金属制品业	Metal Products Manufacturing	5.70	0.08
通用设备制造业	General-purpose Machinery Manufacturing	3.56	0.05
专用设备制造业	Special Purposes Equipment Manufacturing	0.94	0.01
交通运输设备制造业	Transport Equipment Manufacturing	1.55	0.02
电气机械及器材制造业	Electric Equipment and Machinery Manufacturing	0.56	0.01
通信设备、计算机及其他电子设备制造业	Communication Equipment, Computers and Other Electronic Equipment Production		
仪器仪表、文化办公用机械制造业	Instruments, Meters, Cultural and Clerical Machinery Manufacturing	0.16	
工艺品及其他制造业	Handicraft Articles and Other Goods Production	7.69	0.11
废弃资源和废旧材料回收加工业	Recycling and Disposal of Waste	2.81	0.04
电力、燃气及水生产和供应业	**Production and Supply of Electric Power, Gas and Water**	**2 638.50**	**36.28**
电力、热力的生产和供应业	Production and Supply of Electric Power and Heat	2 632.39	36.19
燃气生产和供应业	Gas Production and Supply	5.80	0.08
水的生产和供应业	Water Production and Supply	0.31	
建筑业	**Construction**	**28.48**	
交通运输、仓储及邮电通信业	**Transport, Storage and Post Services**	**18.75**	

continued

(10 000 tons)

2009		2010		2011		2012	
原煤消费量 Total Consumption of Coal	构　成 (%) Percentage (%)	原煤消费量 Total Consumption of Coal	构　成 (%) Percentage (%)	原煤消费量 Total Consumption of Coal	构　成 (%) Percentage (%)	原煤消费量 Total Consumption of Coal	构　成 (%) Percentage (%)
693.88	8.80	762.86	9.08	623.28	7.01	664.38	7.29
773.21	9.81	835.25	9.95	1 044.71	11.75	1 106.91	12.14
12.23	0.16	12.72	0.15	12.71	0.14	12.73	0.14
9.35	0.12	10.89	0.13	6.32	0.07	6.28	0.07
5.03	0.06	5.34	0.06	3.33	0.04	2.91	0.03
1 072.19	13.60	1 070.36	12.75	1 034.63	11.64	1 053.03	11.55
235.14	2.98	253.39	3.02	294.32	3.31	311.89	3.42
112.52	1.43	120.64	1.44	192.83	2.17	185.61	2.04
20.64	0.26	21.80	0.26	2.58	0.03	0.92	0.01
2.51	0.03	3.06	0.04	2.55	0.03	0.68	0.01
1.70	0.02	2.82	0.03	3.02	0.03	0.41	0.00
1.83	0.02	1.88	0.02	0.71	0.01	1.12	0.01
0.05		0.06		0.19		0.36	0.00
				0.01			
0.17		0.18		23.27		0.06	0.00
13.40	0.17	5.94	0.07	0.37		20.76	0.23
11.25	0.14	13.08	0.16	3 383.99	38.07	0.05	0.00
3 191.08	**40.47**	**3 202.76**	**38.14**	**3 383.99**	**38.07**	**2 942.77**	**32.28**
3 186.70	40.42	3 198.59	38.09	3 380.97	38.04	2 939.02	32.24
4.38	0.06	4.17	0.05	2.62	0.03	3.75	0.04
				0.40			
20.06		**19.58**		**29.69**		**28.64**	
18.33		**18.38**		**17.66**		**14.29**	

8-18 主要国民经济行业焦炭消费量和构成(2008-2012年)

单位：万吨

国民经济行业	National Economic Sector	2008	
		焦炭消费量 Total Consumption of Coke	构　成 (%) Percentage (%)
工　业	**Industry**	**1 327.99**	**100.00**
轻工业	Light Industry	0.38	0.03
重工业	Heavy Industry	1 327.61	99.97
采矿业	**Mining**	**26.36**	**1.99**
煤炭开采和洗选业	Coal Mining and Dressing	4.89	0.37
石油和天然气开采业	Petroleum and Natural Gas Extraction		
黑色金属矿采选业	Ferrous Metals Mining and Dressing	19.63	1.48
有色金属矿采选业	Nonferrous Metals Mining and Dressing	1.77	0.13
非金属矿采选业	Nonmetal Minerals Mining and Dressing	0.07	0.01
其他采矿业	Other Mining		
制造业	**Manufacturing**	**1 300.27**	**97.91**
农副食品加工业	Agricultural Non-staple Food Processing	0.22	0.02
食品制造业	Food Manufacturing	0.04	
饮料制造业	Beverage Manufacturing	0.07	0.01
烟草制品业	Tobacco Production		
纺织业	Textile Industry		
纺织服装、鞋、帽制造业	Textile,Clothing, Footwear Production		
皮革、毛皮、羽绒及其制品业	Leather, Furs, Down and Related Products		
木材加工及竹、藤、棕、草制品业	Timber Processing, Bamboo, Cane, Palm Fiber and Straw Products		
家具制造业	Furniture Manufacturing		
造纸及纸制品业	Papermaking and Paper Products		
印刷业	Printing		

注：2005至2008年数据根据云南省第二次全国经济普查数据修正。

Total Consumption of Coke of Main National Economic Sectors and Its Composition (2008-2012)

(10 000tons)

2009		2010		2011		2012	
焦炭消费量 Total Consumption of Coke	构成 (%) Percentage (%)	焦炭消费量 Total Consumption of Coke	构成 (%) Percentage (%)	焦炭消费量 Total Consumption of Coke	构成 (%) Percentage (%)	焦炭消费量 Total Consumption of Coke	构成 (%) Percentage (%)
1 275.55	**100.00**	**1 229.53**	**100.00**	**1 216.22**	**100.00**	**1 336.53**	**100.00**
0.98	0.08	0.12	0.01	0.40	0.03	0.31	0.02
1 274.57	99.92	1 229.41	99.99	1 215.82	99.97	1 336.22	99.98
22.20	**1.74**	**9.19**	**0.75**	**15.69**	**1.29**	**13.87**	**1.04**
0.80	0.06	0.10	0.01	0.71	0.06	0.61	0.05
13.82	1.08	8.29	0.67	14.07	1.16	12.11	0.91
1.58	0.12	0.45	0.04	0.82	0.07	1.16	0.09
6.00	0.47	0.35	0.03	0.10	0.01		
1 253.16	**98.24**	**1 219.74**	**99.20**	**1 195.19**	**98.27**	**1 321.06**	**98.84**
0.46	0.04	0.11	0.01	0.20	0.02	0.14	0.01
0.25	0.02			0.10	0.01	0.14	0.01
				0.10	0.01		
0.02							

Note:Data from year 2005 to 2008 are regulated according to that of the Second National Economic Census.

8-18 续表

单位：万吨

国民经济行业	National Economic Sector	2008	
		焦炭消费量 Total Consumption of Coke	构 成 (%) Percentage (%)
石油加工、炼焦及核燃料加工业	Petroleum Processing,Coking and Nuclear Fuel Processing	5.75	0.43
化学原料及化学品制造业	Raw Chemical Materials and Chemical Products	274.35	20.66
医药制造业	Medical and Pharmaceutical Products		
化学纤维制造业	Chemical Fiber		
橡胶和塑料制品业	Rubber and plastic Products Manufacturing	0.02	
非金属矿物制品业	Nonmetal Mineral Products	3.46	0.26
黑色金属冶炼及压延加工业	Smelting and Pressing of Ferrous Metals	923.40	69.53
有色金属冶炼及压延加工业	Smelting and Pressing of Nonferrous Metals	84.10	6.33
金属制品业	Metal Products Manufacturing	0.67	0.05
通用设备制造业	General-purpose Machinery Manufacturing	5.34	0.40
专用设备制造业	Special Purposes Equipment Manufacturing	0.38	0.03
交通运输设备制造业	Transport Equipment Manufacturing	2.01	0.15
电气机械及器材制造业	Electric Equipment and Machinery Manufacturing	0.02	
通信设备、计算机及其他电子设备制造业	Communication Equipment, Computers and Other Electronic Equipment Production		
仪器仪表、文化办公用机械制造业	Instruments, Meters, Cultural and Clerical Machinery Manufacturing		
工艺品及其他制造业	Handicraft Articles and Other Goods Production	0.05	
废弃资源和废旧材料回收加工业	Recycling and Disposal of Waste	0.40	0.03
电力、燃气及水生产和供应业	**Production and Supply of Electric Power, Gas and Water**	**1.36**	**0.10**
电力、热力的生产和供应业	Production and Supply of Electric Power and Heat	0.05	
燃气生产和供应业	Gas Production and Supply	1.31	0.10
水的生产和供应业	Water Production and Supply		
建筑业	**Construction**	**1.62**	
交通运输、仓储及邮电通信业	**Transport, Storage and Post Services**	**0.45**	

continued

10 000 tons

2009		2010		2011		2012	
焦炭消费量 Total Consumption of Coke	构 成 (%) Percentage (%)	焦炭消费量 Total Consumption of Coke	构 成 (%) Percentage (%)	焦炭消费量 Total Consumption of Coke	构 成 (%) Percentage (%)	焦炭消费量 Total Consumption of Coke	构 成 (%) Percentage (%)
0.11	0.01			0.10	0.01		
233.38	18.30	217.57	17.70	176.28	14.49	208.87	15.63
						0.03	0.00
0.04				0.10	0.01		
4.00	0.31	3.07	0.25	3.25	0.27	4.60	0.34
903.27	70.81	908.03	73.85	942.22	77.47	1 034.86	77.43
82.73	6.49	78.57	6.39	58.86	4.84	64.78	4.85
2.11	0.17	0.34	0.03	0.70	0.06	0.48	0.04
4.17	0.33	7.26	0.59	7.66	0.63	1.24	0.09
0.35	0.03	0.30	0.02	0.32	0.03	0.24	0.02
21.97	1.72	4.46	0.36	5.24	0.43	5.63	0.42
0.02		0.02		0.06	0.01	0.04	0.00
0.26	0.02	0.01					
0.02							
0.20	**0.02**	**0.60**	**0.05**	**5.34**	**0.44**	**1.60**	**0.12**
0.04				5.34	0.44		
0.15	0.01	0.60	0.05			1.60	0.12

8-19 主要国民经济行业石油消费量和构成(2008-2012年)

单位：万吨

国民经济行业	National Economic Sector	2008 石油消费量 Total Consumption of Petroleum	2008 构成(%) Percentage (%)
工 业	**Industry**	**60.80**	**100.00**
轻工业	Light Industry	4.82	7.92
重工业	Heavy Industry	55.98	92.08
采矿业	**Mining**	**23.88**	**39.28**
煤炭开采和洗选业	Coal Mining and Dressing	5.32	8.75
石油和天然气开采业	Petroleum and Natural Gas Extraction		
黑色金属矿采选业	Ferrous Metals Mining and Dressing	7.59	12.49
有色金属矿采选业	Nonferrous Metals Mining and Dressing	4.62	7.59
非金属矿采选业	Nonmetal Minerals Mining and Dressing	6.35	10.45
其他采矿业	Other Mining		
制造业	**Manufacturing**	**32.64**	**53.69**
农副食品加工业	Agricultural Non-staple Food Processing	1.55	2.56
食品制造业	Food Manufacturing	0.87	1.43
饮料制造业	Beverage Manufacturing	0.56	0.92
烟草制品业	Tobacco Production	0.31	0.51
纺织业	Textile Industry	0.10	0.17
纺织服装、鞋、帽制造业	Textile,Clothing, Footwear Production	0.12	0.20
皮革、毛皮、羽绒及其制品业	Leather, Furs, Down and Related Products		
木材加工及竹、藤、棕、草制品业	Timber Processing, Bamboo, Cane, Palm Fiber and Straw Products	0.35	0.58
家具制造业	Furniture Manufacturing	0.09	0.16
造纸及纸制品业	Papermaking and Paper Products	0.42	0.69
印刷业	Printing	0.37	0.61
文教体育用品制造业	Cultural, Educational and Sports Goods	0.02	0.03

注：2005至2008年数据根据云南省第二次全国经济普查数据修正。

Total Consumption of Petroleum of Main National Economic Sectors and Its Composition (2008-2012)

(10 000 tons)

2009		2010		2011		2012	
石油消费量 Total Consumption of Petroleum	构 成 (%) Percentage (%)	石油消费量 Total Consumption of Petroleum	构 成 (%) Percentage (%)	石油消费量 Total Consumption of Petroleum	构 成 (%) Percentage (%)	石油消费量 Total Consumption of Petroleum	构 成 (%) Percentage (%)
72.29	**100.00**	**124.28**	**100.00**	**138.38**	**100.00**	**148.08**	**100.00**
7.09	9.81	8.02	6.45	11.31	8.17	10.66	7.20
65.19	90.19	116.27	93.55	127.07	91.83	137.42	92.80
29.97	**41.46**	**43.60**	**35.08**	**41.70**	**30.14**	**44.31**	**29.92**
7.36	10.18	10.09	8.12	10.66	7.71	13.08	8.83
				0.31	0.22		
6.13	8.48	8.48	6.82	9.82	7.09	9.52	6.43
5.53	7.65	9.10	7.32	9.23	6.67	11.38	7.68
10.95	15.14	15.93	12.82	11.69	8.44	10.31	6.96
						0.02	0.02
39.47	**54.60**	**76.82**	**61.81**	**90.37**	**65.31**	**96.44**	**65.13**
1.98	2.73	2.29	1.84	3.14	2.27	2.75	1.86
1.26	1.75	1.48	1.19	2.83	2.04	2.33	1.57
1.04	1.43	1.14	0.92	1.12	0.81	1.32	0.89
0.45	0.63	0.51	0.41	0.76	0.55	1.50	1.01
0.12	0.16	0.14	0.11	0.15	0.11	0.33	0.22
0.25	0.35	0.26	0.21	0.15	0.11	0.05	0.03
				0.21	0.15		
0.62	0.85	0.38	0.31	1.25	0.90	0.70	0.48
0.21	0.30	0.30	0.24	0.21	0.15		
0.43	0.60	0.44	0.36	0.65	0.47	0.74	0.50
0.39	0.54	0.47	0.38	0.49	0.35	0.39	0.26
				0.36	0.26	0.16	0.11

Note:Data from year 2005 to 2008 are regulated according to that of the Second National Economic Census.

8-19 续表

单位：万吨

国民经济行业	National Economic Sector	2008 石油消费量 Total Consumption of Petroleum	2008 构成(%) Percentage (%)
石油加工、炼焦及核燃料加工业	Petroleum Processing,Coking and Nuclear Fuel Processing	0.71	1.16
化学原料及化学品制造业	Raw Chemical Materials and Chemical Products	2.78	4.57
医药制造业	Medical and Pharmaceutical Products	0.29	0.49
化学纤维制造业	Chemical Fiber		
橡胶和塑料制品业	Rubber and plastic Products Manufacturing	0.50	0.82
非金属矿物制品业	Nonmetal Mineral Products	9.31	15.32
黑色金属冶炼及压延加工业	Smelting and Pressing of Ferrous Metals	2.62	4.30
有色金属冶炼及压延加工业	Smelting and Pressing of Nonferrous Metals	9.11	14.99
金属制品业	Metal Products Manufacturing	0.44	0.73
通用设备制造业	General-purpose Machinery Manufacturing	0.40	0.65
专用设备制造业	Special Purposes Equipment Manufacturing	0.47	0.78
交通运输设备制造业	Transport Equipment Manufacturing	0.70	1.16
电气机械及器材制造业	Electric Equipment and Machinery Manufacturing	0.24	0.39
通信设备、计算机及其他电子设备制造业	Communication Equipment, Computers and Other Electronic Equipment Production	0.02	0.04
仪器仪表、文化办公用机械制造业	Instruments, Meters, Cultural and Clerical Machinery Manufacturing	0.07	0.11
工艺品及其他制造业	Handicraft Articles and Other Goods Production	0.09	0.16
废弃资源和废旧材料回收加工业	Recycling and Disposal of Waste	0.11	0.18
电力、燃气及水生产和供应业	**Production and Supply of Electric Power, Gas and Water**	**4.27**	**7.03**
电力、热力的生产和供应业	Production and Supply of Electric Power and Heat	3.96	6.52
燃气生产和供应业	Gas Production and Supply	0.21	0.35
水的生产和供应业	Water Production and Supply	0.10	0.16
建筑业	**Construction**	**35.20**	
交通运输、仓储及邮电通信业	**Transport, Storage and Post Services**	**430.42**	

continued

(10 000 tons)

2009		2010		2011		2012	
石油消费量 Total Consumption of Petroleum	构　成 (%) Percentage (%)	石油消费量 Total Consumption of Petroleum	构　成 (%) Percentage (%)	石油消费量 Total Consumption of Petroleum	构　成 (%) Percentage (%)	石油消费量 Total Consumption of Petroleum (10 000 tons)	构　成 (%) Percentage (%)
0.53	0.73	0.82	0.66	0.82	0.59	0.93	0.63
2.38	3.30	2.70	2.17	3.28	2.37	3.67	2.48
0.37	0.51	0.40	0.32	0.65	0.47	0.91	0.61
				0.10	0.07		
0.63	0.87	0.68	0.55	1.25	0.90	0.92	0.62
12.35	17.09	22.34	17.97	24.23	17.51	19.22	12.98
3.09	4.28	4.15	3.34	4.22	3.05	12.99	8.77
9.19	12.71	34.18	27.50	39.68	28.68	42.34	28.59
1.07	1.47	0.69	0.56	0.72	0.52	0.74	0.50
0.37	0.52	0.37	0.30	0.62	0.45	0.49	0.33
0.60	0.83	0.61	0.49	0.89	0.64	1.53	1.03
1.11	1.54	1.27	1.02	1.03	0.75	1.63	1.10
0.27	0.37	0.40	0.32	0.39	0.28	0.42	0.28
0.02	0.03	0.03	0.02	0.06	0.04	0.05	0.03
0.06	0.09	0.07	0.06	0.16	0.11	0.16	0.11
0.59	0.81	0.57	0.46	0.49	0.35	0.19	0.13
0.08	0.12	0.10	0.08	0.46	0.33		
2.85	**3.94**	**3.87**	**3.11**	**6.30**	**4.55**	**7.33**	**4.95**
2.61	3.61	3.60	2.90	5.89	4.26	7.01	4.73
0.13	0.19	0.15	0.12	0.27	0.19	0.12	0.08
0.10	0.14	0.12	0.10	0.14	0.10	0.21	0.14
46.25		**55.01**		**62.07**		**62.98**	
442.66		**555.84**		**594.49**		**637.61**	

8-20 主要国民经济行业电力消费量和构成(2008-2012年)

单位：亿千瓦小时

国民经济行业	National Economic Sector	2008 电力消费量 Total Consumption of Electricity	2008 构成(%) Percentage (%)
工 业	**Industry**	**650.52**	**100.00**
轻工业	Light Industry	35.00	5.38
重工业	Heavy Industry	615.52	94.62
采矿业	**Mining**	**54.48**	**8.37**
煤炭开采和洗选业	Coal Mining and Dressing	12.47	1.92
石油和天然气开采业	Petroleum and Natural Gas Extraction		
黑色金属矿采选业	Ferrous Metals Mining and Dressing	13.29	2.04
有色金属矿采选业	Nonferrous Metals Mining and Dressing	22.84	3.51
非金属矿采选业	Nonmetal Minerals Mining and Dressing	5.88	0.90
其他采矿业	Other Mining		
制造业	**Manufacturing**	**484.38**	**74.46**
农副食品加工业	Agricultural Non-staple Food Processing	9.01	1.39
食品制造业	Food Manufacturing	1.06	0.16
饮料制造业	Beverage Manufacturing	1.75	0.27
烟草制品业	Tobacco Production	4.60	0.71
纺织业	Textile Industry	1.58	0.24
纺织服装、鞋、帽制造业	Textile,Clothing, Footwear Production	0.13	0.02
皮革、毛皮、羽绒及其制品业	Leather, Furs, Down and Related Products		
木材加工及竹、藤、棕、草制品业	Timber Processing, Bamboo, Cane, Palm Fiber and Straw Products	4.25	0.65
家具制造业	Furniture Manufacturing	0.90	0.14
造纸及纸制品业	Papermaking and Paper Products	5.32	0.82
印刷业	Printing	0.91	0.14
文教体育用品制造业	Cultural, Educational and Sports Goods	0.04	0.01

注：2005至2008年数据根据云南省第二次全国经济普查数据修正。

Total Consumption of Electricity of Main National Economic Sectors and Its Composition (2008-2012)

(100 million kwh)

2009		2010		2011		2012	
电力消费量 Total Consumption of Electricity	构 成 (%) Percentage (%)	电力消费量 Total Consumption of Electricity	构 成 (%) Percentage (%)	电力消费量 Total Consumption of Electricity	构 成 (%) Percentage (%)	电力消费量 Total Consumption of Electricity	构 成 (%) Percentage (%)
678.77	**100.00**	**770.26**	**100.00**	**944.39**	**100.00**	**1 023.76**	**100.00**
40.07	5.90	28.04	3.64	34.69	3.67	33.76	3.30
638.69	94.10	742.22	96.36	909.70	96.33	990.00	96.70
64.01	**9.43**	**65.00**	**8.44**	**98.36**	**10.42**	**67.58**	**6.60**
12.23	1.80	12.47	1.62	18.87	2.00	15.75	1.54
				0.13	0.01		
16.02	2.36	16.25	2.11	21.43	2.27	23.35	2.28
23.61	3.48	24.86	3.23	51.31	5.43	21.75	2.12
12.15	1.79	11.42	1.48	6.62	0.70	6.72	0.66
525.21	**77.38**	**536.05**	**69.59**	**680.57**	**72.06**	**731.11**	**71.41**
17.13	2.52	10.60	1.38	7.76	0.82	9.99	0.98
2.11	0.31	1.23	0.16	2.21	0.23	2.71	0.26
2.77	0.41	2.11	0.27	3.05	0.32	2.73	0.27
4.89	0.72	5.02	0.65	8.06	0.85	5.32	0.52
1.32	0.20	0.69	0.09	1.02	0.11	0.80	0.08
0.22	0.03	0.04	0.01	0.08	0.01	0.03	0.00
0.06	0.01	0.05	0.01	0.11	0.01	0.04	0.00
4.13	0.61	3.13	0.41	6.05	0.64	4.75	0.46
1.28	0.19	0.02		0.20	0.02	0.02	0.00
5.73	0.84	4.88	0.63	5.66	0.60	7.86	0.77
1.12	0.17	0.87	0.11	1.41	0.15	1.10	0.11
				0.05	0.01	0.09	0.01

Note:Data from year 2005 to 2008 are regulated according to that of the Second National Economic Census.

8-20 续表

单位：亿千瓦小时

国民经济行业	National Economic Sector	2008	
		电力消费量 Total Consumption of Electricity	构 成 (%) Percentage (%)
石油加工、炼焦及核燃料加工业	Petroleum Processing,Coking and Nuclear Fuel Processing	7.70	1.18
化学原料及化学品制造业	Raw Chemical Materials and Chemical Products	136.83	21.03
医药制造业	Medical and Pharmaceutical Products	1.31	0.20
化学纤维制造业	Chemical Fiber	0.55	0.08
橡胶和塑料制品业	Rubber and plastic Products Manufacturing	2.84	0.44
非金属矿物制品业	Nonmetal Mineral Products	59.16	9.09
黑色金属冶炼及压延加工业	Smelting and Pressing of Ferrous Metals	88.69	13.63
有色金属冶炼及压延加工业	Smelting and Pressing of Nonferrous Metals	136.91	21.05
金属制品业	Metal Products Manufacturing	4.49	0.69
通用设备制造业	General-purpose Machinery Manufacturing	3.65	0.56
专用设备制造业	Special Purposes Equipment Manufacturing	0.98	0.15
交通运输设备制造业	Transport Equipment Manufacturing	1.24	0.19
电气机械及器材制造业	Electric Equipment and Machinery Manufacturing	0.96	0.15
通信设备、计算机及其他电子设备制造业	Communication Equipment, Computers and Other Electronic Equipment Production	0.15	0.02
仪器仪表、文化办公用机械制造业	Instruments, Meters, Cultural and Clerical Machinery Manufacturing	0.33	0.05
工艺品及其他制造业	Handicraft Articles and Other Goods Production	7.85	1.21
废弃资源和废旧材料回收加工业	Recycling and Disposal of Waste	1.20	0.18
电力、燃气及水生产和供应业	**Production and Supply of Electric Power, Gas and Water**	**111.67**	**17.17**
电力、热力的生产和供应业	Production and Supply of Electric Power and Heat	109.42	16.82
燃气生产和供应业	Gas Production and Supply	0.74	0.11
水的生产和供应业	Water Production and Supply	1.50	0.23
建筑业	**Construction**	**12.92**	
交通运输、仓储及邮电通信业	**Transport, Storage and Post Services**	**14.24**	

continued

(100 million kwh)

2009		2010		2011		2012	
电力消费量 Total Consumption of Electricity	构 成 (%) Percentage (%)	电力消费量 Total Consumption of Electricity	构 成 (%) Percentage (%)	电力消费量 Total Consumption of Electricity	构 成 (%) Percentage (%)	电力消费量 Total Consumption of Electricity	构 成 (%) Percentage (%)
8.62	1.27	9.55	1.24	15.77	1.67	12.34	1.20
133.74	19.70	131.69	17.10	147.33	15.60	174.82	17.08
1.88	0.28	1.51	0.20	2.01	0.21	2.24	0.22
0.55	0.08	0.52	0.07	0.50	0.05	0.54	0.05
3.94	0.58	3.03	0.39	5.53	0.59	3.08	0.30
65.75	9.69	63.11	8.19	91.63	9.70	86.82	8.48
87.66	12.91	93.07	12.08	132.06	13.98	157.19	15.35
167.13	24.62	196.74	25.54	227.67	24.11	249.66	24.39
6.85	1.01	1.65	0.21	8.73	0.92	2.20	0.21
2.02	0.30	2.07	0.27	4.58	0.48	1.17	0.11
1.26	0.19	0.70	0.09	1.41	0.15	0.87	0.08
1.96	0.29	1.43	0.19	1.88	0.20	2.18	0.21
1.16	0.17	0.89	0.12	1.06	0.11	1.40	0.14
0.15	0.02	0.29	0.04	0.48	0.05	0.50	0.05
0.33	0.05	0.31	0.04	0.39	0.04	0.30	0.03
1.01	0.15	0.50	0.06	2.57	0.27	0.29	0.03
0.42	0.06	0.35	0.05	1.31	0.14	0.06	0.01
89.55	**13.19**	**169.21**	**21.97**	**165.46**	**17.52**	**225.07**	**21.98**
87.04	12.82	166.96	21.68	161.14	17.06	222.47	21.73
0.77	0.11	0.88	0.11	0.98	0.10	1.26	0.12
1.74	0.26	1.37	0.18	3.34	0.35	1.34	0.13
14.12		**18.10**		**21.70**		**21.84**	
14.59		**15.96**		**18.55**		**20.12**	

8-21 按三次产业划分能源消费量(1995-2012年)

Total Consumption of Energy by Three Industries (1995-2012)

单位：万吨标准煤 (10 000 tons of SCE)

年份 Year	能源消费总量 Total Consumption of Energy	第一产业 Primary Industry	第二产业 Secondary Industry	工业 Industry	第三产业 Tertiary Industry	居民生活消费 Household Consumption
1995	2 640.55	133.38	1 971.39	1 948.65	190.02	345.76
1996	2 819.43	150.90	2 069.64	2 036.82	208.20	390.69
1997	3 428.98	182.86	2 466.80	2 429.07	240.75	538.57
1998	3 364.49	179.42	2 420.41	2 383.39	236.22	528.44
1999	3 287.97	282.40	2 261.68	2 224.42	275.50	468.40
2000	3 468.33	297.89	2 385.74	2 346.44	290.61	494.09
2001	3 741.03	271.83	2 518.84	2 481.69	404.99	545.37
2002	4 131.31	264.90	2 840.50	2 796.86	473.48	552.43
2003	4 449.97	239.17	3 180.70	3 132.01	525.53	504.57
2004	5 209.81	216.33	3 859.73	3 802.21	616.96	516.79
2005	6 023.97	228.12	4 468.59	4 390.68	734.12	593.14
2006	6 620.57	225.14	4 975.84	4 883.00	791.77	627.81
2007	7 132.63	237.90	5 395.98	5 300.98	848.27	650.47
2008	7 510.82	205.26	5 714.25	5 597.96	910.28	681.03
2009	8 032.06	215.93	5 999.71	5 868.90	971.21	845.21
2010	8 674.17	177.49	6 461.17	6 301.64	1 214.52	820.99
2011	9 540.28	194.55	7 130.56	6 939.30	1 392.31	822.86
2012	10 433.68	184.21	7 780.95	7 591.39	1 558.60	909.91

注：采用数据为等价热值，2005至2008年数据根据云南省第二次全国经济普查数据修正。

Note:Data used in this table are equivalent caloricity.Data from year 2005 to 2008 are regulated according to that of the Second National Economic Census.

主要统计指标解释

工业 我国的工业包括以下四个方面的生产活动：

1. 对自然资源的开采，如：采矿、晒盐等，但不包括禽兽捕猎、水产捕捞和森林采伐。

2. 对农副产品的加工、再加工，如：粮油加工、食品加工、缫丝、纺织、制革等。

3. 对采掘品的加工、再加工，炼铁、炼钢、轧钢、化工生产、石油加工、机械制造、木材加工等，以及电力、水、燃气的生产和供应等。

1984 年以前农村的村及村以下办工业归属农业，1984 年及以后划归工业。

独立核算法人工业企业和工业活动单位 工业统计调查单位分为三类：独立核算法人工业企业和工业活动单位及工业个体经营户。

独立核算法人工业企业 是指从事工业生产经营活动的单位。应同时具备以下条件：

1. 依法成立，有自己的名称，组织机构和场所，能够承担民事责任。

2. 独立拥有和使用资产，承担负债，有权与其他单位签订合同。

3. 独立核算盈亏，并能够编制资产负债表。

工业活动单位 是指在一个场所从事一种或主要从事一种工业生产活动的经济单位。一般应同时具备以下三个条件：

1. 具有一个场所，从事一种或主要从事一种工业活动。

2. 单独组织工业生产、经营或业务活动。

3. 单独核算收入和支出。

规模以上工业 2011 年年报规模以上工业是指年主经营业务收入 2000 万元及以上工业企业。

国有经济（全民所有制工业） 是指生产资料归国家所有的一种经济类型。包括中央和地方各级国家机关，事业单位和社会团体使用国有资产和使用自有资金投资举办的工业企业。1957 年以前的公私合营和私营工业，后均改造为国营工业，这部分工业资料不单独列时，均包括在国有经济内。

集体经济 是指生产资料归公民、集体所有的一种经济类型，包括城乡所有使用集体投资举办的工业企业，以及部分个人通过集体自愿放弃所有权并依法经工商行政管理机关认定为集体所有制的工业企业。

私营经济 是指生产资料归公民私人所有，以雇佣劳动力为基础的一种经济类型，包括私营独资企业，私营合伙企业和私营有限责任公司。

个体经济 是指生产资料归劳动者个人所有，以个体劳动为基础，劳动成果归劳动者个人占有和支配的一种经济类型。

“三资工业” 包括外商投资经济和港、澳、台投资经济。

其他经济 指除国有经济、集体经济、联营经济、股份有限公司、股份制经济、外商投资经济、港、澳、台投资经济、私营、个体经济等以外的其他经济。

轻工业 指提供生活消费品和制作手工工具的工业，是为满足人们吃、穿、用需要的工业。按其所使用的原料不同，可分为两大类：

1. **以农产品为原料的轻工业** 是指直接或间接以农产品为基本原料的轻工业。主要包括食品制造、饮料制造、烟草加工、纺织、缝纫、皮革和毛皮制作、造纸以及印刷等工业。

2. **以非农产品为原料的轻工业** 是指以工业品为原料的轻工业，主要包括文教体育用品、化学药品制造、合成纤维制造、日用化学制品、日用玻璃制品、日用金属制品、手工工具制造、医疗器械制造、文化和办公用机械制造等工业。

重工业 指生产生产资料的工业，是为国民经济各部门提供物质技术基础的工业。按其生产和产品用途，可分为下列三大类：

1. **采掘工业** 是指对自然资源的开采，包括石油开采、煤炭开采、金属矿开采和非金属矿开采等工业；

2. **原材料工业** 是指提供国民经济各部门使用的原料、动力和燃料的工业。包括金属冶炼及加工、炼焦及焦炭化学、化工原料、水泥、人造板以及电力、石油和煤炭加工等工业；

3. **加工工业** 是指对原材料进行加工制造的工业。包括装备国民经济各部门的机械设备制造工业、金属结构、水泥制品等工业，以及为农业提供的生产资料和化肥、农药等工业。

根据上述划分原则，修理业中修理作业对象是重工业的划为重工业，反之划为轻工业。

大、中、小型企业 从2011年年报开始企业规模的划分标准，执行工业和信息化部、国家统计局、发展改革委、财政部制定《中小企业划型标准规定》，按照企业从业人员、主营业务收入，将企业划分为大型、中型、小型和微型。

工业总产值 是以货币表现的工业企业在一定时间内生产的工业产品总量，它反映工业生产的总规模和总水平。它包括：在本企业内不再进行加工，经检验、包装入库的成品价值、对外加工费收入、自制半成品、在制品期末期初差额价值。工业总产值采用" 工厂法" 计算，即以工业企业作为一个整体，按企业工业生产活动的最终成果计算，企业内部不允许重复计算，不能把企业内部各个车间（分厂）生产的成果相加。但在企业之间、行业之间、地区之间存在重复计算。

轻重工业总产值的划分也是按“工厂法”计算的，即一个工业企业在正常情况下生产的主要产品的性质属于轻工业，则该企业的全部总产值作为轻工业总产值；一个工业企业生产的主要产品的性质属于重工业，则该企业的全部总产值作为重工业总产值。

工业总产值新规定的主要修订内容 自1992年起，国务院决定以国内生产总值作为衡量国民经济发展的总量指标，以工业增加值作为衡量工业经济的总量指标，淡化工业总产值指标的作用。但工业增加值指标的计算仍然要以工业总产值为基础。为使工业总产值的计算口径与工业中间投入的计算相配套，减少计算难度，保证工业增加值计算的准确性，在第三次全国工业普查方案中，针对工业总产值计算原规定的缺陷，对其作了下列四个方面的修订：

1. 凡用自备原材料生产的产品，不论其加工的繁简程度如何，一律按全价，即工业总产值包括自备原材料的价值。

2. 凡承接来料加工生产的产品，加工企业一律按财务上结算的加工费计算工业总产值，即不包括定货者来料的价值。

3. 自制半成品、在制品期末期初差额价值，原则上应计入工业总产值，不再按生产周期是六个月以上还是六个月以下来区分是否计入工业总产值。

4. 现价工业总产值一律采用不含销项税额的价格计算。

工业总产值计算新规定与原规定的区别主要包括以下两点：

1. 计算口径不同

（1）全价与加工费的计算原则不同：新规定凡用自备原材料生产的产品，不论其加工的繁简程度如何，一律按加工费计算工业总产值。原规定则根据加工的繁简程度，有一些特殊规定，即对某些来料加工，允许按全价计算工业总产值，对某些自备原材料生产的产品，只允许按加工费计算总产值。

（2）自制半成品、在制品期末、期初差额价值计算规定不同：新规定要求原则上将自制半成品在制品期末期初差额价值计入工业总产值，并明确，凡是企业会计产品成本核算计算了这部分价值，工业总产值中也相应包括，否则可不包括；原规定，凡生产周期在六个月以上的产品，在计算工业总产值时应包括这部分差额价值，否则，可不包括这部分价值。

2. 计算价格不同

按新规定计算的工业总产值按不含销项税额的价格计算；原规定则按含销项税额的价格计算。

工业增加值 是指工业企业在一定时期内以货币表现的工业生产活动的最终成果。

工业企业主要财务指标

1. **资产总计** 指企业过去的交易或者事项形成的、由企业拥有或者控制的、预期会给企业带来经济利益的资源。资产一般按流动性分为流动资产和非流动资产。其中流动资产可分为货币资金、交易性金融资产、应收票据、应收账款、预付款项、其他应收款、存货等；非流动资产可分为长期股权投资、固定资产、无形资产及其他非流动资产等。

2. **固定资产原价（原值）** 指企业在建造、购置、安装、改建、扩建、技术改造某项固定资产时所支出的全部货币总额。一般包括买价、包装费、运杂费和安装费等。

3. **流动资产平均余额** 流动资产是指可以在一年或者超过一年的一个营业周期内变现或者耗用的资产，包括现金及各种存款、短期投资、存货等；流动资产平均余额指全部流动资产报告期平均余额。计算公式为：

流动资产月平均余额＝月初、月末流动资产余额之和÷2

流动资产季平均余额＝季内各月流动资产平均余额之和÷3

流动资产年平均余额＝1至12月各月流动资产平均余额之和÷12

工业企业主要经济效益指标

1. **全员劳动生产率** 指根据产品的价值量指标的平均每一职工在单位时间内的产品生产量。目前我国的全员劳动生产率是用工业总产值或工业增加值除以同一时期全部职工的平均人数来计算的。计算公式为：

全员劳动生产率＝工业总产值/全部职工平均人数×12/累计月份

或＝工业增加值/全部职工平均人数×12/累计月份

2. **工业产品销售率** 指报告期工业销售产值与同期全部工业总产值之比，反映工业产品生产已实现销售的程度。计算公式为：

工业产品销售率（%）＝报告期现价工业销售产值/报告期现价工业总产值×100%

3. **工业资产利税率** 指报告期已实现的利税总额与同期的资产（流动资产和固定资产净值）之比，反映企业资金运用的经济效益。计算公式为：

工业资产利税率（%）＝报告期止累计实现利税总额/报告期平均流动资产＋固定资产净值平均余额×12/累计月数×100%

4. **工业增加值率** 指报告期工业增加值与同期工业总产值之比，反映降低中间消耗的经济效益。计算公式为：

工业增加值率（%）＝报告期工业增加值/（报告期现价工业总产值（新规定）＋报告期销项税额）×100%

5. **工业成本费用利润率** 指报告期实现利润总额与成本费用之比，反映降低成本的经济效益。计算公式为：

工业成本费用利润率（%）＝报告期实现利润总额/报告期成本费用总额×100%

成本费用是产品销售成本、产品销售费用、管理费用、财务费用之和

6. **流动资产周转率** 指一定时期内流动资产完成的周转次数，反映流动资产的周转速度。计算公式为：

流动资产周转率＝报告期止累计产品销售收入/报告期平均流动资产×12/累计月数

7. **资产负债率** 又称债务比率，该比率反映在企业资产总额中有多少资产是通过借债而得到的。是反映企业长期偿债能力的指标之一，也可以用于衡量企业利用债权人提供资金进行经营活动的能力以及企业

在清算时保护债权人利益的程度。计算公式为：

资产负债率 = 负债总额 ÷ 资产总额 × 100%

8. **总资产贡献率** 是反映全部资产的获利能力，是企业管理水平和经营业绩的集中体现。计算公式为：

总资产贡献率（%）= 利润总额 + 利息支出/平均资产总额 × 12/累计月数 × 100%

平均资产总额为资产总计期初、期末之和的算术平均值。即：

平均资产总额 =（期初资产总额 + 期末资产总额）÷ 2

9. **资本保值增值率** 反映企业资产的变动状况，是企业发展能力的集中体现。计算公式为：

资产保值增值率（%）= 期末所有者权益/期初所有者权益 × 100%

能源生产总量 指一定时期内全国（地区）一次能源生产量的总和。一次能源生产量包括原煤、原油、天然气、水电及其他动力能发电量（如风能、地热能等），不包括生物质能、太阳能等的利用和由一次能源加工转换而成的二次能源产量。能源生产总量是观察全国（地区）能源生产水平、规模、构成和发展速度的总量指标。

能源消费总量 指一定时期内全国（地区）用于生产和生活的各种能源消费量的总和。能源消费总量包括原煤和原油及其制品、天然气、电力的消费量，不包括生物质能和太阳能等的利用。能源消费总量分为三部分，即终端能源消费量、能源加工转换损失量和损失量。它是观察能源消费水平、构成和增长速度的总量指标。

1. **终端能源消费量** 指一定时期内全国（地区）物质生产部门、非物质生产部门和生活消费的各种能源数量，不包括用于加工转换的中间能源消费量、加工转换损失量和损失量。

2. **能源加工转换损失量** 指一定时期内全国（地区）投入加工转换的各种能源数量之和与产出各种能源产品及其他石油制品和其他焦化产品之和的差额。它是观察能源在加工转换过程中损失量变化的指标。

3. **能源损失量** 指一定时期内能源在生产、输送、储存过程中发生的经营管理损失和由于客观原因造成的各种损失量，不包括各种气体能源放空、放散量。

能源生产弹性系数 是研究能源生产量的增长与国民经济增长之间的关系的指标。其计算公式为：

能源生产弹性系数 = 能源生产总量年平均增长速度/国民经济年平均增长速度

国民经济年平均增长速度，可根据不同的目的或需要，用工农业总产值、生产总值等指标来计算，本资料是采用生产总值指标计算的。

电力生产弹性系数 是研究电力生产量的增长与国民经济增长之间关系的指标。一般来说，电力的发展应当快于国民经济的发展，也就是说电力应超前发展。其计算公式为：

电力生产弹性系统 = 电力生产量年平均增长速度/国民经济年平均增长速度

能源消费弹性系数 是反映能源消费增长速度与国民经济增长之间比例关系的指标。其计算公式为：

能源消费弹性系数 = 能源消费年平均增长速度/国民经济年均增长速度

能源节约量 指在满足相等需求，达到相等目标的条件下节约和少用的能源数量。它是评价和考核节约能源工作好坏的重要指标。包括由于提高管理水平和技术水平，使单位产品能耗降低而节约能源的数量，以及由于调整产业结构、产品结构等使产值能耗降低而少用的能源数量。

能源节约率 是反映能源节约程度的综合性指标。能源节约率一般按年计算，如果要研究一个时期内能源节约程度的一般水平，可计算平均能源节约率指标。计算公式为：

能源节约率 =（报告期单位能源消费量/基期单位能源消费量 − 1）× 100%

年平均节能率 = $\left(\sqrt[n]{\text{报告期单位能源消费量/基期单位能源消费源}} - 1\right) \times 100\%$

公式中：单位能源消费量可以按生产总值、国民收入或工业总产值等计算

n 为基期与报告期间隔的年份数。

能源加工转换效率 指一定时期内能源经过加工转换后，产出的各种能源产品及其他石油制品和其他焦化产品的数量与同期内投入加工转换的各种能源数量的比率。它是观察能源加工转换装置和生产工艺先进与落后、管理水平高低等的重要指标。

能源折算标准 各种能源由于原始计算单位不同，热值也不一样。因此，必须折算成同一标准计算单位，才能进行汇总、对比和分析。国际上习惯采用两种标准计算单位：一种为标准煤，另一种为标准油。目前我国采用标准煤为能源的计算单位。标准煤亦称煤当量，就是将不同品种、不同含热量的能源按各自不同的含热量折合成为一种标准含量的统一计量单位的能源。各类能源折算标准煤是按 1 公斤标准煤的热值为 7000 千卡进行折算的。

当量热值 当量热值又称理论热值（或实际发热值），是指某种能源一个度量单位本身所含热量。其热值的计算可根据试样在充氧的弹筒中（放有浸没氧弹的水的容器）完全燃烧所放出的热量（用燃烧后水温升高计算出来的）进行实测。

等价热值 是指加工转换产出的某种二次能源与相应投入的一次能源的当量，即获得一个度量单位的某种二次能源所消耗的，以热值表示的一次能源量。也就是消耗一个度量单位的某种二次能源，就等价于消耗了以热值表示的一次能源量。等价热值是个变动值，随着能源加工转换工艺的提高和能源管理工作的加强，转换损失逐渐减少，等价热值会不断降低。等价热值是对二次能源及消耗工质而言，因此一次能源不存在折算问题，因此也无所谓等价热值。

等价热值 = 二次能源具有的能量 ÷ 转换效率

转换效率 = 二次能源产出标准量 ÷ 加工转换投入能源标准量

原材料、能源消费量 指在报告期内实际使用的原材料、能源的数量，包括企业主营活动和附营活动实际使用的数量。消费的核算原则为："谁消费谁统计"，即按使用权来统计。核算方法为当进入第一道生产工序，改变原来的形态或性能、或已实际投入使用，即作消费统计。

原材料、能源库存量 指在报告期期初、期末实际结存的原材料、能源数量。库存的核算原则为"谁支配，谁统计"，即按所有权来统计。核算方法是指企业有权支配动用的某一时点实际结存的原材料、能源的数量。

Explanatory Notes on Principal Statistical Indicators

Industry refers to the material production sector which is engaged in the following four aspects:

1. Extraction of natural resources, such as mining, salt production, but not including hunting, fishing and logging;

2. Processing and reprocessing of farm and sideline produces, such as rice husking, food processing, flour milling, wine making, oil pressing, cotton ginning, silk reeling, spinning and weaving, and leather making;

3. Manufacturing of extracted products, such as steel making, iron smelting, chemicals manufacturing, petroleum processing, machine building, timber processing; water and gas production and electricity generation and supply;

Prior to 1984, the rural industry run by villages and cooperative organizations under village was classified into agriculture. Since 1984, it has been grouped into industry.

Corporate Industrial Enterprises with Independent Accounting System and Industrial Activity Entities Units of industrial statistics and inquiry are classified into two categories: corporate industrial enterprises with independent accounting system and industrial activity entities.

Corporate Industrial Enterprises with Independent Accounting System refer to enterprises engaging in industrial production activities, which meet the following requirements:

1. Established legally, having their own names, organizations, location, and being able to take civil liability;

2. Legally possessing and having the right to their assets independently, to assume liabilities, and to sign contracts with other entities;

3. Being able to calculate profit and loss independently and prepare their own balance sheets.

Industrial Activity Entities refer to the economic entities located in one single place and engaged entirely or primarily in one kind of industrial activity. Which generally meet the following requirements:

1. Having regular location and entirely or mainly engaging in one kind of industrial activity;

2. Operating and managing their industrial production activities independently;

3. Having independent accounting system for income and expenditures.

State – owned Enterprises (Whole People Owned Industry) refers to a type of industrial enterprises where the means of production are owned by the state. It includes the industrial enterprises run by the central and local state agencies at all levels and by institutions and social groups in using state – owned assets and self – owned funds. Joint state – private industries and private industries, which existed before 1957, have been transformed into state industries. Statistics on these enterprises has been included in the state – owned industries since 1957 when separation of data was no longer necessary.

Collective – owned Enterprises refers to a type of industrial enterprises where the means of production are owned collectively, including urban and rural enterprises invested by collectives and some enterprises which were formerly owned privately but have been registered in industrial and commercial administration agencies as collective entities through raising funds from the public.

Private Enterprises refers to a type of economic entities where the means of production are owned privately and employed labor force is taken as their basis. It includes private solely – funded enterprises, private partnership enterprises and private limited liability companies.

Individual Enterprises refers to a type of economic entities where the means of production are owned by individual laborer, individual labor is taken as their basis and labor fruits are owned by individual laborer.

Other Enterprises refers to other enterprises excluding state – owned, collective – owned, private – owned and individual enterprises. It includes joint ownership enterprises, joint stock enterprises, foreign funded enterprises, and enterprises funded by Hong Kong, Macao and Taiwan, etc.

Light Industry refers to the industry that produces consumer goods and hand tools, satisfying people's need of eating, clothing and using. It consists of two categories, depending on the materials used:

1. Industries using farm products as raw materials. These are branches of light industry which directly or indirectly use farm products as basic raw materials, including food and beverages production, tobacco processing, textile, clothing, fur and leather making, paper making, printing, etc.;

2. Industries using non – farm products as raw materials. These are branches of light industry which use manufactured goods as raw materials, including the manufacture of cultural, educational articles and sports goods, chemicals, synthetic fiber, chemical products for daily use, glass products for daily use, metal products for daily use, hand tools, medical apparatus and instruments, and cultural and clerical machinery.

Heavy Industry refers to the industry, which produces capital goods, and provides various sectors of the national economy with necessary material and technical basis. It consists of the following three branches according to the purpose of production or the use of products:

1. **Mining, quarrying and logging industry** refers to the industry that extracts natural resources, including extraction of petroleum, coal, metal and non – metal ores and logging;

2. **Raw materials industry** refers to the industry that provides various sectors of the national economy with raw materials, fuels and power. It includes smelting and processing of metals, coking and coke chemistry, chemical materials and building materials such as cement, plywood, and power, petroleum refining and coal dressing;

3. **Manufacturing industry** refers to the industry that processes raw materials. It includes machine building in-

dustry which equips sectors of the national economy, industries of metal structure and cement products, industries producing means of agricultural production, such as chemical fertilizers and pesticides.

According to the above principle of classification, repairing trades which are engaged primarily in repairing products of heavy industry are classified into heavy industry while those engaged in repairing products of light industry are classified into light industry.

Large – scale, Medium – scale and Small – scale Enterprises Enterprises are classified into three categories: large – scale, medium – scale and small – scale enterprises according to their total assets, annual sales revenue of products and average number of employed persons. The regulations of Methods of Classification of Enterprises by Scale in Statistics have been carried out as the standards of classification since 2003.

Gross Industry Output Value is the total volume of industrial products produced during a given period in monetary terms, which reflects the total achievements and overall scale of industrial production. It includes value of finished products, which are not to be further processed in the enterprises and have been inspected, packed and put in storage, income from external processing, and differential value of self – made semi – finished products and products in process at the end and beginning of the report period. The gross industrial output value is calculated by the "factory method", i. e. an industrial enterprise is treated as the basic amounting unit in calculating the gross industrial output value; no double calculations are to be made within the same enterprise, e. g. the output value of the different workshops (branch factories) of an enterprises should not be added, however, this method does not exclude the possibility of double counting among different enterprises, industries and regions.

Output value of light and heavy industries is also classified by the "factory" method, i. e. if the major products of an industrial enterprise belongs to light industry products, the gross output value of that enterprise is classified wholly into light industry; the same principle applies to heavy industry.

Explanation: differences between the new regulations and the original ones for calculation of gross industrial output value (main points) Since 1992 the State Council has decided to adopt gross domestic product as the total amount index to measure development of the national economy, to adopt added value of industry as the total amount index to measure industrial economy and to downplay the function of the index of gross industrial output value. But the calculation of industrial added value is still based on gross industrial output value. In order to coordinate the principles of calculation of gross industrial output value and of calculation of industrial intermediate input, to reduce the difficulty of calculation and to ensure the accuracy of industrial added value, the revision was made in the following four aspects to counter the defects in the original regulations for the calculation of gross industrial output value in the Third National Industrial General Survey Scheme:

1. Products produced with self – prepared raw material are calculated at all – round price in reporting the gross industrial output value, irrespective complexity of simplicity of production, i. e., the gross industrial output value includes the value of self – prepared raw material.

2. Products processed with supplied materials are calculated, according to processing charges financially settled in reporting the gross industrial output value, i. e., the gross industrial output value excludes the value of orders' material.

3. Differential value of self – made semi – finished products and product in process at the end and beginning of the report period should be calculated into the gross industrial output value in principle and the old method in which inclusion or exclusion of the differential value is determined by whether the production cycle is over or below six months is not applied.

4. Current gross industrial output value is all calculated at price without sales tax. There are two main differences between the new regulations and the original one for calculation of gross industrial output value:

1. Difference in principle of calculation

1) Different principles of calculation for all – round price and processing charge: according to the new regulations, the product produced with self – prepared raw material is calculated at all – round price in reporting the gross

industrial output value, no matter how complex or simple its processing is. Under the original regulations, the use of all – round price or processing charge in calculation the complexity or simplicity of processing, i. e. , for some products processed with supplied materials gross industrial output value was calculated at all – round price and for some products produced with self – prepared materials, gross industrial output value was calculated only according to the processing charge.

2) Different principles of calculating the differential value of self – made semi – finished products and product in process at the end and beginning of the report period: according to the new regulations, the differential value (of self – made semi – product and product in progress at the beginning and end of period) is calculated into gross industrial output value in principle and it is made clear that if the value is included in product cost, it should be included in gross industrial output value accordingly, otherwise it can not be included. Under the original regulations, for the product with the production cycle over six months, gross industrial output value should include the differential value, otherwise it can not be included.

2. Difference in calculation price Gross industrial output value is calculated at price without sales tax under the new regulations, while at price with sales tax under the original regulations. The gross industrial output value calculated at fixed price in 1990 does not involve the question of whether value added tax is deducted from calculation price.

The details of the new regulations for calculation of gross industrial output value can refer to the Third National Industrial General Survey Scheme.

Added Value of Industry refers to the final results of industrial production of industrial enterprises in monetary terms during the report period.

Principal Finance Indicators of Industrial Enterprises

1. **Total Assets** refer to all resources that are owned or controlled by enterprises through previous trades or transactions with expectation of making economic profits. Classified by the degree of liquidity, total assets include current assets, ad non – current assents. Current assets can be classified into monetary assets, trading financial assets, notes receivable, accounts receivable, advanced payment, other prepaid money and inventories. Non – current assets can be divided into long – term equity investment, fixed assets, intangible assets and other non – current qssets.

2. **Original Value of Fixed Assets** refers to the value of payment made by enterprises, in building, purchase, installation, reconstruction, expansion, and technical transformation of a particular item of fixed assets, which includes expenses on purchase, package, transportation, and installation, etc.

3. **Net value of fixed assets** refers to the balance of the original value of fixed assets minus the amount of accumulated depreciation.

4. **Average balance of current assets**: current assets refer to the assets which can be liquidated or consumed within an operating cycle of one year or over one year, including cash and various deposits, short – term investment, inventory, etc. ; average balance of current assets refers to the average balance of all the current assets in the report period. The formulae are as follows:

Monthly Average Balance of Current Assets = Sum of Balance of Current Assets at Beginning and End of Month ÷ 2

Quarterly Average Balance of Current Assets = Sum of Balance of Current Assets in Each Month of Quarter ÷ 3

Annual Average Balance of Current Assets = Sum of Balance of Current Assets in Each Month from January to December ÷ 12

Principal Indicators on Economic Performances of Industrial Enterprises

1. **Overall Labor Productivity** refers to the average output per employed person of industrial enterprises in unit time in value terms. At present, gross industrial output value or added value of industry and average number of staff and workers of an industrial enterprise in a given period are used to calculate overall labor productivity. The formula used is as follows:

Overall Labor Productivity = Gross Industrial Output Value/Average Number of Staff and Workers × 12/Aunmulated Months or = Added Value of Industry/Average Number of Staff and Workers ×12/Aunmulated Months

2. **Ratio of Sales to Gross Output Value** refers to the ratio of industrial sales value in the report period to gross industrial output value in the same period, which reflects the linkage between the industrial production and the realized sales. The formula is as follows:

Ratio of Sales to Gross Output Value = (Industrial Sales Value at Current Price in the Report Period/Gross Industrial Output Value at Current Price in the Report Period) ×100%

3. **Ratio of Profits and Tax to Assets** refers to the ratio of total realized profits and tax in the report period to assets (net value of current assets and fixed assets) in the same period, which reflects the economic efficiency of fund utilization. The formula is as follows:

Ratio of Profits and Tax to Assets (%) = [Total Accumulated Profit and Tax by the End of Report Period/(Average Current Assets in the Report Period + Average Balance of Net Value of Fixed Assets)] ×12/Accumulated Months ×100%

4. **Value – added Rate of Industry** refers to the ratio of added value of industry in the report period to gross output value in the same period, which reflects the economic efficiency of reduction in intermediate input and is calculated as follows:

Value – added Rate of Industry (%) = (Added Value of Industry in the Report Period/Gross Industrial Output Value at Current Price) in the Report Period + Sales Tax in the Report Period) ×100%

5. **Ratio of Profits to Total Costs and Expenses** refers to the ratio of profits realized in the report period to the total costs and expenses in the same period, which reflects the economic efficiency of cost reduction. It is calculated as follows:

Ratio of Profits to Total Costs and Expenses (%) = (Total Profits Realized in the Report Period/Total Costs and Expenses in the Report Period) ×100%

Costs and expenses are the sum of product sales cost, product sales expenses and financial expenses.

6. **Turnover Rate of Current Assets** refers to the number of times of turnover of current assets in a given period of time, which reflects the speed of the turnover of current assets. It is calculated as follows:

Turnover Rate of Current Assets (%) = (Accumulated Sales Revenue of Products by the End of Report Period/Average Current Assets in the Report Period) ×12/Accumulated Months

7. **Ratio of Debts to Assets** reflects the proportion of assets obtained by borrowing in the total assets of an enterprise. It is one of the indicators reflecting the debt repaying capability of an enterprise in the long run and can also be used to measure the operating capability of an enterprise with the capital from creditors and the degree to which an enterprise can protect the interest of creditor during liquidation. The formula is as follows:

Ratio of Debts to Assets (%) = (Total Debts/Total Assets) ×100%

8. **Contribution Rate of Total** Assets reflects the profit – making capability of all assets and it is a key indicator manifesting the performance and management level of an enterprise. The formula is as follows: Contribution Rate of Total Assets (%) = [(Total Profits and Tax + Interest Payment)/Total Average Assets] × 12/Accumulated Months ×100%

Total average assets refer to the arithmetic average value of total assets at the beginning and end of period, i. e. Total Average Assets = (Total Assets at the Beginning of Period + Total Assets at the End of Period) ÷2.

9. **Rate of Asset Hedge and Increment** reflects the variation of assets of an enterprise and manifests the development capability of an enterprise. The formula is as follows:

Rate of Asset Hedge and Increment (%) = (Owner's Equity at the End of Period/ Owner's Equity at the Beginning of Period) ×100%

Total Energy Production Volume refers to the total production volume of primary energy by all energy production enterprises in the country in a given period of time. It is a comprehensive indicator to show the capacity, scale, composition and development of energy production of the country. The production volume of primary energy includes that of coal, crude oil, natural gas, hydro – power and electricity generated by nuclear energy and other means such as wind power and geothermal power, but excludes that of fuels of low calorific value, bio – energy, solar energy and the secondary energy converted from the primary energy.

Total Domestic Energy Consumption refers to the total consumption of energy of various kinds by material production sectors, non – material production sectors and households in the country in a given period of time. It is a comprehensive indicator to show the scale, composition and development of energy consumption. The total energy consumption includes that of coal, crude oil and their products, natural gas and electricity, but excludes that of fuels of low calorific value, bio – energy and solar energy. It can be divided into three parts: 1. ***Final energy consumption*** refers to the total energy consumption by material production sectors, non – material production sectors and households in the country (region) in a given period of time, but excludes the consumption in conversion of the primary energy into the secondary energy and the loss in the process of energy conversion.

2. ***Loss in the process of energy conversion*** refers to the total input of various kinds of energy for conversion, minus the total output of various kinds of energy in the country in a given period of time. It is an indicator to show the loss that occurs in the process of energy conversion.

3. ***Loss of energy*** refers to the total loss of energy during the course of energy transport, distribution and storage and the loss caused by any objective reason in a given period of time. The loss of various kinds of gas due to gas discharges and stocktaking is excluded.

Elasticity Ratio of Energy Production is an indicator to show the relationship between the growth rate of energy production and that of the national economy. The formula is as follows:

Elasticity Ratio of Energy Production = Average Annual Growth Rate of Energy Production/Average Annual Growth Rate of National Economy.

The average annual growth rate of the national economy can be calculated by gross output value of industry and agriculture, gross output value or other indicators, depending upon the purposes or needs. Gross output value is used in calculation of the ratio in this chapter.

Elasticity Ratio of Electricity Production is an indicator to show the relationship between the growth rate of electricity production that of the national economy. The formula is as follows:

Elasticity Ratio of Electricity Production = Average Annual Growth Rate of Electricity Production/Average Annual Growth Rate of National Economy.

Elasticity Ratio of Energy Consumption is an indicator to show the relationship between the growth rate of energy consumption and that of the national economy. The formula is as follows:

Elasticity Ratio of Energy Consumption = Average Annual Growth Rate of Energy Consumption/Average Annual Growth Rate of National Economy.

Quantity of Energy Conservation refers to the quantity of energy saved and less used in a certain period. It is an important indicator to appraise and examine the work of energy conservation. It includes the quantity of energy saved in unit product by improving management level and technology level and the quantity of energy less used due to the adjustment of industrial structure and product structure.

Ratio of Energy Conservation is a comprehensive indicator reflecting the degree of energy conservation. Ratio of energy conservation is usually calculated annually. The indicator of average ratio of energy conservation can be calculated for the study of the energy conservation in a certain period. The formula is as follows:

Ratio of Energy Conservation = [(Unit Energy Consumption in the Report Period/Unit Energy Consumption in the Base Period) - 1] ×100%

Annual Average Ratio of Energy Conservation = the N – the Root of [(Unit Energy Consumption in the Report

Period/Unit Energy Consumption in the Base Period) - 1] × 100%

In which: The unit energy consumption can be calculated according to gross output value, national product or gross industrial output value, etc. The n represents the number of years between base period and report period.

Efficiency of Energy Processing and Conversion refers to the ratio of the total output of energy products of various kinds after processing and conversion to the total input of energy of various kinds for processing and conversion in the same report period. It is an important indicator to show the current conditions of energy processing and conversion equipment, production technique and management.

Energy Conversion Standard Different units are often used to compute different caloric value of various energy sources, so a uniform standard computing unit has to be conversed to summarize, compare and analyze energy. There are two standard computing units practiced internationally: one is standard coal and the other is standard oil. Currently, standard coal is adopted as the computing unit in China for energy calculation, Standard coal also call calorie value equivalent, it refers a uniform standard energy of communistically unit is converted into by differed kinds, different caloric value of various energy . Every kind of energy is converted into standard coal according to one kilogram standard coal quail caloric of 7,000 kilocalories.

Equivalent Caloricity also called theoretic caloricity (or actual calorific value) refers to the heat value contained in one measurement unit of certain energy. The calculation of the heat value is according to the actual measurement of the heat released by complete burning of the test specimen in the cylinder filled with oxygen (container with the oxygen bomb immersed by water).

Equivalent Heat Value refers to certain secondary energy produced by conversion and its equivalent value of corresponding input of the primary energy, which means the quantity of the primary energy expressed by heat value and consumed to obtain one measurement unit of certain secondary energy. It is variation value. With the advancement of the energy conversion technology and the improvement of the energy management, the conversion loss becomes less and less, and the equivalent heat value will reduce gradually. Equivalent heat value is specific to secondary energy and consumed actuating medium, so when it comes into primary energy, there is no equivalent heat value.

Equivalent Heat Value = Energy Content of Secondary Energy ÷ Conversion Efficiency

Conversion Efficiency = Output Standardized Quantity of Secondary Energy ÷ Energy Standardized Quantity Input by Conversion

Consumption of Raw Materials and Energy refers to the quantity of raw materials and energy actually used in the report period. It includes the volume actually used in the main business line and sideline activities of an enterprise. The calculation principle of consumption is: "The one who consumes energy is responsible for conducting statistics on its consumption", i. e. , statistics is made according to the use right. The calculation method is that when raw materials or energy enter the first production sequence and the original form or property is changed or they are put into actual use, they are treated as consumption statistics.

Inventory of Raw Materials and Energy refers to the quantity of raw materials and energy actually stored in the beginning and end of the report period. The calculation principle of inventory is: "The one who disposes energy is responsible for conducting statistics on its inventory", i. e. , statistics is made according to the ownership. The calculation method refers to the quantity of raw materials and energy actually stored at a certain time that can be disposed by an enterprise.

Chapter 9

九、建筑业和房地产业
Construction and Real Estate

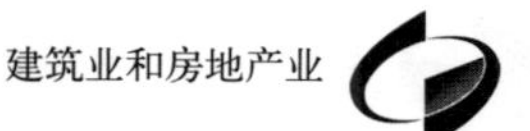

9-1 主要年份建筑施工企业数、人数和施工产值
Number of Construction Enterprises, Employed Persons and Their Output Value in Significant Years

年 份 Year	全 省 Yunnan	国有建筑施工企业 State-owned Construction Enterprises	集体建筑施工企业 Collective-owned Construction Enterprises	其 他 Others
施工企业数(个) Number of Enterprises (unit)				
1985	2 522	144	2 378	
1990	3 010	123	2 887	
1995	2 657	140	2 517	2 663
2000	1 564	201	854	509
2001	1 583	190	713	680
2002	1 317	152	440	725
2003	1 231	129	330	772
2004	1 663	122	325	1 216
2005	1 648	111	258	1 279
2006	1 796	110	243	1 443
2007	1 903	107	232	1 564
2008	2 150	105	230	1 815
2009	2 117	100	212	1 805
2010	2 176	99	198	1 879
2011	2 227	99	197	1 931
2012	2 362	106	196	2 060
施工企业人数(万人) Number of Employed Persons (10 000 persons)				
1985	46.64	16.70	29.95	
1990	47.61	16.10	31.56	
1995	64.65	18.10	46.39	0.10
2000	53.55	15.90	25.38	12.30
2001	55.58	14.15	22.30	19.12
2002	51.77	12.45	17.03	22.28
2003	57.37	15.35	13.60	28.42
2004	50.30	10.56	10.28	29.46
2005	55.31	9.47	8.63	37.21
2006	63.32	10.53	9.01	43.78
2007	64.77	11.64	7.42	45.71
2008	65.81	11.49	6.86	47.46
2009	70.99	13.44	6.05	51.50
2010	78.64	12.45	5.69	60.50
2011	89.44	9.34	5.28	74.82
2012	91.44	19.24	5.81	66.39
建筑业总产值(亿元) Gross Output Value (100 million yuan)				
1985	21.28	10.00	11.01	
1990	36.68	19.00	18.09	
1995	181.22	74.00	107.14	0.34
2000	311.34	131.00	108.83	72.00
2001	345.51	127.83	100.46	117.23
2002	358.24	121.88	77.76	158.59
2003	396.97	132.23	68.24	196.50
2004	448.50	136.31	66.41	245.78
2005	539.59	138.96	58.03	342.60
2006	672.88	183.95	63.78	425.16
2007	763.32	205.86	64.12	493.33
2008	907.58	227.54	71.47	608.57
2009	1 196.86	304.28	77.84	814.74
2010	1 511.85	364.41	83.04	1 064.00
2011	1 869.65	478.01	99.91	1 291.73
2012	2 386.64	532.27	152.15	1 702.22

注：1996年起各种经济类型的，具有资质等级证书的建筑企业均纳入国家统计；集体企业中的农村集体1996年的数据为测算数，以前年度为省乡镇企业局统计数。

Note: Since 1996, the state statistical coverage has included the construction enterprises of various types of ownership with credentials. The figures of rural collective-owned enterprises in 1996 in this table are estimated figures, while before 1996, they were included in the statistical coverage of the provincial bureau of township and town enterprises.

9–2 总承包专业承包建筑施工企业生产情况(2012年)

单位：亿元

类别	Category	企业个数(个) Number of Enterprises (unit)	建筑业总产值 Gross Output Value of Construction
全　省	**Yunnan**	**2 288**	**2 383.66**
按企业控股情况分	**Grouped by Share Holding**		
国有控股	State-controlled	137	720.52
集体控股	Collective-controlled	252	267.39
私人控股	Private-controlled	1 824	1 296.24
按国民经济行业分	**Grouped by Sector**		
房屋建筑业	Building Construction Industry	1 188	1 554.92
土木工程建筑业	Civil Engineering Construction Industry	395	639.84
建筑安装业	Construction Installation	299	108.88
建筑装饰和其他建筑业	Architectural Decoration and Other Construction Industry	406	80.02
按企业资质等级分	**Grouped by Qualification Criteria**		
施工总承包	Construction Contract	1 474	2 170.76
特　级	Special Grade	3	204.76
一　级	First Grade	67	785.38
二　级	Second Grade	491	723.78
专业承包	Professional Contract	814	212.90
一　级	First Grade	63	81.58
二　级	Second Grade	275	62.16
劳务分包	Labor Subcontract		
按州市分	**Grouped by Region**		
昆　明	Kunming	1 053	1 505.10
曲　靖	Qujing	206	173.21
玉　溪	Yuxi	160	71.15
保　山	Baoshan	58	61.48
昭　通	Zhaotong	75	46.57
丽　江	Lijiang	60	33.78
普　洱	Pu'er	91	63.30
临　沧	Lincang	48	48.48
楚　雄	Chuxiong	135	74.84
红　河	Honghe	120	112.91
文　山	Wenshan	49	35.43
西双版纳	Xishuangbanna	30	13.75
大　理	Dali	135	91.59
德　宏	Dehong	35	32.13
怒　江	Nujiang	14	7.51
迪　庆	Diqing	19	12.43

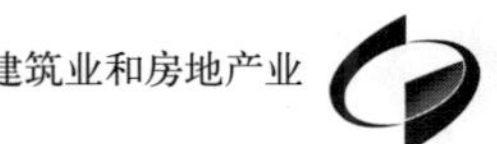

Construction Situation of Construction Enterprises of General Contractors and Professional Contractors (2012)

(100 million yuan)

		竣工产值	房屋建筑施工面积（万平方米）	本年新开工面积	房屋建筑竣工面积（万平方米）	房屋建筑面积竣工率(%)
建筑工程 Output Value of Construction Projects	安装工程 Output Value of Installation Projects	Value of Construction Completed	Floor Space under Construction (10 000 sq.m)	Newly Started Building Area in This Year	Floor Space Completed (10 000 sq.m)	Ratio of Floor Space Completed (%)
2 136.17	**164.98**	**1 360.89**	**13 374.03**	**7 394.81**	**5 919.41**	**44.3**
651.76	59.25	268.75	4 005.55	1 829.88	814.31	20.3
242.12	19.76	151.22	1 500.81	1 141.05	848.72	56.6
1 167.14	64.39	892.85	7 261.67	3 980.84	3 986.58	54.9
1 470.06	30.13	969.43	12 898.87	7 123.69	5 647.74	43.8
576.53	48.64	259.35	365.57	205.86	207.88	56.9
24.85	79.90	77.55	66.15	39.32	43.71	66.1
64.73	6.31	54.56	43.44	25.94	20.08	46.2
2 016.50	89.96	1 215.83	13 171.76	7 293.11	5 804.24	44.1
199.78	3.99	59.56	588.41	270.45	128.00	21.8
710.53	52.65	355.90	5 845.98	2 827.64	1 654.37	28.3
686.13	17.38	463.19	4 095.85	2 485.26	2 271.81	55.5
119.66	75.02	145.06	202.26	101.69	115.17	56.9
49.99	28.14	49.36	90.87	34.64	44.86	49.4
36.84	21.85	46.87	34.09	27.83	30.13	88.4
1 331.48	129.05	710.03	7 896.33	4 086.19	2 551.99	32.3
158.55	5.74	132.28	1 075.96	720.10	714.57	66.4
65.52	2.68	57.68	661.91	377.58	336.38	50.8
55.47	1.16	43.85	287.81	199.54	188.55	65.5
45.12	1.37	36.97	325.13	222.82	264.49	81.4
28.61	2.12	27.94	192.21	154.92	149.17	77.6
59.85	2.03	38.89	311.01	214.48	168.30	54.1
46.57	1.62	34.89	292.83	219.41	192.01	65.6
65.96	2.85	65.05	431.12	204.43	306.57	71.1
100.21	8.94	75.58	745.34	352.70	428.27	57.5
31.52	2.62	25.84	306.21	159.14	194.15	63.4
13.44	0.24	8.95	114.08	60.75	62.52	54.8
85.24	3.10	67.27	476.36	280.01	225.25	47.3
31.31	0.36	18.99	145.58	68.85	72.69	49.9
5.95	0.16	7.20	39.47	20.58	19.23	48.7
11.38	0.94	72.68	72.68	53.30	45.24	62.3

9–2 续表

类　　别	Category	施　工 Construction 自有机械设备净值（亿元） Net Value of Machinery and Equipment Owned (100 millions yuan)	施　工 Construction 自有机械设备总台数（万台） Number of Machinery and Equipment Owned (10 000 units)
全　省	**Yunnan**	**111.20**	**18.33**
按企业控股情况分	**Grouped by Share Holding**		
国有控股	State-controlled	28.29	3.21
集体控股	Collective-controlled	10.40	3.02
私人控股	Private-controlled	69.70	11.44
按国民经济行业分	**Grouped by Sector**		
房屋建筑业	Building Construction Industry	65.54	13.75
土木工程建筑业	Civil Engineering Construction Industry	38.83	3.25
建筑安装业	Construction Installation	2.20	0.74
建筑装饰和其他建筑业	Architectural Decoration and Other Construction Industry	4.63	0.58
按企业资质等级分	**Grouped by Qualification Criteria**		
施工总承包	Construction Contract	101.99	17.00
特　级	Special Grade	15.92	1.12
一　级	First Grade	14.50	2.81
二　级	Second Grade	41.53	7.13
专业承包	Professional Contract	9.21	1.33
一　级	First Grade	2.42	0.52
二　级	Second Grade	2.74	0.36
劳务分包	Labor Subcontract		
按州市分	**Grouped by Region**		
昆　明	Kunming	52.62	6.54
曲　靖	Qujing	15.51	1.47
玉　溪	Yuxi	7.11	1.77
保　山	Baoshan	5.40	1.34
昭　通	Zhaotong	2.17	0.39
丽　江	Lijiang	1.97	0.25
普　洱	Pu'er	2.35	0.56
临　沧	Lincang	3.04	1.00
楚　雄	Chuxiong	4.86	1.22
红　河	Honghe	6.23	1.09
文　山	Wenshan	0.48	0.25
西双版纳	Xishuangbanna	0.39	0.27
大　理	Dali	5.69	1.53
德　宏	Dehong	2.07	0.36
怒　江	Nujiang	0.84	0.18
迪　庆	Diqing	0.46	0.10

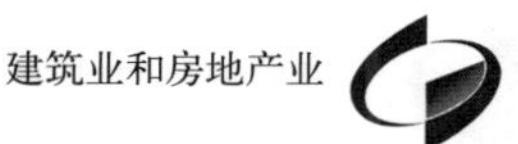

continued

机械设备 Machinery and Equipment			计算建筑业劳动生产率的平均人数（万人） Average Persons of calculating the Labor Productivity (10 000 persons)	年末从业人数（万人） Number of Employed Persons at Year-end (10 000 persons)	全员劳动生产率（万元/人） Overall Labor Productivity of Construction Enterprises (10 000 yuan/person)
自有机械设备总功率（万千瓦） Total Power of Machinery and Equipment Owned (10 000kw)	技术装备率（万元/人） Value of Machinery Per Laborer (10 000 yuan/person)	动力装备率（千瓦/人） Power of Machinery Per Laborer (kw/per)			
725.08	**1.2**	**7.9**	**91.27**	**75.22**	**26.1**
139.59	1.1	5.4	25.81	9.52	27.9
55.83	1.0	5.5	10.18	9.92	26.3
514.72	1.3	9.9	51.73	53.05	25.1
506.22	1.1	8.1	62.39	55.06	24.9
187.77	1.8	8.7	21.61	13.95	29.6
16.01	0.6	4.1	3.90	3.15	27.9
15.08	1.4	4.5	3.37	3.06	23.7
684.83	1.2	8.2	83.35	67.90	26.0
76.70	2.8	13.3	5.78	2.54	35.5
156.12	0.5	5.0	31.25	14.46	25.1
153.44	1.4	5.2	29.25	30.40	24.7
40.25	1.2	5.1	7.92	7.32	26.9
16.03	1.0	6.4	2.49	1.60	32.8
11.35	1.0	4.3	2.65	2.80	23.5
303.10	0.9	5.2	57.88	36.43	26.0
37.74	2.4	5.8	6.52	7.49	26.6
23.79	2.3	7.6	3.14	3.51	22.6
21.15	1.4	5.5	3.84	4.47	16.0
7.77	1.6	5.6	1.39	1.97	33.5
7.84	1.7	6.6	1.18	1.05	28.6
11.52	1.0	4.9	2.36	2.59	26.8
14.32	1.9	8.8	1.63	1.77	29.7
26.08	1.6	8.5	3.08	3.61	24.3
23.77	1.8	6.9	3.42	3.62	33.0
191.91	0.5	199.0	0.96	1.42	36.7
4.31	0.7	8.3	0.52	0.96	26.5
36.01	1.7	11.1	3.25	4.07	28.2
7.81	2.1	8.0	0.98	1.31	33.0
6.25	3.4	25.4	0.25	0.35	30.5
1.72	0.5	2.0	0.87	0.59	14.3

9-3 总承包专业承包建筑施工企业财务状况(2012年)

单位：亿元

类别	Item	资产合计 Total Assets	固定资产 Fixed Assets	负债合计 Total Liabilities	流动负债 Liquid Liabilities	所有者权益 Owners' Equity
全省	**Yunnan**	**2 130.66**	**302.83**	**1 396.58**	**1 263.80**	**734.08**
按企业控股情况分	**Grouped by Share Holding**					
国有控股	State-controlled	734.89	68.06	567.03	511.25	167.87
集体控股	Collective-controlled	221.00	35.58	131.78	119.47	89.22
私人控股	Private-controlled	1 092.15	187.87	638.48	575.81	453.67
按国民经济行业分	**by Sector**					
房屋建筑业	Building Construction Industry	1 164.17	166.30	734.33	659.62	429.85
土木工程建筑业	Civil Engineering Construction Industry	737.91	105.66	514.97	471.78	222.95
建筑安装业	Construction Installation	138.20	17.84	89.80	79.64	48.41
建筑装饰和其他建筑业	Architectural Decoration and Other Construction Industry	90.37	13.03	57.49	52.76	32.88
按企业资质等级分	**by Qualification Criteria**					
施工总承包	Construction Contract	1 878.32	261.20	1 236.14	1 116.99	642.18
特级	Special Grade	164.73	22.63	125.06	115.08	40.26
一级	First Grade	716.29	47.99	553.74	517.50	162.55
二级	Second Grade	581.80	103.20	335.38	301.42	246.42
专业承包	Professional Contract	252.34	41.64	160.44	146.81	91.90
一级	First Grade	58.49	7.01	40.21	36.86	18.27
二级	Second Grade	94.52	12.77	65.68	59.71	28.84
劳务分包	Labor Subcontract					
按州市分	**by Region**					
昆明	Kunming	1 430.09	153.35	999.88	911.02	430.21
曲靖	Qujing	125.52	32.44	63.67	55.46	61.85
玉溪	Yuxi	60.62	15.70	27.70	25.93	32.91
保山	Baoshan	28.83	8.42	12.65	11.26	16.18
昭通	Zhaotong	31.73	6.33	17.61	15.10	14.11
丽江	Lijiang	39.94	5.50	28.12	25.94	11.82
普洱	Pu'er	46.69	10.01	30.77	29.87	15.92
临沧	Lincang	27.03	7.19	8.66	6.67	18.37
楚雄	Chuxiong	48.80	10.29	25.07	23.18	23.73
红河	Honghe	87.15	21.10	51.29	48.26	35.86
文山	Wenshan	32.12	4.06	14.85	13.02	17.27
西双版纳	Xishuangbanna	9.16	1.66	6.16	4.71	3.01
大理	Dali	114.10	15.75	79.96	70.18	34.14
德宏	Dehong	30.75	6.75	21.56	16.94	9.19
怒江	Nujiang	6.45	1.98	2.62	1.15	3.83
迪庆	Diqing	11.67	2.29	6.00	5.11	5.67

Financial Indicators of Construction Enterprises of General Contractors and Professional Contractors (2012)

(100 million yuan)

实收资本 Paid-in Capitals	工程结算收入 Revenue of Project Settlement Accounts	工程结算成本 Cost of Project Settlement Accounts	工程结算税金及附加 Taxes and Extra Charges on Project Settlement Accounts	工程结算利润 Profits of Project Settlement Accounts	经营费用 Operation Expenses	管理费用 Management Expenses	税金 Tax	财务费用 Financial Expenses
466.44	**2 096.42**	**1 833.65**	**70.91**	**174.70**	**17.15**	**74.26**	**3.03**	**19.59**
101.47	714.09	653.40	21.20	38.18	1.31	23.25	0.55	4.98
47.57	228.34	191.73	8.84	24.26	3.51	8.84	0.38	2.04
301.24	1 065.22	909.95	38.05	105.20	12.02	38.54	2.00	11.96
283.23	1 287.94	1 123.47	46.56	106.50	11.40	38.80	1.94	11.91
119.98	620.69	549.98	18.70	49.06	2.95	23.18	0.58	5.91
35.90	112.63	96.71	3.24	10.91	1.77	7.86	0.25	0.86
27.34	75.16	63.49	2.41	8.23	1.04	4.43	0.26	0.92
400.35	1 896.79	1 664.69	64.92	152.87	14.31	61.46	2.49	17.63
15.53	207.93	191.12	4.76	12.05	0.01	4.23	0.05	0.94
88.97	727.50	666.13	23.47	36.80	1.10	20.11	0.43	7.62
157.23	588.24	500.55	21.61	58.87	7.22	20.56	1.00	4.95
66.09	199.63	168.96	5.99	21.84	2.85	12.80	0.54	1.97
12.46	73.40	65.12	2.22	5.66	0.40	3.04	0.19	0.52
22.40	58.59	49.27	1.83	6.71	0.78	4.15	0.12	0.97
259.31	1 381.69	1 226.04	44.37	103.59	7.68	47.85	1.44	12.34
40.85	130.93	110.66	4.99	12.95	2.33	4.15	0.29	1.13
23.60	65.45	56.51	2.49	5.59	0.86	2.52	0.11	0.57
10.76	50.67	44.02	1.99	4.19	0.48	1.44	0.13	0.18
10.44	38.78	32.17	1.70	4.74	0.18	3.04	0.05	0.18
9.61	27.29	23.48	1.08	2.38	0.36	0.68	0.04	0.35
12.01	53.75	44.49	2.43	5.84	0.99	1.83	0.22	0.44
13.39	42.17	34.30	1.41	4.93	1.53	1.69	0.05	0.23
17.17	60.88	53.00	2.19	4.61	1.07	1.89	0.28	0.52
23.19	84.83	74.09	3.05	7.16	0.53	3.19	0.16	0.90
7.04	35.86	29.30	1.21	5.21	0.14	1.07	0.06	0.30
2.67	10.23	9.21	0.28	0.61	0.13	0.50	0.02	0.00
22.81	75.30	65.58	2.38	6.88	0.45	2.96	0.12	1.07
7.59	21.85	17.74	0.78	3.06	0.27	0.98	0.03	1.25
3.08	5.33	3.99	0.21	1.06	0.07	0.26	0.02	0.02
2.93	11.42	9.07	0.34	1.92	0.09	0.22	0.01	0.09

9-3 续表

单位：亿元

类别	Item	利润总额 Total Profits
全 省	**Yunnan**	**83.74**
按企业控股情况分	**Grouped by Share Holding**	
国有控股	State-controlled	17.07
集体控股	Collective-controlled	10.91
私人控股	Private-controlled	52.79
按国民经济行业分	**by Sector**	
房屋建筑业	Building Construction Industry	54.80
土木工程建筑业	Civil Engineering Construction Industry	22.13
建筑安装业	Construction Installation	4.66
建筑装饰和其他建筑业	Architectural Decoration and Other Construction Industry	2.15
按企业资质等级分	**by Qualification Criteria**	
施工总承包	Construction Contract	77.27
特 级	Special Grade	7.38
一 级	First Grade	15.25
二 级	Second Grade	32.24
专业承包	Professional Contract	6.47
一 级	First Grade	2.01
二 级	Second Grade	1.56
劳务分包	Labor Subcontract	
按州市分	**by Region**	
昆 明	Kunming	46.85
曲 靖	Qujing	7.33
玉 溪	Yuxi	2.85
保 山	Baoshan	1.67
昭 通	Zhaotong	1.47
丽 江	Lijiang	1.41
普 洱	Pu'er	4.17
临 沧	Lincang	2.77
楚 雄	Chuxiong	2.89
红 河	Honghe	4.25
文 山	Wenshan	2.79
西双版纳	Xishuangbanna	0.11
大 理	Dali	2.78
德 宏	Dehong	0.87
怒 江	Nujiang	0.30
迪 庆	Diqing	1.23

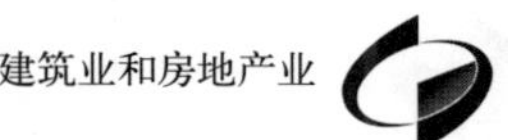

continued

(100 million yuan)

应交所得税 Value-added Tax Payale	企业总收入 Total Revenue	上缴税金 Tax Payment	产值利税率(%) Ratio of Profits & Taxes to Output Value(%)	资产利税率(%) Ratio of Profits and Taxes to Assets(%)
16.48	**2 133.38**	**90.42**	**6.6**	**7.4**
3.19	733.77	24.94	5.4	5.3
1.85	231.70	11.07	7.5	9.1
10.67	1 078.75	50.71	7.2	8.5
11.09	1 310.77	59.59	6.6	8.9
3.81	628.73	23.10	6.5	5.6
0.99	117.99	4.48	7.5	5.9
0.58	75.89	3.25	6.0	5.3
14.77	1 929.44	82.19	6.7	7.7
1.20	208.53	6.02	6.0	7.4
3.36	746.13	27.27	5.0	5.5
6.07	595.39	28.67	7.6	9.4
1.70	203.93	8.23	6.1	5.2
0.51	74.85	2.92	5.4	7.5
0.49	59.67	2.44	5.6	3.7
8.73	1 412.43	54.55	6.2	6.5
1.51	131.82	6.79	7.3	10.0
0.90	66.10	3.49	7.7	9.0
0.34	51.26	2.46	6.2	13.1
0.35	38.91	2.10	6.9	10.1
0.32	27.29	1.44	7.5	6.3
0.54	53.86	3.18	10.8	14.6
0.56	42.36	2.02	8.7	15.7
0.63	61.44	3.10	7.2	11.0
1.02	85.73	4.23	6.6	8.6
0.41	36.01	1.67	11.4	12.6
0.06	10.69	0.37	3.0	4.5
0.81	76.71	3.31	5.8	4.6
0.12	21.91	0.92	5.2	5.5
0.09	5.33	0.33	7.2	8.3
0.09	11.52	0.44	12.6	13.5

9-4 全省房地产业发展情况（2012年）

单位：亿元

类　别	Category	房地产开发投资 Investment in Real Estate Revelopment	国　有 State-owned Economy
本年固定资产投资完成额	**Investment in Fixed Assete Completed This Year**	**1 782.14**	**118.07**
#土地开发投资额	in Land Development		
配套工程投资	in Related Projects	23.19	1.00
按构成分	**Grouped by Use of Funds**		
建筑工程	Construction	1 233.33	86.43
安装工程	Installation	119.42	6.36
设备工器具购置	Purchase of Equipment and Instruments	17.86	0.30
其他费用	Others	411.52	24.98
#旧建筑物购置费	Purchase of Used Building	19.46	0.25
土地购置费	Purchase of Land	251.08	14.68
按工程用途分	**Grouped by Use of Buildings**		
住　宅	Residential Buildings	1 152.50	83.83
#90平方米以下住房	Residential Buildings below 90 sq.m	294.51	41.26
别墅、高档公寓	Villas and Upper-scale Apartments	86.34	6.29
办公楼	Office Buildings	86.41	2.41
商业营业用房	Buildings for Business	256.29	7.45
其　他	Others	286.93	24.38
本年新增固定资产	**Newly Increased Fixed Assets**	**616.08**	**23.14**
本年资金来源合计	**Total Funds of All Sources**	**2 730.26**	**160.02**
上年末结余资金	Fund Left from Last Year	596.24	37.21
本年资金来源小计	Fund of All Sources in Currrent Year	2 134.02	122.80
国内贷款	Domestic Loans	216.12	35.55
#银行贷款	from Banks	181.85	26.71
非银行金融机构贷款	from Other Financial Deparments	34.27	8.84
利用外资	Foreign Investment		
#外商直接投资	Foreign Direct Investment		
自筹资金	Self-Raising Funds	975.03	42.35
#自有资金	Self-owned Funds	414.61	22.97
其他资金来源	Others	942.87	44.90
#定金及预收款	Earnest Money and Advance Charge	593.69	27.08
个人按揭贷款	Mortgage Loans	258.20	4.85
本年各项应付款合计	**Account Payable**	**460.27**	**48.63**
#工程款	Payment for Construction	262.87	14.97
本年完成开发土地面积(万平方米)	**Space of Land Developed in Current Year (10 000 sq.m)**		
待开发土地面积(万平方米)	**Space of Land to be Developed (10 000 sq.m)**	**964.72**	**58.57**
本年购置土地面积(万平方米)	**Space of Land Purchased in Current Year (10 000 sq.m)**	**1 602.39**	**162.32**
本年土地成交价款	**Value of Commercial Land**	**272.11**	**15.31**

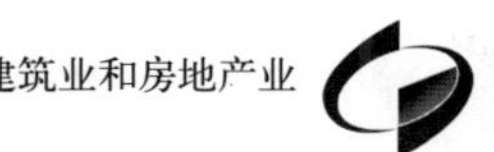

Basic Statistics on Real Estate Development(2012)

(100 million yuan)

集　体 Collective-owned Economy	私营个体 Private and Individuals	股份制 Share Holding Economy	外　商 Foreign Funded Economy	港澳台 Economy with Funds from HongKong, Macao and Taiwan	其　他 Others
23.11	**695.31**	**52.65**	**7.51**	**27.85**	**857.64**
	6.48	0.09		0.10	15.52
17.97	483.29	37.34	7.38	18.26	582.66
4.36	42.48	3.66	0.13	5.47	56.96
	8.81	0.83		0.14	7.78
0.78	160.72	10.83		3.98	210.23
	11.19				8.02
0.76	93.26	9.24		2.04	131.10
16.94	434.49	37.19	6.53	21.49	552.03
1.86	118.60	5.74	0.30	7.12	119.63
0.32	25.35	3.57		0.12	50.69
	29.66	1.40	0.91	1.10	50.93
6.03	113.25	7.66	0.05	2.58	119.27
0.13	117.90	6.40	0.02	2.69	135.41
3.19	**286.10**	**37.41**		**8.95**	**257.29**
178.96	**967.50**	**85.11**	**12.60**	**35.36**	**1 290.71**
109.17	205.19	17.38	2.64	4.50	220.15
69.78	762.32	67.72	9.96	30.86	1 070.58
	47.99	9.05		1.30	122.23
	41.62	6.75		1.30	105.47
	6.36	2.30			16.77
6.95	387.43	20.94	3.41	2.89	511.06
3.37	171.95	14.93	1.58	2.86	196.95
62.84	326.90	37.73	6.55	26.67	437.28
40.75	194.79	20.24	3.12	20.91	286.80
22.08	105.36	11.92	2.54	2.70	108.75
46.7	**169.77**	**12.88**	**0.52**	**2.90**	**178.87**
42.66	85.65	9.47	0.51	2.63	106.98
0.43	**338.49**	**61.43**			**505.80**
12.05	**568.65**	**60.71**		**18.13**	**780.53**
1.94	**100.10**	**13.53**		**3.00**	**138.23**

9-5 全省房地产开发企业财务状况（2012年）

单位：亿元

类　别	Category	房地产企业 Real Estate	国　有 State-owned Economy
年 初 存 货	**Inventory at Beginning of Current Year**	**2 307.79**	**132.07**
年末资产负债	**Property debt at Year-end**		
流动资产合计	Total Liquid Liabilities	5 819.30	477.70
#存　货	Inventory	3 095.42	204.57
固定资产原价	Fixed Asset Value	165.74	12.32
累计折旧	Accumulated Depreciation	48.75	9.17
#本年折旧	in Current Year	10.59	0.40
资产总计	Assets	6 954.93	593.29
负债总计	Liabilities	5 631.87	434.47
所有者权益合计	Owners' Equity	1 323.06	158.83
#实收资本	Paid-up Capital	917.59	50.70
损益及分配	**Net Income or Loss and Distribution**		
主营业务收入	Operating Income	835.86	45.39
#土地转让收入	Revenues from Land Transfer	12.53	1.19
商品房屋销售收入	Revenues from Commercial Housing Sales	791.43	38.37
房屋出租收入	Housing Rental Income	9.82	0.34
其他收入	Others	22.08	5.49
主营业务成本	Main Business Cost	642.29	35.03
主营业务税金及附加	Main Business Tax & Additional	70.76	3.46
主营业务利润	Main Business Profit		
其他业务收入	Other Operating Revenue		
其他业务利润	Other Operating Profits	7.42	0.43
销售费用	Sales Expenses	30.64	0.97
管理费用	Management Expenses	67.68	3.90
#税　金	Taxes	4.33	0.24
差旅费	Travelling Expenses Fees	1.88	0.05
工会经费	Labour union expenditure	0.23	0.02
财务费用	Financial Expenses	21.77	0.52
#利息支出	Interests	17.74	0.67
营业利润	Business Profits	58.13	2.14
营业外收入	Non-operating Income	8.70	1.13
营业外支出	Non-operating Expenses	8.47	0.32
利润总额	Total Profits	58.48	2.98
应缴所得税	Income Tax Payable	21.62	1.09
本年应付工资总额	Wages Payable in Current Year	48.17	2.28
全部从业年均人数(万人)	**Average Number of Employees Engaged (10 000 persons)**	**6.52**	**0.32**

Financial Status of Real Estate Investment and Development Enterprises (2012)

(100 million yuan)

集　体 Collective-owned Economy	私　营 Individuals	股份制 Share Holding Economy	外　商 Foreign Funded Economy	港澳台 Economy with Funds from Hong Kong,Macao and Taiwan	其　他 Others
42.62	**734.34**	**79.00**	**22.84**	**53.06**	**1 243.86**
69.15	1 848.13	175.86	52.28	196.57	2 999.61
43.99	979.13	95.72	25.69	47.05	1 699.27
0.61	61.67	4.58	1.54	24.44	60.58
0.18	15.96	2.38	0.50	5.42	15.14
0.03	3.89	1.19	0.01	1.04	4.03
72.20	2 225.57	293.11	55.57	354.26	3 360.93
61.29	1 859.32	212.62	39.60	228.47	2 796.10
10.91	366.25	80.49	15.97	125.78	564.83
11.75	359.11	56.52	17.05	67.62	354.84
2.88	345.01	23.34	0.55	47.71	370.98
	4.81	0.04			6.49
2.32	332.89	20.58	0.07	44.59	352.61
0.02	2.62	0.59	0.48	2.72	3.05
0.54	4.70	2.13		0.39	8.83
3.05	253.23	18.45	0.25	23.18	309.10
0.11	26.46	2.50	0.04	3.88	34.31
0.01	2.12	0.51		0.06	4.29
0.15	9.32	0.79	0.07	0.65	18.69
0.28	25.06	2.07	0.23	4.65	31.49
0.02	1.53	0.10	0.01	0.47	1.96
0.01	0.74	0.12		0.11	0.85
	0.08	0.01		0.03	0.09
0.29	6.40	0.89	0.14	2.16	11.37
0.23	4.92	0.92	0.13	2.20	8.67
-0.36	24.10	-3.63	-0.20	19.53	16.55
	2.12	0.08	0.03	0.33	5.01
0.31	3.23	0.14	0.04	0.27	4.16
-0.67	23.01	-3.70	-0.21	19.60	17.47
0.01	5.55	0.24		4.71	10.02
1.01	15.47	6.51	0.08	1.62	21.20
0.08	**2.81**	**0.25**	**0.03**	**0.26**	**2.77**

9-6 房地产开发企业(单位)施工、销售和待售情况（2012年）

类 别	Category	房地产企业 Enterprises Real Estate	住 宅 Residential Buildings
房屋施工面积(万平方米)	**Floor Space Under Construction (10 000 sq.m)**	**14 362.00**	**10 432.11**
#新开工面积	Newly-started Projects	6 037.53	4 166.88
房屋竣工面积(万平方米)	**Floor Space Completed (10 000 sq.m)**	**1 851.57**	**1 492.28**
#不可销售面积	Space of Floor not Ready for Sale	40.94	16.25
商品住宅竣工套数(万套)	**Number of Commercial Buildings Completed (10 000 units)**		**12.11**
竣工房屋价值（亿元)	**Value of Buildings Completed (100 million yuan)**	**417.40**	**326.59**
出租房屋面积(万平方米)	**Floor Space of Buildings to Lease (sq.m)**	**21.91**	**0.75**
商品房销售面积(万平方米)	**Floor Space of Commercial Buildings Sold (10 000 sq.m)**	**3 237.75**	**2 789.68**
#现房销售面积	Floor Space of Complete Dapartments	515.12	382.28
期房销售面积	Floor Space of Forward Delivery Housing	2 722.62	2 407.40
商品房销售额(亿元)	**Total Sale of Commercial Buildings (100 million yuan)**	**1 362.83**	**1 077.10**
#现房销售额	Sale of Complete Dapartments	219.09	150.19
期房销售额	Sale of Forward Delivery Housing	1 143.74	926.90
商品住宅销售套数(万套)	**Number of Commercial Buildings Sold (10 000 units)**		**23.96**
# 现房销售套数	Complete Dapartments		3.48
期房销售套数	Forward Delivery Housing		20.48
待售面积(万平方米)	**Floor Space of Commercial Buildings Unoccupied (10 000 sq.m)**	**511.67**	**332.35**
#待售1-3年(含1年)	Unoccupied from 1 to 3 Years	312.87	228.83
待售3年及以上	Unoccupied for More Than 3 Years	69.68	17.07

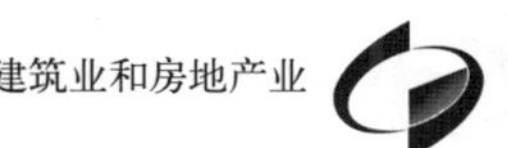

Basic Statistics on Construction,Sale and Vacancy of Buildings Built of Real Estate Enterprises(2012)

		办公楼 Office Buildings	商业营业用房 Buildings for Business	其 他 Others
#90平方米 以下住房 below 90 sq.m	#别墅、高档公寓 Villas and Upper- scale Apartments			
1 930.29	**978.37**	**427.16**	**1 869.51**	**1 633.21**
796.64	259.40	222.37	882.77	765.51
255.66	**204.46**	**26.54**	**183.06**	**149.69**
4.75		1.60	6.30	16.78
3.68	**0.88**			
58.32	**48.41**	**7.24**	**49.46**	**34.11**
0.62	**0.02**	**6.32**	**13.91**	**0.93**
605.01	**265.28**	**90.87**	**277.54**	**79.67**
97.98	37.61	17.91	84.83	30.11
507.03	227.67	72.96	192.71	49.56
275.72	**111.03**	**71.57**	**182.26**	**31.90**
56.15	14.63	12.32	42.91	13.67
219.57	96.40	59.25	139.35	18.23
8.68	**1.24**			
1.54	0.17			
7.14	1.07			
42.13	**33.42**	**32.42**	**83.00**	**63.90**
32.22	18.11	6.03	54.41	23.60
0.03	0.19	17.74	8.70	26.17

主要统计指标解释

建筑施工企业 指从事房屋、构筑物和设备安装生产活动的独立施工单位。

建筑业总产值（自行完成施工产值） 指建筑施工企业在一定时期内所完成的以货币表现的生产总量。是反映全部生产规模、水平和成果的综合指标。

房屋建筑施工面积 指在报告期内施工的全部房屋建筑面积，包括本期新开工的房屋面积、上期施工跨入本期继续施工的房屋面积、上期停缓建在本期恢复施工的房屋面积、本期竣工的房屋面积及本期施工后又停缓建的房屋面积。

房屋建筑竣工面积 指在报告期内房屋建筑按照设计要求全部完工，达到了住人和使用条件，经验收鉴定合格，正式移交使用单位的房屋建筑面积。

自有机械设备年末总台数 指归本企业所有，属于本企业固定资产的生产性机械设备年末总台数。包括施工机械、生产设备、运输设备以及其他设备。

自有机械设备年末总功率 指本企业自有施工机械、生产设备、运输设备以及其他设备等列为在册固定资产的生产性机械设备年末总功率，按设定能力或查定能力计算。包括机械本身的动力和为该机械服务的单独动力设备，如电动机等。计算单位用千瓦，动力换算可按 1 马力 =0. 735 千瓦折合成瓦数。电焊机、变压器、锅炉不计算动力。

营业收入 指企业经营主要业务和其他业务所确认的收入总额。包括主营业务收入与其他业务收入。

利润总额 指建筑施工企业在一定时期内实现的利润。

主营业务收入 指企业确认的销售商品、提供服务等主营业务收入。

建筑业增加值 指建筑企业在报告期内以货币表现的建筑生产经营活动的最终成果。

产值利润率 是指报告期内企业实现的利润总额占同期建筑业总产值的百分比。

房地产开发投资 指各种登记注册类型的房地产开发公司、商品房建设公司及其他房地产开发法人单位和附属于其他法人单位实际从事房地产开发或经营活动的单位统一开发的包括统代建、拆迁还建的住宅、厂房、仓库、饭店、宾馆、度假村、写字楼、办公楼等房屋建筑物和配套的服务设施，土地开发工程（如道路、给水、排水、供电、供热、通讯、平整场地等基础设施工程）的投资；不包括单纯的土地交易活动。

商品房销售面积 指报告期内出售商品房屋的合同总面积（即双方签署的正式买卖合同中所确定的建筑面积）。由现房销售建筑面积和期房销售建筑面积两部分组成。商品房销售额 指报告期内出售商品房屋的合同总价款（即双方签署的正式买卖合同中所确定的合同总价）。该指标与商品房销售面积同口径，由现房销售额和期房销售额两部分组成。

经济适用房 指根据经济适用房计划安排建设的政策性住宅。经济是指房屋建筑造价和销售价格低于一般商品住宅；适用是指适合中低收入家庭购买使用。经济适用房主要是由国家统一下达投资计划，房地产公司开发，对外销售；用地一般采用行政划拨或招标投标方式，免收土地出让金；对各种经批准的收费减半征收，开发利润不超过3%；销售价格实行政府指导价。该指标可以分析房地产投资结构，反映中低收入家庭商品住宅的供求平衡情况。

不可销售面积 指报告期房地产公司竣工的用于拆迁还建的房屋面积；接受委托、定向开发建设，并收取一定的管理费所建设的统建代建房屋竣工面积；竣工的学校、幼儿园、派出所、居委会、商店等公益设施建筑面积。

待售面积 指报告期末已竣工的可供销售或出租的商品房屋建筑面积中，尚未销售或出租的商品房屋建筑面积，包括以前年度竣工和本期竣工的房屋面积，但不包括报告期已竣工的拆迁还建、统建代建、公共配套建筑、房地产公司自用及周转房等不可销售或出租的房屋面积。按照商品房待售时间的长短可以划分为待售一年以下、待售一至三年（含一年）和待售三年以上（含三年）。

Explanatory Notes on Principal Statistical Indicators

Statistical Entities in Construction refers to corporate enterprises engaged in construction of buildings and structures and equipment installation.

Gross Output Value of Construction (**Output Value of Self – completed Projects**) refers to the total volume of construction products, expressed in monetary terms and completed by construction and installation enterprises during a given period of time. It is a comprehensive indicator reflecting the whole production scale, level and fruits.

Floor Space of Buildings Under Construction refers to the floor space of buildings under construction during the report period, including newly started buildings, buildings started in the preceding period and continued during the current period, and buildings suspended in the preceding period but restarted in the current period, buildings completed during the current period, and buildings under construction and then suspended during the current period.

Floor Space of Buildings Completed refers to the floor space of buildings that are completed in the report period in accordance with the requirements of the design, up to the standard of putting them into use, and have been checked and accepted by concerned departments as qualified ones.

Total Number of Machinery and Equipment Owned at Year – end refers to the number of machines and equipment owned by enterprises, and listed as their fixed assets by the end of the year, including machinery and equipment for construction, production and transportation.

Total Power of Machinery and Equipment Owned at Year – end refers to the total power of machinery and equipment for construction, production and transportation owned by enterprises, and listed as their fixed assets by the end of the year, which is calculated on the basis of the designed or verified capacity, covering the power of machinery and equipment and separate power equipment serving them (such as electric motors), but excluding welders, transformers and boilers. The unit used for the calculation of power is kilowatt, with horsepower converted to kilowatt by 1 horsepower = 0.735kilowatt.

Operating Revenue refers to the sum of income from principal business and other business of enterprises, including income from settlement of projects and other operating income.

Total Profits refer to the profits made by construction enterprises in a certain period of time.

Income from Principal Business refers to income received by merchandising and providing service of enterprises.

Added Value of Construction refers to the final results of production and operation of construction enterprises in monetary terms in the report period.

Ratio of Profit to Output Value refers to the ratio of the total profits to the gross output value of construction in the report period.

Investment in Real Estate Development refers to investment by real estate development companies, commercialized buildings construction companies and other real estate development units of various types of ownership in the construction of buildings, such as residential buildings, factory buildings, warehouses, hotels, guesthouses, holiday villages, office buildings, and the complementary service facilities and land development projects, such as roads, water supply, water drainage, power supply, heating supply, telecommunications, land leveling and other infrastructural projects. It does not include activities in pure land transactions.

Area of Commercialized Housing Sold refers to total contracted area of commercialized housing (i. e. area of floor space as designated in the formal contracts signed by both sides) during the reference time. It constitutes floor space of completed housing and floor space of future housing.

Value of Commercialized Housing Sold refers to the total contracted value (i. e. value of sales/purchase for selling/purchase of commercialized housing as designated in the contract signed by both sides) during the reference time. This indicator has the same coverage as the area of commercialized housing sold, which constitutes floor space of completed housing and floor space of housing yet to be completed.

Economically Affordable Housing refers to housing constructed according to the State Plan for economically affordable housing. The features of houses of this category are low cost of construction and low prices, and therefore are affordable to mid – income and low income households. Economically affordable housing projects are developed by real estate companies under the State Investment Plan, with the land provided through government allocation or tendering procedures. Developers are exempted from land utilization fees and enjoy another 50% exemption of all other legitimate fees, while their profits are limited to less than 3% , and the completed houses are sold under government – guided prices. This indicator helps to analyze the investment structure of the real estate industry and the demand and supply of housing for mid – income and low income households.

Non – Marketable Area refers to the building area used for removal and rebuilding which completed by real estate companies in reference period; completed building area of unified construction and acting construction which constructed by accepting commission, orientating development construction and charging certain management overhead; building area of completed schools, kindergartens, police stations, neighborhood committees, stores and such public utility constructions.

Floor Space of Vacant Building refers to the area of commercialized buildings havent been sold or rent in the area of completed marketable and rentable commercialized buildings in the reference period, including the completed building area in the former years and in the current period, while excluding the completed removal and rebuilding buildings, unified and deputized construction buildings, public matched installations buildings and area of the buildings for self – use and revolving buildings of the real estate companies which are unmarketable or cant be rented. According to the vacant time, the buildings can be categorized as follows: buildings vacant less than one year, vacant for one to three years (including one year), vacant more than three years (including three years).

Chapter 10

十、交通运输、通信和服务业
Transport,Communication and Service Industry

10-1 主要年份年末交通运输线路长度
Length of Transport Routes at Year-end in Significant Years

单位：万公里 (10 000 km)

年 份 Year	铁路营业里程 Length of Railways in Operation	公路通车里程 Total Length of Highways	内河航道里程 Length of Navigable Inland Waterways	民用航空航线里程 Length of Civil Aviation Routes	国际航线 International Lines
1980	0.17	4.41	0.10	0.10	
1985	0.17	4.95	0.10	2.27	0.13
1988	0.16	5.25	0.11	2.37	0.31
1989	0.17	5.47	0.11	2.27	0.31
1990	0.17	5.65	0.11	2.66	0.31
1991	0.17	5.81	0.11	3.08	0.31
1992	0.17	6.00	0.11	4.73	0.41
1993	0.16	6.31	0.11	4.51	0.70
1994	0.16	6.56	0.13	6.42	0.95
1995	0.16	6.82	0.13	5.16	0.95
1996	0.16	7.03	0.13	7.06	0.67
1997	0.20	7.38	0.13	8.98	0.67
1998	0.20	7.70	0.13	12.87	1.63
1999	0.20	10.24	0.15	13.31	3.37
2000	0.20	16.36	0.16	11.97	2.04
2001	0.20	16.40	0.18	13.51	2.07
2002	0.20	16.49	0.18	14.81	2.91
2003	0.20	16.61	0.18	14.55	2.09
2004	0.19	16.71	0.25	13.78	2.43
2005	0.19	19.45	0.28	13.54	2.44
2006	0.19	19.85	0.28	13.68	2.24
2007	0.19	20.03	0.28	12.99	2.63
2008	0.19	20.38	0.28	11.21	1.47
2009	0.19	20.60	0.28	15.20	2.39
2010	0.19	20.92	0.29	18.28	4.96
2011	0.21	21.45	0.32	18.56	5.39
2012	0.24	21.91	0.34	22.85	4.84

10–2 公路运输线路长度

Length of Highways

单位：公里 (km)

州 市	Region	公路通车里程 Total Length of Highways	等级公路 Expressway Total	高 速 Highway	一 级 First class	二 级 Second Class	三 级 Third Class	四 级 Fourth Class	等外公路 Highway Below Class IV
1980		44 149							
1985		49 541							
1988		52 534	43 911			99	6 209	37 683	8 543
1989		54 732	46 296			126	6 252	39 902	8 436
1990		56 536	48 244			195	6 484	41 524	8 292
1991		58 123	49 917			199	6 718	42 959	8 206
1992		60 045	52 007			211	6 811	44 900	8 038
1993		63 086	55 317			587	7 056	47 633	7 769
1994		65 578	57 992			615	7 302	50 034	7 586
1995		68 236	60 777			917	7 571	52 248	7 459
1996		70 279	62 936			1 066	7 862	53 922	7 343
1997		73 821	66 561	45	71	1 301	8 080	57 064	7 260
1998		76 957	69 783	205	61	1 311	8 420	59 786	7 174
1999		102 405	95 354	405	72	1 435	8 702	84 740	7 051
2000		109 636	102 626	517	153	1 722	8 798	91 436	7 010
2001		163 953	106 396	517	164	2 106	9 787	93 822	57 557
2002		164 853	107 617	746	164	2 192	9 969	94 546	57 236
2003		166 134	109 302	1 064	230	2 677	10 057	95 274	56 832
2004		167 050	110 876	1 291	237	3 089	10 062	96 197	56 174
2005		167 678	111 961	1 424	287	3 325	9 918	97 007	55 717
2006		198 496	99 834	1 549	279	3 696	9 513	84 797	98 662
2007		200 333	104 771	2 507	600	4 370	9 469	87 825	95 562
2008		203 753	124 526	2 512	633	4 859	9 563	106 959	79 227
2009		206 028	138 150	2 512	628	4 973	9 518	120 519	67 878
2010		209 230	158 119	2 630	733	5 771	9 329	139 656	51 111
2011		214 524	165 843	2 746	842	9 553	8 407	144 295	48 681
2012		219 052	171 960	2 943	974	10 299	8 372	149 371	47 092
昆 明	Kunming	17 444	14 421	580	131	1 051	587	12 071	3 023
曲 靖	Qujing	21 428	18 287	261	229	620	893	16 284	3 141
玉 溪	Yuxi	16 594	16 136	239	106	576	923	14 292	459
保 山	Baoshan	12 631	9 603	134	56	837	244	8 332	3 027
昭 通	Zhaotong	15 277	11 235	135		858	166	10 076	4 042
丽 江	Lijiang	6 768	5 935	9	19	314	561	5 032	833
普 洱	Pu'er	19 507	12 907	200	15	906	586	11 200	6 600
临 沧	Lincang	14 637	11 668		20	1 032	165	10 450	2 969
楚 雄	Chuxiong	17 461	10 826	326	34	339	671	9 457	6 634
红 河	Honghe	20 922	17 860	440	43	826	1 099	15 452	3 062
文 山	Wenshan	14 687	12 504	303	59	501	1 119	10 522	2 182
西双版纳	Xishuangbanna	6 359	4 738	90	27	427	30	4 165	1 621
大 理	Dali	17 819	12 327	225	217	876	992	10 017	5 491
德 宏	Dehong	7 504	5 517		16	615	192	4 694	1 986
怒 江	Nujiang	4 595	3 417			90	86	3 241	1 178
迪 庆	Diqing	5 419	4 577		2	432	57	4 085	843

10-3 铁路里程和机车拥有量（2008-2012年）

Length of Railways and Number of Railway Locomotives Owned (2008-2012)

指　　标	Item	2008	2009	2010	2011	2012
铁路里程	**Length of Railways in Operation**					
正线延长里程(公里)	Length of Railways in Trunk Line (km)	2 170.60	2 136.30	2 154.90	2 159.40	2 557.40
营业里程(公里)	Length of Railways in Operation (km)	1 923.70	1 923.70	1 923.70	2 142.40	2 350.10
准　轨(公里)	Standard Tracks (km)	1 262.90	1 262.90	1 262.90	1 485.80	1 693.50
米　轨(公里)	Meter Tracks (km)	660.80	660.80	660.80	656.60	656.60
内燃机车牵引里程(公里)	Length of Diesel Engine Routes (km)	857.90	857.90	857.90	861.80	1 092.50
占营业里程比重(%)	As Percentage of Railways in Operation (%)	44.60	44.60	44.60	44.71	46.49
半自动闭塞里程(公里)	Semi-automatic Blocking Length (km)	1 781.20	1 785.10	1 676.90	1 574.20	1 685.60
占营业里程比重(%)	As Percentage of Railways in Operation (%)	92.6	92.8	87.2	81.7	71.72
无缝线路里程(公里)	Length of Continuous Welded Rail (km)	973.6	1191.5	1254.5	1309.6	1384
占营业里程比重(%)	As Percentage of Railways in Operation (%)	50.6	61.9	65.2	67.9	58.89
有电气集中的车站(个)	Number of Stations with Electric Interlocking (unit)	132	130	129	128	127
占正式营业线路车站比重(%)	As Percentage of Railways Stations in Operation (%)	67	70.7	69.7	87.1	88.2
营业线路主要车站(个)	Railways Station of in Operation (unit)	196	184	184	147	144
铁路机车拥有量(台)	Number of Railway Locomotives(unit)	381	391	360	368	417
内燃机车(台)	Diesel Locomotives (unit)	164	174	132	133	145
电力机车(台)	Electric Locomotives (unit)	217	217	228	235	272

10−4 铁路客货车拥有量（2011−2012年）
Number of Railway Passenger Coaches and Freight Cars Owned (2011-2012)

指　标	Item	2011	2012
客车合计（辆）	**Passenger Coaches (unit)**	**1 381**	**1 534**
软卧车	Soft Berth Coaches	95	107
硬卧车	Hard berth Coaches	585	681
硬座车	Hard Seat Coaches	483	581
餐　车	Dining Cars	75	84
行李邮政车	Luggage and Post Cars	14	
其　他	Others	129	81
货车合计（辆）	**Freight Cars (unit)**	**1 266**	**1 266**
按车型分	Grouped by Type of Car		
棚　车	Covered Cars	188	188
敞　车	Open cars	894	894
平　车	Flat Cars	80	80
罐　车	Tank Cars	94	94
其　他	Others	10	10
按载重量分	Grouped by Capacity of Car		
40吨及以下	40 Tons and Under	1 266	1 266
货车总载重（万吨 ）	Total Loading Capacity of Freight Cars (10 000 tons)	5.70	5.70
平均每辆车载重量（吨）	Average Marked Loading Capacity Per Car (ton)	45	45

10−5(1) 各州市民用车辆拥有量(按类型分组)(2012年)
Possession of Civil Vehicles by Region(Grouped by Vehicles Types)(2012)

单位：万辆、万人 (10 000 units, 10 000 persons)

州市	Region	民用车辆拥有量 Civilian Vehicle	汽车合计 Total	摩托车 Motors	拖拉机 Tractors	挂 车 Trailers	其他类型车 Others	机动车驾驶员 Number of Motor Drivers	#汽车驾驶员 Automobile Drivers
全 省	**Yunnan**	**950.68**	**334.95**	**573.79**	**41.26**	**0.67**	**0.01**	**845.48**	**519.59**
昆 明	Kunming	170.71	121.87	45.28	3.33	0.22	0.01	193.86	173.78
曲 靖	Qujing	95.1	35.86	55.95	3.25	0.04		93.3	63.28
玉 溪	Yuxi	70.17	24.14	41.68	4.22	0.13		53.33	33.94
保 山	Baoshan	59.68	11.04	45.43	3.16	0.05		45.62	19.02
昭 通	Zhaotong	51.4	13.97	36.27	1.15	0.01		46.59	24.14
丽 江	Lijiang	20.84	8.91	10.01	1.92			17.6	12.2
普 洱	Pu'er	71.28	13.94	53.1	4.23	0.01		51.81	21.54
临 沧	Lincang	52.94	7.92	39.54	5.48			43.04	13.45
楚 雄	Chuxiong	50.21	12.1	35.27	2.79	0.05		45.69	23.27
红 河	Honghe	79.74	25.83	50.87	2.98	0.06		66.64	43.17
文 山	Wenshan	62.97	12.54	48.6	1.82	0.01		59.15	20.5
西双版纳	Xishaungbanna	40.77	10.09	29.11	1.57			25.61	15.23
大 理	Dali	70.57	20.2	47.88	2.43	0.06		59.04	32.21
德 宏	Dehong	41.62	9.29	30.63	1.69	0.01		32.83	14.81
怒 江	Nujiang	5.22	2.15	2.63	0.44			5.42	3.76
迪 庆	Diqing	7.45	5.1	1.53	0.79	0.03		5.95	5.28

10-5(2) 各州市汽车拥有量(2012年)
Possession of Vehicles by Region(2012)

单位：万辆 (10 000 units)

州 市	Region	汽车合计 Total	载客汽车 Passenger Vehicles	#轿 车 Car	载货汽车 Trucks	其他汽车 Others	#三 轮 Three-wheel	#低速货车 Four-wheel
全 省	**Yunnan**	**334.95**	**248.76**	**137.36**	**77.88**	**8.31**	**0.38**	**6.04**
昆 明	Kunming	121.87	106.17	64.55	14.69	1.01	0.1	0.18
曲 靖	Qujing	35.86	25.85	13.14	9.21	0.8	0.03	0.6
玉 溪	Yuxi	24.14	16.17	9.73	7.56	0.41	0.01	0.23
保 山	Baoshan	11.04	7	3.58	3.65	0.39	0.02	0.31
昭 通	Zhaotong	13.97	9.44	4.07	4.25	0.28	0.04	0.19
丽 江	Lijiang	8.91	6.11	3.08	2.46	0.34	0.03	0.27
普 洱	Pu'er	13.94	7.98	3.74	4.81	1.15	0.02	1.09
临 沧	Lincang	7.92	5.14	2.94	2.45	0.34		0.3
楚 雄	Chuxiong	12.1	8.69	4.37	2.87	0.54	0.03	0.42
红 河	Honghe	25.83	17.12	8.13	7.23	1.47	0.03	1.25
文 山	Wenshan	12.54	8.37	4.5	3.92	0.24	0.02	0.17
西双版纳	Xishaungbanna	10.09	6.78	3.97	3.19	0.12		0.08
大 理	Dali	20.2	14	6.77	5.57	0.64	0.04	0.45
德 宏	Dehong	9.29	5.88	3.2	3.09	0.32		0.27
怒 江	Nujiang	2.15	1.48	0.54	0.62	0.05		0.03
迪 庆	Diqing	5.1	2.58	1.04	2.3	0.22		0.19

10-5(3) 各州市载客汽车拥有量(2012年)

Possession of Passenger Vehicles by Region(2012)

单位：万辆 (10 000 units)

州市	Region	载客汽车 Passenger Vehicles	大 型 Large-scale	中 型 Medium	小 型 Small-scale	微 型 Miniature
全 省	**Yunnan**	**248.76**	**2.34**	**3.26**	**227.05**	**16.12**
昆 明	Kunming	106.17	1.02	1.03	97.13	6.99
曲 靖	Qujing	25.85	0.21	0.24	23.6	1.8
玉 溪	Yuxi	16.17	0.12	0.16	14.17	1.72
保 山	Baoshan	7	0.05	0.13	6.48	0.34
昭 通	Zhaotong	9.44	0.09	0.12	8.3	0.93
丽 江	Lijiang	6.11	0.08	0.12	5.61	0.3
普 洱	Pu'er	7.98	0.07	0.13	7.45	0.33
临 沧	Lincang	5.14	0.03	0.08	4.85	0.18
楚 雄	Chuxiong	8.69	0.07	0.16	7.91	0.56
红 河	Honghe	17.12	0.18	0.26	15.77	0.91
文 山	Wenshan	8.37	0.08	0.15	7.74	0.4
西双版纳	Xishaungbanna	6.78	0.09	0.15	6.29	0.24
大 理	Dali	14	0.14	0.32	12.8	0.75
德 宏	Dehong	5.88	0.04	0.1	5.36	0.4
怒 江	Nujiang	1.48	0.02	0.04	1.36	0.06
迪 庆	Diqing	2.58	0.05	0.07	2.24	0.22

10–5(4) 各州市载货汽车拥有量(2012年)
Possession of Freight Vehicles by Region(2012)

单位：万辆 (10 000 units)

州市	Region	载货汽车 Trucks	重型 Heavy	中型 Medium	轻型 Light	微型 Miniature
全省	**Yunnan**	**77.88**	**11.07**	**16.62**	**50.05**	**0.14**
昆明	Kunming	14.69	2.44	2.44	9.8	0.02
曲靖	Qujing	9.21	1.84	2.22	5.16	
玉溪	Yuxi	7.56	1.12	1.97	4.43	0.04
保山	Baoshan	3.65	0.53	0.67	2.45	
昭通	Zhaotong	4.25	0.65	0.9	2.68	0.01
丽江	Lijiang	2.46	0.25	0.72	1.48	0.01
普洱	Pu'er	4.81	0.27	1.26	3.28	
临沧	Lincang	2.45	0.23	0.46	1.75	
楚雄	Chuxiong	2.87	0.42	0.59	1.85	0.02
红河	Honghe	7.23	1.21	1.67	4.35	
文山	Wenshan	3.92	0.29	0.79	2.82	0.02
西双版纳	Xishaungbanna	3.19	0.08	0.45	2.66	
大理	Dali	5.57	0.8	1.09	3.68	
德宏	Dehong	3.09	0.29	0.57	2.23	
怒江	Nujiang	0.62	0.04	0.1	0.48	
迪庆	Diqing	2.3	0.63	0.71	0.95	0.01

10-5(5) 各州市摩托车和拖拉机拥有量(2012年)

Possession of Motorcycles and Tractors by Region(2012)

单位：万辆 (10 000 units)

州 市	Region	摩托车 Motors	普 通 Common	轻 便 Convenient	拖拉机 Tractors	#大 中 型 Large and Medium	#小型方向盘式 Small Steering Wheel
全 省	**Yunnan**	**573.79**	**562.81**	**10.98**	**41.26**	**26.3**	**8.2**
昆 明	Kunming	45.28	44	1.28	3.33	1.94	0.75
曲 靖	Qujing	55.95	55.4	0.55	3.25	2.1	0.91
玉 溪	Yuxi	41.68	38.56	3.12	4.22	1.26	2.25
保 山	Baoshan	45.43	44.98	0.44	3.16	2.79	0.07
昭 通	Zhaotong	36.27	35.97	0.3	1.15	0.59	0.52
丽 江	Lijiang	10.01	9.92	0.09	1.92	0.85	0.83
普 洱	Pu'er	53.1	51.97	1.13	4.23	2.68	0.08
临 沧	Lincang	39.54	39.3	0.24	5.48	3.42	0.32
楚 雄	Chuxiong	35.27	34.1	1.17	2.79	1.73	0.75
红 河	Honghe	50.87	50.29	0.58	2.98	2.4	0.54
文 山	Wenshan	48.6	48.36	0.24	1.82	1.49	0.29
西双版纳	Xishaungbanna	29.11	28.58	0.52	1.57	0.75	0.54
大 理	Dali	47.88	47.08	0.81	2.43	2.36	0.04
德 宏	Dehong	30.63	30.15	0.47	1.69	0.88	0.22
怒 江	Nujiang	2.63	2.61	0.02	0.44	0.43	0.01
迪 庆	Diqing	1.53	1.51	0.01	0.79	0.62	0.07

10-6 各州市私人车辆拥有量(2012年)
Number of Private Motor Vehicles by Region (2012)

单位：万辆 (10 000 units)

州 市	Region	私人车辆拥有量 Private Cars	载客汽车 Passenger Vehicles	载货汽车 Trucks	拖拉机 Tractors	摩托车 Motors
全 省	**Yunnan**	**893.55**	**210.56**	**62.58**	**41.26**	**572.02**
昆 明	Kunming	150.07	89.95	11.57	3.33	44.64
曲 靖	Qujing	90.59	22.66	8.09	3.25	55.89
玉 溪	Yuxi	66.79	14.17	6.41	4.22	41.61
保 山	Baoshan	58.40	6.09	3.38	3.16	45.37
昭 通	Zhaotong	49.47	8.02	3.85	1.15	36.20
丽 江	Lijiang	19.47	5.15	2.13	1.92	9.97
普 洱	Pu'er	68.97	6.56	4.12	4.23	52.94
临 沧	Lincang	51.64	4.09	2.26	5.48	39.49
楚 雄	Chuxiong	47.92	7.20	2.22	2.79	35.23
红 河	Honghe	72.83	13.98	3.85	2.98	50.73
文 山	Wenshan	59.34	6.93	1.93	1.82	48.49
西双版纳	Xishuangbanna	39.41	5.88	2.84	1.57	29.02
大 理	Dali	67.43	12.02	4.66	2.43	47.79
德 宏	Dehong	40.13	4.82	2.81	1.69	30.52
怒 江	Nujiang	4.65	1.01	0.55	0.44	2.62
迪 庆	Diqing	6.44	2.05	1.90	0.79	1.49

10—7 民用机动运输船舶年末实有数（2009—2012年）
Number of Civil Transport Vessels at Year-end (2009-2012)

类　型	Type	2009	2010	2011	2012
全　省	**Yunnan**				
艘　数（艘）	Number (unit)	848	880	894	920
净载重量（吨位. 万）	Dead Weight Tonnage (10 000 ton s)	6.55	6.91	10.06	11.16
载客量（客位. 万）	Passenger Capacity (10 000 seat s)	1.65	1.67	1.77	1.75
功　率（万千瓦）	Drawing Power (10 000 kw)	7.77	8.03	7.80	7.81
客　船	Passenger Boat				
艘　数（艘）	Number (unit)	545	623	645	720
载客量（客位. 万）	Passenger Capacity (10 000 seat s)	1.33	1.50	1.58	1.7
功　率（万千瓦）	Drawing Power (10 000 kw)	2.25	2.48	2.38	2.46
客货船	Passenger Boat and Cargo Vessel				
艘　数（艘）	Number (unit)	136	75	86	20
净载重量（吨位）	Dead Weight Tonnage (ton)	668	187	793	100
载客量（客位. 万）	Passenger Capacity (10 000 seat s)	0.32	0.17	0.19	0.05
功　率（万千瓦）	Drawing Power (10 000 kw)	0.49	0.29	0.31	0.09
货　船	Cargo Vessel				
艘　数（艘）	Number (unit)	165	180	161	178
净载重量（吨位. 万）	Dead Weight Tonnage (10 000 ton s)	5.70	5.95	9.06	10.03
功　率（万千瓦）	Drawing Power (10 000 kw)	4.99	5.22	5.07	5.21
拖　船	Tugboat				
艘　数（艘）	Number (unit)	2	2	2	2
功　率（千瓦）	Drawing Power (kw)	396	396	396	500
驳　船	Barge				
艘　数（艘）	Number (unit)	2	2		
净载重量（吨位）	Dead Weight Tonnage (ton)	164	164		

10−8 内河、湖泊主要港口吞吐量和码头泊位数(2012年)

Throughput and Number of Berths in Major Ports of Inland Rivers and Lakes (2012)

州 市 Region	旅客吞吐量(万人) Volume of Passenger Traffic (10 000 persons)	出港量 Export Volume	货物吞吐量(万吨) Volume of Freight Handled (10 000 tons)	出港量 Export Volume	生产用码头 Quay Line For Productive Use: 码头长度(米) Length of Quay Line (m)	泊位数(个) Number of Berths (unit)	最大靠泊能力(吨级) The Greatest Capacity (ton)
全 省 Yunnan	**934**	**472**	**390**	**293**	**8 840**	**190**	**500**
昆 明 Kunming	120	61			1 767	72	300
曲 靖 Qujing	97	49			1 310	10	200
玉 溪 Yuxi	6	3			214	5	300
昭 通 Zhaotong			258	237	900	17	500
丽 江 Lijiang	26	13			400	2	300
普 洱 Pu'er	69	32	19	5	890	17	300
临 沧 Lincang	42	21	32	8	706	16	50
楚 雄 Chuxiong	78	42	26	15	165	6	
文 山 Wenshan	74	37	14	7	330	8	
西双版纳 Xishuangbanna	53	26	14	6	773	5	300
大 理 Dali	25	13	8	4	1 135	24	300

10—9 主要年份交通运输客运量

Passenger Traffic in Significant Years

单位：亿人 (100 million persons)

年 份 Year	全省客运量 Passenger Traffic	铁 路 Railways	公 路 Highways	水 运 Waterways	民用航空(万人) Civil Aviation(10 000 perons)
1978	0.39	0.13	0.25		8.9
1980	0.53	0.15	0.36	0.01	17.2
1985	0.94	0.15	0.77	0.01	23.0
1987	1.01	0.14	0.86	0.01	39.0
1988	1.06	0.14	0.89	0.02	32.0
1989	1.04	0.13	0.89	0.01	31.0
1990	1.07	0.10	0.95	0.02	34.0
1991	1.11	0.10	0.99	0.01	50.0
1992	1.06	0.11	0.93	0.01	83.0
1993	1.11	0.13	0.95	0.02	127.0
1994	2.52	0.14	2.35	0.01	145.8
1995	2.17	0.13	2.01	0.01	211.0
1996	2.39	0.11	2.24	0.01	253.0
1997	2.50	0.11	2.34	0.01	288.3
1998	2.99	0.13	2.80	0.02	331.1
1999	3.30	0.15	3.08	0.02	435.4
2000	3.37	0.15	3.16	0.02	345.0
2001	4.00	0.14	3.79	0.03	380.0
2002	3.89	0.14	3.67	0.04	393.0
2003	3.52	0.14	3.30	0.04	377.0
2004	3.89	0.15	3.65	0.04	464.0
2005	4.11	0.16	3.85	0.05	495.0
2006	4.38	0.18	4.09	0.05	599.1
2007	4.63	0.21	4.29	0.06	672.3
2008	3.48	0.24	3.12	0.06	599.4
2009	3.66	0.24	3.28	0.07	721.4
2010	4.04	0.27	3.62	0.07	753.8
2011	4.60	0.30	4.14	0.08	758.5
2012	4.96	0.30	4.48	0.09	848.7

注：1、公路客运量1993年前为运输系统统计数，1994年起为全社会统计数。
2、2008年公路客运量为全国专项调查数，与2007年口径不一致。
3、铁路客运量从2008年起调整口径。

Note: a. Before 1993,the data of highways passenger traffic were transportation system data, and since 1994, whole society statistics.
b.The data of highways passenger traffic of 2008 were the data of national special survey and the coverage is different from that of 2007.
c. The coverage of the railways passenger traffic statistics has been changed since 2008.

10-10 主要年份交通运输旅客周转量

Passenger-kilometers in Significant Years

单位：亿人公里 (100 million persons-km)

年 份 Year	全省旅客周转量 Passenger Traffic of Yunnan Province	铁 路 Railways	公 路 Highways	水 运 Waterways	民用航空 Civil Aviation
1978	24.25	9.92	13.89	0.12	0.32
1980	33.74	12.86	20.30	0.26	0.32
1985	72.84	19.56	52.53	0.32	0.43
1987	88.41	23.20	59.92	0.55	4.74
1988	93.46	23.91	64.81	0.57	4.17
1989	94.01	21.92	67.66	0.42	4.01
1990	87.67	17.22	65.77	0.46	4.22
1991	95.86	17.95	71.83	0.37	5.72
1992	99.98	20.29	69.89	0.34	9.46
1993	111.90	22.86	73.38	0.37	15.29
1994	146.87	24.41	101.77	0.33	20.36
1995	137.93	23.03	93.10	0.35	21.45
1996	149.94	20.57	102.40	0.37	26.61
1997	172.37	22.73	119.47	0.38	29.78
1998	189.85	24.76	131.80	0.58	32.71
1999	237.99	32.82	164.20	0.64	40.34
2000	237.94	31.35	171.20	0.78	34.57
2001	304.20	31.79	232.76	0.82	38.83
2002	281.60	30.50	210.10	0.90	40.10
2003	263.45	30.07	192.87	0.88	39.60
2004	317.76	37.30	227.21	0.91	52.34
2005	331.60	41.04	233.12	1.05	56.39
2006	362.40	47.22	247.71	1.17	66.30
2007	393.40	52.63	265.80	1.21	73.76
2008	411.89	66.61	272.98	1.54	70.76
2009	448.45	63.37	302.22	1.55	81.31
2010	523.64	80.73	352.10	1.78	89.03
2011	610.78	91.91	424.57	1.96	92.34
2012	669.96	91.74	470.20	2.02	106.01

注：1.公路旅客周转量1993年前为运输系统统计数，1994年起为全社会统计数。
2.2008年公路旅客周转量为全国专项调查数，与2007年口径不一致。
3.铁路旅客周转量从2008年起调整口径。

Note: a. Before 1993,the data of highways passenger-kilometers were transportation system data, and since 1994, whole society statistics.
b.The data of highways passenger-kilometers of 2008 were the data of national special survey and the coverage is different from that of 2007.
c. The coverage of the railways passenger traffic statistics has been changed since 2008.

10–11 主要年份交通运输货运量

Freight Traffic in Significant Years

单位：亿吨 (100 million tons)

年 份 Year	全省货运量 Passenger Traffic	铁 路 Railways	公 路 Highways	水 运(万吨) Waterways (10 000 tons)	民用航空(万吨) Civil Aviation (10 000 tons)
1978	0.50	0.19	0.30	93	0.16
1980	0.48	0.21	0.26	65	0.22
1985	2.00	0.20	1.80	52	0.40
1987	2.16	0.23	1.92	91	0.50
1988	2.30	0.24	2.05	91	0.60
1989	3.08	0.25	2.82	91	1.00
1990	3.83	0.26	3.57	104	0.43
1991	3.08	0.26	2.82	91	0.63
1992	4.28	0.27	4.00	105	1.00
1993	3.57	0.27	3.29	115	1.84
1994	3.79	0.28	3.49	168	2.00
1995	3.84	0.28	3.54	123	2.40
1996	4.29	0.29	3.97	245	3.50
1997	4.68	0.29	4.37	157	5.60
1998	4.84	0.31	4.52	141	7.27
1999	5.08	0.33	4.74	118	7.75
2000	5.25	0.35	4.88	134	7.82
2001	5.32	0.39	4.92	142	8.63
2002	5.50	0.43	5.05	146	6.70
2003	5.87	0.46	5.39	160	6.10
2004	5.96	0.51	5.43	221	7.50
2005	6.22	0.53	5.67	236	7.93
2006	6.64	0.55	6.06	247	8.56
2007	7.18	0.60	6.55	262	8.74
2008	4.56	0.61	3.91	339	7.56
2009	4.75	0.59	4.08	345	7.74
2010	5.28	0.63	4.57	402	8.74
2011	6.68	1.17	5.42	439	6.79
2012	7.59	1.18	6.32	465	6.96

注：1.公路货运量从1984年起为国家统计局统一口径的全社会运量数。
2.2008年公路货运量为全国专项调查数，与2007年口径不一致。
3.铁路货运量从2008年起调整口径。
4.货运量总计从2009年起包括管道运输。

Note: a. Since 1984, the approach in computation of freight-traffic of highways has been included in total social count according to National Bureau of Statistics of China .
b.The data of highways freight traffic of 2008 were the data of national special survey and the coverage is different from that of 2007.
c.The coverage of the railways passenger traffic statistics has been changed since 2008.
d.Since 2009,data of shipments quantity have included that of pipeline transport.

10–12 主要年份交通运输货物周转量

Freight Ton-kilometers in Significant Years

单位：亿吨公里 (100 million tons-km)

年 份 Year	全省货物周转量 Passenger Traffic of Yunnan Province	铁 路 Railways	公 路 Highways	水 运 Waterways	民用航空 Civil Aviation
1978	62.34	43.52	18.57	0.24	0.01
1980	68.76	50.59	17.84	0.32	0.01
1985	154.11	64.83	88.73	0.50	0.05
1987	195.89	79.77	115.35	0.69	0.08
1988	208.05	82.78	124.44	0.75	0.08
1989	225.21	88.00	136.10	1.04	0.07
1990	260.67	93.91	166.10	0.59	0.07
1991	233.12	96.07	136.42	0.55	0.08
1992	275.85	100.92	173.92	0.88	0.13
1993	241.61	106.23	134.06	1.08	0.24
1994	295.08	107.86	185.99	0.98	0.26
1995	307.71	114.24	192.10	1.06	0.31
1996	352.44	122.24	228.53	1.23	0.44
1997	384.94	129.00	253.96	1.21	0.76
1998	416.18	141.08	273.12	0.96	1.02
1999	443.09	152.64	288.14	0.92	1.11
2000	479.52	180.76	296.65	0.98	1.13
2001	517.31	196.58	318.49	0.99	1.25
2002	551.20	215.80	333.20	1.20	1.00
2003	595.88	235.79	357.64	1.54	0.90
2004	628.39	260.01	365.08	2.12	1.18
2005	656.49	270.37	381.96	2.93	1.23
2006	692.21	277.21	409.46	4.22	1.32
2007	770.96	314.23	450.83	4.59	1.31
2008	811.15	336.20	468.63	5.16	1.16
2009	910.43	340.95	496.14	5.42	1.16
2010	990.50	358.31	548.53	6.91	1.29
2011	1 070.11	369.70	617.27	8.19	1.04
2012	1 164.80	379.75	702.51	8.71	1.12

注：1.公路货物周转量从1984年起为国家统计局统一口径的全社会数。
2.2008年公路货物周转量为全国专项调查数，与2007年口径不一致。
3.铁路货物周转量从2008年起调整口径。
4.货物周转量总计从2009年起包括管道运输。

Note: a. Since 1984, the approach in computation of freight-kilometers of highways has been included in total social count according to National Bureau of Statistics of China .
b.The data of highways freight ton-kilometers of 2008 were the data of national special survey and the coverage is different from that of 2007.
c.The coverage of the railways passenger traffic statistics has been changed since 2008.
d.Since 2009,data of shipments quantity have included that of pipeline transport.

10−13 全省铁路货物运输量（2011−2012年）

Railway Freight Traffic of Yunnan Province (2011-2012)

（按货类分） (by category of cargo)

品 种	Item	2011			2012		
		货运量（万吨）Freight Traffic (10 000 tons)	货物周转量（亿吨公里）Freight Ton-kilometers (100 million tons-km)	平均运距（公里）Average Transport Distance (km)	货运量（万吨）Freight Traffic (10 000 tons)	货物周转量（亿吨公里）Freight Ton-kilometers (100 million tons-km)	平均运距（公里）Average Transport Distance (km)
全 省	**Yunnan**	**11 749**	**369.66**	**315**	**11 749**	**379.75**	**323**
煤	Coal	2 509	55.47	221	2 431	61.73	254
焦 炭	Coke	234	6.21	266	174	4.71	270
石 油	Petroleum	602	20.51	341	650	22.16	341
钢铁及有色金属	Steel and Nonferrous metal	1 501	49.46	330	1 488	49.67	334
金属矿石	Metal Ores	1 402	60.68	433	1 381	60.90	441
非金属矿石	Nonmetal Materials	142	5.13	361	147	5.46	371
磷矿石	Phosphate Mineral	670	21.71	324	649	21.31	328
矿物性建筑材料	Mineral Building Materials	315	10.95	347	240	8.08	337
水 泥	Cement	10	0.37	373	2	0.12	519
木 材	Timber	101	3.25	322	117	3.84	329
化肥农药	Chemical Fertilizers and pesticide	1 101	35.86	326	1 195	38.71	324
粮 食	Grain	392	11.65	297	448	13.57	303
棉 花	Cotton	1	0.03	392		0.02	374
盐	Salt	52	1.55	300	55	1.57	286
农副土特产品	Farm Crops	49	1.44	293	42	1.15	273
鲜活易腐货物	Goods of Live Animal and Putrescence	13	0.37	281	18	.0.53	292
其 他	Others	2 655	85.02	320	2 710	86.22	318

10−14 全省公路部分货物运输量（2011−2012年）
Highway Freight Traffic of Yunnan Province (2011-2012)

（按货类分） (by category of cargo)

品　种	Item	2011 货运量（万吨）Freight Traffic (10 000 tons)	2011 货物周转量（亿吨公里）Freight Ton-kilometers (100 million tons-km)	2011 平均运距（公 里）Average Transport Distance (km)	2012 货运量（万吨）Freight Traffic (10 000 tons)	2012 货物周转量（亿吨公里）Freight Ton-kilometers (100 million tons-km)	2012 平均运距（公 里）Average Transport Distance (km)
全　省	**Yunnan**	**54 186**	**617.27**	**113.92**	**63 239**	**702.51**	**111.09**
煤炭及制品	Coal and Coal Products	8 128	104.56	128.65	13 790	120.24	87.19
石油、天然气及制品	Petroleum,Natrual gas and Products	2 709	29.07	107.32	2 287	36.32	158.81
钢　铁	Steel	2 709	36.32	134.07	2 858	38.34	134.15
金属矿石	Metal Ores	2 059	29.68	144.14	8 248	35.04	42.48
非金属矿石	Nonmetal Materials	1 382	21.99	159.10	2 867	26.58	92.71
磷矿石	Phosphate Mineral	54	0.64	118.76	1 191	7.58	63.64
矿物性建筑材料	Mineral Building Materials	2 601	16.48	63.36	6 112	23.74	26.05
水　泥	Cement	8 442	75.47	89.39	5 065	64.77	127.88
木　材	Timber	645	17.84	276.57	1 691	17.97	106.26
化肥农药	Chemical Fertilizers and pesticide	1 688	21.70	128.57	2 259	24.99	110.62
粮　食	Grain	2 704	27.62	102.15	1 657	39.12	236.09
盐	Salt	542	4.60	84.96	593	12.73	214.67
日用工业品	Daily Use Industrial Products	379	4.59	121.17	240	11.34	472.50
其　他	Others	20 198	227.33	112.55	15 572	251.33	161.40

10-15 全省民用航空运输基本情况（2008-2012年）

Principal Indicators of Civil Aviation of Yunnan Province (2008-2012)

指　标	Item	2008	2009	2010	2011	2012
旅客发运量（万人）	Passenger Traffic (10 000 persons)	599.4	721.4	753.8	758.5	848.6
国际航线（万人）	International Routes (10 000 persons)	19.7	25.1	41.3	54.9	54.4
国内航线（万人）	Domestic Routes (10 000 persons)	579.7	696.3	702.5	703.6	794.3
地区航线（万人）	Regional Routes (10 000 persons)	6.4	8.7	9.9	9.6	7.3
货邮发运量（万吨）	Freight Traffic (10 000 tons)	7.56	7.74	8.74	6.79	6.96
国际航线（万吨）	International Routes (10 000 tons)	0.13	0.14	0.44	0.25	0.21
国内航线（万吨）	Domestic Routes (10 000 tons)	7.43	7.60	8.31	6.55	6.75
地区航线（万吨）	Regional Routes (10 000 tons)	0.05	0.02	0.02	0.02	0.01
旅客周转量（亿人公里）	Passenger-tons(100 million persons-km)	70.76	81.31	89.03	92.34	106.00
货邮周转量（亿吨公里）	Freight Ton-kilometers (100 million tons-km)	1.16	1.16	1.29	1.04	1.12
总周转量　（亿吨公里）	Total Air Traffic Ton-kilometers (100 million tons-km)	7.47	8.40	9.21	9.25	10.56
起飞架次　（万架次）	Number of Flying Aircrafts (10 000 units)	6.84	7.87	8.00	8.19	8.75
飞行里程　（万公里）	Distance of Flying (10 000 km)	7 001	7 845	8 148	8 713	9 455
飞行小时　（万小时）	Hours of Flying (10 000 hours)	12.24	13.40	14.17	14.66	
飞行生产率（吨公里/小时）	Productivity of Flying (ton-km/h)	6 102	6 266	6 536	6 312	6 547
正班载运率（%）	Carry Rate of Aircrafts (%)	77.8	75.8	76.5	78.7	
正班客座率（%）	Utilization Rate of Seats (%)	76.0	76.3	77.5	80.4	81.0

10-16 全省电信业务基本情况（2000-2012年）

单位：万户

年 份 Year	电信业务总量(亿元) Business Volume of Telecommunication Services (100 million yuan)	移动短信业务量(亿条) Short Message Services (100 million messages)	移动电话年末用户 Number of Mobile Telephone Subscribers at Year-end
2000	82.43		200.90
2001	93.40		338.50
2002	118.50	10.70	502.30
2003	151.45	24.90	628.40
2004	200.80	33.00	732.40
2005	253.60	55.90	898.80
2006	327.70	77.90	1 068.90
2007	458.30	134.00	1 346.40
2008	594.28	169.80	1 635.90
2009	655.25	222.06	1 936.38
2010	253.85	270.00	2 244.50
2011	299.90	310.86	2 589.51
2012	344.34	367.44	2 895.78

注：电信业务总量指标测算从2010起，执行工业和信息化部统一制定的“2010年不变单价”标准。

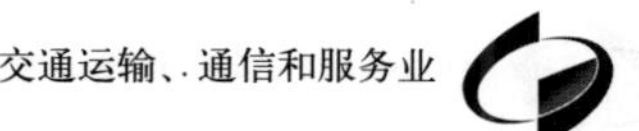

Basic Conditions of Telecommunication Services of Yunnan Province (2000-2012)

(10 000 subscribers)

3G移动电话用户 3G Wireless Subscribers	(固定)互联网宽带接入用户 Internet Broadband Users	固定电话年末用户 Number of Fixed Telephone Subscri-bers at Year-end	城市用户 Number of Urban Fixed Subscribers	农村用户 Number of Rural Number of Rural Fixed Subscribers
		288.90	221.90	67.00
		359.90	276.20	83.70
		437.20	357.40	79.60
		483.20	226.50	114.90
		547.20	232.30	121.40
		597.70	444.00	153.80
		644.20	441.70	202.60
		628.70	237.90	210.00
		616.30	248.60	221.00
		583.12	267.29	205.38
88.76	224.10	562.50	357.70	204.80
234.16	306.52	540.11	361.43	178.68
571.79	375.52	524.29	364.68	159.61

Note: Since 2010,business volume of telecommunication service is calculated according to the constant price of 2010 Stipulated by Ministry of Industry and Information

10-17 全省主要年份邮政业务基本情况

年 份 / 州 市	Year / Region	营业网点（处） Number of Postal Offices (unit)	信筒信箱（个） Number of Postal Boxes (unit)	邮路总长度（万公里） Length of Postal Routes (10 000 km)	汽车邮路 Highway Routes	铁路邮路 Railway Routes
1978		1 698	2 359	26.08	25 494	5 101
1980		1 680	3 929	25.58	27 241	4 812
1985		1 684	4 647	5.00	29 261	5 395
1990		1 696	4 500	5.64	31 299	5 398
1991		1 691	4 599	5.50	31 846	5 103
1992		1 721	4 738	5.71	32 393	5 103
1993		1 711	4 558	5.74	32 348	5 106
1994		1 741	4 736	6.40	33 459	5 106
1995		1 779	4 786	6.56	34 948	5 106
1996		1 812	4 785	12.45	37 023	5 106
1997		1 894	4 696	12.55	37 685	5 099
1998		1 944	4 735	12.66	39 606	5 099
1999		1 912	4 763	12.76	41 593	5 104
2000		1 930	4 436	12.98	44 420	4 638
2001		1 893	4 538	13.53	51 427	4 666
2002		1 884	4 471	13.65	53 013	4 666
2003		1 891	4 487	13.64	52 855	4 638
2004		1 895	4 292	14.05	58 347	4 666
2005		1 879	4 013	14.60	66 382	4 666
2006		1 853	3 857	14.62	66 777	4 638
2007		1 794	3 936	16.87	67 477	10 375
2008		1 789	3 266	17.57	71 103	13 403
2009		1 736	3 315	17.27	70 151	13 533
2010		1 722	2 927	17.14	79 701	15 170
2011		1 765	2 875	19.48	83 012	21 279
2012		4 410	1 820	50.28	74 136	
昆 明	Kunming	1 939	294	25.26	4 792	
曲 靖	Qujing	630	152	3.12	3 880	
玉 溪	Yuxi	153	110	1.56	1 945	
保 山	Baoshan	204	82	2.07	2 953	
昭 通	Zhaotong	166	137	2.33	6 509	
丽 江	Lijiang	89	65	1.95	3 450	
普 洱	Pu'er	141	113	2.02	5 797	
临 沧	Lincang	119	90	1.82	4 161	
楚 雄	Chuxiong	150	136	1.68	6 159	
红 河	Honghe	256	173	2.42	5 775	
文 山	Wenshan	141	100	1.40	4 385	
西双版纳	Xishuangbanna	70	48	1.36	3 441	
大 理	Dali	166	176	1.38	3 424	
德 宏	Dehong	83	68	0.71	1 923	
怒 江	Nujiang	65	37	0.48	954	
迪 庆	Diqing	38	39	0.70	1 761	

注：1.邮路总长度1980年及以前是邮路及农村投递线路总长度之和。
2.营业网点不含代办点，1998年及以前年份的为邮电支局所(已剔除独立的电信局所)。
3.1990年及以前年份没有单独核算邮政业务量。
4、2012年营业网点和邮路总长度是邮政企业和快递企业的汇总数
5、汽车邮路长度是邮政企业的汇总数。
6.汽车邮路和函件分州市相加不等于全省数，原因是省邮政公司直属的下属单位直接报省公司，不统计在昆明市。

Basic Conditions of Postal Services of Yunnan Province in Significant Years

快递务业量 (万件) Express Business Volume (10 000 pieces)	农村投递路线 (万公里) Delivery Rural Routes (10 000 km)	邮政业务总量 (亿元) Business Volume of Postal Services (100 million yuan)	函 件 (万 件) Number of Letters (10 000 pieces)	报刊期发数 (万份) Issue of Newspaper and Magazines (10 000 copies)
			5 571.57	224.08
			7 023.68	364.22
	18.05		9 496.54	639.24
	17.13		8 957.46	471.20
	17.14	1.00	9 378.72	597.30
	17.12	1.20	10 319.95	529.04
	17.10	1.50	12 658.39	532.64
	16.81	2.05	15 534.33	522.96
	17.09	2.17	16 024.08	484.57
	16.89	2.44	14 951.09	507.35
	16.84	2.64	14 467.20	596.55
	16.63	2.74	12 558.42	457.75
	16.67	3.00	10 798.30	640.20
	16.69	3.21	10 001.50	421.30
	16.47	7.60	8 876.10	459.20
	16.43	8.30	12 344.10	410.80
	16.52	8.52	9 969.30	328.90
	16.38	8.18	8 386.70	339.10
	16.55	8.60	7 957.40	317.60
	16.05	9.92	7 299.80	342.80
	16.14	11.10	6 695.60	264.50
	16.09	12.71	7 442.82	279.69
	15.99	14.74	6 516.11	305.00
	15.96	15.09	5 498.61	300.76
1 031.86	15.86	16.32	4 119.53	318.51
3 774.37	16.94	18.25	5 250.00	316.01
3 397.42	1.24	17.52	3 343.10	105.44
26.70	1.75	0.05	219.00	24.76
29.97	0.85	0.06	133.50	15.27
10.17	1.08	0.02	108.40	13.27
11.47	1.40	0.02	71.80	15.08
51.70	0.64	0.10	120.90	10.15
12.64	1.17	0.02	128.80	14.25
11.03	1.35	0.02	138.90	9.45
12.98	1.62	0.03	125.90	16.82
41.74	1.75	0.08	124.60	25.35
10.08	1.63	0.02	198.20	15.95
31.27	0.13	0.06	155.90	8.76
50.84	1.20	0.10	160.40	19.93
14.06	0.50	0.03	57.30	11.01
0.67	0.34		18.90	6.91
5.21	0.29	0.01	94.50	3.61

b.Number of postal offices excluded the number of post sub-stations, while in and before 1998,the number of postal offics referred to postal and telcommunication offices (has excluded the independent telcommunication offices)

c.In and before 1990,the business volume of postal services was not calculated independently.

d.Number of post offices and length of postal rotues are those of postal and express enterprises.

e.Number of mail car length is that of postal enterprises

f.Data of mail car length and letters of the whole province are not equal to those of aggregate number of 16 cities and prefectures.

10-18　大中小型服务业企业财务状况（2011-2012年）

单位：亿元

类　别	Category	企业数（个）Number of Enterprises (unit)
全　省	**Yunnan**	**1 752**
按登记注册类型分	**Grouped by Status of Registration**	
内　资	Domestic Funded Enterprises	1 693
国　有	State-owned	321
集　体	Collective-owned	153
股份合作	Cooperative	27
联营企业	Joint Ownership	3
有限责任公司	Limited Liability Corporations	460
股份有限公司	Share-holding Corporations Ltd.	256
私营企业	Private-funded Enterprises	435
其　他	Others	38
港澳台商投资企业	Enterprises with Funds from Hong Kong,Macao and Taiwan	30
外商投资企业	Share-holding Corporations Ltd. with Foreign Investment	29
按大中小型企业分	**Grouped by Large-sized,Medium-sized and Small-sized Enterprises**	
大　型	Large-sized Enterprises	169
中　型	Medium-sized Enterprises	468
小　型	Small-sized Enterprises	1 115
按国民经济行业分	**Grouped by Sector**	
交通运输、仓储和邮政业	Transport, Storage and Post	320
铁路运输业	Railway Transport	5
道路运输业	Highway Transport	188
水上运输业	Water Way Transport	2
航空运输业	Air Transport	7
管道运输业	Pipeline Transport	1
装卸搬运和运输代理业	Lording, Unlording, Carrying and Other Transport Services	45
仓 储 业	Storage	48
邮 政 业	Post	24
信息传输、软件和信息技术服务业	Information Transmission,Software and Information Technology	144
电信、广播电视和卫星传输服务	Telecommunication, Videocast and Satellite Transmissions Service	70
互联网和相关服务	Network and Related Services	16
软件和信息技术服务业	Software and Information Technology Services	58
金融业	**Finance and Insurance**	462
货币金融服务	Banking	269
资本市场服务	Securities Industry	11
保 险 业	Insurance	162
其他金融业	Other Financial Trade	20
房地产业（不含房地产开发经营）	Real Estate Trade(Excludes Development and Operation of Real Estate Trade)	61
房地产业	Real Estate Trade	61

注：表中服务业企业不包括批发零售，住宿餐饮和房地产开发经营；大中小型企业分类按《统计上大中小微型企业划分办法》执行

Financial Indicators of Large,Medium and Small-Sized Service-related Industries (2011-2012)

(100 million yuan)

#亏损企业数 Deficient Enterprises	固定资产原价 Original Value of Fixed Assets		本年折旧 Depreciation in the Year		资产总计 Total Assests	
	2011	2012	2011	2012	2011	2012
482	**1 551.41**	**1 889.77**	**179.10**	**209.86**	**24 963.25**	**29 901.78**
455	1 287.95	1 602.51	143.72	166.72	24 725.19	29 652.56
91	530.45	729.07	56.34	62.06	7 779.47	8 985.29
12	33.54	39.96	6.03	7.13	2 653.24	3 520.07
3	9.28	12.99	2.06	2.58	700.14	854.66
1	0.39	0.33	0.01	0.02	0.30	0.33
135	414.52	507.89	27.60	36.69	2 873.21	3 335.85
61	239.66	248.86	44.13	47.77	10 529.42	12 753.05
141	56.90	59.80	7.17	9.86	182.10	194.59
11	3.21	3.61	0.38	0.61	7.32	8.72
18	89.81	104.58	21.01	25.95	102.11	103.30
9	173.66	182.68	14.37	17.20	135.95	145.92
39	728.32	989.59	64.07	77.28	12 210.37	14 893.86
115	533.48	600.72	81.62	95.17	8 841.61	10 419.11
328	289.61	299.46	33.41	37.41	3 911.26	4 588.80
103	462.18	701.45	34.83	44.61	878.90	1 171.48
2	228.89	371.51	10.15	9.33	435.59	583.14
60	184.75	191.89	17.12	19.17	354.69	374.47
1	0.12	0.12	0.01	0.01	0.10	0.11
5	10.27	95.54	2.33	9.69	11.46	119.22
	9.60	9.59	2.49	3.25	9.79	13.64
11	4.26	3.12	0.39	0.55	17.99	25.98
16	10.07	13.74	0.86	0.96	31.58	36.60
8	14.24	15.94	1.47	1.65	17.71	18.33
50	539.66	572.56	80.49	91.33	397.40	444.17
19	522.43	551.73	78.96	89.53	347.64	373.50
5	15.24	18.57	1.26	1.47	25.84	31.79
26	1.98	2.25	0.27	0.34	23.92	38.88
78	204.90	258.92	35.75	41.37	19 697.69	23 847.12
14	174.17	232.93	31.12	36.81	19 044.30	23 100.88
1	4.88	4.80	1.68	1.83	93.99	113.09
60	12.83	12.15	1.90	1.84	326.96	386.53
3	13.02	9.05	1.05	0.89	232.44	246.62
23	12.94	14.47	0.77	0.93	40.15	39.31
23	12.94	14.47	0.77	0.93	40.15	39.31

Note:Enterprises of Service industry does not include whole sale and retail enterprises,hotels and catering enterprises,real estate development and operating enterprises.Classfication of Large,medium and small enterprises is carried out according to *the classification method of Large, medium,small and miniature-Sized enterprises.*

10−18 续表1

单位：亿元

类　别	Category	企业数（个） Number of Enterprises (unit)
租赁和商务服务业	Leasing Trade and Business Service	423
租赁业	Leasing Trade	18
商务服务业	Commercial Serive	405
科学研究和技术服务业	Scientific Research, Technology Service	137
研究和试验发展	R & D	8
专业技术服务业	Professional Technology Service	119
科技推广和应用服务业	Technology Promotion and Application Services	10
水利、环境和公共设施管理业	Water Conservancy, Admistration of Environment and Public Facilities	52
水利管理业	Water Conservancy Admistrition	3
生态保护和环境治理业	Conservatory Ecology and Admistration of Environment	5
公共设施管理业	Admistration of Public Facilities	44
居民服务、修理和其他服务业	Services to Households,Repair and Other Services	46
居民服务业	Services to Households	21
机动车、电子产品和日用产品修理业	Repair Services of Motor Vehicle, Electronics and Daily Products	12
其他服务业	Other Services	13
教　育	Education	23
卫生和社会工作	Health Care, Social Works	46
卫　生	Health Care	46
社会工作	Social Works	
文化、体育和娱乐业	Culture, Sports and Entertainment	38
新闻和出版业	News and Publishing	7
广播、电视、电影和影视录音制作业	Broadcast, Television,Filmdom and Audio & Video Production	9
文化艺术业	Culture and Arts	6
体育业	Sports	6
娱乐业	Entertainment	10

continued

(100 million yuan)

#亏损企业数 Deficient Enterprises	固定资产原价 Original Value of Fixed Assets 2011	2012	本年折旧 Depreciation in the Year 2011	2012	资产总计 Total Assests 2011	2012
138	191.81	197.48	15.59	17.61	3 409.96	3 713.79
7	2.56	2.69	0.31	0.35	4.80	5.90
131	189.25	194.80	15.28	17.26	3 405.16	3 707.90
33	69.78	71.94	3.96	4.59	263.75	298.06
3	2.73	3.15	0.41	0.45	29.21	31.71
27	66.30	67.94	3.49	4.00	199.63	229.87
3	0.76	0.85	0.07	0.14	34.91	36.48
17	20.17	22.70	1.74	1.84	92.60	124.75
1	1.08	1.09	0.03	0.03	1.12	1.38
2	0.70	0.79	0.17	0.22	1.96	2.30
14	18.38	20.82	1.54	1.59	89.52	121.08
15	8.89	9.59	0.82	1.54	115.64	178.01
8	7.23	7.74	0.48	1.12	13.08	13.84
4	0.68	0.71	0.26	0.28	1.87	1.94
3	0.98	1.14	0.08	0.14	100.69	162.23
4	4.74	5.30	0.78	0.89	11.02	14.19
11	8.05	9.09	1.00	1.63	11.57	12.59
11	8.05	9.09	1.00	1.63	11.57	12.59
10	28.30	26.25	3.38	3.52	44.56	58.32
1	4.76	2.49	0.27	0.19	7.46	19.24
1	1.18	1.29	0.12	0.14	3.69	4.13
2	1.28	1.32	0.12	0.10	3.41	3.51
5	11.65	11.75	2.57	2.80	17.72	17.94
1	9.42	9.40	0.30	0.29	12.29	13.50

10-18 续表2

单位：亿元

类　别	Category	负债合计 Total Liabilities 2011
全　省	**Yunnan**	**21 476.71**
按登记注册类型分	**Grouped by Status of Registration**	
内　资	Domestic Funded Enterprises	21 327.06
国　有	State-owned	6 639.71
集　体	Collective-owned	2 528.82
股份合作	Cooperative	650.21
联营企业	Joint Ownership	0.21
有限责任公司	Limited Liability Corporations	1 293.34
股份有限公司	Share-holding Corporations Ltd.	10 107.53
私营企业	Private-funded Enterprises	102.96
其　他	Others	4.29
港澳台商投资企业	Enterprises with Funds from Hong Kong,Macao and Taiwan	48.61
外商投资企业	Share-holding Corporations Ltd. with Foreign Investment	101.04
按大中小型企业分	**Grouped by Large,Medium and Small-sized Enterprises**	
大　型	Large-sized Enterprises	11 296.54
中　型	Medium-sized Enterprises	7 710.41
小　型	Small-sized Enterprises	2 469.75
按国民经济行业分	**Grouped by Sector**	
交通运输、仓储和邮政业	Transport, Storage and Post	413.95
铁路运输业	Railway Transport	104.02
道路运输业	Highway Transport	247.51
水上运输业	Water Way Transport	0.12
航空运输业	Air Transport	12.28
管道运输业	Pipeline Transport	6.87
装卸搬运和运输代理业	Lording, Unlording, Carrying and Other Transport Services	10.65
仓储业	Storage	24.81
邮政业	Post	7.69
信息传输、软件和信息技术服务业	Information Transmission,Software and Information Technology	241.02
电信、广播电视和卫星传输服务	Telecommunication, Videocast and Satellite Transmissions Service	216.26
互联网和相关服务	Network and Related Services	8.86
软件和信息技术服务业	Software and Information Technology Services	15.91
金融业	**Finance and Insurance**	19 107.88
货币金融服务	Banking	18 589.81
资本市场服务	Securities Industry	47.45
保险业	Insurance	334.54
其他金融业	Other Financial Trade	136.08
房地产业(不含房地产开发经营)	Real Estate Trade(Excluses Development and Operation of Real Estate Trade)	30.72
房地产业	Real Estate Trade	30.72

continued

(100 million yuan)

	所有者权益 Total Owners' Equities		营业收入 Total Business Revenue		营业成本 Operating Cost	
2012	2011	2012	2011	2012	2011	2012
25 895.85	**3 486.54**	**4 005.93**	**2 022.46**	**2 580.03**	**1 222.31**	**1 635.71**
25 737.40	3 398.13	3 915.17	1 870.41	2 393.89	1 165.99	1 562.58
7 609.49	1 139.76	1 375.79	594.30	707.97	403.19	500.02
3 342.17	124.42	177.91	133.27	166.57	52.62	61.82
797.54	49.93	57.12	34.98	44.57	12.61	15.32
0.25	0.08	0.08	0.11	0.10	0.02	0.02
1 613.87	1 579.87	1 721.99	310.21	515.07	234.80	422.66
12 268.86	421.89	484.19	708.60	850.99	397.91	481.46
99.53	79.14	95.06	84.64	103.93	62.24	78.55
5.70	3.04	3.02	4.31	4.70	2.59	2.73
50.51	53.50	52.79	24.78	26.92	18.76	20.89
107.95	34.91	37.98	127.28	159.22	37.57	52.24
13 711.77	913.83	1 182.09	1 070.53	1 433.49	643.87	931.32
9 162.32	1 131.20	1 256.79	650.32	792.43	378.73	464.26
3 021.76	1 441.51	1 567.04	301.61	354.11	199.71	240.13
501.25	464.96	670.23	301.96	425.43	260.55	368.64
105.05	331.57	478.09	83.38	95.71	73.71	86.40
249.47	107.19	125.00	137.55	145.15	118.67	125.78
0.14	-0.03	-0.03	0.07	0.10	0.03	0.03
87.31	-0.82	31.91	12.31	95.86	10.55	79.07
9.87	2.92	3.76	4.33	4.79	1.53	1.91
13.50	7.35	12.48	29.68	36.86	25.62	33.34
28.16	6.77	8.44	22.74	33.48	20.81	31.57
7.75	10.01	10.58	11.91	13.47	9.63	10.54
260.42	156.38	183.75	250.15	305.93	113.65	149.58
216.49	131.39	157.01	227.85	263.58	95.91	111.80
14.23	16.98	17.56	7.72	29.06	6.53	27.77
29.70	8.01	9.18	14.58	13.29	11.22	10.01
23 122.49	589.81	724.63	1 044.56	1 277.86	523.89	639.40
22 506.73	454.49	594.15	823.77	1 042.84	361.21	458.44
65.60	46.54	47.49	5.26	4.20	0.32	0.26
397.10	-7.57	-10.57	205.68	220.78	158.91	177.20
153.06	96.36	93.56	9.85	10.05	3.44	3.51
28.83	9.43	10.47	9.03	9.18	3.66	3.80
28.83	9.43	10.47	9.03	9.18	3.66	3.80

10-18 续表3

单位：亿元

类　别	Category	负债合计 Total Liabilities
		2011
租赁和商务服务业	Leasing Trade and Business Service	1 406.97
租赁业	Leasing Trade	3.61
商务服务业	Commercial Serive	1 403.37
科学研究和技术服务业	Scientific Research, Technology Service	149.77
研究和试验发展	R & D	2.69
专业技术服务业	Professional Technology Service	141.76
科技推广和应用服务业	Technology Promotion and Application Services	5.32
水利、环境和公共设施管理业	Water Conservancy, Admistration of Environment and Public Facilities	49.08
水利管理业	Water Conservancy Admistrition	0.41
生态保护和环境治理业	Conservatory Ecology and Admistration of Environment	1.56
公共设施管理业	Admistration of Public Facilities	47.11
居民服务、修理和其他服务业	Services to Households,Repair and Other Services	44.97
居民服务业	Services to Households	7.81
机动车、电子产品和日用产品修理业	Repair Services of Motor Vehicle, Electronics and Daily Products	1.39
其他服务业	Other Services	35.77
教 育 业	Education	5.30
卫生和社会工作	Health Care, Social Works	7.00
卫　生	Health Care	7.00
社会工作	Social Works	
文化、体育和娱乐业	Culture, Sports and Entertainment	20.06
新闻和出版业	News and Publishing	2.53
广播、电视、电影和影视录音制作业	Broadcast, Television,Filmdom and Audio & Video Production	2.29
文化艺术业	Culture and Arts	0.69
体 育 业	Sports	7.97
娱 乐 业	Entertainment	6.58

continued

(100 million yuan)

	所有者权益 Total Owners' Equities		营业收入 Total Business Revenue		营业成本 Operating Cost	
2012	2011	2012	2011	2012	2011	2012
1 597.26	2 002.98	2 116.54	302.47	434.64	249.82	394.03
3.62	1.19	2.28	0.83	0.73	0.62	0.48
1 593.64	2 001.79	2 114.26	301.64	433.90	249.21	393.55
170.36	113.98	127.71	69.06	76.32	47.48	52.99
3.88	26.51	27.83	2.04	2.81	1.05	1.31
161.24	57.87	68.63	65.58	71.60	45.50	50.48
5.24	29.59	31.25	1.44	1.90	0.92	1.20
77.98	43.52	46.77	12.23	15.12	5.73	7.93
0.83	0.71	0.55	0.23	0.30	0.19	0.25
1.87	0.40	0.43	0.45	0.52	0.30	0.34
75.28	42.40	45.80	11.55	14.29	5.24	7.34
100.26	70.67	77.74	7.91	8.17	4.57	5.00
6.84	5.26	6.99	4.07	4.29	1.76	2.24
1.46	0.48	0.48	1.59	1.59	1.20	1.21
91.96	64.92	70.27	2.25	2.29	1.61	1.55
7.28	5.73	6.91	5.56	5.34	2.87	3.05
7.03	4.58	5.56	8.38	10.63	5.07	6.47
7.03	4.58	5.56	8.38	10.63	5.07	6.47
22.70	24.51	35.62	11.14	11.42	5.04	4.81
3.37	4.93	15.87	2.56	2.49	1.91	1.50
2.57	1.40	1.57	1.48	1.58	0.83	0.87
0.71	2.72	2.80	3.20	3.41	0.96	1.03
8.69	9.75	9.25	2.22	2.20	0.77	0.83
7.36	5.71	6.14	1.67	1.74	0.57	0.59

10-18 续表4

单位：亿元

类　别	Category	营业税金及附加 Taxes and othe Charges 2011
全　省	**Yunnan**	**65.76**
按登记注册类型分	**Grouped by Status of Registration**	
内　资	Domestic Funded Enterprises	60.76
国　有	State-owned	19.05
集　体	Collective-owned	2.22
股份合作	Cooperative	0.83
联营企业	Joint Ownership	0.01
有限责任公司	Limited Liability Corporations	7.61
股份有限公司	Share-holding Corporations Ltd.	28.41
私营企业	Private-funded Enterprises	2.52
其　他	Others	0.12
港澳台商投资企业	Enterprises with Funds from Hong Kong,Macao and Taiwan	0.80
外商投资企业	Share-holding Corporations Ltd. with Foreign Investment	4.19
按大中小型企业分	**Grouped by Large,Medium and Small-sized Enterprises**	
大　型	Large-sized Enterprises	36.66
中　型	Medium-sized Enterprises	21.18
小　型	Small-sized Enterprises	7.93
按国民经济行业分	**Grouped by Sector**	
交通运输、仓储和邮政业	Transport, Storage and Post	8.75
铁路运输业	Railway Transport	2.75
道路运输业	Highway Transport	4.73
水上运输业	Water Way Transport	
航空运输业	Air Transport	0.42
管道运输业	Pipeline Transport	0.14
装卸搬运和运输代理业	Lording, Unlording, Carrying and Other Transport Services	0.43
仓储业	Storage	0.14
邮政业	Post	0.16
信息传输、软件和信息技术服务业	Information Transmission,Software and Information Technology	7.27
电信、广播电视和卫星传输服务	Telecommunication, Videocast and Satellite Transmissions Service	6.93
互联网和相关服务	Network and Related Services	0.18
软件和信息技术服务业	Software and Information Technology Services	0.16
金融业	Finance and Insurance	40.48
货币金融服务	Banking	34.57
资本市场服务	Securities Industry	0.29
保险业	Insurance	5.37
其他金融业	Other Financial Trade	0.25
房地产业(不含房地产开发经营)	Real Estate Trade(Excluses Development and Operation of Real Estate Trade)	0.69
房地产业	Real Estate Trade	0.69

continued

(100 million yuan)

	营业费用、管理费用、财务费用合计 Expenseson business, Management and Finance		营业利润 Profits from Business		利润总额 TotalProfits	
2012	2011	2012	2011	2012	2011	2012
80.87	**386.96**	**460.91**	**355.22**	**405.90**	**406.08**	**468.08**
75.23	345.98	411.68	306.18	348.59	361.39	415.00
21.41	113.12	129.99	66.36	65.40	88.52	93.38
2.93	38.44	49.28	34.58	47.43	36.83	59.35
1.18	8.77	12.14	11.14	15.22	11.27	15.15
0.01	0.04	0.06	0.04	0.02	0.03	0.02
10.77	49.84	63.21	29.26	23.88	41.68	35.29
35.34	118.68	138.36	160.34	190.14	178.42	205.33
3.47	15.86	17.16	4.10	6.12	4.24	6.13
0.13	1.24	1.47	0.36	0.37	0.40	0.34
0.86	6.78	8.75	-1.67	-3.59	-0.20	-2.13
4.79	34.20	40.48	50.71	60.90	44.89	55.20
45.16	190.42	229.05	188.38	223.82	223.54	266.49
25.60	129.69	157.65	142.05	153.12	147.72	164.77
10.10	66.85	74.21	24.78	28.96	34.82	36.82
11.92	40.90	56.42	-7.72	-11.14	-1.36	-2.76
3.22	17.57	22.72	-11.43	-17.64	-12.40	-18.66
4.96	14.23	16.38	0.92	-0.84	6.34	6.19
	0.04	0.06	-0.01	0.01		0.01
2.85	1.40	9.31	-0.06	4.63	0.12	5.47
0.16	0.86	0.69	1.80	2.03	2.40	2.01
0.41	2.57	2.77	1.19	0.51	1.15	0.65
0.14	2.40	2.42	-0.57	-0.69	0.39	0.35
0.18	1.82	2.08	0.44	0.84	0.63	1.20
8.41	60.66	72.91	67.25	72.65	64.86	67.07
8.00	56.91	68.60	66.74	72.77	64.39	66.98
0.26	1.17	1.74	-0.17	-0.72	-0.17	-0.54
0.15	2.58	2.57	0.69	0.60	0.64	0.64
51.44	201.31	239.92	257.94	333.20	293.14	387.49
44.84	164.12	198.16	242.29	326.06	283.11	380.39
0.18	3.64	3.53	2.17	1.27	2.28	1.58
6.15	30.62	35.10	10.65	2.55	4.77	2.17
0.27	2.93	3.13	2.82	3.32	2.97	3.34
0.69	4.19	4.53	0.43	0.14	1.00	0.28
0.69	4.19	4.53	0.43	0.14	1.00	0.28

10-18 续表5

单位：亿元

类　别	Category	营业税金及附加 Taxes and othe Charges 2011
租赁和商务服务业	Leasing Trade and Business Service	4.56
租 赁 业	Leasing Trade	0.02
商务服务业	Commercial Serive	4.54
科学研究和技术服务业	Scientific Research, Technology Service	2.46
研究和试验发展	R & D	0.04
专业技术服务业	Professional Technology Service	2.37
科技推广和应用服务业	Technology Promotion and Application Services	0.05
水利、环境和公共设施管理业	Water Conservancy, Admistration of Environment and Public Facilities	0.45
水利管理业	Water Conservancy Admistrition	0.02
生态保护和环境治理业	Conservatory Ecology and Admistration of Environment	
公共设施管理业	Admistration of Public Facilities	0.42
居民服务、修理和其他服务业	Services to Households,Repair and Other Services	0.30
居民服务业	Services to Households	0.21
机动车、电子产品和日用产品修理业	Repair Services of Motor Vehicle, Electronics and Daily Products	0.01
其他服务业	Other Services	0.07
教 育 业	Education	0.18
卫生和社会工作	Health Care, Social Works	0.03
卫 生	Health Care	0.03
社会工作	Social Works	
文化、体育和娱乐业	Culture, Sports and Entertainment	0.59
新闻和出版业	News and Publishing	0.14
广播、电视、电影和影视录音制作业	Broadcast, Television,Filmdom and Audio & Video Production	0.06
文化艺术业	Culture and Arts	0.10
体 育 业	Sports	0.18
娱 乐 业	Entertainment	0.12

continued

(100 million yuan)

	营业费用、管理费用、财务费用合计 Expenseson business, Management and Finance		营业利润 Profits from Business		利润总额 TotalProfits	
2012	2011	2012	2011	2012	2011	2012
4.14	0.99	1.05	27.47	-1.44	37.33	-0.10
0.03	0.01	0.01	0.01	0.05	0.01	0.08
4.11	0.99	1.05	27.46	-1.49	37.32	-0.18
2.65	0.12	0.16	5.75	7.37	7.06	8.08
0.05	0.02	0.02	0.34	0.42	1.02	0.49
2.54	0.10	0.14	5.56	6.91	6.16	7.57
0.07			-0.15	0.04	-0.13	0.02
0.54	0.06	0.08	1.53	1.88	1.65	1.96
0.03			-0.05	-0.01	-0.05	-0.04
			0.01	0.02	0.01	0.03
0.51	0.06	0.08	1.56	1.87	1.68	1.97
0.34	0.05	0.05	-0.02	0.33	-0.09	3.24
0.23	0.04	0.04	-0.03	0.16	-0.04	0.15
0.01			0.03	-0.01	0.03	-0.01
0.09	0.01	0.01	-0.02	0.19	-0.09	3.10
0.18	0.02	0.03	1.28	0.88	1.22	0.76
0.03	0.01	0.02	0.46	0.62	0.53	0.66
0.03	0.01	0.02	0.46	0.62	0.53	0.66
0.51	0.11	0.12	0.85	1.41	0.76	1.41
0.13	0.02	0.02	-0.81	-0.45	-0.82	-0.42
0.06		0.01	0.19	0.26	0.19	0.25
0.11	0.02	0.03	1.35	1.40	1.31	1.35
0.12	0.04	0.03	-0.16	-0.22	-0.20	-0.23
0.09	0.03	0.03	0.29	0.42	0.29	0.46

10-18 续表6

单位：亿元

类　别	Category	应付工资总额 Total Wages Payable 2011
全　省	**Yunnan**	**165.14**
按登记注册类型分	**Grouped by Status of Registration**	
内　资	Domestic Funded Enterprises	159.01
国　有	State-owned	54.00
集　体	Collective-owned	16.25
股份合作	Cooperative	3.69
联营企业	Joint Ownership	0.02
有限责任公司	Limited Liability Corporations	28.12
股份有限公司	Share-holding Corporations Ltd.	46.60
私营企业	Private-funded Enterprises	9.28
其　他	Others	1.06
港澳台商投资企业	Enterprises with Funds from Hong Kong,Macao and Taiwan	2.97
外商投资企业	Share-holding Corporations Ltd. with Foreign Investment	3.16
按大中小型企业分	**Grouped by Large,Medium and Small-sized Enterprises**	
大　型	Large-sized Enterprises	86.42
中　型	Medium-sized Enterprises	52.44
小　型	Small-sized Enterprises	26.29
按国民经济行业分	**Grouped by Sector**	
交通运输、仓储和邮政业	Transport, Storage and Post	39.09
铁路运输业	Railway Transport	18.65
道路运输业	Highway Transport	12.62
水上运输业	Water Way Transport	0.03
航空运输业	Air Transport	1.39
管道运输业	Pipeline Transport	0.16
装卸搬运和运输代理业	Lording, Unlording, Carrying and Other Transport Services	2.55
仓储业	Storage	0.68
邮政业	Post	3.02
信息传输、软件和信息技术服务业	Information Transmission,Software and Information Technology	14.18
电信、广播电视和卫星传输服务	Telecommunication, Videocast and Satellite Transmissions Service	11.92
互联网和相关服务	Network and Related Services	1.03
软件和信息技术服务业	Software and Information Technology Services	1.23
金融业	**Finance and Insurance**	71.51
货币金融服务	Banking	60.07
资本市场服务	Securities Industry	1.31
保险业	Insurance	9.25
其他金融业	Other Financial Trade	0.89
房地产业(不含房地产开发经营)	Real Estate Trade(Excluses Development and Operation of Real Estate Trade)	3.35
房地产业	Real Estate Trade	3.35

continued

(100 million yuan)

	本年应付福利费 Total Wages Payable		从业人员年末数(万人) Number of Employed Persons at Year-end (10 000 Persons)	
2012	2011	2012	2011	2012
193.89	**14.38**	**16.25**	**38.57**	**40.13**
186.64	13.75	15.32	36.64	38.13
60.35	5.33	5.40	12.29	12.53
22.42	1.90	2.65	2.57	2.66
4.85	0.55	0.63	0.45	0.45
0.01			0.01	0.01
35.56	1.86	2.09	9.40	10.18
52.78	3.67	4.06	7.80	7.95
9.32	0.38	0.41	3.66	3.89
1.36	0.06	0.08	0.45	0.47
3.25	0.20	0.26	0.73	0.76
3.99	0.43	0.67	1.20	1.24
100.95	6.67	6.93	16.68	17.49
61.14	5.56	6.66	13.07	13.43
31.80	2.14	2.66	8.83	9.21
50.45	2.71	2.80	11.72	12.21
22.77	1.08	0.86	3.83	3.80
14.35	0.74	0.83	4.96	5.01
0.05			0.02	0.02
6.04	0.05	0.20	0.15	0.57
0.18	0.01	0.01	0.02	0.03
2.85	0.14	0.12	1.38	1.39
0.71	0.05	0.06	0.19	0.20
3.51	0.64	0.72	1.16	1.19
15.30	0.83	0.91	4.32	4.51
12.49	0.66	0.75	3.78	3.94
1.28	0.09	0.09	0.21	0.21
1.53	0.09	0.08	0.33	0.36
85.21	8.18	9.38	10.16	10.42
72.40	7.41	8.46	6.58	6.91
1.30	0.08	0.09	0.12	0.11
10.53	0.49	0.54	3.35	3.29
0.95	0.20	0.30	0.12	0.12
3.31	0.29	0.33	1.07	1.03
3.31	0.29	0.33	1.07	1.03

10-18 续表7

单位：亿元

类　别	Category	应付工资总额 Total Wages Payable 2011
租赁和商务服务业	Leasing Trade and Business Service	15.08
租 赁 业	Leasing Trade	0.11
商务服务业	Commercial Serive	14.97
科学研究和技术服务业	Scientific Research, Technology Service	12.38
研究和试验发展	R & D	0.56
专业技术服务业	Professional Technology Service	11.47
科技推广和应用服务业	Technology Promotion and Application Services	0.35
水利、环境和公共设施管理业	Water Conservancy, Admistration of Environment and Public Facilities	2.45
水利管理业	Water Conservancy Admistrition	0.08
生态保护和环境治理业	Conservatory Ecology and Admistration of Environment	0.10
公共设施管理业	Admistration of Public Facilities	2.27
居民服务、修理和其他服务业	Services to Households,Repair and Other Services	2.77
居民服务业	Services to Households	1.97
机动车、电子产品和日用产品修理业	Repair Services of Motor Vehicle,Electronics and Daily Products	0.15
其他服务业	Other Services	0.66
教 育 业	Education	1.13
卫生和社会工作	Health Care, Social Works	1.63
卫 生	Health Care	1.63
社会工作	Social Works	
文化、体育和娱乐业	Culture, Sports and Entertainment	1.59
新闻和出版业	News and Publishing	0.54
广播、电视、电影和影视录音制作业	Broadcast, Television,Filmdom and Audio & Video Production	0.18
文化艺术业	Culture and Arts	0.26
体 育 业	Sports	0.39
娱 乐 业	Entertainment	0.22

continued

(100 million yuan)

	本年应付福利费 Total Wages Payable		从业人员年末数(万人) Number of Employed Persons (10 000 Persons)	
2012	2011	2012	2011	2012
18.04	1.25	1.44	5.45	5.83
0.12	0.01		0.05	0.05
17.92	1.24	1.44	5.40	5.78
11.66	0.47	0.48	2.23	2.41
0.61	0.05	0.06	0.08	0.09
10.67	0.41	0.40	2.05	2.22
0.38	0.01	0.01	0.10	0.09
2.86	0.33	0.47	1.10	1.16
0.05			0.01	0.01
0.11	0.01		0.05	0.06
2.69	0.32	0.47	1.04	1.09
1.78	0.09	0.10	0.88	0.84
0.92	0.05	0.06	0.41	0.40
0.16	0.02	0.02	0.07	0.07
0.70	0.02	0.03	0.41	0.37
1.42	0.09	0.11	0.36	0.39
2.04	0.07	0.10	0.58	0.65
2.04	0.07	0.10	0.58	0.65
1.82	0.07	0.11	0.68	0.68
0.61	0.01	0.01	0.24	0.22
0.20		0.01	0.06	0.06
0.32	0.01	0.04	0.09	0.08
0.45	0.03	0.03	0.19	0.20
0.24	0.02	0.02	0.11	0.11

10–19 各州市大中小型服务业企业财务状况

Financial Indicators of Large,Medium and Small-Sized Service-related Industries by Region

单位：亿元 (100 million yuan)

州 市	Region	企业数（个） Number of Enterprises (unit)	#亏损企业数 Deficient Enterprises	固定资产原价 Original Value of Fixed Assets 2011	2012	本年折旧 Depreciation in the Year 2011	2012	资产总计 Total Assests 2011	2012
全 省	**Yunnan**	**1 752**	**482**	**1 551.41**	**1 889.77**	**179.10**	**209.86**	**24 963.25**	**29 901.78**
昆 明	Kunming	752	208	800.08	1 061.84	80.78	95.73	15 465.20	19 005.93
曲 靖	Qujing	149	37	124.54	132.17	20.15	22.07	1 171.66	1 392.98
玉 溪	Yuxi	101	31	70.29	95.96	7.30	8.84	1 219.74	1 324.24
保 山	Baoshan	49	13	32.49	36.88	3.66	4.34	497.45	578.78
昭 通	Zhaotong	57	17	63.27	68.72	9.73	11.53	915.33	1 083.38
丽 江	Lijiang	61	16	36.20	33.90	2.73	3.38	404.51	485.20
普 洱	Pu·er	74	20	42.81	47.89	3.70	4.45	542.31	638.65
临 沧	Lincang	26	5	26.42	29.71	3.61	4.11	338.23	423.78
楚 雄	Chuxiong	84	27	74.25	71.41	4.70	5.25	744.07	821.87
红 河	Honghe	102	27	75.21	84.69	5.89	7.88	1 083.36	1 223.30
文 山	Wenshan	48	9	44.51	44.37	10.22	11.85	687.53	769.92
西双版纳	Xishaungbanna	46	15	31.51	36.89	6.84	7.75	326.45	371.09
大 理	Dali	108	28	69.28	76.63	8.06	9.42	734.38	853.07
德 宏	Dehong	45	13	28.59	33.69	6.35	6.94	536.96	595.88
怒 江	Nujiang	18	7	10.56	11.48	1.91	2.17	105.48	116.81
迪 庆	Diqing	32	9	21.40	23.55	3.46	4.16	190.60	216.88

10-19 续表1 continued

单位：亿元 (100 million yuan)

州 市	Region	负债合计 Total Liabilities		所有者权益 Total Owners' Equities		营业收入 Total Business Revenue		营业成本 Cost of Business	
		2011	2012	2011	2012	2011	2012	2011	2012
全 省	**Yunnan**	**21 476.71**	**25 895.85**	**3 486.54**	**4 005.93**	**2 022.46**	**2 580.03**	**1 222.31**	**1 635.71**
昆 明	Kunming	12 850.82	15 961.39	2 614.38	3 044.54	1 210.59	1 626.04	781.31	1 125.70
曲 靖	Qujing	1 057.96	1 273.96	113.69	119.03	118.66	140.36	70.18	79.46
玉 溪	Yuxi	1 020.66	1 094.70	199.07	229.54	90.80	101.14	52.71	57.74
保 山	Baoshan	473.70	550.79	23.75	27.99	52.92	57.02	30.19	30.84
昭 通	Zhaotong	858.99	1 022.61	56.35	60.77	54.47	64.34	25.53	28.52
丽 江	Lijiang	363.36	435.09	41.15	50.11	49.04	58.39	28.86	32.34
普 洱	Pu·er	495.24	586.49	47.07	52.16	49.74	59.42	26.30	30.84
临 沧	Lincang	318.45	398.84	19.78	24.94	30.96	39.91	13.61	16.96
楚 雄	Chuxiong	608.25	678.01	135.81	143.86	50.93	61.58	27.71	33.41
红 河	Honghe	1 026.29	1 163.10	57.07	60.21	98.09	124.40	55.01	71.18
文 山	Wenshan	638.05	723.18	49.48	46.74	50.10	53.27	21.96	26.02
西双版纳	Xishaungbanna	298.93	341.97	27.52	29.13	35.56	39.13	19.60	21.31
大 理	Dali	667.75	777.51	66.64	75.56	70.11	82.52	38.90	45.30
德 宏	Dehong	518.88	573.52	18.07	22.36	35.97	43.64	18.82	21.92
怒 江	Nujiang	100.64	111.33	4.84	5.48	8.56	10.33	3.83	5.05
迪 庆	Diqing	178.72	203.37	11.87	13.51	15.95	18.54	7.80	9.11

10–19 续表2 continued

单位：亿元 (100 million yuan)

州 市	Region	营业税金及附加 Taxes and Other Charges		营业费用、管理费用、财务费用 Expenses on Business, Management and Finance		营业利润 Profits from Business		利润总额 Total Profits	
		2011	2012	2011	2012	2011	2012	2011	2012
全 省	**Yunnan**	**65.76**	**80.87**	**386.96**	**460.91**	**355.22**	**405.90**	**406.08**	**468.08**
昆 明	Kunming	40.84	51.09	217.23	256.84	182.22	198.43	231.43	257.24
曲 靖	Qujing	4.29	5.10	22.47	26.94	20.23	26.28	21.22	28.06
玉 溪	Yuxi	2.81	3.27	17.18	20.24	24.52	26.87	25.70	26.12
保 山	Baoshan	1.41	1.67	10.81	12.62	10.59	11.73	11.75	13.22
昭 通	Zhaotong	1.58	1.94	12.55	15.75	14.26	16.96	13.89	11.37
丽 江	Lijiang	1.26	1.64	9.77	11.21	8.64	12.29	9.64	13.44
普 洱	Pu·er	1.45	1.77	11.78	14.56	9.30	11.55	10.44	11.99
临 沧	Lincang	0.99	1.29	7.10	9.04	8.64	12.40	6.99	9.95
楚 雄	Chuxiong	1.38	1.79	11.36	14.24	9.32	11.25	9.90	12.08
红 河	Honghe	2.71	3.09	18.95	22.73	18.95	24.97	19.50	25.82
文 山	Wenshan	1.53	1.85	10.43	12.43	14.94	11.53	10.22	14.73
西双版纳	Xishaungbanna	1.09	1.11	7.98	9.05	6.83	7.61	6.82	7.75
大 理	Dali	2.78	3.19	15.14	18.03	13.12	17.15	15.52	19.86
德 宏	Dehong	0.88	1.10	8.09	9.89	7.76	10.12	7.81	9.87
怒 江	Nujiang	0.28	0.35	2.45	2.85	1.89	1.95	1.54	2.15
迪 庆	Diqing	0.48	0.58	3.66	4.50	4.00	4.81	3.69	4.42

10-19 续表3 continued

单位：亿元 (100 million yuan)

州 市	Region	应付工资总额 Total Wages Payable 2011	2012	本年应付福利费 Total Wages Payable 2011	2012	从业人员年末数(万人) Number of Employed Persons (10 000 Persons) 2011	2012
全 省	**Yunnan**	**165.14**	**193.89**	**14.38**	**16.25**	**38.57**	**40.13**
昆 明	Kunming	101.43	118.63	6.65	6.98	19.29	20.36
曲 靖	Qujing	8.05	9.61	0.82	0.81	3.19	3.11
玉 溪	Yuxi	7.22	8.35	0.78	0.95	2.07	2.09
保 山	Baoshan	3.67	4.46	0.43	0.50	0.91	0.95
昭 通	Zhaotong	5.38	5.47	0.92	1.13	1.27	1.26
丽 江	Lijiang	2.86	3.49	0.36	0.49	0.90	0.89
普 洱	Pu·er	4.24	5.29	0.48	0.59	1.08	1.14
临 沧	Lincang	2.07	2.63	0.27	0.33	0.56	0.57
楚 雄	Chuxiong	5.12	6.13	0.59	0.78	1.71	1.78
红 河	Honghe	6.92	8.43	0.76	0.87	1.94	2.03
文 山	Wenshan	4.01	4.58	0.60	0.68	1.11	1.13
西双版纳	Xishaungbanna	2.44	2.95	0.27	0.54	1.37	1.43
大 理	Dali	6.50	7.71	0.75	0.87	1.92	2.06
德 宏	Dehong	2.83	3.27	0.32	0.36	0.74	0.79
怒 江	Nujiang	0.90	1.03	0.12	0.11	0.25	0.27
迪 庆	Diqing	1.51	1.84	0.25	0.26	0.27	0.27

主要统计指标解释

铁路营业里程 又称营业长度（包括正式营业和临时营业里程），指办理客货运输业务的铁路正线总长度。凡是全线或部分建成双线及以上的线路，以第一线的实际长度计算；复线、站线、段管线、岔线和特殊用途线以及不计算运费的联络线都不计算营业里程。该指标可以反映铁路运输业基础设施的发展水平，也是计算客货周转量、运输密度和机车车辆运用效率等指标的基础资料。

公路里程 指在一定时期内实际达到《公路工程技术标准 JTJ01－88》规定的等级公路，并经公路主管部门正式验收交付使用的公路里程数。包括大中城市的郊区公路以及通过小城镇街道部分的公路里程和桥梁、渡口的长度，不包括大中城市的街道、厂矿、林区生产用道和农业生产用道的里程。两条或多条公路共同经由同一路段，只计算一次，不得重复计算里程长度。该指标可以反映公路建设的发展规模，也是计算运输网密度等指标的基础资料。

内河航道里程 也称内河通航里程，指在一定时期内，能通航运输船舶及排筏的天然河流、湖泊水库、运河及通航渠道的长度。包括全年季节性通航累计三个月以上的航道，不包括仅供零散流放竹、木排的河道。该指标可以反映内河水运网的规模、水平和发展情况。

民用航空航线里程 指统计期间内全部民用航空航线的航线总长度。航线长度指民用航空航线的计费距离。计算航线里程可按重复和不重复两种方法，前者是指各航线长度相加的总和；后者则要扣除各航线之间相同航段重复计算的部分。

货（客）运量 指在一定时期内，各种运输工具实际运送的货物（旅客）数量。该指标是反映运输业为国民经济和人民生活服务的数量指标，也是制订和检查运输生产计划、研究运输发展规模和速度的重要指标。货运按吨计算，客运按人计算。货物不论运输距离长短、货物类别，均按实际重量统计。旅客不论行程远近或票价多少，均按一人一次客运量统计；半价票、小孩票也按一人统计。

货物（旅客）周转量 指在一定时期内，由各种运输工具运送的货物（旅客）数量与其相应运输距离的乘积之总和。该指标可以反映运输业生产的总成果，也是编制和检查运输生产计划，计算运输效率、劳动生产率以及核算运输单位成本的主要基础资料。计算货物周转量通常按发出站与到达站之间的最短距离，也就是计费距离计算。计算公式为：

货物（旅客）周转量 = ∑（货物（旅客）运输量 × 运输距离）

邮电业务总量 指以货币形式表示的邮电企业为社会提供各类邮电服务的总数量，是用于观察邮电业务发展变化总趋势的综合性总量指标。分别按邮政业务总量和电信业务总量统计。邮电业务总量是以各类业务的实物量分别乘以相应的不变单价，得出各类业务的货币量再加总求得。

移动电话用户 指在电信运营企业营业网点办理开户登记手续，通过移动电话交换机进入移动电话网，占用移动电话号码的各类电话用户。包括 GSM 数字移动电话用户、CDMA 数字移动电话用户和电信运营企业发行的报告期末已激活充值的能异地漫游的各种智能卡用户。

固定电话用户 指在电信运营企业营业网点办理开户登记手续并已接入固定电话网上的全部电话用户。包括普通电话用户、公用电话用户、窄带综合业务数字网（N—ISDN）用户、智能网专用接入终端用户等。按行政区划分为城市电话用户和农村电话用户。

城市电话用户 指直辖市、省辖市、地级市、县级市的市区、市郊区及县城范围内接入局用交换机的电话用户。包括分布在农村地区县团级以上建制的独立工矿区、林区、驻军等电话用户。

农村电话用户 指县城关区以下的集镇和农村接入局用交换机的电话用户。

Explanatory Notes on Principal Statistical Indicators

Length of Railways in Operation refers to the total length of the trunk line under passenger and freight transportation (including both full operation and temporary operation). The calculation is based on the actual length of the first line even if this line has a full or partial double track or more tracks, excluding double tracks, station sidings, tracks under the charge of stations, branch lines, special purpose lines and the non payable connecting lines. The length of railways in operation is an important indicator to show the development of the infrastructure for the railway transport, and also the essential data to calculate volume of passenger freight transport, traffic density and utilization efficiency of the locomotives and carriages.

Length of Highways refers to the length of highways which are built in conformity with the grades specified by the highway engineering standard formulated by the Ministry of Communications, and have been formally checked and accepted by the departments of highways and put into use. The length of highways includes that of the suburb highways at large and medium sized cities, highways passing through streets at small cities and towns, and also the length of bridges and ferries. It does not include the length of streets in big and medium sized cities and highways built for the production purpose at factories, mines, forest areas and agricultural areas. If two or more highways go the same section of the way, the length of the section is only calculated for once and no duplication is allowed. The length of highways is an important indicator to show the development of the highway construction and to provide essential information to calculate the transport network density.

Length of Navigable Inland Waterways it is an indicator reflecting the size and development of inland water network, it refers to the length of the natural rivers, lakes, reservoirs, canals, and ditches open to navigation during a given period, which enables the transport by ships and rafts. It includes the channels open to navigation for over an accumulative 3 months in a year, yet this does not include the river courses, which are only used to float odd logs and bamboo rafts. This indicator can reflect the scale, level and development situation of the inland waterway network.

Length of Civil Aviation Routes refers to the length of all routes for regular civil aviation flights, which is used to account the freight, during the period of statistics. There are usually two ways to calculate the route length: duplicated calculation and non – duplicated calculation, the former is the sum of length of all civil aviation routes, and latter should deduct the duplication length of same route among all routes.

Freight (Passenger) Traffic refers to the volume of freight (passenger) transported with various means. The freight (passenger) traffic provides a quantitative measure to show how the transport industry serves the national economy and people, and is also an important indicator for planning the transport industry and for studying the development scale and speed of the transport industry. Freight transport is calculated in tons and passenger traffic is calculated in the number of persons. Despite the type of freight and traveling distance, the freight transport is calculated in the actual weight of the goods, and despite the traveling distance and ticket price, the passenger traffic is calculated by the principle that one person can be counted only once in one travel. The passengers who travel with a half price ticket or a child ticket is also calculated as one person.

Freight Ton – kilometres (Passenger – kilometres) refer to the sum of the products of the volume of transported cargo (passengers) multiplying by the transport distance. It is an important indicator to reflect the achievement of transportation industry. Normally, the shortest distance between the departure station and the destination station (i. e., the payable distance) is the basis to calculate the freight ton – kilometers. This is an important indicator to show the total results of the transport industry, to prepare and examine the transport plan and to measure the efficiency, the labour productivity and the unit cost of transport. The formula is as follows:

$$\frac{\text{Freight ton – kilometres}}{\text{(passenger – kilometres)}} = \Sigma \frac{\text{freight}}{\text{(passenger) traffic}} \times \frac{\text{distance of}}{\text{transportation}}$$

Business Volume of Post and Telecommunications refers to the total amount of post and telecommunication services, expressed in value terms, provided by the post and telecommunications departments for the society. This indicator reflects the overall results of development of postal and telecommunication services. It can be classified as postal services and telecommunication services. Business Volume of Post and Telecommunications is the sum of all services in kind multiplying with the unit price (constant price) to get the total business value.

Mobile Telephone Subscribers refer to the persons who have gone through registration procedures in the operation points of enterprises engaged in telecommunications and are hence connected with the mobile telephone communication network through the mobile telephone switchboards and occupy mobile phone numbers. Included are GSM digital mobile phone subscribers and CDMA digital mobile phone subscribers and subscribers to intelligent phone cards with roaming facility issued by telecommunications enterprises and which have been subscribed to and achieved at the end of the reference period.

Local telephone Subscribers refer to all subscribers who have gone through registration procedures in the operation points of enterprises engaged in telecommunication and are hence connected to the local telecommunication service providers through fixed line network . Included are general subscribers, public telephone subscribers, N-ISDN subscribers and intelligent network terminal subscribers. They are also classified in terms of administrative districts as urban telephone subscribers and rural telephone subscribers according to location.

Urban Telephone Subscribers refer to number of telephone subscribers, located at municipalities, cities under the jurisdiction of province, cities at prefecture level, downtown and suburb of city at county level town and county towns (including country towns where county government located, and towns of county level according to the administrative organizational system), that are connected to the public line telephone network, including rural mineral area, forest area, military area.

Chapter 11

十一、金融和保险业

Banking and Insurance

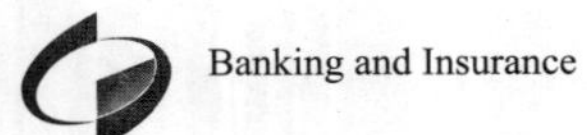

11−1 金融机构存款年末余额(1978−2012年)

Historic Balance of Deposits of Financial Institutions at Year-end (1978-2012)

单位：亿元 (100 million yuan)

年份 Year	存款年末余额 The balance of deposits at Year-end	企业存款 Deposits of Enterprises	储蓄存款 Savings Deposits
1978	28.51	8.36	3.24
1979	34.48	9.60	3.91
1980	39.95	11.14	5.43
1981	48.25	12.92	7.22
1982	59.61	17.88	12.36
1983	68.81	20.28	16.17
1984	81.45	25.43	22.24
1985	99.67	40.93	29.83
1986	128.58	53.80	39.76
1987	156.64	54.98	55.46
1988	190.41	70.51	63.84
1989	218.26	79.89	86.45
1990	292.19	105.81	117.89
1991	365.81	136.82	152.28
1992	466.72	172.79	195.82
1993	593.56	203.41	251.23
1994	841.15	319.19	351.40
1995	1 187.24	478.89	500.13
1996	1 539.59	650.80	671.20
1997	1 829.40	825.24	805.99
1998	2 076.06	910.64	912.89
1999	2 254.38	940.79	1 028.93
2000	2 465.68	1 038.40	1 138.22
2001	2 779.71	1 082.52	1 298.53
2002	3 121.28	1 106.12	1 500.24
2003	3 747.46	1 344.70	1 766.51
2004	4 404.36	1 688.81	2 052.12
2005	5 140.50	1 773.63	2 430.28
2006	6 131.25	2 066.50	2 854.86
2007	7 170.87	2 578.84	3 046.40
2008	8 418.94	2 882.69	3 783.78
2009	11 119.64	3 942.38	4 668.61
2010	13 411.49	4 462.42	5 719.55
2011	15 356.86	7 998.71	6 654.87
2012	18 049.49	9 481.18	7 437.47

注：本表资料1981年及以前为国有商业银行数据，1982年后为全部金融机构数据。2011年企业存款改为单位存款。

Note:The data in this table are obtained from National Commercial Bank before 1981,while after 1982,all data are obtained from financial institutions.In 2011,deposits of enterprises are changed to deposits of units.

11-2 各州市金融机构存贷款余额（2012年）

Loans and Deposits of Financial Institutions by Region (2012)

单位：亿元　　(100 million yuan)

州　市	Region	各项存款 Total Deposits 余额 Balance at Year-end	比年初增减(±) Increase over Year Beginning(±)	#居民储蓄存款 Savings Deposits of Residents 余额 Balance at Year-end	比年初增减(±) Increase over Year Beginning(±)	各项贷款 Total Loans 余额 Balance at Year-end	比年初增减(±) Increase over Year Beginning(±)
全　省	**Yunnan**	**17 966.38**	**2 610.77**	**7 741.59**	**1 086.69**	**13 848.10**	**1 726.93**
昆　明	Kunming	8 839.46	1 284.81	2 967.02	351.37	8 165.49	877.44
曲　靖	Qujing	1 404.22	223.86	687.96	88.77	860.27	126.43
玉　溪	Yuxi	1 001.71	85.19	499.62	66.20	631.92	88.28
保　山	Baoshan	483.19	67.37	285.48	46.94	312.24	42.77
昭　通	Zhaotong	768.42	148.72	367.65	74.11	420.66	65.10
丽　江	Lijiang	417.81	69.00	216.69	34.58	302.97	52.68
普　洱	Pu'er	492.86	69.12	258.85	38.68	326.41	50.70
临　沧	Lincang	347.06	46.64	183.16	34.71	269.00	51.26
楚　雄	Chuxiong	587.18	82.39	325.65	49.97	351.05	49.56
红　河	Honghe	1 159.40	150.47	624.41	88.45	660.42	86.86
文　山	Wenshan	570.73	99.85	309.21	57.29	354.09	51.32
西双版纳	Xishuangbanna	361.40	41.06	212.40	24.71	193.06	25.37
大　理	Dali	869.79	168.44	459.30	79.73	553.44	83.77
德　宏	Dehong	382.83	30.32	241.44	34.65	238.23	43.11
怒　江	Nujiang	108.14	12.80	48.13	8.35	70.17	11.44
迪　庆	Diqing	172.16	30.72	54.61	8.16	127.08	17.57

11−3 金融机构人民币信贷情况（2012年）

Credit Funds of RMB Operation Condition of Financial Institution(2012)

单位：亿元 (100 million yuan)

项　　目	Item	全　省 Yunnan	2012年比年初增长（%） Increase Rate over Year Beginning(%)
各项存款余额	**Deposits in Various Forms**	**18 049.49**	**17.1**
单位存款	Deposits of Units	9 481.18	18.1
活期存款	Current Deposits	5 979.00	12.1
定期存款	Time Deposits	1 772.35	31.0
个人存款	Personal Savings	7 880.83	17.5
储蓄存款	Savings Deposits	7 772.07	16.3
保证金存款	Margin Deposit for Security	13.94	68.4
结构性存款	Structured Deposits	94.82	425.1
财政性存款	Financial Deposits	354.78	-5.3
临时性存款	Temporary Deposit	42.97	31.4
委托存款	Entrust Deposits	21.70	-41.2
其他存款	Other Deposits	268.02	14.0
各项贷款余额	**Loans in Various Forms**	**14 144.38**	**14.7**
短期贷款	Short-term Loans	4 109.22	29.8
中长期贷款	Medium & Long-term Loans	9 637.23	8.1

11-4 全省保险费收入和赔款给付(1997-2012年)
Premium Income and Expenditure for Claim and Payment (1997-2012)

单位：亿元　　(100 million yuan)

年 份 Year	保险费收入 Premium Income	赔款及给付支出 Expenditure for Claim and Payment	简单赔付率(%) Rate of Simple Claim and Payment (%)
1997	31.59	10.07	31.9
1998	34.58	13.60	39.3
1999	37.46	14.03	37.5
2000	39.72	16.71	42.1
2001	42.70	18.97	44.4
2002	55.44	19.18	34.6
2003	73.75	20.35	27.6
2004	74.22	25.91	34.9
2005	81.03	24.01	29.6
2006	95.29	28.90	30.3
2007	111.86	47.75	42.7
2008	165.39	63.40	38.3
2009	180.08	65.12	36.2
2010	235.68	66.31	28.1
2011	241.10	79.89	33.1
2012	271.30	100.11	36.9

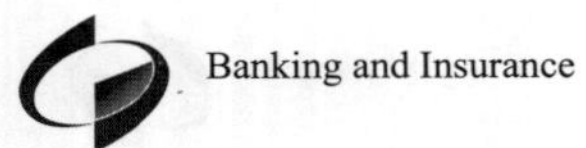

11−5 保险业务经济技术指标（2012年）

Economic and Technical Indicators of Insurance Companies (2012)

单位：亿元 (100 million yuan)

项　　目	Item	保险金额 Premium	原保险保费收入 Original Insurance Premium Income	各项赔款和给付 Claim and Payment
全　省	**Yunnan**	**106 262.43**	**271.30**	**100.67**
财产保险公司	**Property Insurance Companies**	**84 050.99**	**129.81**	**67.84**
企业财产保险	Enterprise Property Insurance	8 281.42	7.60	2.60
家庭财产保险	Family Property Insurance	619.01	0.65	0.35
机动车辆保险	Motor Vehicle Insurance	13 925.52	99.25	53.19
工程保险	Engineering Insurance	637.81	1.01	1.05
责任保险	Liability Insurance	40 202.37	3.45	1.73
信用保险	Export Credit Insurance	212.16	1.08	0.31
保证保险	Guarantee Insurance	44.59	1.43	0.26
船舶保险	Ship Insurance	1.78	0.03	0.02
货物运输保险	Freight Transport	3 622.40	1.85	0.55
特殊风险保险	Special Risk Insurance	53.04	0.07	0.07
农业保险	Agricultural Insurance	1 303.17	7.13	4.10
健康险	Health Insurance	3 512.83	2.56	1.69
意外伤害保险	Accident Injury Insurance	11 602.44	3.72	1.37
其他险	Other Insurance	32.46	0.00	0.00
人寿保险公司	**Life Insurance Companies**	**22 211.43**	**141.49**	**32.83**
人寿保险	Life Insurance	2 244.72	116.24	21.46
健康保险	Health Insurance	3 937.69	18.12	9.79
意外伤害保险	Personal Accident Injury Insurance	16029.02	7.13	1.58

11-6 云南省辖区证券市场基本情况（2009-2012年）
Basic Statistics on Securities Markets of Yunnan Province (2009-2012)

项　　目	Item	2009	2010	2011	2012
上市公司数（家）	Number of Listed Companies (unit)	26	28	28	28
# 发行A股公司数	A Shares	26	28	28	28
发行B股公司数	B Shares				
A、B股均发行公司数	A Shares and B Shares				
境外发行公司数	Overseas-listed Companies	1	1	1	1
境内、外均发行公司数	Companies of Overseas-listed and Domestic	1	1	1	1
ST公司数	ST Listed Companies	1	2	1	3
证券公司数（家）	Number of Securities Companies (unit)	2	2	2	2
证券营业部数（家）	Number of Securities Business Department (unit)	57	63	73	77
证券投资咨询机构数（家）	Number of Securities Investment Consultative Institutions (unit)	1	1	1	1
证券投资者资金开户数（累计数）（万户）	Number Of Opening Account of Securities Investors (Cumulative Number) (10 000 households)	87.70	99.03	106.70	110.78
上市公司当年境内募集资金总额（扣除发行费）（亿元）	Total Volume of Domestic Raise Capital by Listed Companies in current year (after deducting issuance fee)(100 million yuan)	84.26	46.33	98.91	10.00
首次公开发行	IPO		31.23		
配股	Share Right Issued	17	13.20		
增发	Adding the Share Issue	39.56	1.90	76.91	
可转债及公司债	Transferable Loans	27.59		22.00	10.00
市价总值（亿元）	Total Market Value (100 million yuan)	2 606.85	2 777.68	1 853.69	1 988.50
证券经营机构证券累计成交量	Trading Volume of Securities Managerial	9 853.01	8 845.83	6 870.43	6 355.11

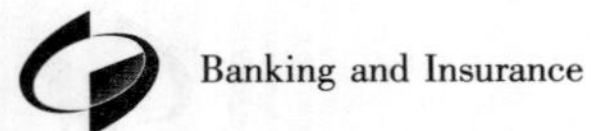

主要统计指标解释

存款 指企业、机关、团体或居民根据资金必须收回的原则，把货币资金存入银行或其他信贷机构保管并取得一定利息的一种信贷活动形式。根据存款对象的不同可划分为企业存款、财政存款、机关团体存款、城乡储蓄存款、农业存款、委托及信托存款、其他类等。

贷款 指银行或其他信贷机构根据资金必须归还的原则，按一定利率，为企业、个人等提供资金的一种信用活动形式。我国银行贷款分为短期贷款、委托及信托类贷款、其他类贷款等。

保险金额 指保险人承担赔偿或者给付保险金责任的最高限额。

保费 指投保人为取得保险人在约定范围内所承担赔偿责任而支付给保险人的费用。

赔款 指保险人根据保险公司合同的规定，向被保险人支付的赔偿保险责任损失的金额。

Explanatory Notes on Principal Statistical Indicators

Deposit is a form of credit by which enterprises, institutions, organizations or households can put money into banks and other credit institutions for safekeeping and interest earning under the principle of free withdrawal. According to different depositors, deposits are divided into enterprise deposits, treasury deposits, deposits of government agencies and organizations, capital construction deposits, savings deposits, rural saving deposits, entrusted deposits and other deposits.

Loan is a form of credit by which banks and other credit institutions provide funds at certain interest rate to enterprises and individuals in the light of the principle of unconditional repayment. Loans from Chinese banks include short - term loans, trust and entrust loans and other kinds of loans.

Amount Insured refers to the maximum amount that the insurant will get for the claim of the case insured.

Premium is the fee paid by the insurant to the insurer to obtain the obligation of compensation from the insurance within the agreed terms.

Settled Claim is the compensation paid by the insurer to the insurant in accordance with the insurance contract.

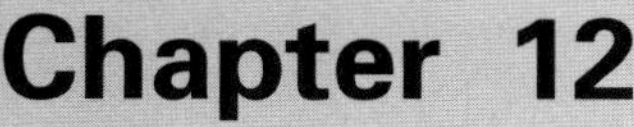

十二、旅游业
Tourism

12-1 全省旅游业发展情况（2009-2012年）

Basic Statistics on Tourism Development(2009-2012)

项　　目	Item	2009	2010	2011	2012
旅游总人数	**Number of Tourists**				
国内旅游者（万人次）	**Domestic Tourists (10 000 person-times)**	**12 023.00**	**13 837.00**	**16 331.78**	**19 630.28**
过夜游客	Overnight Tourists	6 728.00	7 633.00	9 058.10	10 698.03
一日游游客	One-day Tourists	5 294.00	6 204.00	7 273.68	8 932.26
海外和港澳台旅游者（万人次）	**Overseas Tourists and Tourists from Hong Kong, Macao and Taiwan (10 000 person-times)**	**284.49**	**329.15**	**395.38**	**457.84**
外国人	Foreigners	191.79	231.23	281.00	329.77
香港同胞	Tourists from Hong Kong	43.19	43.39	52.43	56.42
澳门同胞	Tourists from Macao	10.80	12.79	14.41	19.82
台湾同胞	Tourists from Taiwan	38.71	41.75	47.54	51.81
海外和港澳台旅游者(万人天数)	**Overseas Tourists and Tourists from Hong Kong, Macao and Taiwan (10 000 person-day)**	**545.77**	**615.20**	**750.13**	**888.13**
旅游总收入（亿元）	**Total Tourism Revenue (100 million yuan)**	**810.73**	**1 006.83**	**1 300.29**	**1 702.54**
国内旅游收入（亿元）	Domestic Tourism Revenue (100 million yuan)	730.66	916.82	1 195.73	1 579.49
过夜游客收入	Revenue from Overnight Tourists	573.99	720.40	938.15	1 244.74
一日游收入	Revenue from One-day Tourists	156.67	196.43	257.58	334.74
旅游外汇收入(亿美元)	**Foreign Exchange Earning (USD 100 million)**	**11.72**	**13.24**	**16.09**	**19.47**
折合人民币（亿元）	Equivalent Amount Converted into RMB (100 million yuan)	80.06	90.01	104.56	123.06

12-2 边境口岸入境一日游旅客数及外汇收入(2012年)
Number of One-day Entry Tourists and Earnings in Foreign Exchange in Border Areas (2012)

边境口岸	Border Port	口岸入境一日游人 数(万人次) Number of One-day Entry Tourists (10 000 person-times)	2012年比2011年增长(%) Increase Rate over 2011 (%)	口岸入境一日游外汇收入(亿美元) Earnings in Foreign Exchange from One-day Entry Tourists (USD 100 million)	2012年比2011年增长(%) Increase Rate over 2011 (%)
保　山	Baoshan	7.6	-6.63	0.05	-1.37
普　洱	Pu'er	7.4	10.12	0.04	16.32
临　沧	Lincang	16.36	7.5	0.1	13.55
红　河	Honghe	139.3	12.56	0.83	18.9
文　山	Wenshan	34.6	42.54	0.21	50.57
西双版纳	Xishuangbanna	57.72	22.21	0.34	29.1
德　宏	Dehong	158.14	16.52	0.94	23.08
怒　江	Nujiang	7.46	2.58	0.04	8.36
合　计	**Total**	**428.58**	**13.35**	**2.55**	**22.91**

12–3 各州市旅游业发展情况(2012年)
Tourism Development by Region (2012)

州 市 Region	旅游总收入 (亿元) Total Tourism Revenue (100 million yuan)	旅游外汇收入 (亿美元) Foreign Exchange Earnings (USD 100 million)	国内旅游人数 (万人次) Domestic Tourists (10 000 person-times)	海外旅游人数 (万人次) Overseas Tourists (10 000 person-times)	外国人 Foreigners	香港同胞 Compatriots from Hong Kong	澳门同胞 Compatriots from Macao	台湾同胞 Compatriots From Taiwan
全 省 Yunnan	**1 702.54**	**19.47**	**19 630.28**	**457.84**	**3 297 746**	**564 288**	**198 270**	**518 129**
昆 明 Kunming	431.98	3.39	4 652.84	113.74	873 387	89 785	2 417	171 775
曲 靖 Qujing	63.72	0.07	870.61	1.90	7 220	2 153	192	9 440
玉 溪 Yuxi	70.57	0.01	1 461.28	0.40	3 428	300	56	201
保 山 Baoshan	51.14	0.29	793.24	12.16	114 146	2 713	1 853	2 866
昭 通 Zhaotong	41.01	0.00	1 014.61	0.10	362	231	83	91
丽 江 Lijiang	211.21	2.89	1 514.40	84.70	610 597	121 256	2 445	112 699
普 洱 Pu'er	50.89	0.13	819.03	4.48	43 256	537	330	724
临 沧 Lincang	23.47	0.21	358.10	5.54	55 205	75	52	117
楚 雄 Chuxiong	49.68	0.08	1 343.32	2.80	19 200	3 538	1 801	3 429
红 河 Honghe	103.95	0.75	1 469.47	17.09	154 783	6 531	427	9 115
文 山 Wenshan	55.8	0.08	607.38	3.22	26 689	1 705	964	2 802
西双版纳 Xishuangbanna	139.96	1.20	1 158.48	37.42	360 998	4 564	3 697	4 942
大 理 Dali	195.36	2.15	1 791.05	56.23	312 376	98 218	54 835	96 847
德 宏 Dehong	81.23	0.50	642.08	15.18	151 545	162		99
怒 江 Nujiang	11.76	0.09	189.42	1.91	17877	646	78	536
迪 庆 Diqing	101.53	5.16	944.99	101.00	546 677	231 874	129 040	102 446

注：本表旅游外汇收入包括口岸一日游创汇收入。
Note: In this table, the data of foreign exchange earning is included part of Revenue from one-day tourists in port .

12-4 分国别或地区接待旅游者人次（2007-2012年）
Number of International Tourists in Yunnan by Country and Region （2007-2012）

单位：万人次 (10 000 person-times)

国家或地区	Country and Territory	2007	2008	2009	2010	2011	2012
海外和港澳台	**Total Overseas Tourists and**	**221.90**	**250.22**	**284.49**	**329.15**	**395.38**	**457.84**
外国旅游者	**Foreigners**	**144.74**	**169.18**	**191.79**	**231.23**	**281.00**	**329.77**
日　本	Japan	14.74	13.90	15.07	15.17	16.16	16.14
菲律宾	The Philippines	1.13	1.44	1.81	1.24	1.25	1.02
新加坡	Singapore	8.88	10.40	14.35	15.50	18.49	19.26
泰　国	Thailand	9.52	18.54	21.63	30.67	38.75	42.76
印度尼西亚	Indonesia	1.76	2.11	2.71	4.13	5.53	5.79
美　国	The United States	8.77	10.70	10.45	11.88	13.13	16.51
加拿大	Canada	2.29	2.52	3.15	3.74	5.35	5.59
英　国	The United Kingdom	3.17	4.25	5.55	6.83	8.80	9.52
法　国	France	7.49	8.42	9.44	11.09	13.98	14.15
德　国	Germany	4.36	5.06	7.50	7.64	9.48	9.95
意大利	Italy	2.63	2.92	3.99	4.54	4.82	6.40
俄罗斯	Russia	1.16	0.65	0.95	1.32	1.40	2.07
澳大利亚	Australia	3.58	3.58	4.52	5.08	5.72	7.16
新西兰	New Zealand	0.41	0.65	1.09	1.03	1.25	1.53
其　他	Others	74.85	84.06	89.58	111.39	11.08	171.92
港澳台同胞	**Compatriots from Hong Kong, Macao and Taiwan**	**77.16**	**81.03**	**92.70**	**97.92**	**114.38**	**128.07**

主要统计指标解释

住宿和餐饮业营业收入 指住宿和餐饮业法人企业(单位)在经营活动中因提供服务或销售商品等取得的收入。包括:客房收入、餐费收入、商品销售额和其他收入。客房收入指住宿和餐饮业法人企业(单位)在经营活动中因提供住宿服务取得的收入。餐费收入指住宿和餐饮业法人企业、(单位)因为顾客提供就餐服务取得的收入,包括经烹饪、调制加工后出售的各种食品,如主食、炒菜、凉拌菜等的收入。商品销售额指住宿和餐饮业法人企业(单位)伴随服务而出售商品所取得的收入(含增值税)。其他收入指营业收入中除客房收入、餐费收入、商品销售额以外的其他收入,包括娱乐、健身和商务服务等。

旅游人数

1. **入境旅游人数:**指报告期内来我国观光、度假、探亲访友、就医疗养、购物、参加会议或从事经济、文化、体育、宗教活动的外国人、港澳台同胞等入境游客。统计时,外国人、港澳台同胞每入境一次统计1人次。

2. **出境人数:**指中国(大陆)居民因公或因私出境前往其他国家、中国香港特别行政区、澳门特别行政区和台湾省观光、度假、探亲访友、就医疗养、购物、参加会议或从事经济、文化、体育、宗教活动的人数,即出境游客。统计时,按每出境一次统计1人次。

3. **国内旅游人数:**指在报告期内在中国(大陆)居民离开惯常居住地在境内其他地方的观光游览、度假、探亲访友、就医疗养、购物、参加会议或从事经济、文化、体育、宗教活动的中国(大陆)居民人数,其出游的目的不是通过所从事的活动谋取报酬。统计时,国内游客按每出游一次统计1人次。

国际旅游(外汇)收入 指入境游客在中国(大陆)境内旅行、游览过程中用于交通、参观游览、住宿、餐饮、购物、娱乐等全部花费。

国内旅游收入 又称旅游总花费,指国内游客在国内旅行、游览过程中用于交通、参观游览、住宿、餐饮、购物、娱乐等全部花费。

国际旅行社 指经营业务范围包括入境旅游业务、出境旅游业务和国内旅游业务的旅行社。

国内旅行社 指经营范围仅限于国内旅游业务的旅行社。

星级饭店 指设备、设施、服务符合《旅游饭店星级的划分与评定》(GB/T14308－2003),通过相关旅游管理部门评定,并取得星级饭店称号的饭店(含预备星级饭店)。

Explanatory Notes on Principal Statistical Indicators

Business Revenue of Hotels and Catering Services refers to revenue received from providing services or selling commodities by corporate enterprises and establishments engaged in hotels and catering services, including income from hotels, from catering services, from selling of commodities and from other services. Income from hotels refers to income of corporate enterprises and establishments engaged in hotels and catering services by providing lodging services. Income from catering services refers to income of corporate enterprises and establishments engaged in hotels and catering services by providing catering services, including selling of cooked or prepared foods such as staple food, cooked dishes or cold dishes. Income from selling of commodities refers to income of corporate enterprises and establishments engaged in hotels and catering services by selling commodities (including value – added tax) that accompany the services they provide. Income from other activities refers to income received other than income from hotels, catering services or selling of commodities, such as income from providing recreation, fitness or business services.

Number of Tourists

1. **Visitor arrivals** refer to the number of foreigners, Chinese compatriots from Hong Kong, Macao and Taiwan Chinese (mainland) who come to China (mainland) for sight – seeing, vacation, visiting relatives, medical treatment, shopping, attending conference, or to engage in economic, cultural, sports and religious activities. In compiling statistics, each time of entering China is counted as one person – time.

2. **Number of Chinese residents** going abroad refer to the number of Chinese (mainland) residents going to other countries, Hong Kong Special Administrative region, Macao Special Administrative region and Taiwan for on official or private purposes, for sight – seeing, vacation, visiting relatives, medical treatment, shopping, attending conference, or to engage in economic, cultural, sports and religious activities. In compiling statistics, each time of leaving is counted as one person – time.

3. **Number of domestic tourists** refers to the number of Chinese (mainland) residents who travel within China (mainland) for sight – seeing, vacation, visiting relatives, medical treatment, shopping, attending conference, or to engage in economic, cultural, sports and religious activities. In compiling statistics, each time of travelling is counted as one person – time.

Foreign Exchange Earnings from International Tourism refer to the total expenditure of foreigners, overseas Chinese, Chinese compatriots from Hong Kong, Macao and Taiwan during their stay in the mainland of China on transportation, sighting, accommodation, food, shopping and entertainment.

Income from Domestic Tourism refers to expenditure of domestic tourists on transportation, sighting, accommodation, food, shopping and entertainment while they travel.

International Travel Agencies refer to travel agencies engaged in tourism entering China, Chinese residents going abroad and domestic tourism.

Domestic Travel Agencies refer to travel agencies only engaged in domestic tourism.

Star – rated Hotels refer to hotels rated with stars as assessed by the relevant tourism authorities according to GB/T14308 – 2003 standard with reference to their infrastructure, facilities and service levels.

Chapter 13

十三、教育、科技和文化

Education,Science and Technology and Culture

13-1 主要年份各级各类教育学校数
Number of Schools by Level and Type in Significant Years

单位：所 (unit)

年 份 Year	普通高等教育学校 Regular Institutions of Higher Education	中等教育学校 Secondary Schools 普通中等教育专业学校 Regular Secondary Specialized Schools	普通教育中学 Regular Secondary Schools 合 计 Total	高 中 Senior Secondary Schools	初 中 Junior Secondary Schools	职业教育中学 Vocational Secondary Schools	普通教育小学 Primary Schools	幼儿园 Kindergartens
1978	15	70	1 476	841	635		66 672	371
1980	18	100	1 435	610	825	59	59 499	591
1985	26	111	1 765	528	1 237	179	58 484	1 981
1986	26	118	1 825	520	1 305	185	57 786	1 728
1987	26	127	1 885	518	1 367	197	57 055	1 798
1988	26	130	1 946	518	1 431	208	55 154	1 760
1989	26	138	1 994	506	1 488	215	54 145	1 522
1990	26	138	2 030	503	1 527	228	53 556	1 434
1991	26	139	2 068	497	1 571	216	30 231	1 097
1992	26	142	2 120	496	1 624	228	28 124	1 054
1993	26	142	2 178	789	1 699	234	26 376	1 093
1994	26	142	2 182	469	1 723	231	25 007	1 323
1995	26	143	2 225	455	1 770	233	24 612	1 340
1996	26	144	2 242	442	1 800	217	24 078	1 501
1997	26	146	2 240	431	1 809	217	23 724	1 412
1998	26	142	2 245	419	1 826	211	23 249	1 500
1999	24	136	2 225	407	1 818	209	22 705	1 568
2000	24	127	2 236	418	1 818	199	22 151	1 770
2001	28	121	2 276	419	1 857	209	21 315	1 530
2002	31	121	2 267	411	1 856	193	20 595	1 711
2003	34	113	2 275	421	1 854	181	20 296	1 862
2004	43	99	2 280	429	1 851	177	19 725	2 103
2005	44	96	2 257	443	1 814	172	18 747	2 247
2006	50	93	2 266	452	1 814	168	18 127	2 495
2007	51	93	2 281	465	1 816	182	17 163	2 760
2008	59	94	2 272	460	1 812	182	16 573	3 085
2009	61	94	2 248	457	1 791	191	15 826	3 381
2010	61	91	2 183	451	1 732	198	14 059	3 790
2011	64	89	2 144	444	1 700	193	13 320	4 257
2012	66	87	2 124	444	1 680	192	13 020	4 768

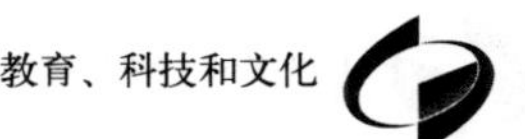

13-2 各级各类学校专任教师数（1978-2012年）
Number of Full-time Teachers by Level and Type of School （1978-2012）

单位：万人 (10 000 persons)

年份 Year	普通高等教育学校 Regular Institutions of Higher Education	中等学校 Secondary Schools					普通小学 Primary Schools	幼儿园 Kindergartens
		普通中等教育专业学校 Regular Secondary Specialized Schools	普通教育中学 Regular Secondary Schools			职业教育中学 Vocational Secondary Schools		
			合计 Total	高中 Senior Secondary Schools	初中 Junior Secondary Schools			
1978	0.37	0.22	5.90	1.16	4.74	0.02	16.41	0.25
1979	0.44		5.35				16.54	
1980	0.44	0.33	5.27	0.89	4.37	0.03	17.54	0.35
1981	0.45		4.83				17.96	
1982	0.50		4.77				17.62	
1983	0.53		4.82				17.75	
1984	0.56		4.86				17.15	
1985	0.64	0.46	5.21	1.07	4.14	0.19	17.16	0.81
1986	0.75	0.52	5.45	1.11	4.33	0.22	17.22	0.94
1987	0.78	0.60	5.86	1.16	4.70	0.25	17.23	0.94
1988	0.80	0.65	6.23	1.19	5.04	0.29	17.26	1.01
1989	0.80	0.69	6.58	1.21	5.37	0.34	17.40	1.09
1990	0.78	0.71	6.92	1.23	5.69	0.37	17.42	1.20
1991	0.76	0.71	7.25	1.27	5.98	0.44	17.44	1.24
1992	0.75	0.74	7.52	1.28	6.24	0.46	17.53	1.40
1993	0.72		7.66				17.59	
1994	0.73		7.85				17.84	
1995	0.74	0.79	8.02	1.27	6.75	0.55	18.14	1.63
1996	0.75	0.82	8.38	1.30	7.09	0.57	18.43	1.73
1997	0.77	0.84	8.81	1.31	7.51	0.60	18.91	1.89
1998	0.81	0.84	9.27	1.30	7.97	0.63	19.39	1.83
1999	0.83	0.83	9.89	1.35	8.54	0.69	20.11	1.86
2000	0.92	0.78	10.56	1.46	9.10	0.71	21.05	1.96
2001	1.00	0.77	10.97	1.60	9.37	0.71	21.77	1.31
2002	1.12	0.76	11.49	1.84	9.65	0.72	22.29	1.45
2003	1.22	0.73	12.02	2.15	9.87	0.72	22.16	1.53
2004	1.52	0.61	12.47	2.51	9.96	0.72	21.90	1.70
2005	1.68	0.63	13.17	2.98	9.96	0.75	21.92	1.80
2006	1.94	0.61	13.85	3.40	10.44	0.80	22.20	1.96
2007	2.12	0.63	14.31	3.68	10.63	0.89	22.27	2.13
2008	2.33	0.71	14.86	3.83	11.03	0.91	22.68	2.32
2009	2.49	0.74	15.52	3.97	11.55	0.96	23.38	2.53
2010	2.65	0.73	16.10	4.12	11.98	1.02	23.75	2.92
2011	2.95	0.76	16.21	4.29	11.92	1.05	23.48	3.27
2012	3.13	0.75	16.59	4.52	12.07	1.07	23.37	3.56

13-3 各级各类学校招生数（1978-2012年）
Number of New Students Enrollment by Level and Type of School (1978-2012)

单位：万人　　(10 000 persons)

年份 Year	普通高等教育学校 Regular Institutions of Higher Education	中等教育学校 Secondary Schools: 普通中等教育专业学校 Regular Specialized Secondary Schools	普通教育中学 Regular Secondary Schools: 合计 Total	高中 Senior Secondary Schools	初中 Junior Secondary Schools	职业教育中学 Vocational Secondary Schools	普通小学 Primary Schools
1978	0.71	1.28	51.55	10.42	41.13		109.34
1979							
1980	0.50	1.48	34.97	6.27	28.70	0.35	111.97
1985	1.26	1.97	36.58	6.32	30.26	1.95	103.58
1986	1.22	2.22	38.34	6.02	32.32	2.02	89.49
1987	1.32	2.45	39.22	5.91	33.31	2.21	79.96
1988	1.45	2.51	41.02	6.27	33.75	3.04	78.84
1989	1.27	2.29	41.49	6.05	35.44	2.97	78.46
1990	1.30	2.29	44.40	6.51	37.89	3.28	79.99
1991	1.34	2.36	45.15	6.46	38.69	5.80	81.75
1992	1.56	2.67	45.65	6.40	39.25	6.61	85.43
1993							
1994							
1995	1.65	3.51	47.66	6.54	41.12	6.56	87.93
1996	1.72	3.70	48.77	5.84	42.93	6.13	87.52
1997	1.83	3.96	52.52	6.25	46.27	6.31	85.27
1998	2.04	3.94	56.30	6.56	49.74	7.31	75.80
1999	2.75	3.65	62.94	7.43	55.51	7.77	70.99
2000	3.20	3.76	69.84	8.82	61.02	6.42	70.20
2001	4.25	4.67	72.20	10.67	61.54	6.20	72.36
2002	5.04	4.81	77.74	12.44	65.30	6.17	73.71
2003	6.22	4.54	81.59	13.84	67.75	5.35	73.11
2004	6.67	5.17	80.13	16.73	63.40	5.00	73.25
2005	7.45	5.97	82.31	19.00	63.31	5.80	73.34
2006	9.07	6.60	86.04	20.47	65.57	6.67	76.03
2007	9.92	6.92	88.59	20.33	68.26	8.73	75.46
2008	11.71	8.34	91.51	21.20	70.31	8.44	72.91
2009	13.24	9.79	91.74	22.03	69.70	10.71	69.50
2010	14.25	13.57	93.56	22.90	70.66	14.32	66.93
2011	16.13	10.18	93.00	24.38	68.62	8.23	65.38
2012	14.63	10.96	93.53	26.13	67.40	7.23	62.29

13-4 各级各类学校在校学生数（1978-2012年）

Number of Students Enrollment by Level and Type of School （1978-2012）

单位：万人 (10 000 persons)

年 份 Year	普通高等教育学校 Regular Institutions of Higher Education	中等学校 Secondary Schools					普通小学 Primary Schools	幼儿园 Kindergartens
		普通中等教育专业学校 Regular Specialized Secondary Schools	普通教育中学 Regular Secondary Schools	高 中 Senior Secondary Schools	初 中 Junior Secondary Schools	职业教育中学 Vocational Secondary Schools		
1978	1.59	2.66	128.54	23.78	104.76	0.39	436.03	4.08
1979	1.86		108.47				427.32	
1980	1.81	4.02	96.86	14.67	82.20	0.54	424.39	10.32
1981	2.17		86.56				424.86	
1982	1.93		86.82				435.72	
1983	2.09		85.90				457.89	
1984	2.49		93.91				497.55	
1985	3.23	5.01	101.99	17.49	84.50	4.07	514.66	19.68
1986	3.77	5.58	110.52	18.22	92.30	4.84	512.13	20.35
1987	4.10	6.15	117.35	18.20	99.15	5.03	499.38	22.91
1988	4.50	6.79	119.38	18.13	101.25	6.04	480.40	23.32
1989	4.51	7.18	119.53	17.69	101.84	6.48	457.42	25.86
1990	4.35	7.38	123.95	18.06	105.89	6.82	446.86	30.06
1991	4.31	7.36	128.84	18.41	110.44	9.43	442.57	34.20
1992	4.54	7.75	131.66	18.66	113.01	10.26	445.43	40.26
1993								
1994								
1995	5.14	10.26	127.25	17.78	109.47	12.54	462.41	51.74
1996	5.40	10.97	133.43	17.61	115.82	9.78	473.12	53.35
1997	5.74	11.68	142.31	17.76	124.55	11.38	483.71	53.72
1998	6.24	12.24	152.15	17.84	134.31	12.51	485.45	54.37
1999	7.39	11.95	167.44	19.42	148.02	15.78	480.80	57.75
2000	9.04	11.92	185.97	22.21	163.76	15.85	472.06	60.35
2001	11.90	12.86	200.46	26.50	173.96	15.26	460.50	62.70
2002	14.34	13.89	215.14	31.55	183.58	14.64	450.93	66.85
2003	17.53	14.84	228.46	36.33	192.13	13.14	441.88	70.66
2004	20.06	14.76	235.06	41.98	193.09	13.21	440.65	75.37
2005	23.21	15.56	238.88	48.31	190.58	14.08	441.23	77.27
2006	26.81	17.35	244.70	54.54	190.16	16.21	452.26	82.38
2007	30.21	18.63	251.77	57.64	194.12	19.64	453.31	86.31
2008	34.35	20.53	259.48	59.47	200.01	21.28	451.04	89.57
2009	38.95	23.37	264.97	61.15	203.82	24.10	444.14	92.17
2010	43.69	29.00	270.63	63.28	207.35	28.64	435.21	98.69
2011	48.76	30.15	270.90	66.03	204.87	27.62	424.08	108.59
2012	51.22	31.56	265.95	70.62	195.33	24.96	406.70	112.23

13-5 各级各类学校毕业生数（1978-2012年）
Number of Graduates by Level and Type of School （1978-2012）

单位：万人 (10 000 persons)

年份 Year	普通高等教育学校 Regular Institutions of Higher Education	中等教育学校 Secondary Schools: 普通中等教育专业学校 Regular Specialized Secondary Schools	普通教育中学 Regular Secondary Schools	高中 Senior Secondary Schools	初中 Junior Secondary Schools	职业教育中学 Vocational Secondary Schools	普通小学 Primary Schools
1978	0.33	0.99	44.60	9.19	35.41	0.11	56.76
1979							
1980	0.53	1.59	27.90	8.12	19.78	0.09	48.27
1985	0.54	1.23	24.32	4.63	19.69	0.58	51.90
1986	0.67	1.65	26.35	5.00	21.35	0.95	57.34
1987	0.98	1.92	28.83	5.58	23.25	1.55	60.99
1988	1.05	1.87	32.72	5.92	26.80	1.67	61.22
1989	1.27	1.88	33.96	5.81	28.15	2.12	62.58
1990	1.45	2.07	33.99	5.57	28.42	2.63	64.59
1991	1.32	2.34	33.32	5.56	27.77	2.21	61.95
1992	1.33	2.27	34.76	5.47	29.29	2.07	59.60
1993							
1994							
1995	1.63	2.63	35.71	5.55	30.16	2.83	56.03
1996	1.45	2.96	34.03	5.25	28.78	2.90	57.98
1997	1.49	3.20	37.03	5.48	31.55	2.97	61.25
1998	1.53	3.30	40.17	5.82	34.35	3.17	61.80
1999	1.58	3.50	42.80	5.15	37.65	3.50	65.61
2000	1.62	3.77	47.54	5.65	41.89	4.61	72.15
2001	1.94	3.69	52.50	5.93	46.56	4.94	76.04
2002	2.56	3.69	58.80	7.11	51.70	4.49	77.52
2003	3.13	3.94	63.94	8.45	55.49	4.30	77.15
2004	3.26	4.87	67.88	9.94	57.94	3.55	72.13
2005	4.49	4.88	73.10	11.60	61.50	4.07	69.32
2006	5.58	4.34	76.29	12.77	63.52	3.98	68.69
2007	6.61	5.07	76.21	15.33	60.88	4.51	71.46
2008	7.28	5.46	77.91	17.39	60.52	5.13	73.23
2009	8.36	6.31	80.45	18.38	62.08	5.58	73.31
2010	9.34	6.45	82.60	18.44	64.16	6.55	73.69
2011	10.73	6.93	86.00	19.23	66.77	5.97	72.91
2012	11.89	8.24	86.11	19.62	66.49	8.02	72.28

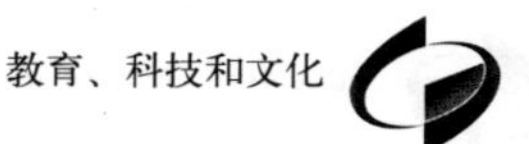

13-6 培养研究生数（1985-2012年）
Number of Postgraduates （1985-2012）

单位：万人 (10 000 persons)

年 份 Year	招生数 New Students Enrollment	在校人数 Total Enrollment		毕业生数 Graduates	
		攻读硕士学位 Master's Degree	攻读博士学位 Doctor's Degree	攻读硕士学位 Master's Degree	攻读博士学位 Doctor's Degree
1985	0.04	0.07		0.01	
1986	0.04	0.10		0.01	
1987	0.03	0.10		0.03	
1988	0.02	0.09		0.05	
1989	0.02	0.07		0.04	
1990	0.02	0.05		0.02	
1991	0.01	0.05		0.02	
1992	0.02	0.05		0.01	
1993	0.03	0.06		0.02	
1995	0.03	0.09	0.01	0.02	
1996	0.04	0.10	0.02	0.03	
1997	0.06	0.14	0.02	0.03	
1998	0.06	0.15	0.02	0.04	0.01
1999	0.08	0.18	0.02	0.05	0.01
2000	0.12	0.24	0.03	0.05	
2001	0.18	0.34	0.04	0.06	0.01
2002	0.23	0.48	0.05	0.07	0.01
2003	0.33	0.67	0.07	0.11	0.01
2004	0.45	0.93	0.09	0.16	0.01
2005	0.55	1.22	0.11	0.21	0.02
2006	0.62	1.49	0.13	0.30	0.02
2007	0.65	1.68	0.15	0.40	0.02
2008	0.69	1.84	0.17	0.49	0.03
2009	0.83	2.03	0.19	0.55	0.03
2010	0.93	2.32	0.21	0.57	0.03
2011	0.95	2.58	0.23	0.62	0.04
2012	0.99	2.68	0.24	0.80	0.04

13-7 各级各类成人学校基本情况(2012年)

Basic Statistics on Adult Schools by Level and Type of School (2012)

单位：所，万人 (unit, 10 000 persons)

项 目	Item	学校数 Schools	毕业生数 Graduates	招生数 New Student Enrollment	在校学生数 Student Enrollment	教职工合计 Faculty	专任教师 Full-time Teachers
成人高等教育	**Adult Education Schools**	**2**	**5.91**	**6.21**	**18.39**	**0.19**	**0.09**
按办学形式	**Grouped by Form of Running a School**						
函 授	Correspondence Schools		3.95		12.81		
业 余	Sparetime Schools		1.69		5.17		
脱 产	Full-time Schools		0.28		0.41		
成人中专	**Secondary Specialized Schools for Adults**	**128**	**0.21**	**0.16**	**0.37**	**0.34**	**0.27**
成人小学	**Primary Schools for Adults**	**1 365**	**17.17**		**8.50**	**0.18**	**0.07**
小学班	Primary Courses	455	8.57		1.44	0.07	0.03

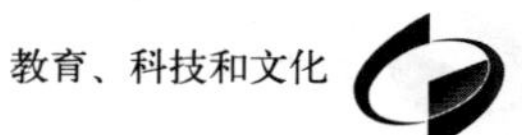

13-8 各级各类学校师生比例(2008-2012年)

Student-teacher Ratio by Level and Type of School (2008-2012)

单位：% (%)

年 份	普通高等院校 Regular Institutions of Higher Education	普通中专 Regular Secondary Specialized Schools	成人中专 Specialized Secondary Schools for Adult	普通高中 Regular Senior Secondary Schools	职业高中 Vocational Senior Secondary Schools	普通初中 Regular Junior Secondary Schools	职业初中 Vocational Junior Secondary Schools	小 学 Primary Schools	幼儿园 Kindergartens
2008	19.1	29.0	3.0	23.2	15.5	18.1	27.8	19.9	38.6
2009	19.4	31.4	2.5	25.2	15.4	17.6	22.7	19.0	36.4
2010	20.5	39.6	2.3	20.1	28.4	17.3	20.8	18.3	33.8
2011	19.4	39.7	1.7	15.4	26.2	17.2	37.4	18.6	33.2
2012	21.5	31.9	2.4	15.6	23.1	16.2	10.2	18.0	31.5

注：普通高等学校师生比例按教育部新标准测算。

Note: The data in this table are calculated according to the new standards of educational departments.

13-9 主要年份小学学龄儿童入学率

Enrollment Rate of School-age Children in Primary Schools in Significant Years

单位：万人 (10 000 persons)

年份 Year	学龄儿童人数 School-Age Children	已入学学龄儿童数 School-Age Children Enrolled in Schools	入学率(%) Enrollment Rate(%)		
			总计 Total	男生 Boys	女生 Girls
1980	400.79	349.54	87.2		
1985	421.61	384.14	93.1		
1990	342.40	324.06	94.6		
1995	427.81	416.79	97.4		
1997	452.05	446.64	98.4		
1998	454.13	448.37	98.4		
1999	449.02	444.52	99.0		
2000	438.41	434.10	99.0	99.11	98.90
2001	429.62	426.92	99.4	99.69	99.06
2002	421.63	419.86	99.6	99.56	99.60
2003	412.87	396.92	96.1	96.35	95.89
2004	416.06	400.02	96.2	96.28	96.00
2005	420.31	404.77	96.3	96.42	96.17
2006	427.83	413.17	96.6	96.69	96.44
2007	425.09	414.84	97.6	97.67	97.50
2008	420.32	413.15	98.3	98.30	98.28
2009	415.57	408.45	98.3	98.32	98.25
2010	402.01	400.82	99.7	99.69	99.71
2011	392.23	390.72	99.61	99.63	99.59
2012	370.61	369.03	99.57	99.61	99.53

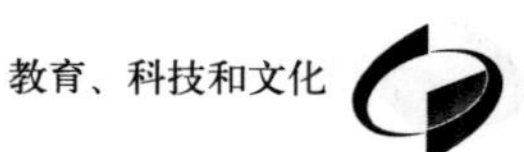

13-10 初中、高中、高等教育毛入学率（2000-2012年）
The Gross Enrollment Rate of the Junior Middle School Stage, Senior Selondany Education and Higher Education（2000-2012）

单位：% (%)

年 份 Year	初中阶段毛入学率 Gross Enrollment Rate of Junior Middle School Stage			高中阶段毛入学率 Gross Enrollment Rate of Senior Selondany Education	高等教育毛入学率 Gross Enrollment Rate of Higher Education
	总计 Total	男生 Boys	女生 Girls		
2000	82.77	84.37	81.00	24.93	4.91
2001	84.95	86.64	83.09	25.99	6.11
2002	87.50	89.14	85.68	27.30	8.64
2003	90.79	92.00	89.44	28.00	11.00
2004	93.29	94.06	92.43	29.85	11.15
2005	95.35	96.27	94.31	33.66	12.65
2006	98.19	98.81	97.49	39.34	14.00
2007	99.63	100.19	98.99	45.71	14.61
2008	102.21	102.08	102.31	52.00	16.17
2009	103.12	103.00	103.18	58.60	17.57
2010	104.36	104.73	103.95	65.00	20.02
2011	105.24	105.74	104.69	70.00	23.00
2012	106.04	106.11	105.96	71.20	24.30

13-11 主要年份自然科学研究成果获奖统计

Statistics on Prizes of Natural Science Research Achievements in Significant Years

单位：项 (unit)

年 份 Year	云南省自然科学研究成果科学技术奖 Provincial Scientific Technological Prize				
	申报数 Applications Acceptance	获奖数 Number of Prize-wining	奖励等级 Reward Grade		
			一等奖 Grade I	二等奖 Grade II	三等奖 Grade III
1985	455	149	3	22	124
1990	179	90		11	79
1995	293	182	1	19	162
1999	377	208	2	24	182
2000	444	193	6	24	163
2002	298	173	8	29	136
2003	416	239	12	15	212
2004	374	221	12	42	167
2005	404	242	15	50	177
2006	413	230	12	46	172
2007	420	227	15	45	167
2008	402	211	22	42	147
2009	411	198	18	40	140
2010	401	174	14	35	125
2011	346	192	21	40	131
2012	360	194	20	41	133

注：1.1985年和2010年一等奖中各含特等奖1项；2011年和2012年一等奖中各含特等奖2项.。

2.云南省星火奖从1988年开始实行，2000年以后不再统计

Note: a. The first prizes in 1985 and 2010 included the special awards.

b. The Spark Prize was executed in 1988 in Yunnan province,and it hasn't been calculated since 2000.

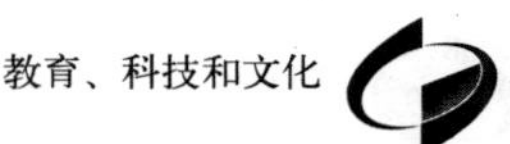

13-12 主要年份自然科学研究机构数(独立科研机构)
Number of Research Institutions of Natural Science in Significant Years (Independent Research Institutions)

单位：个 (unit)

年 份 Year	中 国 科学院 Chinese Academy of Sciences	国务院各部委直属 Directly under Departments of State Council	省业务局直 属 Directly under Provincial Departments	州(市)直 属 Directly under Prefecture (municipal) Departments	年 份 Year	中 国 科学院 Chinese Academy of Sciences	国务院各部委直属 Directly under Departments of State Council	省业务局直 属 Directly under Provincial Departments	州(市)直 属 Directly under Prefecture (municipal) Departments
1980	5	12	54	83	2003	3	8	55	64
1985	4	15	57	72	2004	3	5	24	62
1990	4	14	55	80	2005	3	4	23	61
1995	4	12	54	79	2006	3	4	22	60
1997	4	12	54	78	2007	3	4	21	58
1998	4	12	53	77	2008	3	5	19	59
1999	4	12	51	73	2009	3	5	19	58
2000	4	9	55	67	2010	3	5	18	60
2001	4	9	55	65	2011	3	5	18	61
2002	4	9	55	64	2012	3	5	19	57

13-13 主要年份分行业自然科学独立研究机构数
Number of Independent Research Institutions of Natural Science by Sector in Significant Years

单位：个 (unit)

年份 Year	全省 Yunnan	农业 Farming	工业 Industry	建筑业 Construction	交通运输邮电通讯业 Transport, Postal and Telecommunication Services	社会服务业 Social Services	卫生、体育和社会福利业 Health Care, Sports and Social Welfare	科学研究与综合技术服务业 Scientific Research and Polytechnic Services	地质普查及勘探业 Geological Prospecting
1985	149	59	44	2	3		16	24	1
1990	153	79	35	2	3	3	12	17	2
1994	150	77	32	2	3	3	12	19	2
1995	149	76	32	2	3	3	12	19	2
1996	149	61	36	2	3	5	11	28	3
1997	148	57	48	2	3	7	12	16	3
1998	146	57	46	2	3	7	12	16	3
1999	140	56	44	2	3	7	11	14	1
2000	135	67	25	1	3	4	5	29	1
2001	133	67	22	1	3	4	6	29	1
2002	132	70	22	1	3	4	6	25	1
2003	130	70	27	2	2	4	6	19	
2004	94	57	10	1	1	6	7	12	
2005	91	56	9	1	1	5	7	11	1
2006	89	56	8	1	1	5	7	10	1
2007	86	56	7	1	1	5	6	9	1
2008	86	56	7	1	1	4	6	10	1
2009	85	56	7		1	4	6	10	1
2010	86	55	8		1	4	7	10	1
2011	87	56	8		1	4	7	11	
2012	84	55	7		1	4	8	9	

注：从1991年起不包括国防科工委系统。
Note: Units under committee of science, technology and industry for national defense have not been included since 1991.

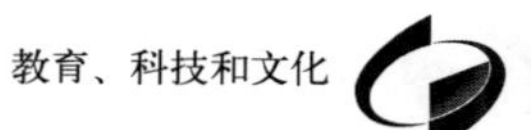

13-14 主要年份分行业自然科学独立研究机构科技活动人员数
Number of Scientific and Technical Personnel in Independent Research Institutions of Natural Science by Sector in Significant Years

单位：人 (person)

年份 Year	全省 Yunnan	农业 Farming	工业 Industry	建筑业 Construction	交通运输邮电通讯业 Transport, Postal and Telecommunication Services	社会服务业 Social Services	卫生、体育和社会福利业 Health Care, Sports and Social Welfare	科学研究与综合技术服务业 Scientific Research and Polytechnic Services	地质普查及勘探业 Geological Prospecting
1985	8 012	1 956	3 522	60	193		845	1 340	96
1990	11 008	2 801	5 006	89	190	98	814	1 890	120
1994	8 875	2 818	2 746	72	187	105	876	1 948	123
1995	8 722	2 821	2 606	67	175	115	875	1 943	120
1996	8 260	2 572	2 523	64	170	331	562	1 895	143
1997	8 135	2 524	2 724	53	172	411	592	1 532	127
1998	7 863	2 305	2 619	62	154	400	623	1 482	128
1999	7 606	2 528	2 306	98	160	409	522	1 443	58
2000	7160	2 819	1 754	82	152	258	321	1 726	48
2001	7224	2 978	1 609	82	138	220	406	1 748	43
2002	6965	3 060	1 574	85	157	201	407	1 433	48
2003	6573	3 033	1 578	164	116	156	352	1 174	
2004	5229	3 281	293	50	45	317	413	830	
2005	5151	3 192	298	50	46	277	413	811	64
2006	5517	3 497	343	60	35	285	406	826	65
2007	5467	3 452	373	55	35	292	334	865	61
2008	5471	3 465	323	55	38	279	333	917	61
2009	5657	3 476	302		47	283	292	1 196	61
2010	5 774	3 527	309		44	291	312	1 230	61
2011	5856	3 589	307		45	269	328	1 318	
2012	6088	3 598	344		40	261	444	1 401	

注：从1991年起不包括国防科工委系统。
Note: Units under committee of science, technology and industry for national defense have not been included since 1991.

13-15 各州市自然科学机构中从事科技人员数(2012年)
Number of Scientific and Technical Personnel in Natural Science Institutions by Region (2012)

单位：人 (person)

州市	Region	科技人员数 Scientists and Technicians	高级技术人员 Senior Technicians	中级技术人员 Middle Technicians	其他 Others
全省	**Yunnan**	**4 576**	**1 220**	**1 611**	**1 745**
昆明	Kunming	2 376	758	877	741
曲靖	Qujing	68	28	29	11
玉溪	Yuxi	60	18	25	17
保山	Baoshan	124	26	41	57
昭通	Zhaotong	87	26	35	26
丽江	Lijiang	65	18	22	25
普洱	Pu'er	214	44	59	111
临沧	Lincang	106	21	47	38
楚雄	Chuxiong	117	39	52	26
红河	Honghe	164	47	57	60
文山	Wenshan	164	29	63	72
西双版纳	Xishuangbanna	490	62	150	278
大理	Dali	210	60	79	71
德宏	Dehong	274	32	49	193
怒江	Nujiang	32	6	15	11
迪庆	Diqing	25	6	11	8

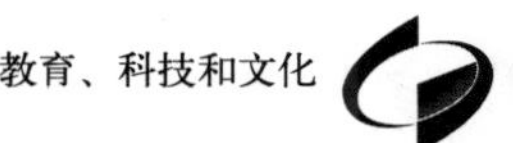

13-16 各州市独立研究与开发机构情况(2011-2012年)
Basic Statistics on Independent Scientific Research and Development Institutions by Region (2011-2012)

单位：个、人 (unit,person)

州市	Region	2011				2012			
		合计 Total		自然科学 Natural Science		合计 Total		自然科学 Natural Science	
		机构 Institutions	人员 Employees	机构 Institutions	人员 Employees	机构 Institutions	人员 Employees	机构 Institutions	人员 Employees
全省	**Yunnan**	**103**	**8 154**	**87**	**7 433**	**101**	**8 349**	**84**	**7 575**
昆明	Kunming	38	5 214	29	4 568	37	5 375	27	4 681
曲靖	Qujing	4	84	3	79	4	86	3	81
玉溪	Yuxi	3	70	2	60	3	70	2	60
保山	Baoshan	4	125	4	125	4	124	4	124
昭通	Zhaotong	2	98	2	98	2	99	2	99
丽江	Lijiang	3	76	3	76	3	70	3	70
普洱	Pu'er	6	181	5	167	7	254	6	242
临沧	Lincang	4	108	4	108	4	107	4	107
楚雄	Chuxiong	5	179	4	151	5	184	4	150
红河	Honghe	6	230	5	222	6	228	5	219
文山	Wenshan	5	229	5	229	4	201	4	201
西双版纳	Xishuangbanna	6	994	6	994	6	985	6	985
大理	Dali	6	228	6	228	5	217	5	217
德宏	Dehong	7	276	6	271	7	285	6	280
怒江	Nujiang	3	39	2	34	3	39	2	34
迪庆	Diqing	1	23	1	23	1	25	1	25

13-17 独立研究与开发机构基本情况(2007-2012年)
Basic Statistics on Independent Research and Development Institutions (2007-2012)

单位：个、人 (unit,person)

指　　标	Item	2007	2008	2009	2010	2011	2012
机构合计	**Total Institutions**	**104**	**105**	**95**	**103**	**103**	**101**
人员合计	**Total Employees**	**7 522**	**7 741**	**8 071**	**8 307**	**8 154**	**8 349**
自然科学技术领域	Field of Natural Sciences and Technology						
机构数	Number of Institutions	86	86	85	86	87	84
人员数	Number of Employees	6 921	7 108	7 441	7 563	7 433	7 575
#科学家和工程师	Scientists and Engineers	3 520	3 734	3 576	3 772	4 026	4 389
社会、人文科学技术领域	Field of Social Sciences and Humanities						
机构数	Number of Institutions	12	13	4	8	7	8
人员数	Number of Employees	365	401	387	464	438	485
#科学家和工程师	Scientists and Engineers	279	324	301	343	335	382
科技情报和文献机构	Scientific-Technological Information and Literature Institutions						
机构数	Number of Institutions	6	6	6	9	9	9
人员数	Number of Employees	236	232	243	280	283	289
#科学家和工程师	Scientists and Engineers	176	186	179	211	212	230

注：科学家和工程师2009年后调整为大学本科及以上学历。
Note:Since 2009,number of scientists and engineers refers to number of scientists and engineers with bachelor degree or above.

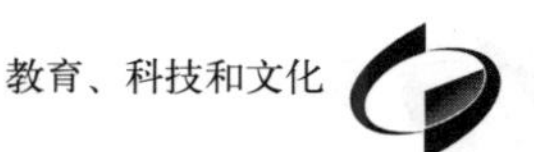

13-18 主要年份专利申请和批准数

Number of Patents Applications Approved and Granted in Significant Years

单位：件 (unit)

年 份 Year	专利申请数（件） Applications Examined	发 明 Invention	实用新型 Utility Models	外观设计 Design	专利批准数（件） Applications Granted	发 明 Invention	实用新型 Utility Models	外观设计 Design
1985	135	66	65	4				
1990	461	77	326	58	362	24	312	26
1993	729	164	485	80	686	35	568	83
1994	883	171	499	213	439	25	367	47
1995	959	195	476	288	569	35	346	188
1996	1 290	266	665	359	602	33	336	233
1997	1 108	163	612	333	692	20	362	310
1998	1 136	163	579	394	832	45	477	310
1999	1 246	198	609	438	1 185	73	695	417
2000	1 710	341	737	632	1 216	139	606	417
2001	1 793	344	807	642	1 347	113	662	572
2002	1 780	448	722	610	1 128	83	522	523
2003	1 976	574	797	605	1 213	172	521	513
2004	1 710	341	737	632	1 216	139	606	471
2005	2 556	776	905	875	1 381	306	563	512
2006	3 085	1 005	1 076	1 004	1 637	355	689	593
2007	3 108	1 014	1 100	994	2 139	368	1 017	754
2008	4 089	1 474	1 389	1 226	2 021	383	1 038	600
2009	4 633	1 637	1 825	1 171	2 923	476	1 338	1 109
2010	5 645	2 333	2 212	1 100	3 823	652	2 026	1 145
2011	7 150	2 796	3 175	1 179	4 199	1 006	2 217	976
2012	9 260	3 324	4 482	1 454	5 853	1 301	3 456	1 096

13–19 文化事业机构数（1978–2012年）

Number of Cultural Institutions（1978-2012）

单位：个 (unit)

年 份 Year	文化艺术事业 Culture and Art		图书出版社 Publishing Houses	博物馆 Museums	公共图书馆 Public Libraries
	表演团体 Art Performance Troupes	艺术表演场所 Art Performance Sites			
1978	149	3	2	4	16
1979	154			3	66
1980	154	26	2	4	80
1981	159			3	84
1982	157	15	4	3	149
1983	157			5	142
1984	158			10	149
1985	154			16	149
1986	147			17	148
1987	147			17	148
1988	141			17	148
1989	137			20	148
1990	137	46	7	20	148
1991	137			21	148
1992	136			22	148
1993	136			22	148
1994	135	44	8	22	148
1995	134	44	8	22	148
1996	133	42	8	23	148
1997	132	40	8	26	148
1998	131	40	8	27	148
1999	130	39	8	27	147
2000	129	40	8	30	148
2001	128	41	8	30	147
2002	124	38	8	30	148
2003	123	39	8	30	149
2004	116	40	8	31	149
2005	135	38	8	32	149
2006	126	33	8	33	149
2007	131	31	8	36	149
2008	127	31	8	36	150
2009	146	34	8	113	150
2010	142	36	8	120	150
2011	161	27	8	84	152
2012	220	60	8	85	152

13-19 续表 continued

单位：个 (unit)

年 份 Year	群众文化事业 Mass Culture		广播事业 Broadcasting and Television Stations	
	群众艺术馆及文化馆 Mass Art Centers and Cultural Centers	文 化 站 Cultural Stations	中短波发射台 Television Transmission Stations and Relay Stations	县级以上广播电台 Broadcasting Stations above County Level
1978	145	2	5	3
1980	148	388	5	4
1985	148	1 456	12	5
1990	147	1 477	24	12
1994	147	1 591	15	13
1995	147	1 567	30	14
1996	147	1 582	30	14
1997	147	1 577	44	13
1998	147	1 593	44	13
1999	147	1 580	44	13
2000	147	1 551	44	14
2001	146	1 586	28	14
2002	147	1 576	27	11
2003	148	1 582	17	12
2004	149	1 577	33	14
2005	149	1 535	33	15
2006	148	1 400	33	15
2007	148	1 375	56	15
2008	148	1 376	56	16
2009	148	1 365	56	16
2010	148	1 369	57	16
2011	148	1 371	60	17
2012	148	1 378	60	12

注：电视发射台及转播台2010年以前数据为中短波发射台数。

13–20 艺术、群众文化发展情况（1978–2012年）

Basic Statistics on Artist and Mass Cultural Development （1978-2012）

年 份 Year	艺术活动 Artist Activities		群众文化活动 Mass Cultural Activities	
	演出场次(万场) Number of Performances (10 000 shows)	国内观众人次(万人次) Number of Domestic Spectators (10 000 person-times)	办展览(万个) Number of Exhibitions (10 000 units)	训练班结业(万人次) Number of Persons Completing Courses (10 000 persons-times)
1978	0.68	975.60	0.06	
1979				
1980	1.61	1 528.80	0.10	1.16
1981	1.50	1 376.40	0.09	1.29
1982	1.68	1 569.50	0.09	1.63
1983	1.74	1 481.60	0.07	2.21
1984	1.22	1 230.20	0.09	6.81
1985	0.91	886.40	0.08	2.02
1986	0.76	638.20	0.12	2.50
1987	0.82	694.40	0.09	2.82
1988	0.84	782.90	0.07	2.75
1989	0.80	840.20	0.23	2.30
1990	0.91	1 064.50	0.25	2.40
1991	0.92	926.60	0.24	2.86
1992	0.40	322.00	0.20	8.24
1993	0.60	773.00	0.23	8.01
1994	1.13	859.60	0.26	8.04
1995	1.45	1 295.40	0.21	7.03
1996				
1997				
1998				
1999	1.02	1 206.60	0.31	19.20
2000	1.01	1 329.20	0.34	17.80
2001	1.10	1 220.90	0.30	16.70
2002	0.89	1 111.30	0.31	20.80
2003	0.90	1 029.80	0.33	21.60
2004	1.03	1 320.00	0.53	21.88
2005	0.82	1 113.70	0.43	22.60
2006	0.89	1 227.70	1.15	23.10
2007	1.50	1 254.70	0.31	43.90
2008	0.96	1 122.60	0.33	47.30
2009	2.37	2 069.60	0.42	58.60
2010	2.10	1 740.70	0.42	63.81
2011	2.04	1 549.80	0.32	85.94
2012	2.66	2 226.98	0.39	128.56

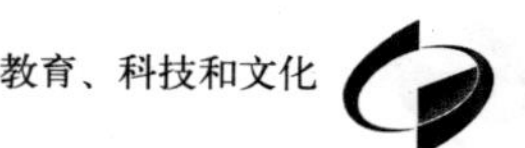

13–21 图书馆、博物馆利用情况（1978–2012年）
Facilities and Services of Libraries and Museums（1978-2012）

年 份 Year	图书馆 Library 借阅册次（万册次） Number of Books Borrowed by the Readers (10 000 volume-times)	借阅人次（万人次） Number of Circulation Borrowing People (10 000 person-times)	博物馆 Museum 陈列、展览（个） Number of Displays and Exhibitions (unit)	参观人数（万人次） Number of Visitors (10 000 person-times)
1978	55.20	35.80		
1979				
1980	338.40	288.90	19	4.00
1981	460.60	336.40	19	22.90
1982	607.90	412.10	10	6.30
1983	655.00	620.70	9	6.00
1984	746.50	696.40	16	13.70
1985	539.90	463.00	99	47.30
1986	483.00	466.00	48	33.20
1987	649.50	525.80	60	67.20
1988	683.00	507.00	59	42.10
1989	680.00	499.00	82	45.00
1990	710.00	517.00	85	50.60
1991	519.30	1 131.30	70	48.00
1992	630.50	349.60	68	46.00
1993	560.00	608.50	64	44.70
1994	552.10	510.10	64	38.90
1995	528.50	558.60	112	88.70
1996				
1997				
1998				
1999	742.60	403.00	146	143.70
2000	680.30	383.40	145	106.60
2001	687.70	372.90	156	111.20
2002	641.40	341.50	109	123.40
2003	618.10	342.20	98	58.00
2004	585.00	276.60	131	126.60
2005	700.50	351.90	139	137.10
2006	631.20	317.10	221	181.50
2007	607.10	396.50	131	151.40
2008	568.00	276.90	299	234.10
2009	767.00	389.70	598	932.60
2010	702.40	402.60	2 681	1 529.10
2011	982.18	415.50	509	1 020.50
2012	759.77	473.99	524	1 078.36

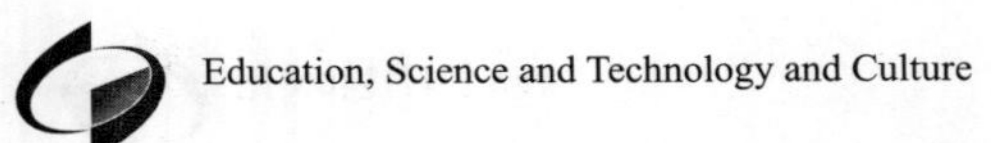

13–22 图书、杂志、报纸出版发行情况（1978–2012年）
Publication of Books, Magazines and Newspapers （1978-2012）

年 份 Year	出版总数（种） Number of Publications (kind)			出版印数 Printed Copies		
	图 书 Books Published	杂 志 Magazines Published	报 纸 Newspapers Published	图书(万册) Books Published (10 000 copies)	杂志(万册) Magazines Published (10 000 copies)	报纸(亿份) Newspapers Published (100 million copies)
1978	333	31	7	6 753	75	
1979				6 293	96	
1980	336	87	11	8 106	739	1.76
1981				7 082	890	1.72
1982				8 332	850	1.73
1983				8 810	1 141	0.99
1984				12 229	1 152	2.96
1985	568	65	43	11 411	1 161	3.21
1986				10 111	1 103	3.58
1987				11 877	1 491	2.40
1988				12 288	1 266	2.60
1989				13 072	1 072	2.05
1990	804	68	41	12 330	954	2.23
1991				12 568	1 117	2.37
1992				13 027	1 305	0.26
1993				11 667	1 453	2.72
1994				11 248	1 391	2.23
1995	1 452	99	44	11 889	1 604	2.59
1996				13 489	1 495	2.74
1997				15 413	1 566	3.44
1998				14 281	1 599	2.87
1999				17 151	1 811	2.96
2000	1 644	125	70	13 414	2 877	3.60
2001				13 471	3 186	3.68
2002				12 687	2 755	3.93
2003				14 687	2 745	4.26
2004				15 052	2 379	4.72
2005	2 337	124	61	12 898	2 308	4.97
2006	2 471	124	61	17 388	2 898	5.33
2007	3 117	126	63	15 962	2 793	5.59
2008	3 336	126	63	17 485	3 265	5.89
2009	3 541	125	63	17 068	3 086	6.72
2010	4 598	126	64	15 084	3 538	6.41
2011	6 110	125	64	16 952	3 326	6.52
2012	7 901	127	63	16 736	3 890	6.54

13-23 各州市文化、文物事业建设情况(2012年)
Basic Statistics on Development of Culture and Cultural Relics by Region (2012)

州 市 Region	公共图书馆(个) Public Libraries (unit)	公共图书馆藏书量(万册) Number of books in Public Libraries (10 000 Volumes)	艺术表演团体(个) Numbers of Art Performance Troupes(unit)	艺术表演场所(个) Arts Performance Places (unit)	群众艺术馆及文化馆(个) Mass Art and Cultural Centers (unit)	文化站(个) Cultural Centers (unit)	文化、文物事业费(亿元) Total Expenditures on Culture and Cultural Relics (100 million yuan)	文物事业费(亿元) Total Expenditures on Cultural Relics (100 million yuan)	博物馆(个) Museums (unit)
全 省 Yunnan	**152**	**1 879.35**	**220**	**60**	**148**	**1378**	**15.53**	**2.15**	**85**
昆 明 Kunming	17	282.65	35	18	15	130	2.13	0.25	25
曲 靖 Qujing	11	145.73	10	2	10	115	0.91	0.09	6
玉 溪 Yuxi	10	120.94	11	4	10	75	1.06	0.14	4
保 山 Baoshan	7	62.37	12	1	6	75	0.73	0.05	7
昭 通 Zhaotong	12	81.36	14		12	139	0.39	0.06	3
丽 江 Lijiang	6	49.53	15	3	6	63	0.46	0.16	6
普 洱 Pu'er	11	84.26	11		11	105	0.69	0.07	4
临 沧 Lincang	9	62.23	13		9	77	0.36	0.02	1
楚 雄 Chuxiong	11	120.80	9	3	11	103	0.85	0.13	4
红 河 Honghe	15	173.94	6	3	14	137	1.48	0.27	9
文 山 Wenshan	9	61.55	13		9	104	0.70	0.07	3
西双版纳 Xishuangbanna	4	91.48	4	18	4	32	0.44	0.02	1
大 理 Dali	13	109.87	9	1	14	110	1.14	0.24	6
德 宏 Dehong	7	45.16	11		7	55	0.71	0.06	
怒 江 Nujiang	5	37.14	7		5	29	0.25	0.05	1
迪 庆 Diqing	4	18.49	36	2	4	29	0.32	0.03	4

13－24 广播电视业发展情况(2007－2012年)
Basic Statistics on Development of Radio and Television (2007-2012)

年 份 Year	广播电视台电台(座) Number of Broadcasting Stations (unit)	职工人数(万人) Number of Staff and Workers (10 000 persons)	广播人口覆盖率(%) Radio Coverage of Population (%)	电视人口覆盖率(%) Television Coverage of Population (%)
2007	15	1.47	92.7	94.0
2008	16	1.50	93.1	94.3
2009	16	1.55	94.3	95.1
2010	17	1.63	95.4	96.4
2011	17	1.75	95.7	96.7
2012	12	1.83	96.03	97.04

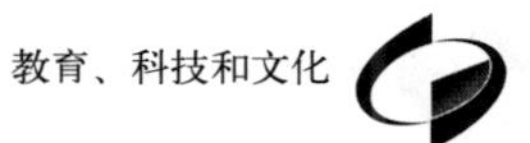

13-25 规模以上工业企业科技活动基本情况（2008-2012年）

Basic Statistics on Science and Technology Activities of Industrial Enterprises above Designated Size（2008-2012）

指 标	Item	2008	2009	2010	2011	2012
企业基本情况	**Statistics on Industrial Enterprises**					
有R&D活动企业数(个)	Number of Enterprises Having R&D Activities (unit)	380	212	204	285	304
有R&D活动企业所占比重(%)	Percentage of Enterprises Having R&D Activities to Total Number of Enterprises(%)	5.60	6.25	5.74	10.43	9.47
R&D活动情况	**Statitstics on R&D Activities**					
R&D人员全时当量(万人年)	**Full-time Equivalent of R&D Personnel (10 000 man-years)**	**0.82**	**0.68**	**0.89**	**1.03**	**1.23**
R&D经费内部支出(亿元)	Intramural Expenditure on R&D (100 million yuan)	13.16	15.11	21.10	29.92	38.44
R&D经费内部支出与主营业务收入之比(%)	Percentage of Intramural Expenditure on R&D to Sales Revenue(%)	0.30	0.31	0.36	0.39	0.43
R&D项目数(项)	Projects of R&D(item)	1 072	991	1 335	1 514	1 665
R&D项目经费内部支出(亿元)	Intramural Expenditure on R&D Projects(100 million yuan)	12.58	10.46	15.28	23.92	30.46
企业办R&D机构情况	**Statistics on R&D Institutions**					
机构数(个)	Number of R&D Institutions(unit)	202	225	254	314	287
机构人员数(万人)	R&D Personnel(10 000 persons)	0.78	0.99	1.26	1.30	1.22
机构经费支出(亿元)	Expenditure on R&D (100 million yuan)	13.93	17.38	25.25	29.33	43.07
新产品开发及生产情况	**Statitstics on New Products Development and Production**					
新产品开发项目数(个)	Number of New Products(unit)	1 174	1 244	1 097	1 492	1 512
新产品开发经费支出(亿元)	Expenditure on New Products Development(100 million yuan)	17.12	26.17	30.17	39.17	39.63
新产品销售收入(亿元)	Sales Revenue of New Products(100 million yuan)	309.16	273.97	274.69	380.77	446.82
#新产品出口	Export		19.08	22.62	25.80	26.21
专利情况	**Statistics on Patent**					
专利申请数(件)	Patent Applications(unit)	625	1 049	1 098	1 733	2 404
#发明专利	Inventions	293	421	505	716	1066
有效发明专利数(件)	Number of Patents In Force(unit)	623	807	1 082	1 217	1 644
技术获取和技术改造情况(亿元)	**Statistics on Technology Acquisition and Technology Reconstruction(100 million yuan)**					
引进技术经费支出	Expenditure for Acquisition of Technology	4.16	4.38	5.76	3.10	3.06
消化吸收经费支出	Expenditure for Assimilation of Technology	0.67	0.59	1.00	0.40	2.15
购买国内技术经费支出	Expenditure for Purchase of Domestic Technology	1.99	4.06	4.70	6.60	5.66
技术改造经费支出	Expenditure for Technical Renovation	46.84	26.72	50.20	61.52	40.47

注：2007年数据为大中型工业企业数据。
Note:Data of 2007 are that of large-sized and medium-sized enterprises.

13-26 按登记注册类型分规模以上工业企业研究与试验发展(R&D)活动情况(2012年)

Basic Statistics on R&D Activities of Industrial Enterprises above Designated Size by Registration Status (2012)

登记注册类型	Status of Registration	R&D人员全时当量（人年） Full-time Equivalent of R&D Personnel (person-year)	R&D经费（亿元） Expenditure on R&D (100 million yuan)	R&D项目数（项） R&D Projects (unit)
全　省	**Yunnan**	**12 321.2**	**38.44**	**1 665**
内资企业	**Domestic Funded Enterprises**	**11 579.8**	**35.94**	**1 549**
国有企业	State-owned Enterprises	1 967.3	4.84	190
集体企业	Collective-owned Enterprises	70.7	0.28	16
股份合作企业	Cooperative Enterprises			
联营企业	Joint Ownership Enterprises			
国有联营企业	State Joint Ownership Enterprises			
有限责任公司	Limited Liability Corporations	4 861.4	17.48	771
国有独资公司	State Sole Funded Corporations	1 114.5	4.15	205
股份有限公司	Share-holding Corporations Ltd.	3 054.9	8.60	355
私营企业	Private Enterprises	1 558.6	4.52	204
其他企业	Other Enterprises	66.8	0.22	13
港、澳、台商投资企业	**Enterprises with Funds from Hong Kong, Macao and Taiwan**	**416.3**	**1.73**	**72**
合资经营企业	Joint-venture Enterprises	169.5	1.11	40
合作经营企业	Cooperative Enterprises	33.6	0.11	3
独资经营企业	Enterprises with Sole Fund	121.4	0.36	18
投资股份有限公司	Share-holding Corporations Ltd.	91.7	0.15	11
外商投资企业	**Foreign Funded Enterprises**	**325.1**	**0.78**	**44**
中外合资经营企业	Joint-venture Enterprises	189.5	0.57	30
中外合作经营企业	Cooperation Enterprises	21.3	0.08	1
外资企业	Enterprises with Sole Fund	25.3	0.06	7
外商投资股份有限公司	Share-holding Corporations Ltd.	89.0	0.07	6

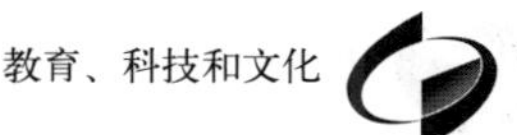

13-27 按行业分规模以上工业企业研究与试验发展(R&D)活动情况(2012年)

Basic Statistics on R&D Activities of Industrial Enterprises above Designated Size by Industrial Sector (2012)

行 业	Sector	R&D人员全时当量(人年) Full-time Equivalent of R&D Personnel (person-year)	R&D经费(亿元) Expenditure on R&D (100 million yuan)	R&D项目数(项) R&D Projects (unit)
全 省	**Yunnan**	**12 321.2**	**38.44**	**1 665**
煤炭开采和洗选业	Mining and Washing of Coal	167.0	0.29	8
石油和天然气开采业	Extraction of Petroleum and Natural Gas			
黑色金属矿采选业	Mining and Dressing of Ferrous Metal Ores	203.2	0.18	8
有色金属矿采选业	Mining and Dressing of Nonferrous Metals Ores	444.7	1.04	42
非金属矿采选业	Mining and Dressing of Nonmetal Ores	239.1	1.03	35
农副食品加工业	Processing of Farm and Sideline Food	180.4	0.59	23
食品制造业	Manufacture of Food	196.2	0.89	26
酒、饮料和精制茶制造业	Manufacture of Wine,Beverage and Refined Tea	268.3	1.28	33
烟草制品业	Tobacco Products Manufacturing	285.1	5.45	161
纺织业	Textile Industry	24.0	0.04	3
纺织服装、服饰业	Manufacture of Textile Garments and Dress Accessory			
皮革、毛皮、羽毛及其制品和制鞋业	Feather, Furs, Down, Related Products and Footwear Manufacturing	4.1	0.01	5
木材加工和木、竹、藤、棕、草制品业	Timber Processing, Bamboo, Cane, Palm Fiber & Straw Products Manufacturing	39.7	0.10	5
家具制造业	Manufacture of Furniture			
造纸和纸制品业	Papermaking and Paper Products Manufacturing	141.8	0.34	22
印刷和记录媒介复制业	Printing and Record Medium Reproduction	351.6	0.79	39
文教、工美、体育和娱乐用品制造业	Manufacture of Culture, Education,Industrial Arts, Sports and Entertainment Goods			
石油加工、炼焦和核燃料加工业	Petroleum Refining, Coking and Nuclear Fuel Processing	44.8	0.03	3
化学原料和化学制品制造业	Manufacture of Raw Chemical Materials and Chemica Products	875.2	2.36	169
医药制造业	Manufacture of Medicines	2 014.9	4.57	298
化学纤维制造业	Chemical Fiber Manufacturing			
橡胶和塑料制品业	Rubber and Plastic Products Manufacturing	37.6	0.44	14
非金属矿物制品业	Nonmetal Mineral Products Manufacturing	94.3	0.37	19
黑色金属冶炼和压延加工业	Smelting and Pressing of Ferrous Metals	611.4	2.48	46
有色金属冶炼和压延加工业	Smelting and Pressing of Nonferrous Metals	3 410.0	11.71	323
金属制品业	Metal Products Manufacturing	91.7	0.06	11
通用设备制造业	Manufacture of General Purpose Equipment	330.7	0.53	57
专用设备制造业	Manufacture of Special Purpose Equipment	782.7	0.83	65
汽车制造业	Automotive Industry	197.7	0.38	31
铁路、船舶、航空航天和其他运输设备制造业	Manufacture of Transport Equipment for Railway,Boats and Aerospace and Other Transport Equipments	81.0	0.40	10
电气机械和器材制造业	Electric Equipment and Machinery Manufacturing	580.6	0.78	67
计算机、通信和其他电子设备制造业	Communication Equipment, Computers and Other Electronic Equipment Production	138.2	0.40	51
仪器仪表制造业	Instrument Industry	256.5	0.53	25
其他制造业	Other Goods Production	17.7	0.12	9
电力、热力生产和供应业	Production and Supply of Electric Power and Heat Power	211.2	0.44	57
燃气生产和供应业	Production and Supply of Gas			
水的生产和供应业	Production and Supply of Tap Water			

13–28 按州市分规模以上工业企业研究与试验发展(R&D)活动情况（2012年）
Basic Statistics on R&D Activities of Industrial Enterprises above Designated Size by Region（2012）

州 市	Region	R&D人员全时当量 (人年) Full-time Equivalent of R&D Personnel (person-year)	R&D经费 (亿元) Expenditure on R&D (100 million yuan)	R&D项目数 (项) R&D Projects (unit)
全 省	**Yunnan**	**12 321.2**	**38.44**	**1 665**
昆 明	Kunming	5 655.0	20.61	935
曲 靖	Qujing	1 281.9	3.36	85
玉 溪	Yuxi	1 144.2	3.15	197
保 山	Baoshan	191.4	0.48	18
昭 通	Zhaotong	158.8	0.45	18
丽 江	Lijiang	25.5	0.10	6
普 洱	Pu'er	158.7	0.69	33
临 沧	Lincang	233.3	0.58	17
楚 雄	Chuxiong	855.0	1.12	72
红 河	Honghe	1 814.7	4.54	182
文 山	Wenshan	186.4	0.86	28
西双版纳	Xishuangbanna	80.5	0.18	12
大 理	Dali	436.5	1.76	46
德 宏	Dehong	13.9	0.08	3
怒 江	Nujiang	40.0	0.07	1
迪 庆	Diqing	45.2	0.43	12

13-29 按登记注册类型分规模以上工业企业新产品开发及生产情况(2012年)

New Products Development and Production of Industrial Enterprises above Designated Size by Registration Status (2012)

单位：亿元 (100 million yuan)

登记注册类型	Status of Registration	新产品项目数(项) New Products (unit)	开发新产品经费 Expenditure on New Products Development	新产品产值 Output Value of New Products	新产品销售收入 Sales Revenue of New Products	出口 Exports
全　省	**Yunnan**	**1 512**	**39.63**	**404.66**	**446.82**	**26.21**
内资企业	**Domestic Funded Enterprises**	**1 374**	**35.98**	**376.97**	**424.34**	**25.65**
国有企业	State-owned Enterprises	152	3.43	29.67	57.21	0.11
集体企业	Collective-owned Enterprises	16	0.31	4.70	5.20	
股份合作企业	Cooperative Enterprises	3	0.02	0.01		
联营企业	Joint Ownership Enterprises					
国有联营企业	State Joint Ownership Enterprises					
有限责任公司	Limited Liability Corporations	624	15.26	225.95	193.42	14.56
国有独资公司	State Sole Funded Corporations	141	4.07	64.02	63.67	12.14
股份有限公司	Share-holding Corporations Ltd.	336	11.34	82.83	135.44	4.11
私营企业	Private Enterprises	234	5.24	27.20	27.18	6.87
其他企业	Other Enterprises	9	0.37	6.61	5.88	
港澳台商投资企业	**Enterprises with Funds from Hong Kong, Macao and Taiwan**	**86**	**2.69**	**17.51**	**17.19**	
合资经营企业	Joint-venture Enterprises	58	1.88	7.55	7.06	
合作经营企业	Cooperative Enterprises			0.63	0.58	
独资经营企业	Enterprises with Sole Fund	13	0.33	8.67	8.62	
投资股份有限公司	Share-holding Corporations Ltd.	15	0.47	0.66	0.94	
外商投资企业	**Foreign Funded Enterprises**	**52**	**0.97**	**10.19**	**5.29**	**0.56**
中外合资经营企业	Joint-venture Enterprises	37	0.81	8.16	3.26	0.55
中外合作经营企业	Cooperation Enterprises					
外资企业	Enterprises with Sole Fund	7	0.09	0.05	0.04	0.01
外商投资股份有限公司	Share-holding Corporations Ltd.	8	0.07	1.98	1.98	

13—30 按行业分规模以上工业企业新产品开发及生产情况(2012年)

New Products Development and Production of Industrial Enterprises above Designated Size by Industrial Sector (2012)

单位：亿元 (100 million yuan)

行业	Sector	新产品项目数(项) New Products (unit)	开发新产品经费 Expenditure on New Products Development	新产品产值 Output Value of New Products	新产品销售收入 Sales Revenue of New Products	出口 Exports
全省	**Yunnan**	**1 512**	**39.63**	**404.66**	**446.82**	**26.21**
煤炭开采和洗选业	Mining and Washing of Coal					
石油和天然气开采业	Extraction of Petroleum and Natural Gas					
黑色金属矿采选业	Mining and Dressing of Ferrous Metal Ores	3	0.02	2.54	2.37	
有色金属矿采选业	Mining and Dressing of Nonferrous Metals Ores	2	0.18	2.39	2.16	
非金属矿采选业	Mining and Dressing of Nonmetal Ores	29	1.18	7.69	7.69	
农副食品加工业	Processing of Farm and Sideline Food	45	1.34	7.33	7.55	
食品制造业	Manufacture of Food	35	1.38	9.56	10.73	5.46
酒、饮料和精制茶制造业	Manufacture of Wine,Beverage and Refined Tea	34	1.32	11.99	10.38	0.85
烟草制品业	Tobacco Products Manufacturing	88	2.42	53.27	30.82	0.34
纺织业	Textile Industry	4	0.05	0.83	0.61	
纺织服装、服饰业	Manufacture of Textile Garments and Dress Accessory					
皮革、毛皮、羽毛及其制品和制鞋业	Feather, Furs, Down, Related Products and Footwear Manufacturing	5	0.01	0.03	0.02	
木材加工和木、竹、藤、棕、草制品业	Timber Processing, Bamboo, Cane, Palm Fiber & Straw Products Manufacturing	5	0.11	0.36	0.29	
家具制造业	Manufacture of Furniture					
造纸和纸制品业	Papermaking and Paper Products Manufacturing	19	0.51	10.75	9.88	
印刷和记录媒介复制业	Printing and Record Medium Reproduction	43	1.38	18.25	17.78	
文教、工美、体育和娱乐用品制造业	Manufacture of Culture, Education,Industrial Arts, Sports and Entertainment Goods					
石油加工、炼焦和核燃料加工业	Petroleum Refining, Coking and Nuclear Fuel Processing	2	0.72			
化学原料和化学制品制造业	Manufacture of Raw Chemical Materials and Chemica Products	172	3.81	46.38	43.78	0.36
医药制造业	Manufacture of Medicines	278	4.35	33.72	26.47	2.89
化学纤维制造业	Chemical Fiber Manufacturing	9	0.07			
橡胶和塑料制品业	Rubber and Plastic Products Manufacturing	20	0.68	6.86	6.61	
非金属矿物制品业	Nonmetal Mineral Products Manufacturing	23	0.28	5.80	5.28	
黑色金属冶炼和压延加工业	Smelting and Pressing of Ferrous Metals	55	1.51	20.24	74.75	
有色金属冶炼和压延加工业	Smelting and Pressing of Nonferrous Metals	184	10.00	98.66	125.79	13.36
金属制品业	Metal Products Manufacturing	17	0.14	1.77	1.31	
通用设备制造业	Manufacture of General Purpose Equipment	73	1.21	1.65	1.86	
专用设备制造业	Manufacture of Special Purpose Equipment	76	0.95	3.87	3.84	0.91
汽车制造业	Automotive Industry	60	1.89	26.16	24.30	0.15
铁路、船舶、航空航天和其他运输设备制造业	Manufacture of Transport Equipment for Railway,Boats and Aerospace and Other Transport Equipments	29	1.73	8.95	7.24	
电气机械和器材制造业	Electric Equipment and Machinery Manufacturing	85	0.98	14.28	14.29	1.38
计算机、通信和其他电子设备制造业	Communication Equipment, Computers and Other Electronic Equipment Production	53	0.43	7.25	6.99	0.05
仪器仪表制造业	Instrument Industry	24	0.52	3.58	3.53	0.46
其他制造业	Other Goods Production	10	0.29	0.51	0.51	
电力、热力生产和供应业	Production and Supply of Electric Power and Heat Power	30	0.19			
燃气生产和供应业	Production and Supply of Gas					
水的生产和供应业	Production and Supply of Tap Water					

13-31 按州市分规模以上工业企业新产品开发及生产情况(2012年)

New Products Development and Production of Industrial Enterprises above Designated Size by Region (2012)

单位：亿元 (100 million yuan)

州 市	Region	新产品项目数(项) New Products (unit)	开发新产品经费 Expenditure on New Products Development	新产品产值 Output Value of New Products	新产品销售收入 Sales Revenue of New Products	出口 Exports
全 省	**Yunnan**	**1 512**	**39.63**	**404.66**	**446.82**	**26.21**
昆 明	Kunming	941	22.90	228.99	249.14	10.15
曲 靖	Qujing	47	2.22	5.50	33.84	
玉 溪	Yuxi	145	3.13	27.97	28.11	0.33
保 山	Baoshan	9	0.11	0.93	1.05	
昭 通	Zhaotong	23	1.65	19.60	19.12	
丽 江	Lijiang	10	0.16	0.34	0.33	
普 洱	Pu'er	21	0.40	7.71	6.36	0.05
临 沧	Lincang	22	0.74	3.11	2.59	0.15
楚 雄	Chuxiong	68	1.21	9.90	9.55	0.20
红 河	Honghe	136	3.93	52.21	51.06	12.14
文 山	Wenshan	29	0.89	5.57	6.40	2.49
版 纳	Xishuangbanna	17	0.23	7.69	6.67	0.01
大 理	Dali	36	1.52	31.22	29.37	
德 宏	Dehong	2	0.16	1.08	0.77	0.69
怒 江	Nujiang	2	0.13			
迪 庆	Diqing	4	0.24	2.84	2.48	

13－32 按登记注册类型分规模以上工业企业专利情况(2012年)

Statistics on Patent of Industrial Enterprises above Designated Size by Registration Status (2012)

单位：件 (unit)

登记注册类型	Status of Registration	专利申请数 Patent Applications	发明专利 Invention Patents	有效发明专利数 Number of Patents In Force
全　省	**Yunnan**	**2 404**	**1 066**	**1 644**
内资企业	**Domestic Funded Enterprises**	**2 259**	**997**	**1 472**
国有企业	State-owned Enterprises	324	84	167
集体企业	Collective-owned Enterprises	23	7	10
股份合作企业	Cooperative Enterprises	16	7	6
联营企业	Joint Ownership Enterprises			
国有联营企业	State Joint Ownership Enterprises			
有限责任公司	Limited Liability Corporations	917	438	546
国有独资公司	State Sole Funded Corporations	130	86	143
股份有限公司	Share-holding Corporations Ltd.	508	266	494
私营企业	Private Enterprises	456	187	244
其他企业	Other Enterprises	15	8	5
港澳台商投资企业	**Enterprises with Funds from Hong Kong, Macao and Taiwan**	**96**	**52**	**123**
合资经营企业	Joint-venture Enterprises	73	43	109
合作经营企业	Cooperative Enterprises	1	1	4
独资经营企业	Enterprises with Sole Fund	14	6	4
投资股份有限公司	Share-holding Corporations Ltd.	8	2	6
外商投资企业	**Foreign Funded Enterprises**	**49**	**17**	**49**
中外合资经营企业	Joint-venture Enterprises	35	11	49
中外合作经营企业	Cooperation Enterprises			
外资企业	Enterprises with Sole Fund	4	4	
外商投资股份有限公司	Share-holding Corporations Ltd.	10	2	

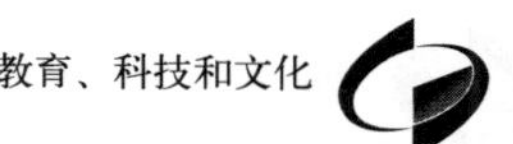

13—33 按行业分规模以上工业企业专利情况(2012年)

Statistics on Patent of Industrial Enterprises above Designated Size by Industrial Sector (2012)

单位：件 (piece)

国民经济行业	Sector	专利申请数 Patent Applications	发明专利 Invention Patents	有效发明专利数 Number of Patents In Force
全 省	**Yunnan**	**2 404**	**1 066**	**1 644**
煤炭开采和洗选业	Mining and Washing of Coal	1		
石油和天然气开采业	Extraction of Petroleum and Natural Gas			
黑色金属矿采选业	Mining and Dressing of Ferrous Metal Ores	49	9	14
有色金属矿采选业	Mining and Dressing of Nonferrous Metals Ores	17	9	7
非金属矿采选业	Mining and Dressing of Nonmetal Ores	25	18	10
农副食品加工业	Processing of Farm and Sideline Food	119	51	35
食品制造业	Manufacture of Food	63	36	59
酒、饮料和精制茶制造业	Manufacture of Wine,Beverage and Refined Tea	95	37	16
烟草制品业	Tobacco Products Manufacturing	197	132	60
纺织业	Textile Industry	15	15	11
纺织服装、服饰业	Manufacture of Textile Garments and Dress Accessory			
皮革、毛皮、羽毛及其制品和制鞋业	Feather, Furs, Down, Related Products and Footwear Manufacturing			
木材加工和木、竹、藤、棕、草制品业	Timber Processing, Bamboo, Cane, Palm Fiber & Straw Products Manufacturing	9	4	
家具制造业	Manufacture of Furniture			
造纸和纸制品业	Papermaking and Paper Products Manufacturing	16	5	10
印刷和记录媒介复制业	Printing and Record Medium Reproduction	47	15	54
文教、工美、体育和娱乐用品制造业	Manufacture of Culture, Education,Industrial Arts, Sports and Entertainment Goods			
石油加工、炼焦和核燃料加工业	Petroleum Refining, Coking and Nuclear Fuel Processing	3		3
化学原料和化学制品制造业	Manufacture of Raw Chemical Materials and Chemica Products	264	151	163
医药制造业	Manufacture of Medicines	341	181	452
化学纤维制造业	Chemical Fiber Manufacturing	19	7	39
橡胶和塑料制品业	Rubber and Plastic Products Manufacturing	37	8	14
非金属矿物制品业	Nonmetal Mineral Products Manufacturing	32	9	12
黑色金属冶炼和压延加工业	Smelting and Pressing of Ferrous Metals	147	51	54
有色金属冶炼和压延加工业	Smelting and Pressing of Nonferrous Metals	343	197	364
金属制品业	Metal Products Manufacturing	69	12	1
通用设备制造业	Manufacture of General Purpose Equipment	46	10	20
专用设备制造业	Manufacture of Special Purpose Equipment	63	13	19
汽车制造业	Automotive Industry	91	10	96
铁路、船舶、航空航天和其他运输设备制造业	Manufacture of Transport Equipment for Railway,Boats and Aerospace and Other Transport Equipments	47	15	5
电气机械和器材制造业	Electric Equipment and Machinery Manufacturing	127	22	38
计算机、通信和其他电子设备制造业	Communication Equipment, Computers and Other Electronic Equipment Production	29	20	24
仪器仪表制造业	Instrument Industry	39	23	46
其他制造业	Other Goods Production	3	1	2
电力、热力生产和供应业	Production and Supply of Electric Power and Heat Power	51	5	16
燃气生产和供应业	Production and Supply of Gas			
水的生产和供应业	Production and Supply of Tap Water			

13-34 按州市分规模以上工业企业专利情况(2012年)
Statistics on Patent of Industrial Enterprises above Designated Size by Region (2012)

单位：件 (unit)

州 市	Region	专利申请数 Patent Applications	发明专利 Invention Patents	有效发明专利数 Number of Patents in Force
全 省	**Yunnan**	**2 404**	**1 066**	**1 644**
昆 明	Kunming	1 165	554	988
曲 靖	Qujing	153	49	59
玉 溪	Yuxi	290	96	126
保 山	Baoshan	41	19	38
昭 通	Zhaotong	28	22	30
丽 江	Lijiang	41	11	11
普 洱	Pu'er	85	36	9
临 沧	Lincang	33	9	19
楚 雄	Chuxiong	233	116	74
红 河	Honghe	137	97	178
文 山	Wenshan	55	12	28
西双版纳	Xishuangbanna	47	25	28
大 理	Dali	79	12	50
德 宏	Dehong	9	1	
怒 江	Nujiang	1	1	2
迪 庆	Diqing	7	6	4

主要统计指标解释

普通高等学校 指按照国家的审批程序批准举办，通过全国统一招生考试，招收高级中等学校毕业和具有同等学历者，实施高等教育，培养高等专门人才的学校。包括大学、专门学院、专科学校和短期职业大学。

成人高等学校 指按国家规定的审批程序批准举办，招收职业高中毕业或同等学历者，利用多种形式对成人实施高等教育，培养相当于普通高等专科或本科毕业水平的专门人才的学校。包括广播电视大学、职工高等学校、农民高等学校、干部管理学院、教育学院、独立函授学院以及普通高等学校举办的函授、夜大学等。

小学学龄儿童入学率 指调查范围内已入小学学习的学龄儿童占该地区校内外学龄儿童总数（包括弱智儿童在内，但不包括盲聋哑儿童）的比重。计算公式为：

小学学龄儿童入学率 = 已入学的小学学龄儿童数/校内外小学学龄儿童总数 × 100%

科技活动 指在自然科学、农业科学、医药科学、工程与技术科学、人文与社会科学领域（简称科学技术领域）中，与科技知识的产生、发展、传播和应用密切相关的有组织的活动。可分为研究与试验发展（R&D）、研究与试验发展成果应用及相关的科技服务三类活动。该定义是联合国教科文组织考虑成员国特别是发展中国家开展科技统计工作的需要，而对科技活动所作的统计界定。

科技活动人员 指直接从事科技活动，以及专门从事科技活动管理和为科技活动提供直接服务，累计的实际工作时间占全年制度工作时间 10% 及以上的人员。（1）直接从事科技活动的人员包括：在独立核算的科学研究与技术开发机构、高等学校、各类企业及其他事业单位内设的研究室、实验室、技术开发中心及中试车间（基地）等机构中从事科技活动的研究人员、工程技术人员、技术工人及其他人员，虽不在上述机构工作，但编入科技活动项目（课题）组的人员，科技信息与文献机构中的专业技术人员，从事论文设计的研究生等。（2）专门从事科技活动管理和为科技活动提供直接服务的人员，包括：独立核算的科学研究与技术开发机构、科技信息与文献机构、高等学校、各类企业及其他事业单位主管科技工作的负责人，专门从事科技活动的计划、行政、人事、财务、物资供应、设备维护、图书资料管理等工作的各类人员，但不包括保卫、医疗保健人员、司机、食堂人员、茶炉工、水暖工、清洁工等为科技活动提供间接服务的人员。该指标用来反映投入科技活动人力的规模。

科学家与工程师 指科技活动人员中具有高、中级技术职称（职务）的人员和不具有高、中级技术职称（职务）的大学本科及以上学历人员。该指标用来反映投入科技活动人力的素质。

研究与试验发展（R&D） 指在科学技术领域，为增加知识总量，以及运用这些知识去创造新的应用进行的系统的创造性的活动，包括基础研究、应用研究、试验发展三类活动。国际上通常采用 R&D 活动的规模和强度指标反映一国的科技实力和核心竞争力。

专业技术人员 指从事专业技术工作和专业技术管理工作的人员，即企事业单位中已经聘任专业技术职务从事专业技术工作和专业技术管理工作的人员，以及未聘任专业技术职务、现在专业技术岗位上工作的人员。包括工程技术人员，农业技术人员，科学研究人员，卫生技术人员，教学人员。

科技活动经费筹集 指从各种渠道筹集到的计划用于科技活动的经费，包括政府资金、企业资金、事业单位资金、金融机构贷款、国外资金和其他资金等。反映各社会经济主体对促进科技进步所作的努力。

政府资金 指从各级政府部门获得的计划用于科技活动的经费，包括科学事业费、科技三项费、科研基建费、科学基金、教育等部门事业费中计划用于科技活动的经费，以及政府部门预算外资金中计划用于科技活动的经费等。

科技活动经费内部支出 指报告年内用于科技活动的实际支出，包括劳务费、科研业务费、科研管理费、非基建投资购建的固定资产、科研基建支出以及其他用于科技活动的支出。不包括生产性活动支出、归还贷款支出及转拨外单位支出。反映科技投入实际完成情况。

劳务费 指以货币或实物形式直接或间接支付给从事科技活动人员的劳动报酬及各种费用。包括各种形式的工资、津贴、奖金、福利、离退休人员费用、人民助学金等。反映改善科技人员的待遇情况。

固定资产购建费 指报告年内使用非基建投资购建的固定资产和用于科研基建投资的实际支出额，即固定资产实际支出和科研基建投资实际完成额之和。固定资产是指长期使用而不改变原有实物形态的主要物资设备、图书资料、实验材料和标本以及其他设备和家具、房屋、建筑物。反映用于改善科研条件和科研手段方面的投入情况。

新产品 指采用新技术原理、新设计构思研制、生产的全新产品，或在结构、材质、工艺等某一方面比原有产品有明显改进，从而显著提高了产品性能或扩大了使用功能的产品。既包括政府有关部门认定并在有效期内的新产品，也包括企业自行研制开发，未经政府有关部门认定，从投产之日起一年之内的新产品。用来反映科技产出及对经济增长的直接贡献。

专利 是专利权的简称，是对发明人的发明创造经审查合格后，由专利局依据专利法授予发明人和设计人对该项发明创造享有的专有权。包括发明、实用新型和外观设计。反映拥有自主知识产权的科技和设计成果情况。

发明 指对产品、方法或者其改进所提出的新的技术方案。是国际通行的反映拥有自主知识产权技术的核心指标。

实用新型 指对产品的形状、构造或者其结合所提出的适于实用的新的技术方案。反映具有一定技术含量的技术成果情况。

外观设计 指对产品的形状、图案、色彩或者其结合所做出的富有美感并适于工业上应用的新设计。反映拥有自主知识产权的外观设计成果情况。

文化事业机构 指从事专业文化工作和为专业文化工作服务的单独核算、独立建制的单位。不包括半工半艺、半农半艺的业余剧团。

艺术表演观众人数 指售票、包场演出或民族地区免费演出的艺术表演观众人数。不包括彩排审查和内部观摩演出的观看人次数。

等级运动员人数 指经考核正式批准授予等级运动员称号的人数。运动员等级分为国际级运动健将、运动健将、一级运动员、二级运动员、三级运动员、少年级运动员。

等级裁判员人数 指经考核正式批准授予等级裁判员称号的人数。裁判员等级分为国际裁判、国家级裁判、一级裁判、二级裁判、三级裁判。

Explanatory Notes on Principal Statistical Indicators

Regular Institutions of Higher Learning refer to the educational institutions set up according to the government evaluation and approval procedures, enrolling graduates from senior high schools and providing higher education courses and training senior professionals. They include fulltime universities and colleges, junior colleges and short – term schools for professional training.

Institutions of Higher Learning for Adults refer to the educational institutions, set up in line with relevant rules approved by the government, enrolling staff and workers with senior high school or equivalent education, and providing higher education courses in many forms of full time, part time, spare time, or correspondence for adults. Professionals thus trained receive a qualification equivalent to graduates studying regular courses at regular universities, colleges and professional colleges. Institutions of higher learning for adults include Radio and TV universities, colleges for staff and workers and for farmers, management colleges for cadres, education colleges, independent correspondence college and correspondence schools, night schools and the like run by regular institutions of higher learning.

Enrollment Rate of Primary School – age Children refers to the proportion of school – age children enrolled at school to the total number of school – age children both at and out of school (including retarded children, but excluding blind, deaf and mute children). The formula is as follows:

Enrollment Rate of Primary School – age Children = (Total Primary School – age Children at School)/(Total Primary School – age Children Both at and out of School) × 100%

Scientific and Technological Activities (S&T Activities) refer to organized activities which are closely related to the creation, development, dissemination and application of scientific and technological knowledge in the fields of natural sciences, agricultural science, medical science, engineering and technological science, humanities and social sciences (referred to as scientific and technological fields). S&T activities can be divided into three categories: research and development (R&D) activities, application of R&D results, and related S&T services. This statistical definition is made by UNICHIEF for scientific and technological activities to meet the need for carrying out statistical work in this field in its member countries, especially those developing countries.

Personnel Engaged in S&T Activities refer to personnel directly engaged in S&T activities, in the management of S&T activities, and in providing direct service to S&T activities, who spend over 10% of the total working hours in a year in S&T activities. 1). Personnel directly engaged in S&T activities include researchers, engineers, technicians and other related personnel engaged in S&T activities in independent – accounting R&D institutions, institutions of higher learning, and in research rooms and institutes, laboratories, technological development centers and central experiment workshops under enterprises and institutions. Also included are people working in S&T research project teams, professional and technical personnel working in S&T information and literature institutions, and graduate students working on the design of their theses. 2). Personnel engaged in the management of S&T activities and in providing direct service to S&T activities include administrative personnel responsible for S&T activities in independent – accounting R&D institutions, S&T information and literature institutions, institutions of higher learning, and enterprises and institutions where S&T activities are undertaken. Also included are people responsible for the planning, administration, personnel management, financial management, logistics supply, equipment maintenance, information and library management that are related to S&T activities. People providing indirect services are excluded, such as security personnel, medical staff, drivers, plumbers, cleaners and those providing food and related services. This indicator reflects the scale of personnel engaged in S&T activities.

Scientists and Engineers refer to persons engaged in S&T activities who have obtained technical or professional titles of senior and middle rank, and those without such title but have completed university or higher education. This indicator reflects the quality of personnel engaged in S&T activities.

Research and Development (R&D) refers to systematic and creative activities in the field of science and technology aiming at increasing and using the knowledge for new application. R&D falls into 3 categories of activities: basic research, applied research and experiment and development. The scale and intensity of R&D are widely used internationally to reflect the strength of S&T and the core competitiveness of a country in the world.

Professional and Technical Personnel refer to persons engaged in professional and technical work or in the management of professional and technical activities, i. e. , personnel with professional or technical titles who are engaged in professional and technical work or in the management of professional and technical activities, and personnel without professional or technical titles but working on professional or technical posts in enterprises and institutions. They include professionals and technicians working in the fields of engineering, agriculture, scientific research, health care and education.

Funding for S&T Activities refers to funds obtained from various sources for S&T activities, including government funds, self - raised funds by enterprises, self - raised funds by institutions, loans from financial institutions, foreign funds and other funds. This indicator reflects the efforts made by various social economic entities in promoting the development of S&T.

Government Funds refer to funds obtained from government departments at all levels for S&T activities, including funds for scientific undertakings, 3 kinds of funds for S&T activities, funds for capital construction for scientific research, science funds, funds from educational expenditures by educational departments for S&T activities, and extra - budgetary funds from government departments for S&T activities.

Internal Expenditures on S&T Activities refer to the actual expenditures on S&T activities during the report year, including service charges, operating expenses on research activities, overhead charges on research, fixed assets excluded in the investment in capital construction, expenditures on capital construction for scientific research, and other expenditures on S&T activities. Not included are expenditures on production activities, repayment of loans and transfer expenditures. This indicator reflects the real completion of input in S&T.

Service Charges refer to direct or indirect payments, in cash or in kind, made to personnel engaged in S&T activities as remuneration and other charges, including salaries, subsidies, bonus, benefits, retirement pensions, stipends, etc. This indicator reflects the improvement of treatment toward S&T personnel.

Expenditure on Purchase and Construction of Fixed Assets refers to the fixed assets purchased or constructed by using funds excluded in the investment in capital construction and the actual expenditures on capital construction for scientific research within the report year, i. e. the sum total of the actual expenditures on fixed assets and the actual investments in capital construction for scientific research. Fixed asset refers to main materials and equipment, literature and documents in libraries, materials for experiments, specimen, instruments, furniture, buildings and constructions that can be used for a long time without changing their original forms and shapes. This indictor reflects the input in improving the conditions and means of scientific research.

New Products refer to new products produced with new technology and design, or products that represent noticeable improvement in terms of structure, material, or production process so as to improve significantly the character or function of the older versions. They include new products certified by relevant government departments within the period of certification, and those designed and produced by enterprises within a year without certification by government departments. This indictor reflects the S&T output and its direct contribution to economic growth.

Patent is an abbreviation for patent right and refers to the exclusive right of ownership by the inventors or designers for their creations or inventions, conferred by the patent offices after the due process of assessment and approval in accordance with the Patent Law. Patent is granted for inventions, utility models and designs. This indicator reflects the achievements of S&T and design with independent intellectual property.

Inventions refer to the new technical proposals on products or methods or their modifications. This is universal core indicator reflecting the technologies with independent intellectual property.

Utility Models refer to the practical and new technical proposals on the shape and structure of the product or their combination. This indicator reflects the technological results with certain technical content.

Designs refer to the aesthetic and industrially applicable new designs for the shape, pattern and color of the product or their combinations. This indicator reflects the exterior design achievements with independent intellectual property.

Cultural Institutions refer to entities which have their own organizational systems and independent accounting systems and specialize in or serve cultural development, excluding other establishments run by these cultural institutions and amateur cultural groups established by various departments.

Number of Spectators at Art Performance refers to the number of attendants at commercial shows, completely booked shows or a free show offered in minority nationality areas, and does not include the number of spectators at rehearsals of examination and internal shows for observation.

Number of Athletes in Grades refers to the number of athletes who have been conferred titles after examination. The titles of athletes include international masters of sports, masters of sports, first - grade, second - grade and third - grade sportsmen and young athletes.

Number of Referees in Grades refers to the number of referees who have been conferred titles after examination. They are classified as international - level referees, national - level referees and referees of the first, second and third grades.

Utility Models refer to new practical and new technical proposals on the shape and structure of the product or their combination. This indicator reflects the technological results with certain technical content.

Designs refer to the aesthetic and industrially applicable new designs for the shape, pattern and color of the product or their combination. This indicator reflects the exterior design achievements with independent intellectual property.

Cultural institutions refer to entities which have their own organizational systems and independent accounting systems and specialize in [illegible] cultural [illegible] run by the [illegible] cultural institutions and [illegible] established by various departments.

Number of Spectators at Art Performance refers to the number of audience [illegible] booked shows [illegible] offered in [illegible] areas, and does not include the number of [illegible] of [illegible] for observation.

Number of Athletes in Grades refers to the number of athletes who have been ranked [illegible]. The [illegible] national master [illegible], master of sports, first-grade, second-grade and third-grade [illegible].

Number of Referees in Grades refers to the number of referees who have been ranked [illegible]. They include [illegible] national-level referees, [illegible] first-grade, second and third grades.

Chapter 14

十四、卫生、体育和社会管理

Public Health,Sports and Social Services

14-1 卫生医疗机构数（1985-2012年）

Number of Health and Medical Institutions（1985-2012）

单位：个 (unit)

年 份 Year	全省卫生医疗机构数 Number of Health and Medical Institutions	#医 院 Hospitals	门诊部、所 Clinics	疾病预防控制中心（含卫生防疫站） Center for Disease Control and Prevention (Including Epidemic Prevention Stations)	妇幼保健站 Women and Children Care Agencies
1985	6 305	1 813	3 846	159	145
1986	6 406	1 789	3 959	159	145
1987	6 492	1 802	4 018	158	144
1988	6 600	1 868	4 068	150	144
1989	6 600	1 884	4 041	150	143
1990	6 671	1 908	4 085	150	144
1991	6 708	1 928	4 091	150	144
1992	6 765	1 950	4 107	149	144
1993	6 469	1 969	3 772	157	143
1994	6 474	2 115	3 618	157	143
1995	6 400	2 108	3 522	158	145
1996	11 122	548	53	148	140
1997	11 454	589	46	149	140
1998	11 867	594	53	150	143
1999	11 875	603	51	151	140
2000	13 356	602	51	151	142
2001	12 552	590	37	152	142
2002	8 541	584	38	148	144
2003	9 804	566	52	153	151
2004	9 436	594	69	150	146
2005	10 110	648	73	153	148
2006	10 020	649	69	150	148
2007	9 693	668	73	150	148
2008	9 249	692	74	152	148
2009	9 251	720	66	152	147
2010	9 699	780	78	150	147
2011	9 956	845	101	150	148
2012	10 070	924	126	150	147

注：2002年及以后卫生机构数为登记注册数。
Note:Numbers of health institutions are numbers of registeration since 2002.

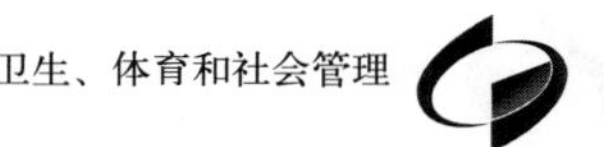

14–2 卫生医疗机构床位数（1985–2012年）

Number of beds in Health and Medical Institutions （1985-2012）

年 份 Year	全省机构病床数(万张) Number of beds in Health and Medical Institutions (10 000 units)	医 院 Hospitals	#农 村 Rural Areas	平均每万人口拥有医院床位数(张) Number of Hospital Beds per 10 000 Persons(unit)
1985	7.45	6.80	4.77	20.00
1986	7.53	8.63	4.72	19.9
1987	7.83	7.06	7.76	20.1
1988	8.27	7.49	4.88	20.8
1989	8.27	7.50	4.84	20.6
1990	8.45	7.61	4.83	20.4
1991	7.74	7.84	4.99	20.9
1992	9.10	8.09	5.05	21.1
1993	9.27	8.25	5.19	21.4
1994	9.37	8.34	4.98	21.2
1995	9.56	8.40	5.09	21.00
1996	9.08	6.08	3.07	15.1
1997	9.40	6.34	3.02	15.5
1998	9.60	6.40	2.97	15.5
1999	9.72	6.46	3.06	15.3
2000	9.75	6.61	3.12	15.6
2001	9.98	6.60	3.17	15.5
2002	9.66	6.75	3.19	15.6
2003	9.84	6.79	3.15	15.5
2004	10.22	7.12	3.23	16.1
2005	10.70	7.47	3.25	16.8
2006	11.05	7.74	3.43	17.3
2007	11.90	8.32		18.4
2008	12.78	9.04		19.9
2009	14.01	9.97		21.9
2010	15.71	11.25		24.5
2011	17.34	12.63		27.28
2012	19.47	14.35		30.81

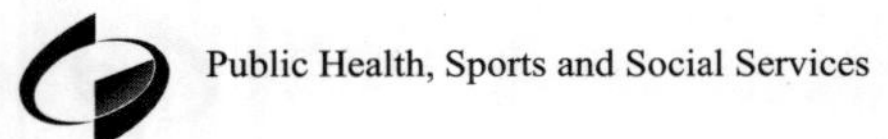

14-3 卫生医疗机构人员数（1978-2012年）

Number of Employed Persons in Health and Medical Institutions（1978-2012）

年 份 Year	全省卫生医疗机构人数(万人) Number of Employed Persons in Health and Medical Institutions (10 000 persons)	卫生技术人员 Medical Technical Personnel	#医 生 Doctors	平均每千人拥有卫生技术人员或医生(人) Number of Medical Technical Personnel or Doctors per 1 000 Persons(person) 卫生技术人员 Medical Technical Personnel	医 生 Doctors
1978	7.95	6.55	3.11	2.12	1.01
1979					
1980	8.91	7.14	3.34	2.25	1.28
1981	9.58	7.69	3.73	2.39	1.16
1982	9.86	7.96	3.01	2.43	1.16
1983	10.16	8.22	3.96	2.48	1.19
1984	10.47	8.46	4.09	2.52	1.22
1985	10.79	8.73	4.27	2.56	1.25
1986	11.13	8.98	4.37	2.60	1.27
1987	11.66	9.44	4.57	2.69	1.30
1988	11.99	9.75	5.12	2.71	1.43
1989	12.19	9.91	5.19	2.72	1.42
1990	12.55	10.16	5.39	2.72	1.44
1991	12.90	10.42	5.32	2.76	1.42
1992	13.18	10.56	5.35	2.76	1.40
1993	13.39	10.77	5.55	2.77	1.43
1994	13.72	11.09	5.77	2.82	1.46
1995	13.95	11.25	5.95	2.86	1.49
1996	13.87	11.16	5.64	2.76	1.40
1997	14.59	11.82	5.91	2.89	1.44
1998	14.72	11.92	5.91	2.88	1.43
1999	14.84	12.10	6.07	2.88	1.44
2000	15.16	12.41	6.26	2.93	1.48
2001	14.98	12.30	6.23	2.89	1.46
2002	13.32	10.97	5.17	2.56	1.20
2003	13.40	11.17	5.27	2.55	1.20
2004	13.67	11.39	5.32	2.58	1.21
2005	14.22	11.84	5.58	2.66	1.25
2006	14.56	12.14	5.65	2.71	1.26
2007	14.93	12.37	5.66	2.74	1.25
2008	15.19	12.62	5.73	2.78	1.26
2009	16.08	13.38	5.94	2.94	1.30
2010	17.00	14.17	6.21	3.08	1.35
2011	17.80	14.93	6.34	3.22	1.37
2012	19.61	16.48	6.69	3.54	1.44

注：2002年及以后医生数系执业(助理)医师数。
Note:Numbers of doctors refer to certified (assistant) doctors since 2002.

14-4 卫生防疫机构、妇幼保健机构情况（1978-2012年）
Basic Statistics on Epidemic Prevention Institutions, Women and Children Care Agencies（1978-2012）

单位：个、人 (unit,person)

年 份 Year	卫生防疫机构 Epidemic Prevention Institutions		妇幼保健机构 Women and Children Care Agencies		
	机构数 Number of Institutions	人员数 Number of Employed Persons	机构数 Number of Institutions	床位数 Number of Beds	人员数 Number of Employed Persons
1978	149	3 604	142	82	1 194
1979					
1985	159	4 931	145	524	2 108
1986	159	5 083	145	712	2 234
1987	158	5 286	144	770	2 401
1988	150	5 529	144	841	2 612
1989	150	5 737	143	872	2 808
1990	150	5 930	144	928	3 001
1991	150	6 146	144	1 021	3 252
1992	149	6 388	144	1 073	3 467
1993	157	6 606	143	1 244	3 669
1994	157	6 810	143	1 350	3 869
1995	158	6 962	145	1 510	4 197
1996	158	7 136	142	1 657	4 270
1997	159	7 344	142	1 836	4 559
1998	150	7 390	141	2 024	4 692
1999	151	7 493	140	2 252	4 822
2000	160	7 574	142	2 356	5 017
2001	175	7 810	142	2 588	5 124
2002	148	7 125	144	3 174	5 624
2003	153	7 241	151	3 341	5 650
2004	150	6 782	146	3 386	5 482
2005	153	7 590	148	3 521	5 641
2006	150	7 585	148	3 662	5 703
2007	150	7 844	148	3 954	5 782
2008	152	7 847	148	4 162	5 638
2009	152	7 734	147	4 398	6 031
2010	150	7 929	147	4 704	6 152
2011	150	7 942	148	4 927	6 393
2012	150	8 013	147	5 139	6 836

14–5 主要年份等级裁判员、运动员人数

单位：人

	等级裁判员 Number of Referees in Grades	国际级裁判 International level Referees	国家级裁判 National level Referees	一级裁判 First Grade Referees	二级裁判 Second Grade Referees	三级裁判 Third Grade Referees
1985	1 316			135	280	901
1990	1 920	1		145	455	1 320
1995	1 675		12	57	316	134
2000	2229		7	40	519	1 663
2008	1214	2	104	276	832	
2009	1989		3	44	1 942	
2010	1948		11	633	1 304	
2011	2114	4	1055	41	1 014	
2012	7 056		3	487	3 087	3 479

Number of Referees and Athletes in Significant Years

(person)

等级运动员 Number of Athletes in Grades	国际级健将 International level Master Sportsmen	运动健将 Master Sportsmen	一级运动员 First Grade Sportsmen	二级运动员 Second Grade Sportsmen	三级运动员 Third Grade Sportsmen	少年级运动员 Juvenile Sportsmen
1 843			63	83	861	836
1 379	4	36	38	352	583	433
1 474	3	27	52	328	703	361
1 187			12	353	479	343
463	7	21	58	377		
1 457	8	21	43	1 385		
950	7	24	83	836		
622	4	21	163	434		
1 281	2	34	190	1 038	17	

14-6 主要年份运动员参赛获奖情况

Prizes Won by Yunnan Athletes in Significant Years

单位：枚 (medal)

年 份 Year	金 牌 Gold Medal		银 牌 Silver Medal		铜 牌 Copper Medal	
	国 际 International Competitions	全 国 National Competitions	国 际 International Competitions	全 国 National Competitions	国 际 International Competitions	全 国 National Competitions
1978	1	4	1	9	14	8
1980	4	13	2	13		21
1985	11	24	13	13	9	18
1990	4	22		27	6	19
1995	9	27	3	29	4	31
2000	1	44		38	5	36
2005	1	34	1	30		32
2006	6	13	4	15	1	12
2007	2	13		15	1	15
2008	4	14	3	6	5	11
2009	3	17	2	16	10	22
2010	5	14	4	16	7	17
2011	6	13	3	5	5	15
2012	9	14	3	10	3	15

14-7 全省抗自然灾害救济情况(1985-2012年)

Basic Statistics on Relief Work on Natural Disasters (1985-2012)

年份 Year	遭受自然灾害人次(万人次) Disaster Victims (10 000 persons-times)	每万农业人口中遭受自然灾害人次(人次) Disaster Victims per 10 000 Farmers (person-times)	自然灾害国家救济人次(万人次) Persons Enjoying State Relief (10 000 person-times)	国家救济人占遭受自然灾害人数比重(%) Proportion of Persons Enjoying StateRelief to Disaster Victims (%)
1985	856.70	2 845	404.80	47.3
1986	1 133.20	3 715	479.30	42.3
1987	756.50	2 445	379.10	50.1
1988	923.90	2 933	340.50	36.9
1989	991.00	3 103	401.40	40.1
1990	832.00	3 894	749.90	90.1
1991	729.04	4 542	464.70	63.7
1992	1 011.37	2 788	545.70	54.0
1993	1 133.88	3 371	623.20	54.9
1994	1 136.00	3 435	562.00	49.5
1995	1 004.36	3 972	532.30	52.9
1996	1 124.00	4 010	547.50	48.7
1997	2 913.00	8 308	936.40	32.1
1998	2 651.00	7 493	527.30	19.9
1999	3 165.21	8 904	600.00	19.0
2000	3 466.10	9 670	432.30	12.5
2001	2 566.48	7 109	886.97	34.6
2002	2 544.00	5 902	441.16	17.3
2003	2 341.20	6 393	758.00	32.4
2004	1 825.30	4 945	1 014.60	55.6
2005	2 756.50	7 409	667.40	24.2
2006	2 161.00	4 820	605.30	28.0
2007	2 071.82	5 501	679.86	32.8
2008	2 921.79	6 613	667.40	22.8
2009	2 646.09	6 463	552.43	20.9
2010	3 035.62	8 270	1 224.61	40.4
2011	1 938.70	5 019		
2012	2 306.35	5 935		

14-8 主要年份提供住宿的社会服务机构基本情况

Basic Statistics on Social Service Agency with Accommodation in Significant Years

年份 Year	单位数(个) Number of Institutions(unit)	床位数(万位) Number of Beds(10 000 units)	年末在院人数(万人) Persons under Care at Year-end (10 000 persons)	社会福利经费(亿元) Funds of Institution (100 million yuan)
1985	34		0.14	0.02
1990	45		0.15	0.03
1993	49		0.16	0.05
1994	49		0.17	0.10
1995	50		0.18	0.11
1996	50		0.18	0.11
1997	50		0.22	0.13
1998	50		0.22	0.16
1999	50		0.12	0.19
2000	75		0.25	0.21
2001	112		0.28	0.23
2002	754	1.78	1.00	0.25
2003	781	1.97	1.10	0.28
2004	748	1.91	1.07	0.32
2005	771	2.06	1.09	0.56
2006	583	1.42	0.81	0.92
2007	667	2.28	1.53	1.48
2008	702	2.98	2.09	1.58
2009	729	3.77	2.75	2.20
2010	757	4.39	3.33	4.52
2011	778	4.93	3.78	7.45
2012	806	5.99	4.53	11.58

14-9 社会服务业发展情况（2010-2012年）

Basic Statistics on Social Service Development (2010-2012)

项　　目	Item	2010	2011	2012
社会服务工作	**Social Service Work**			
提供住宿的社会服务机构	**Social Service Agency Providing Accommodation**			
单位数（个）	Number of Institutions(unit)	757	778	806
床位数（万张）	Number of Beds (10 000 sets)	4.39	4.93	5.99
收养人数（万人）	Number of People Adopted (10 000 persons)	3.33	3.78	4.53
不提供住宿的社会服务机构	**Social Service Agency without Accommodation**			
救灾储备仓库(个)	Disaster Relief Storage Warehouse(unit)	26	26	30
福利彩票发行单位(个)	Wellfare Lottery Issuer(office)	23	18	21
烈士纪念建筑物管理单位(个)	Administrative Office of Martyr Commemorative Structure(office)	66	67	62
捐赠、救助等其他事业单位(个)	Donation.Rescue and Other Government-sponsored Institutions(unit)	247		257
老龄机构(个)	Institution Concerning the Aging Population Work(unit)	105	109	134
社会福利企业情况	**Social Welfare Enterprises**			
单位数（个）	Number of Social Welfare Enterprises (unit)	421	374	343
职工数（万人）	Number of Employees (10 000 persons)	5.97	5.44	5.07
# 残疾职工（万人）	Physically-challenged (10 000 persons)	2.16	1.87	1.72
利润额（亿元）	Profits (100 million yuan)	1.30	1.21	1.41
其他社会服务机构	**Other Social Service Agencies**			
婚姻	**Marriage**			
婚姻登记服务类单位(个)	Marriage Registration Service Agency (unit)	64	54	60
殡葬	**Funeral**			
殡仪馆(个)	Funeral Home (unit)	56	63	69
公墓(个)	Cemetery (unit)	46	53	62
殡葬管理单位(个)	Administrative Office of Funeral (unit)	39	43	46
成员组织	**Member Organization**			
社会组织	**Social Organization**	**12 618**	**13 518**	**15 295**
社会团体(个)	Social Group(unit)	9 209	9 669	10 701
基金会(个)	Foundation(unit)	38	44	48
民办非企业单位(个)	Civilian-run Nonbusiness Unit(unit)	3 371	3 805	4 546
自治组织	**Self-governing Organization**	**14 063**	**14 104**	**14 156**
社区居委会(个)	Residential Committee (unit)	1 444	1 760	1 864
村委会(个)	Village Neigborhood Committee(unit)	12 619	12 344	12 292

14-10 社会救助和优抚安置情况（2008-2012年）

Basic Statistics on Social Assistance and Special Care and Placement(2008-2012)

单位：万人 (10 000 persons)

项目	Item	2008	2009	2010	2011	2012
社会救助	**Social Assistance**					
城市	Urban Areas					
城市居民最低生活保障人数	Urban Residents Received Subsistence Security Allowances	85.83	90.57	92.57	93.11	93.57
城市临时救济人次数(万人次)	Person-times of Temporary Relief for the Urban Poor (10 000 person-time)	1.71	3.39	4.85	7.54	
农村	Rural Areas					
农村居民最低生活保障人数	Rural Residents Received Subsistence Security Allowances	307.95	338.66	378.00	403.37	437.51
农村五保供养人数	Rural Residents Enjoy the Five-guarantee System	22.19	21.99	22.15	22.14	21.92
农村集中供养五保	Rural Residents Enjoy the Concentrated Form of Five-guarantee System	1.42	2.22	2.67	3.14	3.53
农村分散供养五保	Rural Residents Enjoy the scattered Form of Five-guarantee System	20.77	19.77	19.48	19.00	18.39
农村传统救济人数	Rural Residents Supported by the Traditional Way of Relief	6.35	3.52	4.41	4.12	4.39
农村临时救济人次数(万人次)	Rural Residents Supported by the Temporary Way of Relief(10 000 person-times)	44.61	32.22	125.01	68.55	
优抚安置	**Special Care and Placement**					
国家重点优抚对象	Persons Given National Key Special Pensions and Subsidies	29.08	29.22	29.32	36.89	37.84
安置义务兵、士官、复员	Placement of Compulsory Serviceman, Sergeancy and Demobilization					
干部人数	Persons in a Leading Position	1.06	1.26	1.25	1.23	1.19
接收军队离退休人员人数	Army Retired Staff Received	0.03	0.03	0.03	0.02	0.02

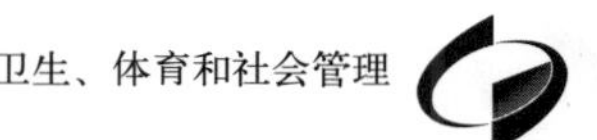

14-11 全省社会保险参保情况

Basic Statistics on Social Insurance

单位：万人 (10 000 persons)

年份 Year / 州市 Region		城镇企业职工基本养老保险 Number of Persons Participating in Basic Pension Insurance System for Urban Enterprises' Employees	城镇职工基本医疗保险 Number of Persons Participating in Basic Medical Insurance System forUrban Employees	城镇居民基本医疗保险 Number of Persons Participating in Basic Medical Insurance System for Urban Residents	城镇失业保险 Number of Persons Participating in Unemployment Insurance System	工伤保险 Number of Persons Participating in Employment Injury Insurance System	城镇职工生育保险 Number of Persons Participating in Child-bearing Insurance System for Urban Employees
1996		179.48			135.53	24.94	29.67
1997		168.44			129.00	47.65	57.40
1998		208.92			129.00	101.75	97.43
1999		223.47			181.00	99.64	96.67
2000		252.28	69.48		196.03	99.14	95.47
2001		243.12	185.72		190.73	97.26	96.11
2002		252.13	238.40		183.23	88.96	86.87
2003		257.34	281.52		183.01	84.11	82.79
2004		255.26	302.34		173.20	150.93	142.33
2005		258.69	320.70		189.20	166.95	156.14
2006		267.42	331.54		189.36	173.85	159.51
2007		279.36	345.81	73.00	190.00	188.47	165.14
2008		293.72	356.82	261.38	195.60	202.47	168.38
2009		306.54	397.42	365.03	198.60	215.13	181.13
2010		317.42	414.77	405.71	209.61	227.37	210.23
2011		342.82	443.36	422.44	216.75	243.40	216.49
2012		364.47	452.22	430.17	224.00	295.26	239.22
昆　明	Kunming	67.42	167.29	147.97	75.99	57.71	48.02
曲　靖	Qujing	16.12	39.15	43.23	22.31	16.95	10.53
玉　溪	Yuxi	11.46	22.17	25.24	12.03	10.88	7.08
保　山	Baoshan	6.47	12.88	16.57	6.69	5.23	2.83
昭　通	Zhaotong	6.22	18.49	21.26	10.41	8.64	5.50
丽　江	Lijiang	4.61	9.30	8.62	3.02	4.57	2.72
普　洱	Pu'er	8.49	17.61	13.71	8.86	5.76	4.08
临　沧	Lincang	4.80	13.20	8.24	6.92	4.59	3.38
楚　雄	Chuxiong	8.22	21.48	18.45	11.00	7.82	5.37
红　河	Honghe	15.55	39.09	44.90	19.13	14.49	9.67
文　山	Wenshan	6.84	17.25	13.94	7.50	5.54	4.14
西双版纳	Xishuangbanna	4.29	15.31	11.00	7.06	4.87	4.53
大　理	Dali	10.30	22.80	19.00	10.58	8.22	6.41
德　宏	Dehong	3.69	11.31	8.37	4.78	2.28	1.99
怒　江	Nujiang	1.25	3.93	2.61	1.73	1.12	0.85
迪　庆	Diqing	1.14	3.46	2.60	1.60	0.87	2.23

14−12 城镇职工基本养老保险情况（2010−2012年）
Statistics on Basic Pension Insurance for Urban Employees (2010-2012)

类　　别	Item	2010	2011	2012
年末参保人数（万人）	**Number of People Insured at Year-end(10 000 persons)**	**317.42**	**342.82**	**364.47**
职　工	Employed People	225.08	238.66	253.76
# 企　业	Enterprises	218.22	229.78	245.01
离休、退休、退职人数	Retired and Resigned Persons	92.34	104.16	110.71
基金收支情况	**Fund Revenue and Expenses**			
基本养老保险费征缴收入(亿元)	Fund Revenue (100 million yuan)	144.78	218.09	286.49
基本养老金支出(亿元)	Fund Expenses (100 million yuan)	142.23	160.67	201.16
企业退休人员社会化管理服务情况	**Socialized Management of Enterprise Retirees**	**66.99%**	**71.50%**	**73.68%**
企业养老金实发人数(万人)	People Receiving Pension Insurance (10 000 persons)	89.48	101.20	108.13

14-13 律师、公证工作机构人员情况（2008-2012年）
Basic Statistics on Lawyers and Notarization(2008-2012)

项　　目	Item	2008	2009	2010	2011	2012
律师工作	**Lawyers**					
律师事务所(个)	Number of Law Offices (unit)	430	447	472	500	532
国资所(个)	State-owned (unit)	116	116	115	113	112
合作所(个)	Cooperative (unit)	50				
合伙所(个)	Partnership (unit)	252	301	301	313	324
个人发起所(个)	Initiated by Individual (unit)	12	30	56	74	96
执业律师（人）	Number of Lawyers (person)	3 404	3 978	4 554	5 045	5 614
专职律师（人）	Full-time Lawyers (person)	3 278	3 621	4 128	4 591	5 115
兼职律师（人）	Part-time Lawyers (person)	126	167	179	192	201
特邀律师（人）	Guest Lawyers (person)					
公证工作	**Notarization**					
公证处(个)	Number of Notary Offices (unit)	140	141	140	140	140
公证员(人)	Notaries (person)	431	451	433	450	469
公证员助理（人）	Assistant Notaries (person)	395	426	440	270	288
办理各类公证事项(万件)	Number of Notarized Affairs (10 000 items)	20.21	25.52	16.02	25.58	27.73

14-14 全省产品质量监督抽查情况(2012年)
Results of Sampling Checks on Product Quality of Yunnan province (2012)

类别	Category	监督检验企业数(个) Number of Enterprises Supervised and Checked (unit)	不合格企业数(个) Number of Enterprises with Products Unqalified (unit)	不合格企业比例(%) Proportion of Enterprises with Products Unqalified(%)	检验批次(批次) Number of Batch-time Checked (Batch)	合格批次(批次) Number of Batch-time Qualified (Batch)	批次合格率(%) Rate of Batch-time Qualified(%)
全省	**Yunnan**	**4 367**	**657**	**15.0**	**6 000**	**5 181**	**86.4**
农用产品	**Agriculture Products**	**242**	**42**	**17.4**	**299**	**281**	**94.0**
农用化肥	Farming Chemical Fertilizers	140	42	30.0	197	179	90.9
化学农药	Chemical Pesticides						
饲料	Forages						
农膜	Agriculture Films						
加工食品和饮料	**Food and Beverage**	**3 081**	**353**	**11.5**	**3 860**	**3 361**	**87.1**
调味品	Seasoning	292	39	13.4	325	275	84.6
白酒	White Spirit	446	74	16.6	516	427	82.8
啤酒	Beer	30	1	3.3	44	43	97.7
食用植物油	Edible Vegetable Oil	86	6	7.0	106	95	89.6
糕点、糖果	Cake	330	5	1.5	476	425	89.3
桶装饮用水	Packed Drinkable water	405	87	21.5	437	343	78.5
肉制品	Meat	245	33	13.5	299	269	90.0
饮料	Beverage	288	13	4.5	375	354	94.4
酱腌菜产品	Pickled vegetables	92	14	15.2	137	112	81.8
茶叶	Tea	547	51	9.3	767	687	89.6
米、面	Rice and Flour	225	13	5.8	250	234	93.6
炒货	Drid Food	95	17	17.9	128	97	75.8
家用电器	**Household Electric Appliances**						
厨房电器具	Electric Cooking Utensils						
电热器具	Electric Heating Appliances						
轻工产品	**Light Industry Products**	**92**	**15**	**16.3**	**202**	**185**	**91.6**
纸制品	Paoer	13			40	40	100.0
家具	Furniture						
眼镜(架、片)	Spectacles (Glass and Frame)						
玻璃制品	Glass Products						
合成洗涤剂	Chemical Detergent						
橡胶、塑料制品	Plastics Products						
纺织、鞋类商品	**Texile and Shoes**	**62**	**4**	**6.5**	**224**	**220**	**98.2**
布(印染、色织、坯布)	Cloth(dipdye,yarn and fabric, grey cloth)						
针织品	Knit Goods						
鞋	Shoes						
服装	Clothing	7			30	30	100.0
地毯	Carpet						
化工产品	**Chemical Products**	**112**	**55**	**49.1**	**274**	**212**	**77.4**
涂料、油漆	Paint						
建材商品	**Building Raw Materials**	**482**	**97**	**20.1**	**633**	**548**	**86.6**
水泥	Cement	161	18	11.2	166	159	95.8
石材	Stone						
装饰材料	Decoration Material	15	6	40.0	23	17	73.9
铝合金建筑型材	Alumina Material						
机电产品	**Mechanical and Electrical Products**	**118**	**9**	**7.6**	**204**	**190**	**93.1**
阀类、泵	Valves	11	2	18.2	20	17	85.0
低压电器及元件	Low-voltage Electric Elements	80	1	1.3	150	149	99.3
电动机、柴油机	Motors and Diesel Engines						
冶金商品、金属制品	**Metallurgical and Metal Products**	**34**			**91**	**91**	**100.0**
线材	Wire Rod						
型材	Section Steel						
能源产品	**Energy**	**144**	**82**	**56.9**	**213**	**93**	**43.7**
焦碳	Coke	12	1	8.3	81	32	39.5
汽油、柴油	Gas and Diesel Oil						

主要统计指标解释

卫生机构 指从卫生行政部门取得《医疗机构执业许可证》，或从民政、工商行政、机构编制管理部门取得法人单位登记证书，为社会提供医疗保健、疾病控制、卫生监督服务或从事医学科研和教育等工作的单位。卫生机构包括医院、疗养院、社区卫生服务中心（站）、卫生院、门诊部、诊所（卫生所、医务室）、急救中心（站）、采供血机构、妇幼保健院（所、站）、专科疾病防治院（所、站）、疾病预防控制中心（防疫站）、卫生监督所、卫生监督检验（监测、检测）机构、医学科研机构、医学在职培训机构、健康教育所（站）等其他卫生机构。

医疗机构 指从卫生行政部门取得《医疗机构执业许可证》的机构，包括医院、疗养院、社区卫生服务中心（站）、卫生院、门诊部、诊所（卫生所、医务室）、妇幼保健院（所、站）、专科疾病防治院（所、站）、急救中心（站）和临床检验中心。

社区卫生服务中心（站） 指为本社区居民提供预防、医疗、保健、康复、健康教育、计划生育技术服务等的基层卫生机构。包括社区卫生服务中心和社区卫生服务站。

卫生人员 指在医疗、预防保健、医学科研和在职教育等卫生机构工作的职工，包括卫生技术人员、其他技术人员、管理人员和工勤人员。

卫生技术人员 包括执业（助理）医师、注册护士、药剂人员、检验和影像人员等卫生专业人员。不包括从事管理工作的卫生技术人员（一律计入管理人员）。

执业医师 指具有《医师执业证》及其“级别”为“执业医师”且实际从事医疗、预防保健工作的人员，不包括实际从事管理工作的执业医师。执业医师类别分为临床、中医、口腔和公共卫生。

执业助理医师 指具有《医师执业证》及其“级别”为“执业助理医师”且实际从事医疗、预防保健工作的人员，不包括实际从事管理工作的执业助理医师。执业助理医师类别同样分为临床、中医、口腔和公共卫生四类。

城市社会福利事业单位 包括社会福利院、儿童福利院和民政部门所属的精神病院等。

城乡社会救济费 社会救济是指国家或集体用于生活困难人员的财物支出。本指标包括城镇社会救济费、乡村社会救济费、精简退职的老职工救济费。

1. **城镇社会救济费** 包括民政部门支出的城镇困难户救济费和机关企事业单位支付的职工生活困难补助费。

2. **乡村社会救济费** 包括民政部门支出的农村五保户、困难户及麻风病人救济费。本指标包括农村集体支付的散居五保户、贫困户救济折款（包括实物）。

3. **精减退职的老职工救济费** 指民政部门支出的精减退职的老职工救济费（包括按原工资40%发给的救济费和其他困难救济费）。

自然灾害受灾人数 指遭受自然灾害人数中的成灾人数。所谓成灾是指遭受自然灾害，作物收成减产三成以上的单位，这种单位的全部农业人口即为成灾人口。

优抚事业单位 指革命残废军人休养院、荣复军人疗养院和复退军人精神病院、光荣院。

优抚对象 优抚是指我国人民群众对革命烈士家属、病故革命军人家属、革命残废军人、革命残废工作人员以及参战负伤致残的民兵、民工的优待和对这些人的抚恤。“优抚对象”包括烈军属、复退军人、革命残废人员。

优抚事业费 指民政部门开支的抚恤事业费。包括牺牲费、烈军属及复员退伍军人补助费、退伍军人安置费、优抚事业单位经费和其他抚恤事业费。

城镇职工基本养老保险

1. **（参保）职工人数：**指报告期末按照国家法律、法规和有关政策规定参加基本养老保险并在社保经办机构已建立缴费记录档案的职工人数,包括中断缴费但未终止养老保险关系的职工人数,不包括只登记未建立缴费记录档案的人数。

2.**(参保)离退休人员人数:**指报告期末参加基本养老保险的离休、退休和退职人员的人数。

3.**基本养老保险基金收入:**指根据国家有关规定,由纳入基本养老保险范围的缴费单位和个人按国家规定的缴费基数和缴费比例缴纳的养老保险基金,以及通过其他方式取得的形成基金来源的收入。包括单位和职工个人缴纳的基本养老保险费、基本养老保险基金利息收入、上级补助收入、下级上解收入、转移收入、财政补贴和其他收入。

4.**基本养老保险基金支出:**指按照国家政策规定的开支范围和开支标准从养老保险基金中支付给参加基本养老保险的个人的养老金、丧葬抚恤补助,以及由于保险关系转移、上下级之间调剂资金等原因而发生的支出。包括离休金、退休金、退职金、各种补贴、医疗费、死亡丧葬补助费、抚恤救济费、社会保险经办机构管理费、补助下级支出、上解上级支出、转移支出、其他支出等。

5.**基本养老保险基金累计结余:**指截止报告期末基本养老保险基金收支相抵后的累计余额。

基本医疗保险

1.**参保人数:**指报告期末按国家有关规定参加基本医疗保险的人数。包括参加保险的职工人数和退休人员人数。

2.**基金收入:**指根据国家有关规定,由纳入基本医疗保险范围的缴费单位和个人,按国家规定的缴费基数和缴费比例缴纳的基金,以及通过其他方式取得的形成基金来源的款项。包括:单位缴纳的社会统筹基金收入、个人缴纳的个人账户基金收入、财政补贴收入、利息收入、其他收入。

3.**基金支出:**指按照国家政策规定的开支范围和开支标准从社会统筹基金中支付给参加基本医疗保险的职工和退休人员的医疗保险待遇支出,和从个人账户基金中支付给参加基本医疗保险的职工和退休人员的医疗费用支出,以及其他支出。包括:住院医疗费用支出、门急诊医疗费用支出、个人账户基金支出、其他支出。

4.**基金累计结余:**指截止报告期末基本医疗保险的社会统筹和个人帐户基金累计结余金额。包括银行存款、财政专户、债券投资和其他。

失业保险

1.**参保人数:**指报告期末按照国家法律、法规和有关政策规定参加了失业保险的城镇企业、事业单位的职工及地方政府规定参加失业保险的其他人员的人数。

2.**失业保险基金收入:**指按照规定从企业、事业及其他单位筹集的失业保险费及其他并入失业保险基金收入的总额。包括单位和个人缴纳的失业保险费、失业保险基金利息收入、上级补助收入、下级上解收入、转移收入、财政补贴和其他收入。

3.**失业保险基金支出:**指报告期内为保障失业人员和下岗职工基本生活、促进其再就业等支出的基金总额。包括失业救济金、医疗费、死亡丧葬补助费、抚恤救济费、转业训练费支出、失业保险经办机构管理费、补助下级支出、上解上级支出、转移支出和其他支出。

4.**基金累计结余:**指截止报告期末失业保险基金收支相抵后的累计余额。

工伤保险

1.**参加保险人数:** 指报告期末依据国家有关规定参加工伤保险的职工人数。

2.**享受保险待遇人数:** 指劳动者因工负伤致残、死亡或因患职业病致残,根据有关规定享受工伤保险待遇职工或供养直系亲属人数。包括伤残人数、职业病人数、因工死亡人数、供养直系亲属人数。

3.**基金收入:** 指根据国家有关规定,由参加工伤保险的单位按国家规定的缴费基数和缴费比例缴纳的工伤保险基金,以及通过其他形式取得的形成基金来源的款项。包括:单位缴纳的社会统筹基金收入、财政补贴收入、利息收入、其他收入。

4.**基金支出:** 指按照国家政策规定的开支范围和开支标准从工伤保险基金中支付给参加工伤保险的人

员及供养直系亲属工伤保险待遇支出及其他支出。包括工伤医疗费、伤残补助金、工亡补助金、护理费、丧葬补助费、工伤预防费用、职业康复费用和其他支出。

5. **基金累计结余：** 指截止报告期末工伤保险基金累计结余金额。包括银行存款、财政专户、债券投资和其他。

生育保险

1. **参保人数：** 指报告期末依据有关规定参加生育保险的职工人数。

2. **基金收入：** 指根据国家有关规定，由参加生育保险的单位按照国家规定的缴费基数和缴费比例缴纳的生育保险基金，以及通过其他方式取得的形成基金来源的款项。包括：单位缴纳的基金收入、利息收入和其他收入。

3. **基金支出：** 指按照国家政策规定的开支范围和开支标准，从生育保险基金中支付给参加生育保险的职工，因妊娠、分娩和计划生育手术而享受的待遇及其他支出。包括：生育津贴、医疗费用支出及其他支出。

4. **基金累计结余：** 指截止报告期末生育保险基金累计结余金额。包括银行存款、财政专户、债券投资和其他。

律师　指受聘参加法律顾问工作，担任法律顾问、刑（民）事代理人、刑事辩护人，办理非诉讼事件，解答法律询问，代写法律事务文书等主要从事律师业务的专职法律工作者和兼职律师。

公证人员　指在国家公证机关依法办理公证事务的司法人员，包括公证员、助理公证员和公证处公证的其他人员。

Explanatory Notes on Principal Statistical Indicators

Health Care Institutions refer to the units which have been qualified the Certification of Health Care Institution by the administration of public health, or qualified the Certification of Corporate Unit by the civil affairs, administration for industry and commerce, commission office for public sector reform, and engaging in medical care, disease prevention and control, health supervision and inspection, medicine research and health education, etc., including: hospitals, sanatoriums, community health service centers (stations), health centers, clinics (health stations and infirmaries), first – aid centres (stations), blood gathering and supplying institutions, women and children care agencies (centres and stations), special disease prevention and curing agencies (centres and stations), disease prevention and control centres (epidemic prevention stations), health supervision and inspection agencies, sanitary inspection institutions, medicinal scientific research and on – job training institutions, health education centres and so on.

Medical Organizations refer to the institutions which have been qualified the Certification of Health Care Institution by the administration of public health, including: hospitals, sanatoriums, community health service centers (stations), health centers, clinics (health stations and infirmaries), women and children care agencies (centres and stations), special disease prevention and curing agencies (centres and stations), first – aid centres (stations) and clinic inspection centers.

Community Health Service Centres (stations) refer to the primary units that provide the health care for community residents, such as disease prevention and control, medical treatment, health care, rehabilitation, health education, family planning technical services, including community health service centres and community health service stations.

Health Care Employee refer to all employee engaged in the health care institutions, such as medical organizations, disease prevention and control centres, health care agencies, medicinal scientific research and on – job training institutions, including medical technical personnel, other technical personnel, manager and labour.

Medical Technical Personnel refer to the professional staff engaged in health care, including licensed (assistant) doctors, registered nurse, pharmacists, laboratory technician, and imaging staff, excluding the medical technical personnel engaged in management job (included as the management staff).

Licensed Doctors refer to the medical workers who have obtained the licenses of qualified doctors and are employed in medical treatment, disease prevention or healthcare institutions, excluding the licensed doctors engaged in management job. The classification of licensed doctors is clinician, Chinese medicine, dentist and public health.

Licensed Assistant Doctors refer to the medical workers who have obtained the licenses of qualified assistant doctors and are employed in medical treatment, disease prevention or healthcare institutions, excluding the licensed assistant doctors engaged in management job. The classification of licensed assistant doctors is clinician, Chinese medicine, dentist and public health.

Urban Social Welfare Institutions include social welfare institutions, children welfare institutions, metal hospitals subordinated to the civil affairs departments.

Urban and Rural Social Relief Funds refer to the financial expenditure for the needy by the state or collectives. This indicator includes urban social relief funds, rural social relief funds and relief funds for reduced or resigned old staff and workers.

1. *Urban social relief funds* include the relief funds paid by the civil affairs departments to urban needy households and the living allowances paid by government departments, enterprises and institutions to staff and workers with financial difficulties.

2. *Rural social relief funds* include the relief funds paid by the civil affairs departments to rural households (of infirm and childless old persons) enjoying the five guarantees, needy households and lepers. This indicator also includes the relief in money and in kind paid by rural collectives to scattered – living households (of infirm and childless old persons) enjoying the five guarantees and needy households.

3. *Relief funds for reduced* or resigned old staff and workers refer to the relief funds paid by the civil affairs departments to reduced or resigned old staff and workers (including the relief funds paid at 40% of their original wages and other relief funds).

Number of Natural Disaster Victims refers to the number of people stricken by natural disaster of a certain extent. The so – called "disaster of a certain extent" means any natural disaster that causes crop yield to reduce by over 30% and the total agricultural population hit by it is the stricken population.

Institutions for Special Care refer to rest homes for disabled revolutionary servicemen, the sanatoriums for honorably retired servicemen and mental homes or honor homes for retired servicemen.

Persons Enjoying Special Care Special care means the special treatment and compensation given by the state to family members of revolutionary martyrs, family members of revolutionary servicemen died of illness, disabled revolutionary servicemen, disabled revolutionary working staff and militias and laborers wounded and disabled in war. "Person Enjoying Special Care" refers to family members of revolutionary martyrs, retired servicemen and disabled revolutionary persons.

Funds for Special Care refer to the funds spent by the civil affairs departments for special care, which include sacrifice pensions, allowances for family members of martyrs and retired servicemen, placement allowances for retired servicemen, funds of institutions for special care and other special funds.

Basic Pension Insurance

1. **Number of staff and workers covered** refers to staff and workers participating in the basic pension insurance programme according to national laws, regulations and related policies at the end of the reference period, who have already had payment records in social security management agencies, including those who have interrupt payment without terminating the insurance programme. Those who have registered in the programme but with no payment records are not included.

2. **Number of retirees participating in the basic pension insurance programme** refers to the number of retirees participating in basic pension insurance programmes by the end of the reference period.

3. **Revenue of the basic pension insurance programme** refers to payments made by employers and individu-

als participating in the pension insurance programme in accordance with the basis and proportion stipulated in State regulations, and income from other sources that become source of pension insurance fund, including the premium paid by employers and staff and workers, interest income, subsidies from higher level agencies, income as transfer from subordinate agencies, transferred income, government financial subsidies and other income.

4. **Expenditure of basic pension insurance programme** refers to payment made on pensions and funeral subsidies to those retired and resigned people covered in pension insurance programmes according to related national policies on scopeand standard of expenditure. Also included are expenditure which arises due to shift of the insurance relationship or adjustment of funds among agencies. More specifically, included are pensions for resigned people, pensions for retired people, pension for people quitting jobs, various subsidies, medical fees, funeral subsidies, compensation payments, management fees for social security agencies, expenses on subsidies to lower subordinates, expenses as transfer to agencies at higher level, transferred expenditure and other expenditure.

5. **Balance of basic pension insurance programme** refers to the balance of basic pension insurance funds at the end of the reference period after deducting expenses from revenue.

Basic Medical Care Insurance

1. **Number of people participating in the insurance programme** refers to people participating in the basic medical care insurance programme according to related regulations as at the end of reference period, including number of staff and workers and retirees participating in this insurance programme.

2. **Revenue of the insurance programme** refers to payments made by employers and individuals participating in the medical care insurance programme in accordance with the basis and proportion stipulated in State regulations, and income from other sources that become source of medical insurance fund, including income of social comprehensive funds paid by employers, income from individual accounts, government financial subsidies, interest income and other income.

3. **Expenditure of the insurance programme** refers to payment made from social comprehensive funds to those retired and resigned people covered in basic medical care insurance within the scope and standards of expenditure according to related national policies, and medical care payment made from individual accounts to staff and workers and retirees, and other expenses, including medical expenses of hospital inpatients, medical expenses for outpatients and emergency patients, payment from individual accounts and other expenditure.

4. **Balance of the basic medical care insurance programme** refer to the balance of medical care insurance of social comprehensive funds and individual accounts at the end of the reference period, including bank savings, special fiscal accounts, investment in bonds and others.

Unemployment Insurance

1. **Number of people covered** refers to staff and workers in urban enterprises or institutions who have participated in the unemployment insurance programme according to relevant policies and regulations, and other people who have participated according to local government regulations, as at the end of reference period.

2. **Revenue of the unemployment insurance programme** refers to payments made by employers and individuals participating in unemployment insurance programme in accordance with relevant regulations and other income contributed to this programme, including unemployment insurance premium made by employers and individuals, interest income, subsidies from higher level agencies, income as transfer from subordinate agencies, transferred income, government financial subsidies and other income.

3. **Expenditure of the unemployment insurance programme** refers to total expenses during the reference period to guarantee the basic livelihood of unemployed people and laid – off staff and workers and to encourage their re – employment. Included are unemployment relief, medical fees, funeral subsidies, compensation payments, training expenses, management fees for unemployment insurance agencies, subsidies to lower level agencies, expenses as transfer to higher level agencies, transferred expenditure and other expenditure.

4. **Balance of the unemployment insurance programme** refers to the balance of revenue of the programme

after deducting expenses at the end of the reference period.

Work Injury Insurance

1. **Number of people covered** refers to staff and workers who have participated in the work injury insurance programme according to relevant national regulations.

2. **Number of beneficiaries** refers to staff and workers and their direct dependents who can, in accordance with relevant regulations, benefit from work injury insurance, as a result of work injury leading to disability or death of the staff/worker, or occupational disease leading to disability. Included in this category are number of injured and disabled people, number of people with occupational diseases, number of deaths at work places, and number of direct dependents.

3. **Revenue of the work injury insurance programme** refers to payments made by employers participating in the work injury insurance programme in accordance with the basis and proportion stipulated in State regulations, and income from other sources that become source of work injury insurance fund, including income of social comprehensive funds paid by employers, government financial subsidies, interest income and other income.

4. **Expenditure of the work injury insurance programme** refers to payments made from work injury insurance funds to those who participated in the work injury insurance programme and their direct dependents within the scope and standards of expenditure according to related national policies, and other expenditure, including medical fees for work injury, injury and disability subsidies, death subsidies, nursing fees, funeral subsidies, injury prevention fees, occupational rehabilitation fees and other expenditure.

5. **Balance of the work injury insurance programme** refers to the balance of the work injury funds at the end of the reference period, including bank savings, special fiscal account, investment in bonds and others.

Maternity Insurance

1. **Number of people covered** refers to staff and workers who have participated in the maternity insurance programme according to relevant regulation at the end of the reporting period.

2. **Revenue of maternity insurance** refers to payments made by employers participating in the maternity insurance programme in accordance with the basis and proportion stipulated in State regulations, and income from other sources that become source of maternity insurance fund, including income of funds paid by employers, interest income and other income.

3. **Expenditure of the maternity insurance programme** refers to payments made from maternity insurance funds to staff and workers who participate in the maternity insurance programme within the scope and standards of expenditure in accordance with related national policies, expenses paid for pregnancy, child delivery or surgeries related to family planning, and other expenditure, including allowance for child bearing, medical fees and other expenditure.

4. **Balance of the maternity programme** refers to the balance of the maternity insurance funds at the end of reference period, including bank savings, special fiscal account, investment in funds and others.

Lawyers refer to the full - time legal workers and the part - time lawyers engaged in the law practices, employed by legal counseling firms to act as legal advisers, agents in criminal or civil lawsuits and defenders in criminal lawsuits, to handle non - lawsuit legal matters, advise on matters of law and write legal papers for others.

Notary Personnel refer to the judicial officers who handle the notary affairs under the law in the national notary organs, including notaries, assistant notaries and other workers who handle the notary affairs in the notary offices.

Chapter 15

十五、人口与就业
Population and Employment

15-1 主要年份全省年末人口数
Historic Population at Year-end in Significant Years

单位：万人 (10 000 persons)

年 份 Year	总人口 Total Population	按性别分 By Sex		按城乡分 By Residence		按农业、非农业分 By Agricultural and Non-Agricultural	
		男 Male	女 Female	城镇人口 Urban	乡村人口 Rural	农业人口 Agricultural Population	非农业人口 Non-Agricultural Population
1949	1 595.0						
1952	1 695.1			82.3	1 612.8		
1957	1 896.8	941.9	954.8	237.1	1 659.7	1 717.0	179.8
1958	1 914.5	959.9	954.6	349.7	1 564.8	1 647.4	267.1
1960	1 894.6	937.8	956.7	305.2	1 589.4	1 615.9	278.7
1962	1 963.7	966.2	997.5	275.0	1 688.7	1 776.5	187.2
1965	2 160.4	1 075.3	1 085.1	261.4	1 899.0	1 925.5	234.9
1970	2 503.3	1 246.4	1 256.9	271.2	2 232.1	2 256.0	247.3
1973	2 746.9	1 369.7	1 377.2	323.9	2 423.0	2 461.7	285.2
1974	2 819.0	1 408.0	1 411.0	326.1	2 492.9	2 524.7	294.3
1975	2 884.3	1 441.8	1 442.5	335.9	2 548.4	2 585.9	298.4
1976	2 951.7	1 477.1	1 474.6	343.3	2 608.4	2 646.7	305.0
1977	3 024.6	1 515.0	1 509.6	351.7	2 672.9	2 712.4	312.2
1978	3 091.5	1 548.7	1 542.8	375.7	2 715.8	2 767.5	324.0
1979	3 134.8	1 569.1	1 565.6	388.3	2 746.5	2 798.2	336.6
1980	3 173.4	1 590.0	1 583.4	395.4	2 778.0	2 828.8	344.6
1981	3 222.8	1 622.2	1 600.6	416.5	2 806.3	2 873.0	349.8
1982	3 283.1	1 657.5	1 625.6	433.0	2 850.1	2 924.8	358.3
1983	3 330.8	1 683.1	1 647.7	472.0	2 858.8	2 963.1	367.7
1984	3 372.1	1 707.3	1 664.8	698.7	2 673.4	2 994.8	377.3
1985	3 418.1	1 733.7	1 684.4	904.6	2 513.5	3 021.9	396.2
1986	3 480.0	1 766.8	1 713.2	1 007.5	2 472.5	3 071.8	408.2
1987	3 534.0	1 797.7	1 736.3	996.2	2 537.8	3 112.0	422.0
1988	3 594.0	1 829.0	1 765.0	1 426.1	2 167.9	3 159.5	434.5
1989	3 648.0	1 861.2	1 786.8	1 524.5	2 123.5	3 204.8	443.2
1990	3 730.6	1 910.8	1 819.8	1 510.1	2 220.5	3 271.7	458.9
1991	3 782.1	1 939.1	1 843.0	1 555.2	2 226.9	3 312.0	470.1
1992	3 831.6	1 967.1	1 864.5	1 608.1	2 223.5	3 346.9	484.7
1993	3 885.2	1 997.0	1 888.2	1 664.0	2 221.2	3 380.5	504.7
1994	3 939.2	2 027.1	1 912.1	1 782.1	2 157.1	3 414.5	524.7
1995	3 989.6	2 055.2	1 934.4	1 821.3	2 168.3	3 445.5	544.1
1996	4 041.5	2 084.8	1 956.7	1 857.4	2 184.1	3 477.2	564.3
1997	4 094.0	2 112.9	1 981.1	1 937.3	2 156.7	3 506.1	587.9
1998	4 143.8	2 139.0	2 004.8	1 951.7	2 192.1	3 538.0	605.8
1999	4 192.4	2 165.8	2 026.6	1 991.3	2 201.1	3 554.8	637.6
2000	4 240.8	2 192.0	2 048.8	990.6	3 250.2	3 584.3	656.5
2001	4 287.4	2 217.4	2 070.0	1 066.0	3 221.4	3 609.9	677.5
2002	4 333.1	2 240.6	2 092.5	1 127.0	3 206.1	3 636.3	696.8
2003	4 375.6	2 263.6	2 112.0	1 163.9	3 211.7	3 662.4	713.2
2004	4 415.2	2 284.1	2 131.1	1 240.7	3 174.5	3 691.1	724.1
2005	4 450.4	2 302.2	2 148.2	1 312.9	3 137.5	3 720.5	729.9
2006	4 483.0	2 319.1	2 163.9	1 367.3	3 115.7	3 740.2	742.8
2007	4 514.0	2 335.1	2 178.9	1 426.4	3 087.6	3 764.3	749.7
2008	4 543.0	2 350.1	2 192.9	1 499.2	3 043.8	3 789.4	753.6
2009	4 571.0	2 364.6	2 206.4	1 554.1	3 016.9	3 812.8	758.2
2010	4 601.6	2 387.6	2 214.0	1 601.8	2 999.8	3 838.3	763.3
2011	4 631.0	2 402.8	2 228.2	1 704.2	2 926.8	3 862.6	768.4
2012	4 659.0	2 417.6	2 241.4	1 831.5	2 827.5	3 885.8	773.2

15-2 各州市户数、人口数及构成(2012年)

Number of Households, Population and Its Composition by Region (2012)

州市	Region	总户数（万户） Family Households (10 000 households)	总人口（万人） Total Population (10 000 persons)	按性别分（万人） By Sex (10 000 Persons) 男 Male	女 Female	按城乡分（万人） By Residence (10 000 Persons) 城镇人口 Urban	乡村人口 Rural	按农业、非农业分（万人） By Agricultural and Non-Agricultural (10 000 Persons) 农业人口 Agricultural Population	非农业人口 Non-Agricultural Population	人口密度（人/平方千米） Population Density (person/sq.km)
全省	**Yunnan**	**1 354.9**	**4 659.0**	**2 417.6**	**2 241.4**	**1 831.5**	**2 827.5**	**3 885.8**	**773.2**	**118.2**
昆明	Kunming	197.5	653.3	335.8	317.5	438.1	215.2	385.4	267.9	302.7
曲靖	Qujing	186.2	593.6	311.1	282.5	239.6	354.0	526.0	67.6	198.8
玉溪	Yuxi	72.5	233.0	119.5	113.5	99.9	133.1	193.4	39.6	152.5
保山	Baoshan	68.8	254.0	130.3	123.7	70.7	183.3	228.7	25.3	129.4
昭通	Zhaotong	162.9	529.6	278.1	251.5	132.6	397.0	493.7	35.9	230.0
丽江	Lijiang	37.6	126.2	65.1	61.1	39.7	86.5	108.7	17.5	59.5
普洱	Pu'er	72.6	257.5	135.6	121.9	89.4	168.1	223.7	33.8	56.7
临沧	Lincang	64.8	246.3	129.3	117.0	80.6	165.7	221.9	24.4	100.6
楚雄	Chuxiong	80.1	271.9	139.2	132.7	98.5	173.4	232.5	39.4	62.7
红河	Honghe	127.7	456.1	237.3	218.8	176.8	279.3	377.6	78.5	138.5
文山	Wenshan	96.4	356.1	186.1	170.0	117.7	238.4	325.6	30.5	110.5
西双版纳	Xishuangbanna	27.4	114.9	59.6	55.3	45.1	69.8	80.4	34.5	58.4
大理	Dali	104.8	349.3	177.1	172.2	132.8	216.5	307.0	42.3	118.6
德宏	Dehong	30.4	122.9	63.4	59.5	46.1	76.8	99.4	23.5	106.6
怒江	Nujiang	15.6	53.8	28.5	25.3	13.0	40.8	46.3	7.5	36.6
迪庆	Diqing	9.7	40.5	21.6	18.9	10.9	29.6	35.5	5.0	17.0

15-3 全省各民族人口数(2012年)
Provincial Population by Nationality (2012)

单位：万人,%　　(10 000 persons ,%)

民 族	Nationality	人口数 Population	比重 Proportion	民 族	Nationality	人口数 Population	比重 Proportion
全　省	**Yunnan**	**4 659.00**	**100.0**	藏　族	Tibetan	14.44	0.3
汉　族	Han Nationality	3 103.36	66.6	景颇族	Jingpo Nationality	14.44	0.3
彝　族	Yi Nationality	509.68	10.9	布朗族	Bulang Nationality	11.65	0.3
白　族	Bai Nationality	158.41	3.4	普米族	Pumi Nationality	4.19	0.1
哈尼族	Hani Nationality	165.39	3.6	怒　族	Nu Nationality	3.26	0.1
壮　族	Zhuang Nationality	123.00	2.6	阿昌族	Achang Nationality	3.73	0.1
傣　族	Dai Nationality	123.93	2.7	基诺族	Jinuo Nationality	2.33	0.1
苗　族	Miao Nationality	122.07	2.6	德昂族	De'ang Nationality	1.86	-
傈僳族	Lisu Nationality	67.56	1.5	蒙古族	Mongolian	2.33	0.1
回　族	Hui Nationality	70.82	1.5	独龙族	Dulong Nationality	0.47	-
拉祜族	Lahu Nationality	47.99	1.0	满　族	Manchu Nationality	1.40	-
佤　族	Wa Nationality	40.53	0.9	水　族	Shui Nationality	0.93	-
纳西族	Naxi Nationality	31.22	0.7	布依族	Buyi Nationality	6.06	0.1
瑶　族	Yao Nationality	22.36	0.5	其　他	Other Nationalities	5.59	0.1

15-4 全省人口出生率、死亡率、自然增长率（1978—2012年）

Birth Rate, Death Rate and Natural Growth Rate of Provincial Population (1978-2012)

单位：万人，‰ (10 000 persons, ‰)

年 份 Year	年均人口数 Annual Average Population	出 生 Birth		死 亡 Death		人口自然增长 Natural Growth of population	
		人 数 Population	出生率 Birth Rate	人 数 Population	死亡率 Death Rate	人 数 Population	自然增长率 Natural Growth Rate
1978	3 058.00	86.8	28.37	21.2	6.93	65.60	21.4
1979	3 113.10	75.0	24.08	25.3	8.13	49.70	16.0
1980	3 154.10	65.9	20.91	23.2	7.36	42.70	13.5
1981	3 198.10	81.1	25.36	27.5	8.60	53.60	16.8
1982	3 252.90	77.4	23.80	32.1	9.88	45.30	13.9
1983	3 307.00	77.8	23.57	30.3	9.19	47.50	14.4
1984	3 351.50	67.8	20.29	26.5	7.92	41.30	12.4
1985	3 395.10	72.9	21.55	27.2	8.03	45.80	13.5
1986	3 449.50	89.1	26.03	27.0	7.87	62.10	18.2
1987	3 507.00	83.5	23.97	29.3	8.40	54.20	15.6
1988	3 564.00	84.9	24.00	25.2	7.13	59.70	16.9
1989	3 621.00	83.0	23.07	29.0	8.05	54.00	15.0
1990	3 689.30	87.0	23.60	29.0	7.92	58.00	15.7
1991	3 756.40	81.9	21.80	30.4	8.10	51.50	13.7
1992	3 806.90	79.9	21.00	30.5	8.00	49.50	13.0
1993	3 858.40	84.9	22.00	31.3	8.10	53.60	13.9
1994	3 912.20	85.3	21.80	31.3	8.00	54.00	13.8
1995	3 964.40	82.3	20.75	31.8	8.03	50.50	12.7
1996	4 015.60	83.8	20.87	31.9	7.94	51.90	12.9
1997	4 067.80	84.7	20.82	32.2	7.91	52.50	12.9
1998	4 118.90	82.4	20.01	32.6	7.91	49.80	12.1
1999	4 168.10	81.2	19.48	32.6	7.82	48.60	11.7
2000	4 216.60	80.3	19.05	31.9	7.57	48.40	11.5
2001	4 264.10	78.9	18.51	32.3	7.57	46.60	10.9
2002	4 310.25	77.3	17.90	31.5	7.30	45.70	10.6
2003	4 354.35	74.0	17.00	31.4	7.20	42.60	9.8
2004	4 395.40	68.6	15.60	29.0	6.60	39.60	9.0
2005	4 432.80	65.3	14.72	29.9	6.75	35.40	8.0
2006	4 466.70	59.0	13.20	28.1	6.30	30.90	6.9
2007	4 498.50	58.6	13.08	27.9	6.22	30.75	6.9
2008	4 528.50	57.2	12.63	28.6	6.31	28.60	6.3
2009	4 557.00	57.1	12.53	29.4	6.45	27.70	6.1
2010	4 586.30	60.1	13.10	30.1	6.56	29.99	6.5
2011	4 616.32	58.7	12.71	29.4	6.36	29.31	6.4
2012	4645.00	58.7	12.63	29.8	6.41	28.90	6.2

注：本表从1983年起的数字系抽样调查结果数。其余年份数字均为人口年报数。

Note:Data in this table from 1983 are data of population sample surveys,and the others are obtained from annual population reports.

15-5 各州市人口出生率、死亡率、自然增长率(2012年)

Birth Rate, Death Rate and Natural Growth Rate of Population by Region (2012)

单位：万人、‰ (10 000 persons, ‰)

州市	Region	出生 Birth		死亡 Death		人口自然增长 Natural Growth of population	
		人数 Population	出生率 Birth Rate	人数 Population	死亡率 Death Rate	人数 Population	自然增长率 Natural Growth Rate
全省	**Yunnan**	**58.67**	**12.63**	**29.77**	**6.41**	**28.89**	**6.22**
昆明	Kunming	7.42	11.40	3.76	5.79	3.65	5.61
曲靖	Qujing	7.47	12.62	3.57	6.03	3.90	6.59
玉溪	Yuxi	2.68	11.53	1.35	5.81	1.33	5.72
保山	Baoshan	3.27	12.91	1.86	7.34	1.41	5.57
昭通	Zhaotong	8.11	15.37	3.49	6.61	4.62	8.75
丽江	Lijiang	1.38	10.97	0.83	6.60	0.55	4.37
普洱	Pu'er	3.11	12.11	1.63	6.35	1.48	5.76
临沧	Lincang	3.18	12.95	1.67	6.80	1.51	6.15
楚雄	Chuxiong	3.07	11.32	1.87	6.90	1.20	4.43
红河	Honghe	6.18	13.59	3.22	7.08	2.96	6.51
文山	Wenshan	4.69	13.21	2.29	6.45	2.40	6.76
西双版纳	Xishuangbanna	1.35	11.78	0.63	5.49	0.72	6.29
大理	Dali	3.82	10.96	2.12	6.08	1.70	4.88
德宏	Dehong	1.78	14.53	0.88	7.18	0.90	7.35
怒江	Nujiang	0.75	13.97	0.37	6.89	0.38	7.08
迪庆	Diqing	0.41	10.14	0.23	5.69	0.18	4.45

15−6 全省户数、年平均人口数及人口密度（1978−2012年）

Number of Households, Annual Average Population and Population Density (1978-2012)

年 份 Year	户 数 （万户） Number of Households (10 000 households)	平均每户人数 （人／户） Average Households Size (person/household)	年均人口数 （万人） Annual Average Population (10 000 persons)	农业人口数 （万人） Agricultural Population (10 000 persons)	非农业人口数 （万人） Non-Agricultural Population (10 000 persons)	人口密度 （人/平方千米） Population Density (person/sq.km)
1978	571.8	5.4	3 058.00	2 767.5	324.00	78.5
1979	577.5	5.4	3 113.10	2 798.2	336.6	79.6
1980	590.9	5.4	3 154.10	2 828.8	344.6	80.5
1981	605.8	5.3	3 198.10	2 873.0	349.8	81.8
1982	617.5	5.3	3 252.90	2 924.8	358.3	83.3
1983	634.8	5.2	3 307.00	2 963.1	367.7	84.5
1984	649.6	5.2	3 351.50	2 994.8	377.3	85.6
1985	667.4	5.1	3 395.10	3 021.9	396.2	86.8
1986	690.6	5.0	3 449.50	3 071.8	408.2	90.9
1987	721.5	4.9	3 507.00	3 112.0	422.0	92.3
1988	752.6	4.8	3 564.00	3 159.5	434.5	93.8
1989	782.7	4.6	3 621.00	3 204.8	443.2	95.3
1990	812.0	4.5	3 689.30	3 271.7	458.9	94.7
1991	837.4	4.5	3 756.40	3 312.0	470.1	96.4
1992	857.8	4.4	3 806.90	3 346.9	484.7	97.7
1993	883.4	4.4	3 858.40	3 380.5	504.7	99.0
1994	902.4	4.3	3 912.20	3 414.5	524.7	100.4
1995	925.9	4.3	3 964.40	3 445.5	544.1	101.3
1996	946.1	4.2	4 015.60	3 477.2	564.3	103.1
1997	965.4	4.2	4 067.80	3 506.1	587.9	103.9
1998	991.3	4.2	4 118.90	3 538.0	605.8	105.2
1999	1 012.0	4.2	4 168.10	3 554.8	637.6	106.4
2000	1 030.6	4.1	4 216.60	3 584.3	656.5	107.6
2001	1 046.7	4.1	4 264.10	3 609.9	677.5	108.8
2002	1 063.3	4.1	4 310.25	3 636.3	696.8	109.8
2003	1 083.1	4.0	4 354.35	3 662.4	713.2	111.0
2004	1 117.1	4.0	4 395.40	3 691.1	724.1	112.0
2005	1 216.2	3.7	4 432.80	3 720.5	729.9	112.9
2006	1 183.9	3.8	4 466.70	3 740.2	742.8	113.8
2007	1 222.3	3.7	4 498.50	3 764.3	749.7	114.5
2008	1 252.9	3.7	4 528.50	3789.4	753.6	115.3
2009	1 287.3	3.5	4 557.00	3 812.8	758.2	116.0
2010	1 323.5	3.5	4 586.30	3 838.3	763.3	116.6
2011	1 346.7	3.4	4 616.32	3 862.6	768.4	117.5
2012	1 354.9	3.4	4 645.00	3 885.8	773.2	118.2

15-7 六次全国人口普查全省人口基本情况
Basic Statistics on National Population Census in 1953,1964,1982,1990,2000 and 2010

指　　标	Item	1953	1964	1982	1990	2000	2010
全省总人口(万人)	**Total Population of Yunnan Province (10 000 persons)**	**1 713.3**	**2 051.0**	**3 255.4**	**3 697.3**	**4 235.9**	**4 596.6**
男	Male	846.0	1 024.7	1 650.0	1 899.6	2 219.9	2 385.0
女	Female	867.3	1 026.3	1 605.4	1 797.7	2 016.0	2 211.6
性别比（以女性为100）	Sex Ratio (female=100)	97.6	99.8	102.8	105.7	110.1	107.8
家庭户规模（人/户）	**Average Family Household Size (person/household)**		**4.7**	**5.2**	**4.5**	**3.7**	**3.5**
各年龄组人口构成(%)	Population by Age Group (%)						
0-14岁	0-14	34.5	39.2	39.2	31.7	26.0	20.7
15-64岁	15-64	58.1	58.2	56.4	61.2	68.0	71.7
65岁及以上	65 and Over	7.4	2.6	4.5	7.1	6.0	7.6
民族人口数	**Population by Ethnicity**						
汉族人口数(万人)	Han (10 000 persons)	1 178.8	1 410.7	2 223.4	2 462.8	2 820.7	3 062.9
占总人口比重（%）	Percentage to Total Population (%)	68.8	68.8	68.3	66.6	66.6	66.6
少数民族人口数(万人)	Ethnic Minorities (10 000 persons)	534.5	640.3	1 032.0	1 234.5	1 415.2	1 533.7
占总人口比重(%)	Percentage to Total Population(%)	31.2	31.2	31.7	33.4	33.4	33.4
每十万人拥有的各种受教育程度人口数(万人)	**Population with Various Education Attainments Per 100 000 Persons (10 000persons)**						
大专及以上	Junior College and Above		0.03	0.03	0.08	0.20	0.58
高中和中专	Senior Secondary School and Technical Secondary School		0.10	0.28	0.41	0.66	0.84
初中	Junior Secondary School		0.31	1.02	1.38	2.12	2.75
小学	Primary School		2.31	2.93	3.79	4.48	4.34
平均受教育年限(年)	Average Education Year (year)		2.2	3.6	4.8	6.3	7.6
文盲人口数及文盲率	**Illiterate Population and Illiterate Rate**						
文盲人口数(万人)	Illiterate Population (10 000 persons)		969.9	1 025.1	940.6	484.2	276.9
文盲率(%)	Illiterate Rate (%)		47.3	31.5	25.4	11.4	6.0
平均预期寿命(岁)	**Life Expectancy (year old)**			**60.8**	**63.5**	**65.5**	**69.5**
男	Male			59.9	62.1	64.2	67.1
女	Female			61.6	64.9	66.9	72.4

注：1.1953年总人口数据中包括了间接调查人口，而民族人口、城乡人口中未包括。
　　2.1964年文盲人口为12岁及12岁以上不识字人口，1982、1990、2000年文盲人口为15岁及以上不识字或识字很少人口。

Note:a.Total population of 1953 National Population Census includes the population from indirect survey,but it didn't includ the ethnic minority population, urban and rural population.

b.Illiterate population of 1964 National Population Census referred to the population aged 12 and over who are unable to read. Illiterate population of 1982, 1990 and 2000 National Population Censuses referred to the population aged 15 and over who are unable or have difficulty to read.

15-8 人口社会就业基本情况(2010-2012年)
Basic Statistics on Employment(2010-2012)

单位：万人 (10 000 persons)

项　　目	Item	2010年	2011年	2012年
全省就业人员	**Number of Employed Persons**	**2 765.90**	**2 857.24**	**2 881.90**
按三次产业分就业人员	**Employed persons by Three Industries Persons**			
第一产业	Primary Industry	1 671.30	1 697.24	1 636.57
第二产业	Secondary Industry	348.60	374.30	388.65
第三产业	Tertiary Industry	746.00	785.70	856.68
就业人员构成(合计=100)(%)	**Composition of Employed Persons(total=100)**			
第一产业	Primary Industry	60.4	59.4	56.8
第二产业	Secondary Industry	12.6	13.1	13.5
第三产业	Tertiary Industry	27.0	27.5	29.7
按城乡分就业人员	**Number of Employed Persons by Urban and Rural Areas**			
城镇就业人员	Urban Employed Persons	599.10	666.30	694.56
#国有单位	State-owned Units	191.00	192.02	194.62
城镇集体单位	Urban Collective-owned Units	10.60	10.86	12.68
股份合作单位	Cooperative Units	2.20	3.70	3.75
联营单位	Joint Ownership Units	0.30	0.30	0.45
有限责任公司	Limited Liability Corporations	48.60	59.30	78.30
股份有限公司	Share-holding Corporations Ltd.	16.60	18.70	21.47
私营企业	Private Enterprises	186.34	220.81	236.52
港澳台商投资单位	Units with Funds from Hong Kong, Macao & Taiwan	2.40	2.60	2.97
外商投资单位	Foreign Funded Units	2.90	3.60	3.46
个体就业人员	Self-employed Individuals	138.22	154.44	140.34
乡村就业人员	Rural Employed Persons	2 166.78	2 190.92	2 187.34
城镇单位在岗职工人数	**Number of Staff and Workers in Urban Units**	**303.70**	**317.18**	**344.65**
#国有单位	State-owned Units	181.30	175.83	174.95
#企业	Enterprises	54.10	47.20	44.05
事　业	Institutions	85.80	86.30	87.66
机　关	Agencies & Organizations	41.40	42.30	43.24
城镇集体单位	Urban Collective-owned Units	9.79	9.65	11.16
其他单位	Units of Other Types of Ownership	112.58	131.70	158.54
城镇单位女性就业人员	Number of Female Employment in Urban Units	113.60	120.43	132.07
城镇登记失业人数	Number of Registered Unemployed Persons in Urban Areas	15.69	15.99	17.40
城镇登记失业率(%)	Registered Unemployment Rate in Urban Areas (%)	4.21	4.05	4.03

15-9 按三次产业分的年末就业人员数（1980–2012年）

Number of Employed Persons at Year-end by Type of Industry (1980-2012)

单位：万人 (10 000 persons)

年份 Year	全省 Yunnan	第一产业 Primary Industry	第二产业 Secondary Industry	第三产业 Tertiary Industry	构成 Percentage (%) (total=100) 第一产业 Primary Industry	第二产业 Secondary Industry	第三产业 Tertiary Industry
1980	1 404.20	1 194.00	113.30	96.90	85.0	8.1	6.9
1981	1 479.80	1 246.10	124.10	109.60	84.2	8.4	7.4
1982	1 543.60	1 295.10	129.30	119.20	83.9	8.4	7.7
1983	1 583.20	1 315.40	133.40	134.40	83.1	8.4	8.5
1984	1 620.30	1 322.70	144.30	153.30	81.6	8.9	9.5
1985	1 672.30	1 329.20	172.00	171.10	79.5	10.3	10.2
1986	1 731.40	1 367.80	177.40	186.20	79.0	10.2	10.8
1987	1 777.50	1 411.10	182.90	183.50	79.4	10.3	10.3
1988	1 826.90	1 454.40	183.30	189.20	79.6	10.0	10.4
1989	1 880.70	1 503.20	183.90	193.60	79.9	9.8	10.3
1990	1 922.70	1 537.80	184.80	200.10	80.0	9.6	10.4
1991	1 989.50	1 588.80	191.70	209.00	79.9	9.6	10.5
1992	2 032.60	1 612.90	198.00	221.70	79.4	9.9	10.7
1993	2 071.50	1 630.90	203.60	237.00	78.7	9.9	11.4
1994	2 108.70	1 642.10	215.80	250.80	77.9	10.2	11.9
1995	2 149.00	1 656.10	216.60	276.30	77.1	10.1	12.9
1996	2 186.20	1 596.90	242.70	346.60	73.0	11.1	15.9
1997	2 223.50	1 653.20	236.00	334.30	74.4	10.6	15.0
1998	2 240.50	1 687.50	232.00	321.00	75.3	10.4	14.3
1999	2 244.00	1 720.40	197.50	326.10	76.7	8.8	14.5
2000	2 295.40	1 695.90	210.40	389.20	73.9	9.2	17.0
2001	2 322.50	1 710.40	207.90	404.20	73.7	9.0	17.4
2002	2 341.30	1 715.80	206.50	419.00	73.3	8.8	17.9
2003	2 353.30	1 709.30	209.90	434.10	72.6	8.9	18.5
2004	2 401.40	1 711.90	218.40	471.10	71.3	9.1	19.6
2005	2 461.30	1 709.20	245.10	507.00	69.4	10.0	20.6
2006	2 517.60	1 696.95	262.45	558.15	67.4	10.4	22.2
2007	2 573.80	1 684.70	279.80	609.30	65.4	10.9	23.7
2008	2 638.37	1 678.42	298.57	661.38	63.6	11.3	25.1
2009	2 684.80	1 672.50	321.30	691.00	62.3	12.0	25.7
2010	2 765.90	1 671.30	348.60	746.00	60.4	12.6	27.0
2011	2 857.24	1 697.20	374.30	785.70	59.4	13.1	27.5
2012	2 881.90	1 636.57	388.65	856.68	56.8	13.5	29.7

注：2000年及以后就业人员人数，按一、二、三产业划分的就业人员人数计算方法有调整，详见本篇末指标解释。

Note: Starting from 2000, the statistical method for employed persons in primary, secondary and tertiary industries is adjusted. The detail is explained in the explanatory notes at the end of this part.

15-10 按城乡分的年末就业人员数（1980-2012年）
Number of Employed Persons at Year-end by Residence in Urban and Rural Areas (1980-2012)

单位：万人 (10 000 persons)

年份 Year	就业人员 Employed Persons	城镇单位就业人员 Number of Employed Persons in Urban Entities					城镇个体和私营就业人员 Engaged Persons in Urban Private Enterprises and Self-employed Individuals	乡村就业人员 Rural Employed Persons
		职工人数 Number of Staff and Workers	国有单位 State-owned Economic Entities	集体单位 Collective-owned Economic Entities	其他单位 Other Types of Ownership	其他就业人员 Others		
1980	1 404.20	229.99	200.67	29.15	0.17		0.81	1 173.40
1981	1 479.80	235.40	205.41	29.75	0.24		1.80	1 242.60
1982	1 543.60	242.37	211.65	30.46	0.26		2.53	1 298.70
1983	1 583.20	247.33	215.48	31.57	0.28		4.47	1 331.40
1984	1 620.30	256.64	216.52	39.80	0.32		8.26	1 355.40
1985	1 672.30	263.00	222.41	40.16	0.43		11.60	1 397.70
1986	1 731.40	268.66	227.78	40.38	0.50		11.94	1 450.80
1987	1 777.50	274.74	232.91	41.18	0.65		11.86	1 490.90
1988	1 826.90	280.09	237.65	41.68	0.76		13.51	1 533.30
1989	1 880.70	285.81	242.83	42.16	0.82		13.49	1 581.40
1990	1 922.65	291.87	249.26	41.94	0.67		13.75	1 617.03
1995	2 149.00	311.50	262.86	43.28	5.36	7.23	32.30	1 797.97
1998	2 240.50	295.10	245.20	30.50	19.40	9.10	57.50	1 878.80
1999	2 244.00	284.50	231.30	26.70	26.50	7.80	69.90	1 881.80
2000	2 295.40	273.40	220.60	23.70	29.10	6.80	66.40	1 948.80
2001	2 322.53	261.61	207.31	20.03	34.27	8.07	81.83	1 971.02
2002	2 341.25	249.26	195.78	16.62	36.86	8.77	92.54	1 990.68
2003	2 353.33	244.01	181.78	14.61	47.62	9.24	97.38	2 002.70
2004	2 401.39	235.43	171.15	12.24	51.74	10.52	125.45	2 029.99
2005	2 461.32	235.71	168.39	10.65	56.67	11.32	163.35	2 050.93
2006	2 517.60	247.98	170.98	12.63	64.37	11.24	159.28	2 099.10
2007	2 573.82	280.72	175.17	11.93	93.62	15.56	181.03	2 096.51
2008	2 638.37	286.73	177.78	10.44	98.51	16.77	222.13	2 112.74
2009	2 684.77	293.60	178.01	10.27	105.32	18.44	235.46	2 137.27
2010	2 765.85	303.67	181.30	9.79	112.58	19.10	276.30	2 166.78
2011	2 857.24	317.18	175.83	9.65	131.70	32.89	316.25	2 190.92
2012	2 881.90	344.65	174.95	11.16	158.54	48.02	301.89	2 187.34

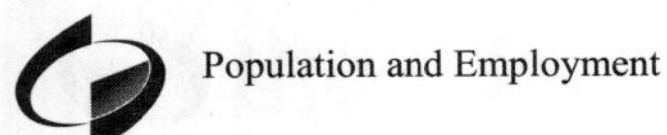

15-11 各州市按城乡分的年末就业人员数(2012年)
Number of Employed Persons at Year-end by Residence in Urban and Rural Areas and by Region(2012)

单位：万人 (10 000 persons)

州 市	Region	就业人员 Number of Employed Persons	城镇单位就业人员 Urban Employed Persons					城镇个体和私营就业人员 Urban and Rural Self-employed Individuals and Private Enterprises	乡村就业人员 Rural Employed Persons
			职工人数 Number of Staff and Workers	国有单位 State-owned Economic Entities	集体单位 Collective-owned Economic Entities	其他单位 Other Types of Ownership	其他就业人员 Others		
全 省	**Yunnan**	**2 881.90**	**344.65**	**174.96**	**11.16**	**158.54**	**48.02**	**301.89**	**2 187.34**
昆 明	Kunming	446.61	101.50	41.89	4.41	55.20	18.25	142.72	184.14
曲 靖	Qujing	379.80	42.58	18.82	1.84	21.92	3.90	18.05	315.28
玉 溪	Yuxi	160.69	23.47	9.55	0.89	13.03	1.97	20.38	114.87
保 山	Baoshan	158.96	16.90	7.44	0.25	9.21	1.21	6.62	134.24
昭 通	Zhaotong	304.59	21.17	13.91	0.59	6.67	2.01	9.54	271.86
丽 江	Lijiang	76.67	9.13	4.90	0.36	3.88	1.14	6.69	59.71
思 茅	Simao	156.80	15.98	9.92	0.30	5.76	0.78	12.41	127.63
临 沧	Lincang	142.70	11.07	7.40	0.17	3.50	2.05	8.80	120.78
楚 雄	Chuxiong	168.10	15.48	9.79	0.29	5.40	2.53	11.67	138.41
红 河	Honghe	268.72	28.53	15.45	0.70	12.39	4.58	21.45	214.15
文 山	Wenshan	215.01	14.49	10.25	0.31	3.93	1.72	10.22	188.58
西双版纳	Xishuangbanna	55.30	7.59	4.32	0.16	3.10	0.40	5.98	41.33
大 理	Dali	211.83	19.98	10.45	0.40	9.13	4.74	15.02	172.09
德 宏	Dehong	78.10	10.22	6.07	0.32	3.83	1.31	6.97	59.59
怒 江	Nujiang	31.80	3.40	2.46	0.09	0.85	0.63	1.35	26.42
迪 庆	Diqing	26.23	3.17	2.33	0.08	0.76	0.81	4.01	18.24

注：城镇规模以上私营企业就业人员统计到其他单位中。
Note:Number of employees of private enterprise above desingnated size is calculated into other entities.

15-12 分行业城镇单位年末职工人数(2010-2012年)
Number of Staff and Workers in Urban Unit by Sector at Year-end(2010-2012)

单位：万人 (10 000 persons)

国民经济行业	Sector	2010年	2011年	2012年
城镇单位在岗职工人数	**Number of Staff and Workers in Urban Units**	**303.68**	**317.18**	**344.65**
农、林、牧、渔业	Farming,Forestry,Animal Husbandry and Fishery	13.12	9.88	8.28
采矿业	Mining	14.42	17.06	20.61
制造业	Manufacturing	55.12	58.00	62.62
电力、热力、燃气及水生产和供应业	Production and Supply of Electricity, Heat, Gas and Water	8.15	8.38	8.31
建筑业	Construction	34.23	39.55	49.85
批发和零售业	Wholesale and Retaile Trade	14.88	17.37	20.28
交通运输、仓储及邮政业	Transportation,Storage and Post	12.57	12.21	11.94
住宿和餐饮业	Hotel and Food Service	5.57	6.85	7.83
信息传输、软件和信息技术服务业	Information Transmission, Software and Information Technology Service	2.94	2.61	2.77
金融业	Banking	8.11	8.27	8.53
房地产业	Real Estate	3.83	5.01	6.47
租赁和商务服务业	Leasing Treade and Business Service	6.93	5.99	5.33
科学研究和技术服务业	Scientific Research, Technology Service and Geological Prospecting	5.95	5.99	7.30
水利、环境和公共设施管理业	Water Conservancy, Admistration of Environment and Public Facilities	4.52	4.73	4.99
居民服务、修理和其他服务业	Services to Households and Other Services	0.75	0.70	0.72
教育	Education	50.46	51.20	52.72
卫生和社会工作	Health Care, Social Security and Social Welfare	14.71	15.74	16.91
文化、体育和娱乐业	Culture, Sports and Entertainment	3.43	3.21	3.01
公共管理、社会保障和社会组织	Common Administration and Social Organization	43.98	44.41	46.19

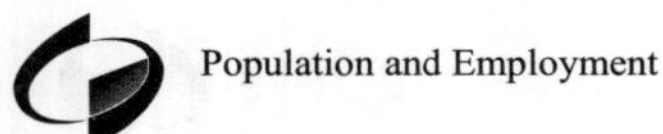

15-13 各州市分行业年末城镇单位就业人员数(2012年)
Number of Employed Persons in Urban Entities at Year-end by Sector and Region(2012)

单位：万人 (10 000 persons)

州 市	Region	就业人数 Employed Persons	农、林、牧、渔业 Farming, Forestry, Animal Husbandry and Fishery	采矿业 Mining	制造业 Manufacturing	电力、热力、燃气及水生产和供应业 Production and Supply of Electricity,Heat,Gas and Water
全 省	**Yunnan**	**392.67**	**9.20**	**22.27**	**70.53**	**9.72**
昆 明	Kunming	119.75	0.33	2.74	21.49	1.52
曲 靖	Qujing	46.48	0.39	8.37	9.07	1.37
玉 溪	Yuxi	25.43	0.22	1.04	8.04	0.58
保 山	Baoshan	18.10	0.49	0.45	3.10	0.37
昭 通	Zhaotong	23.19	0.22	3.40	1.51	0.73
丽 江	Lijiang	10.27	0.35	1.24	0.59	0.29
普 洱	Pu'er	16.75	1.41	0.29	2.92	0.49
临 沧	Lincang	13.12	1.11	0.21	2.04	0.37
楚 雄	Chuxiong	18.01	0.26	0.99	2.82	0.41
红 河	Honghe	33.12	1.55	1.66	9.91	1.26
文 山	Wenshan	16.21	0.59	0.66	1.58	0.65
西双版纳	Xishuangbanna	7.99	0.36	0.21	1.06	0.18
大 理	Dali	24.72	0.51	0.59	4.25	0.70
德 宏	Dehong	11.53	1.22	0.15	1.34	0.47
怒 江	Nujiang	4.03	0.08	0.04	0.61	0.18
迪 庆	Diqing	3.98	0.10	0.24	0.20	0.17

注：不含城镇规模以下私营及个体就业人员。

Note: Employed persons in urban private and individual enterprises under designated size are excluded.

15-13 续表1 continued

单位：万人 (10 000 persons)

州 市	Region	建 筑 业 Construction	批发和零售业 Wholesale and Retail Trade	交通运输、仓储和邮政业 Transportation, Storage and Post	住宿和餐饮业 Hotel and Catering Service	信息传输、软件和信息技术服务业 Information Transmission,Software and Information Technology Service
全 省	**Yunnan**	**66.44**	**23.52**	**13.56**	**8.51**	**4.31**
昆 明	Kunming	28.53	9.18	8.43	3.85	1.69
曲 靖	Qujing	7.90	2.98	0.46	0.69	0.26
玉 溪	Yuxi	3.30	2.50	0.37	0.37	0.20
保 山	Baoshan	4.60	0.97	0.32	0.28	0.08
昭 通	Zhaotong	1.96	0.88	0.42	0.25	0.20
丽 江	Lijiang	1.09	0.53	0.24	0.69	0.16
普 洱	Pu'er	2.50	0.68	0.37	0.14	0.18
临 沧	Lincang	1.57	0.52	0.30	0.08	0.17
楚 雄	Chuxiong	3.06	0.69	0.37	0.21	0.25
红 河	Honghe	3.36	1.00	0.56	0.53	0.29
文 山	Wenshan	1.25	0.61	0.48	0.16	0.18
西双版纳	Xishuangbanna	0.95	0.68	0.21	0.35	0.06
大 理	Dali	4.05	1.57	0.66	0.45	0.29
德 宏	Dehong	1.39	0.45	0.17	0.30	0.17
怒 江	Nujiang	0.34	0.11	0.15	0.04	0.05
迪 庆	Diqing	0.59	0.16	0.07	0.12	0.06

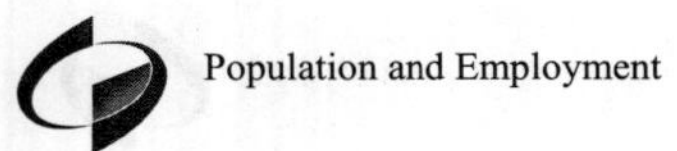

15—13 续表2 continued

单位：万人 (10 000 persons)

州 市	Region	金融业 Banking	房地产业 Real Estate	租赁和商务服务业 Leasing Treade and Business Service	科学研究和技术服务业 Scientific Research, Technology Service and Geological Prospecting	水利、环境和公共设施管理业 Water Conservancy, Admistration of Environment and Public Facilities
全 省	**Yunnan**	**9.85**	**7.28**	**6.20**	**7.78**	**5.72**
昆 明	Kunming	3.22	3.18	3.88	3.88	1.15
曲 靖	Qujing	0.83	0.52	0.12	0.31	0.53
玉 溪	Yuxi	0.75	0.44	0.20	0.24	0.33
保 山	Baoshan	0.38	0.47	0.12	0.22	0.34
昭 通	Zhaotong	0.44	0.20	0.02	0.40	0.30
丽 江	Lijiang	0.25	0.11	0.14	0.13	0.36
普 洱	Pu'er	0.37	0.08	0.08	0.40	0.35
临 沧	Lincang	0.27	0.36	0.02	0.15	0.15
楚 雄	Chuxiong	0.55	0.12	0.14	0.32	0.48
红 河	Honghe	0.68	0.24	0.05	0.48	0.66
文 山	Wenshan	0.42	0.36	0.13	0.30	0.34
西双版纳	Xishuangbanna	0.23	0.23	0.05	0.23	0.12
大 理	Dali	0.79	0.58	0.80	0.35	0.33
德 宏	Dehong	0.43	0.29	0.32	0.25	0.11
怒 江	Nujiang	0.10	0.02		0.04	0.08
迪 庆	Diqing	0.13	0.08	0.12	0.07	0.10

15-13 续表3 continued

单位：万人 (10 000 persons)

州 市 Region	居民服务、修理和其他服务业 Services to Households and Other Services	教 育 Education	卫生和社会工作 Health Care, Social Security and Social Welfare	文化、体育和娱乐业 Culture, Sports and Entertainment	公共管理、社会保障和社会组织 Common Administration and Social Organization
全 省 Yunnan	**0.81**	**54.91**	**19.36**	**3.36**	**49.34**
昆 明 Kunming	0.51	10.70	5.02	1.50	8.96
曲 靖 Qujing	0.01	6.91	1.20	0.15	4.42
玉 溪 Yuxi	0.02	2.78	1.17	0.15	2.74
保 山 Baoshan	0.02	2.69	0.95	0.06	2.18
昭 通 Zhaotong	0.11	6.18	1.45	0.17	4.35
丽 江 Lijiang	0.01	1.65	0.45	0.16	1.82
普 洱 Pu'er	0.01	2.55	0.91	0.14	2.89
临 沧 Lincang		2.50	0.67	0.07	2.57
楚 雄 Chuxiong	0.05	2.97	1.21	0.11	3.00
红 河 Honghe	0.03	4.61	1.65	0.22	4.39
文 山 Wenshan	0.01	4.42	1.14	0.18	2.75
西双版纳 Xishuangbanna	0.01	0.77	0.91	0.13	1.24
大 理 Dali	0.03	3.37	1.59	0.14	3.68
德 宏 Dehong	0.01	1.44	0.63	0.08	2.32
怒 江 Nujiang		0.78	0.22	0.04	1.15
迪 庆 Diqing		0.60	0.20	0.06	0.89

15－14 各州市城镇单位分行业年末职工人数(2012年)

Number of Staff and Workers in Urban Entities at Year-end by Sector and Region(2012)

单位：万人 (10 000 persons)

州 市 Region	城镇单位职工人数 Number of Staff and Workers	农、林、牧、渔业 Farming,Forestry, Animal Husbandry and Fishery	采矿业 Mining	制造业 Manufacturing	电力、热力、燃气及水生产和供应业 Production and Supply of Electricity,Heat,Gas and Water
全 省 Yunnan	**344.65**	**8.28**	**20.61**	**62.62**	**8.31**
昆 明 Kunming	101.50	0.30	2.41	19.38	1.31
曲 靖 Qujing	42.58	0.38	8.17	8.16	1.15
玉 溪 Yuxi	23.47	0.21	0.94	7.51	0.49
保 山 Baoshan	16.90	0.49	0.45	2.65	0.37
昭 通 Zhaotong	21.17	0.20	3.10	1.47	0.65
丽 江 Lijiang	9.13	0.32	1.22	0.57	0.25
普 洱 Puer	15.98	1.41	0.27	2.79	0.39
临 沧 Lincang	11.07	1.04	0.18	1.71	0.28
楚 雄 Chuxiong	15.48	0.25	0.61	2.36	0.38
红 河 Honghe	28.53	1.00	1.59	8.16	1.08
文 山 Wenshan	14.49	0.55	0.57	1.52	0.55
西双版纳 Xishuangbanna	7.59	0.36	0.21	0.93	0.14
大 理 Dali	19.98	0.44	0.51	3.61	0.55
德 宏 Dehong	10.22	1.16	0.13	1.20	0.44
怒 江 Nujiang	3.40	0.08	0.03	0.44	0.13
迪 庆 Diqing	3.17	0.08	0.24	0.17	0.14

15-14 续表1 continued

单位：万人 (10 000 persons)

州市 Region		建筑业 Construction	批发和零售业 Wholesale and Retail Trade	交通运输、仓储和邮政业 Transportation, Storage and Post	住宿和餐饮业 Hotel and Catering Service	信息传输、软件和信息技术服务业 Information Transmission,Software and Information Technology Service
全省	**Yunnan**	**49.85**	**20.28**	**11.94**	**7.83**	**2.77**
昆明	Kunming	19.97	8.57	7.47	3.49	0.96
曲靖	Qujing	6.46	2.38	0.42	0.69	0.15
玉溪	Yuxi	2.93	2.40	0.31	0.35	0.13
保山	Baoshan	4.42	0.64	0.30	0.27	0.03
昭通	Zhaotong	1.75	0.70	0.26	0.25	0.12
丽江	Lijiang	0.77	0.43	0.20	0.65	0.09
普洱	Puer	2.43	0.62	0.34	0.14	0.10
临沧	Lincang	0.83	0.33	0.28	0.08	0.16
楚雄	Chuxiong	2.40	0.50	0.33	0.20	0.18
红河	Honghe	2.48	0.80	0.52	0.37	0.28
文山	Wenshan	0.73	0.48	0.39	0.15	0.11
西双版纳	Xishuangbanna	0.93	0.60	0.19	0.34	0.05
大理	Dali	2.24	1.17	0.56	0.42	0.19
德宏	Dehong	1.08	0.41	0.15	0.29	0.13
怒江	Nujiang	0.21	0.08	0.15	0.03	0.03
迪庆	Diqing	0.21	0.14	0.06	0.12	0.05

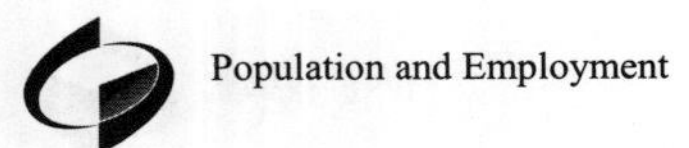

15-14　续表2　continued

单位：万人 (10 000 persons)

州　市	Region	金融业 Banking	房地产业 Real Estate	租赁和商务服务业 Leasing Treade and Business Service	科学研究和技术服务业 Scientific Research,Technology Service and Geological Prospecting	水利、环境和公共设施管理业 Water Conservancy, Admistration of Environment and Public Facilities
全　省	**Yunnan**	**8.53**	**6.47**	**5.33**	**7.30**	**4.99**
昆　明	Kunming	2.90	2.75	3.12	3.56	1.04
曲　靖	Qujing	0.70	0.50	0.11	0.31	0.53
玉　溪	Yuxi	0.65	0.39	0.20	0.23	0.29
保　山	Baoshan	0.33	0.44	0.12	0.22	0.34
昭　通	Zhaotong	0.43	0.18	0.02	0.40	0.29
丽　江	Lijiang	0.22	0.10	0.14	0.12	0.24
普　洱	Puer	0.34	0.08	0.07	0.37	0.34
临　沧	Lincang	0.26	0.26	0.02	0.13	0.14
楚　雄	Chuxiong	0.45	0.11	0.14	0.31	0.43
红　河	Honghe	0.59	0.21	0.05	0.45	0.58
文　山	Wenshan	0.35	0.32	0.13	0.29	0.26
西双版纳	Xishuangbanna	0.20	0.22	0.05	0.23	0.11
大　理	Dali	0.66	0.56	0.73	0.34	0.18
德　宏	Dehong	0.24	0.27	0.31	0.24	0.10
怒　江	Nujiang	0.09	0.02	-	0.04	0.07
迪　庆	Diqing	0.10	0.04	0.12	0.05	0.06

15-14 续表3 continued

单位：万人 (10 000 persons)

州 市	Region	居民服务、修理和其他服务业 Services to Households and Other Services	教 育 Education	卫生和社会工作 Health Care, Social Security and Social Welfare	文化、体育和娱乐业 Culture, Sports and Entertainment	公共管理、社会保障和社会组织 Common Administration and Social Organization
全 省	**Yunnan**	**0.72**	**52.72**	**16.91**	**3.01**	**46.19**
昆 明	Kunming	0.48	10.10	4.14	1.24	8.30
曲 靖	Qujing	0.01	6.87	1.15	0.15	4.27
玉 溪	Yuxi	0.02	2.66	1.08	0.14	2.55
保 山	Baoshan	0.02	2.69	0.94	0.06	2.12
昭 通	Zhaotong	0.07	5.66	1.23	0.16	4.22
丽 江	Lijiang	0.01	1.56	0.42	0.15	1.67
普 洱	Puer	0.01	2.53	0.85	0.14	2.77
临 沧	Lincang		2.43	0.58	0.06	2.29
楚 雄	Chuxiong	0.04	2.85	1.06	0.11	2.77
红 河	Honghe	0.02	4.55	1.38	0.21	4.19
文 山	Wenshan	0.01	4.29	1.02	0.18	2.60
西双版纳	Xishuangbanna	0.01	0.77	0.90	0.12	1.23
大 理	Dali	0.03	3.12	1.20	0.13	3.34
德 宏	Dehong	0.01	1.43	0.59	0.07	1.96
怒 江	Nujiang		0.69	0.20	0.04	1.07
迪 庆	Diqing		0.54	0.17	0.04	0.84

15-15 各州市城镇国有单位分行业年末职工人数(2012年)

Number of Staff and Workers in State-owned Entities at Year-end by Sector and Region(2012)

单位：万人 (10 000 persons)

州 市	Region	城镇国有单位职工 Number of Staff and Workers	农、林、牧、渔业 Farming,Forestry,Animal Husbandryand Fishery	采矿业 Mining	制造业 Manufacturing	电力、热力、燃气及水生产和供应业 Production and Supply of Electricity,Heat Gas and Water
全 省	**Yunnan**	**174.96**	**7.90**	**3.74**	**7.65**	**4.49**
昆 明	Kunming	41.89	0.21	1.16	3.45	0.67
曲 靖	Qujing	18.82	0.38	1.13	1.18	0.91
玉 溪	Yuxi	9.55	0.20	0.08	0.72	0.40
保 山	Baoshan	7.44	0.48		0.16	0.05
昭 通	Zhaotong	13.91	0.20	0.06	0.43	0.37
丽 江	Lijiang	4.90	0.29			0.05
普 洱	Pu'er	9.92	1.35	0.08	0.29	0.23
临 沧	Lincang	7.40	1.04	0.01	0.01	0.09
楚 雄	Chuxiong	9.79	0.25	0.36	0.38	0.28
红 河	Honghe	15.45	0.94	0.67	0.53	0.74
文 山	Wenshan	10.25	0.55	0.09	0.11	0.11
西双版纳	Xishuangbanna	4.32	0.31		0.08	0.11
大 理	Dali	10.45	0.42		0.26	0.31
德 宏	Dehong	6.07	1.12		0.03	0.07
怒 江	Nujiang	2.46	0.08		0.01	0.02
迪 庆	Diqing	2.33	0.08	0.10	0.02	0.11

15-15 续表1 continued

单位：万人 (10 000 persons)

州市	Region	建筑业 Construction	批发和零售业 Wholesale and Retail Trade	交通运输、仓储和邮政业 Transportation, Storage and Post	住宿和餐饮业 Hotel and Catering Service	信息传输、软件和信息技术服务业 Information Transmission,Software and Information Technology Service
全省	**Yunnan**	**4.95**	**4.06**	**7.71**	**1.28**	**1.24**
昆明	Kunming	3.64	0.59	4.91	0.78	0.13
曲靖	Qujing	0.19	1.04	0.38	0.04	0.12
玉溪	Yuxi	0.11	0.34	0.26	0.06	0.10
保山	Baoshan	0.01	0.13	0.15	0.05	0.02
昭通	Zhaotong	0.03	0.35	0.21	0.05	0.09
丽江	Lijiang	0.02	0.18	0.13	0.03	0.07
普洱	Pu'er	0.42	0.11	0.19	0.03	0.04
临沧	Lincang	0.08	0.16	0.13	0.01	0.09
楚雄	Chuxiong	0.12	0.20	0.21	0.04	0.10
红河	Honghe	0.15	0.28	0.25	0.04	0.20
文山	Wenshan	0.01	0.16	0.25	0.02	0.11
西双版纳	Xishuangbanna	0.02	0.18	0.12	0.04	0.01
大理	Dali	0.08	0.26	0.27	0.10	0.06
德宏	Dehong	0.03	0.04	0.07	0.01	0.03
怒江	Nujiang		0.02	0.14		0.03
迪庆	Lincang	0.04	0.02	0.04		0.05

15-15 续表2 continued

单位：万人 (10 000 persons)

州 市	Region	金融业 Banking	房地产业 Real Estate	租赁和商务服务业 Leasing Treade and Business Service	科学研究和技术服务业 Scientific Research, Technology Service and Geological Prospecting	水利、环境和公共设施管理业 Water Conservancy, Admistration of Environment and Public Facilities
全 省	**Yunnan**	**3.89**	**0.45**	**1.51**	**6.28**	**4.27**
昆 明	Kunming	0.91	0.19	0.63	2.68	0.81
曲 靖	Qujing	0.35	0.05	0.04	0.29	0.34
玉 溪	Yuxi	0.34	0.02	0.01	0.23	0.28
保 山	Baoshan	0.16		0.02	0.22	0.21
昭 通	Zhaotong	0.22		0.01	0.39	0.29
丽 江	Lijiang	0.13	0.01	0.01	0.12	0.17
普 洱	Pu'er	0.16	0.03	0.03	0.36	0.33
临 沧	Lincang	0.15	0.03	0.01	0.10	0.14
楚 雄	Chuxiong	0.21	0.01	0.13	0.29	0.43
红 河	Honghe	0.37	0.05	0.04	0.45	0.57
文 山	Wenshan	0.20	0.02	0.10	0.28	0.22
西双版纳	Xishuangbanna	0.12	0.01	0.02	0.22	0.09
大 理	Dali	0.35	0.02	0.13	0.32	0.16
德 宏	Dehong	0.10	0.01	0.22	0.24	0.10
怒 江	Nujiang	0.06			0.04	0.07
迪 庆	Diqing	0.06		0.11	0.04	0.06

15-15 续表3 continued

单位：万人 (10 000 persons)

州 市 Region	居民服务、修理和其他服务业 Services to Households and Other Services	教 育 Education	卫生和社会工作 Health Care, Social Security and Social Welfare	文化、体育和娱乐业 Culture, Sports and Entertainment	公共管理、社会保障和社会组织 Common Administration and Social Organization
全 省 Yunnan	**0.19**	**50.96**	**15.77**	**2.49**	**46.13**
昆 明 Kunming	0.07	8.56	3.36	0.87	8.27
曲 靖 Qujing	0.01	6.86	1.12	0.15	4.25
玉 溪 Yuxi	0.01	2.64	1.08	0.13	2.55
保 山 Baoshan	0.01	2.69	0.89	0.06	2.12
昭 通 Zhaotong	0.02	5.64	1.19	0.14	4.22
丽 江 Lijiang	0.01	1.54	0.40	0.08	1.67
普 洱 Pu'er	0.01	2.50	0.85	0.14	2.77
临 沧 Lincang		2.42	0.58	0.06	2.29
楚 雄 Chuxiong	0.02	2.84	1.05	0.11	2.77
红 河 Honghe	0.02	4.51	1.26	0.21	4.19
文 山 Wenshan	0.01	4.24	0.99	0.18	2.60
西双版纳 Xishuangbanna	0.01	0.77	0.89	0.12	1.23
大 理 Dali	0.01	3.08	1.19	0.11	3.33
德 宏 Dehong		1.43	0.57	0.07	1.96
怒 江 Nujiang		0.69	0.20	0.04	1.07
迪 庆 Diqing		0.54	0.16	0.04	0.84

15-16 各州市城镇集体单位分行业年末职工人数(2012年)

Number of Staff and Workers in Urban Collective-owned Entities at Year-end by Sector and Region(2012)

单位：万人 (10 000 persons)

州 市	Region	城镇集体职工人数 Number of Staff and Workers	农、林、牧、渔业 Farming,Forestry,Animal Husbandry and Fishery	采矿业 Mining	制造业 Manufa-cturing	电力、热力、燃气及水生产和供应业 Production and Supply of Electricity,Heat,Gas and Water
全 省	**Yunnan**	**11.16**	**0.03**	**0.47**	**1.34**	**0.05**
昆 明	Kunming	4.41	0.01	0.04	0.62	0.01
曲 靖	Qujing	1.84		0.31	0.10	0.02
玉 溪	Yuxi	0.89			0.30	
保 山	Baoshan	0.25			0.04	
昭 通	Zhaotong	0.59			0.03	0.01
丽 江	Lijiang	0.36			0.09	
普 洱	Pu'er	0.30			0.01	
临 沧	Lincang	0.17			0.02	
楚 雄	Chuxiong	0.29			0.01	0.01
红 河	Honghe	0.70			0.06	
文 山	Wenshan	0.31		0.01	0.02	
西双版纳	Xishuangbanna	0.16	0.01	0.02		
大 理	Dali	0.40	0.01		0.05	
德 宏	Dehong	0.32		0.08	0.01	
怒 江	Nujiang	0.09				
迪 庆	Diqing	0.08				

15-16 续表1 continued

单位：万人 (10 000 persons)

州市 Region	建筑业 Construction	批发和零售业 Wholesale and Retail Trade	交通运输、仓储和邮政业 Transportation, Storage and Post	住宿和餐饮业 Hotel and Catering Service	信息传输、软件和信息技术服务业 Information Transmission,Software and Information Technology Service
全省 Yunnan	**4.98**	**0.91**	**0.18**	**0.20**	**0.01**
昆明 Kunming	2.68	0.21	0.12	0.11	0.01
曲靖 Qujing	0.64	0.25		0.02	
玉溪 Yuxi	0.11	0.12		0.02	
保山 Baoshan		0.06			
昭通 Zhaotong	0.39		0.02		
丽江 Lijiang	0.10	0.01	0.04	0.01	
普洱 Pu'er	0.09	0.04		0.01	
临沧 Lincang	0.05	0.01			
楚雄 Chuxiong	0.08	0.02		0.01	
红河 Honghe	0.37	0.06	0.01		
文山 Wenshan	0.10	0.05			
西双版纳 Xishuangbanna	0.07	0.02			
大理 Dali	0.09	0.03		0.01	
德宏 Dehong	0.10	0.01			
怒江 Nujiang	0.06	0.01			
迪庆 Diqing	0.04	0.01			

15-16 续表2 continued

单位：万人 (10 000 persons)

州 市 Region	金 融 业 Banking	房地产业 Real Estate	租赁和商务服务业 Leasing Treade and Business Service	科学研究和技术服务业 Scientific Research, Technology Service and Geological Prospecting	水利、环境和公共设施管理业 Water Conservancy, Admistration of Environment and Public Facilities
全 省 Yunnan	**1.86**	**0.06**	**0.49**	**0.07**	**0.18**
昆 明 Kunming	0.26	0.03	0.12	0.05	
曲 靖 Qujing	0.22		0.05		0.17
玉 溪 Yuxi	0.14		0.18		
保 山 Baoshan	0.09		0.03		
昭 通 Zhaotong	0.15				
丽 江 Lijiang	0.07			0.01	
普 洱 Pu'er	0.13		0.01		
临 沧 Lincang	0.08				
楚 雄 Chuxiong	0.15			0.01	
红 河 Honghe	0.18		0.01		0.01
文 山 Wenshan	0.11		0.01		
西双版纳 Xishuangbanna	0.03		0.01		
大 理 Dali	0.15	0.02	0.01		
德 宏 Dehong	0.05		0.05	0.01	
怒 江 Nujiang	0.01				
迪 庆 Diqing	0.02				

15-16 续表3 continued

单位：万人 (10 000 persons)

州 市	Region	居民服务、修理和其他服务业 Services to Households and Other Services	教 育 Education	卫生和社会工作 Health Care, Social Security and Social Welfare	文化、体育和娱乐业 Culture, Sports and Entertainment	公共管理、社会保障和社会组织 Common Administration and Social Organization
全 省	**Yunnan**	**0.04**	**0.08**	**0.13**	**0.01**	**0.05**
昆 明	Kunming	0.04	0.04	0.05	0.01	0.02
曲 靖	Qujing		0.01	0.01		0.02
玉 溪	Yuxi		0.01			
保 山	Baoshan			0.02		
昭 通	Zhaotong					
丽 江	Lijiang		0.02	0.02		
普 洱	Pu'er					
临 沧	Lincang					0.01
楚 雄	Chuxiong			0.01		
红 河	Honghe			0.01		
文 山	Wenshan			0.01		
西双版纳	Xishuangbanna					
大 理	Dali					
德 宏	Dehong		0.01	0.01		
怒 江	Nujiang					
迪 庆	Diqing					

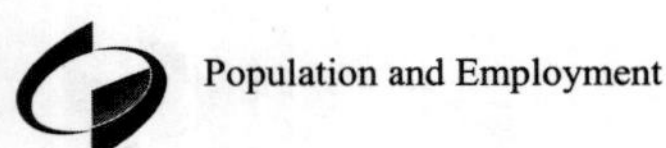

15-17 各州市城镇其他单位分行业年末职工人数(2012年)
Number of Staff and Workers in Entities of Other Types of Ownership at Year-end by Sector and Region(2012)

单位：万人 (10 000 persons)

州 市	Region	城镇其他职工人数 Number of Staff and Workers	农、林、牧渔业 Farming,Forestry, Animal Husbandry and Fishery	采矿业 Mining	制造业 Manufacturing	电力、热力、燃气及水生产和供应业 Production and Supply of Electricity,Heat,Gas and Water
全 省	**Yunnan**	**158.54**	**0.35**	**16.40**	**53.64**	**3.76**
昆 明	Kunming	55.20	0.08	1.21	15.32	0.63
曲 靖	Qujing	21.92		6.73	6.88	0.23
玉 溪	Yuxi	13.03	0.01	0.85	6.49	0.09
保 山	Baoshan	9.21		0.45	2.45	0.32
昭 通	Zhaotong	6.67		3.04	1.02	0.27
丽 江	Lijiang	3.88	0.03	1.22	0.47	0.21
普 洱	Pu'er	5.76	0.06	0.19	2.49	0.16
临 沧	Lincang	3.50		0.17	1.69	0.19
楚 雄	Chuxiong	5.40		0.25	1.97	0.10
红 河	Honghe	12.39	0.06	0.92	7.58	0.34
文 山	Wenshan	3.93		0.47	1.40	0.44
西双版纳	Xishuangbanna	3.10	0.04	0.19	0.85	0.03
大 理	Dali	9.13	0.01	0.51	3.30	0.24
德 宏	Dehong	3.83	0.05	0.05	1.16	0.37
怒 江	Nujiang	0.85		0.03	0.44	0.10
迪 庆	Diqing	0.76		0.14	0.15	0.03

15-17 续表1 continued

单位：万人 (10 000 persons)

州 市	Region	建筑业 Construction	批发和零售业 Wholesale and Retail Trade	交通运输、仓储和邮政业 Transportation, Storage and Post	住宿和餐饮业 Hotel and Catering Service	信息传输、软件和信息技术服务业 Information Transmission,Software and Information Technology Service
全 省	**Yunnan**	**39.92**	**15.31**	**4.05**	**6.35**	**1.51**
昆 明	Kunming	13.65	7.78	2.44	2.60	0.82
曲 靖	Qujing	5.63	1.09	0.03	0.63	0.03
玉 溪	Yuxi	2.71	1.95	0.06	0.26	0.02
保 山	Baoshan	4.41	0.46	0.15	0.23	0.01
昭 通	Zhaotong	1.33	0.35	0.03	0.20	0.02
丽 江	Lijiang	0.66	0.23	0.03	0.60	0.03
普 洱	Pu'er	1.92	0.47	0.15	0.11	0.06
临 沧	Lincang	0.70	0.16	0.15	0.07	0.07
楚 雄	Chuxiong	2.20	0.28	0.12	0.16	0.08
红 河	Honghe	1.97	0.47	0.26	0.33	0.08
文 山	Wenshan	0.62	0.27	0.14	0.13	0.01
西双版纳	Xishuangbanna	0.84	0.40	0.08	0.30	0.05
大 理	Dali	2.06	0.88	0.29	0.31	0.13
德 宏	Dehong	0.95	0.36	0.08	0.28	0.10
怒 江	Nujiang	0.14	0.05	0.01	0.03	
迪 庆	Diqing	0.12	0.11	0.02	0.11	

15−17 续表2 continued

单位：万人 (10 000 persons)

州 市	Region	金融业 Banking	房地产业 Real Estate	租赁和商务服务业 Leasing Treade and Business Service	科学研究和技术服务业 Scientific Research, Technology Service and Geological Prospecting	水利、环境和公共设施管理业 Water Conservancy, Admistration of Environment and Public Facilities
全 省	**Yunnan**	**2.77**	**5.96**	**3.33**	**0.95**	**0.53**
昆 明	Kunming	1.72	2.53	2.37	0.83	0.23
曲 靖	Qujing	0.13	0.46	0.02	0.01	0.02
玉 溪	Yuxi	0.18	0.37	0.01		
保 山	Baoshan	0.08	0.43	0.07		0.13
昭 通	Zhaotong	0.06	0.18	0.01	0.01	
丽 江	Lijiang	0.02	0.09	0.13		0.07
普 洱	Pu'er	0.05	0.04	0.02	0.01	
临 沧	Lincang	0.02	0.23		0.03	
楚 雄	Chuxiong	0.08	0.11	0.01	0.01	
红 河	Honghe	0.05	0.16		0.01	
文 山	Wenshan	0.04	0.30	0.02		0.03
西双版纳	Xishuangbanna	0.05	0.21	0.02	0.01	0.02
大 理	Dali	0.17	0.52	0.59	0.02	0.02
德 宏	Dehong	0.09	0.26	0.05		0.01
怒 江	Nujiang	0.01	0.02			
迪 庆	Diqing	0.01	0.04			

15-17 续表3 continued

单位：万人 (10 000 persons)

州　市 Region	居民服务、修理和其他服务业 Services to Households and Other Services	教　育 Education	卫生和社会工作 Health Care, Social and Security Social Welfare	文化、体育和娱乐业 Culture, Sports and Entertainment	公共管理、社会保障和社会组织 Common Administration and Social Organization
全　省 Yunnan	**0.49**	**1.67**	**1.02**	**0.51**	**0.02**
昆　明 Kunming	0.38	1.50	0.74	0.36	0.01
曲　靖 Qujing			0.02		
玉　溪 Yuxi					
保　山 Baoshan			0.03		
昭　通 Zhaotong	0.05	0.02	0.05	0.02	0.01
丽　江 Lijiang				0.07	
普　洱 Pu'er		0.02		0.01	
临　沧 Lincang				0.01	
楚　雄 Chuxiong	0.02			0.01	
红　河 Honghe		0.04	0.12		
文　山 Wenshan		0.05	0.02		
西双版纳 Xishuangbanna				0.01	
大　理 Dali	0.02	0.03	0.01	0.02	
德　宏 Dehong	0.01		0.01		
怒　江 Nujiang					
迪　庆 Diqing			0.01		

15-18 城镇单位全部就业人员人数(2012年)

Number of Employed Persons in Urban Entities (2012)

单位：万人 (10 000 persons)

国民经济行业	National Economic Sector	城镇单位就业人员 Number of Employed Persons	国有单位 State-owned Economy	城镇集体单位 Urban Collective-owned Entities	其他单位 Entities of Other Types of Ownership
全 省	**Yunnan**	**392.67**	**194.63**	**12.68**	**185.37**
按企业、事业、机关分组	**Grouped by Enterprises Institutions and Agencies and Organization**				
企业	Enterprises	251.54	54.81	12.24	184.49
事业	Institutions	95.03	93.97	0.42	0.64
机关	Agencies & Organizations	45.87	45.85	0.02	0.01
按国民经济行业分组	**Grouped by Industry Sector**				
农、林、牧、渔业	**Farming,Forestry,Animal Husbandry and Fishery**	**9.20**	**8.77**	**0.03**	**0.40**
农业	Farming	**2.37**	**2.19**	**0.01**	**0.17**
林业	Forestry	3.75	3.55	0.01	0.19
畜牧业	Animal Husbandry	0.05	0.02	0.01	0.02
渔业	Fishery	0.01	0.01		
农、林、牧、渔服务业	Farming,Forestry,Animal Husbandry and Fishery Services	3.01	2.99		0.02
采矿业	**Mining**	**22.27**	**4.28**	**0.48**	**17.51**
煤炭开采和洗选业	Coal Mining and Dressing	15.04	2.16	0.33	12.55
石油和天然气开采业	Petroleum and Natural Gas Extraction	0.02			0.02
黑色金属矿采选业	Ferrous Metals Mining and Dressing	1.99	0.91		1.07
有色金属矿采选业	Nonferrous Metals Mining and Dressing	4.17	0.63	0.11	3.42
非金属矿采选业	Nonmetal Minerals Mining and Dressing	1.05	0.58	0.04	0.43
开采辅助活动	Mining Auxiliary Activities	0.01			0.01
其他采矿业	Other Minerals Mining	0.01			0.01
制造业	**Manufacturing**	**70.53**	**9.36**	**1.41**	**59.76**
农副食品加工业	Agricultural Non-staple Food Processing	5.95	0.15	0.02	5.78
食品制造业	Food Manufacturing	2.11	0.07	0.04	2.00
酒、饮料和精制茶制造业	Beverage Manufacturing	3.99	0.13	0.03	3.83
烟草制品业	Tobacco Production	4.22	3.12		1.09
纺织业	Textile Industry	0.78		0.03	0.75
纺织服装、服饰业	Textile,Clothing, Footwear Production	0.35	0.06	0.08	0.22
皮革、毛皮、羽毛及其制品和制鞋业	Feather, Furs, Down, Related Products and Footwear	0.28	0.13	0.02	0.13
木材加工和木、竹、藤、棕、草制品业	Timber Processing, Bamboo, Cane, Palm Fiber and Straw Products	1.49	0.22	0.01	1.26

注：不含城镇规模以下私营及个体就业人员。

Note: Employed persons in urban private and individual enterprises under designated size are excluded.

15-18 续表1 continued

单位：万人 (10 000 persons)

国民经济行业	National Economic Sector	就业人员 Number of Employed Persons	国有单位 State-owned Economy	城镇集体单位 Urban Collective-owned Entities	其他单位 Entities of Other Types of Ownership
家具制造业	Furniture Manufacturing	0.11			0.10
造纸和纸制品业	Papermaking and Paper Products	1.31	0.02	0.13	1.16
印刷业和记录媒介复制业	Printing and Record Medium Reproduction	1.28	0.19	0.11	0.98
文教、工美、体育和娱乐用品制造业	Manufacture of Culture, Education,Industrial Arts, Sports and Entertainment Goods	0.54	0.01	0.01	0.53
石油加工、炼焦和核燃料加工业	Petroleum Processing,Coking and Nuclear Fuel Processing	1.74	0.18		1.57
化学原料和化学制品制造业	Raw Chemical Materials and Chemical Products	8.08	1.35	0.03	6.70
医药制造业	Medical and Pharmaceutical Products	1.85	0.18	0.03	1.64
化学纤维制造业	Chemical Fiber Manufacturing	0.03			0.03
橡胶和塑料制品业	Rubber and Plastic Products	0.99	0.03	0.07	0.90
非金属矿物制品业	Nonmetal Mineral Products	6.06	0.58	0.19	5.30
黑色金属冶炼和压延加工业	Smelting and Pressing of Ferrous Metals	7.56	0.68	0.37	6.52
有色金属冶炼和压延加工业	Smelting and Pressing of Nonferrous Metals	12.39	0.43	0.01	11.95
金属制品业	Metal Products	1.78	0.36	0.06	1.36
通用设备制造业	General-purpose Machinery Manufacturing	1.66	0.44	0.05	1.17
专用设备制造业	Special Purposes Equipment	1.60	0.32	0.01	1.27
汽车制造业	Automotive Industry	1.56	0.17	0.03	1.35
铁路、船舶、航空航天和其他运输设备制造业	Manufacture of Transport Equipment for Railway,Boats and Aerospace and Other Transport Equipments	0.33	0.26	0.01	0.07
电气机械和器材制造业	Electric Equipment and Machinery	1.37	0.08	0.04	1.25
计算机、通讯和其他电子设备制造业	Computers,Communication Equipment and other Other Electronic Equipment Production	0.54	0.09		0.45
仪器仪表制造业	Instrument Industry	0.30	0.01		0.28
其他制造业	Other Goods Production	0.21	0.11	0.02	0.07
废弃资源综合利用业	Comprehensive Utilization of Discarded Resources and Waste	0.03		0.01	0.02
金属制品、机械和设备维修业	Metal Products,Machinery and Equipment Repairing	0.04			0.04
电力、热力、燃气及水生产和供应业	**Production and Supply of Electric Power, Heat, Gas and Water**	**9.72**	**5.27**	**0.05**	**4.40**
电力、热力生产和供应业	Production and Supply of Electric Power and Heat	8.50	4.59	0.04	3.87
燃气生产和供应业	Gas Production and Supply	0.29	0.15		0.14
水的生产和供应业	Water Production and Supply	0.93	0.53	0.02	0.39
建筑业	**Construction**	**66.44**	**7.07**	**6.06**	**53.31**
房屋建筑业	House Building	49.87	3.28	5.46	41.13
土木工程建筑业	Construction Industry of Civil Engineering	11.76	2.93	0.44	8.39
建筑安装业	Construction Installation	2.73	0.57	0.13	2.03
建筑装饰和其他建筑业	Building Decoration and Other Construction Industry	2.07	0.29	0.03	1.75
批发和零售业	**Wholesale and Retail Trade**	**23.52**	**6.03**	**0.94**	**16.54**
批发业	Wholesale	10.72	5.14	0.29	5.28
零售业	Retail Trade	12.80	0.89	0.65	11.26

15-18 续表2 continued

单位：万人 (10 000 persons)

国民经济行业	National Economic Sector	就业人员 Number of Employed Persons	国有单位 State-owned Economy	城镇集体单位 Urban Collective-owned Entities	其他单位 Entities of Other Types of Ownership
交通运输、仓储和邮政业	**Transport, Storage and Post**	**13.56**	**8.99**	**0.20**	**4.38**
铁路运输业	Railway transport	3.79	3.75		0.04
道路运输业	Highway Transport	5.63	2.36	0.09	3.17
水上运输业	Water Way Transport	0.04	0.01		0.03
航空运输业	Air Transport	1.62	1.41		0.21
管道运输业	Pipeline Transport	0.04			0.04
装卸搬运和运输代理业	Lording, Unlording, Carrying and Other Transport Services	0.85	0.05	0.10	0.70
仓储业	Storage	0.21	0.11	0.01	0.10
邮政业	Postal	1.38	1.30		0.08
住宿和餐饮业	**Hotel and Food Service**	**8.51**	**1.48**	**0.21**	**6.82**
住宿业	Hotel	6.24	1.29	0.18	4.77
餐饮业	Food Service	2.27	0.18	0.03	2.06
信息传输、软件和信息技术服务业	**Information Transmission,Software and Information Technology Service**	**4.31**	**1.93**	**0.01**	**2.37**
电信、广播电视和卫星传输服务	Telecommunication, Videocast and Satellite Transmissions Service	3.73	1.86	0.01	1.86
互联网和相关服务	Internet and Related Service	0.08	0.05		0.03
软件和信息技术服务业	Software and Information Technology service	0.50	0.01	0.01	0.48
金融业	**Finance and Insurance**	**9.85**	**4.49**	**1.95**	**3.40**
货币金融服务	Banking	7.30	3.46	1.92	1.93
资本市场服务	Securities Industry	0.19	0.03		0.16
保险业	Insurance	2.23	0.94	0.02	1.27
其他金融业	Other Financial Trade	0.12	0.06	0.02	0.04
房地产业	**Real Estate Trade**	**7.28**	**0.51**	**0.06**	**6.70**
房地产开发经营	Development and Operation of Real Estate Trade	5.38	0.23	0.02	5.12
物业管理	Substance Management	1.51	0.16	0.02	1.33
房地产中介服务	Real Estate Agency Service	0.16	0.03		0.13
租赁和商务服务业	**Leasing Treade and Business Service**	**6.20**	**1.66**	**0.58**	**3.97**
租赁业	Leasing Treade	0.06			0.05
商务服务业	Commercial Serive	6.14	1.65	0.58	3.91
科学研究和技术服务业	**Scientific Research,Technology Service and Geological Prospecting**	**7.78**	**6.60**	**0.10**	**1.07**
研究与试验发展	R & D	1.46	1.37		0.10
专业技术服务业	Professional Technology Service	4.26	3.24	0.08	0.93
科技推广和应用服务业	Service Industry of Science and Technology Popularization and Application	2.06	1.99	0.02	0.05

15−18 续表3 continued

单位：万人 (10 000 persons)

国民经济行业	National Economic Sector	就业人员 Number of Employed Persons	国有单位 State-owned Economy	城镇集体单位 Urban Collective-owned Entities	其他单位 Entities of Other Types of Ownership
水利、环境和公共设施管理业	**Water Conservancy, Admistration of Environment and Public facilities**	**5.72**	**4.93**	**0.18**	**0.60**
水利管理业	Water Conservancy Admistrition	1.19	1.17		0.01
生态环境和环境治理业	Protection of Ecological Environment and Admistration of Environment	0.50	0.47		0.04
公共设施管理业	Admistration of Public facilities	4.02	3.29	0.18	0.55
居民服务、修理和其他服务业	**Services to Households and Other Services**	**0.81**	**0.26**	**0.05**	**0.51**
居民服务业	Services to Households	0.43	0.15	0.03	0.26
机动车、电子产品和日用产品修理业	Repair Industry of Automotive Vehicles、Electronic Products and Daily Products	0.16	0.06	0.02	0.08
其他服务业	Other Services	0.22	0.05		0.17
教育	**Education**	**54.91**	**52.97**	**0.11**	**1.83**
#初等教育	Primary Education	25.96	25.69	0.01	0.27
中等教育	Secondary Education	21.28	20.86	0.01	0.42
高等教育	Higher Education	4.10	3.82		0.28
卫生和社会工作	**Health Care, Social Work**	**19.36**	**18.09**	**0.14**	**1.13**
卫生	Health Care	18.57	17.33	0.13	1.10
社会工作	Social Work	0.80	0.76		0.03
文化、体育和娱乐业	**Culture, Sports and Entertainment**	**3.36**	**2.71**	**0.01**	**0.64**
新闻和出版业	News and Publishing	0.55	0.45	0.01	0.09
广播、电视、电影和影视录音制作业	Broadcast, Television,Filmdom and Audio & Video Production	0.89	0.76		0.13
文化艺术业	Culture and Arts	1.27	1.20		0.07
体育	Sports	0.49	0.19		0.30
娱乐业	Entertainment	0.16	0.12		0.04
公共管理、社会保障和社会组织	**Common Administration and Social Organization**	**49.34**	**49.24**	**0.08**	**0.02**
#中国共产党机关	Organs of Communist Party of China	2.41	2.41		
国家机构	Government Agencies of Country	44.30	44.24	0.05	0.01
人民政协和民主党派	Chinese People's Political Consultative Conferences and Democracy Parties	0.54	0.54		
社会保障	Social Security	0.43	0.43		
群众社团、社会团体和宗教组织	Mass Groups, Social Groups and Religion Organization	1.46	1.43	0.01	0.01

15-19 城镇单位女性就业人员人数(2012年)
Number of Female Employed in Urban Entities (2012)

单位：万人 (10 000 persons)

国民经济行业	National Economic Sector	女性就业人员 Number of Female Employed Persons	国有单位 State-owned Economy	城镇集体单位 Urban Coll-ective-owned Entities	其他单位 Entities of Other Types of Ownership
全　省	**Yunnan**	**132.07**	**76.33**	**3.12**	**52.62**
按企业、事业、机关分组	**Grouped by Enterprises Institutions and Agencies**				
企　业	Enterprises	72.66	17.60	2.85	52.21
事　业	Institutions	46.08	45.45	0.26	0.37
机　关	Agencies & Organizations	13.29	13.28	0.01	
按国民经济行业分组	**Grouped by Sector**				
农、林、牧、渔业	**Farming,Forestry,Animal Husbandry and Fishery**	**3.30**	**3.13**	**0.02**	**0.16**
农　业	Farming	1.04	0.97	0.01	0.07
林　业	Forestry	1.32	1.25		0.07
畜牧业	Animal Husbandry	0.03	0.01	0.01	0.01
渔业	Fishery				
农、林、牧、渔服务业	Farming,Forestry,Animal Husbandry and Fishery Services	0.91	0.90		0.01
采矿业	**Mining**	**2.92**	**1.16**	**0.03**	**1.73**
煤炭开采和洗选业	Coal Mining and Dressing	1.48	0.60	0.01	0.88
石油和天然气开采业	Petroleum and Natural Gas Extraction	0.01			0.01
黑色金属矿采选业	Ferrous Metals Mining and Dressing	0.45	0.25		0.20
有色金属矿采选业	Nonferrous Metals Mining and Dressing	0.71	0.14	0.01	0.56
非金属矿采选业	Nonmetal Minerals Mining and Dressing	0.27	0.18	0.01	0.08
开采辅助活动	Mining Auxiliary Activities				
其他采矿业	Other Minerals Mining				
制造业	**Manufacturing**	**22.57**	**2.98**	**0.49**	**19.09**
农副食品加工业	Agricultural Non-staple Food Processing	2.65	0.05	0.01	2.58
食品制造业	Food Manufacturing	1.15	0.02	0.03	1.10
酒、饮料和精制茶制造业	Beverage Manufacturing	1.81	0.06	0.01	1.74
烟草制品业	Tobacco Production	1.65	1.16		0.49
纺织业	Textile Industry	0.50		0.01	0.49
纺织服装、服饰业	Textile,Clothing, Footwear Production	0.26	0.05	0.05	0.15
皮革、毛皮、羽毛及其制品和制鞋业	Leather, Furs, Down and Related Products	0.19	0.08	0.01	0.10
木材加工和木、竹、藤、棕、草制品业	Timber Processing, Bamboo, Cane, Palm Fiber and Straw Products	0.53	0.08	0.01	0.44
家具制造业	Furniture Manufacturing	0.02			0.02
造纸和纸制品业	Papermaking and Paper Products	0.49		0.05	0.43
印刷业和记录媒介复制业	Printing and Record Medium Reproduction	0.54	0.07	0.05	0.42
文教、工美、体育和娱乐用品制造业	Manufacture of Culture, Education,Industrial Arts, Sports and Entertainment Goods	0.22		0.01	0.21
石油加工、炼焦和核燃料加工业	Petroleum Processing,Coking and Nuclear Fuel Processing	0.48	0.04		0.44

15—19 续表1 continued

单位：万人 (10 000 persons)

国民经济行业	National Economic Sector	女性就业人员 Number of Female Employed Persons	国有单位 State-owned Economy	城镇集体单位 Urban Collective-owned Entities	其他单位 Entities of Other Types of Ownership
化学原料和化学制品制造业	Raw Chemical Materials and Chemical Products	2.27	0.40	0.01	1.86
医药制造业	Medical and Pharmaceutical Products	0.92	0.07	0.02	0.84
化学纤维制造业	Chemical Fiber Manufacturing	0.01			0.01
橡胶和塑料制品业	Rubber Products	0.42	0.01	0.03	0.38
非金属矿物制品业	Nonmetal Mineral Products	1.59	0.13	0.05	1.41
黑色金属冶炼和压延加工业	Smelting and Pressing of Ferrous Metals	1.72	0.10	0.09	1.54
有色金属冶炼和压延加工业	Smelting and Pressing of Nonferrous Metals	2.68	0.11		2.56
金属制品业	Metal Products	0.41	0.09	0.01	0.31
通用设备制造业	General-purpose Machinery Manufacturing	0.42	0.13	0.01	0.27
专用设备制造业	Special Purposes Equipment	0.39	0.09		0.30
汽车制造业	Automotive Industry	0.40	0.06	0.01	0.33
铁路、船舶、航空航天和其他运输设备制造业	Manufacture of Transport Equipment for Railway,Boats and Aerospace and Other Transport Equipments	0.08	0.06		0.03
电气机械和器材制造业	Electric Equipment and Machinery	0.46	0.03	0.02	0.41
计算机、通讯和其他电子设备制造业	Communication Equipment, Computers and Other Electronic Equipment Production	0.11	0.02		0.08
仪器仪表制造业	Instrument Industry	0.13			0.12
其他制造业	Other Goods Production	0.08	0.05	0.01	0.02
废弃资源综合利用业	Comprehensive Utilization of Discarded Resources and Waste	0.01			0.01
金属制品、机械和设备维修	Metal Products,Machinery and Equipment Repairing	0.01			0.01
电力、热力、燃气及水生产和供应业	**Production and Supply of Electric Power, Heat, Gas and Water**	**2.96**	**1.57**	**0.02**	**1.37**
电力、热力生产和供应业	Production and Supply of Electric Power and Heat	2.50	1.31	0.01	1.18
燃气生产和供应业	Gas Production and Supply	0.08	0.03		0.05
水的生产和供应业	Water Production and Supply	0.38	0.22	0.01	0.15
建筑业	**Construction**	**9.05**	**1.53**	**0.76**	**6.76**
房屋建筑业	House Building and Civil Engineering	6.68	0.81	0.64	5.23
土木工程建筑业	Construction Installation	1.57	0.58	0.08	0.91
建筑安装业	Construction Installation	0.46	0.09	0.04	0.34
建筑装饰和其他建筑业	Building Decoration and Other Construction Industry	0.34	0.04	0.01	0.29
批发和零售业	**Wholesale and Retail Trade**	**10.96**	**1.72**	**0.40**	**8.84**
批发业	Wholesale	3.53	1.31	0.11	2.12
零售业	Retail Trade	7.43	0.42	0.30	6.72
交通运输、仓储和邮政业	**Transport, Storage and Post**	**3.80**	**2.59**	**0.04**	**1.17**
铁路运输业	Railway Transport	0.86	0.85		0.01
道路运输业	Highway Transport	1.75	0.80	0.02	0.93
水上运输业	Water Way Transport	0.01			0.01
航空运输业	Air Transport	0.42	0.37		0.05
管道运输业	Pipeline Transport	0.01			0.01
装卸搬运和运输代理业	Lording, Unlording, Carrying and Transport Agency Services	0.14	0.02	0.02	0.10

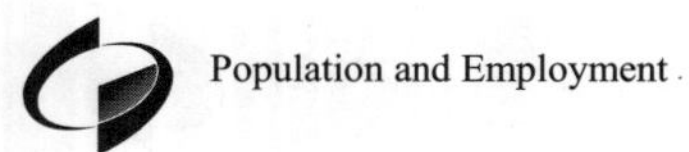

15-19 续表2 continued

单位：万人 (10 000 persons)

国民经济行业	National Economic Sector	女性就业人员 Number of Female Employed Persons	国有单位 State-owned Economy	城镇集体单位 Urban Collective-owned Entities	其他单位 Entities of Other Types of Ownership
仓储业	Storage	0.07	0.04		0.03
邮政业	Postal	0.54	0.52		0.02
住宿和餐饮业	**Hotel and Food Service**	**4.86**	**0.82**	**0.13**	**3.91**
住宿业	Hotel and Food Service	3.60	0.74	0.11	2.75
餐饮业	Food Service	1.26	0.09	0.02	1.15
信息传输、软件和信息技术服务业	**Information Transmission, Software and Information Technology Service**	**1.93**	**0.89**		**1.04**
电信、广播电视和卫星传输服务	Telecommunication, Videocast and Satellite Transmissions Service	1.71	0.86		0.85
互联网和相关服务	Internet and Related Service	0.03	0.02		0.01
软件和信息技术服务业	Software and Information Technology service	0.19			0.18
金融业	**Finance and Insurance**	**4.71**	**2.13**	**0.73**	**1.85**
货币金融服务	Banking	3.41	1.59	0.72	1.10
资本市场服务	Securities Industry	0.09	0.01		0.07
保险业	Insurance	1.17	0.49	0.01	0.67
其他金融业	Other Financial Trade	0.05	0.03		0.02
房地产业	**Real Estate Trade**	**2.53**	**0.21**	**0.03**	**2.29**
房地产开发经营	Development and Operation of Real Estate Trade	1.81	0.08	0.01	1.72
物业管理	Substance Management	0.55	0.08	0.01	0.46
房地产中介服务	Real Estate Agency Service	0.07	0.01		0.06
租赁和商务服务业	**Leasing Treade and Business Service**	**1.94**	**0.43**	**0.09**	**1.42**
租赁业	Leasing Treade	0.02			0.02
商务服务业	Commercial Serive	1.92	0.43	0.09	1.41
科学研究和技术服务业	**Scientific Research, Technology Service and Geological Prospecting**	**2.40**	**2.06**	**0.04**	**0.31**
研究与试验发展	R & D	0.53	0.48		0.04
专业技术服务业	Professional Technology Service	1.23	0.95	0.03	0.25
科技推广和应用服务业	Service Industry of Science and Technology Popularization and Application	0.65	0.62	0.01	0.02

15-19 续表3 continued

单位：万人 (10 000 persons)

国民经济行业	National Economic Sector	女性就业人员 Number of Employed Persons in	国有单位 State-owned Economy	城镇集体单位 Urban Collective-owned Entities	其他单位 Entities of Other Types of Ownership
水利、环境和公共设施管理业	**Water Conservancy, Admistration of Environment and Public facilities**	**2.51**	**2.12**	**0.13**	**0.26**
水利管理业	Water Conservancy Admistrition	0.31	0.30		0.01
生态环境和环境治理业	Admistration of Environment	0.15	0.14		0.01
公共设施管理业	Admistration of Public facilities	2.05	1.68	0.13	0.25
居民服务、修理和其他服务业	**Services to Households and Other Services**	**0.32**	**0.07**	**0.03**	**0.22**
居民服务业	Services to Households	0.18	0.05	0.02	0.11
机动车、电子产品和日用产品修理业	Repair Industry of Automotive Vehicles、Electronic Products and Daily Products	0.03		0.01	0.02
其他服务业	Other Services	0.11	0.02		0.10
教育	**Education**	**26.53**	**25.29**	**0.06**	**1.18**
#初等教育	Primary Education	12.39	12.24		0.14
中等教育	Secondary Education	9.81	9.59		0.22
高等教育	Higher Education	1.94	1.78		0.15
卫生和社会工作	**Health Care, Social Security and Social Welfare**	**12.62**	**11.81**	**0.10**	**0.72**
卫生	Health Care	12.20	11.41	0.09	0.70
社会工作	Social Security	0.42	0.40		0.01
文化、体育和娱乐业	**Culture, Sports and Entertainment**	**1.52**	**1.23**		**0.28**
新闻和出版业	News and Publishing	0.25	0.20		0.04
广播、电视、电影和影视录音制作业	Broadcast, Television,Filmdom and Audio & Video Production	0.35	0.30		0.05
文化艺术业	Culture and Arts	0.62	0.60		0.03
体育	Sports	0.22	0.07		0.14
娱乐业	Entertainment	0.08	0.06		0.02
公共管理、社会保障和社会组织	**Common Administration and Social Organization**	**14.62**	**14.58**	**0.03**	**0.01**
#中国共产党机关	Organs of Communist Party of China	0.67	0.67		
国家机构	Government Agencies of Country	13.02	13.00	0.02	
人民政协和民主党派	Chinese People's Political Consultative Conferences and Democracy Parties	0.15	0.15		
社会保障	Social Security	0.20	0.20		
群众社团、社会团体和宗教组织	Mass Groups, Social Groups and Religion Organization	0.50	0.49	0.01	0.01

15-20 各州市城镇单位分登记注册类型年末就业人员数(2012年)
Number of Employed Persons in Urban Entities at Year-end by Status of Registration and Region(2012)

单位：万人 (10 000 persons)

州 市	Region	城镇单位就业人员 Number of Employed Persons	国有单位 State-owned Entities	城镇集体单位 Urban Collective-owned Entities	其他单位 Others
全 省	**Yunnan**	**392.67**	**194.63**	**12.68**	**185.37**
昆 明	Kunming	119.75	47.67	5.13	66.94
曲 靖	Qujing	46.48	20.01	1.97	24.49
玉 溪	Yuxi	25.43	10.47	0.91	14.05
保 山	Baoshan	18.10	7.89	0.26	9.96
昭 通	Zhaotong	23.19	15.36	0.60	7.23
丽 江	Lijiang	10.27	5.57	0.42	4.28
普 洱	Pu'er	16.75	10.43	0.32	6.01
临 沧	Lincang	13.12	8.18	0.34	4.61
楚 雄	Chuxiong	18.01	11.18	0.32	6.50
红 河	Honghe	33.12	17.93	0.86	14.33
文 山	Wenshan	16.21	11.10	0.34	4.76
西双版纳	Xishuangbanna	7.99	4.50	0.16	3.32
大 理	Dali	24.72	12.32	0.44	11.97
德 宏	Dehong	11.53	6.65	0.35	4.53
怒 江	Nujiang	4.03	2.71	0.12	1.19
迪 庆	Diqing	3.98	2.64	0.14	1.19

15-21 各州市城镇单位分企事业机关年末就业人员数(2012年)

Number of Employed Persons in Urban Entities at Year-end by Enterprise, Public Institution and Government Agency and by Region(2012)

单位：万人 (10 000 persons)

州　市	Region	城镇单位就业人员 Number of Employed Persons	企　业 Enterprises	事　业 Public Institutions	机　关 Government Agencies and Organizations
全　省	**Yunnan**	**392.67**	**251.54**	**95.03**	**45.87**
昆　明	Kunming	119.75	92.52	18.91	8.32
曲　靖	Qujing	46.48	32.22	10.14	3.98
玉　溪	Yuxi	25.43	17.67	5.26	2.51
保　山	Baoshan	18.10	11.40	4.65	2.05
昭　通	Zhaotong	23.19	10.04	8.92	4.18
丽　江	Lijiang	10.27	5.66	2.95	1.66
普　洱	Pu'er	16.75	9.15	5.07	2.53
临　沧	Lincang	13.12	6.69	4.09	2.34
楚　雄	Chuxiong	18.01	9.55	5.25	3.18
红　河	Honghe	33.12	20.61	8.43	4.07
文　山	Wenshan	16.21	6.74	6.73	2.74
西双版纳	Xishuangbanna	7.99	4.40	2.39	1.20
大　理	Dali	24.72	14.80	6.82	3.10
德　宏	Dehong	11.53	6.60	2.97	1.96
怒　江	Nujiang	4.03	1.57	1.30	1.16
迪　庆	Diqing	3.98	1.93	1.16	0.89

注：不含城镇规模以下私营及个体就业人员。

Note:Employed persons in urban private enterprises under designated size are excluded.

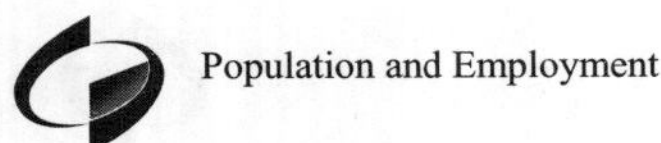

15-22 各州市私营企业年末就业人员人数(2012年)

Number of Employed Persons in Private Enterprises at Year-end by Region(2012)

单位：万户、万人 (10 000 enterprises, 10 000 persons)

州 市	Region	私营企业 Private Enterprises		城 镇 Urban Areas		乡 村 Rural Areas	
		户 数 Number of Enterprises	就业人数 Number of Employed Persons	户数 Number of Enterprises	就业人数 Number of Employed Persons	户数 Number of Enterprises	就业人数 Number of Employed Persons
全 省	**Yunnan**	**20.29**	**294.72**	**15.89**	**236.52**	**4.40**	**58.20**
昆 明	Kunming	11.50	121.37	9.12	110.76	2.38	10.61
曲 靖	Qujing	1.44	28.49	1.06	18.04	0.38	10.45
玉 溪	Yuxi	0.90	22.18	0.70	15.96	0.20	6.22
保 山	Baoshan	0.44	9.82	0.35	7.68	0.09	2.14
昭 通	Zhaotong	0.62	11.45	0.43	7.24	0.19	4.21
丽 江	Lijiang	0.43	7.48	0.32	5.19	0.12	2.29
普 洱	Pu'er	0.50	9.09	0.42	7.09	0.08	2.00
临 沧	Lincang	0.34	6.53	0.25	4.74	0.09	1.79
楚 雄	Chuxiong	0.71	15.23	0.47	9.68	0.24	5.55
红 河	Honghe	0.96	23.88	0.85	18.94	0.11	4.94
文 山	Wenshan	0.52	8.56	0.44	7.72	0.08	0.84
西双版纳	Xishuangbanna	0.48	5.38	0.39	4.46	0.09	0.92
大 理	Dali	0.72	14.67	0.56	11.42	0.16	3.25
德 宏	Dehong	0.46	6.70	0.34	4.70	0.12	2.00
怒 江	Nujiang	0.13	1.73	0.07	0.93	0.05	0.81
迪 庆	Diqing	0.15	2.15	0.12	1.97	0.02	0.18

15-23 各州市年末个体就业人员人数(2012年)

Number of Self-employed Individuals at Year-end by Region(2012)

单位：万户、万人 (10 000 enterprises,10 000 persons)

州 市	Region	个体户 Self-employed Individuals		城 镇 Urban Areas		乡 村 Rural Areas	
		户 数 Number of Enterprises	就业人数 Number of Employed Persons	户 数 Number of Enterprises	就业人数 Number of Employed Persons	户 数 Number of Enterprises	就业人数 Number of Employed Persons
全 省	**Yunnan**	**139.57**	**268.29**	**69.93**	**140.34**	**69.64**	**127.95**
昆 明	Kunming	34.85	78.70	17.85	45.86	17.00	32.84
曲 靖	Qujing	13.86	26.37	7.41	14.04	6.45	12.33
玉 溪	Yuxi	10.03	24.45	5.69	13.00	4.34	11.45
保 山	Baoshan	6.29	9.48	2.15	3.32	4.14	6.16
昭 通	Zhaotong	9.41	16.37	5.18	8.82	4.24	7.55
丽 江	Lijiang	3.64	6.36	2.22	4.13	1.41	2.24
普 洱	Pu'er	8.41	17.87	3.99	9.86	4.42	8.01
临 沧	Lincang	5.78	10.38	2.52	5.10	3.26	5.28
楚 雄	Chuxiong	7.08	12.83	3.49	6.55	3.59	6.28
红 河	Honghe	11.59	20.94	4.02	7.00	7.56	13.94
文 山	Wenshan	7.39	8.96	3.33	4.37	4.07	4.59
西双版纳	Xishuangbanna	4.54	8.45	1.73	2.99	2.82	5.46
大 理	Dali	9.17	13.31	6.51	7.72	2.66	5.59
德 宏	Dehong	4.54	7.74	2.50	4.26	2.04	3.48
怒 江	Nujiang	1.30	2.24	0.64	1.22	0.65	1.02
迪 庆	Diqing	1.71	3.84	0.71	2.10	1.00	1.74

15−24 城镇私营企业年末分行业就业人数(2010−2012年)

Number of Employed Persons in Urban Private Enterprises at Year-end by Sector(2010-2012)

单位：万人 (10 000 persons)

行业	Sector	2010年	2011年	2012年
全省	**Yunnan**	**186.34**	**220.81**	**236.52**
农、林、牧、渔业	Farming,Forestry,Animal Husbandry and Fishery	6.07	7.48	8.43
采矿业	Mining	8.10	8.48	9.14
制造业	Manufacturing	35.84	38.33	39.12
电力、煤气及水的生产和供应业	Production and Supply of Electricity,Gas and Water	2.46	2.64	2.80
建筑业	Construction	24.94	31.07	31.96
交通运输、仓储及.	Transport,Storage,Post and	5.48	6.49	6.65
邮电通讯业	Telecommunication Services			
信息传输、软件和信息技术服务业	Information Transmission, Software and Information Technology service	5.79	7.65	7.78
批发和零售业	Wholesale and Retail Trade & Food Services	53.62	64.12	70.67
住宿和餐饮业	Hotel and Food Service	5.52	5.75	6.92
房地产业	Real Estate Trade	9.82	11.79	12.76
租赁和商务服务业	Leasing Treade and Business Service	13.16	17.78	19.47
居民服务和其他服务业	Services to Households and Other Services	5.52	6.82	7.25
卫生、社会保障和社会福利业	Health Care, Social Security and Social Welfare	1.22	1.43	1.44
文化、体育和娱乐业	Culture, Sports and Entertainment	1.76	2.10	2.32
其他合计	Others	7.04	8.88	9.82

15-25 城镇个体就业人员年末分行业就业人数(2010-2012年)
Number of Self-employed Individuals in Urban Areas at Year-end by Sector(2010-2012)

单位：万人 (10 000 persons)

行　业	Sector	2010年	2011年	2012年
全　省	**Yunnan**	**138.22**	**154.44**	**140.34**
农、林、牧、渔业	Farming,Forestry,Animal Husbandry and Fishery	1.52	2.36	2.93
采矿业	Mining	0.44	0.46	0.40
制造业	Manufacturing	9.18	8.75	7.58
电力、煤气及水的生产和供应业	Production and Supply of Electricity,Gas and Water	0.03	0.07	0.07
建筑业	Construction	0.34	0.40	0.38
交通运输、仓储及邮电通讯业	Transport,Storage,Post and Telecommunication Services	1.59	1.58	1.49
信息传输、软件和信息技术服务业	Information Transmission, Software and Information Technology Service	0.60	0.57	1.40
批发和零售业	Wholesale and Retail Trade & Food Services	83.08	94.35	83.24
住宿和餐饮业	Hotel and Food Service	22.52	24.84	22.77
房地产业	Real Estate Trade	0.02	0.04	0.04
租赁和商务服务业	Leasing Treade and Business Service	1.31	1.40	1.37
居民服务和其他服务业	Services to Households and Other Services	14.45	16.20	15.23
卫生、社会保障和社会福利业	Health Care, Social Security and Social Welfare	1.00	1.03	0.89
文化、体育和娱乐业	Culture, Sports and Entertainment	1.81	1.99	1.81
其他合计	Others	0.33	0.40	0.74

15-26 全部职工工资总额和指数(1978-2012年)

Total Wages of Staff and Workers and Related Indices(1978-2012)

单位：亿元，% (100 million yuan, %)

年 份 Year	职工工资总额 Total Wages	国有单位 State-owned Entities	城镇集体单位 Urban Collective-owned Entities	其他单位 Other Ownership	工资总额指数 Indices of Total Wages	国有单位 State-owned Entities	城镇集体单位 Urban Collective-owned Entities	其他单位 Other Ownership
1978	12.68	11.42	1.26		115.3	117.4	99.6	
1979	14.26	12.84	1.42		112.4	112.4	112.7	
1980	17.16	15.46	1.69		120.3	120.4	119.6	
1981	17.97	16.13	1.84		104.7	104.3	108.5	
1982	19.05	17.05	2.01		106.0	105.7	109.3	
1983	20.28	18.11	2.17		106.4	106.2	107.9	
1984	25.43	22.23	3.17	0.03	125.4	122.8	146.4	
1985	30.13	26.30	3.79	0.05	118.5	118.3	119.4	180.6
1986	34.09	29.72	4.31	0.06	113.1	113.0	113.4	125.8
1987	38.68	33.82	4.78	0.08	113.5	113.8	110.9	137.4
1988	47.09	41.30	5.66	0.13	121.7	122.1	118.4	158.7
1989	60.12	53.56	6.42	0.14	111.8	111.5	113.4	110.4
1990	60.66	53.56	6.97	0.13	115.3	116.3	108.6	93.6
1991	68.66	60.27	8.23	0.17	113.2	112.5	118.1	128.6
1992	81.43	71.26	9.95	0.23	118.6	118.2	120.9	135.2
1993	97.02	84.12	12.50	0.39	119.1	118.1	125.6	174.8
1994	138.94	121.35	15.57	2.03	143.2	144.3	124.5	514.3
1995	158.96	137.81	18.22	2.93	114.4	113.6	116.7	144.5
1996	194.07	169.06	20.27	4.73	122.1	122.7	111.3	161.5
1997	219.08	190.75	21.05	7.28	112.9	112.8	103.8	154.0
1998	226.09	193.15	18.70	14.24	103.2	101.3	88.9	195.5
1999	235.93	195.97	17.57	22.39	104.4	101.5	94.0	157.2
2000	254.46	209.50	16.78	28.18	107.9	106.9	95.5	125.8
2001	275.98	225.33	14.37	36.28	108.5	107.6	85.7	128.7
2002	300.85	245.22	13.21	42.42	109.0	108.8	91.9	116.9
2003	314.98	246.24	12.34	56.40	104.7	100.4	93.4	132.9
2004	344.52	264.02	11.53	68.97	109.4	107.2	93.4	122.3
2005	377.16	283.30	10.80	83.05	109.5	107.3	93.7	120.4
2006	458.62	339.88	14.70	104.04	121.6	120.0	136.0	125.3
2007	566.49	398.49	16.32	151.68	123.5	117.2	111.0	145.8
2008	683.69	473.30	18.89	191.50	120.7	118.8	115.7	126.3
2009	788.38	546.72	21.61	220.05	115.3	115.5	114.4	114.9
2010	903.72	619.53	24.46	259.73	114.6	113.3	113.2	118.0
2011	1 111.38	709.16	32.46	369.76	123.0	114.5	132.7	142.4
2012	1 340.24	794.46	41.79	503.99	120.6	112.0	128.8	136.3

15–27 全部职工平均工资及指数(1978–2012年)
Average Wages of Staff and Workers and Related Indices(1978-2012)

单位：万元/人，%　　(10 000 yuan/person,%)

年份 Year	职工平均工资 Average Wages	国有单位 State-owned Entities	集体单位 Urban Collective-owned Entities	其他单位 Other Ownership	平均工资指数(上年=100，%) Indices of Average Wages (preceding year = 100 ,%)							
					货币工资 Money Wages	国有单位 State-owned Entities	集体单位 Urban Collective-owned Entities	其他单位 Other Ownership	实际工资 Real Wages	国有单位 State-owned Entities	城镇集体单位 Urban Collective-owned Entities	其他单位 Other Ownership
1978	0.06	0.06	0.05		112.0	108.5	128.8		112.0	108.5	128.8	
1979	0.07	0.07	0.05		108.6	109.0	106.7		107.7	108.1	105.8	
1980	0.08	0.08	0.06		115.2	115.2	114.2		106.5	106.5	105.6	
1981	0.08	0.08	0.06		102.6	102.3	105.8		101.8	101.5	105.0	
1982	0.08	0.08	0.07		103.3	103.1	105.8		101.6	101.4	104.0	
1983	0.08	0.09	0.07		104.2	103.9	106.4		103.6	103.3	105.7	
1984	0.10	0.10	0.08	0.11	120.7	122.4	114.5		117.7	119.3	111.6	
1985	0.12	0.12	0.10	0.11	115.5	115.1	117.9	97.0	103.2	102.8	105.3	86.7
1986	0.13	0.13	0.11	0.12	111.0	110.5	113.8	110.6	105.9	105.5	108.6	105.6
1987	0.14	0.15	0.12	0.13	110.7	111.2	107.6	105.7	103.1	103.5	100.2	98.4
1988	0.17	0.18	0.14	0.16	119.2	119.3	118.3	125.2	98.4	98.5	97.7	103.4
1989	0.19	0.19	0.16	0.17	109.6	109.4	110.9	106.6	93.0	92.8	94.1	90.5
1990	0.21	0.22	0.17	0.20	113.3	113.6	109.9	118.6	111.5	111.8	108.2	116.8
1991	0.23	0.24	0.19	0.24	109.3	109.0	112.0	117.5	105.3	105.0	107.9	113.2
1992	0.27	0.28	0.22	0.30	115.4	115.7	113.8	125.1	104.5	104.8	103.1	113.3
1993	0.32	0.33	0.27	0.39	118.0	117.2	123.2	130.2	99.3	98.7	103.7	109.6
1994	0.45	0.47	0.35	0.52	142.4	143.7	130.8	133.4	121.4	122.5	111.5	113.7
1995	0.51	0.53	0.42	0.58	114.1	113.1	120.4	111.6	94.8	94.0	100.1	92.7
1996	0.62	0.64	0.49	0.69	121.0	121.4	116.3	118.3	111.3	111.7	107.0	108.8
1997	0.70	0.72	0.55	0.79	112.9	112.7	111.1	114.4	107.9	107.7	106.2	109.4
1998	0.77	0.79	0.60	0.76	109.0	108.9	110.2	96.3	106.4	106.4	107.6	94.1
1999	0.83	0.84	0.65	0.86	107.9	107.2	107.9	113.2	109.2	108.5	109.2	96.5
2000	0.92	0.94	0.70	0.96	111.5	111.5	108.1	111.7	114.3	114.3	110.8	95.2
2001	1.05	1.09	0.72	1.04	114.1	115.5	102.4	108.8	116.4	117.7	104.4	92.7
2002	1.20	1.24	0.79	1.14	113.8	114.2	110.3	110.0	114.7	115.2	111.2	93.7
2003	1.29	1.35	0.85	1.19	107.4	108.4	107.2	103.9	106.0	107.0	105.8	88.5
2004	1.46	1.53	0.95	1.33	113.3	113.7	111.7	112.0	106.8	107.2	105.3	95.4
2005	1.61	1.69	1.05	1.49	110.69	110.3	110.5	111.9	108.8	108.5	108.6	110.1
2006	1.87	2.00	1.22	1.64	115.9	118.4	115.9	110.4	113.8	116.2	113.8	108.4
2007	2.05	2.29	1.41	1.67	109.46	114.3	115.3	101.5	103.36	108.0	108.8	95.9
2008	2.40	2.68	1.82	1.97	117.33	117.0	129.5	117.9	111.32	111.0	122.8	111.8
2009	2.70	3.03	2.14	2.16	112.33	113.3	117.7	109.9	111.77	112.8	117.1	109.4
2010	3.02	3.43	2.51	2.38	111.8	113.2	117.4	109.9	107.71	109.0	113.1	105.8
2011	3.54	4.04	3.40	2.87	117.26	117.6	135.3	120.7	111.9	112.2	129.1	115.2
2012	3.89	4.51	3.86	3.22	109.95	111.6	113.3	112.1	106.7	108.4	110.0	108.8

15-28 各州市全部职工工资总额和平均工资(2012年)

Total Wages and Annual Average Wages of Staff and Workers by Region(2012)

单位：亿元，万元/人 (100 million yuan, 10 000 yuan/person)

州 市	Region	职工工资总额 Total Wages	国有单位 State-owned Entities	城镇集体单位 Urban Collective-owned Entities	其他单位 Other Ownership	职工平均工资 Wages Average	国有单位 State-owned Entities	城镇集体单位 Urban Collective-owned Entities	其他单位 Other Ownership
全 省	**Yunnan**	**1 340.24**	**794.46**	**41.79**	**503.99**	**3.89**	**4.51**	**3.86**	**3.22**
昆 明	Kunming	466.09	251.80	13.65	200.65	4.51	5.79	3.18	3.62
曲 靖	Qujing	157.01	84.49	6.06	66.46	3.73	4.48	3.46	3.10
玉 溪	Yuxi	93.25	55.84	2.57	34.84	4.05	5.78	3.01	2.80
保 山	Baoshan	50.33	25.60	1.32	23.41	3.11	3.53	5.35	2.70
昭 通	Zhaotong	79.19	54.58	2.46	22.14	3.77	3.94	4.43	3.37
丽 江	Lijiang	32.70	19.32	1.51	11.87	3.60	3.98	4.21	3.05
普 洱	Pu'er	48.72	33.26	1.89	13.58	3.13	3.41	6.38	2.48
临 沧	Lincang	38.26	25.93	1.31	11.02	3.41	3.53	8.71	2.97
楚 雄	Chuxiong	58.84	41.59	2.28	14.96	3.80	4.15	7.47	2.91
红 河	Honghe	103.46	61.45	2.67	39.34	3.49	3.91	3.91	3.00
文 山	Wenshan	48.83	34.76	1.40	12.67	3.39	3.42	4.79	3.22
西双版纳	Xishuangbanna	25.60	16.84	0.56	8.19	3.55	3.91	3.45	2.99
大 理	Dali	76.12	49.42	1.98	24.71	3.80	4.68	5.03	2.75
德 宏	Dehong	33.53	19.33	1.38	12.82	3.36	3.24	4.75	3.45
怒 江	Nujiang	12.88	8.95	0.27	3.67	3.74	3.66	2.79	4.06
迪 庆	Diqing	15.42	11.28	0.48	3.66	4.87	4.86	5.06	4.88

15-29 各州市城镇单位分企事业机关职工工资总额(2012年)

Total Wages of Employed Persons in Urban Entities at Year-end by Enterprise, Public Institution and Government Agency and by Region(2012)

单位：亿元 (100 million yuan)

州 市	Region	职工工资总额 Total Wages of Employed Persons	企 业 Enterprises	事 业 Public Institutions	机 关 Government Agencies and Organizations
全 省	**Yunnan**	**1 340.24**	**811.82**	**358.44**	**169.12**
昆 明	Kunming	466.09	339.67	87.63	38.79
曲 靖	Qujing	157.01	100.68	40.38	15.32
玉 溪	Yuxi	93.25	58.59	23.21	11.45
保 山	Baoshan	50.33	28.62	15.11	6.55
昭 通	Zhaotong	79.19	38.33	27.92	12.81
丽 江	Lijiang	32.70	16.76	10.13	5.81
普 洱	Pu'er	48.72	23.54	16.70	8.49
临 沧	Lincang	38.26	17.43	13.61	7.22
楚 雄	Chuxiong	58.84	29.73	18.95	10.13
红 河	Honghe	103.46	59.36	29.85	14.25
文 山	Wenshan	48.83	18.84	21.48	8.50
西双版纳	Xishuangbanna	25.60	12.01	9.23	4.34
大 理	Dali	76.12	39.45	25.04	11.63
德 宏	Dehong	33.53	17.26	10.19	6.08
怒 江	Nujiang	12.88	5.04	4.16	3.68
迪 庆	Diqing	15.42	6.49	4.85	4.08

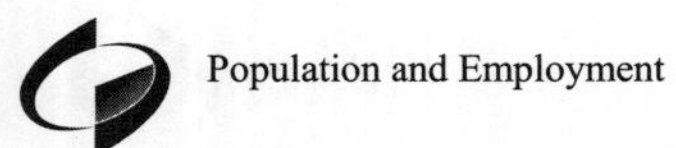

15-30 各州市城镇单位分企事业机关年末职工平均工资(2012年)

Average Wages of Staff and Workers in Urban Entities at Year-end by Enterprise,Public Institution and Government Agency and by Region(2012)

单位：万元/人 (10 000 yuan/person)

州　市	Region	全部职工 Staff and Workers	企　业 Enterprises	事　业 Institution	机　关 Agencies and Organization
全　省	**Yunnan**	**3.89**	**3.82**	**4.06**	**3.92**
昆　明	Kunming	4.51	4.37	4.99	4.90
曲　靖	Qujing	3.73	3.58	4.05	4.04
玉　溪	Yuxi	4.05	3.71	4.79	4.83
保　山	Baoshan	3.11	2.95	3.35	3.37
昭　通	Zhaotong	3.77	4.32	3.48	3.15
丽　江	Lijiang	3.60	3.40	3.83	3.87
普　洱	Pu'er	3.13	2.87	3.43	3.47
临　沧	Lincang	3.41	3.25	3.59	3.47
楚　雄	Chuxiong	3.80	3.92	3.85	3.42
红　河	Honghe	3.49	3.34	3.77	3.67
文　山	Wenshan	3.39	3.47	3.36	3.31
西双版纳	Xishuangbanna	3.55	3.28	3.99	3.57
大　理	Dali	3.80	3.51	4.27	4.05
德　宏	Dehong	3.36	3.11	3.72	3.61
怒　江	Nujiang	3.74	4.12	3.57	3.47
迪　庆	Diqing	4.87	4.78	4.97	4.90

15-31 各州市城镇单位分行业职工平均工资(2012年)

Average Wages of Staff and Workers in Urban Entities by Sector and Region(2012)

单位：万元/人 (10 000 yuan/person)

州 市	Region	全部职工 Staff and Workers	农、林、牧、渔业 Farming,Forestry,Animal Husbandry and Fishery	采矿业 Mining	制造业 Manufacturing	电力、热力、燃气及水生产和供应业 Production and Supply of Electric Power,Heat,Gas and Water
全 省	**Yunnan**	**3.89**	**2.28**	**3.89**	**3.73**	**5.48**
昆 明	Kunming	4.51	3.55	4.97	4.28	6.53
曲 靖	Qujing	3.73	3.71	3.52	3.70	5.86
玉 溪	Yuxi	4.05	4.53	4.30	4.10	5.15
保 山	Baoshan	3.11	2.49	3.35	2.76	4.86
昭 通	Zhaotong	3.77	3.25	4.21	5.09	5.27
丽 江	Lijiang	3.60	2.76	3.08	2.77	6.12
普 洱	Pu'er	3.13	1.96	4.02	1.99	5.17
临 沧	Lincang	3.41	1.56	3.20	2.95	4.62
楚 雄	Chuxiong	3.80	3.17	4.65	3.83	5.88
红 河	Honghe	3.49	2.24	3.73	3.44	4.95
文 山	Wenshan	3.39	2.09	3.38	2.98	5.29
西双版纳	Xishuangbanna	3.55	2.80	3.40	2.71	5.94
大 理	Dali	3.80	3.40	3.81	3.19	4.89
德 宏	Dehong	3.36	0.85	3.79	3.21	5.33
怒 江	Nujiang	3.74	3.04	3.43	4.63	5.08
迪 庆	Diqing	4.87	4.95	5.91	6.07	4.35

15-31 续表1 continued

单位：万元/人 (10 000 yuan/person)

州 市	Region	建筑业 Construction	批发和零售业 Wholesale and Retail Trade	交通运输、仓储和邮政业 Transportation, Storage and Post	住宿和餐饮业 Hotel and Catering Service	信息传输、软件和信息技术服务业 Information Transmission, Software and Information Technology Service
全 省	**Yunnan**	**2.87**	**3.62**	**5.09**	**2.35**	**4.89**
昆 明	Kunming	3.30	3.34	6.24	2.54	5.03
曲 靖	Qujing	2.45	4.20	2.76	2.00	5.06
玉 溪	Yuxi	2.40	2.75	3.20	2.29	4.76
保 山	Baoshan	2.32	4.16	2.65	2.71	5.75
昭 通	Zhaotong	2.44	5.54	3.33	1.97	5.54
丽 江	Lijiang	2.58	3.78	4.24	2.64	4.92
普 洱	Pu'er	2.64	3.88	2.78	2.13	5.92
临 沧	Lincang	2.93	4.84	3.05	1.96	5.56
楚 雄	Chuxiong	2.84	4.25	3.32	1.75	3.64
红 河	Honghe	2.42	2.94	2.75	1.67	4.53
文 山	Wenshan	2.69	3.39	3.14	2.20	4.98
西双版纳	Xishuangbanna	2.94	3.09	3.15	2.68	3.90
大 理	Dali	2.43	4.42	3.50	1.92	4.01
德 宏	Dehong	2.93	3.17	2.77	2.19	4.87
怒 江	Nujiang	1.85	4.04	3.12	2.43	4.44
迪 庆	Diqing	3.20	5.26	4.57	2.60	4.36

15-31 续表2 continued

单位：万元/人 (10 000 yuan/person)

州 市 Region		金融业 Banking	房地产业 Real Estate	租赁和商务服务业 Leasing Treade and Business Service	科学研究和技术服务业 Scientific Research, Technology Service and Geological Prospecting	水利、环境和公共设施管理业 Water Conservancy, Admistration of Environment and Public Facilities
全 省	**Yunnan**	**9.37**	**3.42**	**3.43**	**4.45**	**2.86**
昆 明	Kunming	12.45	3.70	3.99	5.27	3.45
曲 靖	Qujing	8.34	3.29	3.16	3.48	2.70
玉 溪	Yuxi	7.06	3.77	2.11	4.28	3.23
保 山	Baoshan	7.35	3.05	2.54	3.48	2.63
昭 通	Zhaotong	8.35	3.44	2.97	3.33	2.35
丽 江	Lijiang	8.13	3.75	2.14	4.13	2.95
普 洱	Pu'er	8.63	2.38	1.93	3.23	2.19
临 沧	Lincang	9.21	2.79	2.98	3.24	2.31
楚 雄	Chuxiong	7.86	2.95	1.72	3.55	2.96
红 河	Honghe	6.18	2.49	3.02	4.18	2.53
文 山	Wenshan	7.18	3.09	2.56	3.26	2.21
西双版纳	Xishuangbanna	6.90	4.14	2.51	3.36	2.52
大 理	Dali	7.69	2.69	2.88	4.16	3.39
德 宏	Dehong	9.29	3.78	2.12	3.57	2.66
怒 江	Nujiang	7.40	3.25	3.70	3.52	3.14
迪 庆	Diqing	9.12	4.01	2.75	3.67	4.38

15-31 续表3 continued

单位：万元/人 (10 000 yuan/person)

州 市	Region	居民服务、修理和其他服务业 Services to Households and Other Services	教 育 Education	卫生和社会工作 Health Care, Social Security and Social Welfare	文化、体育和娱乐业 Culture, Sports and Entertainment	公共管理、社会保障和社会组织 Common Administration and Social Organization
全 省	**Yunnan**	**2.76**	**4.09**	**4.39**	**3.66**	**3.89**
昆 明	Kunming	2.65	4.75	5.57	3.81	4.77
曲 靖	Qujing	3.34	4.20	3.89	3.86	4.05
玉 溪	Yuxi	2.20	4.97	5.07	4.52	4.80
保 山	Baoshan	2.56	3.24	4.18	3.08	3.32
昭 通	Zhaotong	3.63	3.68	3.12	3.16	3.10
丽 江	Lijiang	1.95	3.91	3.94	3.53	3.85
普 洱	Pu'er	2.67	3.69	3.44	3.14	3.46
临 沧	Lincang	3.22	3.70	3.76	2.99	3.50
楚 雄	Chuxiong	2.71	3.94	4.22	3.60	3.42
红 河	Honghe	3.00	4.06	3.23	3.71	3.66
文 山	Wenshan	3.13	3.37	3.66	2.95	3.29
西双版纳	Xishuangbanna	3.36	3.97	4.31	3.61	3.61
大 理	Dali	2.99	4.41	4.44	3.40	4.03
德 宏	Dehong	2.82	3.69	4.42	3.51	3.54
怒 江	Nujiang		3.69	3.62	3.57	3.45
迪 庆	Diqing		4.97	4.95	4.76	4.91

15-32 城镇登记失业人数和登记失业率(1978-2012年)

Registered Urban Unemployed Persons and Unemployment Rate(1978-2012)

单位:万人、%　　(10 000 persons,%)

年 份 Year	登记失业人数 Registered Urban Unemployed Persons	女 性 Female	长期失业者人数 Permanent Unemployed Persons	城镇登记失业率 (%) Urban Unemployment Rate (%)
1978	6.40			2.7
1979	9.90			4.3
1980	6.00			2.3
1981	6.16			3.1
1982	6.15			2.7
1983	5.83			2.0
1984	4.70			1.7
1985	4.21			2.5
1986	4.77			1.7
1987	5.85			2.0
1988	5.97			2.0
1989	7.07			2.4
1990	7.76			2.5
1991	7.63			2.3
1992	7.53			2.3
1993	7.34			2.3
1994	7.14			2.2
1995	8.10			2.3
1996	8.01			2.8
1997	7.84			2.7
1998	6.01	3.02		2.2
1999	6.20	3.10	3.10	2.5
2000	6.77	3.28	3.42	2.6
2001	8.00	3.89	3.64	3.3
2002	9.80	4.04	4.79	4.0
2003	12.12	5.94	5.64	4.1
2004	11.95	6.28	4.85	4.3
2005	12.97	6.12	5.17	4.3
2006	13.79	6.35	5.01	4.3
2007	14.02	6.37	4.20	4.2
2008	14.77	6.50	3.79	4.2
2009	15.63	6.73	3.44	4.3
2010	15.69	6.40	3.38	4.2
2011	15.99	6.80	2.56	4.1
2012	17.40	7.90	2.70	4.0

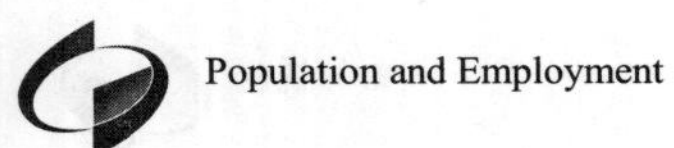

15－33 各州市城镇单位分行业年末就业人员劳动报酬(2012年)

Earnings of Employed Persons in Urban Units by Sector and Region at Year-end(2012)

单位：亿元 (100 million yuan)

州 市	Region	劳动报酬 Earnings of Employed Persons	农、林、牧、渔业 Farming,Forestry,Animal Husbandry and Fishery	采矿业 Mining	制造业 Manufacturing	电力、热力、燃气及水生产和供应业 Production and Supply of Electricity,Heat,Gas and Water
全 省	**Yunnan**	**1 454.05**	**19.48**	**84.95**	**256.80**	**51.12**
昆 明	Kunming	516.10	1.10	12.88	89.23	9.62
曲 靖	Qujing	165.28	1.44	28.94	32.66	7.81
玉 溪	Yuxi	98.00	0.97	4.54	32.12	2.87
保 山	Baoshan	52.59	1.16	1.54	8.11	1.76
昭 通	Zhaotong	83.23	0.66	13.93	7.60	3.40
丽 江	Lijiang	35.79	0.93	3.89	1.62	1.61
普 洱	Pu'er	50.26	2.83	1.13	5.71	2.38
临 沧	Lincang	42.22	1.66	0.65	5.74	1.67
楚 雄	Chuxiong	64.60	0.80	4.16	10.24	2.38
红 河	Honghe	113.84	2.47	6.12	35.33	6.05
文 山	Wenshan	52.56	1.18	2.18	4.63	3.34
西双版纳	Xishuangbanna	26.55	1.01	0.71	2.80	0.98
大 理	Dali	85.47	1.58	2.16	12.75	3.22
德 宏	Dehong	36.25	1.02	0.56	4.33	2.58
怒 江	Nujiang	14.09	0.25	0.13	2.77	0.77
迪 庆	Diqing	17.22	0.42	1.44	1.17	0.68

15-33 续表1 continued

单位：亿元 (100 million yuan)

州 市 Region	建筑业 Construction	批发和零售业 Wholesale and Retail Trade	交通运输、仓储和邮政业 Transportation, Storage and Post	住宿和餐饮业 Hotel and Catering Service	信息传输、软件和信息技术服务业 Information Transmission, Software and Information Technology Service
全 省 Yunnan	**176.99**	**81.45**	**67.48**	**19.67**	**20.43**
昆 明 Kunming	88.97	29.95	51.94	9.57	8.17
曲 靖 Qujing	17.31	11.11	1.25	1.37	1.34
玉 溪 Yuxi	7.54	6.30	1.16	0.82	0.92
保 山 Baoshan	9.46	3.00	0.85	0.75	0.47
昭 通 Zhaotong	4.55	4.54	1.15	0.49	1.10
丽 江 Lijiang	3.14	2.03	0.95	1.82	0.74
普 洱 Pu'er	5.61	2.50	0.99	0.31	1.05
临 沧 Lincang	4.46	2.11	0.90	0.16	0.91
楚 雄 Chuxiong	7.75	3.27	1.16	0.36	0.90
红 河 Honghe	8.95	3.44	1.54	0.85	1.28
文 山 Wenshan	3.01	1.97	1.46	0.35	0.89
西双版纳 Xishuangbanna	1.67	2.02	0.66	0.96	0.24
大 理 Dali	8.68	6.58	2.26	0.85	1.10
德 宏 Dehong	3.64	1.37	0.46	0.60	0.81
怒 江 Nujiang	0.65	0.41	0.45	0.08	0.24
迪 庆 Diqing	1.61	0.84	0.32	0.32	0.27

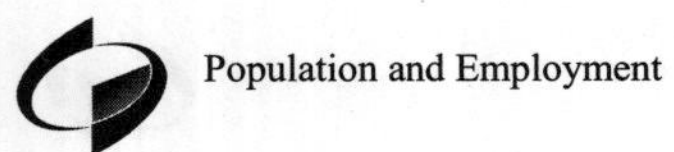

15-33 续表2 continued

单位：亿元 (100 million yuan)

州 市	Region	金融业 Banking	房地产业 Real Estate	租赁和商务服务业 Leasing Treade and Business Service	科学研究和技术服务业 Scientific Research, Technology Service and Geological Prospecting	水利、环境和公共设施管理业 Water Conservancy, Admistration of Environment and Public Facilities
全 省	**Yunnan**	**87.13**	**23.91**	**20.59**	**33.70**	**15.24**
昆 明	Kunming	39.36	11.38	14.86	19.87	3.79
曲 靖	Qujing	6.33	1.72	0.35	1.08	1.39
玉 溪	Yuxi	5.02	1.44	0.41	1.01	0.94
保 山	Baoshan	2.68	1.37	0.32	0.74	0.88
昭 通	Zhaotong	3.75	0.64	0.07	1.34	0.67
丽 江	Lijiang	1.88	0.40	0.30	0.53	1.00
普 洱	Pu'er	3.11	0.18	0.15	1.19	0.71
临 沧	Lincang	2.40	0.94	0.05	0.48	0.33
楚 雄	Chuxiong	4.10	0.35	0.23	1.12	1.35
红 河	Honghe	4.01	0.59	0.15	1.96	1.56
文 山	Wenshan	2.78	1.10	0.34	0.93	0.69
西双版纳	Xishuangbanna	1.57	0.95	0.14	0.74	0.30
大 理	Dali	5.65	1.56	2.29	1.44	0.80
德 宏	Dehong	2.76	1.02	0.62	0.88	0.29
怒 江	Nujiang	0.70	0.08	0.00	0.13	0.23
迪 庆	Diqing	1.03	0.18	0.32	0.26	0.30

15—33 续表3 continued

单位：亿元 (100 million yuan)

州 市	Region	居民服务、修理和其他服务业 Services to Households and Other Services	教 育 Education	卫生和社会工作 Health Care, Social Security and Social Welfare	文化、体育和娱乐业 Culture, Sports and Entertainment	公共管理、社会保障和社会组织 Common Administration and Social Organization
全 省	**Yunnan**	**2.11**	**218.18**	**79.08**	**12.08**	**183.65**
昆 明	Kunming	1.32	49.95	26.95	5.66	41.51
曲 靖	Qujing	0.03	28.85	4.52	0.59	17.20
玉 溪	Yuxi	0.05	13.31	5.40	0.66	12.54
保 山	Baoshan	0.04	8.59	3.71	0.18	6.97
昭 通	Zhaotong	0.28	21.07	4.18	0.52	13.29
丽 江	Lijiang	0.02	6.15	1.67	0.54	6.59
普 洱	Pu'er	0.02	9.28	2.99	0.44	9.69
临 沧	Lincang	0.01	9.02	2.26	0.20	8.26
楚 雄	Chuxiong	0.11	11.35	4.84	0.40	9.72
红 河	Honghe	0.07	18.40	4.85	0.79	15.41
文 山	Wenshan	0.03	14.69	3.77	0.53	8.70
西双版纳	Xishuangbanna	0.03	3.03	3.72	0.45	4.56
大 理	Dali	0.08	14.08	5.95	0.46	13.98
德 宏	Dehong	0.03	5.12	2.61	0.27	7.29
怒 江	Nujiang		2.60	0.74	0.13	3.73
迪 庆	Diqing		2.68	0.91	0.23	4.23

15-34 各州市国有单位分行业职工平均工资(2012年)
Average Wages of Staff and Workers of State-owned Units by Sector and Region(2012)

单位：万元 / 人 (10 000 yuan/person)

州市	Region	国有单位 State-owned Units	农、林、牧、渔业 Farming,Forestry, Animal-Husbandry and Fishery	采矿业 Mining	制造业 Manufacturing	电力、热力、燃气及水生产和供应业 Production and Supply of Electricity,Gas and Water
全省	**Yunnan**	**4.51**	**2.30**	**4.67**	**7.92**	**5.83**
昆明	Kunming	5.79	4.15	5.97	7.21	7.01
曲靖	Qujing	4.48	3.72	3.40	6.85	6.02
玉溪	Yuxi	5.78	4.57	4.49	16.57	5.65
保山	Baoshan	3.53	2.49		1.93	5.16
昭通	Zhaotong	3.94	3.25	5.16	10.59	5.61
丽江	Lijiang	3.98	2.93		3.91	5.67
普洱	Pu'er	3.41	1.98	2.95	2.20	5.05
临沧	Lincang	3.53	1.56	4.14	4.41	4.99
楚雄	Chuxiong	4.15	3.19	4.57	9.47	6.32
红河	Honghe	3.91	2.26	4.78	6.43	5.33
文山	Wenshan	3.42	2.09	4.03	2.23	4.86
西双版纳	Xishuangbanna	3.91	2.89	3.34	2.25	6.46
大理	Dali	4.68	3.47		8.85	5.70
德宏	Dehong	3.24	0.82		3.37	5.34
怒江	Nujiang	3.66	3.04		2.49	5.20
迪庆	Diqing	4.86	4.95	5.95	3.03	4.35

15−34 续表1 continued

单位：万元 / 人 (10 000yuan/person)

州 市	Region	建 筑 业 Construction	批发和零售业 Wholesale and Retail Trade	交通运输、仓储和邮政业 Transportation, Storage and Post	住宿和餐饮业 Hotel and Catering Service	信息传输、软件和信息技术服务业 Information Transmission, Computer Service and Software Service
全 省	**Yunnan**	**4.92**	**6.49**	**5.96**	**2.54**	**5.42**
昆 明	Kunming	5.33	6.97	7.39	2.66	6.07
曲 靖	Qujing	4.46	6.50	2.79	2.61	5.31
玉 溪	Yuxi	2.29	4.84	2.88	2.43	5.10
保 山	Baoshan	2.57	11.19	3.21	3.08	6.41
昭 通	Zhaotong	1.39	8.36	3.46	1.97	6.01
丽 江	Lijiang	2.73	4.85	4.66	2.93	5.32
普 洱	Pu'er	2.97	10.56	3.24	2.19	6.46
临 沧	Lincang	2.18	7.07	3.93	1.72	8.04
楚 雄	Chuxiong	3.58	5.39	3.26	2.28	4.34
红 河	Honghe	2.84	3.61	3.41	1.85	5.34
文 山	Wenshan	5.56	6.44	3.25	1.82	5.10
西双版纳	Xishuangbanna	2.76	4.21	3.66	3.00	3.60
大 理	Dali	5.87	9.95	4.21	1.89	3.54
德 宏	Dehong	4.85	8.04	3.37	1.64	4.46
怒 江	Nujiang	3.38	6.39	3.13		4.44
迪 庆	Diqing	4.47	3.94	5.14	1.68	4.37

15-34 续表2 continued

单位：万元/人 (10 000 yuan/person)

州 市 Region	金融业 Banking	房地产业 Real Estate	租赁和商务服务业 Leasing Treade and Business Service	科学研究和技术服务业 Scientific Research, Technology Service and Geological Prospecting	水利、环境和公共设施管理业 Water Conservancy, Environment and Admistration of Public Facilities
全 省 Yunnan	**7.94**	**4.20**	**4.50**	**4.64**	**2.88**
昆 明 Kunming	10.87	5.53	6.73	5.85	3.51
曲 靖 Qujing	6.57	3.25	3.69	3.52	3.32
玉 溪 Yuxi	6.64	3.59	4.04	4.29	3.22
保 山 Baoshan	7.22	3.47	2.89	3.48	1.96
昭 通 Zhaotong	9.44	2.34	3.03	3.34	2.35
丽 江 Lijiang	7.11	2.27	3.66	4.17	2.89
普 洱 Pu'er	7.21	2.08	1.63	3.24	2.19
临 沧 Lincang	7.67	2.63	3.21	3.38	2.31
楚 雄 Chuxiong	7.05	3.39	1.70	3.63	2.97
红 河 Honghe	5.20	2.65	3.04	4.21	2.52
文 山 Wenshan	6.57	4.46	1.84	3.26	2.27
西双版纳 Xishuangbanna	7.80	3.17	1.59	3.39	2.57
大 理 Dali	7.31	3.84	4.84	4.28	3.59
德 宏 Dehong	7.83	4.92	1.95	3.62	2.73
怒 江 Nujiang	7.10			3.52	3.14
迪 庆 Diqing	7.62		2.78	5.16	4.38

15－34 续表3 continued

单位：万元/人 (10 000 yuan/person)

州 市	Region	居民服务、修理和其他服务业 Services to Households and Other Services	教 育 Education	卫生和社会工作 Health Care, Social Security and Social Welfare	文化、体育和娱乐业 Culture, Sports and Entertainment	公共管理、社会保障和社会组织 Common Administration and Social Organization
全 省	**Yunnan**	**2.96**	**4.13**	**4.48**	**3.80**	**3.89**
昆 明	Kunming	2.77	5.05	6.11	4.22	4.78
曲 靖	Qujing	3.86	4.20	3.94	3.86	4.05
玉 溪	Yuxi	2.36	4.99	5.07	4.54	4.80
保 山	Baoshan	2.75	3.24	4.24	3.10	3.32
昭 通	Zhaotong	3.54	3.68	3.08	3.35	3.10
丽 江	Lijiang	2.19	3.93	3.99	3.06	3.85
普 洱	Pu'er	2.67	3.70	3.44	3.11	3.46
临 沧	Lincang	3.25	3.70	3.77	3.05	3.50
楚 雄	Chuxiong	3.33	3.94	4.23	3.59	3.42
红 河	Honghe	3.26	4.08	3.23	3.71	3.66
文 山	Wenshan	3.13	3.38	3.65	2.95	3.29
西双版纳	Xishuangbanna	3.59	3.97	4.32	3.60	3.61
大 理	Dali	3.06	4.42	4.48	3.73	4.03
德 宏	Dehong	2.64	3.69	4.48	3.62	3.54
怒 江	Nujiang		3.69	3.62	3.57	3.45
迪 庆	Diqing		4.97	5.04	4.76	4.91

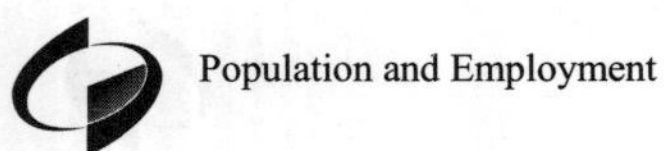

15-35 各州市城镇集体单位分行业职工平均工资(2012年)

Average Wages of Staff and Workers in Urban Collective-owned Entities by Sector and Region(2012)

单位：万元/人 (10 000 yuan/person)

州市	Region	集体单位 Collective-owned	农、林、牧、渔业 Farming,Forestry,Animal Husbandry and Fishery	采矿业 Mining	制造业 Manufacturing	电力、热力、燃气及水生产和供应业 Production and Supply of Electricity, Heat, Gas and Water
全省	**Yunnan**	**3.86**	**2.20**	**3.48**	**2.24**	**3.11**
昆明	Kunming	3.18	3.05	2.89	2.17	2.86
曲靖	Qujing	3.46		3.66	2.60	3.90
玉溪	Yuxi	3.01		3.61	2.68	2.43
保山	Baoshan	5.35		2.71	1.78	1.95
昭通	Zhaotong	4.43			3.98	3.42
丽江	Lijiang	4.21		1.90	1.93	
普洱	Pu'er	6.38	2.29		0.98	
临沧	Lincang	8.71			2.13	0.73
楚雄	Chuxiong	7.47			2.24	2.59
红河	Honghe	3.91			1.22	
文山	Wenshan	4.79		1.08	1.46	
西双版纳	Xishuangbanna	3.45	1.51	4.16		1.23
大理	Dali	5.03	2.00		1.41	2.11
德宏	Dehong	4.75		3.46	1.75	1.17
怒江	Nujiang	2.79		1.46		
迪庆	Diqing	5.06				

15–35 续表1 continued

单位：万元/人 (10 000 yuan/person)

州 市	Region	建筑业 Construction	批发和零售业 Wholesale and Retail Trade	交通运输、仓储和邮政业 Transportation, Storage and Post	住宿和餐饮业 Hotel and Catering Service	信息传输、软件和信息技术服务业 Information Transmission, Software and Information Technology Service
全 省	**Yunnan**	**2.53**	**1.78**	**2.16**	**2.13**	**2.12**
昆 明	Kunming	2.72	2.36	1.67	2.35	1.91
曲 靖	Qujing	2.22	1.60	4.95	1.65	2.41
玉 溪	Yuxi	2.01	1.30		2.59	
保 山	Baoshan	1.42	1.39			2.00
昭 通	Zhaotong	2.46	2.92	1.75		
丽 江	Lijiang	2.45	2.65	3.93	1.77	
普 洱	Pu'er	1.90	1.65		1.34	
临 沧	Lincang	3.34	2.13		1.85	
楚 雄	Chuxiong	2.54	1.89		1.39	
红 河	Honghe	2.68	1.21	1.67	2.29	
文 山	Wenshan	2.23	1.36		0.97	
西双版纳	Xishuangbanna	2.48	2.40			
大 理	Dali	1.89	1.88	1.66	1.48	1.96
德 宏	Dehong	1.65	3.23		1.59	
怒 江	Nujiang	1.95	1.59			
迪 庆	Diqing	1.67	3.31		2.12	

15—35 续表2 continued

单位：万元/人 (10 000 yuan/person)

州 市	Region	金融业 Banking	房地产业 Real Estate	租赁和商务服务业 Leasing Treade and Business Service	科学研究和技术服务业 Scientific Research, Technology Service and Geological Prospecting	水利、环境和公共设施管理业 Water Conservancy, Environment and Admistration of Public Facilities
全 省	**Yunnan**	**10.93**	**2.38**	**2.14**	**2.23**	**1.60**
昆 明	Kunming	13.16	2.65	2.21	2.59	1.39
曲 靖	Qujing	10.75		2.69	3.83	1.52
玉 溪	Yuxi	7.52		1.93		1.05
保 山	Baoshan	10.46		2.17		
昭 通	Zhaotong	9.39				
丽 江	Lijiang	11.76	1.74	4.33		
普 洱	Pu'er	12.28	1.34	2.66		
临 沧	Lincang	13.55	4.00	3.67	2.85	2.09
楚 雄	Chuxiong	12.80		3.49	2.11	1.51
红 河	Honghe	8.14	2.04	3.02	2.60	3.16
文 山	Wenshan	9.46		3.02		
西双版纳	Xishuangbanna	6.90	4.22	2.65		
大 理	Dali	10.27	2.14	1.98	2.82	
德 宏	Dehong	17.45	1.91	1.32	2.30	
怒 江	Nujiang	8.12				
迪 庆	Diqing	14.79		3.55	1.30	

15-35 续表3 continued

单位：万元/人 (10 000 yuan/person)

州 市 Region	居民服务、修理和其他服务业 Services to Households and Other Services	教 育 Education	卫生和社会工作 Health Care, Social Security and Social Welfare	文化、体育和娱乐业 Culture, Sports and Entertainment	公共管理、社会保障和社会组织 Common Administration and Social Organization
全 省 Yunnan	**1.83**	**2.61**	**3.01**	**2.59**	**2.43**
昆 明 Kunming	1.80	2.29	2.89	2.01	1.85
曲 靖 Qujing	2.04	3.02	2.07		2.64
玉 溪 Yuxi	1.60	3.36			
保 山 Baoshan	2.18		5.07		
昭 通 Zhaotong	1.67				
丽 江 Lijiang	2.80	2.39	2.52		
普 洱 Pu'er		3.17		2.00	
临 沧 Lincang	3.16	3.08	1.44		3.53
楚 雄 Chuxiong		3.91	3.27		
红 河 Honghe	1.72	1.37	3.25		3.76
文 山 Wenshan			1.84		
西双版纳 Xishuangbanna					
大 理 Dali			2.35		3.15
德 宏 Dehong	1.00	3.30	2.98	3.23	
怒 江 Nujiang					
迪 庆 Diqing					

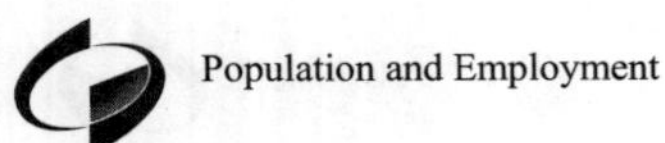

15–36 各州市其他单位分行业职工平均工资(2012年)

Average Wages of Staff and Workers in Entities of Other Types of Ownership by Sector and Region(2012)

单位：万元 / 人 (10 000 yuan/person)

州 市	Region	其他单位 Other Types	农、林、牧、渔业 Farming, Forestry, Animal Husbandry and Fishery	采 矿 业 Mining	制 造 业 Manufacturing	电力、热力、燃气及水生产和供应业 Production and Supply of Electricity, Heat, Gas and Water
全 省	**Yunnan**	**3.22**	**1.87**	**3.70**	**3.14**	**5.09**
昆 明	Kunming	3.62	2.13	4.05	3.65	6.04
曲 靖	Qujing	3.10	1.92	3.53	3.21	5.41
玉 溪	Yuxi	2.80	3.96	4.28	2.67	3.42
保 山	Baoshan	2.70	2.28	3.35	2.83	4.81
昭 通	Zhaotong	3.37		4.19	2.56	4.84
丽 江	Lijiang	3.05	1.21	3.08	2.94	6.22
普 洱	Pu'er	2.48	1.53	4.48	1.97	5.36
临 沧	Lincang	2.97	2.73	3.12	2.96	4.44
楚 雄	Chuxiong	2.91	1.30	4.86	2.77	4.86
红 河	Honghe	3.00	1.82	2.93	3.25	4.14
文 山	Wenshan	3.22	2.08	3.24	3.05	5.40
西双版纳	Xishuangbanna	2.99	2.36	3.34	2.75	4.15
大 理	Dali	2.75	1.51	3.81	2.60	4.00
德 宏	Dehong	3.45	1.42	4.21	3.21	5.34
怒 江	Nujiang	4.06		3.52	4.66	5.06
迪 庆	Diqing	4.88		5.87	6.81	4.38

15-36 续表1 continued

单位：万元 / 人 (10 000 yuan/person)

州市	Region	建筑业 Construction	批发和零售业 Wholesale and Retail Trade	交通运输、仓储和邮政业 Transportation, Storage and Post	住宿和餐饮业 Hotel and Catering Service	信息传输、软件和信息技术服务业 Information Transmission, Software and Information Technology Service
全省	**Yunnan**	**2.62**	**2.80**	**3.42**	**2.32**	**4.46**
昆明	Kunming	2.82	3.02	3.97	2.51	4.89
曲靖	Qujing	2.40	2.55	2.12	1.97	3.63
玉溪	Yuxi	2.43	2.40	4.69	2.23	3.29
保山	Baoshan	2.32	2.57	2.05	2.64	3.45
昭通	Zhaotong	2.46	2.09	3.04	1.97	2.08
丽江	Lijiang	2.60	2.87	2.75	2.64	3.37
普洱	Pu'er	2.62	2.49	2.15	2.17	5.17
临沧	Lincang	2.98	2.36	2.23	1.98	2.77
楚雄	Chuxiong	2.81	2.61	3.45	1.64	2.57
红河	Honghe	2.35	2.42	2.06	1.64	2.69
文山	Wenshan	2.71	2.22	2.96	2.26	1.93
西双版纳	Xishuangbanna	3.02	2.68	2.27	2.62	3.94
大理	Dali	2.32	2.77	2.73	1.94	4.23
德宏	Dehong	2.99	2.64	2.11	2.22	4.95
怒江	Nujiang	1.76	3.45	2.94	2.43	
迪庆	Diqing	3.24	5.80	3.47	2.61	3.18

15-36 续表2 continued

单位：万元/人 (10 000 yuan/person)

州 市 Region	金融业 Banking	房地产业 Real Estate	租赁和商务服务业 Leasing Treade and Business Service	科学研究和技术服务业 Scientific Research, Technology Service and Geological Prospecting	水利、环境和公共设施管理业 Water Conservancy, Environment and Admistration of Public Facilities
全 省 Yunnan	**10.40**	**3.37**	**3.16**	**3.42**	**3.06**
昆 明 Kunming	13.22	3.56	3.39	3.53	3.24
曲 靖 Qujing	9.29	3.30	3.06	2.21	1.16
玉 溪 Yuxi	7.61	3.78	2.84	3.12	4.91
保 山 Baoshan	4.43	3.05	2.62	3.60	3.73
昭 通 Zhaotong	2.84	3.47	2.92	2.31	1.95
丽 江 Lijiang	3.58	3.93	2.06	3.06	3.11
普 洱 Pu'er	4.60	2.68	1.94	2.57	2.32
临 沧 Lincang	2.81	2.81	2.19	2.90	
楚 雄 Chuxiong	3.77	2.92	1.53	2.26	
红 河 Honghe	6.59	2.45	2.48	1.96	3.65
文 山 Wenshan	4.37	3.00	5.91	2.96	1.81
西双版纳 Xishuangbanna	4.86	4.19	3.61	2.75	2.31
大 理 Dali	6.31	2.66	2.46	2.67	1.53
德 宏 Dehong	7.30	3.76	3.63	1.95	1.73
怒 江 Nujiang	8.47	3.25	3.70		
迪 庆 Diqing	6.53	4.01	1.19	2.42	

15-36 续表3 continued

单位：万元/人 (10 000 yuan/person)

州 市	Region	居民服务、修理和其他服务业 Services to Households and Other Services	教 育 Education	卫生和社会工作 Health Care, Social Security and Social Welfare	文化、体育和娱乐业 Culture, Sports and Entertainment	公共管理、社会保障和社会组织 Common Administration and Social Organization
全 省	**Yunnan**	**2.77**	**2.95**	**3.05**	**3.08**	**2.51**
昆 明	Kunming	2.72	3.02	2.97	3.01	2.15
曲 靖	Qujing	1.62		2.76	4.06	3.93
玉 溪	Yuxi	1.24	1.68		4.13	4.48
保 山	Baoshan	1.93		2.03	2.11	
昭 通	Zhaotong	3.67	2.44	4.27	2.11	1.40
丽 江	Lijiang	1.44			4.07	
普 洱	Pu'er		1.80		3.91	
临 沧	Lincang		3.22		2.55	
楚 雄	Chuxiong	2.18	1.35		3.83	2.61
红 河	Honghe	1.03	1.80	3.20	3.90	
文 山	Wenshan		2.34	4.91		
西双版纳	Xishuangbanna	2.41		3.41	3.99	
大 理	Dali	2.97	3.56	2.04	1.67	3.94
德 宏	Dehong	2.92		2.88	1.97	3.53
怒 江	Nujiang					
迪 庆	Diqing			3.64		

主要统计指标解释

人口数　指一定时点、一定地区范围内有生命的个人总和。年度统计的年末人口数指每年 12 月 31 日 24 时的人口数。年度统计的全国人口总数内未包括香港、澳门特别行政区和台湾省以及海外华侨人数。

城镇人口和乡村人口　城镇人口是指居住在城镇范围内的全部常住人口；乡村人口是除上述人口以外的全部人口。

人口密度　指一定时点一定地区的人口数与该地区的面积数之比，即一定时点的单位土地面积上的人口数通常以每平方公里的居民人数来表示。计算公式：

人口密度（人/平方公里）＝该地区的人口数/该地区的土地面积

出生率　出生率（又称粗出生率）指一定时期内（通常为一年内）平均每千人所出生的人数的比例，一般用千分率表示。计算公式：出生率（‰）＝年出生人数/年平均人数×1000‰

出生人数是指活产婴儿，即胎儿脱离母体时（不管怀孕月数）有过呼吸或其他生命现象。年平均人数是年初、年末人口数的平均数，也可用年中人口数代替。

死亡率　指在一定时期内（通常为一年内）一定地区的死亡人数与同期平均人数（或期 中人数）之比，一般用千分率表示。计算公式：

死亡率（‰）＝年死亡人数/年平均人数 ×1000‰

人口自然增长率　在一定时期内（通常为一年内）人口自然增加数（出生人数减死亡人数）与平均人数（或期中人数）之比，一般用千分率表示。计算公式：

人口自然增长率＝（本年出生人口数－本年死亡人口数）/年平均人口数×1000%

人口自然增长率（‰）＝人口出生率－人口死亡率

性别比　反映男性与女性人口比例的指标，指在总人口中或各年龄组人口中，男性人数与女性人数之比。

通常以每 100 个女性人口相对应的男性人口数。计算公式：

性别比＝男性人口/女性人口×100

农业、非农业人口　根据公安部门下发的“户口簿”的户口性质统计。

经济活动人口　指年龄在 16 周岁及以上，有劳动能力，参加或要求参加社会经济活动的人口。包括就业人员和失业人员。

就业人员　指年龄在 16 周岁及以上，从事一定社会劳动并取得劳动报酬或经营收入的人员。这一指标反映了一定时期内全部劳动力资源的实际利用情况，是研究我国基本国情国力的重要指标。

单位就业人员　指在各级国家机关、政党机关、社会团体及企业、事业单位中工作，取得工资或其他形式的劳动报酬的全部人员。包括在岗职工、再就业的离退休人员、民办教师以及在各单位中工作的外方人员和港澳台方人员、兼职人员、借用的外单位人员和第二职业者。不包括离开本单位仍保留劳动关系的职工。各单位的就业人员反映了各单位实际参加生产或工作的全部劳动力。

城镇私营和个体就业人员　城镇私营就业人员指在工商管理部门注册登记，其经营地址设在县城关镇（含县城关镇）以上的私营企业就业人员，包括私营企业投资者和雇工。城镇个体就业人员指在工商管理部门注册登记，并持有城镇户口或在城镇长期居住，经批准从事个体工商经营的就业人员，包括个体经营者和在个体工商户劳动的家庭帮工和雇工。

职工　指在国有、城镇集体、联营、股份制、外商和港、澳、台投资、其他单位及其附属机构工作，并由其支付工资的各类人员。不包括下列人员：（1）乡镇企业就业人员；（2）私营企业就业人员；（3）城镇个体劳动者；（4）离休、退休、退职人员；（5）再就业的离、退休人员；（6）民办教师；（7）在城镇单位中工作的外方及港、澳、台人员；（8）其他按有关规定不列入职工统计范围的人员。（1998 年及以后的数据均为在岗职工数据，其他相关指标如职工工资总额，职工平均工资等指标也从 1998 年按此口径进行了相应调整）。

国有单位　指资产归国家所有的经济组织。包括按《中华人民共和国企业法人登记管理条例》规定登记注册的非公司制的经济组织，以及中央、地方各级国家机关、事业单位和社会团体。

集体单位 指生产资料归集体所有，并按《中华人民共和国企业法人登记管理条例》规定登记注册的经济组织。

其他单位 包括股份合作单位、联营单位、有限责任公司、股份有限公司、港澳台商投资单位以及外商投资单位等其他登记注册类型单位。

在岗职工 指在本单位工作并由单位支付工资的人员，以及有工作岗位，但由于学习、病伤产假等原因暂未工作，仍由单位支付工资的人员。

工资总额 指各单位在一定时期内直接支付给本单位全部职工的劳动报酬总额。工资总额的计算原则应以直接支付给职工的全部劳动报酬为根据。各单位支付给职工的劳动报酬以及其他根据有关规定支付的工资，不论是计入成本的还是不计入成本的，不论是按国家规定列入计征奖金税项目的，还是未列入计征奖金税项目的，不论是以货币形式支付的还是以实物形式支付的，均包括在工资总额内。

平均工资 指企业、事业、机关单位的职工在一定时期内平均每人所得的货币工资额。它表明一定时期职工工资收入的高低程度，是反映职工工资水平的主要指标。计算公式为：

$$\text{平均工资}=\frac{\text{报告期实际支付的全部职工工资总额}}{\text{报告期全部职工平均人数}}$$

平均工资指数 指报告期职工平均工资与基期职工平均工资的比率，是反映不同时期职工货币工资水平变动情况的相对数。计算公式为：

$$\text{平均工资指数}\frac{\text{报告期职工平均工资}}{\text{基期职工平均工资}}\times 100\%$$

平均实际工资指数 职工平均实际工资指扣除物价变动因素后的职工平均工资。职工平均实际工资指数是反映实际工资变动情况的相对数，表明职工实际工资水平提高或降低的程度。计算公式为：

$$\text{平均实际工资指数}\frac{\text{报告期职工平均工资指数}}{\text{报告期城镇居民消费价格指数}}\times 100\%$$

城镇单位就业人员劳动报酬 指各单位在一定时期内直接支付给本单位全部就业人员的劳动报酬总额。包括职工工资总额和其他就业人员劳动报酬总额。

平均劳动报酬 指企业、事业、机关等单位的全部就业人员在一定时期内平均每人所得的货币工资额。计算公式为：

$$\text{平均劳动报酬}=\frac{\begin{array}{c}\text{报告期实际支付的全部}\\\text{就业人员劳动报酬}\end{array}}{\text{报告期全部就业人员平均人数}}$$

城镇登记失业人员 指有非农业户口，在一定的劳动年龄内（16 周岁至退休年龄），有劳动能力，无业而要求就业，并在当地就业服务机构进行求职登记的人员。

城镇登记失业率 城镇登记失业人员与城镇单位就业人员（扣除使用的农村劳动力、聘用的离退休人员、港澳台及外方人员）、城镇单位中的不在岗职工、城镇私营业主、个体户主、城镇私营企业和个体就业人员、城镇登记失业人员之和的比。计算公式为：

$$\begin{array}{c}\text{城镇登记}\\\text{失业率}\end{array}=\frac{\text{城镇登记失业人数}}{\begin{array}{c}\text{（城镇单位就业人员}-\text{使用的农村劳动力}-\\\text{聘用的离退休人员}-\text{聘用的港澳台及外方人员）}+\\\text{不在岗职工}+\text{城镇私营业主}+\text{城镇个体户主}+\\\text{城镇私营企业及个体就业人员}+\text{城镇登记失业人数}\end{array}}\times 100\%$$

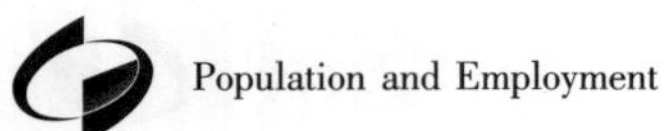

Explanatory Notes on Principal Statistical Indicators

Total Population refers to the total number of people alive at a certain point of time within a given area. The annual statistics on total population is taken at midnight, the 31st of December, not including residents in Taiwan province, Hong Kong SAR and Macao SAR and Chinese national residing abroad.

Urban Population and Rural Population Urban population refers to all people residing in cities and towns, while rural population refers to population other than urban population.

Population Density refers to the ratio of population to the area at a certain point of time within a given area, i. e., the population of unit land area at a certain point of time, which is often expressed as number of inhabitants per square kilometer:

Population density = number of population in the region/land area in the region

Birth Rate or (crude Birth Rate) refers to the ratio of the number of births to the average population during a certain period of time (usually a year) which is often expressed in ‰. The formula is as follows:

Birth Rate = Number of Births/Annual Average Number of Population × 1000‰.

Number of births refers to live births, i. e., the births when babies had showed any vital phenomena regardless of the length of pregnancy.

Annual Average Number of Population is the average of the number of population at the beginning of the year and that at the end of the year. Sometimes it is substituted for with the mid year population.

Death Rate (or Crude Death Rate) refers to the ratio of the number of deaths to the average population (or mid – period population) during a certain period of time (usually a year) which is often expressed in ‰. The formula is as follows:

Death Rate = Number of Deaths/Annual Average Number of Population × 1000‰.

Natural Growth Rate of Population refers to the ratio of natural increase in population (number of births minus number of deaths) in a certain period of time (usually a year) to the average population (or mid – period population) of the same period which is often expressed in ‰. The formulas are as follows:

Natural Growth of Population = (Number of Birth – Number of Deaths)/Average Number of Population × 1000‰.

Natural Growth Rate of Population = Birth Rate – Death Rate

Sex Ratio reflects the indicator of male population and female population, which refers to the ratio of male population to female population in total population or population by age group. It usually means relevant male population per 100 female populations. The formula is as follows:

Sex ratio = male population/female population × 100%.

Agricultural and Non – agricultural Population is classified according to people's residence registration nature recorded on their permanent residence booklets issued by public security organs.

Economically Active Population refers to the population aged 16 and over who are capable of working, are participating in or willing to participate in economic activities, including employed persons and unemployed persons.

Employed Persons refer to persons aged 16 and over who are engaged in gainful employment and thus receive remuneration payment or earn business income. This indicator reflects the actual utilization of total labour force during a certain period of time and is often used for the research on China's economic situation and national power.

Persons Employed in Various Units refer to all the persons working in government agencies of various levels, political and party organizations, social organizations, enterprises and institutions, and receiving wages or other forms of payment. They include fully – employed staff and workers, re – employed retirees, teachers in the schools run by the local people, foreigners and Chinese compatriots from Hong Kong, Macao, and Taiwan working in various units, part - time employees, employees of other units working temporarily at current posts, and employees holding the second job, but do not include persons who have left their working units while keeping their labour contract (employment relation) unchanged. This indicator reflects the total number of laborers actually engaged in production or other operations in various units.

Persons Employed in Private Enterprises and Self - Employed Individuals in Urban Areas Persons employed in private enterprises refer to the persons employed in the private enterprises which have been registered at the departments of industrial and commercial administration for which the business operation are situated at a county town (i. e. a town where the county government is located), or at urban areas with administrative hierarchy higher than a county town. The self - employed individuals in urban areas refer to persons who hold the certificates of residence in urban areas or have resided in the urban areas for a long time and have been registered at the departments of industrial and commercial administration and approved to be engaged in individual industrial or commercial business, including self - employed persons as well as helpers and hired labourers who work in individual households.

Staff and Workers refer to persons working in, and receive payment from units of state ownership, collective ownership, joint ownership, share holding ownership, foreign ownership, and ownership by entrepreneurs from Hong Kong, Macao, and Taiwan, and other types of ownership and their affiliated units. They do not include 1) persons employed in township enterprises, 2) persons employed in private enterprises, 3) urban self - employed persons, 4) retirees, 5) re - employed retirees, 6) teachers in the schools run by the local people, 7) foreigners and persons from Hong Kong, Macao and Taiwan who work in urban units, and 8) other persons not to be included byrelevant regulations. (Data since 1998 refer to fully employed staff and workers. Other related statistics indicators, such as total wage bill and average wage are adjusted since 1998 accordingly).

State - owned Units refer to economic units whose assets are owned by the state, including non - corporation units registered according to Regulation of the People's Republic of China on the Registration of Enterprises and Corporations, state organs, institutions and social organizations at the central - level and local levels.

Collective - owned Units refer to economic units registered according to Regulation of the People's Republic of China on the Registration of Enterprises and Corporations where the means of production are collectively owned.

Units of Other Types of Ownership refer to units registered with other types of ownership, including cooperative units, joint ownership units, limited liability corporations, share holding corporations, units funded by entrepreneurs from Hong Kong, Macao, and Taiwan, and foreign - funded units.

Employed Staff and Workers refer to persons who work in, and receive wages from their working units, including persons who have their work posts but are temporarily absent from work for reasons of study or on sick, injury or maternal leave and still receive wages from their working units.

Total Wage Bill refers to the total remuneration payment to staff and workers in various units during a certain period of time. The calculation of total wage bill is based on the total remuneration payment to the staff and workers. Therefore, all the wages and salaries and other payments to staff and workers are included in the total wage bill regardless of sources, reckoning the cost of production or not, category, listing as items of premium taxation or not, and forms, paying in cash or in kind. **Average Wage** refers to the average wage in money terms per person during a certain period of time for staffand workers in enterprises, institutions, and government agencies, which reflects the general level of wage incomeduring a certain period of time and is calculated as follows:

$$\text{Average Wage} = \frac{\text{Total Wage Bill of Staff and Workers at Reference Time}}{\text{Average Number of Staff and Workers at Reference Time}}$$

Average Wage Indices refers to the ratio of average wage of staff and workers at the reference period to that at the base period, which reflects the change of wage of staff and workers at the different period. It is calculated as follows:

$$\text{Average Wage Indices} = \frac{\text{Average Wage of Staff and Workers at Reference Time}}{\text{Average Wage of Staff and Workers at Base Period}} \times 100\%$$

Average Real Wage Indices average real wage of staff and workers refers to the average wage of staff and workers after removing the effects of the price changes and average real wage indices of staff and workers refers to the change of real wage, which reflects the relative increasing or decreasing level of real wage of staff and workers, which is calculated as follows:

$$\text{Average Real Wage Indices} = \frac{\text{Average Wage Indices of Staff and Workers at the Reference Time}}{\text{Urban Consumer Price Indices at Reference Time}} \times 100\%$$

Earning refer to total remuneration payment to all employees in various units in urban areas (did not include urban private units and self - employed individuals) during a certain period of time, including staff and workers and other employees (i. e., reemployed retirees or those who are from Hong Kong, Macao, Taiwan province or other countries).

Average Earning refer to average earning level in money terms per employee in the enterprise, institution and government organ during a certain period of time, it is calculated as follows:

$$\text{Average Earning Of Employees} = \frac{\text{Total Earnings of Employees at Reference Period}}{\text{Average Number of Employees at Reference Period}} \times 100\%$$

Registered Unemployed Persons in Urban Areas refer to the persons with non - agricultural household registration at certain working ages (16 years old to retirement age), who are capable of working, unemployed and willing to work, and have been registered at the local employment service agencies to apply for a job.

Registered Unemployment Rate in Urban Areas refers to the ratio of the number of the registered unemployed persons to the sum of the number of persons employed in various units (minus the employed rural labour force, re - employed retirees, and Hong Kong, Macao, Taiwan or foreign employees), laid - off staff and workers in urban units, owners of private enterprises in urban areas, owners of self - employed individuals in urban areas, employees of private enterprises in urban areas, employee of self - employed individuals in urban areas, and the registered unemployed persons in urban areas. The formula is as follows:

$$\text{Registered unemployment rate in urban areas} = \frac{\text{number of registered urban unemployed persons}}{\text{number of persons employed in urban units - employed rural labour force unemployed persons in urban areas urban self - employed individuals registered of urban private enterprises employees of urban self - employed individuals employees urban private enterprises owners of laid - off staff and workers owners of Macao, Taiwan or foreign employees re - employed retirees - Hong Kong,}} \times 100\%$$

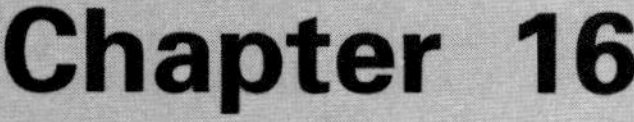

十六、资源与环境

Resources and Environment

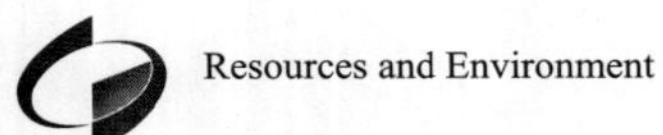

16-1 土地资源状况
Land Characteristics

项　　目	Item	土地面积 Area	占总面积(%) Proportion to Total Area (%)
按地形分类(万平方千米)	**By Topographic Feature (10 000 sq.km)**	**39.41**	**100.0**
山　地	Mountains	33.11	84.0
高　原	Plateaus	3.90	10.0
盆　地	Basins	2.40	6.0
按特征分类(万公顷)	**By Land Use (10 000 hectares)**	**3 941.0**	**100.0**
常用耕地面积	Cultivated Land Area	423.01	10.7
有 林 地	Forest	1 590.75	40.4
荒山草坡地	Undeveloped Land on the Slope	565.11	14.3
水面面积	Water Area	28.00	0.7
其　他	Others	1 333.13	33.9

16–2 主要山峰高程
Height of Major Mountain Peaks

名　　称	Mountain Range	标高（米）Height of Mountain Peak (m)	所处州、市	Region
梅里雪山（卡瓦格博峰）	Meili Snow Mountains (Kagebo Peak)	6 740	迪 庆	Diqing
玉龙雪山（扇子陡峰）	Yulong Snow Mountains (Shanzi Peak)	5 596	丽 江	Lijiang
碧罗雪山	Biluo Snow Mountains	4 141	怒 江	Nujiang
点苍山（马龙峰）	Diancang Mountains (Malong Peak)	4 122	大 理	Dali
拱王山	Gongwang Mountains	3 677	昆 明	Kunming
大雪山	Daxue Mountains	3 504	临 沧	Lincang
高黎贡山	Gaoligong Mountains	3 374	保 山	Baoshan
无量山	Wuliang Mountains	3 291	大理、普洱	Dali, Pu'er
哀牢山	Ailao Mountains	2 940	普洱、玉溪、红河	Pu'er,Yuxi, Honghe
梁王山	Liangwang Mountains	2 833	曲 靖	Qujing
五莲峰	Wulian Mountains	2 561	昭 通	Zhaotong

注：全省最低点为河口县境内的南溪河与红河汇合处，海拔76.4米。
Note: The minimum height is that of 76.4 meters of the confluence of the Nanxi River and the Honghe River in Hekou county.

16-3 主要河流情况
Major Rivers

名 称	River	境内河长（千米） Internal Length (km)	集水面积（万平方千米） Catchments Area (10 000 sq.km)
金沙江	Jinsha River	1 560	10.56
澜沧江	Lancang River	1 227	8.86
元 江	Yuan River	680	3.75
南盘江	Nanpan River	677	4.33
怒 江	Nu River	618	3.34
瑞丽江	Ruili River	370	0.97
大盈江	Daying River	196	0.59

16−4 主要湖泊情况
Major Lakes

名 称	Lake	所属水系 River System	湖面面积 (平方千米) Lake Area (sq . km)	最大水深 (米) Maximum Depth(m)	平均水深 (米) Average Depth(m)	平均水位 (米) Average Water Level (m)	总容水量 (亿立方米) Water Volume (100 million cu.m)
滇 池	Dianchi Lake	金沙江 Jinsha River	306.3	8	5	1 885	15.70
洱 海	Erhai Lake	澜沧江 Lancang River	250.0	23	10.5	1 974	30.00
抚仙湖	Fuxian Lake	南盘江 Nanpan River	212.0	151.5	87	1 720	185.00
程 海	Chenghai Lake	金沙江 Jinsha River	78.8	36.9	15	1 503	27.00
泸沽湖	Lugu Lake	金沙江 Jinsha River	51.8	73.2	40	2 685	20.72
星云湖	Xingyun Lake	南盘江 Nanpan River	39.0	12	9	1 723	2.30
杞麓湖	Qilu Lake	南盘江 Nanpan River	37.3	6.8	4	1 792	1.68
阳宗海	Yangzonghai Lake	南盘江 Nanpan River	31.0	30	20	1 770	6.02
异龙湖	Yilong Lake	泸 江 Lu River	31.0	6.6	2.8	1 413	1.27

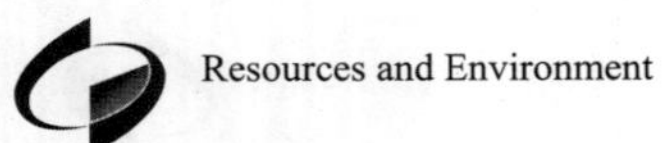

16-5 各州市土地利用情况

Land Use by Region

单位：万公顷 (10 000 hectares)

州 市	Region	土地调查面积 Area under Land Survey	农用地 Land for Agriculture Use	#园 地 Garden Land	#牧草地 Land Grazing and Pasture	建设用地 Land for Construction	居民点及工矿用地 Land for Inhabitation, Mining and Manufacturing	交通用地 Land for Transport Facilities	水利设施用地 Land for Water Conservancy Facilities
全 省	**Yunnan**	**3 831.94**	**3 175.96**	**84.15**	**78.19**	**81.59**	**62.82**	**10.02**	**8.76**
昆 明	Kunming	210.12	164.17	4.16	4.49	11.44	9.17	1.49	0.78
曲 靖	Qujing	289.04	235.12	3.78	4.05	10.70	8.13	1.06	1.50
玉 溪	Yuxi	149.45	126.81	2.87	0.02	3.91	2.96	0.55	0.39
保 山	Baoshan	190.66	166.74	3.76	3.96	4.67	3.84	0.50	0.32
昭 通	Zhaotong	224.30	193.71	3.59	11.78	5.73	4.56	0.73	0.43
丽 江	Lijiang	205.49	168.21	1.54	2.65	2.49	1.98	0.32	0.19
普 洱	Pu'er	443.47	394.08	13.20	2.29	5.15	3.79	0.63	0.74
临 沧	Lincang	236.25	199.50	12.21	0.39	4.22	3.41	0.47	0.35
楚 雄	Chuxiong	284.48	234.66	2.93	0.33	5.93	3.87	0.92	1.14
红 河	Honghe	321.81	242.46	5.82	0.62	7.48	5.66	0.89	0.93
文 山	Wenshan	314.05	237.90	3.07	1.95	6.03	4.74	0.73	0.55
西双版纳	Xishuangbanna	189.95	164.48	17.76	0.12	1.95	1.49	0.30	0.17
大 理	Dali	283.02	232.83	5.98	6.29	6.96	5.37	0.86	0.73
德 宏	Dehong	111.74	97.45	2.62	0.49	3.05	2.31	0.28	0.47
怒 江	Nujiang	145.98	117.89	0.34	0.97	0.96	0.80	0.12	0.05
迪 庆	Diqing	232.28	199.97	0.54	37.79	0.92	0.74	0.17	0.01

注：本表为2008年数。

Note:Number of this table are that of 2008.

16-6 各州市自然湿地面积

Area of Natural Wetlands by Region

州 市	Region	天然湿地面积 (万公顷) Area of Natural Wetlands (1 0 000 hectares)	河 流 Rivers	湖 泊 Lakes	沼 泽 Marshland	占国土面积比重 (%) Proportion to Total Territory Area (%)
全 省	**Yunnan**	**39.25**	**24.18**	**11.85**	**3.22**	**1.43**
昆 明	Kunming	4.62	1.23	3.36	0.03	2.80
曲 靖	Qujing	1.65	1.45	0.17	0.03	1.13
玉 溪	Yuxi	3.84	0.83	3.01	0.01	2.82
保 山	Baoshan	1.65	1.61	0.03	0.01	1.29
昭 通	Zhaotong	2.54	1.98	0.01	0.55	1.27
丽 江	Lijiang	3.16	1.47	1.15	0.53	1.71
普 洱	Pu'er	3.05	3.04	0.01		1.53
临 沧	Lincang	1.29	1.28		0.01	1.19
楚 雄	Chuxiong	2.07	2.04	0.01	0.01	1.07
红 河	Honghe	2.06	1.34	0.59	0.13	1.08
文 山	Wenshan	1.60	1.13	0.42	0.05	0.82
西双版纳	Xishuangbanna	1.24	1.24	0.01		0.92
大 理	Dali	4.58	1.66	2.86	0.06	2.02
德 宏	Dehong	1.52	1.38	0.03	0.11	1.92
怒 江	Nujiang	1.42	1.30	0.03	0.09	0.98
迪 庆	Diqing	2.96	1.20	0.16	1.60	1.24

16-7 各州市造林面积情况

Area of Afforestation by Region

单位：万公顷 (10 000 hectares)

年份 州市	Year Region	造林总面积 Total Area of Afforestation	按造林方式分 By Approach 人工造林 Manual Planting	飞机播种 Airplane Planting	按林种用途分 By Function of Forest 用材林 Timber Forests	经济林 By-product Forests	防护林 Protection Forests	薪炭林 Fuel Forests	特种用途林 Forests for Special Purpose
2000		43.06	33.09	9.97	14.44	13.80	14.07	0.56	0.19
2001		33.50	27.98	5.52	8.92	10.45	13.82	0.22	0.09
2002		40.23	30.79	9.44	6.82	7.43	25.53	0.34	0.11
2003		49.51	43.14	6.37	8.37	9.10	31.85	0.10	0.09
2004		22.82	17.43	5.39	3.10	3.10	14.96	1.62	0.04
2005		20.79	16.36	4.43	3.48	3.93	13.25	0.13	
2006		15.80	13.62	2.18	3.02	9.18	3.57	0.00	0.03
2007		31.92	26.42		37.97	18.17	9.80	0.01	0.15
2008		56.61	50.77		4.16	40.81	11.55	0.01	0.09
2009		71.35	60.60		8.80	48.15	14.21	0.06	0.13
2010		66.15	59.69		7.16	48.15	10.61	0.11	0.12
2011		62.00	55.13		6.71	43.37	10.97	0.93	0.01
2012		54.45	49.54		5.37	40.49	8.44	0.12	0.03
昆明	Kunming	1.38	1.05		0.26	0.52	0.60		
曲靖	Qujing	5.18	4.52		0.44	3.21	1.53		
玉溪	Yuxi	1.93	1.41		0.18	0.90	0.84	0.01	
保山	Baoshan	4.24	4.24		0.14	3.95	0.07	0.07	
昭通	Zhaotong	6.01	6.01		0.15	5.11	0.75		
丽江	Lijiang	4.69	4.69		0.04	4.47	0.18		
普洱	Pu'er	1.45	1.45		0.76	0.66	0.03		
临沧	Lincang	6.87	6.28		1.18	5.38	0.30	0.00	0.01
楚雄	Chuxiong	4.28	4.01		0.09	3.81	0.38		
红河	Honghe	2.94	2.69		1.13	1.34	0.47		
文山	Wenshan	4.84	4.02		0.30	3.12	1.42		
西双版纳	Xishuangbanna	0.36	0.36		0.16	0.20			
大理	Dali	4.30	3.87		0.00	3.83	0.45		0.02
德宏	Dehong	2.07	2.00		0.49	1.47	0.10		
怒江	Nujiang	1.74	1.74		0.04	1.57	0.10	0.03	
迪庆	Diqing	2.18	1.22			0.96	1.22		

16-8 各州市水资源状况
Water Resources by Region

年份 Year 州市 Region		水资源总量（亿立方米）Total Amount of Water Resources (100 million cu.m)	地表水资源量 Surface Water Resources	地下水与地表水资源重复量 Duplicated Measurement Between Surface Water and Groundwater
2000		2 447.55	2 447.55	772.60
2001		2 561.94	2 561.94	808.50
2002		2 308.87	2 308.87	763.60
2003		1 699.36	1 699.36	592.20
2004		2 106.30	2 106.30	719.80
2005		1 846.43	1 846.43	660.30
2006		1 712.00	1 712.00	615.00
2007		2 256.00	2 256.00	794.60
2008		2 314.49	2 314.49	801.60
2009		1 577.00	1 577.00	582.60
2010		1 941.00	1 941.00	686.00
2011		1 480.19	1 480.19	548.05
2012		1 689.77	1 689.77	583.20
昆 明	Kunming	31.66	31.66	10.47
曲 靖	Qujing	85.70	85.70	22.75
玉 溪	Yuxi	31.96	31.96	8.647
保 山	Baoshan	141.8	141.8	48.75
昭 通	Zhaotong	121.2	121.2	36.73
丽 江	Lijiang	48.41	48.41	20.39
普 洱	Pu'er	243.4	243.4	97.52
临 沧	Lincang	115.2	115.2	40.74
楚 雄	Chuxiong	29.96	29.96	11.69
红 河	Honghe	156.9	156.9	51.93
文 山	Wenshan	133.7	133.7	42.42
西双版纳	Xishuangbanna	97.29	97.29	40.94
大 理	Dali	53.86	53.86	20.75
德 宏	Dehong	118.7	118.7	44.10
怒 江	Nujiang	182.0	182.0	50.08
迪 庆	Diqing	98.06	98.06	35.29

16–9 各州市水资源及供、用水情况（2012年）
Water Resource and Tap Water Supply and Use by Region (2012)

单位：亿立方米 (100 million cu.m)

州 市	Region	水资源总量 Total Amount of Water Resources	供水总量 Total Volume of Water Supply	用水总量 Total Volume of Water Use	农 业 For Agriculture Use	工 业 For Productive Use	生 活 For Residential Use	生 态 For Entironment Use
全 省	**Yunnan**	**1 689.77**	**151.83**	**151.83**	**103.75**	**29.14**	**17.89**	**1.04**
昆 明	Kunming	31.66	18.43	18.43	6.68	7.94	3.57	0.24
曲 靖	Qujing	85.70	11.47	11.47	5.18	4.34	1.83	0.12
玉 溪	Yuxi	31.96	8.28	8.28	4.74	2.53	0.98	0.02
保 山	Baoshan	141.79	11.41	11.41	8.64	1.75	1.00	0.02
昭 通	Zhaotong	121.22	8.62	8.62	5.32	1.93	1.31	0.05
丽 江	Lijiang	48.41	5.81	5.81	4.67	0.59	0.53	0.02
普 洱	Pu'er	243.44	12.57	12.57	10.08	1.15	1.25	0.08
临 沧	Lincang	115.20	9.87	9.87	8.12	0.91	0.80	0.05
楚 雄	Chuxiong	29.96	8.65	8.65	6.60	1.08	0.91	0.06
红 河	Honghe	156.87	16.65	16.65	13.06	1.90	1.54	0.15
文 山	Wenshan	133.70	7.45	7.45	5.40	0.97	1.04	0.05
西双版纳	Xishuangbanna	97.29	7.38	7.38	6.28	0.56	0.50	0.04
大 理	Dali	53.86	13.43	13.43	9.51	2.30	1.53	0.09
德 宏	Dehong	118.65	7.35	7.35	6.08	0.61	0.63	0.03
怒 江	Nujiang	182.02	2.76	2.76	2.31	0.26	0.18	0.01
迪 庆	Diqing	98.06	1.70	1.70	1.07	0.32	0.30	0.01

16—10 各州市城市人口和建设用地情况(2012年)
Basic Statistics on Urban Population and Land Use for Construction by Region(2012)

城市	City	城区人口（万人） Number of Urban Population (10 000 persons)	城区面积（平方公里） City Area (sq.km)	建成区面积 Of Which Developed Area	绿化覆盖面积（平方公里） Coverage Area of Greenery and Plants (sq.km)	建成区面积 Of Which Developed Area	人均公园绿地面积（平方米） Per Capita Public Park Area (sq.km)	建成区绿化覆盖率(%) Percentage of Coverage by Greenery and Plants in Developed Area (%)
全省	**Yunnan**	**1 194.73**	**3 938.98**	**1 544.25**	**626.23**	**516.77**	**9.15**	**33.46**
昆明	Kunming	352.58	1 364.11	418.33	220.66	182.49	9.93	43.62
曲靖	Qujing	154.06	191.42	180.72	74.05	68.20	9.26	37.74
玉溪	Yuxi	58.05	161.48	85.73	27.48	22.51	14.82	26.26
保山	Baoshan	53.94	124.80	65.80	23.90	22.64	7.01	34.41
昭通	Zhaotong	90.70	182.77	99.02	24.52	18.73	3.40	18.92
丽江	Lijiang	24.10	49.40	38.10	13.12	12.36	18.05	32.44
普洱	Pu'er	53.48	122.51	65.86	20.76	18.68	7.77	28.36
临沧	Lincang	52.32	144.01	53.99	18.90	17.62	6.52	32.64
楚雄	Chuxiong	58.19	198.40	87.04	38.73	28.89	11.74	33.19
红河	Honghe	110.73	207.65	132.61	72.96	45.95	9.66	34.65
文山	Wenshan	46.80	116.68	75.84	18.95	14.01	7.80	18.47
西双版纳	Xishuangbanna	18.78	197.93	37.16	16.23	16.21	13.41	43.62
大理	Dali	71.93	676.07	102.77	28.36	27.59	5.35	26.85
德宏	Dehong	29.22	102.50	57.40	19.36	16.42	9.56	28.61
怒江	Nujiang	9.67	28.42	14.33	4.77	1.44	7.63	10.05
迪庆	Diqing	10.18	70.83	29.55	3.48	3.03	5.66	10.25

16-11 各州市废水、废气、固体废物排放情况

Waste Water, Waste Gas and Solid Waste Discharged By Region

单位：万吨 (10 000 tons)

年份 州市	Year Region	废水排放总量 Total Volume of Waste Water Discharged	生活污水排放量 Consumption Waste Water Discharged	化学需氧量(COD)排放量 COD Discharge	生活污水中COD排放量 COD Discharge from Consumption Waste Water	二氧化硫(SO2)排放量 Volume of Sulphur Dioxide Emission	工业SO2排放量 Volume of Industry Sulphur Dioxide Emission	工业SO2排放达标量 Volume of Indusry Sulphur Dioxide Emision Meeting Discharge Standards	工业固体废物排放量 Volume of Industrial Solid Wastes Discharged	工业固体废物处置率(%) Ratio of Industrial Solid Wastes Utilized
2000		67 527.15	32 410.00	29.71	11.97	38.59	32.39		530.40	4.94
2001		64 152.34	31 439.00	30.89	16.64	35.75	29.44	10.20	295.80	15.87
2002		66 271.02	32 575.00	30.10	18.07	36.41	29.31	11.48	231.81	10.50
2003		68 180.80	33 526.00	28.52	19.24	45.26	38.07	14.52	121.67	21.41
2004		78 302.56	39 901.00	29.02	19.26	47.75	39.99	18.19	55.10	22.27
2005		75 202.45	42 274.00	28.47	17.78	52.19	42.89	18.76	70.66	35.14
2006		80 478.36	46 192.41	29.37	18.80	55.10	45.62	30.91	99.56	33.72
2007		83 758.94	48 406.66	29.00	19.21	53.37	44.54	34.50	82.66	33.03
2008		83 864.57	50 869.04	28.05	18.86	50.17	41.99	38.41	39.42	30.84
2009		87 590.64	55 215.43	27.31	18.78	49.93	41.78	40.12	60.65	29.69
2010		91 992.68	61 066.20	26.83	17.90	50.07	43.96	42.40	36.31	30.99
2011		147 523.10	100 208.27	55.47	29.35	69.12	64.25		168.70	28.60
2012		154 008.29	111 088.18	54.86	29.17	67.22	62.26		43.14	381.74
昆　明	Kunming	52 631.26	47 410.17	2.82	0.23	11.86	11.33		0.04	52.59
曲　靖	Qujing	15 079.38	11 847.67	7.30	4.99	18.38	17.52			9.81
玉　溪	Yuxi	9 692.63	4 688.94	3.40	1.54	3.09	2.99		0.00	53.28
保　山	Baoshan	12 973.14	3 594.20	3.60	1.51	1.82	1.70			15.30
昭　通	Zhaotong	5 496.45	4 222.08	2.98	2.44	5.07	3.15			58.14
丽　江	Lijiang	2 968.11	2 440.91	0.64	0.37	0.77	0.74			0.00
普　洱	Pu'er	6 819.95	4 683.14	4.14	2.13	1.05	0.96			48.72
临　沧	Lincang	8 849.42	4 023.85	5.28	1.82	2.90	2.85			23.86
楚　雄	Chuxiong	6 352.74	5 106.92	2.78	2.02	2.77	2.44		0.45	8.83
红　河	Honghe	10 557.11	7 517.38	6.33	3.77	15.12	14.88		6.31	24.56
文　山	Wenshan	7 127.58	5 469.36	3.69	2.64	1.10	0.82		0.03	0.00
西双版纳	Xishuangbanna	3 553.86	2 032.36	3.40	1.01	0.36	0.34		26.32	43.55
大　理	Dali	5 940.89	4 604.45	4.44	3.10	1.41	1.14		0.04	11.10
德　宏	Dehong	4 058.36	2 321.76	3.06	1.11	0.78	0.71			7.02
怒　江	Nujiang	1 051.66	655.77	0.44	0.33	0.65	0.64		9.91	2.63
迪　庆	Diqing	855.75	469.23	0.56	0.15	0.08	0.04		0.03	22.34

16-12 各州市工业废水排放及处理情况(2012年)
Discharge and Disposal of Industrial Waste Water by Region (2012)

州市	Region	工业用水总量（亿吨） Total Consumption of Water for Industrial Use (100 million tons)	工业用水重复利用率（%） Recycling Rate of Water for Industrial Use (%)	工业废水排放总量（亿吨） Total Volume of Industrial Waste Water Discharged (100 million tons)
全省	**Yunnan**	**89.66**	**91**	**4.28**
昆明	Kunming	21.52	93	0.52
曲靖	Qujing	27.63	96	0.32
玉溪	Yuxi	3.68	80	0.50
保山	Baoshan	2.36	41	0.94
昭通	Zhaotong	7.28	96	0.13
丽江	Lijiang	0.13	40	0.05
普洱	Pu'er	0.60	55	0.21
临沧	Lincang	0.96	43	0.48
楚雄	Chuxiong	4.56	93	0.12
红河	Honghe	18.07	94	0.30
文山	Wenshan	0.94	81	0.17
西双版纳	Xishuangbanna	0.45	60	0.15
大理	Dali	0.45	55	0.13
德宏	Dehong	0.51	56	0.17
怒江	Nujiang	0.33	73	0.04
迪庆	Diqing	0.19	71	0.04

注：1.工业用新鲜水量84283万吨； 2.工业重复用水量812327万吨；3.汇总工业企业4105个。

Note: a.Total Consumption of fresh water for industrial use: 84283 tons;

b. Volume of Recycled Water for Industrial Use:812327 1000 tons;

c. Total Number of industrial enterprises: 4105

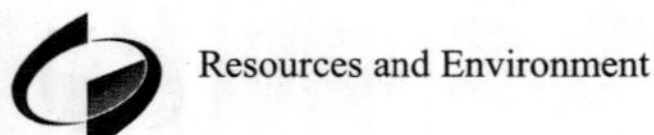

16－13 各州市工业废气排放及处理能力情况(2012年)

Emission and Disposal Capacity of Industrial Waste Gas by Region (2012)

州　市	Region	工业废气处理设施数（套）Number of Facilities for Disposal of Industrial Waste Gas (set)	工业废气治理设施处理能力（万标立方米/时）Capacity of Facilities for Disposal of Industrial Waste Gas (10 000 cu.m/h)	工业废气排放总量（万标立方米）Total Volume of Industrial Waste Gas Emitted (10 000 cu.m)
全　省	**Yunnan**	**6 618**	**32 704**	**149 552 212**
昆　明	Kunming	1 535	7 298	36 367 333
曲　靖	Qujing	875	7 358	36 623 285
玉　溪	Yuxi	973	2 322	9 398 628
保　山	Baoshan	233	665	6 522 219
昭　通	Zhaotong	270	1 321	5 122 061
丽　江	Lijiang	102	416	2 564 012
普　洱	Pu'er	209	1 032	5 500 149
临　沧	Lincang	206	561	2 086 589
楚　雄	Chuxiong	326	1 244	3 537 065
红　河	Honghe	752	3 150	20 690 176
文　山	Wenshan	259	1 342	4 838 787
西双版纳	Xishuangbanna	57	141	598 612
大　理	Dali	555	1 553	11 045 081
德　宏	Dehong	174	3 961	3 576 654
怒　江	Nujiang	38	237	337 907
迪　庆	Diqing	54	104	743 655

16−14 各州市工业固体废物排放及处理利用情况(2012年)

Discharge, Disposal and Recycling of Industrial Solid Wastes by Region (2012)

单位：万吨 (10 000 tons)

州 市	Region	工业固体废物产生量 Volume of Industrial Solid Wastes Produced	工业固体废物综合利用量 Volume of Industrial Solid Wastes Utilized	工业固体废物综合利用率(%) Rate of Industrial Solid Wastes Utilized (%)	工业固体废物贮存量 Volume of Industrial Solid Wastes Stored
全 省	**Yunnan**	**16 246**	**8 035**	**49**	**3 589**
昆 明	Kunming	3 068	1 406	45	106
曲 靖	Qujing	2 277	1 425	63	646
玉 溪	Yuxi	2 446	854	35	296
保 山	Baoshan	470	357	76	42
昭 通	Zhaotong	282	118	42	
丽 江	Lijiang	172	131	69	59
普 洱	Pu'er	311	130	42	29
临 沧	Lincang	353	270	76	
楚 雄	Chuxiong	738	436	59	242
红 河	Honghe	2 482	910	35	1 079
文 山	Wenshan	1 593	1 069	67	524
西双版纳	Xishuangbanna	870	447	51	18
大 理	Dali	534	308	58	167
德 宏	Dehong	156	137	87	9
怒 江	Nujiang	174	16	9	145
迪 庆	Diqing	319	22	7	226

16−14 续表 continued

单位：万吨 (10 000 tons)

州 市	Region	工业固体废物处置量 Volume of Industrial Solid Wastes Disposal	处置往年贮存量 Of Which: Volume of Previously Stored Industrial Solid Wastes Disposal	工业固体废物排放量（万吨） Volume of Industrial Solid Wastes Discharged
全 省	**Yunnan**	**4 820**	**30**	**43**
昆 明	Kunming	1 620	12	
曲 靖	Qujing	225	18	
玉 溪	Yuxi	1 303		
保 山	Baoshan	72		
昭 通	Zhaotong	164		
丽 江	Lijiang			
普 洱	Pu'er	152		
临 沧	Lincang	84		
楚 雄	Chuxiong	65		
红 河	Honghe	609		6
文 山	Wenshan			
西双版纳	Xishuangbanna	379		26
大 理	Dali	59		
德 宏	Dehong	11		
怒 江	Nujiang	5		10
迪 庆	Diqing	71		

16—15 各州市城市污水排放和处理情况(2012年)

Discharge and Disposal of City Sewage by Region (2012)

州 市	Region	城市污水排放量(万立方米) Total Volume of City Sewage Discharged (10 000 cu.m)	污水处理总量(万立方米) Total Volume of Sewage Disposal (10 000 cu.m)	污水厂污水处理量 Volume of Sewage Disposal by Sewage Disposal Plants	污水再生利用量(万立方米) Volume of Utilized by Sewage regenerated (10 000 cu.m)	城市污水处理率(%) Ratio of City Sewage Disposal (%)	污水处理厂集中处理率(%) Ratio of Centralized Disposal by Sewage Disposal Plants (%)
全 省	**Yunnan**	**95 375.09**	**79 687.55**	**76 491.00**	**26 231.75**	**83.55**	**80.20**
昆 明	Kunming	45 247.47	44 105.55	41 866.00	25 009.78	97.48	92.53
曲 靖	Qujing	9 499.33	8 572.00	7 615.00	229.00	90.24	80.16
玉 溪	Yuxi	4 723.09	3 364.00	3 364.00	16.45	71.22	71.22
保 山	Baoshan	3 115.00	2 521.00	2 521.00		80.93	80.93
昭 通	Zhaotong	4 172.62	1 743.00	1 743.00	101.55	41.77	41.77
丽 江	Lijiang	1 738.00	1 509.00	1 509.00	729.00	86.82	86.82
普 洱	Pu'er	2 587.33	1 214.00	1 214.00		46.92	46.92
临 沧	Lincang	3 434.00	2 158.00	2 158.00	60.00	62.84	62.84
楚 雄	Chuxiong	3 455.54	2 774.00	2 774.00		80.28	80.28
红 河	Honghe	5 970.76	4 400.00	4 400.00	80.97	73.69	73.69
文 山	Wenshan	2 506.77	1 138.00	1 138.00		45.40	45.40
西双版纳	Xishuangbanna	1 910.00	1 246.00	1 246.00		65.24	65.24
大 理	Dali	3 971.20	3 002.00	3 002.00	5.00	75.59	75.59
德 宏	Dehong	2 014.60	1 322.00	1 322.00		65.62	65.62
怒 江	Nujiang	684.38	340.00	340.00		49.68	49.68
迪 庆	Diqing	345.00	279.00	279.00		80.87	80.87

16-16 主要城市空气质量指标(2012年)

The Indicators of Air Quality By Main Cities and Towns (2012)

单位：毫克/立方米 (mg/m3)

城 市	City	可吸入颗粒物 (PM10) Particulate Matters	二氧化硫 (SO2) Sulphur Dioxide	二氧化氮 (NO2) Nitrogen Dioxide	空气质量达到及好于二级的天数(天) Days of Air Quality Equal to or Above Grade Ⅱ	空气综合污染指数 Index of Wastes Air Pollution
昆明市	Kunming	0.067	0.034	0.036	365	1.81
曲靖市	Qujing	0.061	0.046	0.023	365	1.61
玉溪市	Yuxi	0.066	0.050	0.017	365	1.50
保山市	Baoshan	0.055	0.020	0.017	365	1.08
昭通市	Zhaotong	0.037	0.045	0.029	362	2.09
丽江市	Lijiang	0.043	0.003	0.015	359	0.65
普洱市	Pu'er	0.039	0.008	0.010	360	0.52
临沧市	Lincang	0.051	0.008	0.016	353	0.95
楚雄市	Chuxiong	0.042	0.033	0.009	363	1.31
个旧市	Gejiu	0.063	0.078	0.015	342	1.93
开远市	Kaiyuan	0.064	0.091	0.013	329	1.98
蒙自市城	Mengzi	0.047	0.029	0.013	363	1.42
文山市城	Wenshan	0.053	0.020	0.013	359	0.85
景洪市	Jinghong	0.054	0.016	0.017	363	0.93
大理市	Dali	0.038	0.015	0.015	362	1.02
芒 市	Mangshi	0.069	0.009	0.005	349	0.97
六库镇	Liuku	0.043	0.007	0.012	361	0.65
香格里拉县城	Shangri-la	0.024	0.022	0.010	315	0.96

注：空气质量监测城市18个，其中二级或优于二级城市16个，三级城市2个，劣三级城市0个。
Note:Air qulity is monitored in 18 cities,of which:16 cities with air quality equal to or above grade II ,2 cities grade III ,none city worse than grade III .

16−17 主要城市区域环境噪声源构成情况(2012年)

Composition of Environmental Noise Source By Major Cities and Towns (2012)

单位：分贝 (dB)

城市	City	等效声级 Average Equivalent Sound Level of Environmentalt Noise	交通噪声 Average Equivalent Sound Level of Traffic Noise	工业噪声 Average Equivalent Sound Level of Industrial Noise	施工噪声 Average Equivalent Sound Level of Construction Noise	生活噪声 Average Equivalent Sound Level of Residental Noise	其他 Others
全省	**Yunnan**	**52.6**	**55.9**	**52.4**	**54.3**	**51.2**	**50.8**
昆明市	Kunming	53.0	56.9	52.4	55.7	51.3	51.0
曲靖市	Qujing	51.2	53.7	52.7	54.3	50.1	47.0
玉溪市	Yuxi	52.4	53.9	51.1	52.9	52.4	51.2
保山市	Baoshan	56.3	60.7	64.7	53.4	56.4	
昭通市	Zhaotong	52.0	52.1	50.5	51.8	51.9	
普洱市	Pu'er	48.7	49.1	49.8		48.6	49.4
楚雄市	Chuxiong	48.4	49.6	50.9	49.3	48.1	
个旧市	Gejiu	51.2	53.5	57.3	53.9	49.2	48.4
开远市	Kaiyuan	52.9	54.0	51.1	54.4	52.1	54.1
景洪市	Jinghong	51.1	54.7		53.9	49.2	47.6
大理市	Dali	56.2	57.6	54.0	57.0	55.2	
芒市	Mangshi	52.7	54.6	55.0		52.6	
文山市	Wenshan	55.9	58.2	48.4	55.0	54.1	52.6
丽江市	Lijiang	52.8	52.2	46.8		53.7	52.5
宣威市	Xuanwei	50.4	51.5	50.6	50.9	50.2	
临沧市	Lincang	53.7	54.2	58.5	50.3	53.5	49.5
瑞丽市	Ruili	55.6	64.8	56.6	58.9	53.6	
六库县城	Liuku	54.3	54.5			54.3	

注：统计范围是州、市所在地监测城市。
Note:Statistical coverage is the monitored cities of prefectures and cities.

主要统计指标解释

自然资源　指人类可以直接从自然界获得，并用于生产和生活的物质资源。自然资源一般可以分为可再生资源和非再生资源两大类。可再生资源指在较短时间内可以再生、可以循环利用的资源，包括土地资源、水资源、气候资源、生物资源和海洋资源等。非再生资源指在使用后不能再生的资源，包括矿产资源和地热能源。

土地资源　土地指陆地的表层部分，它主要由岩石、岩石的风化物和土壤构成。土地资源按利用类型可以分为农用地、建筑用地和未利用地。农用地包括耕地、园地、林地、牧草地和水面。建筑用地包括居民点及工矿用地、交通用地和水利设施用地。未利用地指农用地和建筑用地以外的土地，包括滩涂、荒漠、戈壁、冰川和石山等。

耕地面积　指经过开垦用以种植农作物并经常进行耕耘的土地面积。包括种有作物的土地面积、休闲地、新开荒地和抛荒未满三年的土地面积。

林业用地面积　指生长乔木、竹类、灌木、沿海红树林等林木的土地面积，包括有林地、灌木林、疏林地、未成林造林地、迹地、苗圃等。

牧草地面积　指牧区和农区用于放牧牲畜或割草，植被覆盖度在5%以上的草原、草坡、草山等面积。包括天然的和人工种植或改良的草地面积。

森林资源　指森林、林木、林地以及依托森林、林木、林地生存的野生动物、植物和微生物。林木指树木和竹子。森林指以乔木为主体的植物群落，是集生的乔木及与共同作用的植物、动物、微生物和土壤、气候等的总体。

森林面积　指由乔木树种构成，郁闭度0.2以上（含0.2）的林地或冠幅宽度10米以上的林带的面积，即有林地面积。森林面积包括天然起源和人工起源的针叶林面积、阔叶林面积、针阔混交林面积和竹林面积，不包括灌木林地面积和疏林地面积。

森林覆盖率　指一个国家或地区森林面积占土地总面积的百分比。森林覆盖率是反映森林资源的丰富程度和生态平衡状况的重要指标。在计算森林覆盖率时，森林面积包括郁闭度0.2以上的乔木林地面积和竹林地面积，国家特别规定的灌木林地面积、农田林网以及“四旁”（村旁、路旁、水旁、宅旁）林木的覆盖面积。计算公式为：

$$森林覆盖率=\frac{森林面积}{土地总面积}\times 100\%$$

活立木总蓄积量　指一定范围内土地上全部树木蓄积的总量，包括森林蓄积、疏林蓄积、散生木蓄积和“四旁”树蓄积。

森林蓄积量　指一定森林面积上存在着的林木树干部分的总材积。它是反映一个国家或地区森林资源总规模和水平的基本指标之一，也是反映森林资源的丰富程度、衡量森林生态环境优劣的重要依据。

气候　指地球与大气之间长期能量交换与质量交换所形成的一种自然环境状态，它是多种因素综合作用的结果。气候既是人类生活和生产的环境要素之一，又是供给人类生活和生产的重要资源。气温、降水、湿度等气象要素的多年平均值是用来描述一个地区气候状况的主要参数，而各种气象要素某年、某月的平均值（或总量）则可以反映出该时期天气气候状况的重要特征。

气温　指空气的温度，我国一般以摄氏度（℃）为单位表示。气象观测的温度表是放在离地面约1.5米处，通风良好的百叶箱里测量的，因此，通常说的气温指的是离地面1.5米处百叶箱中的温度。其统计计算方法为：

月平均气温是将全月各日的平均气温相加，除以该月的天数而得。

年平均气温是将12个月的月平均气温累加后除以12而得。

降水量　指从天空降落到地面的液态或固态（经融化后）水，未经蒸发、渗透、流失而在地面上积聚的深度。其统计计算方法为：

月降水量是将全月各日的降水量累加而得。

年降水量是将12个月的月降水量累加而得。

土地调查面积 指行政区域内的土地调查总面积，包括农用地、建设用地和未利用地。

农用地 指直接用于农业生产的土地，包括耕地、园地、林地、牧草地及其他农用地。

湿地 指天然或人工、长久或暂时性的沼泽地、泥炭地或水域地带，包括静止或流动、淡水、半咸水、咸水体，低潮时水深不超过6米的水域以及海岸地带地区的珊瑚滩和海草床、滩涂、红树林、河口、河流、淡水沼泽、沼泽森林、湖泊、盐沼及盐湖。

造林总面积 指报告期内在荒山、荒地、沙丘、退耕地等一切可以造林的土地上，采用人工播种、飞机播种、植苗造林、分植造林等方法新植成片乔木林和灌木林，经过检查验收符合《造林技术规程》要求的单位面积株数，并按《中华人民共和国森林法实施条例》规定，成活率达85%以上（含85%，年降雨量在400毫米以下且无浇灌条件的地区造林成活率达70%以上）的总面积。“四旁”植树如一侧在四行以上，连片面积0.066公顷（一亩）以上，应统计在造林面积内。造林面积，通常按所有制（国有、国有集体合作、集体和个人）、造林方式（人工、飞机播种）、主要林种用途（用材林、经济林、防护林、薪炭林、特种用途林）分组进行统计。

人工造林 指在宜林荒山荒地、宜林沙荒地、无立木林地、疏林地和退耕地等其他宜林地上通过播种、植苗和分植来提高森林植被覆被率的技术措施。

飞机播种 通过飞机播种，为宜林荒山荒地、宜林沙荒地、其他宜林地、疏林地补充适量的种源，并辅以适当的人工措施，在自然力的作用下使其形成森林或灌草植被，提高森林植被覆被率的技术措施。

用材林 指以生产木材为主要目的的森林和林木，包括以生产竹材为主要目的的竹林。

经济林 指以生产果品，食用油料、饮料、调料，工业原料和药材为主要目的的林木。经济林是人们为了取得林木的果实、叶片、皮层、胶液等产品作为工业原料或者供食用所营造的林木，如油茶、油桐、核桃、樟树、花椒、茶、桑、果等。

防护林 指以防护为主要目的的森林、林木和灌木丛。包括水源涵养林，水土保持林，防风固沙林，农田、牧场防护林，护岸林，护路林等。

薪炭林 指以生产燃料为主要目的的林木。

特种用途林 指以国防、环境保护、科学实验等为主要目的的森林和林木。包括国防林、实验林、母树林、环境保护林、风景林，名胜古迹和革命纪念地的林木，自然保护区的森林。

水资源总量 指评价区内降水形成的地表和地下产水总量，即地表产流量与降水入渗补给地下水量之和，不包括过境水量。

地表水资源量 指评价区内河流、湖泊、冰川等地表水体中可以逐年更新的动态水量，即当地天然河川径流量。

地下水资源量 指评价区内降水和地表水对饱水岩土层的补给量，包括降水入渗补给量和河道、湖库、渠系、渠灌田间等地表水体的入渗补给量。

地表水与地下水资源重复量 指地表水和地下水相互转化的部分，即天然河川径流量中的地下水排泄量和地下水补给量中来源于地表水的入渗补给量。

供水总量 指各种水源工程为用户提供的包括输水损失在内的毛供水量之和，不包括海水直接利用量。

用水总量 指分配给各类用户的包括输水损失在内的毛用水量之和，不包括海水直接利用量。

农业用水 指农田灌溉用水、林果地灌溉用水、草地灌溉用水和鱼塘补水。

工业用水 指工矿企业在生产过程中用于制造、加工、冷却、空调、净化、洗涤等方面的用水，按新水取用量计，不包括企业内部的重复利用水量。

生活用水 包括城镇生活用水和农村生活用水。城镇生活用水由居民用水和公共用水（含第三产业及建筑业等用水）组成；农村生活用水除居民生活用水外，还包括牲畜用水在内。

生态用水 仅包括人为措施供给的城镇环境用水和部分河湖、湿地补水，而不包括降水、径流自然满足的水量。

工业废水排放量 指经过企业厂区所有排放口排到企业外部的工业废水量。包括生产废水、外排的直接冷却水、超标排放的矿井地下水和与工业废水混排的厂区生活污水，不包括外排的间接冷却水（清污不分流的间接冷却水应计算在内）。

工业废水排放达标量 指报告期内废水中各项污染物指标都达到国家或地方排放标准的外排工业废水量，包括未经处理外排达标的，经废水处理设施处理后达标排放的，以及经污水处理厂处理后达标排放的。

工业废水排放达标率 指工业废水排放达标量占工业废水排放量的百分率，计算公式为：

$$工业废水排放达标率=\frac{工业废水排放达标量}{工业废水排放量}\times 100\%$$

化学需氧量（COD） 指用化学氧化剂氧化水中有机污染物时所需的氧量。COD 值越高，表示水中有机污染物污染越重。

生活污水中化学需氧量（COD）排放量 指城镇居民每年排放的生活污水中的 COD 的量。用人均系数法测算。测算公式为：

$$\begin{matrix}城镇生活污水\\中排放量\end{matrix}=\begin{matrix}城镇生活污水中\\COD\ 产生系数\end{matrix}\times\begin{matrix}市镇非\\农业人口\end{matrix}\times 365$$

工业废气排放量 指报告期内企业厂区内燃料燃烧和生产工艺过程中产生的各种排入大气的含有污染物的气体的总量，以标准状态（273K，101325Pa）计算。测算公式为：

$$\begin{matrix}工业废气\\排放量\end{matrix}=\begin{matrix}燃料燃烧过程\\中废气排放量\end{matrix}+\begin{matrix}生产工艺过程\\中废气排放量\end{matrix}$$

二氧化硫排放量 指报告期内工业 SO_2 排放量与生活 SO_2 排放量之和。

工业 SO_2 排放量 指报告期内企业在燃料燃烧和生产工艺过程中排入大气的 SO_2 总量，计算公式为：

$$\begin{matrix}工业\ SO_2\\排放量\end{matrix}=\begin{matrix}燃料燃烧过程\\中废气排放量\end{matrix}+\begin{matrix}生产工艺过程\\中废气排放量\end{matrix}$$

工业 SO_2 排放达标量 指排入大气的达到排放标准的工业二氧化硫量。

工业 SO_2 排放达标率 指工业 SO_2 排放达标量占工业 SO_2 排放量的百分率。计算公式为：

$$工业\ SO_2\ 排放达标率=\frac{工业\ SO_2\ 排放达标量}{工业\ SO_2\ 排放量}\times 100\%$$

工业固体废物产生量 工业固体废物产生量 指报告期内企业在生产过程中产生的固体状、半固体状和高浓度液体状废弃物的总量，包括危险废物、冶炼废渣、粉煤灰、炉渣、煤矸石、尾矿、放射性废物和其他废物等；不包括矿山开采的剥离废石和掘进废石（煤矸石和呈酸性或碱性的废石除外）。酸性或碱性废石指采掘的废石其流经水、雨淋水的 pH 值小于 4 或 pH 值大于 10.5 者。

工业固体废物排放量 指报告期内企业将所产生的固体废物排到固体废物污染防治设施、场所以外的数量，不包括矿山开采的剥离废石和掘进废石（煤矸石和呈酸性或碱性的废石除外）。

工业固体废物综合利用量 指报告期内企业通过回收、加工、循环、交换等方式，从固体废物中提取或者使其转化为可以利用的资源、能源和其他原材料的固体废物量（包括当年利用往年的工业固体废物贮存量），如用作农业肥料、生产建筑材料、筑路等。综合利用量由原产生固体废物的单位统计。

工业固体废物综合利用率 指工业固体废物综合利用量占工业固体废物产生量（包括综合利用往年贮存量）的百分率。计算公式为：

$$\begin{matrix}工业固体废物\\综合利用率\end{matrix}=\frac{\begin{matrix}工业固体废物\\综合利用量\end{matrix}}{\begin{matrix}工业固体废物产生量\\综合利用往年贮存量\end{matrix}}\times 100\%$$

工业固体废物贮存量 指报告期内企业以综合利用或处置为目的，将固体废物暂时贮存或堆存在专设的贮存设施或专设的集中堆存场所内的数量。专设的固体废物贮存场所或贮存设施必须有防扩散、防流失、防渗漏、防止污染大气、水体的措施。

工业固体废物处置量 指报告期内企业将固体废物焚烧或者最终置于符合环境保护规定要求的场所，并不再回取的工业固体废物量（包括当年处置往年的工业固体废物贮存量）。处置方式有填埋（其中危险废物应安全填埋）、焚烧、专业贮存场（库）封场处理、深层灌注、回填矿井及海洋处置（经海洋管理部门同意投海处置）等。

“三废”综合利用产品产值　指报告期内利用“三废”作为主要原料生产的产品价值（现行价）；已经销售或准备销售的应计算产品价值，留作生产自用的不应计算产品价值。

城区面积　城区面积包括：(1) 街道办事处所辖地域；(2) 城市公共设施、居住设施和市政公用设施等连接到的其他镇（乡）地域；(3) 常住人口在3000人以上独立的工矿区、开发区、科研单位、大专院校等特殊区域。

城市建成区面积　指城市行政区内实际已成片开发建设、市政公用设施和公共设施基本具备的区域。对于核心城市来说，它包括核心区域和多个分散区域；对于一城多镇的城市来说，它包括若干个连片开发起来的区域。一般是指建成区外轮廓线所能包括的地区，也就是这个城市实际建设用地所达到的范围。

城区人口　指划定的城区范围的人口数。按公安部门的户籍人口统计为准。城市污水排放量 指城市生活污水、工业废水的排放总量，包括从排水管道和排水沟（渠）排出的污水量。

城市污水处理量　指城市污水处理厂和处理装置实际处理的污水量。包括物理处理量、生物处理量和化学处理量。

城市污水集中处理率　指城市污水处理厂处理的污水量与城市污水排放总量的比率。计算公式：

$$\text{城市污水处理率}=\frac{\text{城市污水处理厂污水处理量}}{\text{城市污水排放总量}}\times 100\%$$

人均公园绿地面积　指报告期末区域内城市人口平均每人拥有的公园绿地面积。人口数采用年底人口数。其中公园绿地指城市中向公众开放的、以游憩为主要功能，有一定的游憩设施和服务设施，同时兼有健全生态、美化景观、防灾减灾等综合作用的绿化用地。计算公式为：

$$\text{人均公园绿地面积}=\frac{\text{公园绿地面积}}{\text{城市人口数}}\times 100\%$$

建成区绿化覆盖率　指报告期末建成区内绿化覆盖面积与建成区面积的比率。计算公式为：

$$\text{建成区绿化覆盖率}=\frac{\text{建成区内绿化覆盖面积}}{\text{建成区面积}}\times 100\%$$

其中，绿化覆盖面积指城市中的乔木、灌木、草坪等所有植被的垂直投影面积。包括公共绿地、居住区绿地、单位附属绿地、防护绿地、生产绿地、道路绿地、风景林地的绿化种植覆盖面积、屋顶绿化覆盖面积以及零散树木的覆盖面积。乔木树冠下重叠的灌木和草本植物不能重复计算。

Explanatory Notes on Principal Statistical Indicators

Natural Resources refer to material resources that could be obtained from the nature by human being and used for production and living. Natural resources in general can be classified as renewable resources and non – renewable resources. Renewable resources refer to resources that could be renewed and recycled during a relatively short period of time, including land resource, water resource, climate resource, biology resource and marine resource. Non – renewable resources include resources that could not be renewed, such as minerals and geothermal resource.

Land Resource Land refers to the surface of the earth, consisting of mainly rocks and its weathering and earth. Land resource can be classified, by its utilization, as land for agriculture, land for construction and unused land. Land for agriculture includes cultivated land, plantation land, forestland, grassland and waters. Land for construction includes land for residential purpose, for manufacturing and mining, for transportation and for water – conservancy projects. Unused land refers to land other than land for agriculture and construction, including beaches, deserts, Gobi, glaciers and rock mountains.

Area of Cultivated Land refers to area of land reclaimed for the regular cultivation of various farm crops, including crop – cover land, fallow, newly reclaimed land and land laid idle for less than 3 years.

Area of Afforested Land refers to area for land for trees bamboo, bushes and mangrove, including forest – covered land, bush – covered land, sparse forest land, land planned for a forestation and nurseries of young trees.

Area of Pasture refers to area of grassland, grass – slopes and grass – covered hills with a vegetation – covering rate of over 5% that are used for animal husbandry or harvesting of grass. It includes natural, cultivated and improved grassland areas.

Forest Resource refers to forests, trees, forestland and wild animals, plants and microorganism that live on forest and trees. Trees include trees and bamboo. Forest refers to the population of clusters of trees and other plants, animals and microorganism as well as the earth and climate that have interactions with the trees.

Forest Area refers to the area of forest where trees and bamboo grow with canopy density above 0.2, including land of natural woods and planted woods, but excluding bush land and thin forest land. It reflects the total areas of afforestation.

Forest Coverage Rate refers to the ratio of area of afforested land to total land area. It is a very important indicator that reflects the status of abundance of forest resource and balance of the ecosystem. Forest area includes the area of trees and bamboo grow with canopy density above 0.2, the area of shrubby tree according to regulations of the government, the area of forest land inside farm land and the area of trees planted by the side of villages, farm houses and along roads and rivers. The formula for calculating forest coverage rate is as follows:

$$\text{Forestry coverage rate } (\%) = \frac{\text{Area of Afforested Land}}{\text{Area of Total Land}} \times 100\%$$

Total Standing Stock Volume refers to the total stock volume of trees growing in land, including trees in forest, trees in sparse forest, scattered trees and trees planted by the side of villages, farm houses and along roads and rivers.

Stock Volume of Forest refers to total stock volume of wood growing in forest area, which shows the total size and level of forest resources of a country or a region. It is also an important indicator illustrating the richness of forest resource and the status of forest ecological environment.

Climate refers to the natural environment status formed by the long – term exchange of energy and mass between the earth and the atmosphere, and is the result of interaction of many factors. Climate is both one of the environment factors and also the important resources for living and production activities of the human being. The average values across several years of meteorological factors such as temperature, rainfall and humidity are used as important parameters to describe the climate of a region, while the average values (or total values) of a given year or month of meteorological factors reflect the key characteristics of climate for the period of time.

Temperature refers to the air temperature. China uses centigrade as the unit. The thermometry used for weather observation is put in a breezy shutter, which is 1.5 meters high from the ground. Therefore, the commonly used temperature refers to the temperature in the breezy shutter 1.5 meters away from the ground. The calculation method is as follows:

Monthly average temperature is the summation of average daily temperature of one month divided by the actual days of that particular month.

Annual average temperature is the summation of monthly average of a year divided by 12 months. Volume of Precipitation refers to the deepness of liquid state or solid state (thawed) water falling from the sky to the ground that has not been evaporated, infiltrated or run off. The calculation method is as follows:

Monthly precipitation is the summation of daily precipitation of a month.

Annual precipitation is the summation of 12 months precipitation of a year.

Land for Agriculture Use refers to land directly used for agriculture production, including land for cultivation, gardening, forests, herbage and other agriculture activities.

Wetlands refer to marshland and peat bog, whether natural or man – made, permanent or temporary; water covered areas, whether stagnant or flowing, with fresh or semi – fresh or salty water that is less than 6 meters deep at low tide; as well as coral beach, weed beach, mud beach, mangrove, river outlet, rivers, fresh – water marshland, marshland forests, lakes, salty bog and salt lakes along the coastal areas.

Total Area of A forestation refers to the total area of land suitable for a forestation, including barren hills, idle land, sand dunes, "grain for green" land, on which acres of arbores or bushes are planted through manual planting, airplane planting, plant seedlings, etc. in accordance with the required density standards of the Technical Procedures of A forestation, and with a survival rate of over 85% in line with the Implementing Rules of the Forest Law of the People's Republic of China (or a survival rate of 75% in areas with less that 400 mm of annual rainfall and without irrigation facilities). Included in this category are trees planted alone the roadsides, riversides, or next to houses that occupy an area over 0.066 hectares, or where more than 4 lines of trees are planted. Total area of a forestation is further classified by ownership (state – owned, state – collective, collective or private), by approach of planting (manual, airplane), and by type of forests (timber, by – products, protection, fuel, special use, etc.).

Area of Man – made Forests refer to the area of stable growing forests, planted manually or by airplanes, with a survival rate of 80% or higher of the designed number of trees per hectare, or with a canopy density of 0.20 – or above after 3 – 5 years of manual planting or 5 – 7 years of airplane planting.

Timber Forests refer to forests which are mainly for the production of timber, including bamboo groves planted to harvest bamboos.

By – product Forests refer to forests that mainly produce fruits, nuts, edible oil, beverages, indigents, raw materials and medicine materials. By – product forests are planted to harvest the fruits, leaves, bark or liquid of trees, and consume them as food or raw materials for the manufacturing industry, such as tea – oil trees, tung oil trees, walnut trees, camphor trees, tea bushes, mulberry trees, fruit trees, etc.

Protection Forests refer to forests, trees and bushes planted mainly for protection or preservation purpose, including water resource conservation forests, water and soil conservation forests, windbreak and dune – fixing forests, farmland and pasture protection forests, riverside protection forests, roadside protection forests, etc.

Fuel Forests refer to forests planted mainly for fuels.

Forests for Special Purpose refer to forests planted mainly for national defense, environment protection or scientific experiments, including national defense forests, experimental forests, mother – tree forests, environment protection forests, scenery forests, trees in historical or scenic spots, roadside in natural reserves.

Total Water Resources refers to total volume of water resources measured as run – off for surface water from rainfall and recharge for groundwater in a given area, excluding transit water.

Surface Water Resources refers to total renewable resources which exist in rivers, lakes, glaciers and other collectors from rainfall and are measured as run – off of rivers.

Groundwater Resources refers to replenishment of aquifers with rainfall and surface water.

Duplicated Measurement between Surface Water and Groundwater refers to mutual exchange between surface water and groundwater, i. e. run – off of rivers includes some depletion into groundwater while groundwater includes some replenishment from surface water.

Water Supply refers to gross water supply by supply systems from sources to consumers, including losses during distribution.

Water Use refers to gross water use distributed to users, including loss during transportation, broken down into use by agriculture, industry, living consumption and ecological protection.

Water Use by Agriculture includes uses of water by irrigation of farming fields and by forestry, animal husbandry and fishing. Water use by forestry, animal husbandry and fishery includes irrigation of forestry and orchards, irrigation of grassland and replenishment of fishing farms.

Water Use by Industry refers to new withdrawals of water, excluding reuse of water within enterprises.

Water Use by Living Consumption includes use of water for living consumption in both urban and rural areas. Urban water use by living consumption is composed of household use and public use (including services, commerce, restaurants, cargo transportation, posts, telecommunications and construction). Rural water use by living consumption includes both households and animals.

Water Use by Ecological Protection includes replenishment of rivers and lakes and use for urban environment.

Waste Water Discharged by Industry refers to the volume of waste water discharged by industrial enterprises through all their outlets, including waste water from production process, directly cooled water, groundwater from mining wells which does not meet discharge standards and sewage from households mixed with waste water produced by industrial activities, but excluding indirectly cooled water discharged (It should be included if the discharge is not separated from waste water).

Industrial Waste Water Meeting Discharge Standards refers to volume of industrial waste water discharge which, with or without treatment, reaches national or local standards with regard to all pollutants. **Ratio of Industrial Waste Water Meeting Discharge Standards** refers to percentage of industrial waste water meeting discharge standards over total industrial waste water discharge. It is calculated as:

$$\begin{array}{c}\text{Ratio of industrial waste water}\\ \text{meeting discharge standards}\end{array} = \frac{\begin{array}{c}\text{industrial waste water}\\ \text{meeting discharge standards}\end{array}}{\begin{array}{c}\text{total industrial waste}\\ \text{water discharge}\end{array}}$$

Chemical Oxygen Demand (COD) refers to the amount of oxygen required when chemical oxidants are used to oxidize organic pollutants in water. A higher value of COD corresponds to more serious pollution by organic pollutants.

Volume of Chemical Oxygen Demand (COD) Generated by Urban Non – industrial Waster Water refers to chemical oxygen demand generated through the annual discharge of non – industrial waste water by urban households. It is estimated as: **Industrial Waste Air Emission** refers to the discharge into atmosphere of waste air containing pollutants generated from fuel burning and production processes in enterprises within a given period of time. It is calculated at standard status (273K, 101325Pa) as:

$$\begin{array}{c}\text{Volume of chemical oxygen}\\ \text{demand (cod) generated}\\ \text{by urban non – industrial}\\ \text{waster water}\end{array} = \begin{array}{c}\text{Coefficient of COD}\\ \text{generated through urban}\\ \text{non – industrial waste water}\end{array} \times \begin{array}{c}\text{urban}\\ \text{non – agricultural}\\ \text{population}\end{array} \times 365$$

Industrial Waste Air Emission refers to the discharge into atmosphere of waste air containing pollutants generated from fuel burning and production processes in enterprises within a given period of time. It is calculated at standard status (273K, 101325Pa) as:

$$\text{Industrial waste air emission} = \text{emission through fuel burning} + \text{emission through production process}$$

SO_2 Emission is calculated on the basis of consumption of coal by households and industrial activities.

SO_2 Emission through Industrial Activities refers to volume of sulphur dioxide emission from fuel burning and production process by enterprises during a given period of time. It is calculated as:

$$SO_2 \text{ emission through industrial activities} = SO_2 \text{ emission from fuel burning} + SO_2 \text{ emission from production process}$$

SO_2 Emission through Industrial Activities Meeting Discharge Standards refers to volume of sulphur dioxide emission from fuel burning and production process by enterprises during a given period of time meeting discharge standards

Ratio of SORRR2RRR Emission through Industrial Activities Meeting Discharge Standards refers to percentage of sulphur dioxide emission from fuel burning and production process by enterprises meeting discharge standards over total volume of sulphur dioxide emission from fuel burning and production process by enterprises during a given period of time.

It is estimated as:

Ratio of SO_2 emission through industrial activities meeting discharge Standards = SO_2 emission through industrial activities meeting discharge standards ÷ SORRR2RRR emission through industrial activities.

Industrial Solid Wastes Produced refers to total volume of solid, semi – solid and high concentration liquid residues produced by industrial enterprises from production process in a given period of time, including hazardous wastes, slag, coal ash, gangue, tailings, radioactive residues and other wastes, but excluding stones stripped or dug out in mining – gangue and acid or alkaline stones not included (a stone is acid or alkaline according to the pH value of the water being below 4 or above 10.5 when the stone is in, or soaked by water).

Industrial Solid Wastes Discharged refers to the volume of industrial solid wastes discharged by producing enterprises to disposal facilities or to other sites. The wastes exclude stones stripped or dug from mining (gangue and acid or alkaline waste stones not included).

Industrial Solid Wastes Utilized refers to volume of solid wastes from which useful materials can be extracted or which can be converted into usable resources, energy or other materials by means of reclamation, processing, recycling and exchange (including utilizing in the year the stocks of industrial solid wastes of the previous year). Examples of such utilizations include fertilizers, building materials and road materials. The information shall be collected by the producing units of the wastes.

Ratio of Utilization of Industrial Solid Wastes refers to the percentage of industrial solid wastes utilized over industrial solid wastes produced (including stocks of the previous years). It is calculated as:

$$\text{Rate of utilization of industrial solid wastes} = \frac{\text{volume of industrial solid wastes utilized}}{\text{industrial solid wastes produced + stock of previous years}} \times 100\%$$

Stock of Industrial Solid Wastes refers to the volume of solid wastes placed in special facilities or special sites for purposes of utilization or disposal. The sites or facilities should take measures against dispersion, loss, seepage, and air and water contamination.

Industrial Solid Wastes Disposed refers to the quantity of industrial solid wastes which are burnt or placed ultimately in the sites meeting the requirements for environmental protection and not salvaged or recycled (including disposition in the year of those wastes of previous years). The disposition includes landfill (Safe landfills should be conducted for hazardous wastes), incineration, containment spaces, deep underground disposal, backfill in mining pits and disposal at sea.

Output Value of Products Made from Waste Gas, Waste Water and Solid Wastes refers to the current value of products with waste gas, waste water and solid wastes as main materials of production. Products sold and ready to sell shall be included while those produced for own use shall not be included.

Urban Area includes 1) Area under Sub – District Offices 2) The area of other towns (villages) connected by urban public infrastructure, accommodations and municipal public infrastructure. 3) Independent industrial and mining areas, development areas, scientific research institutions, institutes of higher education and such special areas with a permanent residents above 3000 persons.

Urban Completed Areas refers to the areas of the districts which have been developed aggregately and with municipal public infrastructure and public infrastructure. For the core cities, it includes the core areas and many scattered areas. For a city with many towns, it included several districts which were developed into one district. Generally, it refers to all districts which can be covered by the outline of the developed areas, which is the size of actual land for construction of the city.

Urban District Population refers to the population of the defined urban districts. It is based on the household register statistics of the public security departments.

Urban Sewage Discharge refers to volume of the domestic sewage and industrial sewage, which includes the sewage discharged from the drainage pipe and drainage channel (ditch).

Treatment Rate of Urban Sewage refers to the percentage of sewage volume disposed by the sewage treatment plants over the urban sewage discharge volume. It is calculated as:

Treatment Rate of Urban Sewage = sewage volume disposed by the sewage treatment plants ÷ urban sewage discharge volume × 100%.

Per Capita Public Green Land Area refers to the public green area enjoyed by every urban resident in the end of the report period. The number of the population is the population at the year – end. The public green land refers to the green spaces opening to the public with certain recreation and service facilities and whose main function is providing recreation areas, at the same time, their comprehensive functions include improving ecological environment, beautifying scenery and preventing disasters.

It is calculated as:

Per capita public green land area = public green area ÷ urban population × 100%

Ratio of Green Covered Area in Completed Area refers to percentage of the green coverage in the urban completed area over the urban completed area in the end of the report period.

It is calculated as:

Ratio of Green Covered Area in Completed Area = green coverage in the urban completed area ÷ urban completed area × 100%

In which, the green coverage refer to the vertical shadow of all vegetation such as trees, shrubs and lawn. It includes the green coverage, roof greenery coverage and scattered trees of the public green area, residential quarter green area, units attached green area, green area for environmental protection, green space attached to urban road and square and scenic forest land.

The overlapping of the bushes and herbaceous plants under the trees crown can't be calculated repeatedly.

Chapter 17

十七、民族自治地方经济概况

Survey of National Autonomous Area

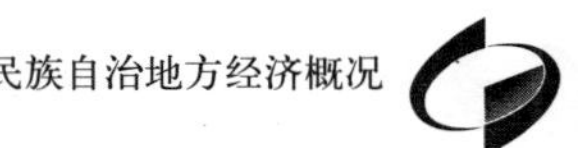

17-1 云南民族自治地方行政区划(2012年)

Administrative Division of Ethnic Minority Autonomous Regions (2012)

单位：个 (unit)

民族自治地方	National Autonomous Area	县级市 Number of Cities at County Level	非民族自治县 Number of Non-minority Autonomous Counties	民族自治县 Number of Minority Autonomous Counties
民族自治地方	**National Autonomous Area**	**9**	**40**	**29**
8个自治州	**8 Autonomous Prefectures**	**9**	**40**	**9**
楚雄彝族自治州	Chuxiong Yi Autonomous Prefecture	1	9	
红河哈尼族彝族自治州	Honghe Hani & Yi Autonomous Prefecture	3	7	3
文山壮族苗族自治州	Wenshan Zhuang & Miao Autonomous Prefecture	1	7	
西双版纳傣族自治州	Xishuangbanna Dai Autonomous Prefecture	1	2	
大理白族自治州	Dali Bai Autonomous Prefecture	1	8	3
德宏傣族景颇族自治州	Dehong Dai & Jingpo Autonomous Prefecture	2	3	
怒江傈僳族自治州	Nujiang Lisu Autonomous Prefecture		2	2
迪庆藏族自治州	Diqing Tibetan Autonomous Prefecture		2	1
自治州以外的20个自治县	**Autonomous Counties Except above Prefectures**			
石林彝族自治县	Shilin Yi Autonomous County			
禄劝彝族苗族自治县	Luquan Yi and Miao Autonomous County			
寻甸回族彝族自治县	Xundian Hui and Yi Autonomous County			
峨山彝族自治县	Eshan Yi Autonomous County			
新平彝族傣族自治县	Xinping Yi and Dai Autonomous County			
元江哈尼族彝族傣族自治县	Yuanjiang Hani and Yi and Dai Autonomous County			
宁洱哈尼族彝族自治县	Ning'er Hani and Yi Autonomous County			
玉龙纳西族自治县	Yulong Naxi Autonomous County			
宁蒗彝族自治县	Ninglang Yi Autonomous County			
墨江哈尼族自治县	Mojiang Hani Autonomous County			
景东彝族自治县	Jingdong Yi Autonomous County			
景谷傣族彝族自治县	Jinggu Dai and Yi Autonomous County			
镇沅彝族哈尼族拉祜族自治县	Zhenyuan Yi and Hani and Lahu Autonomous County			
江城哈尼族彝族自治县	Jiangcheng Hani and Yi Autonomous County			
孟连傣族拉祜族佤族自治县	Menglian Dai and Lahu and Wa Autonomous County			
澜沧拉祜族自治县	Lancang Lahu Autonomous County			
西盟佤族自治县	Ximeng Wa Autonomous County			
双江拉祜族佤族布朗族傣族自治县	Shuangjiang Lahu and Wa and Bulang and Dai Autonomous County			
耿马傣族佤族自治县	Gengma Dai and Wa Autonomous County			
沧源佤族自治县	Cangyuan Wa Autonomous County			

17−2 全省民族自治县分布情况(2012年)
Geographical Distribution of Ethnic Minority Autonomous Counties (2012)

州 市	Region	民族自治县数 (个) Number of Minority Autonomous Counties (unit)	民族自治县名称 Schedule of Minority Autonomous Counties
全 省	**Yunnan**	**29**	
昆 明	Kunming	3	禄劝彝族苗族自治县、石林彝族自治县、寻甸回族彝族自治县 Luquan Yi & Miao Autonomous County, Shilin Yi Autonomous County, Xundian Hui & Yi Autonomous County
玉 溪	Yuxi	3	峨山彝族自治县、新平彝族傣族自治县、元江哈尼族彝族傣族自治县 Eshan Yi Autonomous County Xinping Yi , Dai Autonomous County, Yuanjiang Hani , Yi , Dai Autonomous County
丽 江	Lijiang	2	玉龙纳西族自治县、宁蒗彝族自治县 Yulong Naxi Autonomous County, Ninglang Yi Autonomous County
普 洱	Pu'er	9	宁洱哈尼族彝族自治县、景东彝族自治县、景谷傣族彝族自治县、墨江哈尼族自治县、孟连傣族拉祜族佤族自治县、澜沧拉祜族自治县、西盟佤族自治县、江城哈尼族彝族自治县、镇沅彝族哈尼族拉祜族自治县 Ning'er Hani & Yi Autonomous County, Jingdong Yi Autonomous County, Jinggu Dai & Yi Autonomous County,Mojiang Hani Autonomous County, Menglian Dai & Lahu Wa Autonomous County, Lancang lahu Autonomous County, Ximeng Wa Autonomous County, Jiangcheng Hani & Yi Autonomous County, Zhenyuan Yi & Hani Lahu Autonomous County
临 沧	Lincang	3	双江拉祜族佤族布朗族傣族自治县、耿马傣族佤族自治县、沧源佤族自治县 Shuangjiang Lahu & Wa & Bulang & Dai Autonomous County, Gengma Dai & Wa Autonomous County, Cangyuan Wa Autonomous County
红 河	Honghe	3	金平苗族瑶族傣族自治县、屏边苗族自治县、河口瑶族自治县 Jinping Miao & Yao & Dai Autonomous County, Pingbian Miao Autonomous County, Hekou Yao Autonomous County
大 理	Dali	3	漾濞彝族自治县、南涧彝族自治县、巍山彝族回族自治县 Yangbi Yi Autonomous County, Nanjian Yi Autonomous County, Weishan Yi & Hui Autonomous County
怒 江	Nujiang	2	贡山独龙族怒族自治县、兰坪白族普米族自治县 Gongshan Dulong, Nu Autonomous County Lanping Bai , Pumi Autonomous County
迪 庆	Diqing	1	维西傈僳族自治县 Weixi Lisu Autonomous County

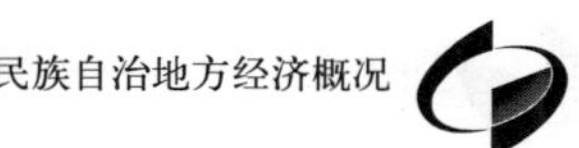

17−3 云南少数民族分布的主要地方
Geographic Distribution of Ethnic Minorities

民　族	Ethnic Minority	分布的主要地方（州、市）	Main Geographic Distribution
彝　族	Yi	楚雄州、红河州、玉溪市、大理州、普洱市、昆明市	Chuxiong , Honghe ,Yuxi , Dali , Pu'er , Kunming
白　族	Bai	大理州	Dali
哈尼族	Hani	红河州、西双版纳州、普洱市、玉溪市	Honghe , Xishuangbanna , Pu'er , Yuxi
壮　族	Zhuang	文山州、红河州、曲靖市	Wenshan , Honghe , Qujing
傣　族	Dai	西双版纳州、德宏州、普洱市、临沧市	Xishuangbanna , Dehong , Pu'er , Lincang
苗　族	Miao	文山州、红河州、昭通市	Wenshan , Honghe , Zhaotong
傈僳族	Lisu	怒江州、迪庆州、丽江市、大理州	Nujiang , Diqing , Lijiang , Dali
回　族	Hui	昆明市、大理州、曲靖市、楚雄州、红河州、玉溪市	Kunming , Dali , Qujing , Chuxiong , Honghe , Yuxi
拉祜族	Lahu	普洱市、临沧市、西双版纳州	Pu'er , Lincang , Xishuangbanna
佤　族	Wa	临沧市、普洱市	Lincang , Pu'er
纳西族	Naxi	丽江市、迪庆州	Lijiang , Diqing
瑶　族	Yao	文山州、红河州	Wenshan , Honghe
藏　族	Tibetan	迪庆州	Diqing
景颇族	Jingpo	德宏州	Dehong
布朗族	Bulang	西双版纳州、普洱市、临沧市	Xishuangbanna , Pu'er , Lincang
普米族	Pumi	丽江市、怒江州、迪庆州	Lijiang , Nujiang , Diqing
怒　族	Nu	怒江州	Nujiang
阿昌族	Achang	德宏州、保山市	Dehong , Baoshan
基诺族	Jino	西双版纳州	Xishuangbanna
德昂族	De ang	德宏州、临沧市	Dehong , Lincang
蒙古族	Mongolian	玉溪市	Yuxi
布依族	Buyi	曲靖市	Qujing
独龙族	Dulong	怒江州	Nujiang
水　族	Shui	曲靖市	Qujing

17－4　民族自治地方基本情况(2012年)

民族自治地方	National Autonomous Area	建立时间
民族自治地方	**Minority Autonomous Area**	
自治州合计	**Autonomous Prefectures**	
西双版纳傣族自治州	Xishuangbanna Dai Autonomous Prefecture	1953年1月24日
德宏傣族景颇族自治州	Dehong Dai and Jingpo Autonomous Prefecture	1953年7月24日
怒江傈僳族自治州	Nujiang Lisu Autonomous Prefecture	1954年8月23日
大理白族自治州	Dali Bai Autonomous Prefecture	1956年11月22日
迪庆藏族自治州	Diqing Tibetan Autonomous Prefecture	1957年9月13日
红河哈尼族彝族自治州	Honghe Hani and Yi Autonomous Prefecture	1957年11月18日
文山壮族苗族自治州	Wenshan Zhuang and Miao Autonomous Prefecture	1958年4月1日
楚雄彝族自治州	Chuxiong Yi Autonomous Prefecture	1958年4月15日
自治州以外的自治县合计	**Autonomous Counties Except above Prefectures**	
峨山彝族自治县	Eshan Yi Autonomous County	1951年5月12日
澜沧拉祜族自治县	Lancang Lahu Autonomous County	1953年4月7日
江城哈尼族彝族自治县	Jiangcheng Hani and Yi Autonomous County	1954年5月18日
孟连傣族拉祜族佤族自治县	Menglian Dai and Lahu and Wa Autonomous County	1954年6月16日
耿马傣族佤族自治县	Gengma Dai and Wa Autonomous County	1955年10月16日
宁蒗彝族自治县	Ninglang Yi Autonomous County	1956年9月20日
石林彝族自治县	Shilin Yi Autonomous County	1956年12月13日
沧源佤族自治县	Cangyuan Wa Autonomous County	1964年2月28日
西盟佤族自治县	Ximeng Wa Autonomous County	1965年3月5日
墨江哈尼族自治县	Mojiang Hani Autonomous County	1979年11月28日
寻甸回族彝族自治县	Xundian Hui and Yi Autonomous County	1979年12月20日
元江哈尼族彝族傣族自治县	Yuanjiang Hani and Yi and Dai Autonomous County	1980年11月22日
新平彝族傣族自治县	Xinping Yi and Dai Autonomous County	1980年11月25日
禄劝彝族苗族自治县	Luquan Yi and Miao Autonomous County	1985年11月25日
宁洱哈尼族彝族自治县	Ning'er Hani and Yi Autonomous County	1985年12月15日
景东彝族自治县	Jingdong Yi Autonomous County	1985年12月20日
景谷傣族彝族自治县	Jinggu Dai and Yi Autonomous County	1985年12月25日
双江拉祜族佤族布朗族傣族自治县	Shuangjiang Lahu and Wa and Bulang and Dai Autonomous County	1985年12月30日
镇沅彝族哈尼族拉祜族自治县	Zhenyuan Yi and Hani and Lahu Autonomous County	1990年5月15日
玉龙纳西族自治县	Yulong Naxi Autonomous County	2002年12月26日

注：2003年4月8日普洱哈尼族彝族自治县更名为宁洱哈尼族彝族自治县。

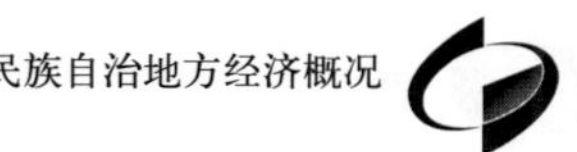

Basic Conditions of Minority Autonomous Regions (2012)

Foundation Date	含乡镇、办事处数(个) (Unit)		
	乡 Townships	镇 Towns	#民族乡数(个) Number of Minority Townships and Towns (Unit)
	480	**350**	**89**
	335	**269**	**73**
Jan.24,1953	43	8	14
July.24,1953	27	23	5
Aug.23,1954	20	9	3
Nov.22,1956	42	68	17
Sept.13,1957	20	9	3
Nov.18,1957	75	55	9
April.1,1958	59	43	16
April. 15,1958	49	54	6
	145	**81**	**16**
May.12,1951	3	5	
April.7,1953	17	3	7
May.18,1954	5	2	
June.16,1954	3	3	
Oct.16,1955	5	4	1
Sept.20,1956	14	1	1
Dec.13,1956	1	6	
Feb.28,1964	6	4	1
March.5,1965	5	2	1
Nov.28,1979	13	2	2
Dec.20,1979	4	10	
Nov.22,1980	6	4	
Nov.25,1980	6	6	
Nov.25,1985	6	10	
Dec.15,1985	13	2	
Dec.20,1985	9	4	
Dec.25,1985	6	4	
Dec.30,1985	4	2	
May.15,1990	5	4	
Dec.26,2002	14	3	3

Note:Pu'er Hani and Yi autonomous county changed its name into Ning'er Hani and Yi autonomous county in 8th April,2003.

17–4 续表

民族自治地方	National Autonomous Area	土地面积（万平方千米） Land Area (10 000 sq.km)	占全省土地面积（%） Proportion to Provincial Total (%)
民族自治地方	**National Autonomous Area**	**27.67**	**70.2**
自治州合计	**Autonomous Prefectures**	**19.37**	**49.1**
楚雄彝族自治州	Chuxiong Yi Autonomous Prefecture	2.93	7.4
红河哈尼族彝族自治州	Honghe Hani and Yi Autonomous Prefecture	3.29	8.4
文山壮族苗族自治州	Wenshan Zhuang and Miao Autonomous Prefecture	3.22	8.2
西双版纳傣族自治州	Xishuangbanna Dai Autonomous Prefecture	1.97	5.0
大理白族自治州	Dali Bai Autonomous Prefecture	2.95	7.5
德宏傣族景颇族自治州	Dehong Dai and Jingpo Autonomous Prefecture	1.15	2.9
怒江傈僳族自治州	Nujiang Lisu Autonomous Prefecture	1.47	3.7
迪庆藏族自治州	Diqing Tibetan Autonomous Prefecture	2.39	6.1
自治州以外的自治县合计	**Autonomous Counties Except the Above Prefectures**	**8.30**	**21.1**
石林彝族自治县	Shilin Yi Autonomous County	0.18	0.5
禄劝彝族苗族自治县	Luquan Yi and Miao Autonomous County	0.44	1.1
寻甸回族彝族自治县	Xundian Hui and Yi Autonomous County	0.40	1.0
峨山彝族自治县	Eshan Yi Autonomous County	0.20	0.5
新平彝族傣族自治县	Xinping Yi and Dai Autonomous County	0.42	1.1
元江哈尼族彝族傣族自治县	Yuanjiang Hani and Yi and Dai Autonomous County	0.29	0.7
玉龙纳西族自治县	Yulong Naxi Autonomous County	0.76	1.9
宁蒗彝族自治县	Ninglang Yi Autonomous County	0.62	1.6
宁洱哈尼族彝族自治县	Ning'er Hani and Yi Autonomous County	0.37	0.9
墨江哈尼族自治县	Mojiang Hani Autonomous County	0.55	1.4
景东彝族自治县	Jingdong Yi Autonomous County	0.45	1.1
景谷傣族彝族自治县	Jinggu Dai and Yi Autonomous County	0.78	2.0
镇沅彝族哈尼族拉祜族自治县	Zhenyuan Yi and Hani and Lahu Autonomous County	0.42	1.1
江城哈尼族彝族自治县	Jiangcheng Hani and Yi Autonomous County	0.35	0.9
孟连傣族拉祜族佤族自治县	Menglian Dai and Lahu and Wa Autonomous County	0.20	0.5
澜沧拉祜族自治县	Lancang Lahu Autonomous County	0.88	2.2
西盟佤族自治县	Ximeng Wa Autonomous County	0.14	0.4
双江拉祜族佤族布朗族傣族自治县	Shuangjiang Lahu and Wa and Bulang and Dai Autonomous County	0.23	0.6
耿马傣族佤族自治县	Gengma Dai and Wa Autonomous County	0.38	1.1
沧源佤族自治县	Cangyuan Wa Autonomous County	0.25	0.6

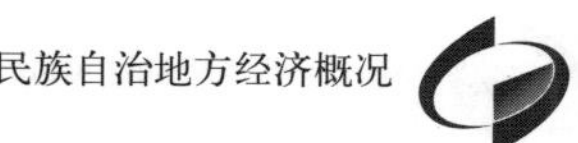

continued

年末总人口（万人）Total Population at Year-end (10 000 persons)	占全省人口比重（%）Proportion to Provincial Total (%)	少数民族人口（万人）Population of Minority Nationalities (10 000 persons)	占民族地方总人口比重(%) Proportion to Local Total Population (%)	按农业、非农业分 By Agricultural and Non-agricultural Population	
				农业人口（万人）Agricultural Population (10 000 persons)	非农业人口（万人）Non-agricultural Population (10 000 persons)
2285.54	**49.1**	**1271.47**	**56.3**	**1976.55**	**308.99**
1765.50	**37.9**	**961.74**	**54.5**	**1504.30**	**261.20**
271.9	5.8	88.42	32.5	232.5	39.4
456.1	9.8	258.46	56.7	377.6	78.5
356.1	7.6	204.33	57.4	325.6	30.5
114.9	2.5	86.94	75.7	80.4	34.5
349.3	7.5	174.47	49.9	307.0	42.3
122.9	2.6	64.11	52.2	99.4	23.5
53.8	1.2	49.70	92.4	46.3	7.5
40.5	0.9	35.31	87.2	35.5	5.0
520.04	**11.2**	**309.73**	**58.5**	**472.25**	**47.79**
25.1	0.5	8.69	34.6	23.44	1.66
40.2	0.9	12.28	30.5	39.53	0.67
46.3	1.0	10.10	21.8	45.17	1.13
16.40	0.4	10.87	66.3	13.38	3.02
28.80	0.6	21.38	74.2	25.03	3.77
22.00	0.5	17.56	79.8	19.33	2.67
21.83	0.5	11.09	50.8	20.42	1.41
26.25	0.6	19.50	74.3	23.93	2.32
18.90	0.4	8.82	46.7	15.77	3.13
36.36	0.8	16.64	45.8	33.25	3.11
36.20	0.8	19.06	52.7	33.55	2.65
29.41	0.6	23.22	79.0	26.47	2.94
21.01	0.5	17.90	85.2	18.96	2.05
12.40	0.3	9.52	76.8	10.25	2.15
13.80	0.3	12.98	94.1	11.98	1.82
49.56	1.1	42.12	85.0	45.91	3.65
9.22	0.2	7.43	80.6	7.79	1.43
17.9	0.4	7.96	44.5	16.35	1.55
30.1	0.6	15.59	51.8	25.67	4.43
18.3	0.4	17.02	93.0	16.07	2.23

17–5 全省民族自治地方主要指标(2007–2012年)

指　　标	Item	2007
年末总人口数(万人)	**Total Population at year-end (10 000 persons)**	**2 237.00**
#少数民族人口	Minority Population	1 240.00
工农业总产值（亿元）	**Gross Output Value of Industry and Agriculture (100 million yuan)**	**2 395.22**
工业总产值	Gross Output Value of Industry	1 675.04
农业总产值	Gross Output Value of Farming, Forestry, Animal Husbandry and Fishery	720.18
农业生产	**Agriculture Production**	
主要农业产品产量(万吨)	Yields of Major Agricultural Products (10 000 tons)	
粮　食	Grain	760.00
甘　蔗	Sugarcane	1 387.00
烤　烟	Flue-cured Tobacco	37.00
大牲畜年末头数（万头）	Large Livestock at Year-end	699.00
工业生产	**Industry Production**	
主要工业产品产量(万吨)	Output of Major Industrial Products(10 000 tons)	
钢	Steel	235.00
生　铁	Pig Iron	298.00
原　煤	Coal	2 379.00
发电量（亿万千瓦小时）	Electricity (100 million kwh)	334.15
糖	Sugar	131.00
地方公共财政预算收支(亿元)	**Public Budgetary Revenue and Expenditure of Local Government**	
地方公共财政预算收入	Public Budgetary Revenue of Local Government	130.55
地方公共财政预算支出	Public Budgetary Expenditure of Local Government	428.36

注：公路通车里程含乡村简易公路。

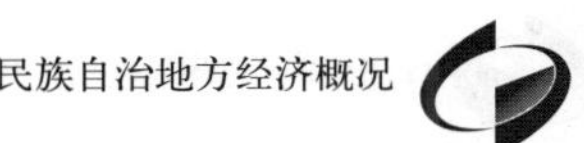

Principal Indicators of Minority Autonomous Regions (2007-2012)

2008	2009	2010	2011	2012
2 249.70	**2 261.54**	**2 266.31**	**2 273.19**	**2 285.54**
1 244	1 270.40	1 275.10	1 279.81	1 271.47
2 298.27	**2 390.76**	**3 077.59**	**3 805.97**	**4 619.07**
1 442.95	1 572.61	2 035.58	2 517.36	3 016.88
855.32	818.15	1 042.01	1 288.61	1 602.19
781.59	819.00	816.00	917.81	989.64
1 371.04	1 292.00	12 749.00	1 384.47	1 493.15
41.27	45.00	49.08	52.78	58.80
707.08	720.00	737.96	738.54	753.74
151.50	303.00	379.60	414.15	442.30
180.50	361.00	393.61	371.61	371.10
1 259.50	2 519.00	2 682.00	3 023.15	2 158.03
232.99	465.98	476.04	740.65	388.27
75.50	151.00	132.09	120.28	138.68
159.32	182.37	226.66	285.50	355.73
535.90	715.40	887.42	1 156.19	1 378.84

Note:The length of highways includes the simple highways between villages.

17–6 民族自治地方主要社会经济指标占全省的比重(2012年)

Proportion of Principal Socio-economic Indicators in Minority Autonomous Areas to the Whole Province (2012)

指标	Item	全省 Yunnan	民族自治地方 Minority Autonomous Areas	民族自治地方占全省比重(%) Proportion of Minority Autonomous Areas to the Whole province(%)
市县数(个)	**Number of Cities and Counties (unit)**	**129**	**78**	**60.5**
年末总人口(万人)	**Total Population at Year-end (10 000 persons)**	**4 659.00**	**2 285.54**	**49.1**
土地面积(万平方千米)	**Land Area (10 000 sq.km)**	**39.42**	**27.67**	**70.2**
生产总值(当年价)(亿元)	**Gross Regional Product (at Current prices) (100 million yuan)**	**10 309.47**	**4 024.21**	**39.0**
工农业总产值(当年价)(亿元)	**Gross Output Value of Industry and Agriculture (at Current prices) (100 million yuan)**	**14 321.68**	**4 619.07**	**32.3**
工业总产值	Gross Output Value of Industry (100 million yuan)	11 641.46	3 016.88	25.9
农业总产值	Gross Output Value of Agriculture,Forestry,Animal Husbandry,Fishery (100 million yuan)	2 680.22	1 602.19	59.8
主要农产品产量(万吨)	**Output of Major Agricultural Products(10 000 tons)**			
粮食	Grain	1 827.84	989.64	54.1
甘蔗	Sugarcane	2 043.78	1 493.15	73.1
烤烟	Flue-cured Tobacco	111.05	58.80	52.9
大牲畜年末数(万头)	Large Livestock at the Year-end (10 000 heads)	1 207.68	753.74	62.4
全社会固定资产投资额(亿元)	**Total Investment in Fixed Assets (100 million yuan)**	**7 553.51**	**2 785.92**	**36.9**
社会消费品零售总额(亿元)	**Retail Sales of Consumer Goods (100 million yuan)**	**3 541.60**	**1 192.04**	**33.7**
地方公共财政预算收支(亿元)	**Public Budgetary Revenue and Expenditure of Local Government**			
地方公共财政预算收入	Public Budgetary Revenue of Local Government	1 338.15	355.73	26.6
地方公共财政预算支出	Public Budgetary Expenditure of Local Government	3 572.66	1 378.84	38.6

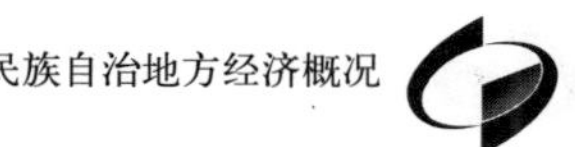

17−7 民族自治地方公共财政预算收入和支出(2011−2012年)

Public Budgetary Revenue and Expenditure of Local Government in Minority Autonomous Regions (2011-2012)

单位：亿元 (100 million yuan)

民族自治地方	National Autonomous Area	地方公共财政预算收入 Government Revenue		地方公共财政预算支出 Government Expenditure	
		2011	2012	2011	2012
民族自治地方总计	**Minority Autonomous Area Total**	**285.50**	**355.73**	**1 156.19**	**1 378.84**
自治州合计	**Autonomous Prefectures**	**235.53**	**291.06**	**911.59**	**1 080.71**
楚雄彝族自治州	Chuxiong Yi Autonomous Prefecture	37.58	46.32	126.76	158.02
红河哈尼族彝族自治州	Honghe Hani and Yi Autonomous Prefecture	72.79	84.48	213.19	248.08
文山壮族苗族自治州	Wenshan Zhuang and Miao Autonomous Prefecture	27.45	36.13	143.79	167.80
西双版纳傣族自治州	Xishuangbanna Dai Autonomous Prefecture	17.60	22.26	67.12	80.63
大理白族自治州	Dali Bai Autonomous Prefecture	45.95	59.28	159.62	200.50
德宏傣族景颇族自治州	Dehong Dai and Jingpo Autonomous Prefecture	18.91	24.32	92.30	102.16
怒江傈僳族自治州	Nujiang Lisu Autonomous Prefecture	6.66	7.51	42.68	50.39
迪庆藏族自治州	Diqing Tibetan Autonomous Prefecture	8.60	10.75	66.11	73.14
自治州以外的自治县合计	**Autonomous Counties Except the Above Prefectures**	**49.97**	**64.67**	**244.60**	**298.13**
石林彝族自治县	Shilin Yi Autonomous County	4.73	6.15	11.18	13.52
禄劝彝族苗族自治县	Luquan Yi and Miao Autonomous County	3.58	4.87	13.97	18.51
寻甸回族彝族自治县	Xundian Hui and Yi Autonomous County	4.59	5.93	16.43	19.57
峨山彝族自治县	Eshan Yi Autonomous County	3.04	3.56	8.14	9.47
新平彝族傣族自治县	Xinping Yi and Dai Autonomous County	7.06	8.32	17.68	19.45
元江哈尼族彝族傣族自治县	Yuanjiang Hani and Yi and Dai Autonomous County	2.10	2.55	9.05	10.75
玉龙纳西族自治县	Yulong Naxi Autonomous County	3.00	4.51	12.16	16.80
宁蒗彝族自治县	Ninglang Yi Autonomous County	1.43	1.87	13.68	21.76
宁洱哈尼族彝族自治县	Ning'er Hani and Yi Autonomous County	1.71	2.36	8.31	10.72
墨江哈尼族自治县	Mojiang Hani Autonomous County	2.18	2.72	12.48	14.50
景东彝族自治县	Jingdong Yi Autonomous County	2.54	3.05	12.36	16.07
景谷傣族彝族自治县	Jinggu Dai and Yi Autonomous County	3.32	4.28	13.72	14.91
镇沅彝族哈尼族拉祜族自治县	Zhenyuan Yi and Hani and Lahu Autonomous County	1.56	2.26	9.99	12.43
江城哈尼族彝族自治县	Jiangcheng Hani and Yi Autonomous County	0.80	1.09	7.68	8.94
孟连傣族拉祜族佤族自治县	Menglian Dai and Lahu and Wa Autonomous County	0.70	0.92	8.39	9.50
澜沧拉祜族自治县	Lancang Lahu Autonomous County	3.11	3.64	23.26	25.33
西盟佤族自治县	Ximeng Wa Autonomous County	0.37	0.45	7.52	7.50
双江拉祜族佤族布朗族傣族自治县	Shuangjiang Lahu and Wa and Bulang and Dai Autonomous County	1.01	1.62	11.08	14.01
耿马傣族佤族自治县	Gengma Dai and Wa Autonomous County	1.94	2.80	16.14	19.91
沧源佤族自治县	Cangyuan Wa Autonomous County	1.21	1.72	11.37	14.49

17-8 民族自治地方生产总值及其指数(2012年)

单位：亿元、%

民族自治地方	Minority Autonomous Area	生产总值 Gross Regional Product
民族自治地方总计	**Minority Autonomous Area Total**	**4 024.21**
自治州合计	**Autonomous Prefectures**	**3 247.78**
楚雄彝族自治州	Chuxiong Yi Autonomous Prefecture	570.02
红河哈尼族彝族自治州	Honghe Hani and Yi Autonomous Prefecture	905.43
文山壮族苗族自治州	Wenshan Zhuang and Miao Autonomous Prefecture	478.02
西双版纳傣族自治州	Xishuangbanna Dai Autonomous Prefecture	232.64
大理白族自治州	Dali Bai Autonomous Prefecture	672.09
德宏傣族景颇族自治州	Dehong Dai and Jingpo Autonomous Prefecture	201.00
怒江傈僳族自治州	Nujiang Lisu Autonomous Prefecture	74.94
迪庆藏族自治州	Diqing Tibetan Autonomous Prefecture	113.63
自治州以外的自治县合计	**Autonomous Counties Except the Above Prefectures**	**776.43**
石林彝族自治县	Shilin Yi Autonomous County	56.81
禄劝彝族苗族自治县	Luquan Yi and Miao Autonomous County	49.74
寻甸回族彝族自治县	Xundian Hui and Yi Autonomous County	56.95
峨山彝族自治县	Eshan Yi Autonomous County	43.94
新平彝族傣族自治县	Xinping Yi and Dai Autonomous County	84.82
元江哈尼族彝族傣族自治县	Yuanjiang Hani and Yi and Dai Autonomous County	43.14
玉龙纳西族自治县	Yulong Naxi Autonomous County	33.36
宁蒗彝族自治县	Ninglang Yi Autonomous County	22.45
宁洱哈尼族彝族自治县	Ning'er Hani and Yi Autonomous County	31.87
墨江哈尼族自治县	Mojiang Hani Autonomous County	34.56
景东彝族自治县	Jingdong Yi Autonomous County	43.38
景谷傣族彝族自治县	Jinggu Dai and Yi Autonomous County	61.50
镇沅彝族哈尼族拉祜族自治县	Zhenyuan Yi and Hani and Lahu Autonomous County	28.99
江城哈尼族彝族自治县	Jiangcheng Hani and Yi Autonomous County	20.09
孟连傣族拉祜族自治县	Menglian Dai and Lahu and Wa Autonomous County	16.11
澜沧拉祜族自治县	Lancang Lahu Autonomous County	39.67
西盟佤族自治县	Ximeng Wa Autonomous County	6.46
双江拉祜族佤族布朗族傣族自治县	Shuangjiang Lahu and Wa and Bulang and Dai Autonomous County	24.41
耿马傣族佤族自治县	Gengma Dai and Wa Autonomous County	54.24
沧源佤族自治县	Cangyuan Wa Autonomous County	23.94

注：本表总值按当年价格计算，指数按可比价格计算。

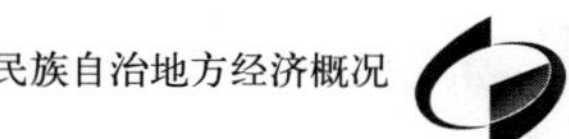

Gross Regional Product and Their Indices in Minority Autonomous Regions (2012)

(100 million yuan,%)

第一产业 Primary Industry	第二产业 Secondary Industry	第三产业 Tertiary Industry	生产总值指数（上年=100） Indices of GRP (preceding year=100)	第一产业 Primary Industry	第二产业 Secondary Industry	第三产业 Tertiary Industry
928.12	**1 688.94**	**1 407.15**	**114.0**	**107.2**	**118.4**	**112.8**
696.14	**1 400.75**	**1 150.89**	**113.7**	**107.1**	**117.7**	**112.3**
134.00	239.54	196.48	112.8	107.3	116.5	111.4
155.45	485.15	264.84	113.2	106.9	116.6	110.2
115.08	183.64	179.30	114.2	107.0	120.5	111.8
67.53	68.16	96.95	113.7	106.7	115.7	116.5
145.89	284.92	241.28	115.6	107.3	121.4	113.7
57.66	67.48	75.87	111.1	107.0	114.1	111.0
11.44	26.16	37.34	110.0	106.2	109.7	111.0
9.09	45.71	58.83	116.0	107.0	116.3	117.3
231.98	**288.20**	**256.25**	**115.4**	**107.6**	**122.3**	**114.8**
14.56	18.69	23.56	117.3	109.0	131.5	111.9
16.00	14.68	19.06	117.1	108.0	129.9	115.6
16.54	18.57	21.85	116.6	108.2	123.6	117.4
7.24	20.68	16.02	114.3	107.0	117.3	113.2
11.62	54.70	18.50	115.4	107.2	118.6	111.8
12.88	11.37	18.89	112.8	107.2	117.4	113.7
8.53	9.41	15.42	116.0	107.5	118.6	118.8
6.07	7.18	9.19	112.5	107.1	114.1	114.6
8.46	11.83	11.58	115.3	107.7	122.7	113.1
10.34	12.87	11.34	115.3	106.7	120.8	116.4
18.59	11.91	12.88	116.2	106.6	133.9	115.6
23.24	25.07	13.20	117.0	107.5	127.6	114.6
13.31	6.83	8.86	115.9	107.3	122.3	120.6
7.59	8.09	4.41	115.3	107.2	121.8	112.1
7.27	3.16	5.68	113.3	109.2	117.2	115.1
13.21	14.10	12.36	110.4	108.0	115.8	107.2
1.97	1.26	3.23	115.0	108.4	121.5	116.2
7.41	10.00	7.00	116.7	107.0	126.3	116.5
20.60	18.03	15.61	115.6	107.8	122.6	119.3
6.54	9.77	7.62	116.4	107.7	121.9	117.3

Note: Data of gross regional value are calculated at current prices,while indices are calculated by comparable prices.

17–9 民族自治地方职工人数(2012年)

Number of Staff and Workers in Minority Autonomous Regions (2012)

单位：万人 (10 000 preson)

民族自治地方	Minority Autonomous Area	职工人数 Number of Staff and Workers	国有单位 State-owned Entities	城镇集体单位 Urban Collective-owned Entities	其它单位 Others
民族自治地方合计	**Minority Autonomous Area Total**	**131.63**	**78.66**	**3.23**	**49.74**
自治州合计	**Autonomous Prefectures**	**104.98**	**61.67**	**2.36**	**40.94**
楚雄彝族自治州	Chuxiong Yi Nationality	15.48	9.79	0.29	5.40
红河哈尼族彝族自治州	Honghe Hani , Yi Nationality	30.43	15.91	0.71	13.81
文山壮族苗族自治州	Wenshan Zhuang , Miao Nationality	14.49	10.25	0.31	3.93
西双版纳傣族自治州	Xishuangbanna Dai Nationality	7.59	4.32	0.16	3.10
大理白族自治州	Dali Bai Nationality	19.98	10.45	0.40	9.13
德宏傣族景颇族自治州	Dehong Dai , Jingpo Nationality	10.44	6.16	0.32	3.96
怒江傈僳族自治州	Nujiang Lisu Nationality	3.40	2.46	0.09	0.85
迪庆藏族自治州	Diqing Tibetan Nationality	3.17	2.33	0.09	0.76
自治州以外的自治县	**Autonomous Counties Except the Above Prefectures**	**26.65**	**16.98**	**0.87**	**8.80**
石林彝族自治县	Shilin Yi Nationality	1.83	0.88	0.21	0.74
禄劝彝族苗族自治县	Luquan Yi , Miao Nationality	1.41	0.90	0.11	0.40
寻甸回族彝族自治县	Xundian Hui , Yi Nationality	2.12	1.08	0.04	1.00
峨山彝族自治县	Eshan Yi Nationality	1.58	0.69	0.07	0.82
新平彝族傣族自治县	Xinping Yi , Dai Nationality	2.17	1.05	0.06	1.07
元江哈尼族彝族傣族自治县	Yuanjiang Hani , Yi , Dai Nationality	1.50	0.89	0.03	0.58
玉龙纳西族自治县	Yulong Naxi Nationality	1.23	0.83	0.02	0.38
宁蒗彝族自治县	Ninglang Yi Nationality	1.10	0.80	0.01	0.29
宁洱哈尼族彝族自治县	Ning'er Hani , Yi Nationality	1.05	0.83	0.06	0.16
墨江哈尼族自治县	Mojiang Hani Nationality	1.14	0.82	0.03	0.30
景东彝族自治县	Jingdong Yi Nationality	1.89	1.14	0.03	0.73
景谷傣族彝族自治县	Jinggu Dai , Yi Nationality	1.68	0.82	0.06	0.80
镇沅彝族哈尼族拉祜族自治县	Zhenyuan Yi , Hani , Lahu Nationality	0.95	0.64	0.01	0.29
江城哈尼族彝族自治县	Jiangcheng Hani , Yi Nationality	0.97	0.86	0.03	0.09
孟连傣族拉祜族自治县	Menglian Dai , Lahu , Wa Nationality	0.82	0.69	0.02	0.11
澜沧拉祜族自治县	Lancang Lahu Nationality	1.29	0.99	0.03	0.27
西盟佤族自治县	Ximeng Wa Nationality	0.76	0.74	0.02	0.01
双江拉祜族佤族布朗族傣族自治县	Shuangjiang Lahu , Wa , Bulang , Dai Nationality	0.79	0.54	0.01	0.24
耿马傣族佤族自治县	Gengma Dai , Wa Nationality	1.36	1.02	0.03	0.31
沧源佤族自治县	Cangyuan Wa Nationality	0.99	0.76	0.01	0.23

17–10 民族自治地方职工平均工资(2012年)
Average Wages of Staff and Workers in Minority Autonomous Regions (2012)

单位：万元 / 人 (10 000 yuan / person)

民族自治地方	Minority Autonomous Area	职工平均工资 Average Wages of Staff and Workers	国有单位 State-owned Entities	集体单位 Collective-owned Entities	其它单位 Others
民族自治地方	**Minority Autonomous Area**	**3.59**	**3.92**	**4.82**	**3.04**
自治州合计	**Autonomous Prefectures**	**3.62**	**3.96**	**4.75**	**3.05**
楚雄彝族自治州	Chuxiong Yi Nationality	3.80	4.15	7.47	2.91
红河哈尼族彝族自治州	Honghe Hani , Yi Nationality	3.49	3.91	3.91	3.00
文山壮族苗族自治州	Wenshan Zhuang , Miao Nationality	3.39	3.42	4.79	3.22
西双版纳傣族自治州	Xishuangbanna Dai Nationality	3.56	3.92	3.45	2.99
大理白族自治州	Dali Bai Nationality	3.86	4.75	5.04	2.77
德宏傣族景颇族自治州	Dehong Dai , Jingpo Nationality	3.36	3.24	4.75	3.45
怒江傈僳族自治州	Nujiang Lisu Nationality	3.74	3.66	2.79	4.06
迪庆藏族自治州	Diqing Tibetan Nationality	4.87	4.86	5.01	4.89
自治州以外的自治县	**Autonomous Counties Except the Above Prefectures**	**3.45**	**3.75**	**5.00**	**2.98**
石林彝族自治县	Shilin Yi Nationality	3.91	4.48	4.12	3.09
禄劝彝族苗族自治县	Luquan Yi , Miao Nationality	4.36	5.10	2.97	3.05
寻甸回族彝族自治县	Xundian Hui , Yi Nationality	4.10	4.75	11.22	3.09
峨山彝族自治县	Eshan Yi Nationality	3.49	4.97	2.69	2.36
新平彝族傣族自治县	Xinping Yi , Dai Nationality	4.11	4.84	2.55	3.49
元江哈尼族彝族傣族自治县	Yuanjiang Hani , Yi , Dai Nationality	4.05	4.94	6.44	2.79
玉龙纳西族自治县	Yulong Naxi Nationality	3.62	3.89	4.75	2.98
宁蒗彝族自治县	Ninglang Yi Nationality	3.39	3.46	9.52	3.01
宁洱哈尼族彝族自治县	Ning'er Hani , Yi Nationality	3.15	3.25	4.15	2.24
墨江哈尼族自治县	Mojiang Hani Nationality	3.54	3.54	7.57	3.11
景东彝族自治县	Jingdong Yi Nationality	3.31	3.56	12.43	2.48
景谷傣族彝族自治县	Jinggu Dai , Yi Nationality	3.25	3.34	5.47	3.00
镇沅彝族哈尼族拉祜族自治县	Zhenyuan Yi , Hani , Lahu Nationality	3.18	3.37	11.44	2.35
江城哈尼族彝族自治县	Jiangcheng Hani , Yi Nationality	2.98	2.94	3.40	3.28
孟连傣族拉祜族佤族自治县	Menglian Dai , Lahu , Wa Nationality	2.94	2.94	2.98	2.88
澜沧拉祜族自治县	Lancang Lahu Nationality	3.02	3.00	3.90	3.00
西盟佤族自治县	Ximeng Wa Nationality	2.34	2.28	5.01	2.09
双江拉祜族佤族布朗族傣族自治县	Shuangjiang Lahu,Wa ,Bulang,Dai Nationality	3.23	3.34	7.29	2.88
耿马傣族佤族自治县	Gengma Dai , Wa Nationality	3.60	4.17	7.71	2.83
沧源佤族自治县	Cangyuan Wa Nationality	3.08	3.33	3.38	2.38

17−11 民族自治地方农、林、牧、渔业总产值(2012年)

单位：亿元

民族自治地方	Minority Autonomous Area	农、林、牧、渔业总产值 Gross Output Value of Farming, Forestry, Animal Husbandry and Fishery
民族自治地方总计	**Minority Autonomous Area Total**	**1 602.19**
自治州合计	**Autonomous Prefectures**	**1 198.40**
楚雄彝族自治州	Chuxiong Yi Autonomous Prefecture	221.01
红河哈尼族彝族自治州	Honghe Hani and Yi Autonomous Prefecture	260.83
文山壮族苗族自治州	Wenshan Zhuang and Miao Autonomous Prefecture	192.46
西双版纳傣族自治州	Xishuangbanna Dai Autonomous Prefecture	115.20
大理白族自治州	Dali Bai Autonomous Prefecture	285.58
德宏傣族景颇族自治州	Dehong Dai and Jingpo Autonomous Prefecture	91.34
怒江傈僳族自治州	Nujiang Lisu Autonomous Prefecture	17.23
迪庆藏族自治州	Diqing Tibetan Autonomous Prefecture	14.76
自治州以外的自治县合计	**Autonomous Counties Except the Above Prefectures**	**403.78**
石林彝族自治县	Shilin Yi Autonomous County	26.61
禄劝彝族苗族自治县	Luquan Yi and Miao Autonomous County	29.88
寻甸回族彝族自治县	Xundian Hui and Yi Autonomous County	29.50
峨山彝族自治县	Eshan Yi Autonomous County	11.46
新平彝族傣族自治县	Xinping Yi and Dai Autonomous County	22.75
元江哈尼族彝族傣族自治县	Yuanjiang Hani and Yi and Dai Autonomous County	21.80
玉龙纳西族自治县	Yulong Naxi Autonomous County	16.64
宁蒗彝族自治县	Ninglang Yi Autonomous County	10.16
宁洱哈尼族彝族自治县	Ning'er Hani and Yi Autonomous County	14.10
墨江哈尼族自治县	Mojiang Hani Autonomous County	17.15
景东彝族自治县	Jingdong Yi Autonomous County	31.27
景谷傣族彝族自治县	Jinggu Dai and Yi Autonomous County	38.78
镇沅彝族哈尼族拉祜族自治县	Zhenyuan Yi and Hani and Lahu Autonomous County	22.10
江城哈尼族彝族自治县	Jiangcheng Hani and Yi Autonomous County	12.58
孟连傣族拉祜族佤族自治县	Menglian Dai and Lahu and Wa Autonomous County	12.15
澜沧拉祜族自治县	Lancang Lahu Autonomous County	23.79
西盟佤族自治县	Ximeng Wa Autonomous County	3.61
双江拉祜族佤族布朗族傣族自治县	Shuangjiang Lahu and Wa and Bulang and Dai Autonomous County	12.52
耿马傣族佤族自治县	Gengma Dai and Wa Autonomous County	33.35
沧源佤族自治县	Cangyuan Wa Autonomous County	13.59

注：本表按现行价格计算。

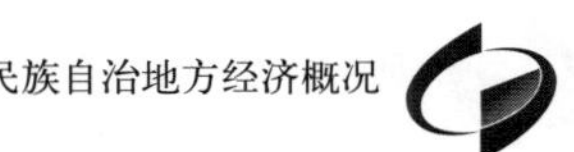

Gross Output Value of Farming, Forestry, Animal Husbandry and Fishery in Minority Autonomous Regions (2012)

(100 million yuan)

农　业 Farming	林　业 Forestry	牧 业 Animal Husbandry	渔　业 Fishery	农、林、牧、渔服务业 Services in Support of Agriculture，Forestry, Animal Husbandry and Fishery
822.56	**166.29**	**533.27**	**38.74**	**41.33**
608.76	**115.34**	**414.98**	**26.22**	**33.11**
120.15	6.59	79.48	2.53	12.26
121.35	14.46	113.67	7.59	3.76
100.81	9.79	76.80	2.62	2.45
41.46	59.42	8.09	3.29	2.94
154.90	8.97	107.64	6.93	7.14
55.94	11.78	18.37	2.97	2.28
7.28	2.46	6.43	0.04	1.01
6.86	1.87	4.50	0.24	1.28
213.81	**50.95**	**118.28**	**12.52**	**8.22**
14.71	1.23	9.26	0.49	0.91
16.00	0.20	13.31	0.09	0.28
13.53	0.87	14.22	0.56	0.31
6.25	0.50	4.34	0.11	0.26
13.00	1.40	7.85	0.18	0.32
16.75	0.59	4.16	0.22	0.08
7.04	0.49	7.52	0.39	1.19
4.57	0.58	4.69	0.15	0.16
6.71	1.92	4.21	0.95	0.32
8.25	2.17	4.51	1.92	0.30
14.57	5.10	10.49	0.63	0.49
17.48	11.57	5.60	3.31	0.83
11.11	4.25	6.00	0.46	0.26
7.09	3.39	1.57	0.38	0.15
5.83	3.72	1.77	0.23	0.60
13.37	2.82	6.21	0.99	0.40
1.40	1.27	0.74	0.05	0.17
7.08	0.96	3.72	0.35	0.41
21.16	6.35	4.69	0.75	0.42
7.90	1.57	3.44	0.31	0.37

Note: The data above are calculated at current prices in 1990.

17−12 民族自治地方主要农作物产量(2012年)

单位：万吨

民族自治地方	Minority Autonomous Area	粮食 Grain	稻谷 Rice
民族自治地方	**Minority Autonomous Area**	**989.64**	**328.81**
自治州合计	**Autonomous Prefectures**	**755.59**	**260.28**
楚雄彝族自治州	Chuxiong Yi Autonomous Prefecture	117.00	39.24
红河哈尼族彝族自治州	Honghe Hani and Yi Autonomous Prefecture	170.00	60.77
文山壮族苗族自治州	Wenshan Zhuang and Miao Autonomous Prefecture	149.15	42.27
西双版纳傣族自治州	Xishuangbanna Dai Autonomous Prefecture	45.21	24.42
大理白族自治州	Dali Bai Autonomous Prefecture	163.77	48.00
德宏傣族景颇族自治州	Dehong Dai and Jingpo Autonomous Prefecture	73.55	40.17
怒江傈僳族自治州	Nujiang Lisu Autonomous Prefecture	19.83	3.91
迪庆藏族自治州	Diqing Tibetan Autonomous Prefecture	17.06	1.50
自治州以外的自治县合计	**Autonomous Counties Except the Above Prefectures**	**234.05**	**68.54**
石林彝族自治县	Shilin Yi Autonomous County	13.85	2.00
禄劝彝族苗族自治县	Luquan Yi and Miao Autonomous County	21.01	2.57
寻甸回族彝族自治县	Xundian Hui and Yi Autonomous County	23.51	5.41
峨山彝族自治县	Eshan Yi Autonomous County	6.26	2.46
新平彝族傣族自治县	Xinping Yi and Dai Autonomous County	13.72	4.29
元江哈尼族彝族傣族自治县	Yuanjiang Hani and Yi and Dai Autonomous County	8.79	2.88
玉龙纳西族自治县	Yulong Naxi Autonomous County	11.51	0.86
宁蒗彝族自治县	Ninglang Yi Autonomous County	8.13	1.11
宁洱哈尼族彝族自治县	Ning'er Hani and Yi Autonomous County	8.28	3.04
墨江哈尼族自治县	Mojiang Hani Autonomous County	14.25	4.01
景东彝族自治县	Jingdong Yi Autonomous County	16.74	5.03
景谷傣族彝族自治县	Jinggu Dai and Yi Autonomous County	17.01	6.02
镇沅彝族哈尼族拉祜族自治县	Zhenyuan Yi and Hani and Lahu Autonomous County	10.46	4.15
江城哈尼族彝族自治县	Jiangcheng Hani and Yi Autonomous County	4.18	1.69
孟连傣族拉祜族佤族自治县	Menglian Dai and Lahu and Wa Autonomous County	5.76	3.20
澜沧拉祜族自治县	Lancang Lahu Autonomous County	22.37	10.34
西盟佤族自治县	Ximeng Wa Autonomous County	4.01	1.90
双江拉祜族佤族布朗族傣族自治县	Shuangjiang Lahu and Wa and Bulang and Dai Autonomous County	6.58	1.77
耿马傣族佤族自治县	Gengma Dai and Wa Autonomous County	10.56	3.80
沧源佤族自治县	Cangyuan Wa Autonomous County	7.08	2.00

Yields of Major Farm Crops in Minority Autonomous Areas (2012)

(10 000 tons)

小麦 Wheat	玉米 Maize	豆类 Beans and Peas	薯类 Tubers	油料 Oil-bearing Crops	甘蔗 Sugar-cane	烤烟 Flue-cured Tobacco
46.42	**411.17**	**70.57**	**76.41**	**25.62**	**1493.15**	**58.80**
34.05	**305.49**	**58.04**	**52.60**	**20.76**	**890.42**	**39.70**
9.94	39.30	13.04	7.27	5.34	0.87	12.14
6.17	66.85	9.57	15.63	2.94	152.62	9.58
7.41	73.38	14.97	10.86	6.01	210.55	7.84
0.02	19.21	0.27	0.36	0.24	88.13	
4.74	65.30	15.97	8.93	4.00	8.47	9.18
1.94	24.44	0.99	5.98	1.60	422.62	0.69
1.09	9.52	2.02	2.13	0.21	7.15	0.06
2.75	7.49	1.19	1.45	0.42		0.22
12.37	**105.68**	**12.53**	**23.81**	**4.86**	**602.73**	**19.10**
0.80	8.71	0.86	1.01	0.10		1.63
1.51	9.92	1.20	4.35	0.22	0.10	1.48
0.88	5.42	1.50	7.29	0.48		2.49
0.17	3.26	0.23	0.07	0.78	0.59	1.25
0.31	7.47	0.20	0.66	0.15	52.31	1.48
0.40	4.56	0.29	0.27	0.35	37.30	1.31
2.42	4.16	1.50	1.76	0.48		1.72
0.26	1.78	1.13	2.68	0.03		0.36
0.65	3.75	0.25	0.49	0.25	0.08	0.71
0.49	8.29	0.84	0.27	0.33	6.13	1.13
1.77	7.62	1.23	1.02	0.15	26.37	1.55
0.58	7.62	0.66	1.91	0.45	45.98	1.17
0.80	4.55	0.70	0.19	0.23	2.35	1.66
0.05	2.33	0.03	0.08	0.04	7.11	
0.01	2.44	0.05	0.03	0.09	31.54	
0.28	10.14	0.67	0.31	0.25	77.23	0.04
0.06	1.81	0.03	0.01	0.02	4.79	
0.61	3.14	0.25	0.50	0.16	57.41	0.46
0.24	4.42	0.68	0.75	0.15	193.96	0.40
0.09	4.27	0.22	0.15	0.15	59.49	0.27

17-13 民族自治地方规模以上工业企业单位数及总产值(2012年)

单位：亿元

民族自治地方	Minority Autonomous Area	工业企业单位数（个）Number of Industrial Enterprises(unit)
民族自治地方总计	**Minority Autonomous Area Total**	**1 188**
自治州合计	**Autonomous Prefectures**	**920**
楚雄彝族自治州	Chuxiong Yi Nationality	181
红河哈尼族彝族自治州	Honghe Hani , Yi Nationality	226
文山壮族苗族自治州	Wenshan Zhuang , Miao Nationality	132
西双版纳傣族自治州	Xishuangbanna Dai Nationality	51
大理白族自治州	Dali Bai Nationality	207
德宏傣族景颇族自治州	Dehong Dai , Jingpo Nationality	83
怒江傈僳族自治州	Nujiang Lisu Nationality	20
迪庆藏族自治州	Diqing Tibetan Nationality	20
自治州以外的自治县合计	**Autonomous Counties Except the Above Prefectures**	**268**
石林彝族自治县	Shilin Yi Nationality	32
禄劝彝族苗族自治县	Luquan Yi , Miao Nationality	21
寻甸回族彝族自治县	Xundian Hui , Yi Nationality	22
峨山彝族自治县	Eshan Yi Nationality	24
新平彝族傣族自治县	Xinping Yi , Dai Nationality	16
元江哈尼族彝族傣族自治县	Yuanjiang Hani , Yi , Dai Nationality	19
玉龙纳西族自治县	Yulong Naxi Nationality	7
宁蒗彝族自治县	Ninglang Yi Nationality	12
宁洱哈尼族彝族自治县	Ning'er Hani , Yi Nationality	14
墨江哈尼族自治县	Mojiang Hani Nationality	9
景东彝族自治县	Jingdong Yi Nationality	10
景谷傣族彝族自治县	Jinggu Dai , Yi Nationality	26
镇沅彝族哈尼族拉祜族自治县	Zhenyuan Yi , Hani , Lahu Nationality	8
江城哈尼族彝族自治县	Jiangcheng Hani , Yi Nationality	9
孟连傣族拉祜族佤族自治县	Menglian Dai , Lahu , Wa Nationality	3
澜沧拉祜族自治县	Lancang Lahu Nationality	12
西盟佤族自治县	Ximeng Wa Nationality	4
双江拉祜族佤族布朗族傣族自治县	Shuangjiang Lahu , Wa , Bulang , Dai Nationality	6
耿马傣族佤族自治县	Gengma Dai , Wa Nationality	6
沧源佤族自治县	Cangyuan Wa Nationality	8

注：1.统计范围为年主营业务收入2000万元及以上工业。
2.工业总产值系按当年价格计算。

Number of Industrial Enterprises above Designated Size and Their Gross Output Value in Minority Autonomous Areas (2012)

(100 million yuan)

国 有 Of Which State-owned	轻工业 Light Industry	重工业 Heavy Industry	工业总产值 Gross Output Value of Industry	国 有 Of Which State-owned
92	**355**	**833**	**3 016.88**	**441.51**
70	**290**	**630**	**2 516.12**	**361.96**
15	72	109	430.60	34.48
22	53	173	997.94	198.32
8	39	93	306.06	57.13
9	19	32	69.94	9.98
10	82	125	538.43	47.12
4	20	63	107.04	9.29
2		20	28.55	5.64
	5	15	37.56	
22	**65**	**203**	**500.76**	**79.55**
2	12	20	29.19	2.56
2	2	19	16.52	3.02
3	2	20	57.38	10.94
1	3	21	41.27	1.85
2	3	13	156.62	42.69
	2	17	17.24	
	4	3	8.44	
	2	10	7.63	
2	3	11	12.77	2.58
2	3	6	16.28	5.53
1	3	7	13.14	0.80
	8	18	37.36	
1		8	7.31	0.37
3	3	6	12.53	7.38
	1	2	3.10	
1	4	8	21.20	0.82
	1	3	1.70	
1	3	3	11.39	0.51
1	4	2	19.54	0.50
	2	6	10.15	

Note: a.Statistical coverage are industrial enterprises with annual revenue over 5 million yuan from principal business.
b.Gross industrial product value is calculated at the current prices.

17-14 民族自治地方工业主要产品产量(2012年)

单位：万吨

民族自治地方	Minority Autonomous Area	粗钢 Steel	生铁 Pig Iron
民族自治地方总计	**Minority Autonomous Area Total**	**442.30**	**371.10**
自治州合计	**Autonomous Prefectures**	**330.17**	**346.83**
楚雄彝族自治州	Chuxiong Yi Nationality	142.14	133.31
红河哈尼族彝族自治州	Honghe Hani , Yi Nationality	188.03	192.08
文山壮族苗族自治州	Wenshan Zhuang , Miao Nationality		5.83
西双版纳傣族自治州	Xishuangbanna Dai Nationality		
大理白族自治州	Dali Bai Nationality		15.61
德宏傣族景颇族自治州	Dehong Dai , Jingpo Nationality		
怒江傈僳族自治州	Nujiang Lisu Nationality		
迪庆藏族自治州	Diqing Tibetan Nationality		
自治州以外的自治县合计	**Autonomous Counties Except the Above Prefectures**	**112.13**	**24.27**
石林彝族自治县	Shilin Yi Nationality		
禄劝彝族苗族自治县	Luquan Yi , Miao Nationality		
寻甸回族彝族自治县	Xundian Hui , Yi Nationality		
峨山彝族自治县	Eshan Yi Nationality		24.27
新平彝族傣族自治县	Xinping Yi , Dai Nationality	112.13	
元江哈尼族彝族傣族自治县	Yuanjiang Hani , Yi , Dai Nationality		
玉龙纳西族自治县	Yulong Naxi Nationality		
宁蒗彝族自治县	Ninglang Yi Nationality		
宁洱哈尼族彝族自治县	Ning'er Hani , Yi Nationality		
墨江哈尼族自治县	Mojiang Hani Nationality		
景东彝族自治县	Jingdong Yi Nationality		
景谷傣族彝族自治县	Jinggu Dai , Yi Nationality		
镇沅彝族哈尼族拉祜族自治县	Zhenyuan Yi , Hani , Lahu Nationality		
江城哈尼族彝族自治县	Jiangcheng Hani , Yi Nationality		
孟连傣族拉祜族佤族自治县	Menglian Dai , Lahu , Wa Nationality		
澜沧拉祜族自治县	Lancang Lahu Nationality		
西盟佤族自治县	Ximeng Wa Nationality		
双江拉祜族佤族布朗族傣族自治县	Shuangjiang Lahu , Wa , Bulang , Dai Nationality		
耿马傣族佤族自治县	Gengma Dai , Wa Nationality		
沧源佤族自治县	Cangyuan Wa Nationality		

注：统计范围为年主营业务收入2000万元及以上工业企业。

Output of Major Industrial Products in Minority Autonomous Areas (2012)

(10 000 tons)

原 煤 Coal	发电量(亿千瓦小时) Electricity (100 million kwh)	糖 Sugar	农用化肥 Chemicl	白 酒(万升) Liquor (myriahiter)	啤 酒(万升) Beer (myriahiter)	水 泥 Cement
2 158.03	**388.27**	**138.68**	**120.15**	**4 221.30**	**38 875.99**	**3 147.49**
1 589.00	**341.55**	**79.49**	**100.31**	**2 759.30**	**38 875.99**	**2 511.29**
123.04	12.05		9.09	179.70	13 482.90	119.99
1 230.21	135.35	6.95	88.32	12.30	2 711.89	551.72
152.36	47.80	10.10	2.90	1 767.90		391.29
	5.68	11.87			2 008.10	72.40
83.39	22.99	0.54		334.10	20 673.10	1 077.25
	97.64	50.03				210.85
	9.09					4.22
	10.95			465.30		83.57
569.03	**46.72**	**59.19**	**19.84**	**1 462.00**		**636.20**
85.80	0.15					98.43
	7.95					45.06
310.52	6.23		12.98			98.06
20.38			6.86	302.30		32.70
	3.37	4.82				30.78
	1.49	3.51				156.10
	5.97					
94.06	1.45			301.90		7.55
6.34	0.17					77.16
	11.76	0.51		161.90		4.54
8.96	0.66	1.93				12.07
15.93	4.38	3.33		695.90		19.84
	0.04					11.32
	0.04	0.87				
	0.09	3.91				
18.89	0.23	6.01				11.31
	0.65	0.91				
	0.67	5.56				
	1.26	20.60				
8.15	0.16	7.23				31.28

Note: Statistical coverage are all industrial legal entities in this table.

17−15 民族自治地方规模以上工业企业主要财务指标(2012年)

单位：亿元

民族自治地方	Minority Autonomous Area	工业总产值 Gross Output Value (at current prices)
民族自治地方总计	**Minority Autonomous Area Total**	**3 016.88**
自治州合计	**Autonomous Prefectures**	**2 516.12**
楚雄彝族自治州	Chuxiong Yi Nationality	430.60
红河哈尼族彝族自治州	Honghe Hani , Yi Nationality	997.94
文山壮族苗族自治州	Wenshan Zhuang , Miao Nationality	306.06
西双版纳傣族自治州	Xishuangbanna Dai Nationality	69.94
大理白族自治州	Dali Bai Nationality	538.43
德宏傣族景颇族自治州	Dehong Dai , Jingpo Nationality	107.04
怒江傈僳族自治州	Nujiang Lisu Nationality	28.55
迪庆藏族自治州	Diqing Tibetan Nationality	37.56
自治州以外的自治县合计	**Autonomous Counties Except the Above Prefectures**	**500.76**
石林彝族自治县	Shilin Yi Nationality	29.19
禄劝彝族苗族自治县	Luquan Yi , Miao Nationality	16.52
寻甸回族彝族自治县	Xundian Hui , Yi Nationality	57.38
峨山彝族自治县	Eshan Yi Nationality	41.27
新平彝族傣族自治县	Xinping Yi , Dai Nationality	156.62
元江哈尼族彝族傣族自治县	Yuanjiang Hani , Yi , Dai Nationality	17.24
玉龙纳西族自治县	Yulong Naxi Nationality	8.44
宁蒗彝族自治县	Ninglang Yi Nationality	7.63
宁洱哈尼族彝族自治县	Ning'er Hani , Yi Nationality	12.77
墨江哈尼族自治县	Mojiang Hani Nationality	16.28
景东彝族自治县	Jingdong Yi Nationality	13.14
景谷傣族彝族自治县	Jinggu Dai , Yi Nationality	37.36
镇沅彝族哈尼族拉祜族自治县	Zhenyuan Yi , Hani , Lahu Nationality	7.31
江城哈尼族彝族自治县	Jiangcheng Hani , Yi Nationality	12.53
孟连傣族拉祜族佤族自治县	Menglian Dai , Lahu , Wa Nationality	3.10
澜沧拉祜族自治县	Lancang Lahu Nationality	21.20
西盟佤族自治县	Ximeng Wa Nationality	1.70
双江拉祜族佤族布朗族傣族自治县	Shuangjiang Lahu , Wa , Bulang , Dai Nationality	11.39
耿马傣族佤族自治县	Gengma Dai , Wa Nationality	19.54
沧源佤族自治县	Cangyuan Wa Nationality	10.15

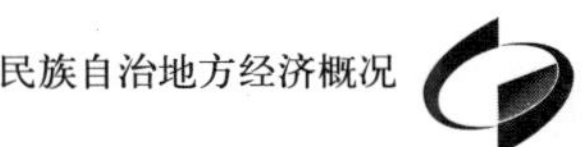

Principal Financial Indicators of Industrial Enterprises above Designated size in Minority Autonomous Areas (2012)

(100 million yuan)

主营业务收入 Revenue from Principal Business	固定资产原价 Original Value of Fixed Assets	固定资产净值 Net Value of Fixed Assets	利税总额 Total Profits	亏损企业亏损总额 Total Loss of Loss-making Enterprises
2 792.06	**2 735.60**	**1 963.09**	**542.90**	**42.02**
2 339.74	**2 175.05**	**1 540.91**	**482.28**	**31.27**
391.29	237.99	140.47	89.80	1.80
944.41	771.66	518.65	173.20	14.28
265.18	236.14	181.68	68.56	3.36
66.78	108.86	82.58	14.63	1.40
509.04	509.33	378.67	113.60	2.31
105.15	192.64	151.62	17.65	4.09
27.20	54.96	38.60	2.14	0.75
30.69	63.47	48.64	2.70	3.28
452.32	**560.55**	**422.18**	**60.62**	**10.75**
28.56	27.16	17.33	4.24	0.07
16.37	53.25	44.51	1.02	1.05
52.83	42.33	30.12	7.11	0.33
36.03	19.82	12.56	5.56	0.73
134.70	76.28	52.93	16.06	0.81
17.81	14.62	8.42	0.39	0.67
6.81	2.75	1.83	1.08	
7.63	3.05	2.46	2.21	
11.42	24.90	19.78	0.80	0.48
15.04	66.26	57.61	2.86	1.43
13.28	18.28	14.15	1.08	0.20
36.74	58.33	38.68	6.81	1.27
7.09	7.81	6.18	1.24	0.10
12.72	54.58	46.27	0.59	1.42
2.78	2.53	1.41	0.33	0.09
18.80	55.98	46.63	4.54	0.10
1.70	1.44	0.38	0.18	0.11
9.41	7.66	5.32	0.92	0.35
14.35	18.82	12.97	2.36	1.16
8.25	4.70	2.64	1.24	0.38

Chapter 18

十八、城市经济概况

Economic Survey of Cities

18-1 云南城市基本情况(2012年)(一)

Basic Statistics on Cities in Yunnan(2012)(Ⅰ)

单位：亿元 (100 million yuan)

指　　标	Item	全　省 Yunnan	8个省辖市 Prefecture Cities	8个省辖市占全省比重(%) Percentage of Prefecture Cities
土地面积 （万平方千米）	Area of Land (10 000 sq.km)	39.41	19.86	50.4
年末总人口（万人）	Population at Year-end (10 000 persons)	4 659.00	2 840.87	61.0
地区生产总值(当年价格)	Gross Regional Product(at current prices)	10 309.47	7 289.11	70.7
第一产业增加值	Added Value of Primary Industry	1 654.55	1 002.31	60.6
第二产业增加值	Added Value of Secondary Industry	4 419.20	3 523.75	79.7
第三产业增加值	Added Value of Tertiary Industry	3 450.72	2 763.05	80.1
全社会固定资产投资	Investment in Fixed Assets	7 553.51	5 472.97	72.5
社会消费品零售总额	Total Retail Sales of Consumer Goods	3 541.60	2 563.26	72.4
地方财政一般预算收入	General Budgetary Revenue of Local Governments	1 338.15	763.61	57.1
地方财政一般预算支出	General Budgetary Expenditure of Local Governments	3 572.66	1 803.33	50.5
货物进出口总额 （亿美元）	Total Volume of Export and Import (USD 100 million)	210.05	217.82	103.7
货物出口额(海关数)	Total Volume of Export (Customs Data)	100.18	69.38	69.2
货物进口额(海关数)	Total Volume of Import (Customs Data)	109.87	148.44	135.1
规模以上工业	Industry above Designated Size			
工业企业数 （个）	Number of Industrial Enterprises (unit)	3 211.00	2 298.00	71.6
内资企业	Domestic Funded Enterprises	3 036.00	2 162.00	71.2
港澳台商投资企业	Enterprises with Funds from HongKong,Macao and Taiwan	81.00	61.00	75.3
外商投资企业	Foreign Funded Enterprises	94.00	75.00	79.8
工业总产值(当年价)	Gross Industrial Output Value(at current price)	11 641.46	6 710.23	57.6
内资企业	Domestic Funded Enterprises	8 757.33	6 360.42	72.6
港澳台商投资企业	Enterprises with Funds from HongKong,Macao and Taiwan	198.81	133.08	66.9
外商投资企业	Foreign Funded Enterprises	268.67	216.73	80.7
主营业务收入	Revenue from Principal Business	8 942.15	6 600.69	73.8
本年应交增值税	Value Added Tax Payable	463.85	332.92	71.8
利润总额	Total Profits	586.52	403.49	68.8
邮政、电信业务收入	Postal and Telecommunications Revenue		170.72	
邮政业务收入	Revenue from Postal Services	15.09	8.87	
电信业务收入	Revenue from Telecommunication Services	13.47	161.85	47.0
教 育	Education	344.34		
普通高等学校	Institutions of Higher Education			
学校数 （所）	Number of Institution (unit)	66.00	55.00	83.3
在校学生数 （万人）	Student Enrollment (10 000 persons)	51.22	44.32	86.5
卫 生	Health Care			
医院、卫生院数 （个）	Number of Hospitals and Health Centers (unit)	10 070.00	1 648.00	16.4
医生数(执业医师+执业助理医师) （万人）	Number of Doctors(General Medical Practitioner& Assistant Medical Practitioner)(10 000 persons)	6.69	6.10	91.2
医院、卫生院床位数(万张)	Number of Beds in Hospitals and Health Centers(10 000 beds)	19.47	12.08	62.0

18-2 云南城市基本情况(2012年)(二)

Basic Statistics on Cities in Yunnan(2012)(Ⅱ)

单位：亿元 (100 million yuan)

指 标	Item	8个省辖市 8 Municipalities Directly under the Province	不包括市辖区 (Exclude Districts under City)
年末人口数 (万人)	**Population (year-end)(10 000 persons)**	**2 840.87**	**2 206.61**
在岗职工平均人数（万人）	**Average Staff and Workers (10 000 persons)**	**250.43**	**134.70**
地区生产总值（当年价格）	**Gross Regional Product(at current price)**	**7 289.11**	**3 462.65**
第一产业增加值	Added Value of Primary Industry	1 002.31	863.38
第二产业增加值	Added Value of Secondary Industry	3 523.75	1 612.88
第三产业增加值	Added Value of Tertiary Industry	2 763.05	986.39
全社会固定资产投资	**Investment in Fixed Assets**	**5 472.97**	**2 954.74**
社会消费品零售总额	**Total Retail Sales of Consumer Goods**	**2 563.26**	**635.99**
限额以上批发零售贸易业商品销售总额	Sales of Wholesale and Retail Enterprises above Designated Size	5 082.64	841.91
规模以上工业企业数 (个)	Number of Industrial Enterprises above Designated Size (unit)	2 298	1 487
#内资企业	Domestic Funded Enterprises	2162	1438
工业总产值（当年价）	Gross Industrial Output Value (at current prices)	6 710.23	3 131.42
#内资企业	Domestic Funded Enterprises	6 360.42	2 996.78
工业企业主营业务收入	Revenue from Principal Business	6 600.69	3 033.36
全社会用电量 (亿千瓦小时)	Annual Electricity Consumption (100 million kwh)	788.98	492.48
当年实际使用外资金额(亿美元)	Total Amount of Foreign Investment Actuallly Utilized(USD 100 million)	18.34	7.31
年末邮政局(所)数 (处)	Number of Post Offices(unit)	1 054	750
固定电话年末用户数（万户）	Number of Fixed Telephone Subscribers (year-end)(10 000 subscribers)	340.58	—
移动电话年末用户数（万户）	Number of Mobile Telephone Subscribers (year-end)(10 000 subscribers)	2 308.57	—
在校学生数 (万人)	**Student Enrollment (10 000 persons)**		
普通高等学校学生数	Regular Institutes of Higher Education	44.32	1.54
中等职业教育学校学生数	Secondary Vocational Schools	40.99	12.76
普通中学学生数	Regular Secondary Schools	166.08	126.10
小学学生数	Primary Schools	258.10	196.62
成人高等学校在校学生数(万人)	Adult High Education Institutions (10 000 persons)	16.61	0.09
卫 生	**Health care**		
医院、卫生院数 (个)	Number of Hospitals and Health Centers (unit)	1 648	1 297
医院、卫生院床位数(万张)	Number of Beds in Hospitals and Health Centers(10 000 beds)	12.08	6.51
医生数(执业医师+执业助理医师)(万人)	Number of Doctors(General Medical Practitioner& Assistant Medical Practitioner)(10 000 persons)	6.10	3.74
在岗职工工资总额	Total Wages of Staff and Workers	1 007.11	541.67
居民人民币储蓄存款年末余额	**Savings Deposits by Residents at the Year-end**	**5 467.19**	**2 056.66**

注：2012年年末固定电话用户数和年末移动电话用户数市辖区免报。
Note:Fixed and mobile telephone subscribers in districts directly under the cities are not included.

18-3 各市国民经济主要经济指标（2012年）

单位：亿元

指 标 Item	年末总人口（万人）Total Population (year-end) (10 000 persons)	生产总值 Gross Regional Product	第一产业增加值 Added Value of Primary Industry	第二产业增加值 Added Value of Secondary Industry	第三产业增加值 Added Value of Tertiary Industry	客运量（万人）Passenger Traffic (10 000 persons)	货运量（万吨）Freight Traffic (10 000 tons)	地方财政预算收入 Budgetary Revenue of Local Governments	地方财政预算支出 Budgetary Expenditure of Local Governments	全社会固定资产投资 Investment in Fixed Assets
昆 明 Kunming	543.48	3 011.14	159.17	1 378.48	1 473.50	15 918	18 929	378.40	525.54	2 345.91
曲 靖 Qujing	637.39	1 400.17	262.30	742.92	394.94	6 616	8 016	103.83	281.93	825.09
玉 溪 Yuxi	214.1	1 000.18	97.44	623.95	278.78	3 688	4 688	90.22	168.76	507.00
保 山 Baoshan	255.56	389.96	112.92	133.93	143.11	2 023	2 413	35.55	141.57	222.63
昭 通 Zhaotong	583.25	555.60	113.35	270.61	171.64	2 911	3 467	39.47	248.09	421.79
丽 江 Lijiang	118.96	212.24	36.61	89.74	85.89	2 328	2 540	38.01	106.73	295.57
普 洱 Pu'er	251.73	366.86	112.88	133.56	120.41	3 294	3 661	47.91	170.09	351.01
临 沧 Lincang	236.4	352.98	107.64	150.55	94.78	884	1 237	30.22	160.62	503.98
合 计 Total	**2 840.87**	**7 289.13**	**1 002.31**	**3 523.75**	**2 763.05**	**37 662**	**44 951**	**763.61**	**1 803.33**	**5 472.97**

Main Economic Indicators of Prefecture Cities(2012)

(100 million yuan)

居民人民币储蓄存款余额 Savings Deposits by Residents	在岗职工平均工资(万元/人) Average Wage of Staff and Workers (10 000 yuan/person)	年末邮政局(所)数(处) Number of Postal Offices at Year-end (unit)	年末固定电话用户数(万户) Number of Subscribers of Fixed Telephones at Year-end (10 000 Subscribers)	社会消费品零售总额 Total Retail Sales of Consumer Goods	货物进出口总额(亿美元) Total Value of Import and Export (USD 100 million)	普通高等学校在校学生数(万人) Total Enrollment of Regular Institutions of Higher Education (10 000 persons)	医院卫生院(个) Hospitals and Health Centers (unit)	医生数(万人) Number of Doctors (10 000 persons)
2 967.02	4.51	301	174.34	1 493.80	200.96	36.10	236	3.81
688.74	3.73	162	34.85	331.69	2.85	2.62	635	0.62
499.60	4.31	78	22.20	198.64	5.33	1.35	133	0.44
285.48	3.12	90	17.26	119.69	1.46	1.01	109	0.30
367.65	3.73	149	25.90	149.61	0.26	0.60	207	0.38
216.69	3.51	69	15.85	65.69	0.85	1.22	81	0.10
258.85	3.12	125	31.49	102.17	2.71	0.85	132	0.22
183.16	3.41	80	18.69	101.97	3.40	0.57	115	0.23
5 467.19	**29.44**	**1 054**	**340.58**	**2 563.26**	**217.82**	**44.32**	**1 648**	**6.10**

18–4 各市城市设施水平（2012年）
Level of Public Facilities in Districts under City by Region(2012)

城　市	City	每万人拥有公共交通车辆（标台） Number of Public Transportation Vehicles Per 10 000 Persons (unit)	人均城市道路面积（平方米） Per Capita Area of Paved Roads (sq.m)	人　均绿地面积（平方米） Per Capita Public Green Areas (sq.m)
昆　明	Kunming	17.1	14.3	47.5
曲　靖	Qujing	8.1	11.1	33.3
玉　溪	Yuxi	2.9	15.3	29.4
保　山	Baoshan	2.4	3.6	5.0
昭　通	Zhaotong	2.3	4.4	7.0
丽　江	Lijiang	13.2	13.1	56.4
普　洱	Pu'er	5.9	8.7	53.3
临　沧	Lincang	1.7	5.8	17.8

主要统计指标解释

供水综合生产能力 指按供水设施取水、净化、送水、出厂输水干管等环节设计能力计算的综合生产能力。包括在原设计能力的基础上，经挖、革、改增加的生产能力。计算时，以四个环节中最薄弱的环节为主确定能力。

年末供水管道长度 指从送水泵至用户水表之间所有管道的长度。不包括新安装尚未使用、水厂内以及用户建筑物内的管道。

全年供水总量 指报告期供水企业（单位）供出的全部水量。包括有效供水量和漏损水量。

生活用水量 包括公共服务用水和居民家庭用水。公共服务用水指为城市社会公共生活服务的用水。包括行政事业单位、部队营区和公共设施服务、社会服务业、批发零售业、住宿餐饮业以及其他公共服务业等单位的用水。居民家庭用水指城市范围内所有居民家庭的日常生活用水。包括城市居民、农民家庭、公共供水站用水。

城市供热能力 指供热企业（单位）向城市热用户输送热能的设计能力。

城市供热总量 指在报告期供热企业（单位）向城市热用户输送全部蒸汽和热水的总热量。

城市供热管道长度 指从各类热源到热用户建筑物接入口之间的全部蒸汽和热水的管道长度。不包括各类热源厂内部的管道长度。

年末道路长度 指年末道路长度和与道路相通的桥梁、隧道的长度，按车行道中心线计算。在统计时只统计路面宽度在3.5米（含3.5米）以上的各种铺装道路，包括开放型工业区和住宅区道路在内。

城市桥梁 指为跨越天然或人工障碍物而修建的构筑物。包括跨河桥、立交桥、人行天桥以及人行地下通道等。按使用年限分为永久性桥和半永久性桥。

城市排水管道长度 指所有排水总管、干管、支管、检查井及连接井进出口等长度之和。

城市污水日处理能力 指污水处理厂（或污水处理装置）每昼夜处理污水量的设计能力。

年末运营车数 指年末城市用于公共交通运营业务的全部车辆数。新购、新制和调入的运营车辆，自投入之日起开始计算；调出、报废和调作他用的运营车辆，自上级主管机关批准之日起不再计入。

城市园林绿地面积 指报告期末用作园林和绿化的各种绿地面积。包括公园绿地、生产绿地、防护绿地、附属绿地和其他绿地的面积。

公园绿地城市中向公众开放的以游憩为主要功能，有一定的游憩设施和服务设施，同时兼有健全生态、美化景观、防灾减灾等综合作用的绿化用地。包括综合公园、社区公园、专类公园、带状公园和街旁绿地。其中综合公园、专类公园和带状公园面积之和为公园面积。

清扫保洁面积 指报告期末对城市道路和公共场所（主要包括城市行车道、人行道、车行隧道、人行过街地下通道、道路附属绿地、地铁站、高架路、人行过街天桥、立交桥、广场、停车场及其他设施等）进行清扫保洁的面积。一天清扫多次的，按清扫保洁面积最大的一次计算。

市容环卫专用车辆 指用于环境卫生作业、监察的专用车辆和设备，包括用于道路清扫、冲洗、洒水、除雪、垃圾粪便清运、市容监察以及与其配套使用的车辆和设备。

每万人拥有公共交通车辆 指报告期末城区内每万人平均拥有的公共交通车辆标台数。计算公式：

$$\text{每万人拥有公共交通车辆} = \frac{\text{公共交通运营车标台数}}{\text{城市人口总数}}$$

Explanatory Notes on Principal Statistical Indicators

Production Capacity of Water Supply refers to the designed overall production capacity of water facilities, covering the four segments of water collection, purification, conveyance, and outflow through trunk pipelines. Increased capacity through transformation and innovation projects is included as well. The capacity is determined mainly on the weakest of the above – mentioned four segments.

Length of Water Supply Pipelines at Year – end refers to the total length of all the pipelines between the water pumps and the user water meters, excluding pipelines newly installed but not used yet, pipeline in the water factory, and pipeline in the user's buildings.

Annual Volume of Water Supply refers to the total volume of water supplied by water – works (units) during the reference period, including both the effective water supply and loss during the water supply.

Consumption of Water for Residential Use refers to water consumption of households for daily life and water consumption of public service facilities. The latter refers to water consumption for urban public services, including the consumption of government agencies and public institutions, military barracks, public facilities, wholesale and retail trades, accommodation and catering industry and other units providing public services. Household water consumption refers to consumption of water for daily life of all households within the boundary of cities, including households of urban residents and farmers, and public water supply stations.

Coverage Rate of Urban Population with Access to Tap Water refers to the ratio of the urban population with access to tap water to the total urban population. The formula is:

$$\text{Coverage of urban population with access to tap water} = \frac{\text{Urban population with access to tap water}}{\text{Urban population}} \times 100\%$$

Length of Paved Roads at Year – end refers to the length of roads with paved surface including bridges and tunnels connected with roads by the end of the year. Length of the roads is measured by the central lines for vehicles for paved roads with a width of 3. 5 meters and over, including roads in open – ended factory compounds and residential quarters.

Number of Vehicles under Operation at Year – end refers to the total number of vehicles under operation by public transport enterprises (units) at the end of the year, based on the records of operational vehicles by the enterprises (units).

Area of Parks and Green Land refers to the total area occupied for green projects at the end of the reference period, including park green land, production green land, protection green land, green land attached to institutions, and other green areas.

Park Green Area refers to green areas open to the public for amusement and rest with the facilities of amusement, rest and services. Its function includes perfecting ecology, beautifying landscape, and preventing and reducing disaster. Park green areas include comprehensive park, community park, topic park, belt – shaped park and green area nearby street. Total areas of comprehensive park, topic park and belt – shaped is the area of park.

Public Transportation Vehicles per 10000 Population refers to the number of public transportation vehicles, at the end of the reference period, per 10000 population in the city district. The formula for calculation is:

$$\text{Public Transporta tion Vehicles per 10000 Population} = \frac{\text{Number of Public Transporta tion Vehicles}}{\text{City District Population}} \times 100\%$$

Chapter 19

十九、县域经济概况

Survey of Intra-county Economies

19-1 各州市县生产总值及其指数(2012年)

Gross Regional Product and Its Indices by Region (2012)

单位：亿元，% (100 million,%)

州市县	Region	生产总值 Gross Regional Product	第一产业 Primary Industry	第二产业 Secondary Industry	第三产业 Tertiary Industry	生产总值指数（上年=100）Index (preceding year=100)	第一产业 Primary Industry	第二产业 Secondary Industry	第三产业 Tertiary Industry
全　　省	**Yunnan**	**10 309.47**	**1 654.55**	**4 419.20**	**4 235.72**	**113.0**	**106.7**	**116.7**	**110.9**
昆明市	**Kunming**	**3 011.14**	**159.17**	**1 378.48**	**1 473.49**	**114.1**	**106.4**	**116.1**	**113.0**
呈贡区	Chenggong	107.22	5.82	50.38	51.02	113.5	82.0	118.1	113.3
五华区	Wuhua	730.42	1.91	419.85	308.66	113.8	100.3	114.0	113.5
盘龙区	Panlong	371.87	2.16	109.77	259.94	113.9	95.0	117.0	113.0
官渡区	Guandu	674.23	8.12	253.81	412.30	113.8	99.6	114.4	113.7
西山区	Xishan	354.00	3.26	96.00	254.74	113.7	101.0	111.9	114.6
东川区	Dongchuan	70.10	4.51	47.81	17.78	117.1	106.0	118.9	115.3
晋宁县	Jinning	84.52	16.25	46.04	22.23	118.0	108.0	123.0	115.6
富民县	Fumin	42.32	8.10	20.88	13.34	116.9	106.1	122.5	115.0
宜良县	Yiliang	132.16	37.10	37.17	57.89	116.7	110.4	124.9	115.3
石林县	Shilin	56.81	14.56	18.69	23.56	117.3	109.0	131.5	111.9
嵩明县	Songming	65.82	12.19	35.42	18.21	117.0	108.3	121.9	113.0
禄劝县	Luquan	49.74	16.00	14.68	19.06	117.1	108.0	129.9	115.6
寻甸县	Xundian	56.95	16.54	18.57	21.84	116.6	108.2	123.6	117.4
安宁市	Anning	213.10	10.49	127.50	75.11	113.4	107.9	112.8	115.1
曲靖市	**Qujing**	**1 400.17**	**262.30**	**742.92**	**394.95**	**113.0**	**107.3**	**115.5**	**111.8**
麒麟区	Qilin	428.97	18.27	268.50	142.20	114.6	107.0	116.3	112.2
马龙县	Malong	31.72	7.03	15.42	9.27	114.3	108.0	118.5	112.5
陆良县	Luliang	131.86	43.30	54.34	34.22	113.2	108.0	118.9	110.8
师宗县	Shizong	75.12	30.34	28.00	16.78	113.5	108.0	120.3	111.0
罗平县	Luoping	115.56	31.35	45.87	38.34	115.8	108.0	120.3	116.2
富源县	Fuyuan	147.17	27.50	81.50	38.17	109.1	106.2	108.5	112.5
会泽县	Huize	130.98	33.18	69.82	27.98	113.0	106.8	116.6	109.9
沾益县	Zhanyi	132.16	30.02	68.78	33.36	111.5	107.0	113.2	111.7
宣威市	Xuanwei	205.96	44.17	96.16	65.63	114.1	107.1	119.2	111.2
玉溪市	**Yuxi**	**1 000.17**	**97.44**	**623.95**	**278.78**	**112.2**	**107.0**	**113.0**	**111.8**
红塔区	Hongta	562.95	11.98	441.30	109.67	111.0	106.9	111.2	110.5
江川县	Jiangchuan	48.69	12.40	14.81	21.48	112.7	106.9	117.7	113.0
澄江县	Chengjiang	51.13	8.05	23.23	19.85	113.9	106.8	117.7	113.0
通海县	Tonghai	65.94	12.15	27.12	26.67	115.7	107.5	121.2	114.2
华宁县	Huaning	47.04	12.92	16.15	17.97	113.9	107.0	119.3	113.8
易门县	Yimen	44.29	8.45	20.87	14.97	113.2	106.8	117.6	110.4
峨山县	Eshan	43.94	7.24	20.68	16.02	114.3	107.0	117.3	113.2
新平县	Xinping	84.82	11.62	54.70	18.50	115.4	107.2	118.6	111.8
元江县	Yuanjiang	43.14	12.88	11.37	18.89	112.8	107.2	117.4	113.7

19−1 续表1 continued

单位：亿元, % (100 million,%)

州市县	Region	生产总值 Gross Regional Product	第一产业 Primary Industry	第二产业 Secondary Industry	第三产业 Tertiary Industry	生产总值指数（上年=100）Index (preceding year=100)	第一产业 Primary Industry	第二产业 Secondary Industry	第三产业 Tertiary Industry
保山市	**Baoshan**	**389.96**	**112.92**	**133.93**	**143.11**	**115.1**	**106.5**	**121.7**	**115.8**
隆阳区	Longyang	149.13	38.00	51.54	59.59	114.2	106.6	120.2	114.0
施甸县	Shidian	34.01	12.21	8.54	13.26	115.0	106.5	124.1	116.8
腾冲县	Tengchong	105.05	25.21	37.06	42.78	117.3	106.7	122.5	118.7
龙陵县	Longling	42.81	14.32	17.45	11.04	115.1	106.5	122.9	113.8
昌宁县	Changning	57.91	23.18	21.02	13.71	112.9	106.6	116.9	119.1
昭通市	**Zhaotong**	**555.60**	**113.35**	**270.61**	**171.64**	**116.1**	**107.3**	**122.9**	**111.0**
昭阳区	Zhaoyang	170.44	20.34	87.93	62.17	113.2	107.5	115.4	111.5
鲁甸县	Ludian	37.86	8.85	20.01	9.00	118.6	107.4	125.8	112.5
巧家县	Qiaojia	41.30	16.09	12.83	12.38	116.2	107.4	129.9	113.4
盐津县	Yanjin	31.79	7.11	15.61	9.07	118.9	107.3	132.4	107.5
大关县	Daguan	18.23	5.30	6.37	6.56	117.6	107.2	132.4	113.3
永善县	Yongshan	40.00	10.42	16.49	13.09	116.4	107.4	125.1	112.1
绥江县	Suijiang	17.77	3.29	7.41	7.07	116.1	107.2	120.1	115.7
镇雄县	Zhenxiong	82.40	19.16	39.45	23.79	119.9	107.0	135.0	109.4
彝良县	Yiliang	46.13	15.78	19.78	10.57	113.7	107.6	116.9	113.6
威信县	Weixin	29.38	5.24	13.61	10.53	116.3	107.5	126.5	108.7
水富县	Shuifu	37.37	1.77	26.25	9.35	119.8	107.4	124.7	109.1
丽江市	**Lijiang**	**212.24**	**36.61**	**89.74**	**85.89**	**115.8**	**107.0**	**121.4**	**113.6**
古城区	Gucheng	74.10	4.40	29.50	40.20	116.1	106.5	129.8	108.5
玉龙县	Yulong	33.36	8.53	9.41	15.42	116.0	107.5	118.6	118.8
永胜县	Yongsheng	44.78	12.50	19.90	12.38	117.3	107.0	128.8	110.5
华坪县	Huaping	38.37	5.12	23.72	9.53	111.0	106.6	110.6	114.0
宁蒗县	Ninglang	22.45	6.07	7.18	9.20	112.5	107.1	114.1	114.6
普洱市	**Pu'er**	**366.85**	**112.88**	**133.56**	**120.41**	**115.6**	**107.3**	**123.3**	**114.0**
思茅区	Simao	77.16	8.89	33.54	34.73	116.1	106.4	119.7	114.8
宁洱县	Ning'er	31.87	8.46	11.83	11.58	115.3	107.7	122.7	113.1
墨江县	Mojiang	34.56	10.34	12.87	11.35	115.3	106.7	120.8	116.4
景东县	Jingdong	43.38	18.59	11.91	12.88	116.2	106.6	133.9	115.6
景谷县	Jinggu	61.50	23.24	25.07	13.19	117.0	107.5	127.6	114.6
镇沅县	Zhenyuan	28.99	13.31	6.83	8.85	115.9	107.3	122.3	120.6
江城县	Jiangcheng	20.09	7.59	8.09	4.41	115.3	107.2	121.8	112.1
孟连县	Menglian	16.11	7.27	3.16	5.68	113.3	109.2	117.2	115.1
澜沧县	Lancang	39.67	13.21	14.10	12.36	110.4	108.0	115.8	107.2
西盟县	Ximeng	6.46	1.97	1.26	3.23	115.0	108.4	121.5	116.2
临沧市	**Lincang**	**352.98**	**107.64**	**150.55**	**94.79**	**116.8**	**107.3**	**126.3**	**114.5**
临翔区	Linxiang	55.84	11.52	20.55	23.77	117.4	107.0	127.4	116.2
凤庆县	Fengqing	74.44	25.13	34.15	15.16	117.1	107.9	122.8	117.3
云县	Yunxian	71.34	21.23	33.76	16.35	116.8	107.4	126.6	113.1
永德县	Yongde	35.71	11.49	13.76	10.46	116.6	108.5	128.3	113.2
镇康县	Zhenkang	28.81	6.21	15.00	7.60	118.9	107.0	128.5	115.7
双江县	Shuangjiang	24.41	7.41	10.00	7.00	116.7	107.0	126.3	116.5
耿马县	Gengma	54.24	20.60	18.03	15.61	115.6	107.8	122.6	119.3
沧源县	Cangyuan	23.94	6.54	9.77	7.63	116.4	107.7	121.9	117.3

19-1 续表2 continued

单位：亿元, % (100 million,%)

州市县	Region	生产总值 Gross Regional Product	第一产业 Primary Industry	第二产业 Secondary Industry	第三产业 Tertiary Industry	生产总值指数（上年=100）Index (preceding year=100)	第一产业 Primary Industry	第二产业 Secondary Industry	第三产业 Tertiary Industry
楚雄州	**Chuxiong**	**570.02**	**134.00**	**239.54**	**196.48**	**112.8**	**107.3**	**116.5**	**111.4**
楚雄市	Chuxiong	220.89	22.10	128.10	70.69	113.0	107.4	115.2	110.7
双柏县	Shuangbo	20.02	8.35	4.95	6.72	114.6	107.0	126.5	115.1
牟定县	Mouding	31.15	9.33	10.60	11.22	114.6	107.1	122.5	112.9
南华县	Nanhua	31.87	11.44	9.86	10.57	112.7	107.4	120.8	110.6
姚安县	Yao'an	29.37	11.20	8.80	9.37	112.1	107.4	115.3	114.0
大姚县	Dayao	40.87	13.34	14.56	12.97	112.5	107.4	115.9	113.3
永仁县	Yongren	17.65	6.80	4.29	6.56	113.6	107.2	116.9	117.1
元谋县	Yuanmou	30.76	11.80	8.21	10.75	113.0	107.6	122.3	111.9
武定县	Wuding	35.20	12.70	11.10	11.40	115.1	107.3	122.4	116.3
禄丰县	Lufeng	115.36	23.30	43.48	48.58	112.8	107.4	115.3	113.0
红河州	**Honghe**	**905.43**	**155.45**	**485.15**	**264.83**	**113.2**	**106.9**	**116.6**	**110.2**
蒙自市	Mengzi	102.85	17.90	52.97	31.98	114.3	106.9	118.7	110.1
个旧市	Gejiu	167.53	9.48	113.68	44.37	113.7	106.9	115.6	110.7
开远市	Kaiyuan	124.41	13.70	62.98	47.73	113.5	106.9	115.9	112.2
屏边县	Pingbian	16.95	4.67	6.29	5.99	113.5	106.8	124.8	107.8
建水县	Jianshui	89.64	21.41	35.39	32.84	113.5	106.8	124.6	106.5
石屏县	Shiping	38.76	16.75	10.72	11.29	113.2	106.8	124.9	111.3
弥勒县	Mile	201.05	20.23	152.10	28.72	113.0	107.1	114.6	107.5
泸西县	Luxi	53.19	12.14	21.64	19.41	113.2	107.0	120.2	109.4
元阳县	Yuanyang	28.35	10.02	7.53	10.80	109.4	107.0	110.5	110.3
红河县	Honghe	19.94	8.30	4.28	7.36	114.0	106.8	132.6	112.0
金平县	Jinping	27.88	7.72	12.61	7.55	112.8	106.9	116.9	110.9
绿春县	Luchun	17.75	5.66	7.12	4.97	116.0	107.1	126.4	112.2
河口县	Hekou	26.09	7.47	5.80	12.82	110.2	106.8	125.3	105.9
文山州	**Wenshan**	**478.02**	**115.08**	**183.64**	**179.30**	**114.2**	**107.0**	**120.5**	**111.8**
文山市	Wenshan	140.64	14.99	69.90	55.75	115.2	106.8	119.4	111.7
砚山县	Yanshan	75.18	14.72	34.44	26.02	115.2	107.1	120.8	111.8
西畴县	Xichou	19.24	7.06	2.39	9.79	111.4	106.9	114.6	113.4
麻栗坡县	Malipo	36.60	9.16	15.88	11.56	113.5	106.8	119.1	110.5
马关县	Maguan	51.37	13.20	21.73	16.44	113.0	107.6	115.3	113.2
丘北县	Qiubei	40.71	16.96	9.06	14.69	115.3	107.0	134.9	113.0
广南县	Guangnan	63.26	24.71	15.60	22.95	112.7	106.8	121.0	112.7
富宁县	Funing	49.74	14.29	17.38	18.07	114.0	107.2	119.6	113.1
西双版纳州	**Xishuangbanna**	**232.64**	**67.53**	**68.16**	**96.95**	**113.7**	**106.7**	**115.7**	**116.5**
景洪市	Jinghong	124.91	29.30	40.80	54.81	115.8	106.5	118.4	118.8
勐海县	Menghai	58.78	14.78	19.92	24.08	116.6	106.9	109.4	129.4

19-1 续表3 continued

单位：亿元, % (100 million,%)

州市县	Region	生产总值 Gross Regional Product	第一产业 Primary Industry	第二产业 Secondary Industry	第三产业 Tertiary Industry	生产总值指数（上年=100）Index (preceding year=100)	第一产业 Primary Industry	第二产业 Secondary Industry	第三产业 Tertiary Industry
勐腊县	Mengla	55.01	22.78	10.57	21.66	112.1	106.8	115.8	115.3
大 理 州	**Dali**	**672.09**	**145.89**	**284.92**	**241.28**	**115.6**	**107.3**	**121.4**	**113.7**
大理市	Dali	255.17	19.46	128.30	107.41	115.5	106.3	116.8	115.4
漾濞县	Yangbi	14.99	4.48	7.28	3.23	112.8	109.0	113.1	116.9
祥云县	Xiangyun	93.15	24.00	50.11	19.04	116.2	104.5	121.2	117.7
宾川县	Binchuan	69.83	31.00	18.50	20.33	115.0	109.0	124.3	115.8
弥渡县	Midu	34.39	9.90	11.41	13.08	116.0	107.4	128.4	112.5
南涧县	Nanjian	33.76	9.55	12.84	11.37	111.8	107.5	111.0	116.4
巍山县	Weishan	37.38	13.02	12.51	11.85	115.4	107.5	128.7	114.0
永平县	Yongping	25.73	10.27	7.74	7.72	116.0	107.3	127.2	116.3
云龙县	Yunlong	38.02	8.53	21.77	7.72	119.9	107.0	131.7	113.6
洱源县	Eryuan	37.73	13.46	13.09	11.18	115.2	107.4	124.7	113.3
剑川县	Jianchuan	19.77	4.55	9.99	5.23	115.0	107.3	119.4	113.3
鹤庆县	Heqing	41.65	8.61	25.04	8.00	116.1	107.3	122.5	108.8
德 宏 州	**Dehong**	**201.00**	**57.66**	**67.48**	**75.86**	**111.1**	**107.0**	**114.1**	**111.0**
芒 市	Mangshi	63.80	17.02	20.41	26.37	112.5	107.6	116.5	111.9
瑞丽市	Ruili	39.64	7.75	7.75	24.14	109.1	102.5	109.5	111.1
梁河县	Lianghe	14.05	4.75	3.86	5.44	110.2	109.0	106.3	113.9
盈江县	Yingjiang	57.43	17.04	27.74	12.65	111.5	107.7	114.6	108.7
陇川县	Longchuan	27.02	11.09	8.17	7.76	111.4	107.8	113.5	113.7
怒 江 州	**Nujiang**	**74.94**	**11.44**	**26.16**	**37.34**	**110.0**	**106.2**	**109.7**	**111.0**
泸水县	Lushui	26.15	3.80	9.40	12.95	112.9	106.3	118.7	110.5
福贡县	Fugong	7.02	1.53	2.42	3.07	110.5	106.2	106.5	115.7
贡山县	Gongshan	5.32	1.38	1.92	2.02	108.4	106.3	103.5	114.9
兰坪县	Lanping	30.59	4.68	16.26	9.65	106.3	106.6	104.2	109.8
迪 庆 州	**Diqing**	**113.63**	**9.09**	**45.71**	**58.83**	**116.0**	**107.0**	**116.3**	**117.3**
香格里拉县	Shangri-La	70.83	3.81	29.69	37.33	116.8	107.3	119.3	115.8
德钦县	Deqin	16.44	1.34	7.74	7.36	111.8	106.7	109.8	115.0
维西县	Weixi	26.57	3.93	8.75	13.89	116.9	106.8	118.7	118.9

19-2 各州市县人均生产总值(2011-2012年)
Per Capita Gross Regional Product by Region (2011-2012)

单位：元/人 (yuan/person)

州市县	Region	2011	2012	州市县	Region	2011	2012
全　省	**Yunnan**	**19 265**	**22 195**	龙陵县	Longling	12 899	15 279
昆明市	**Kunming**	**38 831**	**46 256**	昌宁县	Changning	13 553	16 684
呈贡区	Chengong	26 988	33 559	**昭通市**	**Zhaotong**	**8 877**	**10 528**
五华区	Panlong	70 784	84 884	昭阳区	Zhaoyang	18 688	21 348
盘龙区	Guandu	37 110	45 510	鲁甸县	Ludian	7 884	9 561
官渡区	Xishan	64 073	78 127	巧家县	Qiaojia	6 366	7 926
西山区	Xishan	37 977	46 232	盐津县	Yanjin	7 033	8 485
东川区	Dongchuan	20 532	25 490	大关县	Daguan	5 632	6 837
晋宁县	Jinning	23 668	29 346	永善县	Yongshan	8 111	10 018
富民县	Fumin	23 246	28 597	绥江县	Suijiang	9 692	11 454
宜良县	Yiliang	25 463	31 141	镇雄县	Zhenxiong	5 077	6 131
石林县	Shilin	18 053	22 769	彝良县	Yiliang	7 271	8 728
嵩明县	Songming	18 004	22 692	威信县	Weixin	6 388	7 524
禄劝县	Luquan	9 715	12 409	水富县	Shuifu	30 137	36 209
寻甸县	Xundian	9 942	12 341	**丽江市**	**Lijiang**	**14 279**	**16 870**
安宁市	Anning	48 956	61 325	古城区	Gucheng	29 553	34 757
曲靖市	**Qujing**	**20 588**	**23 661**	玉龙县	Yulong	12 675	15 359
麒麟区	Qilin	49 639	57 067	永胜县	Yongsheng	9 395	11 308
马龙县	Malong	14 794	16 891	华坪县	Huaping	20 359	22 569
陆良县	Luliang	18 454	21 051	宁蒗县	Ninglang	7 392	8 577
师宗县	Shizong	15 804	18 942	**普洱市**	**Pu'er**	**11 795**	**14 286**
罗平县	Luoping	16 853	20 821	思茅区	Simao	21 531	25 380
富源县	Fuyuan	18 437	20 169	宁洱县	Ning'er	13 886	16 861
会泽县	Huize	12 399	14 282	墨江县	Mojiang	7 941	9 504
沾益县	Zhanyi	26 998	30 098	景东县	Jingdong	9 595	11 997
宣威市	Xuanwei	13 638	15 673	景谷县	Jinggu	17 564	20 962
玉溪市	**Yuxi**	**37 913**	**43 037**	镇沅县	Zhenyuan	10 590	13 806
红塔区	Hongta	103 071	112 702	江城县	Jiangcheng	12 347	16 267
江川县	Jiangchuan	15 305	17 237	孟连县	Menglian	9 512	11 707
澄江县	Chengjiang	25 762	29 813	澜沧县	Lancang	7 055	8 012
通海县	Tonghai	18 501	21 583	西盟县	Ximeng	5 795	7 024
华宁县	Huaning	18 590	21 726	**临沧市**	**Lincang**	**11 166**	**14 376**
易门县	Yimen	21 754	24 909	临翔区	Lincang	13 191	17 103
峨山县	Eshan	23 244	26 828	凤庆县	Fengqing	11 507	16 082
新平县	Xinping	25 153	29 502	云　县	Yunxian	11 803	15 718
元江县	Yuanjiang	16 497	19 610	永德县	Yongde	7 674	9 567
保山市	**Baoshan**	**12 847**	**15 397**	镇康县	Zhenkang	12 272	16 157
隆阳区	Longyang	13 635	15 775	双江县	Shuangjiang	10 306	13 677
施甸县	Shidian	9 374	11 029	耿马县	Gengma	14 841	18 021
腾冲县	Tengchong	13 513	16 124	沧源县	Cangyuan	9 591	13 145

19−2 续表 continued

单位：元/人 (yuan/person)

州市县	Region	2011	2012
楚雄州	**Chuxiong**	**17 899**	**21 022**
楚雄市	Chuxiong	32 935	37 294
双柏县	Shuangbo	10 245	12 418
牟定县	Mouding	12 265	14 751
南华县	Nanhua	11 265	13 323
姚安县	Yao'an	11 794	14 122
大姚县	Dayao	12 238	14 818
永仁县	Yongren	13 171	16 027
元谋县	Yuanmou	12 211	14 174
武定县	Wuding	10 758	12 750
禄丰县	Lufeng	23 425	26 879
红河州	**Honghe**	**17 270**	**19 909**
蒙自市	Mengzi	21 088	24 407
个旧市	Gejiu	31 927	36 145
开远市	Kaiyuan	33 574	38 198
屏边县	Pingbian	9 392	10 952
建水县	Jianshui	14 097	16 699
石屏县	Shiping	10 578	12 829
弥勒县	Mile	30 981	36 870
泸西县	Luxi	11 227	13 122
元阳县	Yuanyang	6 096	7 054
红河县	Honghe	5 589	6 641
金平县	Jinping	6 550	7 729
绿春县	Luchun	6 436	7 890
河口县	Hekou	21 490	24 774
文山州	**Wenshan**	**11 364**	**13 459**
文山市	Wenshan	24 884	28 844
砚山县	Yanshan	13 602	16 075
西畴县	Xichou	6 332	7 479
麻栗坡县	Malipo	11 126	13 056
马关县	Maguan	11 653	13 847
丘北县	Qiubei	6 880	8 443
广南县	Guangnan	6 631	7 968
富宁县	Funing	10 046	12 088
西双版纳州	**Xishuangbanna**	**17 357**	**20 309**
景洪市	Jinghong	20 158	23 770
勐海县	Menghai	14 405	17 530
勐腊县	Mengla	16 728	19 323
大理州	**Dali**	**16 376**	**19 282**
大理市	Dali	33 026	38 774
漾濞县	Yangbi	12 447	14 495
祥云县	Xiangyun	16 516	20 272
宾川县	Binchuan	16 191	19 587
弥渡县	Midu	9 060	10 896
南涧县	Nanjian	13 116	15 132
巍山县	Weishan	9 068	12 183
永平县	Yongping	11 792	14 561
云龙县	Yunlong	12 292	18 857
洱源县	Eryuan	11 631	13 931
剑川县	Jianchuan	9 404	11 532
鹤庆县	Heqing	13 609	16 175
德宏州	**Dehong**	**14 157**	**16 408**
芒市	Mangshi	13 743	16 197
瑞丽市	Ruili	19 279	21 367
梁河县	Lianghe	7 803	9 058
盈江县	Yingjiang	16 040	18 663
陇川县	Longchuan	12 283	14 780
怒江州	**Nujiang**	**11 968**	**13 953**
泸水县	Lushui	12 302	14 076
福贡县	Fugong	6 111	7 080
贡山县	Gongshan	12 105	13 959
兰坪县	Lanping	12 597	14 296
迪庆州	**Diqing**	**23 996**	**28 133**
香格里拉县	Shangri-La	34 402	40 542
德钦县	Deqin	21 692	24 482
维西县	Weixi	13 821	16 389

19-3 各州市县年末总人口(2005-2012年)

Total Population at Year-end by Region（2005-2012）

单位：万人 (10 000 persons)

州市县	Region	2005	2006	2007	2008	2009	2010	2011	2012
全 省	**Yunnan**	**4 450.40**	**4 483.00**	**4 514.00**	**4 543.00**	**4 571.00**	**4 601.60**	**4 631.03**	**4 659.00**
昆明市	**Kunming**	**608.57**	**615.20**	**619.33**	**623.90**	**628.00**	**643.92**	**648.64**	**653.30**
呈贡区	Chenggong	21.45	22.05	22.85	22.50	23.00	31.12	31.70	32.20
五华区	Wuhua	89.09	87.77	88.09	87.49	87.00	85.64	86.20	85.90
盘龙区	Panlong	63.47	64.49	65.16	65.91	73.00	81.08	81.60	81.80
官渡区	Guandu	66.79	74.48	74.68	75.61	76.50	85.43	86.00	86.60
西山区	Xishan	74.56	68.49	69.13	70.75	71.50	75.46	76.24	76.90
东川区	Dongchuan	28.15	29.05	29.12	29.33	29.50	27.22	27.40	27.50
晋宁县	Jinning	28.02	28.25	28.32	28.04	28.20	28.41	28.50	29.10
富民县	Fumin	14.52	14.92	15.01	15.07	15.20	14.57	14.70	14.90
宜良县	Yiliang	40.96	41.62	41.84	42.58	42.90	41.99	42.25	42.60
石林县	Shilin	23.49	23.89	24.03	24.26	24.40	24.65	24.80	25.10
嵩明县	Songming	33.97	34.43	34.72	34.94	28.50	28.74	28.90	29.10
禄劝县	Luquan	43.07	43.90	44.15	44.52	44.80	39.68	39.95	40.20
寻甸县	Xundian	49.76	50.32	50.48	50.89	51.30	45.76	46.00	46.30
安宁市	Anning	31.27	31.54	31.75	32.01	32.20	34.17	34.40	35.10
曲靖市	**Qujing**	**565.76**	**570.00**	**572.92**	**578.20**	**581.80**	**586.14**	**589.89**	**593.60**
麒麟区	Qilin	67.74	68.23	69.18	69.48	70.10	74.16	75.02	75.32
马龙县	Malong	18.52	18.89	19.15	19.16	19.50	18.52	18.68	18.88
陆良县	Luliang	61.15	60.93	61.51	61.82	62.00	62.31	62.49	62.79
师宗县	Shizong	36.59	37.46	38.03	38.06	38.20	39.28	39.52	39.80
罗平县	Luoping	52.71	53.86	54.44	54.50	54.70	55.03	55.35	55.65
富源县	Fuyuan	70.09	70.16	70.38	70.41	70.50	72.34	72.75	73.18
会泽县	Huize	89.35	87.28	87.72	90.93	91.60	90.93	91.33	92.08
沾益县	Zhanyi	39.86	39.70	40.20	40.56	41.00	43.15	43.76	44.06
宣威市	Xuanwei	129.75	133.55	132.31	133.28	134.20	130.43	130.99	131.84
玉溪市	**Yuxi**	**221.35**	**224.60**	**226.40**	**227.60**	**228.70**	**230.60**	**231.80**	**233.00**
红塔区	Hongta	46.01	46.71	47.10	47.39	47.70	49.57	49.80	50.10
江川县	Jiangchuan	27.08	27.52	27.76	27.89	28.00	28.12	28.20	28.30
澄江县	Chengjiang	15.90	16.16	16.30	16.40	16.50	16.95	17.10	17.20
通海县	Tonghai	29.60	29.98	30.19	30.40	30.50	30.11	30.40	30.70
华宁县	Huaning	20.72	21.05	21.23	21.40	21.50	21.49	21.60	21.70
易门县	Yimen	17.58	17.78	17.89	18.00	18.00	17.73	17.75	17.80
峨山县	Ershan	15.79	15.97	16.08	16.20	16.20	16.30	16.35	16.40
新平县	Xinping	27.58	28.03	28.28	28.40	28.50	28.57	28.70	28.80
元江县	Yuanjiang	21.09	21.40	21.57	21.70	21.80	21.76	21.90	22.00

19-3 续表1 continued

单位：万人 (10 000 persons)

州市县	Region	2005	2006	2007	2008	2009	2010	2011	2012
保山市	**Baoshan**	**244.24**	**244.80**	**245.02**	**246.40**	**247.70**	**250.92**	**252.52**	**254.00**
隆阳区	Longyang	87.68	87.89	88.32	88.70	89.40	93.66	94.26	94.81
施甸县	Shidian	32.39	32.44	32.20	32.50	32.50	30.56	30.75	30.93
腾冲县	Tengchong	62.66	62.81	62.90	63.30	63.80	64.55	64.96	65.34
龙陵县	Longling	27.16	27.23	27.30	27.50	27.55	27.76	27.94	28.10
昌宁县	Changning	34.35	34.43	34.30	34.40	34.45	34.39	34.61	34.82
昭通市	**Zhaotong**	**507.50**	**511.80**	**525.22**	**529.50**	**534.30**	**521.92**	**525.85**	**529.60**
昭阳区	Zhaoyang	74.87	75.51	79.30	80.06	80.76	78.87	79.50	80.17
鲁甸县	Ludian	38.57	38.90	37.57	37.97	38.29	39.11	39.40	39.79
巧家县	Qiaojia	51.13	51.56	54.38	53.37	52.95	51.69	52.03	52.18
盐津县	Yanjin	36.46	36.77	37.11	37.51	37.82	37.03	37.31	37.62
大关县	Daguan	25.02	25.24	25.52	25.85	26.05	26.35	26.55	26.77
永善县	Yongshan	40.22	40.56	38.92	39.80	40.20	39.47	39.77	40.09
绥江县	Suijiang	15.44	15.57	15.70	15.83	15.96	15.33	15.45	15.57
镇雄县	Zhenxiong	126.18	127.25	135.47	136.95	139.19	132.98	133.98	134.83
彝良县	Yiliang	53.24	53.69	54.11	54.57	55.11	52.24	52.63	53.07
威信县	Weixin	36.98	37.29	37.60	37.99	38.32	38.63	38.92	39.18
水富县	Shuifu	9.38	9.46	9.55	9.60	9.65	10.23	10.31	10.33
丽江市	**Lijiang**	**120.26**	**121.30**	**121.60**	**122.10**	**122.60**	**124.61**	**125.41**	**126.20**
古城区	Gucheng	16.89	17.04	17.08	17.15	17.22	21.14	21.27	21.36
玉龙县	Yulong	22.73	22.92	22.98	23.06	23.15	21.49	21.62	21.83
永胜县	Yongsheng	39.27	39.61	39.71	39.88	40.04	39.24	39.52	39.68
华坪县	Huaping	16.20	16.34	16.38	16.45	16.51	16.82	16.92	17.08
宁蒗县	Ninglang	25.18	25.39	25.45	25.56	25.66	25.91	26.08	26.25
普洱市	**Pu'er**	**256.56**	**257.30**	**257.63**	**258.10**	**258.70**	**254.57**	**256.09**	**257.50**
思茅区	Simao	25.45	25.55	25.62	25.68	25.89	29.69	30.16	30.64
宁洱县	Ning'er	19.37	19.44	19.46	19.49	19.53	18.59	18.70	18.90
墨江县	Mojiang	37.78	37.87	37.91	37.96	37.99	36.09	36.22	36.36
景东县	Jingdong	37.77	37.86	37.90	37.93	37.98	35.99	36.11	36.20
景谷县	Jinggu	30.88	30.94	30.97	31.03	31.08	29.20	29.26	29.41
镇沅县	Zhenyuan	21.36	21.41	21.44	21.46	21.49	20.88	20.99	21.01
江城县	Jiangcheng	11.76	11.85	11.87	12.03	12.09	12.17	12.29	12.40
孟连县	Menglian	13.29	13.34	13.36	13.38	13.41	13.57	13.71	13.80
澜沧县	Lancang	49.72	49.82	49.86	49.89	49.97	49.24	49.49	49.56
西盟县	Ximeng	9.18	9.22	9.24	9.25	9.27	9.14	9.16	9.22
临沧市	**Lincang**	**236.12**	**236.60**	**236.80**	**238.20**	**239.60**	**243.21**	**244.77**	**246.30**
临翔区	Linxiang	30.09	30.30	30.36	30.53	30.69	32.41	32.55	32.80
凤庆县	Fengqing	44.92	45.10	45.20	45.46	45.69	45.88	46.14	46.40

19−3 续表2 continued

单位：万人 (10 000 persons)

州 市 县	Region	2005	2006	2007	2008	2009	2010	2011	2012
云 县	Yunxian	43.95	44.30	44.35	44.59	44.82	44.99	45.28	45.50
永德县	Yongde	36.10	36.40	36.48	36.67	36.91	37.01	37.23	37.40
镇康县	Zhenkang	17.31	17.00	17.05	17.17	17.30	17.65	17.77	17.90
双江县	Shuangjiang	17.65	17.80	17.86	17.98	18.08	17.67	17.79	17.90
耿马县	Gengma	28.54	28.30	28.20	28.38	28.59	29.66	29.86	30.10
沧源县	Cangyuan	17.56	17.30	17.30	17.42	17.55	17.93	18.15	18.30
楚 雄 州	**Chuxiong**	**265.69**	**267.20**	**268.40**	**269.00**	**270.10**	**268.71**	**270.43**	**271.90**
楚雄市	Chuxiong	54.23	54.56	54.81	54.93	55.29	58.93	59.07	59.38
双柏县	Shuangbo	15.84	15.85	15.91	15.93	15.97	16.00	16.03	16.12
牟定县	Mouding	20.28	20.39	20.49	20.50	20.58	20.90	21.07	21.16
南华县	Nanhua	23.69	23.83	23.93	23.95	23.99	23.64	23.84	23.99
姚安县	Yao'an	20.48	20.73	20.83	20.84	20.91	19.79	20.08	20.17
大姚县	Dayao	28.65	28.80	28.91	28.97	29.05	27.36	27.52	27.64
永仁县	Yongren	10.79	10.80	10.85	10.87	10.91	10.94	10.96	11.06
元谋县	Yuanmou	21.07	21.18	21.27	21.29	21.39	21.60	21.62	21.77
武定县	Wuding	27.30	27.46	27.60	27.78	27.93	27.23	27.53	27.69
禄丰县	Lufeng	43.35	43.60	43.80	43.94	44.08	42.32	42.71	42.92
红 河 州	**Honghe**	**431.15**	**434.50**	**437.30**	**441.20**	**444.20**	**450.58**	**453.46**	**456.10**
蒙自市	Mengzi	38.79	39.51	39.91	40.10	40.34	41.76	42.01	42.26
个旧市	Gejiu	45.23	45.48	45.66	45.50	45.67	46.03	46.26	46.44
开远市	Kaiyuan	31.59	31.12	31.22	31.30	31.42	32.30	32.47	32.67
屏边县	Pingbian	14.77	14.89	14.90	14.87	14.79	15.41	15.47	15.50
建水县	Jianshui	51.70	52.09	52.35	52.61	52.91	53.20	53.53	53.83
石屏县	Shiping	28.99	29.18	29.38	29.58	29.77	29.94	30.12	30.30
弥勒县	Mile	51.41	52.04	52.41	53.10	53.47	54.03	54.38	54.68
泸西县	Luxi	38.41	38.73	38.96	39.18	39.47	40.12	40.40	40.65
元阳县	Yuanyang	37.76	38.14	38.36	39.06	39.38	39.72	40.04	40.33
红河县	Honghe	28.24	28.46	28.61	28.84	29.07	29.68	29.91	30.12
金平县	Jinping	32.94	33.30	33.88	34.61	35.21	35.66	35.94	36.20
绿春县	Luchun	21.11	21.28	21.35	22.10	22.29	22.24	22.41	22.56
河口县	Hekou	10.21	10.28	10.31	10.36	10.41	10.47	10.52	10.56
文 山 州	**Wenshan**	**337.12**	**339.10**	**340.85**	**343.01**	**345.40**	**352.18**	**354.23**	**356.10**
文山市	Wenshan	43.88	44.29	44.58	45.10	45.77	48.20	48.66	48.92
砚山县	Yanshan	44.79	45.09	45.35	45.59	46.01	46.38	46.65	46.90
西畴县	Xichou	24.98	25.08	25.18	25.21	25.26	25.56	25.66	25.80
麻栗坡县	Malipo	27.30	27.41	27.53	27.58	27.67	27.83	27.95	28.10
马关县	Maguan	35.70	35.88	35.98	36.41	36.64	36.79	37.00	37.20

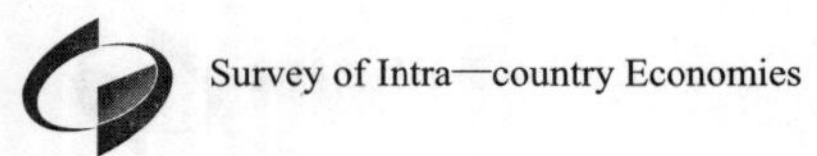

19−3 续表3 continued

单位：万人 (10 000 persons)

州市县	Region	2005	2006	2007	2008	2009	2010	2011	2012
丘北县	Qiubei	45.55	45.80	46.13	46.21	46.49	47.80	48.08	48.33
广南县	Guangnan	75.72	76.16	76.58	77.08	77.42	78.83	79.19	79.61
富宁县	Funing	39.20	39.39	39.52	39.83	40.14	40.80	41.04	41.26
西双版纳州	**Xishuangbanna**	**104.96**	**105.70**	**106.45**	**107.00**	**107.60**	**113.47**	**114.20**	**114.90**
景洪市	Jinghong	47.09	47.36	47.68	47.94	48.20	52.05	52.38	52.72
勐海县	Menghai	32.73	32.88	33.09	33.25	33.42	33.22	33.43	33.63
勐腊县	Mengla	25.14	25.46	25.68	25.81	25.98	28.20	28.39	28.55
大理州	**Dali**	**347.11**	**348.60**	**348.00**	**349.30**	**350.80**	**346.01**	**347.80**	**349.30**
大理市	Dali	61.40	62.35	62.53	63.12	64.05	65.28	65.69	65.90
漾濞县	Yangbi	10.59	10.64	10.66	10.30	10.24	10.24	10.29	10.30
祥云县	Xiangyun	46.56	46.00	44.73	45.55	45.78	45.61	45.85	46.10
宾川县	Binchuan	34.06	34.10	34.17	34.20	34.42	34.91	35.09	35.20
弥渡县	Midu	31.46	31.61	31.67	31.79	31.90	31.35	31.50	31.60
南涧县	Nanjian	21.93	22.17	22.22	22.29	22.35	21.17	21.26	21.40
巍山县	Weishan	30.96	31.05	31.11	31.08	30.98	30.47	30.61	30.70
永平县	Yongping	18.47	18.36	18.40	18.24	18.25	17.54	17.62	17.70
云龙县	Yunlong	20.58	20.70	20.74	20.77	20.65	20.01	20.10	20.20
洱源县	Eryuan	27.47	27.55	27.61	27.71	27.80	26.86	27.01	27.20
剑川县	Jianchuan	17.46	17.56	17.60	17.59	17.64	17.02	17.09	17.20
鹤庆县	Heqing	26.17	26.51	26.56	26.66	26.74	25.56	25.69	25.80
德宏州	**Dehong**	**115.08**	**116.50**	**117.70**	**118.50**	**119.40**	**121.28**	**122.05**	**122.90**
芒市	Mangshi	36.61	37.07	37.46	37.83	38.24	39.03	39.28	39.50
瑞丽市	Ruili	16.33	16.53	16.70	16.80	16.99	18.08	18.43	18.60
梁河县	Lianghe	15.85	15.94	16.03	16.10	16.15	15.43	15.46	15.60
盈江县	Yingjiang	28.90	29.30	29.65	29.80	29.97	30.55	30.67	30.90
陇川县	Longchuan	17.39	17.66	17.86	18.00	18.05	18.18	18.21	18.30
怒江州	**Nujiang**	**52.04**	**52.60**	**52.93**	**53.30**	**53.60**	**53.49**	**53.61**	**53.80**
泸水县	Lushui	18.23	18.43	18.55	18.68	18.79	18.50	18.54	18.60
福贡县	Fugong	9.30	9.40	9.46	9.53	9.58	9.87	9.89	9.90
贡山县	Gongshan	3.65	3.69	3.71	3.73	3.75	3.79	3.80	3.80
兰坪县	Lanping	20.86	21.08	21.21	21.36	21.48	21.32	21.37	21.50
迪庆州	**Diqing**	**36.87**	**37.20**	**37.45**	**37.70**	**37.90**	**40.06**	**40.28**	**40.50**
香格里拉县	Shangri-La	15.41	15.60	15.80	16.02	16.25	17.32	17.41	17.60
德钦县	Deqing	6.24	6.28	6.31	6.32	6.28	6.67	6.70	6.70
维西县	Weixi	15.22	15.32	15.34	15.36	15.37	16.08	16.17	16.20

19-4 各州市县人口数及构成(2012年)

Population and Its Composition by Region (2012)

单位：万人 (10 000 persons)

州市县	Region	总户数 Total Number of Households	总人口 Total Population	按性别分 By Sex 男 Male	女 Female	按农业、非农业分 By Agricultural and Non-agricultural Population 农业人口 Agricultural Population	非农业人口 Non-agricultural Population
全　　省	**Yunnan**	**1 354.87**	**4 659.00**	**2 417.56**	**2 241.44**	**3 885.80**	**773.20**
昆 明 市	**Kunming**	**197.48**	**653.3**	**335.81**	**317.49**	**385.40**	**267.90**
呈贡区	Chenggong	6.58	32.2	17.11	15.09	27.14	5.06
五华区	Wuhua	23.85	85.9	43.02	42.88	16.96	68.94
盘龙区	Panlong	19.16	81.8	42.25	39.55	17.91	63.89
官渡区	Guandu	22.18	86.6	45.08	41.52	39.09	47.51
西山区	Xishan	22.92	76.9	39.31	37.59	25.28	51.62
东川区	Dongchuan	10.39	27.5	14.25	13.25	22.56	4.94
晋宁县	Jinning	11.91	29.1	14.78	14.32	24.85	4.25
富民县	Fumin	5.31	14.9	7.56	7.34	13.61	1.29
宜良县	Yiliang	16.10	42.6	21.59	21.01	39.88	2.72
石林县	Shilin	8.75	25.1	12.96	12.14	23.44	1.66
嵩明县	Songming	9.30	29.1	14.86	14.24	27.31	1.79
禄劝县	Luquan	14.49	40.2	20.42	19.78	39.53	0.67
寻甸县	Xundian	15.03	46.3	23.65	22.65	45.17	1.13
安宁市	Anning	11.60	35.1	18.97	16.13	18.27	16.83
曲 靖 市	**Qujing**	**186.16**	**593.6**	**311.12**	**282.48**	**526.00**	**67.60**
麒麟区	Qilin	24.26	75.32	38.62	36.70	49.80	25.52
马龙县	Malong	5.59	18.88	9.66	9.22	17.02	1.86
陆良县	Luliang	21.92	62.79	32.74	30.05	57.50	5.29
师宗县	Shizong	10.78	39.80	20.89	18.91	36.34	3.46
罗平县	Luoping	17.37	55.65	29.21	26.44	51.44	4.21
富源县	Fuyuan	19.87	73.18	38.61	34.57	68.12	5.06
会泽县	Huize	29.39	92.08	48.83	43.25	85.06	7.02
沾益县	Zhanyi	11.96	44.06	23.08	20.98	39.50	4.56
宣威市	Xuanwei	45.01	131.84	69.50	62.34	121.22	10.62
玉 溪 市	**Yuxi**	**72.55**	**233.0**	**119.48**	**113.52**	**193.41**	**39.59**
红塔区	Hongta	15.92	50.10	25.26	24.84	35.23	14.87
江川县	Jiangchuan	9.42	28.30	14.33	13.97	24.56	3.74

19-4 续表1 continued

单位：万人 (10 000 persons)

州市县	Region	总户数 Total Number of Households	总人口 Total Population	按性别分 By Sex		按农业、非农业分 By Agricultural and Non-agricultural Population	
				男 Male	女 Female	农业人口 Agricultural Population	非农业人口 Non-agricultural Population
澄江县	Chengjiang	5.33	17.20	8.69	8.51	15.28	1.92
通海县	Tonghai	9.39	30.70	15.53	15.17	26.49	4.21
华宁县	Huaning	6.88	21.70	11.18	10.52	19.68	2.02
易门县	Yimen	5.77	17.80	9.32	8.48	14.43	3.37
峨山县	Ershan	5.13	16.40	8.45	7.95	13.38	3.02
新平县	Xinping	8.46	28.80	15.25	13.55	25.03	3.77
元江县	Yuanjiang	6.25	22.00	11.47	10.53	19.33	2.67
保山市	**Baoshan**	**68.83**	**254.0**	**130.24**	**123.76**	**228.69**	**25.31**
隆阳区	Longyang	25.63	94.81	47.72	47.09	82.15	12.66
施甸县	Shidian	9.05	30.93	15.70	15.23	28.57	2.36
腾冲县	Tengchong	16.90	65.34	34.07	31.27	60.19	5.15
龙陵县	Longling	7.78	28.10	14.85	13.25	25.83	2.27
昌宁县	Changning	9.49	34.82	17.90	16.92	31.95	2.87
昭通市	**Zhaotong**	**162.86**	**529.6**	**278.13**	**251.47**	**493.72**	**35.88**
昭阳区	Zhaoyang	25.75	80.17	41.30	38.87	70.27	9.90
鲁甸县	Ludian	11.80	39.79	20.84	18.95	37.41	2.38
巧家县	Qiaojia	17.44	52.18	28.33	23.85	49.86	2.32
盐津县	Yanjin	11.07	37.62	19.75	17.87	34.78	2.84
大关县	Daguan	8.31	26.77	14.17	12.60	25.02	1.75
永善县	Yongshan	13.73	40.09	21.40	18.69	38.00	2.09
绥江县	Suijiang	4.62	15.57	8.11	7.46	13.66	1.91
镇雄县	Zhenxiong	39.47	134.83	70.68	64.15	129.51	5.32
彝良县	Yiliang	15.29	53.07	27.87	25.20	50.50	2.57
威信县	Weixin	11.87	39.18	20.29	18.89	36.82	2.36
水富县	Shuifu	3.52	10.33	5.40	4.93	7.89	2.44
丽江市	**Lijiang**	**37.55**	**126.2**	**65.13**	**61.07**	**108.70**	**17.50**
古城区	Gucheng	4.53	21.36	10.75	10.61	13.88	7.48
玉龙县	Yulong	6.20	21.83	11.39	10.44	20.42	1.41
永胜县	Yongsheng	12.94	39.68	20.10	19.58	36.32	3.36
华坪县	Huaping	5.67	17.08	9.15	7.93	14.15	2.93

19-4 续表2 continued

单位：万人 (10 000 persons)

州市县	Region	总户数 Total Number of Households	总人口 Total Population	按性别分 By Sex		按农业、非农业分 By Agricultural and Non-agricultural Population	
				男 Male	女 Female	农业人口 Agricultural Population	非农业人口 Non-agricultural Population
宁蒗县	Ninglang	8.21	26.25	13.74	12.51	23.93	2.32
普洱市	**Pu'er**	**72.64**	**257.5**	**135.64**	**121.86**	**223.71**	**33.79**
思茅区	Simao	7.18	30.64	16.02	14.62	19.78	10.86
宁洱县	Ning'er	5.72	18.90	9.86	9.04	15.77	3.13
墨江县	Mojiang	9.76	36.36	19.55	16.81	33.25	3.11
景东县	Jingdong	10.59	36.20	18.77	17.43	33.55	2.65
景谷县	Jinggu	8.97	29.41	15.73	13.68	26.47	2.94
镇沅县	Zhenyuan	6.46	21.01	11.17	9.84	18.96	2.05
江城县	Jiangcheng	3.35	12.40	6.51	5.89	10.25	2.15
孟连县	Menglian	3.70	13.80	7.10	6.70	11.98	1.82
澜沧县	Lancang	13.81	49.56	26.14	23.42	45.91	3.65
西盟县	Ximeng	3.09	9.22	4.79	4.43	7.79	1.43
临沧市	**Lincang**	**64.76**	**246.3**	**129.23**	**117.07**	**221.89**	**24.41**
临翔区	Linxiang	9.12	32.8	16.82	15.98	27.24	5.56
凤庆县	Fengqing	11.63	46.4	24.06	22.34	43.19	3.21
云　县	Yunxian	12.54	45.5	24.06	21.44	42.15	3.35
永德县	Yongde	9.29	37.4	20.19	17.21	34.72	2.68
镇康县	Zhenkang	4.49	17.9	9.63	8.27	16.50	1.40
双江县	Shuangjiang	4.70	17.9	9.43	8.47	16.35	1.55
耿马县	Gengma	8.00	30.1	15.49	14.61	25.67	4.43
沧源县	Cangyuan	4.99	18.3	9.55	8.75	16.07	2.23
楚雄州	**Chuxiong**	**80.05**	**271.9**	**139.23**	**132.67**	**232.47**	**39.43**
楚雄市	Chuxiong	16.25	59.38	30.35	29.03	43.26	16.12
双柏县	Shuangbo	4.77	16.12	8.45	7.67	14.61	1.51
牟定县	Mouding	6.11	21.16	10.84	10.32	19.66	1.50
南华县	Nanhua	6.99	23.99	12.21	11.78	22.12	1.87
姚安县	Yao'an	6.03	20.17	10.21	9.96	18.71	1.46
大姚县	Dayao	8.73	27.64	14.16	13.48	24.81	2.83
永仁县	Yongren	3.39	11.06	5.74	5.32	9.78	1.28

19—4 续表3 continued

单位：万人 (10 000 persons)

州 市 县	Region	总户数 Total Number of Households	总人口 Total Population	按性别分 By Sex 男 Male	女 Female	按农业、非农业分 By Agricultural and Non-agricultural Population 农业人口 Agricultural Population	非农业人口 Non-agricultural Population
元谋县	Yuanmou	6.57	21.77	11.11	10.66	19.60	2.17
武定县	Wuding	7.86	27.69	14.12	13.57	23.64	4.05
禄丰县	Lufeng	13.36	42.92	22.03	20.89	36.28	6.64
红 河 州	**Honghe**	**127.74**	**456.1**	**237.26**	**218.84**	**377.55**	**78.55**
蒙自市	Mengzi	11.55	42.26	21.91	20.35	30.60	11.66
个旧市	Gejiu	13.65	46.44	24.29	22.15	25.93	20.51
开远市	Kaiyuan	9.14	32.67	16.78	15.89	20.71	11.96
屏边县	Pingbian	4.18	15.50	8.13	7.37	13.80	1.70
建水县	Jianshui	16.25	53.83	27.41	26.42	46.15	7.68
石屏县	Shiping	9.50	30.30	15.26	15.04	27.10	3.20
弥勒县	Mile	15.70	54.68	28.10	26.58	48.70	5.98
泸西县	Luxi	12.19	40.65	21.53	19.12	36.42	4.23
元阳县	Yuanyang	10.03	40.33	21.57	18.76	38.45	1.88
红河县	Honghe	7.58	30.12	15.72	14.40	28.48	1.64
金平县	Jinping	9.45	36.20	19.12	17.08	33.80	2.40
绿春县	Luchun	5.23	22.56	11.84	10.72	20.88	1.68
河口县	Hekou	3.27	10.56	5.60	4.96	6.53	4.03
文 山 州	**Wenshan**	**96.40**	**356.1**	**186.10**	**170.00**	**325.64**	**30.46**
文山市	Wenshan	14.43	48.92	25.15	23.77	39.62	9.30
砚山县	Yanshan	12.35	46.90	24.32	22.58	43.20	3.70
西畴县	Xichou	7.01	25.80	13.52	12.28	23.47	2.32
麻栗坡县	Malipo	7.61	28.10	14.71	13.38	26.09	2.01
马关县	Maguan	10.40	37.20	19.47	17.72	33.95	3.25
丘北县	Qiubei	13.62	48.33	25.54	22.79	45.17	3.16
广南县	Guangnan	20.07	79.61	42.20	37.41	75.40	4.21
富宁县	Funing	10.91	41.26	21.19	20.07	38.74	2.52
西双版纳州	**Xishuangbanna**	**27.42**	**114.9**	**59.54**	**55.36**	**80.42**	**34.48**
景洪市	Jinghong	12.37	52.72	27.29	25.43	32.62	20.10
勐海县	Menghai	8.02	33.63	17.36	16.27	28.22	5.41

19-4 续表4 continued

单位：万人 (10 000 persons)

州市县	Region	总户数 Total Number of Households	总人口 Total Population	按性别分 By Sex 男 Male	女 Female	按农业、非农业分 By Agricultural and Non-agricultural Population 农业人口 Agricultural Population	非农业人口 Non-agricultural Population
勐腊县	Mengla	7.03	28.55	14.89	13.66	19.58	8.97
大理州	**Dali**	**104.78**	**349.3**	**177.04**	**172.26**	**307.00**	**42.30**
大理市	Dali	19.48	65.9	32.92	32.98	44.81	21.09
漾濞县	Yangbi	3.30	10.3	5.30	5.00	9.32	0.98
祥云县	Xiangyun	14.02	46.1	23.37	22.73	42.00	4.10
宾川县	Binchuan	10.02	35.2	17.99	17.21	32.96	2.24
弥渡县	Midu	9.60	31.6	15.96	15.64	29.58	2.02
南涧县	Nanjian	6.44	21.4	10.87	10.53	20.11	1.29
巍山县	Weishan	8.89	30.7	15.46	15.24	28.65	2.05
永平县	Yongping	5.71	17.7	9.08	8.62	16.04	1.66
云龙县	Yunlong	6.39	20.2	10.69	9.51	18.56	1.64
洱源县	Eryuan	8.10	27.2	13.69	13.51	25.41	1.79
剑川县	Jianchuan	5.05	17.2	8.69	8.51	15.70	1.50
鹤庆县	Heqing	7.79	25.8	13.02	12.78	23.86	1.94
德宏州	**Dehong**	**30.37**	**122.9**	**63.38**	**59.52**	**99.41**	**23.49**
芒　市	Mangshi	9.54	39.5	20.27	19.23	31.22	8.28
瑞丽市	Ruili	4.07	18.6	9.62	8.98	11.81	6.79
梁河县	Lianghe	4.37	15.6	8.10	7.50	14.04	1.56
盈江县	Yingjiang	7.39	30.9	16.10	14.80	27.26	3.64
陇川县	Longchuan	5.00	18.3	9.30	9.00	15.08	3.22
怒江州	**Nujiang**	**15.61**	**53.8**	**28.48**	**25.32**	**46.25**	**7.55**
泸水县	Lushui	5.31	18.6	9.95	8.65	15.08	3.52
福贡县	Fugong	2.93	9.9	5.07	4.83	9.04	0.86
贡山县	Gongshan	1.23	3.8	2.02	1.78	3.23	0.57
兰坪县	Lanping	6.14	21.5	11.45	10.05	18.90	2.60
迪庆州	**Diqing**	**9.68**	**40.5**	**21.56**	**18.94**	**35.51**	**4.99**
香格里拉县	Shangri-La	4.03	17.6	9.34	8.26	14.55	3.05
德钦县	Deqing	1.38	6.7	3.62	3.08	5.99	0.71
维西县	Weixi	4.26	16.2	8.60	7.60	14.97	1.23

19—5 各州市县土地、气温、降水量(2012年)

Land Characteristics, Temperature and Precipitation of Cities, Counties and Prefectures (2012)

州 市	Region	土地面积 (万平方千米) Land Area (10000 sq.km)	牧草地面积 (万公顷) Area of Grazing Land (10000 hectares)	年平均气温 (℃) Annual Average Temperature(℃)	年降水量 (毫米) Annual Precipitation(mm)
全 省	**Yunnan**	**39.41**	**78.19**	**17.4**	**835**
昆明市	**Kunming**	**2.10**	**4.49**	**16.8**	**604**
呈贡区	Chenggong	0.05	0.00	16.4	551
五华区	Wuhua	0.00		16.6	566
盘龙区	Panlong	0.00			
官渡区	Guandu	0.10	0.13		
西山区	Xishan	0.11	0.00		
东川区	Dongchuan	0.19	2.15	20.7	428
晋宁县	Jinning	0.12	0.36	15.8	608
富民县	Fumin	0.10	0.01	16.8	558
宜良县	Yiliang	0.19	0.72	17.7	531
石林县	Shilin	0.17	0.04	17.5	570
嵩明县	Songming	0.13	0.09	15.6	672
禄劝县	Luquan	0.42	0.00	16.4	622
寻甸县	Xundian	0.36	0.99	16.0	827
安宁市	Anning	0.13	0.00	16.3	824
曲靖市	**Qujing**	**2.89**	**4.05**	**15.1**	**740**
麒麟区	Qilin	0.16	0.68	16.0	679
马龙县	Malong	0.16	0.16	14.7	636
陆良县	Luliang	0.20	0.89	15.7	650
师宗县	Shizong	0.27	0.26	15.0	629
罗平县	Luoping	0.30	0.08	15.9	1 043
富源县	Fuyuan	0.32	0.25	15.1	784
会泽县	Huize	0.59	0.37	14.1	623
沾益县	Zhanyi	0.28	1.28	15.4	758
宣威市	Xuanwei	0.61	0.08	14.4	856
玉溪市	**Yuxi**	**1.49**	**0.02**	**18.0**	**673**
红塔区	Hongta	0.10		16.9	628
江川县	Jiangchuan	0.08		17.0	720
澄江县	Chengjiang	0.07	0.02	17.2	691
通海县	Tonghai	0.07	0.00	16.5	591
华宁县	Huaning	0.12		17.5	838
易门县	Yimen	0.15		17.4	565
峨山县	Eshan	0.19	0.01	17.1	609
新平县	Xinping	0.43		18.1	736
元江县	Yuanjiang	0.27		24.6	677

注：各州（市）、县（区）土地面积为2008年土地利用现状变更调查数据。
Note:Date of land area of each country and prefecture (city) are that of land utilization investigation in 2008.

19-5 续表1 continued

州 市	Region	土地面积（万平方千米） Land Area (10 000 sq.km)	牧草地面积（万公顷） Area of Grazing Land (10 000 hectares)	年平均气温（℃） Annual Average Temperature (℃)	年降水量（毫米） Annual Precipitation (mm)
保 山 市	**Baoshan**	**1.91**	**3.96**	**16.4**	**1 042**
隆阳区	Longyang	0.49	0.47	17.0	663
施甸县	Shidian	0.20	1.19	18.3	720
腾冲县	Tengchong	0.57	0.19	16.1	1 185
龙陵县	Longling	0.28	2.09	15.1	1 623
昌宁县	Changning	0.38	0.02	15.6	1 017
昭 通 市	**Zhaotong**	**2.24**	**11.78**	**16.1**	**740**
昭阳区	Zhaoyang	0.22	2.15	12.7	557
鲁甸县	Ludian	0.15	1.83	12.8	856
巧家县	Qiaojia	0.32	5.42	21.5	764
盐津县	Yanjin	0.20		18.0	971
大关县	Daguan	0.17	0.03	15.2	780
永善县	Yongshan	0.28	2.19	17.4	583
绥江县	Suijiang	0.07	0.00	18.4	717
镇雄县	Zhenxiong	0.37	0.13	12.6	579
彝良县	Yiliang	0.28	0.02	17.7	535
威信县	Weixin	0.14	0.02	14.3	1 058
水富县	Shuifu	0.04			
丽 江 市	**Lijiang**	**2.05**	**2.65**	**15.1**	**821**
古城区	Gucheng	0.75	1.97	13.9	822
玉龙县	Yulong	0.00	0.00	13.9	822
永胜县	Yongsheng	0.49	0.12	14.3	864
华坪县	Huaping	0.22		20.1	788
宁蒗县	Ninglang	0.60	0.55	13.1	811
普 洱 市	**Pu'er**	**4.43**	**2.29**	**19.7**	**1 355**
思茅区	Simao	0.39	0.70	19.6	1 516
宁洱县	Ning'er	0.37	0.06	19.1	1 306
墨江县	Mojiang	0.53	0.10	18.4	1 227
景东县	Jingdong	0.45		19.1	909
景谷县	Jinggu	0.75		21.0	1 057
镇沅县	Zhenyuan	0.41	0.00	19.9	979
江城县	Jiangcheng	0.35	1.39	19.4	1 917
孟连县	Menglian	0.19	0.00	20.2	1 346
澜沧县	Lancang	0.87	0.02	20.2	1 483
西盟县	Ximeng	0.13	0.00	19.7	1 814
临 沧 市	**Lincang**	**2.36**	**0.39**	**19.2**	**1 055**
临翔区	Linxiang	0.26	0.00	18.4	918
凤庆县	Fengqing	0.33	0.00	17.5	984
云 县	Yunxian	0.37		20.8	620
永德县	Yongde	0.32	0.02	18.3	923

19-5 续表2 Continued

州 市	Region	土地面积（万平方千米） Land Area (10 000 sq.km)	牧草地面积（万公顷） Area of Grazing Land (10 000 hectares)	年平均气温（℃） Annual Average Temperature (℃)	年降水量（毫米） Annual Precipitation (mm)
镇康县	Zhenkang	0.25	0.22	20.0	1 473
双江县	Shuangjiang	0.22	0.10	20.1	874
耿马县	Gengma	0.37	0.02	19.9	991
沧源县	Cangyuan	0.24	0.02	18.2	1 660
楚 雄 州	**Chuxiong**	**2.84**	**0.33**	**17.0**	**613**
楚雄市	Chuxiong	0.44	0.03	17.2	619
双柏县	Shuangbo	0.39	0.00	16.0	596
牟定县	Mouding	0.14	0.00	16.9	661
南华县	Nanhua	0.23	0.10	15.0	519
姚安县	Yao'an	0.17		16.3	615
大姚县	Dayao	0.40	0.18	16.4	477
永仁县	Yongren	0.22		17.9	635
元谋县	Yuanmou	0.20	0.00	22.0	597
武定县	Wuding	0.29	0.01	15.7	716
禄丰县	Lufeng	0.36	0.00	16.8	691
红 河 州	**Honghe**	**3.22**	**0.62**	**19.4**	**953**
蒙自市	Mengzi	0.22	0.04	20.1	672
个旧市	Gejiu	0.16	0.00	16.9	829
开远市	Kaiyuan	0.19	0.09	20.7	586
屏边县	Pingbian	0.19	0.00	16.9	1 345
建水县	Jianshui	0.38	0.07	19.7	548
石屏县	Shiping	0.30	0.00	18.5	651
弥勒县	Mile	0.39	0.00	18.0	618
泸西县	Luxi	0.17		15.7	585
元阳县	Yuanyang	0.22	0.06	24.8	650
红河县	Honghe	0.20		21.3	543
金平县	Jinping	0.36	0.00	18.6	2 071
绿春县	Luchun	0.31	0.34	17.6	1 718
河口县	Hekou	0.13		23.9	1 573
文 山 州	**Wenshan**	**3.14**	**1.95**	**18.1**	**779**
文山市	Wenshan	0.30		19.4	685
砚山县	Yanshan	0.39	0.02	16.9	706
西畴县	Xichou	0.15		16.5	974
麻栗坡县	Malipo	0.23	0.08	18.4	875
马关县	Maguang	0.27		17.8	735
丘北县	Qiubei	0.51	1.15	17.5	732
广南县	Guangnan	0.77	0.02	17.9	761
富宁县	Funing	0.53	0.67	20.7	763

19-5 续表3 continued

州 市	Region	土地面积（万平方千米） Land Area (10 000 sq.km)	牧草地面积（万公顷） Area of Grazing Land (10 000 hectares)	年平均气温（℃） Annual Average Temperature (℃)	年降水量（毫米） Annual Precipitation (mm)
西双版纳州	**Xishuangbanna**	**1.90**	**0.12**	**8.1**	**421**
景洪市	Jinghong	0.69	0.08	22.9	1 036
勐海县	Menghai	0.53	0.03	19.7	1 109
勐腊县	Mengla	0.68	0.01	22.2	1 225
大 理 州	**Dali**	**2.83**	**6.29**	**16.5**	**680**
大理市	Dali	0.16	0.03	16.1	1 049
漾濞县	yangbi	0.19	0.03	17.0	899
祥云县	Xiangyun	0.24	1.25	15.9	653
宾川县	Binchuan	0.25	3.99	18.9	465
弥渡县	Midu	0.15	0.01	17.7	571
南涧县	Nanjian	0.17		19.4	555
巍山县	Weishan	0.22	0.08	16.7	582
永平县	Yongping	0.28	0.15	16.2	678
云龙县	Yunlong	0.44	0.01	16.9	549
洱源县	Eryuan	0.26	0.00	14.9	577
剑川县	Jianchuan	0.22	0.75	13.2	653
鹤庆县	Heqing	0.24		14.7	925
德 宏 州	**Dehong**	**1.12**	**0.49**	**20.1**	**1 206**
芒 市	Mangshi	0.29		20.4	1 331
瑞丽市	Ruili	0.08	0.00	21.2	1 283
梁河县	Lianghe	0.11	0.30	18.6	1 003
盈江县	Yingjiang	0.43	0.19	20.6	1 200
陇川县	Longchuan	0.19		19.7	1 216
怒 江 州	**Nujiang**	**1.46**	**0.97**	**16.7**	**721**
泸水县	Lushui	0.31	0.03	21.1	622
福贡县	Fugong	0.28		18.1	86
贡山县	Gongshan	0.44	0.77	15.7	1 319
兰坪县	Lanping	0.44	0.17	11.9	855
迪 庆 州	**Diqing**	**2.32**	**37.79**	**9.1**	**465**
香格里拉县	Shangri-La	1.15	26.32	7.5	607
德钦县	Deqing	0.73	9.95	7.1	521
维西县	Weixi	0.45	1.51	12.8	731

19-6 各州市县职工人数（2012年）
Number of Staff and Workers by County and City (2012)

单位：万人 (10 000 persons)

州市县	Region	单位从业人员 Number of Employed Persons in Entities	职工人数 Number of Staff and Workers	国有单位 State-owned Entities	城镇集体单位 Urban Collective-owned Entities	其他单位 Other Ownership Entities
全 省	**Yunnan**	**392.67**	**344.65**	**174.95**	**11.16**	**158.54**
昆明市	**Kunming**	**119.75**	**101.50**	**41.89**	**4.41**	**55.20**
呈贡区	Chenggong	2.60	1.97	1.62	0.03	0.31
五华区	Wuhua	16.77	14.71	6.53	0.26	7.92
盘龙区	Panlong	16.96	14.27	6.69	0.38	7.21
官渡区	Guandu	21.16	15.74	6.29	0.27	9.18
西山区	Xishan	13.08	11.73	4.15	0.77	6.80
东川区	Dongchuan	3.76	2.76	0.86	0.12	1.78
晋宁县	Jinning	3.36	3.01	1.44	0.46	1.11
富民县	Fuming	2.90	2.49	0.51	0.15	1.83
宜良县	Yiliang	3.54	3.34	0.84	1.31	1.20
石林县	Shilin	2.06	1.83	0.88	0.21	0.74
嵩明县	Songming	3.29	3.09	1.06	0.02	2.00
禄劝县	Luquan	1.49	1.41	0.90	0.11	0.40
寻甸县	Xundian	2.26	2.12	1.08	0.04	1.00
安宁市	Anning	9.12	8.11	2.46	0.18	5.47
曲靖市	**Qujing**	**46.48**	**44.03**	**19.19**	**1.88**	**22.96**
麒麟区	Qilin	15.02	13.87	5.29	0.34	8.23
马龙县	Malong	1.40	1.33	0.62	0.01	0.69
陆良县	Luliang	3.69	3.67	2.03	0.41	1.23
师宗县	Shizong	2.51	2.49	1.23	0.04	1.22
罗平县	Luoping	2.76	2.17	1.31	0.05	0.81
富源县	Fuyuan	6.19	6.17	2.25	0.15	3.77
会泽县	Huize	3.93	3.92	1.92	0.20	1.80
沾益县	Zhanyi	3.33	3.26	1.14	0.03	2.09
宣威市	Xuanwei	7.64	7.16	3.40	0.65	3.11
玉溪市	**Yuxi**	**25.43**	**23.47**	**9.55**	**0.89**	**13.03**
红塔区	Hongta	12.15	11.20	3.82	0.54	6.85
江川县	Jiangchuan	1.48	1.42	0.65	0.04	0.73
澄江县	Chengjiang	1.15	0.92	0.53	0.02	0.37
通海县	Tonghai	2.37	2.28	0.73	0.08	1.47
华宁县	Huaning	1.19	1.09	0.64	0.02	0.42
易门县	Yimen	1.54	1.31	0.55	0.03	0.73
峨山县	Ershan	1.62	1.58	0.69	0.07	0.82
新平县	Xinping	2.40	2.17	1.05	0.06	1.07
元江县	Yuanjiang	1.54	1.50	0.89	0.03	0.58

19-6 续表1 continued

单位：万人 (10 000 persons)

州市县	Region	单位从业人员 Number of Employed Persons in Entities	职工人数 Number of Staff and Workers	国有单位 State-owned Entities	城镇集体单位 Urban Collective-owned Entities	其他单位 Other Ownership Entities
保山市	**Baoshan**	**18.10**	**16.90**	**7.44**	**0.25**	**9.21**
隆阳区	Longyang	9.16	8.10	3.01	0.04	5.05
施甸县	Shidian	1.18	1.16	0.83	0.02	0.31
腾冲县	Tengchong	4.20	4.16	1.95	0.16	2.06
龙陵县	Longling	1.61	1.59	0.75	0.01	0.83
昌宁县	Changning	1.96	1.88	0.91	0.02	0.96
昭通市	**Zhaotong**	**23.19**	**21.65**	**14.31**	**0.60**	**6.74**
昭阳区	Zhaoyang	6.00	5.44	3.83	0.36	1.24
鲁甸县	Ludian	1.94	1.83	1.02	0.02	0.80
巧家县	Qiaojia	1.55	1.50	1.16	0.02	0.31
盐津县	Yanjin	1.32	1.32	0.86	0.01	0.44
大关县	Daguan	0.88	0.77	0.58	0.01	0.18
永善县	Yongshan	1.43	1.24	1.04	0.02	0.19
绥江县	Suijiang	0.81	0.76	0.53	0.04	0.19
镇雄县	Zhenxiong	4.64	4.20	2.34	0.03	1.84
彝良县	Yiliang	1.79	1.79	1.31	0.02	0.45
威信县	Weixin	1.42	1.39	0.86	0.01	0.52
水富县	Shuifu	1.41	1.41	0.78	0.06	0.57
丽江市	**Lijiang**	**10.27**	**9.13**	**4.90**	**0.36**	**3.88**
古城区	Gucheng	3.91	3.24	1.74	0.17	1.33
玉龙县	Yulong	1.39	1.23	0.83	0.02	0.38
永胜县	Yongsheng	1.61	1.61	0.95	0.11	0.55
华坪县	Huaping	2.01	1.96	0.58	0.06	1.32
宁蒗县	Ninglang	1.35	1.10	0.80	0.01	0.29
普洱市	**Pu'er**	**16.75**	**15.98**	**9.92**	**0.30**	**5.76**
思茅区	Simao	5.70	5.42	2.37	0.02	3.02
宁洱县	Ning'er	1.13	1.05	0.83	0.06	0.16
墨江县	Mojiang	1.18	1.14	0.82	0.03	0.30
景东县	Jingdong	1.95	1.89	1.14	0.03	0.73
景谷县	Jinggu	1.72	1.68	0.82	0.06	0.80
镇沅县	Zhenyuan	1.05	0.95	0.64	0.01	0.29
江城县	Jiangcheng	1.02	0.97	0.86	0.03	0.09
孟连县	Menglian	0.84	0.82	0.69	0.02	0.11
澜沧县	Lancang	1.32	1.29	0.99	0.03	0.27
西盟县	Ximeng	0.86	0.76	0.74	0.02	0.01
临沧市	**Lincang**	**13.12**	**11.07**	**7.40**	**0.17**	**3.50**
临翔区	Linxiang	3.42	3.05	1.84	0.06	1.14

19-6 续表2 continued

单位：万人 (10 000 persons)

州市县	Region	单位从业人员 Number of Employed Persons in Entities	职工人数 Number of Staff and Workers	国有单位 State-owned Entities	城镇集体单位 Urban Collective-owned Entities	其他单位 Other Ownership Entities
凤庆县	Fengqing	1.27	1.09	0.81	0.02	0.26
云　县	Yunxian	2.15	1.83	1.02	0.02	0.79
永德县	Yongde	1.77	1.23	0.93	0.02	0.29
镇康县	Zhenkang	0.96	0.72	0.47	0.01	0.24
双江县	Shuangjiang	0.84	0.79	0.54	0.01	0.24
耿马县	Gengma	1.49	1.36	1.02	0.03	0.31
沧源县	Cangyuan	1.23	0.99	0.76	0.01	0.23
楚雄州	**Chuxiong**	**18.01**	**15.48**	**9.79**	**0.29**	**5.40**
楚雄市	Chuxiong	6.22	5.79	3.52	0.13	2.15
双柏县	Shuangbo	0.95	0.82	0.54	0.01	0.26
牟定县	Mouding	0.95	0.83	0.53	0.01	0.29
南华县	Nanhua	1.23	0.93	0.61	0.02	0.30
姚安县	Yao'an	0.84	0.81	0.59	0.01	0.21
大姚县	Dayao	1.79	1.25	0.97	0.03	0.25
永仁县	Yongren	0.71	0.54	0.40	0.01	0.12
元谋县	Yuanmou	1.21	0.93	0.60	0.02	0.30
武定县	Wuding	1.30	1.06	0.76	0.02	0.28
禄丰县	Lufeng	2.82	2.52	1.27	0.03	1.22
红河州	**Honghe**	**33.12**	**30.43**	**15.91**	**0.71**	**13.81**
蒙自市	Mengzi	8.25	7.34	1.52	0.11	5.71
个旧市	Gejiu	3.76	3.75	1.91	0.15	1.70
开远市	Kaiyuan	5.35	4.90	3.05	0.04	1.81
屏边县	Pingbian	0.75	0.67	0.47	0.07	0.13
建水县	Jianshui	2.59	2.50	1.62	0.09	0.79
石屏县	Shiping	2.09	1.93	0.85	0.08	1.00
弥勒县	Mile	3.50	2.93	1.53	0.03	1.37
泸西县	Luxi	2.12	1.94	1.15	0.04	0.75
元阳县	Yuanyang	0.93	0.89	0.79	0.01	0.09
红河县	Honghe	0.83	0.82	0.75	0.01	0.06
金平县	Jinping	1.07	1.05	0.78	0.01	0.25
绿春县	Luchun	0.82	0.71	0.61	0.05	0.05
河口县	Hekou	1.05	0.98	0.87	0.01	0.10
文山州	**Wenshan**	**16.21**	**14.49**	**10.25**	**0.31**	**3.93**
文山市	Wenshan	5.67	4.65	2.72	0.02	1.90
砚山县	Yanshan	2.19	1.98	1.30	0.04	0.64

19-6 续表3 continued

单位：万人 (10 000 persons)

州市县	Region	单位从业人员 Number of Employed Persons in Entities	职工人数 Number of Staff and Workers	国有单位 State-owned Entities	城镇集体单位 Urban Collective-owned Entities	其他单位 Other Ownership Entities
西畴县	Xichou	0.77	0.76	0.65	0.03	0.08
麻栗坡县	Malipo	1.46	1.39	1.05	0.08	0.26
马关县	Maguan	1.39	1.24	0.84	0.02	0.39
丘北县	Qiubei	1.42	1.36	1.17	0.06	0.13
广南县	Guangnan	2.02	1.89	1.60	0.04	0.25
富宁县	Funing	1.29	1.23	0.92	0.03	0.28
西双版纳州	**Xishuangbanna**	**7.99**	**7.59**	**4.32**	**0.16**	**3.10**
景洪市	Jinghong	5.07	4.84	2.54	0.06	2.23
勐海县	Menghai	1.64	1.50	0.85	0.07	0.58
勐腊县	Mengla	1.27	1.25	0.93	0.03	0.29
大理州	**Dali**	**24.72**	**19.98**	**10.45**	**0.40**	**9.13**
大理市	Dali	11.58	9.19	4.00	0.20	4.99
漾濞县	Yangbi	0.55	0.51	0.37	0.01	0.13
祥云县	Xiangyun	2.93	2.38	0.87	0.20	1.49
宾川县	Binchuan	1.36	1.14	0.78	0.02	0.35
弥渡县	Midu	1.15	1.00	0.59	0.06	0.34
南涧县	Nanjian	0.92	0.67	0.55	0.01	0.11
巍山县	Weishan	1.21	0.95	0.64	0.02	0.29
永平县	Yongping	0.83	0.64	0.47	0.01	0.16
云龙县	Yunlong	0.81	0.69	0.55	0.01	0.13
洱源县	Eryuan	1.16	0.93	0.55	0.01	0.37
剑川县	Jianchuan	0.90	0.78	0.49	0.01	0.27
鹤庆县	Heqing	1.32	1.10	0.58	0.02	0.50
德宏州	**Dehong**	**11.53**	**10.44**	**6.16**	**0.32**	**3.96**
芒市	Mangshi	4.50	4.29	2.39	0.11	1.78
瑞丽市	Ruili	2.66	2.44	1.26	0.09	1.09
梁河县	Lianghe	0.86	0.75	0.50	0.08	0.17
盈江县	Yingjiang	2.11	1.74	1.07	0.02	0.65
陇川县	Longchuan	1.40	1.23	0.94	0.02	0.27
怒江州	**Nujiang**	**4.03**	**3.40**	**2.46**	**0.09**	**0.85**
泸水县	Lushui	1.93	1.60	1.18	0.00	0.41
福贡县	Fugong	0.40	0.37	0.34	0.01	0.01
贡山县	Gongshan	0.36	0.32	0.25	0.05	0.02
兰坪县	Lanping	1.33	1.11	0.69	0.02	0.40
迪庆州	**Diqing**	**3.98**	**3.17**	**2.33**	**0.09**	**0.76**
香格里拉县	Shangri-La	2.59	2.03	1.36	0.03	0.64
德钦县	Deqin	0.54	0.54	0.49	0.01	0.04
维西县	Weixi	0.85	0.60	0.48	0.04	0.08

19—7 各州市县职工平均工资（2012年）

Average Wages of Staff and Workers by County and City (2012)

单位：万元／人 (10 000 yuan/person)

州市县	Region	职工平均工资 Average Wage of Staff and Workers	国有单位 State-owned Entities	城镇集体单位 Urban Collective-owned Entities	其他单位 Other Ownership Entities
全　省	**Yunnan**	**3.89**	**4.51**	**3.86**	**3.22**
昆明市	**Kunming**	**4.51**	**5.79**	**3.18**	**3.62**
呈贡区	Chenggong	5.20	5.35	18.79	3.05
五华区	Wuhua	4.89	6.57	2.40	3.55
盘龙区	Panlong	4.02	5.02	2.39	3.25
官渡区	Guandu	4.41	6.05	2.45	3.26
西山区	Xishan	3.67	4.83	3.29	2.96
东川区	Dongchuan	3.33	4.33	2.67	2.92
晋宁县	Jinning	3.77	5.18	2.24	2.62
富民县	Fuming	3.71	4.94	5.70	3.12
宜良县	Yiliang	3.49	5.25	2.95	2.82
石林县	Shilin	3.91	4.48	4.12	3.09
嵩明县	Songming	3.47	4.60	6.36	2.81
禄劝县	Luquan	4.36	5.10	2.97	3.05
寻甸县	Xundian	4.10	4.75	11.22	3.09
安宁市	Anning	4.23	5.03	3.45	3.89
曲靖市	**Qujing**	**3.73**	**4.48**	**3.46**	**3.10**
麒麟区	Qilin	4.07	5.38	3.35	3.22
马龙县	Malong	3.61	4.62	10.51	2.52
陆良县	Luliang	3.33	4.15	2.79	2.23
师宗县	Shizong	3.35	3.97	4.94	2.65
罗平县	Luoping	4.31	4.81	9.58	3.16
富源县	Fuyuan	3.59	3.73	2.14	3.55
会泽县	Huize	3.71	4.37	2.06	3.15
沾益县	Zhanyi	3.30	3.83	6.64	2.97
宣威市	Xuanwei	3.59	4.09	3.88	2.96
玉溪市	**Yuxi**	**4.05**	**5.78**	**3.01**	**2.80**
红塔区	Hongta	4.35	7.25	2.18	2.81
江川县	Jiangchuan	3.26	4.32	3.27	2.21
澄江县	Chengjiang	3.96	4.98	3.01	2.59
通海县	Tonghai	3.64	5.20	5.95	2.68
华宁县	Huaning	3.84	4.40	10.11	2.54
易门县	Yimen	3.74	4.39	4.23	3.27
峨山县	Eshan	3.49	4.97	2.69	2.36
新平县	Xinping	4.11	4.84	2.55	3.49
元江县	Yuanjiang	4.05	4.94	6.44	2.79

19—7 续表1 continued

单位：万元 / 人 (10 000 yuan/person)

州市县	Region	职工平均工资 Average Wage of Staff and Workers	国有单位 State-owned Entities	城镇集体单位 Urban Collective-owned Entities	其他单位 Other Ownership Entities
保 山 市	**Baoshan**	**3.12**	**3.54**	**5.40**	**2.71**
隆阳区	Longyang	3.21	4.04	11.00	2.63
施甸县	Shidian	3.11	3.19	2.88	2.91
腾冲县	Tengchong	2.87	3.20	3.20	2.52
龙陵县	Longling	3.29	3.15	7.71	3.36
昌宁县	Changning	3.14	3.27	12.00	2.80
昭 通 市	**Zhaotong**	**3.77**	**3.94**	**4.43**	**3.37**
昭阳区	Zhaoyang	4.48	5.18	2.45	2.81
鲁甸县	Ludian	3.21	3.38	13.10	2.81
巧家县	Qiaojia	3.19	3.29	7.14	2.52
盐津县	Yanjin	3.31	3.37	7.67	3.06
大关县	Daguan	3.46	3.52	10.82	2.79
永善县	Yongshan	3.14	3.26	3.80	2.30
绥江县	Suijiang	3.96	3.56	9.70	4.47
镇雄县	Zhenxiong	3.93	3.73	9.64	4.09
彝良县	Yiliang	3.52	3.08	9.12	4.44
威信县	Weixin	3.46	3.40	6.20	3.49
水富县	Shuifu	3.63	4.23	4.78	2.81
丽 江 市	**Lijiang**	**3.60**	**3.98**	**4.21**	**3.05**
古城区	Gucheng	3.81	4.36	3.89	3.07
玉龙县	Yulong	3.62	3.89	4.75	2.98
永胜县	Yongsheng	3.69	4.00	5.08	2.86
华坪县	Huaping	3.26	3.59	2.66	3.14
宁蒗县	Ninglang	3.39	3.46	9.52	3.01
普 洱 市	**Pu'er**	**3.13**	**3.41**	**6.38**	**2.48**
思茅区	Simao	3.15	4.19	12.92	2.23
宁洱县	Ning'er	3.15	3.25	4.15	2.24
墨江县	Mojiang	3.54	3.54	7.57	3.11
景东县	Jingdong	3.31	3.56	12.43	2.48
景谷县	Jinggu	3.25	3.34	5.47	3.00
镇沅县	Zhenyuan	3.18	3.37	11.44	2.35
江城县	Jiangcheng	2.98	2.94	3.40	3.28
孟连县	Menglian	2.94	2.94	2.98	2.88
澜沧县	Lancang	3.02	3.00	3.90	3.00
西盟县	Ximeng	2.34	2.28	5.01	2.09
临 沧 市	**Lincang**	**3.23**	**3.34**	**7.29**	**2.88**
临翔区	Linxiang	3.60	4.17	7.71	2.83

19−7 续表2 continued

单位：万元 / 人 (10 000 yuan/person)

州市县	Region	职工平均工资 Average Wage of Staff and Workers	国有单位 State-owned Entities	城镇集体单位 Urban Collective-owned Entities	其他单位 Other Ownership Entities
凤庆县	Fengqing	**3.19**	**3.37**	**5.03**	**2.65**
云　县	Yunxian	2.98	3.26	15.51	2.48
永德县	Yongde	2.75	2.59	9.32	2.85
镇康县	Zhenkang	3.49	3.22	7.48	3.84
双江县	Shuangjiang	3.30	2.73	4.93	4.41
耿马县	Gengma	3.04	2.97	8.75	2.81
沧源县	Cangyuan	3.08	3.33	3.38	2.38
楚雄州	**Chuxiong**	**3.80**	**4.15**	**7.47**	**2.91**
楚雄市	Chuxiong	4.07	4.62	3.87	3.16
双柏县	Shuangbo	3.66	3.90	15.78	2.55
牟定县	Mouding	3.29	3.91	10.69	1.87
南华县	Nanhua	4.05	4.00	15.26	3.51
姚安县	Yao'an	3.64	3.86	14.94	2.32
大姚县	Dayao	3.83	3.89	9.86	2.90
永仁县	Yongren	3.67	3.60	8.03	3.64
元谋县	Yuanmou	3.39	3.68	9.11	2.23
武定县	Wuding	3.47	3.62	10.38	2.50
禄丰县	Lufeng	3.61	4.17	8.88	2.91
红河州	**Honghe**	**3.49**	**3.91**	**3.91**	**3.00**
蒙自市	Mengzi	3.49	3.97	2.72	3.38
个旧市	Gejiu	3.79	4.17	5.20	3.23
开远市	Kaiyuan	3.66	4.52	4.01	2.62
屏边县	Pingbian	3.43	3.81	3.30	2.16
建水县	Jianshui	3.36	3.71	2.02	2.76
石屏县	Shiping	3.02	4.03	2.14	2.24
弥勒县	Mile	3.54	3.90	12.88	2.80
泸西县	Luxi	3.40	3.79	1.44	2.89
元阳县	Yuanyang	3.74	3.86	6.00	2.22
红河县	Honghe	3.17	3.32	3.72	1.53
金平县	Jinping	3.50	3.63	7.71	2.89
绿春县	Luchun	3.16	3.24	2.67	2.65
河口县	Hekou	2.92	2.81	7.31	3.38
文山州	**Wenshan**	**3.39**	**3.42**	**4.79**	**3.22**
文山市	Wenshan	3.69	4.00	15.06	3.14
砚山县	Yanshan	3.29	3.33	8.44	2.99

19−7 续表3 continued

单位：万元／人 (10 000 yuan/person)

州市县	Region	职工平均工资 Average Wage of Staff and Workers	国有单位 State-owned Entities	城镇集体单位 Urban Collective-owned Entities	其他单位 Other Ownership Entities
西畴县	Xichou	3.15	3.17	1.97	3.44
麻栗坡县	Malipo	3.03	3.08	2.28	3.01
马关县	Maguan	3.76	3.54	9.03	4.01
丘北县	Qiubei	3.07	3.21	2.67	2.02
广南县	Guangnan	3.18	2.91	4.86	4.58
富宁县	Funing	3.28	3.41	4.96	2.74
西双版纳州	**Xishuangbanna**	**3.56**	**3.92**	**3.45**	**2.99**
景洪市	Jinghong	3.66	4.14	2.53	3.05
勐海县	Menghai	3.32	3.65	4.39	2.71
勐腊县	Mengla	3.50	3.59	3.29	3.23
大理州	**Dali**	**3.86**	**4.75**	**5.04**	**2.77**
大理市	Dali	3.98	5.67	2.86	2.64
漾濞县	Yangbi	3.57	3.52	4.13	3.67
祥云县	Xiangyun	3.56	4.47	2.16	3.03
宾川县	Binchuan	4.04	4.27	16.16	2.97
弥渡县	Midu	3.64	4.31	3.74	2.36
南涧县	Nanjian	3.93	4.16	5.90	2.58
巍山县	Weishan	4.19	4.45	7.28	3.34
永平县	Yongping	3.69	3.81	13.77	2.68
云龙县	Yunlong	3.80	3.94	7.24	2.90
洱源县	Eryuan	3.65	4.35	15.77	2.19
剑川县	Jianchuan	3.71	3.91	11.30	2.94
鹤庆县	Heqing	3.80	4.27	3.48	3.25
德宏州	**Dehong**	**3.36**	**3.24**	**4.75**	**3.45**
芒市	Mangshi	3.53	3.58	2.00	3.56
瑞丽市	Ruili	3.12	2.84	5.40	3.30
梁河县	Lianghe	3.63	3.59	4.77	3.21
盈江县	Yingjiang	3.55	3.29	13.34	3.69
陇川县	Longchuan	2.82	2.67	9.24	2.89
怒江州	**Nujiang**	**3.74**	**3.66**	**2.79**	**4.06**
泸水县	Lushui	3.72	3.95	1.42	3.19
福贡县	Fugong	2.99	3.08	1.64	2.56
贡山县	Gongshan	3.38	3.61	2.18	4.06
兰坪县	Lanping	4.12	3.47	5.93	5.17
迪庆州	**Diqing**	**4.87**	**4.86**	**5.01**	**4.89**
香格里拉县	Shangri-La	4.94	4.80	9.06	5.07
德钦县	Deqin	5.33	5.30	4.16	6.06
维西县	Weixi	4.24	4.58	3.49	2.76

19−8 各州市县固定资产投资（不含农户）(2011−2012年)
Total Investment in Fixed Assets (Exclude Rural Households) by Region（2011-2012）

单位：亿元 (100 million yuan)

州市县	Region	2011	2012
全　省	**Yunnan**	**5 932.75**	**7 553.51**
昆 明 市	**Kunming**	**1 874.74**	**2 345.91**
呈贡区	Chenggong	180.94	206.27
五华区	Wuhua	300.41	377.20
盘龙区	Panlong	220.77	269.33
官渡区	Guandu	397.28	488.31
西山区	Xishan	265.14	332.15
东川区	Dongchuan	47.15	61.43
晋宁县	Jinning	66.23	86.10
富民县	Fumin	18.88	24.54
宜良县	Yiliang	44.98	59.03
石林县	Shilin	59.92	77.89
嵩明县	Songming	69.31	93.56
禄劝县	Luquan	50.31	64.64
寻甸县	Xundian	46.00	60.42
安宁市	Anning	107.44	145.04
曲 靖 市	**Qujing**	**670.54**	**825.09**
麒麟区	Qilin	188.02	232.99
马龙县	Malong	24.66	30.40
陆良县	Luliang	47.63	58.92
师宗县	Shizong	40.30	49.65
罗平县	Luoping	34.24	42.90
富源县	Fuyuan	83.14	102.34
会泽县	Huize	55.09	67.77
沾益县	Zhanyi	79.90	98.59
宣威市	Xuanwei	117.56	146.00
玉 溪 市	**Yuxi**	**229.54**	**287.13**
红塔区	Hongta	79.67	105.40
江川县	Jiangchuan	17.56	25.54
澄江县	Chengjiang	25.19	29.10
通海县	Tonghai	13.12	18.53
华宁县	Huaning	9.07	12.32
易门县	Yimen	25.71	16.92
峨山县	Eshan	19.97	25.52
新平县	Xinping	26.66	36.42
元江县	Yuanjiang	12.59	17.38

19-8 续表1 continued

单位：亿元 (100 million yuan)

州 市 县	Region	2011	2012
保 山 市	**Baoshan**	**162.61**	**222.63**
隆阳区	Longyang	38.75	58.53
施甸县	Shidian	7.25	11.58
腾冲县	Tengchong	78.06	102.12
龙陵县	Longling	24.19	31.58
昌宁县	Changning	14.36	18.82
昭 通 市	**Zhaotong**	**312.43**	**421.79**
昭阳区	Zhaoyang	50.59	67.54
鲁甸县	Ludian	25.32	33.02
巧家县	Qiaojia	17.06	25.09
盐津县	Yanjin	20.51	28.83
大关县	Daguan	9.68	14.33
永善县	Yongshan	8.36	10.94
绥江县	Suijiang	19.71	28.90
镇雄县	Zhenxiong	38.30	51.29
彝良县	Yiliang	24.09	34.06
威信县	Weixin	26.98	33.87
水富县	Shuifu	17.37	12.52
丽 江 市	**Lijiang**	**224.17**	**295.57**
古城区	Gucheng	67.79	102.18
玉龙县	Yulong	36.26	51.25
永胜县	Yongsheng	15.53	22.29
华坪县	Huaping	17.61	25.31
宁蒗县	Ninglang	21.55	33.14
普 洱 市	**Pu'er**	**254.12**	**333.26**
思茅区	Simao	94.28	131.23
宁洱县	Ning'er	18.30	24.75
墨江县	Mojiang	31.25	39.63
景东县	Jingdong	8.20	11.09
景谷县	Jinggu	19.36	27.18
镇沅县	Zhenyuan	6.02	9.01
江城县	Jiangcheng	12.42	16.17
孟连县	Menglian	3.06	4.32
澜沧县	Lancang	50.34	65.63
西盟县	Ximeng	3.27	4.25

19-8 续表2 continued

单位：亿元 (100 million yuan)

州市县	Region	2011	2012
临沧市	**Lincang**	**203.30**	**303.20**
临翔区	Linxiang	38.72	55.92
凤庆县	Fengqing	28.97	41.50
云县	Yunxian	32.00	46.69
永德县	Yongde	31.31	41.64
镇康县	Zhenkang	20.10	29.75
双江县	Shuangjiang	14.53	20.30
耿马县	Gengma	18.77	39.60
沧源县	Cangyuan	18.91	27.80
楚雄州	**Chuxiong**	**262.87**	**347.62**
楚雄市	Chuxiong	91.45	118.88
双柏县	Shuangbo	8.40	16.09
牟定县	Mouding	15.50	25.99
南华县	Nanhua	13.79	22.21
姚安县	Yao'an	10.52	15.25
大姚县	Dayao	21.74	30.62
永仁县	Yongren	12.89	18.30
元谋县	Yuanmou	9.86	16.17
武定县	Wuding	18.91	26.66
禄丰县	Lufeng	46.93	57.45
红河州	**Honghe**	**441.31**	**560.91**
蒙自市	Mengzi	53.28	72.21
个旧市	Gejiu	53.20	72.04
开远市	Kaiyuan	53.27	72.21
屏边县	Pingbian	9.00	14.50
建水县	Jianshui	60.28	75.40
石屏县	Shiping	19.51	28.20
弥勒县	Mile	53.13	75.15
泸西县	Luxi	32.94	44.66
元阳县	Yuanyang	13.54	19.50
红河县	Honghe	10.56	16.58
金平县	Jinping	15.89	22.10
绿春县	Luchun	11.77	17.20
河口县	Hekou	11.53	17.10
文山州	**Wenshan**	**207.25**	**277.21**
文山市	Wenshan	74.47	96.06
砚山县	Yanshan	31.45	43.25
西畴县	Xichou	10.41	10.61
麻栗坡县	Malipo	14.76	20.08
马关县	Maguan	12.68	17.67
丘北县	Qiubei	21.47	31.57
广南县	Guangnan	21.74	29.36
富宁县	Funing	20.27	28.60

19-8 续表3 continued

单位：亿元

州市县	Region	2011	2012
西双版纳州	**Xishuangbanna**	**120.47**	**160.24**
景洪市	Jinghong	93.08	115.05
勐海县	Menghai	11.06	16.17
勐腊县	Mengla	16.33	29.02
大 理 州	**Dali**	**307.84**	**406.65**
大理市	Dali	125.06	165.91
漾濞县	yangbi	8.61	10.61
祥云县	Xiangyun	20.58	27.25
宾川县	Binchuang	29.65	39.25
弥渡县	Midu	10.58	14.03
南涧县	Nanjian	5.58	7.42
巍山县	Weishan	9.41	12.35
永平县	Yongping	8.85	11.75
云龙县	Yunlong	32.90	43.55
洱源县	Eryuan	15.26	20.22
剑川县	Jianchuan	8.24	10.89
鹤庆县	Heqing	33.11	43.40
德 宏 州	**Dehong**	**116.83**	**157.93**
芒 市	Mangshi	43.00	59.01
瑞丽市	Ruili	32.38	44.44
梁河县	Lianghe	6.91	8.99
盈江县	Yingjiang	26.69	34.90
陇川县	Longchuan	7.84	10.59
怒 江 州	**Nujiang**	**47.10**	**63.63**
泸水县	Lushui	16.40	21.76
福贡县	Fugong	6.72	8.50
贡山县	Gongshan	5.38	6.89
兰坪县	Lanping	18.60	26.48
迪 庆 州	**Diqing**	**124.07**	**155.34**
香格里拉县	Shangri-La	62.54	78.20
德钦县	Deqin	26.48	33.11
维西县	Weixi	35.05	44.04
不分地区	**Unclassified by Region**	**373.55**	**389.46**

19-9 各州市县地方公共财政预算收入(2004-2012年)

Public Budgetary Revenue of Local Government by Region（2004-2012）

单位：亿元 (100 million yuan)

州市县	Region	2004	2005	2006	2007	2008	2009	2010	2011	2012
全　省	**Yunnan**	**263.36**	**312.65**	**379.97**	**486.71**	**614.05**	**698.25**	**871.19**	**1 111.16**	**1 338.15**
昆明市	**Kunming**	**72.57**	**90.67**	**103.72**	**133.10**	**174.99**	**201.61**	**253.83**	**317.69**	**378.40**
呈贡区	Chenggong	1.17	1.93	2.51	4.32	5.40	5.31	6.88	7.49	9.07
五华区	Wuhua	6.74	7.18	8.75	10.77	13.34	15.77	20.55	25.42	30.49
盘龙区	Panlong	6.37	5.83	6.46	7.89	10.38	12.50	16.67	22.01	27.20
官渡区	Guandu	9.46	5.53	7.07	10.17	16.07	20.09	26.16	32.18	37.78
西山区	Xishan	3.98	5.18	6.61	8.63	10.93	13.00	17.00	22.00	26.64
东川区	Dongchuan	0.56	0.90	2.32	3.70	4.01	2.41	4.09	5.44	6.79
晋宁县	Jinning	0.95	1.32	1.88	2.45	3.31	4.70	6.24	8.43	11.01
富民县	Fumin	0.59	0.44	0.61	0.82	1.05	1.21	1.90	2.68	3.43
宜良县	Yiliang	1.72	1.93	1.93	2.48	3.31	3.83	4.68	4.52	5.60
石林县	Shilin	1.03	1.14	1.26	1.42	2.01	2.60	3.51	4.73	6.15
嵩明县	Songming	0.97	1.12	1.35	1.60	2.29	3.29	4.50	5.86	7.39
禄劝县	Luquan	0.74	0.89	1.05	1.25	1.61	2.31	2.92	3.58	4.87
寻甸县	Xundian	0.81	0.94	1.19	1.54	2.12	2.71	3.42	4.59	5.93
安宁市	Anning	5.23	6.09	6.93	8.54	10.85	12.80	16.69	21.40	24.03
市本级	City-level	32.27	50.24	53.53	67.52	88.31	99.09	118.61	147.36	172.01
曲靖市	**Qujing**	**23.65**	**29.45**	**36.52**	**46.49**	**56.01**	**63.19**	**72.43**	**88.31**	**103.83**
麒麟区	Qilin	2.85	3.42	4.27	5.00	6.33	7.61	9.21	12.84	16.81
马龙县	Malong	0.50	0.83	1.01	1.27	1.68	2.02	2.39	3.00	3.52
陆良县	Luliang	1.43	1.65	2.10	2.52	3.00	3.38	3.90	4.53	5.42
师宗县	Shizong	0.92	1.21	1.50	1.83	2.21	2.51	2.92	3.70	4.40
罗平县	Luoping	1.39	1.61	1.83	2.12	2.63	3.01	3.43	4.05	5.08
富源县	Fuyuan	1.67	2.64	3.77	5.75	6.42	7.18	8.38	10.30	12.45
会泽县	Huize	3.09	3.30	3.64	4.13	5.00	5.51	6.10	7.02	8.00
沾益县	Zhanyi	1.88	2.34	2.95	3.61	4.45	4.72	5.43	6.36	6.97
宣威市	Xuanwei	3.26	4.27	5.30	6.32	7.27	7.94	9.00	10.50	12.50
市本级	City-level	6.66	8.19	10.16	13.94	17.01	19.32	21.67	26.01	28.68
玉溪市	**Yuxi**	**29.57**	**31.23**	**33.05**	**38.90**	**50.16**	**54.16**	**64.73**	**77.25**	**90.22**
红塔区	Hongta	2.45	3.19	3.75	4.89	5.94	7.01	9.29	11.22	13.21
江川县	Jiangchuan	1.07	1.19	1.35	1.63	2.01	2.09	2.40	2.89	3.54
澄江县	Chengjiang	0.75	0.94	1.03	1.12	1.83	2.42	2.92	3.31	3.88
通海县	Tonghai	1.01	1.17	1.34	1.75	2.17	2.41	2.70	3.03	3.54
华宁县	Huaning	0.75	0.97	1.00	1.20	1.73	1.79	2.02	2.27	2.51
易门县	Yimen	0.76	1.01	1.19	1.63	1.98	2.13	2.42	2.80	3.34
峨山县	Eshan	0.98	1.13	1.39	1.80	2.12	2.18	2.72	3.04	3.56
新平县	Xinping	1.00	1.49	1.78	2.63	3.82	4.25	5.41	7.06	8.32
元江县	Yuanjiang	0.64	0.89	0.82	1.12	1.39	1.43	1.74	2.10	2.55
市本级	City-level	20.15	19.25	19.39	21.12	27.17	28.44	33.12	39.54	45.77

19—9 续表1 continued

单位：亿元 (100 million yuan)

州市县	Region	2004	2005	2006	2007	2008	2009	2010	2011	2012
保山市	**Baoshan**	**5.19**	**6.53**	**8.35**	**10.58**	**12.46**	**15.81**	**21.38**	**28.20**	**35.55**
隆阳区	Longyang	1.78	2.21	2.61	3.27	3.82	5.07	6.07	7.41	8.78
施甸县	Shidian	0.38	0.42	0.55	0.61	0.75	0.83	1.30	1.95	2.29
腾冲县	Tengchong	1.27	1.53	2.70	3.23	3.93	5.01	6.57	9.26	12.10
龙陵县	Longling	0.46	0.68	0.88	1.05	1.21	1.40	1.60	2.00	2.67
昌宁县	Changning	0.58	0.67	0.80	0.92	1.05	1.45	3.35	4.17	5.21
市本级	City-level	0.71	1.02	1.43	1.49	1.70	2.04	2.48	3.40	4.50
昭通市	**Zhaotong**	**6.97**	**8.52**	**10.30**	**12.89**	**171.73**	**20.79**	**25.62**	**32.59**	**39.47**
昭阳区	Zhaoyang	1.33	1.50	1.82	2.22	3.01	4.07	5.03	6.41	7.71
鲁甸县	Ludian	0.30	0.38	0.51	0.82	0.94	1.09	1.57	2.04	2.26
巧家县	Qiaojia	0.29	0.30	0.34	0.60	0.69	0.86	1.09	1.40	1.72
盐津县	Yanjin	0.23	0.27	0.36	0.52	0.70	0.87	0.92	1.14	1.38
大关县	Daguan	0.11	0.14	0.18	0.28	0.40	0.47	0.54	0.67	0.87
永善县	Yongshan	0.22	0.31	0.43	0.67	0.85	1.04	1.36	1.85	2.24
绥江县	Suijiang	0.13	0.16	0.18	0.26	0.47	0.64	0.89	1.48	2.20
镇雄县	Zhenxiong	0.70	0.76	0.93	1.17	1.52	2.01	2.70	3.80	5.10
彝良县	Yiliang	0.29	0.44	0.60	0.82	1.00	1.16	1.52	2.07	2.20
威信县	Weixin	0.23	0.28	0.36	0.54	0.76	1.01	1.27	1.62	1.95
水富县	Shuifu	0.59	0.76	0.95	1.02	1.21	1.28	1.59	1.78	2.16
市本级	City-level	2.54	3.22	3.62	3.97	5.56	6.30	7.14	8.32	9.67
丽江市	**Lijiang**	**3.40**	**4.06**	**5.08**	**7.28**	**9.52**	**11.66**	**16.46**	**26.26**	**38.01**
古城区	Gucheng	1.13	1.42	1.72	2.81	3.05	3.67	5.01	7.25	9.19
玉龙县	Yulong	0.35	0.49	0.67	0.88	1.15	1.41	2.13	3.00	4.51
永胜县	Yongsheng	0.47	0.37	0.43	0.61	1.02	1.37	1.78	2.02	2.87
华坪县	Huaping	0.56	0.80	1.23	1.60	2.12	2.65	3.50	4.04	5.25
宁蒗县	Ninglang	0.15	0.18	0.23	0.30	0.53	0.73	1.08	1.43	1.87
市本级	City-level	0.75	0.79	0.81	1.08	1.64	1.81	2.95	8.52	14.32
普洱市	**Pu'er**	**5.07**	**6.23**	**7.79**	**11.10**	**13.70**	**16.00**	**30.86**	**39.29**	**47.90**
思茅区	Simao	1.12	1.51	1.86	2.39	2.88	3.31	4.06	5.22	7.10
宁洱县	Ning'er	0.38	0.43	0.59	0.93	1.08	1.19	1.61	1.71	2.36
墨江县	Mojiang	0.56	0.52	0.60	0.78	1.00	1.22	1.64	2.18	2.72
景东县	Jingdong	0.79	0.95	1.10	1.14	1.58	1.80	2.29	2.54	3.05
景谷县	Jinggu	0.74	0.86	1.02	1.25	1.59	1.84	2.97	3.32	4.28
镇沅县	Zhenyuan	0.25	0.26	0.34	0.43	0.55	0.72	1.10	1.56	2.26
江城县	Jiangcheng	0.19	0.24	0.29	0.34	0.42	0.51	0.60	0.80	1.09
孟连县	Menglian	0.23	0.25	0.31	0.36	0.36	0.41	0.52	0.70	0.92
澜沧县	Lancang	0.38	0.45	0.59	0.84	1.06	1.24	2.22	3.11	3.64
西盟县	Ximeng	0.06	0.06	0.09	0.13	0.16	0.21	0.27	0.37	0.45
市本级	City-level	0.39	0.68	1.01	2.50	3.02	4.16	13.60	17.80	20.04
临沧市	**Lincang**	**4.19**	**4.60**	**5.55**	**6.96**	**8.49**	**10.05**	**14.51**	**21.39**	**30.22**
临翔区	Linxiang	0.47	0.54	0.61	0.97	1.20	1.43	1.95	2.69	4.49
凤庆县	Fengqing	0.59	0.63	0.68	0.83	1.08	1.43	2.62	3.22	4.46
云　县	Yunxian	1.10	1.30	1.41	1.56	1.82	1.95	2.17	3.01	4.06
永德县	Yongde	0.32	0.32	0.36	0.46	0.59	0.73	1.07	1.61	2.44
镇康县	Zhenkang	0.20	0.22	0.34	0.47	0.56	0.65	0.92	1.68	2.67
双江县	Shuangjiang	0.19	0.20	0.25	0.28	0.33	0.41	0.63	1.01	1.62
耿马县	Gengma	0.44	0.36	0.48	0.61	0.73	0.85	1.23	1.94	2.80
沧源县	Cangyuan	0.18	0.16	0.24	0.35	0.47	0.44	0.80	1.21	1.72
市本级	City-level	0.71	0.88	1.18	1.42	1.70	2.17	3.13	5.00	5.95

19—9　续表2　continued

单位：亿元　(100 million yuan)

州市县	Region	2004	2005	2006	2007	2008	2009	2010	2011	2012
楚雄州	**Chuxiong**	**10.73**	**12.29**	**14.32**	**17.95**	**22.70**	**25.58**	**30.70**	**37.58**	**46.32**
楚雄市	Chuxiong	2.93	3.29	4.08	5.83	7.36	8.31	9.73	11.60	13.93
双柏县	Shuangbo	0.26	0.33	0.39	0.49	0.65	0.79	0.98	1.14	1.42
牟定县	Mouding	0.33	0.39	0.49	0.49	0.65	0.74	0.96	1.30	1.83
南华县	Nanhua	0.42	0.53	0.65	0.77	0.84	0.98	1.24	1.71	2.49
姚安县	Yao'an	0.31	0.31	0.39	0.43	0.56	0.62	0.77	1.01	1.42
大姚县	Dayao	0.47	0.52	0.68	0.80	1.12	1.08	1.45	2.22	2.80
永仁县	Yongren	0.19	0.22	0.30	0.36	0.52	0.68	0.88	1.14	1.63
元谋县	Yuanmou	0.40	0.44	0.50	0.68	0.85	0.85	0.86	1.00	1.62
武定县	Wuding	0.40	0.48	0.57	0.76	1.20	1.42	1.95	2.76	3.68
禄丰县	Lufeng	1.42	1.86	2.27	2.89	3.25	4.02	4.63	5.40	5.61
州本级	Prefecture-level	3.61	3.93	4.01	4.44	5.70	6.10	7.26	8.31	9.89
红河州	**Honghe**	**20.57**	**25.00**	**29.49**	**37.71**	**45.14**	**52.04**	**61.22**	**72.79**	**84.48**
蒙自市	Mengzi	1.35	2.15	2.86	3.92	4.89	5.81	7.23	9.05	10.64
个旧市	Gejiu	2.93	3.68	4.31	5.89	7.55	7.73	7.90	8.62	8.89
开远市	Kaiyuan	2.21	2.59	2.93	3.76	4.50	5.01	5.77	7.01	8.42
屏边县	Pingbian	0.20	0.25	0.31	0.35	0.42	0.47	0.54	0.63	0.74
建水县	Jianshui	1.28	1.73	2.11	2.70	3.32	3.78	4.76	6.00	7.35
石屏县	Shiping	0.70	0.82	1.00	1.22	1.44	1.70	2.00	2.30	2.71
弥勒县	Mile	2.38	2.82	3.19	3.90	4.62	5.60	6.95	8.08	9.50
泸西县	Luxi	1.07	1.19	1.33	1.55	2.01	2.61	3.16	4.01	5.07
元阳县	Yuanyang	0.25	0.27	0.32	0.52	0.62	1.05	1.21	1.40	1.61
红河县	Honghe	0.14	0.16	0.19	0.22	0.28	0.34	0.43	0.63	0.83
金平县	Jinping	0.36	0.51	0.63	0.96	1.14	1.40	1.63	1.91	2.20
绿春县	Luchun	0.19	0.29	0.35	0.48	0.61	0.72	0.83	1.00	1.17
河口县	Hekou	0.47	0.70	0.79	0.63	0.77	0.90	1.03	1.19	1.44
州本级	Prefecture-level	7.04	7.83	9.18	11.63	12.98	14.92	17.77	20.95	23.93
文山州	**Wenshan**	**5.52**	**7.09**	**8.94**	**12.60**	**15.44**	**17.29**	**22.03**	**27.45**	**36.13**
文山市	Wenshan	2.07	2.41	2.91	3.57	4.40	5.36	6.80	8.60	10.70
砚山县	Yanshan	0.75	0.95	1.15	1.56	2.06	2.37	2.82	3.41	4.02
西畴县	Xichou	0.23	0.24	0.25	0.27	0.35	0.51	0.61	0.71	0.78
麻栗坡县	Malipo	0.32	0.47	0.55	1.12	1.22	1.36	1.70	2.50	2.70
马关县	Maguan	0.53	0.67	0.85	1.50	1.80	1.97	2.71	3.51	4.31
丘北县	Qiubei	0.43	0.52	0.60	0.78	0.98	1.32	1.63	2.21	2.91
广南县	Guangnan	0.52	0.64	0.77	0.94	1.20	1.35	1.62	2.00	2.40
富宁县	Funing	0.42	0.75	0.90	1.08	1.34	1.50	1.80	2.32	2.87
州本级	Prefecture-level	0.24	0.44	0.95	1.79	2.09	1.56	2.34	2.18	5.44
西双版纳州	**Xishuangbanna**	**2.72**	**3.64**	**4.82**	**6.07**	**7.20**	**8.60**	**11.26**	**17.60**	**22.26**
景洪市	Jinghong	1.36	1.74	2.11	2.58	3.22	3.62	4.77	8.09	10.18
勐海县	Menghai	0.40	0.43	0.52	0.68	0.88	1.13	1.38	1.85	2.51

19—9 续表3 continued

单位：亿元 (100 million yuan)

州市县	Region	2004	2005	2006	2007	2008	2009	2010	2011	2012
勐腊县	Mengla	0.35	0.58	0.96	1.30	1.28	1.57	2.27	2.63	2.91
州本级	Prefecture-level	0.62	0.89	1.22	1.50	1.82	2.28	2.84	5.03	6.67
大理州	**Dali**	**13.30**	**15.75**	**18.75**	**22.78**	**27.57**	**31.55**	**37.62**	**45.95**	**59.28**
大理市	Dali	4.59	5.60	7.46	9.01	10.40	12.29	14.21	17.10	21.52
漾濞县	Yangbi	0.29	0.36	0.43	0.50	0.57	0.68	0.78	0.91	1.19
祥云县	Xiangyun	1.10	1.34	1.63	2.04	2.47	2.85	3.34	4.11	5.41
宾川县	Binchuan	0.73	0.78	0.91	1.17	1.46	1.61	1.90	2.19	2.82
弥渡县	Midu	0.43	0.44	0.54	0.67	0.88	1.09	1.30	1.74	2.27
南涧县	Nanjian	0.61	0.76	0.82	0.99	1.11	1.21	1.63	2.09	2.65
巍山县	Weishan	0.42	0.49	0.58	0.67	0.77	0.97	1.34	1.87	2.58
永平县	Yongping	0.35	0.36	0.49	0.61	0.80	0.96	1.38	1.62	2.00
云龙县	Yunlong	0.28	0.31	0.44	0.58	0.82	0.89	1.09	1.51	2.07
洱源县	Eryuan	0.50	0.62	0.73	0.86	1.04	1.01	1.20	1.45	1.95
剑川县	Jianchuan	0.34	0.36	0.50	0.62	0.76	0.94	0.98	1.31	1.77
鹤庆县	Heqing	0.51	0.61	0.79	0.99	1.39	1.50	1.87	2.27	3.22
州本级	Prefecture-level	3.15	3.73	3.41	4.08	5.10	5.56	6.58	7.78	9.84
德宏州	**Dehong**	**3.25**	**4.06**	**5.36**	**7.90**	**8.87**	**9.83**	**13.24**	**18.91**	**24.32**
芒市	Mnagshi	0.76	0.89	1.14	1.74	2.17	2.55	3.30	4.46	5.66
瑞丽市	Ruili	0.74	1.03	1.29	1.68	2.21	2.21	3.73	5.12	6.95
梁河县	Lianghe	0.24	0.25	0.32	0.37	0.50	0.57	0.68	0.96	1.25
盈江县	Yingjiang	0.67	0.85	1.08	1.46	1.87	2.17	2.89	4.33	4.95
陇川县	Longchuan	0.30	0.30	0.46	0.53	0.61	0.69	0.89	1.27	1.70
州级	Prefecture-level	0.53	0.74	1.08	2.11	1.50	1.64	1.75	2.77	3.81
怒江州	**Nujiang**	**1.48**	**2.01**	**3.37**	**4.78**	**5.12**	**4.67**	**5.84**	**6.66**	**7.51**
泸水县	Lushui	0.50	0.56	0.63	0.72	0.89	1.08	1.27	1.46	1.72
福贡县	Fugong	0.06	0.09	0.12	0.15	0.20	0.23	0.27	0.34	0.47
贡山县	Gongshan	0.10	0.11	0.12	0.13	0.16	0.23	0.26	0.32	0.38
兰坪县	Lanping	0.58	0.85	1.83	2.96	2.90	2.10	2.80	3.10	3.36
州本级	Prefecture-level	0.24	0.40	0.68	0.82	0.96	1.02	1.23	1.43	1.58
迪庆州	**Diqing**	**1.10**	**1.39**	**1.82**	**2.36**	**3.20**	**4.36**	**5.97**	**8.60**	**10.75**
香格里拉县	Shangri-La	0.46	0.57	0.77	1.02	1.32	1.66	2.10	2.75	3.50
德钦县	Deqin	0.09	0.12	0.15	0.20	0.28	0.45	0.71	1.00	1.28
维西县	Weixi	0.12	0.14	0.17	0.21	0.36	0.58	1.01	1.45	1.86
州本级	Prefecture-level	0.42	0.56	0.72	0.92	1.24	1.67	2.15	3.40	4.12
省本级	**Province-level**	**54.07**	**60.13**	**82.75**	**107.29**	**136.35**	**150.47**	**183.50**	**244.66**	**283.49**

19—10 各州市县人均地方公共财政预算收入(2009—2012年)

Per Capita Public Budgetary Revenue of Local Government by Region (2009-2012)

单位：元/人 (yuan/person)

州市县	Region	2009	2010	2011	2012
全省	**Yunnan**	**1 532**	**1 900**	**2 407**	**2 881**
昆明市	**Kunming**	**3 221**	**3 991**	**4 916**	**5 813**
呈贡区	Chenggong	2 333	2 541	2 384	2 839
五华区	Wuhua	1 807	2 380	2 959	3 544
盘龙区	Panlong	1 799	2 164	2 706	3 458
官渡区	Guandu	2 642	3 231	3 754	4 378
西山区	Xishan	1 828	2 314	2 901	3 479
东川区	Dongchuan	818	1 443	1 992	2 474
晋宁县	Jinning	1 671	2 206	2 963	3 821
富民县	Fumin	800	1 278	1 832	2 321
宜良县	Yiliang	896	1 104	1 072	1 320
石林县	Shilin	1 067	1 431	1 914	2 466
嵩明县	Songming	1 036	1 572	2 033	2 305
禄劝县	Luquan	517	691	899	1 215
寻甸县	Xundian	530	705	1 000	1 284
安宁市	Anning	3 987	5 029	6 242	6 915
曲靖市	**Qujing**	**1 089**	**1 240**	**1 502**	**1 755**
麒麟区	Qilin	1 091	1 277	1 721	2 236
马龙县	Malong	1 044	1 258	1 613	1 876
陆良县	Luliang	546	628	726	865
师宗县	Shizong	659	753	939	1 110
罗平县	Luoping	551	625	734	916
富源县	Fuyuan	1 019	1 174	1 420	1 706
会泽县	Huize	604	669	771	873
沾益县	Zhanyi	1 156	1 290	1 463	1 587
宣威市	Xuanwei	594	671	803	951
玉溪市	**Yuxi**	**2 374**	**2 819**	**3 341**	**3 882**
红塔区	Hongta	1 475	1 910	2 258	2 645
江川县	Jiangchuan	748	854	1 026	1 253
澄江县	Chengjiang	1 471	1 745	1 944	2 262
通海县	Tonghai	793	892	1 000	1 159
华宁县	Huaning	835	938	1 052	1 160
易门县	Yimen	1 185	1 355	1 580	1 876
峨山县	Eshan	1 350	1 671	1 863	2 174
新平县	Xinping	1 494	1 898	2 464	2 893
元江县	Yuanjiang	658	798	962	1 163
保山市	**Baoshan**	**640**	**857**	**1 120**	**1 404**
隆阳区	Longyang	570	663	788	928
施甸县	Shidian	255	412	636	741
腾冲县	Tengchong	788	1 024	1 431	1 857
龙陵县	Longling	510	580	719	954
昌宁县	Changning	422	974	1 209	1 501
昭通市	**Zhaotong**	**391**	**485**	**622**	**748**
昭阳区	Zhaoyang	506	631	810	965
鲁甸县	Ludian	285	405	521	570
巧家县	Qiaojia	161	208	270	329
盐津县	Yanjin	230	246	306	369
大关县	Daguan	179	205	255	327
永善县	Yongshan	261	342	467	562
绥江县	Suijiang	404	569	960	1 418
镇雄县	Zhenxiong	146	198	285	379
彝良县	Yiliang	211	282	394	417
威信县	Weixin	264	330	418	500
水富县	Shuifu	1 327	1 603	1 736	2 097
丽江市	**Lijiang**	**953**	**1 331**	**2 101**	**3 021**
古城区	Gucheng	2 138	2 612	3 420	4 310
玉龙县	Yulong	612	955	1 393	2 077
永胜县	Yongsheng	344	449	512	724
华坪县	Huaping	1 609	2 102	2 392	3 087
宁蒗县	Ninglang	286	421	550	715
普洱市	**Pu'er**	**642**	**1 202**	**1 539**	**1 865**
思茅区	Simao	1 284	1 459	1 743	2 334
宁洱县	Ning'er	611	843	915	1 257
墨江县	Mojiang	320	442	603	751
景东县	Jingdong	474	618	704	843
景谷县	Jinggu	593	984	1 135	1 458
镇沅县	Zhenyuan	335	520	745	1 076
江城县	Jiangcheng	424	495	657	883
孟连县	Menglian	303	385	511	667
澜沧县	Lancang	248	447	629	734
西盟县	Ximeng	229	293	402	491
临沧市	**Lincang**	**421**	**601**	**877**	**1 231**
临翔区	Linxiang	467	617	829	1 375
凤庆县	Fengqing	315	573	700	964
云县	Yunxian	436	483	667	895
永德县	Yongde	199	290	433	655
镇康县	Zhenkang	377	524	950	1 497
双江县	Shuangjiang	226	351	570	908
耿马县	Gengma	299	424	652	935
沧源县	Cangyuan	249	450	673	944

19-10 续表 continued

单位：元/人 (yuan/person)

州 市 县	Region	2009	2010	2011	2012	州 市 县	Region	2009	2010	2011	2012
楚 雄 州	**Chuxiong**	**949**	**1 139**	**1 394**	**1 708**	富宁县	Funing	375	445	567	697
楚雄市	Chuxiong	1 507	1 704	1 965	2 352	**西双版纳州**	**Xishuangbanna**	**801**	**1 019**	**1 546**	**1 944**
双柏县	Shuangbo	497	612	715	882	景洪市	Jinghong	753	951	1 550	1 938
牟定县	Mouding	359	461	621	868	勐海县	Menghai	339	414	557	747
南华县	Nanhua	408	519	721	1 042	勐腊县	Mengla	606	838	928	1 021
姚安县	Yao'an	297	376	504	706	**大 理 州**	**Dali**	**901**	**1 080**	**1 324**	**1 701**
大姚县	Dayao	374	515	809	1 015	大理市	Dali	1 932	2 198	2 611	3 271
永仁县	Yongren	621	807	1 038	1 479	漾濞县	Yangbi	665	758	890	1 158
元谋县	Yuanmou	397	401	461	746	祥云县	Xiangyun	624	731	899	1 176
武定县	Wuding	511	707	1 007	1 334	宾川县	Binchuan	468	548	625	801
禄丰县	Lufeng	913	1 071	1 271	1 309	弥渡县	Midu	341	412	554	718
红 河 州	**Honghe**	**1 176**	**1 368**	**1 610**	**1 858**	南涧县	Nanjian	543	751	987	1 240
蒙自市	Mengzi	1 445	1 762	2 161	2 524	巍山县	Weishan	312	437	611	843
个旧市	Gejiu	1 695	1 724	1 869	1 917	永平县	Yongping	526	771	924	1 131
开远市	Kaiyuan	1 598	1 810	2 165	2 584	云龙县	Yunlong	431	538	752	1 027
屏边县	Pingbian	316	359	406	475	洱源县	Eryuan	363	440	539	720
建水县	Jianshui	717	898	1 125	1 369	剑川县	Jianchuan	531	563	767	1 034
石屏县	Shiping	572	670	767	896	鹤庆县	Heqing	561	717	885	1 253
弥勒县	Mile	1 051	1 292	1 490	1 743	**德 宏 州**	**Dehong**	**827**	**1 100**	**1 554**	**1 986**
泸西县	Luxi	665	795	997	1 251	芒 市	Mangshi	671	855	1 138	1 437
元阳县	Yuanyang	268	306	351	401	瑞丽市	Ruili	1 308	2 126	2 805	3 755
红河县	Honghe	116	145	212	276	梁河县	Lianghe	355	428	623	806
金平县	Jinping	400	460	535	611	盈江县	Yingjiang	727	955	1 413	1 607
绿春县	Luchun	324	373	449	522	陇川县	Longchuan	385	491	700	933
河口县	Hekou	864	988	1 134	1 362	**怒 江 州**	**Nujiang**	**873**	**1 090**	**1 243**	**1 398**
文 山 州	**Wenshan**	**502**	**632**	**777**	**1 017**	泸水县	Lushui	578	683	789	925
文山市	Wenshan	1 180	1 447	1 776	2 103	福贡县	Fugong	243	273	349	478
砚山县	Yanshan	517	611	733	860	贡山县	Gongshan	616	697	849	1 007
西畴县	Xichou	201	240	277	304	兰坪县	Lanping	981	1 309	1 452	1 566
麻栗坡县	Malipo	492	613	898	965	**迪 庆 州**	**Diqing**	**1 153**	**1 531**	**2 141**	**2 662**
马关县	Maguan	538	737	950	1 161	香格里拉县	Shangri-La	1 029	1 250	1 583	1 996
丘北县	Qiubei	284	346	460	603	德钦县	Deqin	710	1 093	1 497	1 911
广南县	Guangnan	174	207	253	302	维西县	Weixi	379	645	898	1 148

19—11 各州市县地方公共财政预算支出(2005—2012年)
Public Budgetary Expenditure of Local Government by Region(2005-2012)

单位：亿元 (100 million yuan)

州市县	Region	2005	2006	2007	2008	2009	2010	2011	2012
全　省	**Yunnan**	**766.31**	**893.58**	**1 135.22**	**1 470.24**	**1 952.34**	**2 285.72**	**2 929.60**	**3 572.66**
昆明市	**Kunming**	**114.83**	**133.68**	**164.65**	**233.49**	**270.75**	**346.29**	**441.73**	**525.50**
呈贡区	Chenggong	2.81	3.61	4.96	7.32	7.48	9.66	11.01	12.27
五华区	Wuhua	8.31	10.13	11.71	14.82	17.68	20.35	25.50	29.60
盘龙区	Panlong	6.83	7.78	9.22	12.50	15.34	20.10	25.10	31.14
官渡区	Guandu	7.32	8.37	10.51	18.29	22.72	29.81	35.74	40.41
西山区	Xishan	5.87	7.71	9.19	14.46	16.38	19.81	25.13	29.10
东川区	Dongchuan	5.02	7.02	12.00	12.49	14.17	16.06	19.59	23.23
晋宁县	Jinning	2.77	4.12	5.07	7.01	8.95	11.24	15.41	20.34
富民县	Fumin	1.91	2.42	3.09	3.79	4.32	6.67	7.99	8.40
宜良县	Yiliang	2.91	4.10	4.95	7.07	8.42	10.27	11.64	17.36
石林县	Shilin	2.78	3.36	4.02	5.57	7.12	9.34	11.18	13.52
嵩明县	Songming	2.96	4.24	5.39	7.23	9.11	11.49	15.93	17.50
禄劝县	Luquan	3.80	4.67	5.76	7.25	9.49	12.20	13.97	18.51
寻甸县	Xundian	4.24	5.32	6.48	8.73	10.86	13.04	16.43	19.57
安宁市	Anning	8.77	9.85	11.63	13.93	15.31	19.28	25.34	27.88
市本级	City-level	48.52	50.99	60.68	93.02	103.41	136.97	181.76	216.68
曲靖市	**Qujing**	**53.23**	**69.07**	**90.16**	**116.93**	**140.17**	**181.59**	**222.19**	**281.93**
麒麟区	Qilin	5.75	7.20	8.47	11.55	15.15	17.80	22.31	28.42
马龙县	Malong	2.21	2.64	3.33	4.64	5.76	8.72	9.70	11.50
陆良县	Luliang	4.10	5.49	7.32	9.88	11.71	15.10	19.20	21.38
师宗县	Shizong	3.05	4.20	5.33	7.36	9.03	11.27	14.84	17.96
罗平县	Luoping	3.97	4.91	6.57	8.48	10.11	12.88	16.27	22.48
富源县	Fuyuan	5.08	7.23	10.21	13.13	14.97	20.96	25.59	32.23
会泽县	Huize	7.23	9.15	11.26	14.86	17.45	21.00	26.10	35.61
沾益县	Zhanyi	3.43	4.61	5.99	7.79	9.45	12.68	15.24	16.93
宣威市	Xuanwei	8.67	11.88	14.58	19.79	24.58	31.32	37.95	49.31
市本级	City-level	9.74	11.75	17.11	19.46	21.96	29.85	35.00	46.12
玉溪市	**Yuxi**	**40.87**	**48.94**	**60.42**	**72.53**	**89.82**	**107.30**	**139.65**	**161.82**
红塔区	Hongta	6.10	7.03	8.71	9.96	11.88	15.10	17.33	20.16
江川县	Jiangchuan	2.96	3.45	3.92	5.24	6.24	7.37	9.54	11.53
澄江县	Chengjiang	2.07	2.91	2.84	4.02	5.92	6.64	7.58	9.17
通海县	Tonghai	2.62	3.35	4.05	4.80	6.01	7.38	10.20	11.83
华宁县	Huaning	2.38	2.63	3.16	4.32	5.38	6.77	8.24	9.69
易门县	Yimen	2.54	3.27	3.67	4.25	5.61	6.48	8.74	10.96
峨山县	Eshan	2.84	3.38	4.03	4.73	5.71	7.52	8.14	9.47
新平县	Xinping	4.04	5.03	6.79	8.25	10.92	13.79	17.68	19.45
元江县	Yuanjiang	2.82	3.27	4.10	4.67	6.89	7.99	9.05	10.75
市本级	City-level	12.51	14.61	19.16	22.28	25.28	28.28	43.14	48.82

19-11 续表1 continued

单位：亿元 (100 million yuan)

州市县	Region	2005	2006	2007	2008	2009	2010	2011	2012
保山市	**Baoshan**	**22.69**	**28.21**	**36.41**	**46.88**	**62.02**	**82.29**	**106.43**	**141.57**
隆阳区	Longyang	5.96	7.22	9.12	12.02	15.56	20.76	24.99	37.56
施甸县	Shidian	2.47	3.03	4.19	5.31	8.08	10.02	12.37	16.97
腾冲县	Tengchong	5.42	6.84	10.24	12.95	16.39	21.75	30.55	35.94
龙陵县	Longling	2.80	3.48	4.48	5.63	7.73	10.49	12.69	15.60
昌宁县	Changning	2.83	3.43	4.27	5.70	8.08	11.73	15.03	21.52
市本级	City-level	3.21	4.20	4.12	5.27	6.18	7.54	10.80	13.98
昭通市	**Zhaotong**	**37.18**	**48.62**	**63.06**	**88.30**	**111.50**	**146.60**	**178.28**	**248.09**
昭阳区	Zhaoyang	5.09	6.54	8.03	11.20	14.85	19.22	24.07	34.03
鲁甸县	Ludian	2.42	3.58	4.76	6.63	8.79	11.75	14.12	20.27
巧家县	Qiaojia	2.85	3.76	5.78	7.50	9.34	13.40	14.81	20.67
盐津县	Yanjin	2.34	3.90	4.23	5.75	7.03	8.29	11.25	14.40
大关县	Daguan	1.84	2.92	3.59	4.99	5.83	8.66	8.81	13.09
永善县	Yongshan	2.76	3.36	4.84	7.18	8.91	10.96	12.71	16.71
绥江县	Suijiang	1.42	1.72	2.43	3.10	4.17	5.61	8.27	9.73
镇雄县	Zhenxiong	5.85	7.28	10.06	15.23	20.00	26.19	33.19	46.22
彝良县	Yiliang	2.69	3.68	5.17	7.55	10.44	12.04	17.14	32.25
威信县	Weixin	2.50	3.16	4.27	6.38	7.43	9.82	11.52	14.93
水富县	Shuifu	1.72	2.24	2.61	3.83	3.82	5.67	5.90	6.79
市本级	City-level	5.68	6.48	7.28	8.96	10.90	14.98	16.51	18.98
丽江市	**Lijiang**	**17.57**	**22.35**	**28.72**	**36.70**	**47.45**	**59.11**	**81.49**	**106.73**
古城区	Gucheng	2.92	3.35	4.67	5.48	6.33	8.88	12.77	16.31
玉龙县	Yulong	2.80	3.62	4.08	5.41	7.50	9.44	12.16	16.80
永胜县	Yongsheng	3.20	4.14	5.90	7.36	10.23	11.78	15.19	18.25
华坪县	Huaping	3.06	4.07	5.25	6.33	7.59	9.08	12.62	13.67
宁蒗县	Ninglang	2.52	3.30	4.83	7.05	8.73	10.35	13.68	21.76
市本级	City-level	3.07	3.88	3.99	5.07	7.07	9.59	15.06	19.96
普洱市	**Pu'er**	**29.04**	**37.44**	**55.80**	**59.30**	**85.48**	**114.11**	**145.75**	**170.09**
思茅区	Simao	3.04	3.88	5.98	6.02	7.73	9.57	13.47	15.72
宁洱县	Ning'er	2.12	2.85	8.26	4.42	6.08	7.64	8.31	10.72
墨江县	Mojiang	2.74	3.52	5.03	6.10	9.13	11.58	12.48	14.50
景东县	Jingdong	3.02	3.79	4.74	5.90	9.29	11.49	12.36	16.07
景谷县	Jinggu	2.68	3.24	4.58	5.28	7.53	10.47	13.72	14.91
镇沅县	Zhenyuan	2.16	2.68	3.48	4.21	6.33	8.06	9.99	12.43
江城县	Jiangcheng	1.42	1.83	2.75	2.70	4.39	5.36	7.68	8.94
孟连县	Menglian	1.47	1.91	2.59	3.18	4.36	5.62	8.39	9.50
澜沧县	Lancang	3.77	4.76	6.93	9.12	13.04	17.52	23.26	25.33
西盟县	Ximeng	1.39	1.69	2.24	2.88	4.58	5.09	7.52	7.50
市本级	City-level	5.22	7.28	9.23	9.50	13.03	21.73	28.56	34.47
临沧市	**Lincang**	**22.69**	**29.16**	**38.60**	**49.16**	**69.54**	**90.77**	**128.79**	**160.62**
临翔区	Linxiang	2.41	3.28	4.52	5.68	8.05	9.77	15.43	19.60
凤庆县	Fengqing	2.51	3.65	4.99	6.78	10.25	12.43	16.33	20.51
云县	Yunxian	2.96	3.70	4.98	5.91	8.88	10.52	15.39	19.63
永德县	Yongde	2.42	3.02	4.28	5.46	7.44	11.17	15.01	19.07
镇康县	Zhenkang	1.87	2.32	3.31	4.43	6.48	8.16	11.32	14.35
双江县	Shuangjiang	1.71	2.21	2.98	4.41	5.82	6.73	11.08	14.01
耿马县	Gengma	2.26	3.08	4.07	5.35	7.97	11.69	16.14	19.91
沧源县	Cangyuan	1.81	2.36	3.43	4.60	6.90	8.43	11.37	14.49

19-11 续表2 continued

单位：亿元 (100 million yuan)

州 市 县	Region	2005	2006	2007	2008	2009	2010	2011	2012
市本级	City-leve	4.74	5.54	6.04	6.54	7.74	11.87	16.72	19.07
楚 雄 州	**Chuxiong**	**35.61**	**43.46**	**57.10**	**70.04**	**91.06**	**108.58**	**126.76**	**158.02**
楚雄市	Chuxiong	5.51	7.27	10.16	12.37	14.64	18.71	21.60	28.63
双柏县	Shuangbc	1.83	2.01	3.01	3.83	5.42	6.77	7.35	9.80
牟定县	Mouding	2.02	2.31	3.00	3.82	5.69	6.63	8.66	10.38
南华县	Nanhua	2.11	2.63	3.84	4.26	6.45	8.07	9.02	12.73
姚安县	Yao'an	1.82	2.30	3.13	3.91	7.69	6.09	7.61	10.60
大姚县	Dayao	2.51	3.18	4.13	5.42	7.86	9.12	11.87	14.22
永仁县	Yongren	1.46	1.89	2.51	3.59	5.51	5.41	6.69	8.19
元谋县	Yuanmou	2.34	2.53	3.41	5.40	5.70	7.24	8.38	11.35
武定县	Wuding	2.30	2.97	4.02	5.42	7.62	8.23	10.88	15.49
禄丰县	Lufeng	4.55	5.24	7.16	8.17	11.61	15.65	15.01	18.43
州本级	Prefecture-level	9.17	11.13	12.73	13.87	12.87	16.65	19.70	18.18
红 河 州	**Honghe**	**52.42**	**63.55**	**81.98**	**107.35**	**137.65**	**169.42**	**213.19**	**248.08**
蒙自市	Mengzi	3.98	5.27	7.10	8.93	11.16	13.22	17.24	22.37
个旧市	Gejiu	6.78	7.54	9.77	12.98	15.21	21.02	23.17	25.82
开远市	Kaiyuan	4.46	4.69	6.21	8.34	8.91	12.51	15.80	17.69
屏边县	Pingbian	1.60	1.92	2.53	3.34	4.45	5.68	7.09	9.33
建水县	Jianshui	3.95	5.12	6.83	8.59	11.43	13.67	16.43	20.49
石屏县	Shiping	2.82	3.32	4.25	5.56	8.12	10.26	11.60	13.50
弥勒县	Mile	4.53	5.78	7.93	10.32	13.10	15.50	17.91	20.71
泸西县	Luxi	2.87	3.61	4.71	6.95	9.15	11.21	14.02	17.62
元阳县	Yuanyang	2.40	2.94	3.95	5.19	8.10	9.54	11.55	14.44
红河县	Honghe	2.07	2.62	3.40	4.21	6.57	9.04	11.44	14.39
金平县	Jinping	2.54	3.14	4.67	6.20	8.67	10.55	13.30	15.52
绿春县	Luchun	1.94	2.26	3.51	4.75	6.85	7.83	10.07	13.68
河口县	Hekou	1.87	2.43	2.55	3.65	5.24	5.96	7.60	8.45
州本级	Prefecture-level	10.59	12.90	14.59	18.33	20.68	23.44	35.98	34.05
文 山 州	**Wenshan**	**30.78**	**39.26**	**52.53**	**66.71**	**89.94**	**114.12**	**143.79**	**167.80**
文山市	Wenshan	5.05	6.06	6.91	9.02	11.68	15.27	20.08	22.09
砚山县	Yanshan	3.05	3.98	5.24	7.73	9.59	11.89	15.65	19.59
西畴县	Xichou	2.52	2.96	3.73	4.93	6.53	7.81	10.91	11.10
麻栗坡县	Malipo	2.65	3.37	4.80	6.03	8.74	11.34	13.02	14.82
马关县	Maguan	3.08	3.96	5.30	7.01	9.17	12.65	14.53	16.77
丘北县	Qiubei	2.82	3.93	5.48	7.33	9.66	13.51	16.70	18.93
广南县	Guangnan	4.09	5.30	6.82	9.32	12.67	15.72	20.91	25.96
富宁县	Funing	3.21	4.10	5.42	7.47	10.80	13.67	16.61	20.06
州本级	Prefecture-level	4.32	5.60	8.84	7.87	11.11	12.25	15.38	18.49
西双版纳州	**Xishuangbanna**	**12.82**	**16.57**	**20.77**	**25.68**	**35.24**	**42.43**	**67.12**	**80.63**
景洪市	Jinghong	3.86	5.18	6.81	8.40	12.24	14.27	26.31	32.84
勐海县	Menghai	2.72	3.43	4.73	6.01	7.76	10.21	15.34	16.46

19—11 续表3 continued

单位：亿元 (100 million yuan)

州市县	Region	2005	2006	2007	2008	2009	2010	2011	2012
勐腊县	Mengla	2.54	3.54	4.31	5.08	7.25	8.93	13.84	16.00
州本级	Prefecture-level	3.70	4.42	4.92	6.19	8.00	9.02	11.64	15.32
大理州	**Dali**	**39.66**	**50.15**	**60.71**	**75.02**	**102.39**	**124.24**	**159.62**	**200.50**
大理市	Dali	8.31	11.14	12.39	14.39	19.42	21.05	28.15	35.00
漾濞县	Yangbi	1.62	1.82	2.48	2.99	3.52	5.09	5.81	7.40
祥云县	Xiangyun	3.10	4.00	5.27	6.80	9.97	11.38	14.80	21.51
宾川县	Binchuan	3.01	3.80	5.27	6.25	9.19	9.95	11.96	15.32
弥渡县	Midu	2.18	2.79	3.50	4.81	6.86	8.56	10.83	14.71
南涧县	Nanjian	2.19	2.45	3.18	3.69	5.05	6.93	8.76	11.11
巍山县	Weishan	2.27	2.73	3.79	4.61	6.10	8.25	10.56	13.81
永平县	Yongping	1.78	2.24	2.97	3.54	5.22	6.15	8.19	10.07
云龙县	Yunlong	2.03	2.80	3.44	4.22	5.92	7.97	11.49	12.31
洱源县	Eryuan	2.64	3.09	3.76	4.65	6.40	8.50	10.70	12.70
剑川县	Jianchuan	1.95	2.48	3.18	3.75	4.98	6.50	7.77	10.21
鹤庆县	Heqing	2.36	3.14	3.74	5.65	7.29	9.00	10.26	13.50
州本级	Prefecture-level	6.22	7.66	7.73	9.65	12.46	14.91	20.33	22.85
德宏州	**Dehong**	**16.82**	**22.11**	**28.01**	**36.59**	**48.87**	**58.11**	**92.30**	**102.16**
芒　市	Mangshi	3.10	4.03	5.37	7.13	10.35	13.36	16.66	28.24
瑞丽市	Ruili	2.40	3.27	3.93	5.59	7.12	9.88	13.94	15.86
梁河县	Lianghe	1.72	2.18	2.76	3.71	5.32	6.23	7.98	8.89
盈江县	Yingjiang	2.99	3.78	5.12	8.78	9.84	11.07	28.86	18.07
陇川县	Longchuan	1.97	2.71	3.20	4.74	6.50	8.41	10.40	11.01
州本级	Prefecture-level	4.66	6.14	7.63	6.66	9.73	9.16	14.46	20.09
怒江州	**Nujiang**	**10.25**	**14.08**	**17.42**	**21.06**	**27.54**	**34.04**	**42.68**	**50.39**
泸水县	Lushui	2.88	3.35	3.72	4.67	6.88	8.47	9.52	12.71
福贡县	Fugong	1.45	1.99	2.42	3.26	4.72	5.80	6.90	8.25
贡山县	Gongshan	1.07	1.18	1.88	2.56	2.79	5.25	6.81	6.49
兰坪县	Lanping	2.72	4.38	5.86	6.35	7.77	9.33	11.35	13.87
州本级	Prefecture-level	2.14	3.16	3.54	4.22	5.37	5.19	8.10	9.06
迪庆州	**Diqing**	**10.71**	**13.88**	**18.69**	**23.55**	**30.09**	**43.15**	**66.11**	**73.14**
香格里拉县	Shangri-La	3.20	3.70	4.99	6.38	7.62	11.25	23.49	26.89
德钦县	Deqin	1.62	2.26	3.27	4.46	6.38	7.63	15.49	12.38
维西县	Weixi	2.50	2.90	3.58	5.08	6.62	10.67	11.55	16.50
州本级	Prefecture-level	3.39	5.01	6.84	7.63	9.47	13.61	15.59	17.37
省本级	**Provincial-level**	**219.14**	**213.07**	**260.20**	**340.95**	**512.83**	**463.57**	**573.69**	**695.59**

注：1994年以后全省分县财政支出数按新财政体制口径统计。

Note: Data of government expenditure by county after 1994 have been recorded according to the new financial system.

19-12 全省各州市县人均地方公共财政预算支出(2009-2012年)
Per Capita Public Budgetary Government Expenditure of Local Government by Region (2009-2012)

单位：元/人 (yuan/person)

州市县	Region	2009	2010	2011	2012	州市县	Region	2009	2010	2011	2012
全　省	**Yunnan**	**4 284**	**4 984**	**6 346**	**7 691**	龙陵县	Longling	2 809	3 792	4 557	5 568
昆明市	**Kunming**	**4 325**	**5 445**	**6 835**	**8 073**	昌宁县	Changning	2 348	3 409	4 355	6 199
呈贡区	Chenggong	3 287	3 571	3 506	3 840	**昭通市**	**Zhaotong**	**2 096**	**2 776**	**3 403**	**4 701**
五华区	Wuhua	2 027	2 357	2 968	3 440	昭阳区	Zhaoyang	1 847	2 408	3 040	4 263
盘龙区	Panlong	2 209	2 610	3 086	3 959	鲁甸县	Ludian	2 306	3 036	3 596	5 120
官渡区	Guandu	2 987	3 682	4 170	4 682	巧家县	Qiaojia	1 757	2 560	2 855	3 967
西山区	Xishan	2 303	2 696	3 313	3 800	盐津县	Yanjin	1 866	2 215	3 026	3 844
东川区	Dongchuan	4 816	5 661	7 173	8 463	大关县	Daguan	2 245	3 307	3 329	4 911
晋宁县	Jinning	3 184	3 971	5 415	7 063	永善县	Yongshan	2 228	2 752	3 208	4 186
富民县	Fumin	2 854	4 482	5 460	5 677	绥江县	Suijiang	2 621	3 583	5 374	6 274
宜良县	Yiliang	1 970	2 420	2 763	4 092	镇雄县	Zhenxiong	1 448	1 925	2 486	3 439
石林县	Shilin	2 925	3 809	4 524	5 418	彝良县	Yiliang	1 903	2 243	3 270	6 102
嵩明县	Songming	2 871	4 014	5 527	5 460	威信县	Weixin	1 946	2 552	2 971	3 823
禄劝县	Luquan	2 125	2 888	3 510	4 619	水富县	Shuifu	3 968	5 710	5 743	6 578
寻甸县	Xundian	2 125	2 686	3 581	4 240	**丽江市**	**Lijiang**	**3 879**	**4 782**	**6 518**	**8 484**
安宁市	Anning	4 769	5 810	7 392	8 023	古城区	Gucheng	3 683	4 628	6 025	7 650
曲靖市	**Qujing**	**2 417**	**3 110**	**3 779**	**4 764**	玉龙县	**Yulong**	3 246	4 227	5 642	7 734
麒麟区	Qilin	2 171	2 467	2 991	3 780	永胜县	Yongsheng	2 561	2 972	3 857	4 609
马龙县	Malong	2 980	4 586	5 213	6 124	华坪县	Huaping	4 607	5 448	7 482	8 039
陆良县	Luliang	1 892	2 430	3 078	3 412	宁蒗县	Ninglang	3 408	4 015	5 260	8 315
师宗县	Shizong	2 369	2 909	3 766	4 527	**普洱市**	**Pu'er**	**3 308**	**4 446**	**5 708**	**6 624**
罗平县	Luoping	1 851	2 348	2 947	4 051	思茅区	Simao	2 997	3 443	4 500	5 170
富源县	Fuyuan	2 124	2 935	3 527	4 418	宁洱县	Ning'er	3 114	4 007	4 456	5 701
会泽县	Huize	1 912	2 301	2 865	3 883	墨江县	Mojiang	2 403	3 125	3 452	3 996
沾益县	Zhanyi	2 317	3 015	3 506	3 856	景东县	Jingdong	2 447	3 107	3 429	4 444
宣威市	Xuanwei	1 838	2 334	2 903	3 752	景谷县	Jinggu	2 424	3 473	4 693	5 084
玉溪市	**Yuxi**	**3 937**	**4 672**	**6 040**	**6 963**	镇沅县	Zhenyuan	2 947	3 806	4 772	5 919
红塔区	Hongta	2 499	3 104	3 489	4 036	江城县	Jiangcheng	3 643	4 416	6 282	7 239
江川县	Jiangchuan	2 232	2 625	3 388	4 082	孟连县	Menglian	3 257	4 164	6 153	6 904
澄江县	Chengjiang	3 597	3 968	4 453	5 346	澜沧县	Lancang	2 611	3 531	4 712	5 115
通海县	Tonghai	1 975	2 434	3 370	3 872	西盟县	Ximeng	4 945	5 525	8 217	8 165
华宁县	Huaning	2 512	3 148	3 826	4 474	**临沧市**	**Lincang**	**2 911**	**3 760**	**5 278**	**6 542**
易门县	Yimen	3 118	3 628	4 925	6 165	临翔区	Linxiang	2 631	3 097	4 752	5 999
峨山县	Eshan	3 528	4 627	4 988	5 783	凤庆县	Fengqing	2 250	2 714	3 550	4 432
新平县	Xinping	3 836	4 832	6 173	6 764	云　县	Yunxian	1 986	2 344	3 410	4 324
元江县	Yuanjiang	3 169	3 669	4 147	4 897	永德县	Yongde	2 023	3 022	4 043	5 110
保山市	**Baoshan**	**2 510**	**3 301**	**4 228**	**5 590**	镇康县	Zhenkang	3 761	4 671	6 390	8 045
隆阳区	Longyang	1 747	2 268	2 660	3 973	双江县	Shuangjiang	3 228	3 766	6 251	7 849
施甸县	Shidian	2 486	3 178	4 035	5 503	耿马县	Gengma	2 796	4 014	5 423	6 641
腾冲县	Tengchong	2 579	3 389	4 719	5 516	沧源县	Cangyuan	3 947	4 750	6 301	7 950

19—12 续表 continued

单位：元/人 (yuan/person)

州市县	Region	2009	2010	2011	2012	州市县	Region	2009	2010	2011	2012
楚雄州	**Chuxiong**	**3 378**	**4 030**	**4 702**	**5 827**	富宁县	Funing	2 700	3 378	4 060	4 874
楚雄市	Chuxiong	2 656	3 276	3 661	4 834	**西双版纳州**	**Xishuangbanna**	**3 285**	**3 839**	**5 896**	**7 039**
双柏县	Shuangbo	3 400	4 235	4 591	6 099	景洪市	Jinghong	2 546	2 848	5 039	6 249
牟定县	Mouding	2 770	3 199	4 126	4 914	勐海县	Menghai	2 327	3 063	4 602	4 910
南华县	Nanhua	2 689	3 391	3 800	5 323	勐腊县	Mengla	2 798	3 297	4 889	5 621
姚安县	Yao'an	3 685	2 993	3 817	5 268	**大理州**	**Dali**	**2 925**	**3 566**	**4 601**	**5 752**
大姚县	Dayao	2 711	3 234	4 324	5 157	大理市	Dali	3 054	3 255	4 300	5 320
永仁县	Yongren	5 061	4 950	6 110	7 441	漾濞县	Yangbi	3 430	4 971	5 659	7 189
元谋县	Yuanmou	2 671	3 368	3 877	5 231	祥云县	Xiangyun	2 183	2 490	3 237	4 678
武定县	Wuding	2 734	2 985	3 973	5 610	宾川县	Binchuan	2 678	2 871	3 418	4 360
禄丰县	Lufeng	2 638	3 622	3 531	4 305	弥渡县	Midu	2 156	2 707	3 447	4 661
红河州	**Honghe**	**3 109**	**3 787**	**4 716**	**5 455**	南涧县	Nanjian	2 264	3 183	4 127	5 208
蒙自市	Mengzi	2 775	3 221	4 117	5 310	巍山县	Weishan	1 967	2 684	3 458	4 505
个旧市	Gejiu	3 336	4 584	5 020	5 572	永平县	Yongping	2 860	3 436	4 657	5 702
开远市	Kaiyuan	2 840	3 925	4 880	5 431	云龙县	Yunlong	2 860	3 922	5 730	6 110
屏边县	Pingbian	3 002	3 760	4 590	6 026	洱源县	Eryuan	2 307	3 111	3 973	4 686
建水县	Jianshui	2 167	2 576	3 078	3 817	剑川县	Jianchuan	2 829	3 754	4 556	5 953
石屏县	Shiping	2 737	3 438	3 861	4 469	鹤庆县	Heqing	2 729	3 442	4 006	5 245
弥勒县	Mile	2 459	2 883	3 304	3 798	**德宏州**	**Dehong**	**4 108**	**4 829**	**7 586**	**8 341**
泸西县	Luxi	2 326	2 817	3 483	4 348	芒市	Mangshi	2 721	3 458	4 255	7 169
元阳县	Yuanyang	2 067	2 412	2 895	3 592	瑞丽市	Ruili	4 216	5 635	7 635	8 565
红河县	Honghe	2 269	3 078	3 839	4 795	梁河县	Lianghe	3 301	3 944	5 169	5 725
金平县	Jinping	2 482	2 977	3 715	4 303	盈江县	Yingjiang	3 292	3 660	9 429	5 871
绿春县	Luchun	3 088	3 517	4 512	6 085	陇川县	Longchuan	3 608	4 642	5 714	6 031
河口县	Hekou	5 044	5 709	7 237	8 020	**怒江州**	**Nujiang**	**5 153**	**6 357**	**7 971**	**9 382**
文山州	**Wenshan**	**2 613**	**3 272**	**4 071**	**4 725**	泸水县	Lushui	3 673	4 540	5 138	6 846
文山市	Wenshan	2 571	3 250	4 145	4 527	福贡县	Fugong	4 942	5 964	6 986	8 340
砚山县	Yanshan	2 095	2 575	3 365	4 188	贡山县	Gongshan	7 470	13 918	17 935	17 063
西畴县	Xichou	2 587	3 074	4 260	4 313	兰坪县	Lanping	3 629	4 361	5 319	6 473
麻栗坡县	Malipo	3 165	4 087	4 669	5 289	**迪庆州**	**Diqing**	**7 960**	**11 069**	**16 458**	**18 110**
马关县	Maguan	2 510	3 445	3 938	4 519	香格里拉县	Shangri-La	4 720	6 701	13 526	15 360
丘北县	Qiubei	2 083	2 866	3 484	3 928	德钦县	Deqin	10 124	11 782	23 174	18 480
广南县	Guangnan	1 640	2 012	2 647	3 269	维西县	Weixi	4 309	6 783	7 161	10 196

19−13 各州市县社会消费品零售总额（2011−2012年）

Total Retail Sales of Consumer Goods by Region (2011-2012)

单位：亿元 (100 million yuan)

州市县	Region	2011	2012	州市县	Region	2011	2012
全　省	**Yunnan**	**3 000.14**	**3 541.60**	**保山市**	**Baoshan**	**101.47**	**119.69**
昆明市	**Kunming**	**1 271.73**	**1 493.90**	隆阳区	Longyang	51.97	61.49
呈贡区	Chenggong	21.43	25.39	施甸县	Shidian	8.55	9.67
五华区	Wuhua	313.56	365.83	腾冲县	Tengchong	22.25	26.43
盘龙区	Panlong	255.12	299.34	龙陵县	Longling	7.74	9.13
官渡区	Guandu	237.58	283.36	昌宁县	Changning	10.96	12.97
西山区	Xishan	268.77	315.69	**昭通市**	**Zhaotong**	**126.83**	**149.61**
东川区	Dongchuan	11.44	13.27	昭阳区	Zhaoyang	51.15	60.03
晋宁县	Jinning	18.60	21.85	鲁甸县	Ludian	5.50	6.49
富民县	Fumin	8.64	10.12	巧家县	Qiaojia	8.17	9.64
宜良县	Yiliang	18.76	22.03	盐津县	Yanjin	5.41	6.38
石林县	Shilin	20.06	23.57	大关县	Daguan	4.23	4.99
嵩明县	Songming	15.02	17.64	永善县	Yongshan	6.99	8.25
禄劝县	Luquan	15.87	18.32	绥江县	Suijiang	4.15	4.90
寻甸县	Xundian	16.14	18.77	镇雄县	Zhenxiong	20.37	24.44
安宁市	Anning	50.76	58.63	彝良县	Yiliang	9.40	11.00
曲靖市	**Qujing**	**280.76**	**331.71**	威信县	Weixin	6.34	7.48
麒麟区	Qilin	85.98	101.50	水富县	Shuifu	5.12	6.00
马龙县	Malong	5.96	7.03	**丽江市**	**Lijiang**	**55.67**	**65.69**
陆良县	Luliang	23.58	27.83	古城区	Gucheng	26.59	31.37
师宗县	Shizong	9.08	10.72	玉龙县	Yulong	5.88	6.95
罗平县	Luoping	23.83	28.14	永胜县	Yongsheng	9.41	11.11
富源县	Fuyuan	23.88	28.22	华坪县	Huaping	8.26	9.74
会泽县	Huize	19.36	22.86	宁蒗县	Ninglang	5.53	6.53
沾益县	Zhanyi	15.57	18.39	**普洱市**	**Pu'er**	**86.22**	**102.17**
宣威市	Xuanwei	73.53	87.01	思茅区	Simao	26.97	32.65
玉溪市	**Yuxi**	**168.36**	**198.57**	宁洱县	Ning'er	6.46	7.64
红塔区	Hongta	80.56	95.45	墨江县	Mojiang	6.54	7.53
江川县	Jiangchuan	11.74	13.41	景东县	Jingdong	8.41	10.02
澄江县	Chengjiang	10.15	11.98	景谷县	Jinggu	11.20	13.30
通海县	Tonghai	15.69	18.57	镇沅县	Zhenyuan	6.06	7.20
华宁县	Huaning	9.31	11.01	江城县	Jiangcheng	4.49	4.20
易门县	Yimen	9.30	10.99	孟连县	Menglian	5.12	6.06
峨山县	Eshan	8.10	9.41	澜沧县	Lancang	9.76	11.40
新平县	Xinping	10.90	12.91	西盟县	Ximeng	1.48	1.72
元江县	Yuanjiang	12.63	14.90				

19-13 续表 continued

单位：亿元 (100 million yuan)

州市县	Region	2011	2012	州市县	Region	2011	2012
临沧市	**Lincang**	**87.10**	**101.97**	麻栗坡县	Malipo	10.60	12.43
临翔区	Linxiang	25.50	30.68	马关县	Maguan	17.66	21.01
凤庆县	Fengqing	13.86	15.96	丘北县	Qiubei	12.43	15.07
云　县	Yunxian	14.20	16.65	广南县	Guangnan	27.61	31.80
永德县	Yongde	9.39	10.43	富宁县	Funing	23.23	27.06
镇康县	Zhenkang	4.58	5.50	**西双版纳州**	**Xishuangbanna**	**60.70**	**71.21**
双江县	Shuangjiang	4.35	5.11	景洪市	Jinghong	37.72	44.51
耿马县	Gengma	9.82	11.28	勐海县	Menghai	10.53	12.37
沧源县	Cangyuan	5.40	6.36	勐腊县	Mengla	12.46	14.33
楚 雄 州	**Chuxiong**	**158.32**	**184.70**	**大 理 州**	**Dali**	**170.50**	**204.58**
楚雄市	Chuxiong	64.06	78.48	大理市	Dali	70.75	85.44
双柏县	Shuangbo	2.82	3.97	漾濞县	Yangbi	3.44	4.14
牟定县	Mouding	6.40	8.72	祥云县	Xiangyun	21.86	26.33
南华县	Nanhua	9.92	12.24	宾川县	Binchuan	12.71	14.64
姚安县	Yao'an	7.27	9.77	弥渡县	Midu	11.77	14.22
大姚县	Dayao	10.17	13.95	南涧县	Nanjian	7.62	9.16
永仁县	Yongren	2.48	3.70	巍山县	Weishan	9.24	11.12
元谋县	Yuanmou	6.30	8.83	永平县	Yongping	5.57	6.73
武定县	Wuding	7.57	11.59	云龙县	Yunlong	6.19	7.46
禄丰县	Lufeng	27.23	33.46	洱源县	Eryuan	8.74	10.54
红 河 州	**Honghe**	**184.21**	**217.31**	剑川县	Jianchuan	5.14	5.95
蒙自市	Mengzi	24.16	29.00	鹤庆县	Heqing	7.48	8.87
个旧市	Gejiu	36.98	43.64	**德 宏 州**	**Dehong**	**65.28**	**78.34**
开远市	Kaiyuan	23.48	28.18	芒　市	Mangshi	22.06	26.47
屏边县	Pingbian	5.51	6.50	瑞丽市	Ruili	18.40	22.08
建水县	Jianshui	20.18	23.81	梁河县	Lianghe	3.63	4.28
石屏县	Shiping	12.70	14.98	盈江县	Yingjiang	16.39	19.84
弥勒县	Mile	20.37	24.03	陇川县	Longchuan	4.79	5.66
泸西县	Luxi	16.59	19.58	**怒 江 州**	**Nujiang**	**17.65**	**20.64**
元阳县	Yuanyang	6.56	7.44	泸水县	Lushui	8.00	9.55
红河县	Honghe	4.75	5.61	福贡县	Fugong	2.03	2.31
金平县	Jinping	5.25	6.09	贡山县	Gongshan	1.53	1.74
绿春县	Luchun	4.47	5.27	兰坪县	Lanping	6.09	7.04
河口县	Hekou	3.23	3.81	**迪 庆 州**	**Diqing**	**25.34**	**30.02**
文 山 州	**Wenshan**	**173.13**	**204.81**	香格里拉县	Shangri-La	18.36	21.76
文山市	Wenshan	54.19	65.03	德钦县	Deqin	3.05	3.62
砚山县	Yanshan	21.01	24.90	维西县	Weixi	3.93	4.65
西畴县	Xichou	6.40	7.50				

19−14 各州市县城乡居民储蓄存款年末余额（2006−2012年）

Balance of Savings Deposits of Rural and Urban Residents at Year-end by Region（2006-2012）

单位：亿元 (100 million yuan)

州市县	Region	2006	2007	2008	2009	2010	2011	2012
全　省	**Yunnan**	**2 854.86**	**3 046.40**	**3 783.78**	**4 668.61**	**5 719.55**	**6 654.87**	**7 741.59**
昆明市	**Kunming**	**1 156.07**	**1 212.17**	**1 525.36**	**1 922.92**	**2 341.55**	**2 615.65**	**2 967.02**
呈贡区	Chenggong	38.48	42.57	52.16	88.22	109.14	115.66	122.75
五华区 盘龙区	Wuhua Panlong	684.19	764.37	932.45	1055.87	1 264.96	1 440.13	1 627.77
官渡区	Guandu	118.96	124.14	166.42	253.85	327.07	331.08	379.05
西山区	Xishan	76.13	80.94	128.67	226.30	276.74	284.12	324.25
东川区	Dongchuan	21.37	24.87	28.01	31.65	39.88	52.26	57.22
晋宁县	Jinning	20.53	23.20	29.37	37.13	46.55	54.74	61.65
富民县	Fumin	10.05	11.26	13.47	16.02	21.21	26.12	30.00
宜良县	Yiliang	32.60	35.26	42.10	51.41	59.86	70.28	81.32
石林县	Shilin	12.42	12.61	16.31	22.21	26.75	33.60	39.69
嵩明县	Songming	19.68	21.36	25.13	28.99	35.77	40.11	48.84
禄劝县	Luquan	9.82	11.39	14.64	17.17	21.58	28.13	34.58
寻甸县	Xundian	21.84	14.34	17.66	21.64	27.18	33.62	41.63
安宁市	Anning	89.99	45.86	58.97	72.46	84.86	105.80	118.27
曲靖市	**Qujing**	**249.07**	**274.44**	**352.45**	**420.95**	**509.68**	**599.19**	**687.96**
麒麟区	Qilin	94.68	98.95	129.57	157.64	194.29	227.93	255.79
马龙县	Malong	7.35	8.52	10.43	12.41	14.59	17.65	20.69
陆良县	Luliang	20.75	22.63	28.28	33.74	40.57	47.63	56.57
师宗县	Shizong	11.39	14.05	17.74	20.52	25.69	31.46	36.52
罗平县	Luoping	15.18	16.45	19.81	23.94	28.66	35.64	43.48
富源县	Fuyuan	21.87	27.40	37.59	45.35	54.85	62.64	68.24
会泽县	Huize	21.89	24.22	28.56	32.65	36.98	42.66	51.11
沾益县	Zhanyi	14.87	16.18	19.73	22.73	28.30	34.52	39.16
宣威市	Xuanwei	41.09	45.99	60.74	71.97	85.75	99.07	116.40
玉溪市	**Yuxi**	**213.08**	**211.40**	**266.16**	**318.65**	**374.66**	**433.43**	**499.62**
红塔区	Hongta	101.63	100.89	127.47	152.51	174.32	190.12	216.63
江川县	Jiangchuan	17.44	18.07	22.35	26.43	32.15	38.95	46.46
澄江县	Chengjiang	13.82	12.40	15.76	18.60	21.38	28.57	31.58
通海县	Tonghai	25.36	26.73	32.69	39.86	49.01	56.84	66.13
华宁县	Huaning	10.56	9.99	12.63	15.27	18.87	23.59	27.78
易门县	Yimen	12.31	11.39	14.69	17.19	20.71	25.13	28.36
峨山县	Eshan	11.99	11.99	15.06	16.91	20.21	23.37	26.55
新平县	Xinping	11.79	12.15	15.55	19.22	23.19	28.53	34.23
元江县	Yuanjiang	8.18	7.79	9.97	12.66	14.82	18.33	21.91

19－14 续表1 continued

单位：亿元 (100 million yuan)

州市县	Region	2006	2007	2008	2009	2010	2011	2012
保山市	**Baoshan**	**91.46**	**104.34**	**127.08**	**155.48**	**191.72**	**238.53**	**285.48**
隆阳区	Longyang	39.06	43.18	52.03	61.62	71.97	87.83	106.01
施甸县	Shidian	6.89	8.09	10.09	12.00	15.27	20.35	25.07
腾冲县	Tengchong	29.29	33.21	41.71	52.77	67.79	85.24	100.99
龙陵县	Longling	8.85	10.22	12.44	15.76	20.58	24.17	28.31
昌宁县	Changning	7.36	9.64	10.82	13.33	16.11	20.94	25.10
昭通市	**Zhaotong**	**106.32**	**118.49**	**150.01**	**187.10**	**234.77**	**293.54**	**367.65**
昭阳区	Zhaoyang	33.89	35.69	46.10	57.21	71.22	82.88	96.12
鲁甸县	Ludian	3.83	4.65	6.02	7.46	9.85	12.23	16.26
巧家县	Qiaojia	6.03	7.09	8.80	10.92	14.76	20.38	26.30
盐津县	Yanjin	6.60	7.96	9.79	11.66	14.30	17.70	22.01
大关县	Daguan	4.68	5.23	6.73	8.04	10.08	12.59	15.44
永善县	Yongshan	8.72	10.03	13.23	16.69	19.42	25.92	41.58
绥江县	Suijiang	4.98	6.16	8.16	10.56	13.72	19.60	25.53
镇雄县	Zhenxiong	11.12	13.70	18.66	24.44	31.81	41.69	51.69
彝良县	Yiliang	10.62	10.34	11.30	14.65	18.20	22.01	25.90
威信县	Weixin	6.12	8.36	10.33	12.68	15.95	19.75	23.98
水富县	Shuifu	9.72	9.27	10.90	12.79	15.46	18.79	22.85
丽江市	**Lijiang**	**65.11**	**73.90**	**94.05**	**117.19**	**147.37**	**182.12**	**216.69**
古城区	Gucheng	37.65	40.67	50.15	55.63	68.50	83.04	95.18
玉龙县	Yulong				8.53	11.06	15.07	18.69
永胜县	Yongsheng	11.92	13.69	17.78	21.28	26.32	31.59	44.74
华坪县	Huaping	11.57	14.89	20.05	24.24	31.05	38.49	41.54
宁蒗县	Ninglang	3.98	4.65	6.09	7.51	10.44	13.92	16.54
普洱市	**Pu'er**	**89.81**	**101.09**	**119.24**	**147.47**	**182.56**	**220.16**	**258.85**
思茅区	Simao	29.95	31.88	39.56	49.12	59.31	67.92	77.63
宁洱县	Ning'er	8.52	11.01	11.97	13.28	16.15	19.12	21.96
墨江县	Mojiang	8.18	9.35	10.62	13.63	16.04	19.53	23.28
景东县	Jingdong	7.98	8.81	10.38	12.98	17.39	21.87	25.78
景谷县	Jinggu	9.39	10.33	11.91	13.40	18.24	21.46	25.09
镇沅县	Zhenyuan	6.43	7.30	8.78	10.53	13.33	16.14	18.66
江城县	Jiangcheng	3.38	3.90	4.48	5.14	6.42	7.83	9.67
孟连县	Menglian	7.12	8.31	9.67	14.04	16.40	20.25	24.11
澜沧县	Lancang	7.37	8.54	9.95	12.94	16.11	22.07	27.79
西盟县	Ximeng	1.51	1.65	1.91	2.41	3.17	3.97	4.88
临沧市	**Lincang**	**56.53**	**62.77**	**74.33**	**93.90**	**118.92**	**148.45**	**183.16**
临翔区	Linxiang	15.81	15.90	19.61	24.47	31.44	39.42	47.44
凤庆县	Fengqing	7.79	9.38	10.68	12.94	15.98	19.60	23.40
云　县	Yunxian	8.65	9.59	11.31	13.93	17.37	21.78	28.04
永德县	Yongde	4.90	5.79	6.85	8.28	11.57	15.33	18.28
镇康县	Zhenkang	4.45	5.12	5.94	9.30	10.02	11.86	15.01
双江县	Shuangjiang	3.13	3.75	4.33	5.43	7.45	9.76	13.10
耿马县	Gengma	8.33	9.11	11.04	12.74	16.47	20.82	25.68
沧源县	Cangyuan	3.47	4.14	4.57	6.81	8.62	9.88	12.21

19—14 续表2 continued

单位：亿元 (100 million yuan)

州 市 县	Region	2006	2007	2008	2009	2010	2011	2012
楚 雄 州	**Chuxiong**	**121.49**	**123.77**	**157.49**	**189.99**	**228.51**	**275.69**	**325.65**
楚雄市	Chuxiong	45.40	46.09	59.27	72.04	85.70	100.14	115.94
双柏县	Shuangbo	4.53	4.61	6.08	7.59	9.38	12.09	14.52
牟定县	Mouding	6.01	6.55	8.39	10.56	12.10	15.33	19.13
南华县	Nanhua	6.62	6.98	8.64	10.82	13.28	16.99	21.01
姚安县	Yao'an	7.02	7.07	8.70	10.93	12.70	16.20	19.97
大姚县	Dayao	9.30	9.51	11.52	14.14	17.07	20.78	24.94
永仁县	Yongren	3.64	3.55	4.50	5.67	7.23	9.18	10.83
元谋县	Yuanmou	7.58	7.76	9.52	11.97	13.65	17.39	21.13
武定县	Wuding	8.65	8.89	11.56	13.39	17.17	21.40	25.47
禄丰县	Lufeng	22.75	22.73	29.29	32.88	40.23	46.19	52.71
红 河 州	**Honghe**	**241.80**	**262.96**	**317.01**	**378.76**	**460.71**	**535.96**	**624.41**
蒙自市	Mengzi	25.03	29.02	36.90	46.44	60.30	73.35	87.86
个旧市	Gejiu	62.37	66.61	79.87	87.48	103.82	111.98	125.74
开远市	Kaiyuan	34.65	35.13	41.96	48.63	55.39	61.81	73.02
屏边县	Pingbian	3.76	4.16	4.85	6.13	7.64	9.31	11.07
建水县	Jianshui	33.53	37.56	42.56	49.57	60.58	72.12	87.01
石屏县	Shiping	16.64	17.72	21.23	25.19	30.84	37.78	43.02
弥勒县	Mile	24.98	25.39	32.17	42.84	50.66	59.93	66.25
泸西县	Luxi	14.15	17.01	21.81	28.27	35.39	41.23	48.49
元阳县	Yuanyang	5.79	7.13	8.04	10.23	13.05	15.38	19.39
红河县	Honghe	3.67	4.30	5.33	6.27	8.01	9.72	12.30
金平县	Jinping	5.20	5.84	7.26	8.92	12.36	15.35	18.26
绿春县	Luchun	2.40	2.93	3.42	4.79	6.12	8.23	9.78
河口县	Hekou	9.63	10.15	11.62	13.70	16.50	18.80	21.38
文 山 州	**Wenshan**	**96.17**	**115.11**	**137.71**	**162.51**	**204.12**	**251.92**	**309.21**
文山市	Wenshan	34.75	39.11	46.50	59.31	71.68	87.39	109.18
砚山县	Yanshan	11.73	14.16	16.83	18.49	22.84	28.48	36.04
西畴县	Xichou	4.61	5.76	7.24	8.47	10.82	13.32	16.26
麻栗坡县	Malipo	8.32	10.73	13.66	14.83	16.99	19.86	23.52
马关县	Maguan	12.95	14.93	16.93	19.07	24.65	30.15	35.24
丘北县	Qiubei	6.03	7.87	10.02	11.92	15.12	19.39	24.2
广南县	Guangnan	9.79	12.63	15.11	17.55	24.42	31.67	39.37
富宁县	Funing	8.52	9.91	11.42	12.87	17.60	21.66	25.39
西双版纳州	**Xishuangbanna**	**77.33**	**78.55**	**95.46**	**117.66**	**149.67**	**187.69**	**212.40**
景洪市	Jinghong	47.55	47.31	59.50	73.29	90.30	113.49	131.63
勐海县	Menghai	10.69	11.40	13.60	18.45	34.85	27.77	31.00

19-14 续表3 continued

单位：亿元 (100 million yuan)

州 市 县	Region	2006	2007	2008	2009	2010	2011	2012
勐腊县	Mengla	19.39	19.84	22.36	25.92	24.51	46.42	49.77
大 理 州	**Dali**	**169.36**	**177.71**	**216.16**	**262.48**	**322.18**	**379.57**	**459.30**
大理市	Dali	85.59	85.51	102.56	121.75	146.94	166.93	199.01
漾濞县	Yangbi	3.47	3.54	4.19	5.15	6.39	7.63	8.87
祥云县	Xiangyun	16.47	18.17	22.16	27.14	33.47	41.15	50.33
宾川县	Binchuan	9.45	9.60	13.03	17.54	23.65	27.86	34.35
弥渡县	Midu	8.92	10.28	12.88	15.35	18.03	22.53	26.94
南涧县	Nanjian	4.73	5.00	6.45	7.95	9.13	11.85	15.02
巍山县	Weishan	8.36	8.99	10.59	12.63	15.30	18.60	22.36
永平县	Yongping	4.24	4.87	6.09	7.68	9.40	11.68	14.34
云龙县	Yunlong	4.05	5.08	6.16	7.72	10.40	13.52	15.51
洱源县	Eryuan	7.64	8.13	9.57	11.89	15.50	18.03	23.09
剑川县	Jianchuan	5.45	6.26	7.49	8.89	11.33	13.81	17.51
鹤庆县	Heqing	11.00	12.27	15.00	18.77	22.65	25.97	31.96
德 宏 州	**Dehong**	**85.27**	**89.56**	**106.17**	**137.25**	**183.20**	**206.79**	**241.44**
芒　市	Mangshi	24.91	24.71	29.93	37.49	47.10	55.41	67.13
瑞丽市	Ruili	34.64	38.45	46.98	63.70	89.02	94.12	107.33
梁河县	Lianghe	4.75	5.29	6.12	7.84	10.53	12.16	14.82
盈江县	Yingjiang	14.07	13.64	14.39	18.33	24.43	30.59	34.40
陇川县	Longchuan	6.89	7.46	8.75	9.90	12.11	14.51	17.76
怒 江 州	**Nujiang**	**20.50**	**21.34**	**23.63**	**27.46**	**33.85**	**39.75**	**48.13**
泸水县	Lushui	9.03	8.09	9.66	11.60	14.40	17.20	20.87
福贡县	Fugong	1.43	1.49	1.84	2.29	2.95	3.55	4.46
贡山县	Gongshan	0.95	1.20	1.31	1.59	1.96	2.45	3.23
兰坪县	Lanping	9.09	10.56	10.81	11.98	14.54	16.55	19.57
迪 庆 州	**Diqing**	**14.95**	**18.89**	**23.69**	**28.82**	**36.09**	**46.44**	**54.61**
香格里拉县	Shangri-La	10.32	12.90	16.40	12.56	24.00	30.93	36.87
德钦县	Deqin	1.77	2.36	2.57	3.28	4.00	5.34	5.90
维西县	Weixi	2.86	3.61	4.72	5.91	8.00	10.17	11.83

19—15 各州市县城乡居民人均储蓄存款（2009—2012年）

Per Capita Savings Deposits of Rural and Urban Residents by Region (2009-2012)

单位：万元/人 (10 000 yuan/person)

州市县	Region	2009	2010	2011	2012
全　省	**Yunnan**	**1.02**	**1.25**	**1.44**	**1.67**
昆明市	**Kunming**	**3.07**	**3.68**	**4.03**	**4.56**
呈贡区	Chenggong	3.88	4.03	3.65	3.84
五华区 盘龙区	Wuhua Panlong	7.08	7.74	8.58	9.92
官渡区	Guandu	3.34	4.04	3.85	4.39
西山区	Xishan	3.18	3.77	3.73	4.23
东川区	Dongchuan	1.08	1.41	1.91	2.08
晋宁县	Jinning	1.32	1.64	1.92	2.14
富民县	Fumin	1.06	1.42	1.78	2.03
宜良县	Yiliang	1.20	1.41	1.66	1.92
石林县	Shilin	0.91	1.09	1.35	1.59
嵩明县	Songming	0.91	1.25	1.39	1.52
禄劝县	Luquan	0.38	0.51	0.70	0.86
寻甸县	Xundian	0.42	0.56	0.73	0.90
安宁市	Anning	2.26	2.56	3.08	3.40
曲靖市	**Qujing**	**0.73**	**0.87**	**1.02**	**1.16**
麒麟区	Qilin	2.26	2.69	3.04	3.40
马龙县	Malong	0.64	0.77	0.94	1.10
陆良县	Luliang	0.54	0.65	0.76	0.90
师宗县	Shizong	0.54	0.66	0.80	0.92
罗平县	Luoping	0.44	0.52	0.64	0.78
富源县	Fuyuan	0.64	0.77	0.86	0.94
会泽县	Huize	0.36	0.41	0.47	0.56
沾益县	Zhanyi	0.56	0.67	0.79	0.89
宣威市	Xuanwei	0.54	0.64	0.76	0.89
玉溪市	**Yuxi**	**1.40**	**1.63**	**1.87**	**2.15**
红塔区	Hongta	3.21	3.58	3.82	4.34
江川县	Jiangchuan	0.95	1.15	1.38	1.64
澄江县	Chengjiang	1.13	1.28	1.67	1.84
通海县	Tonghai	1.31	1.62	1.87	2.16
华宁县	Huaning	0.71	0.88	1.09	1.28
易门县	Yimen	0.96	1.16	1.42	1.60
峨山县	Ershan	1.05	1.24	1.43	1.62
新平县	Xinping	0.68	0.81	0.99	1.19
元江县	Yuanjiang	0.58	0.68	0.84	1.00
保山市	**Baoshan**	**0.63**	**0.77**	**0.94**	**1.13**
隆阳区	Longyang	0.69	0.79	0.93	1.12
施甸县	Shidian	0.37	0.48	0.66	0.81
腾冲县	Tengchong	0.83	1.06	1.31	1.55
龙陵县	Longling	0.57	0.74	0.87	1.01
昌宁县	Changning	0.39	0.47	0.60	0.72
昭通市	**Zhaotong**	**0.35**	**0.44**	**0.56**	**0.70**
昭阳区	Zhaoyang	0.71	0.89	1.04	1.20
鲁甸县	Ludian	0.20	0.25	0.31	0.41
巧家县	Qiaojia	0.21	0.28	0.39	0.50
盐津县	Yanjin	0.31	0.38	0.47	0.59
大关县	Daguan	0.31	0.38	0.47	0.58
永善县	Yongshan	0.42	0.49	0.65	1.04
绥江县	Suijiang	0.66	0.88	1.27	1.65
镇雄县	Zhenxiong	0.18	0.23	0.31	0.38
彝良县	Yiliang	0.27	0.34	0.42	0.49
威信县	Weixin	0.33	0.41	0.51	0.61
水富县	Shuifu	1.33	1.56	1.82	2.21
丽江市	**Lijiang**	**0.96**	**1.19**	**1.45**	**1.72**
古城区	Gucheng	3.24	3.57	3.90	4.47
玉龙县	Yulong	0.37	0.50	0.70	0.86
永胜县	Yongsheng	0.53	0.66	0.80	1.13
华坪县	Huaping	1.47	1.86	2.27	2.44
宁蒗县	Ninglang	0.29	0.40	0.53	0.63
普洱市	**Pu'er**	**0.57**	**0.71**	**0.86**	**1.01**
思茅区	Simao	1.90	2.13	2.25	2.55
宁洱县	Ning'er	0.68	0.85	1.02	1.17
墨江县	Mojiang	0.36	0.43	0.54	0.64
景东县	Jingdong	0.34	0.47	0.61	0.71
景谷县	Jinggu	0.43	0.61	0.73	0.86
镇沅县	Zhenyuan	0.49	0.63	0.77	0.89
江城县	Jiangcheng	0.43	0.53	0.64	0.78
孟连县	Menglian	1.05	1.22	1.48	1.75
澜沧县	Lancang	0.26	0.32	0.45	0.56
西盟县	Ximeng	0.26	0.34	0.43	0.53
临沧市	**Lincang**	**0.39**	**0.49**	**0.61**	**0.75**
临翔区	Linxiang	0.80	1.00	1.21	1.45
凤庆县	Fengqing	0.28	0.35	0.42	0.51
云　县	Yunxian	0.31	0.39	0.48	0.62
永德县	Yongde	0.23	0.31	0.41	0.49
镇康县	Zhenkang	0.54	0.57	0.67	0.84
双江县	Shuangjiang	0.30	0.42	0.55	0.73
耿马县	Gengma	0.45	0.57	0.70	0.86
沧源县	Cangyuan	0.39	0.49	0.54	0.67

19-15 续表 continued

单位：万元/人 (10 000 yuan/person)

州市县	Region	2009	2010	2011	2012	州市县	Region	2009	2010	2011	2012
楚雄州	**Chuxiong**	**0.70**	**0.85**	**1.02**	**1.20**	富宁县	Funing	0.32	0.43	0.53	0.62
楚雄市	Chuxiong	1.31	1.50	1.70	1.96	**西双版纳州**	**Xishuangbanna**	**1.10**	**1.35**	**1.64**	**1.85**
双柏县	Shuangbo	0.48	0.59	0.75	0.90	景洪市	Jinghong	1.52	1.80	2.17	2.50
牟定县	Mouding	0.51	0.58	0.73	0.91	勐海县	Menghai	0.55	1.05	0.83	0.92
南华县	Nanhua	0.45	0.56	0.71	0.88	勐腊县	Mengla	1.00	0.90	1.64	1.75
姚安县	Yao'an	0.52	0.62	0.81	0.99	**大理州**	**Dali**	**0.75**	**0.92**	**1.09**	**1.32**
大姚县	Dayao	0.49	0.61	0.76	0.90	大理市	Dali	1.91	2.27	2.54	3.02
永仁县	Yongren	0.52	0.66	0.84	0.98	漾濞县	Yangbi	0.50	0.62	0.74	0.86
元谋县	Yuanmou	0.56	0.63	0.80	0.97	祥云县	Xiangyun	0.59	0.73	0.90	1.09
武定县	Wuding	0.48	0.62	0.78	0.92	宾川县	Binchuan	0.51	0.68	0.79	0.98
禄丰县	Lufeng	0.75	0.93	1.08	1.23	弥渡县	Midu	0.48	0.57	0.72	0.85
红河州	**Honghe**	**0.86**	**1.03**	**1.18**	**1.37**	南涧县	Nanjian	0.36	0.42	0.56	0.70
蒙自市	Mengzi	1.15	1.47	1.75	2.09	巍山县	Weishan	0.41	0.50	0.61	0.73
个旧市	Gejiu	1.92	2.26	2.42	2.71	永平县	Yongping	0.42	0.53	0.66	0.81
开远市	Kaiyuan	1.55	1.74	1.90	2.24	云龙县	Yunlong	0.37	0.51	0.67	0.77
屏边县	Pingbian	0.41	0.51	0.60	0.71	洱源县	Eryuan	0.43	0.57	0.67	0.85
建水县	Jianshui	0.94	1.14	1.35	1.62	剑川县	Jianchuan	0.50	0.65	0.81	1.02
石屏县	Shiping	0.85	1.03	1.25	1.43	鹤庆县	Heqing	0.70	0.87	1.01	1.24
弥勒县	Mile	0.80	0.94	1.10	1.21	**德宏州**	**Dehong**	**1.15**	**1.52**	**1.69**	**1.97**
泸西县	Luxi	0.72	0.89	1.02	1.20	芒市	Mangshi	0.99	1.22	1.41	1.70
元阳县	Yuanyang	0.26	0.33	0.38	0.48	瑞丽市	Ruili	3.77	5.08	5.11	5.80
红河县	Honghe	0.22	0.27	0.32	0.41	梁河县	Lianghe	0.49	0.67	0.79	0.95
金平县	Jinping	0.26	0.35	0.43	0.51	盈江县	Yingjiang	0.61	0.81	1.00	1.12
绿春县	Luchun	0.22	0.27	0.37	0.43	陇川县	Longchuan	0.55	0.67	0.80	0.97
河口县	Hekou	1.32	1.58	1.79	2.03	**怒江州**	**Nujiang**	**0.51**	**0.63**	**0.74**	**0.90**
文山州	**Wenshan**	**0.47**	**0.59**	**0.71**	**0.87**	泸水县	Lushui	0.62	0.77	0.93	1.12
文山市	Wenshan	1.31	1.53	1.80	2.24	福贡县	Fugong	0.24	0.30	0.36	0.45
砚山县	Yanshan	0.40	0.49	0.61	0.77	贡山县	Gongshan	0.43	0.52	0.64	0.85
西畴县	Xichou	0.34	0.43	0.52	0.63	兰坪县	Lanping	0.56	0.68	0.77	0.91
麻栗坡县	Malipo	0.54	0.61	0.71	0.84	**迪庆州**	**Diqing**	**0.76**	**0.93**	**1.15**	**1.35**
马关县	Maguan	0.52	0.67	0.81	0.95	香格里拉县	Shangri-La	0.78	1.43	1.78	2.11
丘北县	Qiubei	0.26	0.32	0.40	0.50	德钦县	Deqin	0.52	0.62	0.80	0.88
广南县	Guangnan	0.23	0.31	0.40	0.50	维西县	Weixi	0.38	0.51	0.63	0.73

19-16 各州市县农村居民年人均纯收入（2008-2012年）
Rural Annual Per Capita Net Income by Region (2008-2012)

单位：元/人 (yuan/person)

州市县	Region	2008	2009	2010	2011	2012	州市县	Region	2008	2009	2010	2011	2012
全　省	**Yunnan**	**3 103**	**3 369**	**3 952**	**4 722**	**5 417**	隆阳区	Longyang	3 069	3 528	4 090	4 850	5 638
昆明市	**Kunming**	**4 610**	**5 080**	**5 810**	**6 985**	**8 040**	施甸县	Shidian	2 389	2 686	3 116	3 922	4 523
呈贡区	Chenggong	6 225	6 805	7 648	9 146	10 618	腾冲县	Tengchong	3 002	3 482	4 048	5 018	6 122
五华区	Wuhua	5 991	6 638	7 578	8 822	10 255	龙陵县	Longling	2 504	2 895	3 376	4 044	4 741
盘龙区	Panlong	5 936	6 495	7 404	8 660	10 347	昌宁县	Changning	2 714	3 143	3 653	4 563	5 341
官渡区	Guandu	6 836	7 718	8 921	10 598	11 946	**昭通市**	**Zhaotong**	**2 116**	**2 445**	**2 769**	**3 294**	**3 897**
西山区	Xishan	6 672	7 312	8 245	9 697	11 651	昭阳区	Zhaoyang	2 495	2 927	3 226	3 786	4 500
东川市	Dongchuan	2 341	2 695	3 196	3 760	4 313	鲁甸县	Ludian	1 990	2 336	2 572	3 046	3 649
晋宁县	Jinning	4 334	5 062	6 075	7 522	9 061	巧家县	Qiaojia	2 143	2 465	2 745	3 164	3 801
富民县	Fumin	4 370	4 931	5 644	6 858	8 361	盐津县	Yanjin	2 060	2 395	2 730	3 290	3 971
宜良县	Yiliang	4 600	5 241	5 890	7 087	8 537	大关县	Daguan	1 962	2 258	2 600	3 002	3 577
石林县	Shilin	4 216	4 790	5 704	7 011	8 465	永善县	Yongshan	2 016	2 362	2 723	3 183	3 837
嵩明县	Songming	4 164	4 686	5 333	6 502	7 841	绥江县	Suijiang	2 224	2 579	2 911	3 416	3 970
禄劝县	Luquan	2 346	2 707	3 205	3 808	4 585	镇雄县	Zhenxiong	1 852	2 153	2 482	3 040	3 737
寻甸县	Xundian	2 795	3 058	3 497	4 130	4 739	彝良县	Yiliang	2 001	2 310	2 650	3 192	3 749
安宁市	Anning	5 563	6 170	6 913	8 104	9 355	威信县	Weixin	2 123	2 446	2 814	3 331	3 973
曲靖市	**Qujing**	**3 166**	**3 666**	**4 130**	**5 035**	**5 950**	水富县	Shuifu	2 656	3 003	3 318	3 886	4 807
麒麟区	Qilin	4 540	5 017	5 569	6 747	8 116	**丽江市**	**Lijiang**	**2 374**	**2 845**	**3 410**	**4 270**	**5 094**
马龙县	Malong	2 750	3 152	3 665	4 467	5 372	古城区	Gucheng	3 885	4 434	5 220	7 012	8 400
陆良县	Luliang	3 937	4 557	5 056	5 960	7 057	玉龙县	Yulong	2 507	2 997	3 586	4 413	5 290
师宗县	Shizong	2 857	3 266	3 784	4 676	5 502	永胜县	Yongsheng	2 315	2 804	3 317	4 054	4 861
罗平县	Luoping	3 513	4 042	4 413	5 450	6 683	华坪县	Huaping	2 842	3 352	4 095	5 134	6 136
富源县	Fuyuan	3 287	3 809	4 267	5 210	5 964	宁蒗县	Ninglang	1 614	1 938	2 388	2 962	3 526
会泽县	Huize	2 113	2 370	2 643	3 252	3 986	**普洱市**	**Pu'er**	**2 536**	**2 954**	**3 456**	**4 338**	**5 020**
沾益县	Zhanyi	3 917	4 310	4 813	5 715	6 750	思茅区	Simao	3 050	3 472	3 983	4 802	5 648
宣威市	Xuanwei	3 118	3 404	3 735	4 697	5 553	宁洱县	Ning'er	2 539	2 920	3 362	4 196	5 013
玉溪市	**Yuxi**	**4 761**	**5 119**	**5 747**	**6 616**	**7 628**	墨江县	Mojiang	1 888	2 216	2 658	3 249	3 921
红塔区	Hongta	6 006	6 373	7 011	7 917	9 070	景东县	Jingdong	2 556	3 063	3 491	4 171	5 022
江川县	Jiangchuan	4 670	5 020	5 637	6 374	7 258	景谷县	Jinggu	2 862	3 342	3 903	4 762	5 538
澄江县	Chengjiang	5 009	5 601	6 374	7 005	7 972	镇沅县	Zhenyuan	2 262	2 677	3 138	3 993	4 611
通海县	Tonghai	5 401	5 762	6 547	7 436	9 039	江城县	Jiangcheng	1 818	2 258	2 624	3 325	4 014
华宁县	Huaning	4 453	4 768	5 566	6 668	7 607	孟连县	Menglian	1 980	2 300	2 675	3 356	3 955
易门县	Yimen	4 267	4 630	5 193	6 003	6 903	澜沧县	Lancang	1 421	1 737	2 102	2 618	3 089
峨山县	Eshan	4 248	4 532	5 231	6 089	7 013	西盟县	Ximeng	1 326	1 578	1 949	2 550	3 148
新平县	Xinping	4 005	4 335	4 797	5 667	6 666	**临沧市**	**Lincang**	**2 363**	**2 730**	**3 279**	**4 284**	**5 158**
元江县	Yuanjiang	4 006	4 299	5 074	5 900	6 813	临翔区	Linxiang	2 402	2 770	3 329	4 347	5 052
保山市	**Baoshan**	**2 717**	**3 120**	**3 627**	**4 439**	**5 331**	凤庆县	Fengqing	2 501	2 926	3 506	4 526	5 315

19-16 续表 continued

单位：元/人 (yuan/person)

州 市 县	Region	2008	2009	2010	2011	2012
云　县	Yunxian	2 758	3 122	3 759	4 795	5 574
永德县	Yongde	2 282	2 647	3 131	4 150	4 982
镇康县	Zhenkang	1 993	2 314	2 782	3 790	4 637
双江县	Shuangjiang	2 009	2 369	2 928	3 934	4 744
耿马县	Gengma	2 586	2 964	3 559	4 591	5 474
沧源县	Cangyuan	1 998	2 328	2 768	3 780	4 636
楚 雄 州	**Chuxiong**	**3 110**	**3 511**	**3 896**	**4 627**	**5 418**
楚雄市	Chuxiong	3 528	4 029	4 434	5 145	6 060
双柏县	Shuangbo	2 479	2 805	3 083	3 814	4 645
牟定县	Mouding	2 674	3 016	3 356	3 986	4 799
南华县	Nanhua	2 956	3 207	3 602	4 228	4 994
姚安县	Yao'an	2 959	3 344	3 722	4 376	5 221
大姚县	Dayao	2 908	3 267	3 491	4 117	4 957
永仁县	Yongren	2 575	2 935	3 240	3 915	4 685
元谋县	Yuanmou	4 019	4 333	4 783	5 602	6 526
武定县	Wuding	2 356	2 858	3 223	3 856	4 606
禄丰县	Lufeng	3 597	4 071	4 584	5 293	6 230
红 河 州	**Honghe**	**3 023**	**3 446**	**3 922**	**4 650**	**5 468**
蒙自市	Mengzi	3 163	3 612	4 139	4 876	5 777
个旧市	Gejiu	4 676	5 335	6 080	6 781	7 945
开远市	Kaiyuan	4 241	4 839	5 498	6 438	7 607
屏边县	Pingbian	1 667	1 860	2 112	2 472	2 971
建水县	Jianshui	3 196	3 645	4 169	4 836	5 716
石屏县	Shiping	3 009	3 315	3 762	4 251	5 027
弥勒县	Mile	3 160	3 606	4 106	4 785	5 688
泸西县	Luxi	2 621	2 988	3 448	4 060	4 830
元阳县	Yuanyang	1 925	2 156	2 448	2 867	3 419
红河县	Honghe	1 748	1 923	2 183	2 555	3 102
金平县	Jinping	1 502	1 809	2 128	2 556	3 112
绿春县	Luchun	1 618	1 866	2 119	2 505	3 035
河口县	Hekou	2 698	2 998	3 436	4 019	4 758
文 山 州	**Wenshan**	**2 027**	**2 379**	**2 806**	**3 864**	**4 643**
文山市	Wenshan	2 476	2 954	3 547	4 691	5 410
砚山县	Yanshan	2 149	2 510	2 900	3 860	4 720
西畴县	Xichou	1 750	2 063	2 415	3 523	4 252
麻栗坡县	Malipo	1 879	2 205	2 630	3 680	4 471

州 市 县	Region	2008	2009	2010	2011	2012
马关县	Maguan	2 102	2 588	3 005	4 055	4 716
丘北县	Qiubei	1 896	2 208	2 636	3 732	4 567
广南县	Guangnan	1 921	2 202	2 626	3 655	4 428
富宁县	Funing	2 023	2 337	2 739	3 793	4 644
西双版纳州	**Xishuangbanna**	**3 213**	**3 750**	**4 354**	**5 327**	**6 174**
景洪市	Jinghong	3 611	4 218	5 036	6 397	7 574
勐海县	Menghai	2 977	3 346	3 848	4 560	5 546
勐腊县	Mengla	2 915	3 236	3 663	4 415	5 064
大 理 州	**Dali**	**3 078**	**3 483**	**3 902**	**4 733**	**5 689**
大理市	Dali	4 416	4 872	5 407	6 430	7 709
漾濞县	yangbi	2 383	2 810	3 232	4 238	5 066
祥云县	Xiangyun	2 909	3 359	3 801	4 857	5 733
宾川县	Binchuan	3 038	3 501	3 915	4 918	5 942
弥渡县	Midu	2 398	2 595	2 935	3 755	4 508
南涧县	Nanjian	2 046	2 228	2 518	3 539	4 291
巍山县	Weishan	1 960	2 166	2 532	3 398	4 159
永平县	Yongping	2 065	2 467	3 060	4 138	4 977
云龙县	Yunlong	1 767	2 102	2 378	3 189	3 887
洱源县	Eryuan	2 684	3 039	3 428	4 266	5 054
剑川县	Jianchuan	1 795	2 069	2 396	3 199	3 895
鹤庆县	Heqing	2 350	2 986	3 408	4 365	5 198
德 宏 州	**Dehong**	**2 439**	**2831**	**3 368**	**4 096**	**4 763**
芒　市	Mangshi	2 734	3 106	3 603	4 197	4 877
瑞丽市	Ruili	3 372	3 766	4 218	4 824	5 586
梁河县	Lianghe	1 586	2 016	2 461	3 108	3 683
盈江县	Yingjiang	2 669	3 122	3 716	4 712	5 641
陇川县	Longchuan	1 853	2 186	2 740	3 433	4 186
怒 江 州	**Nujiang**	**1 448**	**1 709**	**2 005**	**2 362**	**2 773**
泸水县	Lushui	1 745	1 972	2 214	2 645	3 095
福贡县	Fugong	1 075	1 248	1 460	1 832	2 229
贡山县	Gongshan	1 037	1 257	1 502	1 886	2 209
兰坪县	Lanping	1 877	1 903	2 201	2 556	3 016
迪 庆 州	**Diqing**	**2 595**	**2 936**	**3 347**	**4 105**	**4 769**
香格里拉县	Shangri-La	2 696	3 026	3 398	4 078	4 867
德钦县	Deqin	2 616	2 944	3 372	4 222	5 136
维西县	Weixi	2 468	2 835	3 269	3 995	4 627

注：按照国家统一的调查方法，统计口径，2002年以后各县农民人均纯收入数据均通过农村住户抽样调查取得。

Note: According to the national uniform investigation method and statistical coverage, the data of farmers' per capita net income in each county in 2002 were obtained by the sample surveys on rural households.

19—17 各州市县农、林、牧、渔业总产值(2010—2012年)
Gross Output Value of Farming, Forestry, Animal Husbandry and Fishery by Region (2010-2012)

(按现行价格计算) (Calculated at current prices)
单位：亿元 (100 million yuan)

州市县	Region	2010	2011	2012
全　省	**Yunnan**	**1 810.53**	**2 306.49**	**2 680.10**
昆明市	**Kunming**	**200.73**	**225.07**	**268.84**
呈贡区	Chenggong	10.83	9.80	9.40
五华区	Wuhua	2.45	2.72	3.07
盘龙区	Panlong	2.99	3.21	3.51
官渡区	Guandu	12.60	12.36	13.11
西山区	Xishan	4.35	4.86	5.28
东川区	Dongchuan	6.97	8.08	9.84
晋宁县	Jinning	19.69	22.55	27.27
富民县	Fumin	9.62	11.05	13.09
宜良县	Yiliang	40.84	45.78	55.67
石林县	Shilin	18.71	21.65	26.61
嵩明县	Songming	18.29	20.34	24.48
禄劝县	Luquan	20.31	23.84	29.88
寻甸县	Xundian	20.33	23.84	29.50
安宁市	Anning	12.74	14.98	18.14
曲靖市	**Qujing**	**303.34**	**376.89**	**443.87**
麒麟区	Qilin	24.96	29.86	33.13
马龙县	Malong	9.75	10.93	12.38
陆良县	Luliang	54.47	67.33	75.32
师宗县	Shizong	25.96	33.34	42.75
罗平县	Luoping	35.87	48.13	59.34
富源县	Fuyuan	29.41	36.12	43.70
会泽县	Huize	36.42	47.63	57.43
沾益县	Zhanyi	33.19	39.68	45.44
宣威市	Xuanwei	53.31	63.87	74.39
玉溪市	**Yuxi**	**114.16**	**141.82**	**170.95**
红塔区	Hongta	16.01	19.64	23.55
江川县	Jiangchuan	15.44	16.89	19.96
澄江县	Chengjiang	9.71	12.06	13.98
通海县	Tonghai	16.20	18.06	20.97
华宁县	Huaning	14.54	17.74	20.89
易门县	Yimen	11.17	13.13	15.15
峨山县	Eshan	8.33	9.95	11.70
新平县	Xinping	14.22	17.25	22.72
元江县	Yuanjiang	14.39	17.09	21.80
保山市	**Baoshan**	**126.07**	**160.64**	**184.91**
隆阳区	Longyang	48.20	55.06	62.50
施甸县	Shidian	16.06	20.17	23.09
腾冲县	Tengchong	29.09	35.91	41.65
龙陵县	Longling	14.29	17.60	21.09
昌宁县	Changning	24.75	31.91	36.57
昭通市	**Zhaotong**	**115.62**	**142.95**	**176.79**
昭阳区	Zhaoyang	19.75	25.46	31.51
鲁甸县	Ludian	8.70	10.52	13.35
巧家县	Qiaojia	17.28	20.70	26.94
盐津县	Yanjin	7.69	8.92	10.56
大关县	Daguan	5.66	6.30	7.56
永善县	Yongshan	8.89	11.30	15.38
绥江县	Suijiang	3.77	4.52	5.35
镇雄县	Zhenxiong	23.79	27.77	31.46
彝良县	Yiliang	11.36	17.47	22.83
威信县	Weixin	6.85	7.70	9.14
水富县	Shuifu	1.88	2.29	2.71
丽江市	**Lijiang**	**44.94**	**53.01**	**65.62**
古城区	Lijiang	5.56	6.45	7.48
玉龙县	Yulong	10.81	12.73	16.64
永胜县	Yongsheng	15.22	17.78	21.20
华坪县	Huaping	7.12	8.55	10.14
宁蒗县	Ninglang	6.23	7.50	10.16
普洱市	**Pu'er**	**108.17**	**148.75**	**190.24**
思茅区	Simao	9.61	11.18	14.71
宁洱县	Ning'er	9.43	10.40	14.10
墨江县	Mojiang	11.42	14.04	17.15
景东县	Jingdong	19.07	24.55	31.27
景谷县	Jinggu	25.02	33.74	38.78
镇沅县	Zhenyuan	10.76	15.72	22.10
江城县	Jiangcheng	5.64	8.17	12.58
孟连县	Menglian	6.73	9.20	12.15
澜沧县	Lancang	13.05	18.90	23.79
西盟县	Ximeng	2.30	2.84	3.61

注：因分级核算，各州(市)加总数不等于全省数，分县加总数不等于州(市)数。

Note:Number of the whole province is not equal to the aggregate number of 16 cities and prefectures and the number of the city and prefecture is not equal to the aggregate number of its counties because the business accounting at different levels.

19-17 续表 continued

(按现行价格计算)　　(Calculated at current prices)

单位：亿元　　(100 million yuan)

州市县	Region	2010	2011	2012	州市县	Region	2010	2011	2012
临沧市	**Lincang**	**117.86**	**144.55**	**180.46**	麻栗坡县	Malipo	9.52	11.91	14.89
临翔区	Linxiang	12.75	16.09	18.87	马关县	Maguan	13.50	16.96	22.93
凤庆县	Fengqing	19.81	25.95	38.07	丘北县	Qiubei	18.53	23.50	29.39
云　县	Yunxian	24.93	28.53	32.66	广南县	Guangnan	25.08	31.73	40.35
永德县	Yongde	13.54	16.11	19.03	富宁县	Funing	13.88	17.82	23.38
镇康县	Zhenkang	8.63	10.83	12.36	**西双版纳州**	**Xishuangbanna**	**73.16**	**97.63**	**115.20**
双江县	Shuangjiang	8.43	10.03	12.52	景洪市	Jinghong	32.29	44.16	50.71
耿马县	Gengma	20.64	26.04	33.36	勐海县	Menghai	15.17	19.91	25.38
沧源县	Cangyuan	9.14	10.98	13.59	勐腊县	Mengla	25.70	33.57	39.10
楚雄州	**Chuxiong**	**149.01**	**181.29**	**221.01**	**大理州**	**Dali**	**188.69**	**234.82**	**285.58**
楚雄市	Chuxiong	25.60	30.14	34.45	大理市	Dali	24.60	28.20	33.96
双柏县	Shuangbo	9.83	12.06	14.66	漾濞县	Yangbi	4.80	5.86	7.61
牟定县	Mouding	10.03	12.30	14.83	祥云县	Xiangyun	27.29	31.26	37.51
南华县	Nanhua	13.56	15.94	20.57	宾川县	Binchuan	37.79	47.23	57.32
姚安县	Yao'an	13.25	15.33	19.75	弥渡县	Midu	15.76	18.21	22.16
大姚县	Dayao	16.03	19.62	25.44	南涧县	Nanjian	11.74	13.80	16.84
永仁县	Yongren	6.96	8.69	11.30	巍山县	Weishan	14.93	17.65	21.69
元谋县	Yuanmou	14.80	16.88	19.64	永平县	Yongping	10.98	13.44	16.43
武定县	Wuding	15.82	19.28	22.72	云龙县	Yunlong	12.23	14.50	17.45
禄丰县	Lufeng	26.63	31.05	37.65	洱源县	Eryuan	18.96	22.45	27.34
红河州	**Honghe**	**175.84**	**207.56**	**260.83**	剑川县	Jianchuan	6.71	7.59	9.30
蒙自市	Mengzi	18.19	22.65	28.01	鹤庆县	Heqing	12.91	14.64	17.96
个旧市	Gejiu	11.70	13.86	16.38	**德宏州**	**Dehong**	**58.00**	**71.45**	**91.34**
开远市	Kaiyuan	15.06	18.01	21.24	芒　市	Mangshi	16.51	19.79	25.25
屏边县	Pingbian	5.56	6.44	7.50	瑞丽市	Ruili	8.27	10.03	11.36
建水县	Jianshui	24.51	27.70	35.81	梁河县	Lianghe	5.36	6.60	8.70
石屏县	Shiping	22.39	26.65	32.78	盈江县	Yingjiang	16.45	20.75	27.21
弥勒县	Mile	22.86	26.55	35.49	陇川县	Longchuan	11.41	14.29	18.82
泸西县	Luxi	14.58	17.15	21.53	**怒江州**	**Nujiang**	**10.57**	**12.48**	**17.23**
元阳县	Yuanyang	9.56	11.66	15.16	泸水县	Lushui	3.93	4.49	5.84
红河县	Honghe	9.30	10.82	12.50	福贡县	Fugong	1.54	1.93	2.41
金平县	Jinping	8.49	9.69	12.56	贡山县	Gongshan	1.37	1.62	2.01
绿春县	Luchun	7.05	8.68	10.98	兰坪县	Lanping	3.73	4.44	6.97
河口县	Hekou	6.60	7.71	10.90	**迪庆州**	**Diqing**	**11.72**	**13.20**	**14.76**
文山州	**Wenshan**	**120.07**	**151.71**	**192.46**	香格里拉县	Shangri-La	4.61	5.05	5.73
文山市	Wenshan	16.02	20.40	24.48	德钦县	Deqin	1.59	1.88	2.11
砚山县	Yanshan	16.00	19.94	25.25	维西县	Weixi	5.52	6.27	6.92
西畴县	Xichou	7.53	9.45	11.79					

注：因分级核算，各州(市)加总数不等于全省数，分县加总数不等于州(市)数。

Note:Number of the whole province is not equal to the aggregate number of 16 cities and prefectures and the number of the city and prefecture is not equal to the aggregate number of its counties because the business accounting at different levels.

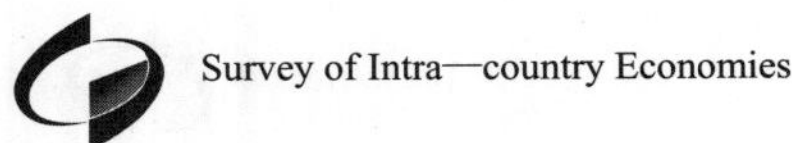

19-18 各州市县主要农作物产量(一)(2012年)
Output of Major Farm Crops by County and City (I) (2012)

单位：万吨 (10 000 tons)

州市县	Region	粮食 Grain	稻谷 Rice	小麦 Wheat	玉米 Corn	豆类 Beans	#蚕豆 Broad Beans	薯类 Tubers
全省	**Yunnan**	**1 827.84**	**483.82**	**79.99**	**787.78**	**118.96**	**44.15**	**260.04**
昆明市	**Kunming**	**120.67**	**23.31**	**5.93**	**55.64**	**8.91**	**4.46**	**19.87**
呈贡区	Chenggong	0.54			0.47	0.02	0.00	0.04
五华区	Wuhua	0.81	0.02	0.07	0.56	0.08	0.03	0.06
盘龙区	Panlong	1.19		0.04	0.48	0.06	0.00	0.57
官渡区	Guandu	2.26	0.00	0.12	1.84	0.13	0.04	0.13
西山区	Xishan	1.76	0.22	0.09	0.98	0.18	0.13	0.19
东川区	Dongchuan	7.62	1.39	0.23	3.14	0.18	0.02	2.52
晋宁县	Jinning	5.32	0.45	0.19	3.56	0.34	0.15	0.68
富民县	Fuming	6.47	1.62	0.70	2.94	0.77	0.21	0.29
宜良县	Yiliang	17.46	5.17	0.63	8.91	1.57	0.92	0.78
石林县	Shilin	13.85	2.00	0.80	8.71	0.86	0.52	1.01
嵩明县	Songming	13.96	4.09	0.54	5.04	1.75	1.32	1.71
禄劝县	Luquan	21.01	2.57	1.51	9.92	1.20	0.47	4.35
寻甸县	Xundian	23.51	5.41	0.88	5.42	1.50	0.56	7.29
安宁市	Anning	4.92	0.37	0.15	3.65	0.28	0.09	0.25
曲靖市	**Qujing**	**304.98**	**36.27**	**8.03**	**126.59**	**19.81**	**8.35**	**93.53**
麒麟区	Qilin	20.64	5.82	0.41	6.41	3.95	2.78	2.00
马龙县	Malong	10.09	2.09	0.36	2.60	0.34	0.06	2.62
陆良县	Luliang	34.25	9.59	0.23	10.84	2.45	1.69	9.00
师宗县	Shizong	20.50	2.99	1.24	9.61	1.70	0.25	3.37
罗平县	Luoping	34.00	4.35	1.11	20.45	2.42	0.61	4.19
富源县	Fuyuan	35.80	1.94	2.12	15.02	2.39	0.90	12.63
会泽县	Huize	45.34	3.01	0.79	12.34	1.64	0.45	26.27
沾益县	Zhanyi	30.60	2.94	0.17	11.06	2.72	1.19	9.13
宣威市	Xuanwei	73.76	3.54	1.61	38.25	2.19	0.43	24.31
玉溪市	**Yuxi**	**58.01**	**16.08**	**3.58**	**31.74**	**2.16**	**0.74**	**2.61**
红塔区	Hongta	6.26	0.86	0.33	4.45	0.33	0.10	0.13
江川县	Jiangchuan	3.96	1.86	0.22	1.13	0.19	0.10	0.53
澄江县	Chengjiang	3.88	1.12	0.33	2.11	0.10	0.03	0.17
通海县	Tonghai	3.51	0.38	0.45	2.31	0.14	0.06	0.19
华宁县	Huaning	5.87	1.32	0.61	3.10	0.41	0.03	0.41
易门县	Yimen	5.78	0.90	0.76	3.34	0.28	0.13	0.19
峨山县	Eshan	6.26	2.46	0.17	3.26	0.23	0.17	0.07
新平县	Xinping	13.72	4.29	0.31	7.47	0.20	0.07	0.66
元江县	Yuanjiang	8.79	2.88	0.40	4.56	0.29	0.06	0.27

19-18 续表1 continued

单位:万吨 (10 000 tons)

州市县	Region	粮食 Grain	稻谷 Rice	小麦 Wheat	玉米 Corn	豆类 Beans	#蚕豆 Broad Beans	薯类 Tubers
保山市	**Baoshan**	**133.67**	**52.10**	**4.40**	**52.18**	**6.51**	**1.85**	**7.15**
隆阳区	Longyang	46.06	15.88	2.01	20.81	3.33	0.89	1.47
施甸县	Shidian	15.58	4.26	1.29	7.08	0.86	0.33	0.75
腾冲县	Tengchong	39.27	20.06	0.18	11.30	0.68	0.06	2.40
龙陵县	Longling	13.87	5.18	0.32	5.14	0.51	0.12	1.14
昌宁县	Changning	18.89	6.71	0.60	7.86	1.14	0.45	1.39
昭通市	**Zhaotong**	**203.20**	**18.57**	**7.74**	**99.21**	**8.19**	**0.98**	**66.16**
昭阳区	Zhaoyang	30.87	3.64	0.18	13.02	2.30	0.07	11.03
鲁甸县	Ludian	16.17	1.30	0.28	7.75	0.56	0.04	5.59
巧家县	Qiaojia	23.27	2.17	0.84	8.08	1.12	0.21	10.46
盐津县	Yanjin	15.37	2.45	0.15	8.71	0.53	0.12	3.52
大关县	Daguan	10.06	1.22	0.25	4.93	0.33	0.07	3.26
永善县	Yongshan	17.38	2.24	0.62	6.18	0.75	0.11	6.97
绥江县	Suijiang	4.49	1.03	0.57	2.15	0.23	0.05	0.49
镇雄县	Zhenxiong	45.37	0.40	3.11	24.42	0.90	0.12	16.04
彝良县	Yiliang	19.36	1.21	0.68	11.24	0.78	0.08	5.30
威信县	Weixin	18.32	1.88	1.03	11.54	0.61	0.10	3.24
水富县	Shuifu	2.56	1.03	0.01	1.18	0.08	0.01	0.25
丽江市	**Lijiang**	**49.17**	**11.94**	**4.73**	**16.38**	**5.58**	**2.54**	**7.58**
古城区	Gucheng	4.79	0.39	0.56	2.09	0.41	0.23	0.86
玉龙县	Yulong	11.51	0.86	2.42	4.16	1.50	0.36	1.76
永胜县	Yongsheng	17.43	7.04	0.57	6.08	2.05	1.66	1.21
华坪县	Huaping	7.30	2.54	0.92	2.27	0.48	0.06	1.07
宁蒗县	Ninglang	8.13	1.11	0.26	1.78	1.13	0.24	2.68
普洱市	**Pu'er**	**108.81**	**41.07**	**4.98**	**51.87**	**4.69**	**0.91**	**4.46**
思茅区	Simao	5.74	1.69	0.30	3.31	0.23	0.05	0.14
宁洱县	Ning'er	8.28	3.04	0.65	3.75	0.25	0.06	0.49
墨江县	Mojiang	14.25	4.01	0.49	8.29	0.84	0.13	0.27
景东县	Jingdong	16.74	5.03	1.77	7.62	1.23	0.23	1.02
景谷县	Jinggu	17.01	6.02	0.58	7.62	0.66	0.11	1.91
镇沅县	Zhenyuan	10.46	4.15	0.80	4.55	0.70	0.20	0.19
江城县	Jiangcheng	4.18	1.69	0.05	2.33	0.03	0.00	0.08
孟连县	Menglian	5.76	3.20	0.01	2.44	0.05	0.00	0.03
澜沧县	Lancang	22.37	10.34	0.28	10.14	0.67	0.11	0.31
西盟县	Ximeng	4.01	1.90	0.06	1.81	0.03	0.00	0.01
临沧市	**Lincang**	**93.75**	**24.20**	**6.54**	**48.70**	**5.07**	**1.81**	**6.08**
临翔区	Linxiang	8.93	2.39	0.77	4.32	0.50	0.19	0.68
凤庆县	Fengqing	16.63	3.95	2.14	8.28	0.89	0.47	0.79

19-18 续表2 continued

单位:万吨 (10 000 tons)

州市县	Region	粮食 Grain Crops	稻谷 Rice	小麦 Wheat	玉米 Maize	豆类 Beans and Peas	#蚕豆 Broad Beans	薯类 Tubers
云县	Yunxian	19.29	4.35	1.40	10.74	0.94	0.47	1.35
永德县	Yongde	16.87	3.79	0.88	9.37	1.05	0.29	1.46
镇康县	Zhenkang	7.81	2.15	0.41	4.15	0.54	0.14	0.39
双江县	Shuangjiang	6.58	1.77	0.61	3.14	0.25	0.06	0.50
耿马县	Gengma	10.56	3.80	0.24	4.42	0.68	0.14	0.75
沧源县	Cangyuan	7.08	2.00	0.09	4.27	0.22	0.05	0.15
楚雄州	**Chuxiong**	**117.00**	**39.24**	**9.94**	**39.30**	**13.04**	**8.87**	**7.27**
楚雄市	Chuxiong	19.68	7.58	1.81	5.65	2.05	1.81	0.69
双柏县	Shuangbo	7.78	2.40	0.56	3.39	1.08	0.57	0.24
牟定县	Mouding	9.80	3.62	0.49	2.51	1.53	1.16	0.95
南华县	Nanhua	11.46	2.82	1.24	4.43	0.91	0.64	0.83
姚安县	Yao'an	9.34	2.68	0.84	3.72	1.19	0.97	0.20
大姚县	Dayao	13.58	2.72	0.98	4.34	2.66	1.64	2.38
永仁县	Yongren	5.73	2.01	0.35	2.01	0.48	0.32	0.55
元谋县	Yuanmou	8.24	4.41	0.35	2.59	0.40	0.13	0.38
武定县	Wuding	11.65	3.12	1.24	4.88	1.00	0.49	0.74
禄丰县	Lufeng	19.74	7.87	2.08	5.80	1.75	1.14	0.31
红河州	**Honghe**	**170.00**	**60.77**	**6.17**	**66.85**	**9.57**	**1.99**	**15.63**
蒙自市	Mengzi	15.85	3.94	0.41	7.56	1.61	0.54	1.53
个旧市	Gejiu	7.30	1.43	0.38	3.76	0.42	0.11	0.84
开远市	Kaiyuan	11.95	3.07	0.48	6.05	0.75	0.40	1.35
屏边县	Pingbian	7.20	2.57	0.11	3.20	0.43	0.05	0.43
建水县	Jianshui	20.85	8.16	0.54	7.63	1.02	0.19	3.27
石屏县	Shiping	12.24	4.25	1.15	3.61	0.53	0.13	2.57
弥勒县	Mile	23.07	6.94	2.42	11.62	0.52	0.27	0.84
泸西县	Luxi	18.01	4.52	0.14	6.43	0.70	0.14	1.89
元阳县	Yuanyang	16.68	7.88	0.02	4.97	1.41	0.04	1.33
红河县	Honghe	11.07	5.64	0.52	2.24	0.88	0.09	0.59
金平县	Jinping	13.56	7.55	0.00	4.72	0.79	0.01	0.28
绿春县	Luchun	9.62	3.98	0.00	3.49	0.43	0.02	0.64
河口县	Hekou	2.62	0.87		1.58	0.09		0.08
文山州	**Wenshan**	**149.15**	**42.27**	**7.41**	**73.38**	**14.97**	**1.13**	**10.86**
文山市	Wenshan	17.77	5.66	1.78	8.35	0.96	0.11	1.02
砚山县	Yanshan	24.40	5.57	1.95	14.85	1.23	0.10	0.80
西畴县	Xichou	10.44	2.70	0.19	4.77	1.47	0.05	1.31
麻栗坡县	Malipo	11.35	3.87	0.13	5.32	1.21	0.06	0.82
马关县	Maguan	16.49	4.32	0.39	8.75	2.06	0.10	0.95

19-18 续表3 continued

单位:万吨 (10 000 tons)

州市县	Region	粮食 Grain	稻谷 Rice	小麦 Wheat	玉米 Corn	豆类 Beans	#蚕豆 Broad Beans	薯类 Tubers
丘北县	Qiubei	22.02	4.60	1.75	13.67	1.48	0.13	0.53
广南县	Guangnan	32.00	9.85	1.17	11.63	4.99	0.49	4.11
富宁县	Funing	14.67	5.70	0.04	6.04	1.56	0.10	1.32
西双版纳州	**Xishuangbanna**	**45.21**	**24.42**	**0.02**	**19.21**	**0.27**	**0.04**	**0.36**
景洪市	Jinghong	11.38	3.95	0.00	7.31	0.07	0.03	0.04
勐海县	Menghai	26.01	17.87	0.02	7.16	0.14	0.01	0.23
勐腊县	Mengla	7.81	2.59		4.74	0.06	0.00	0.09
大理州	**Dali**	**163.77**	**48.00**	**4.74**	**65.30**	**15.97**	**9.64**	**8.93**
大理市	Dali	17.40	6.91	0.28	6.19	2.19	2.18	0.70
漾濞县	Yangbi	6.31	1.24	0.43	3.30	0.50	0.21	0.44
祥云县	Xiangyun	19.44	2.34	0.46	9.04	2.38	1.57	2.13
宾川县	Binchuan	13.91	3.89	0.22	8.70	0.74	0.49	0.17
弥渡县	Midu	17.21	5.81	0.66	6.03	0.60	0.35	0.33
南涧县	Nanjian	11.11	1.15	0.85	6.11	0.55	0.27	0.53
巍山县	Weishan	15.12	5.03	0.41	5.20	2.10	0.83	0.52
永平县	Yongping	9.67	2.70	0.77	3.94	0.72	0.29	0.54
云龙县	Yunlong	12.55	2.74	0.17	6.36	1.41	0.37	0.82
洱源县	Eryuan	18.21	8.40	0.10	3.70	3.03	2.30	1.13
剑川县	Jianchuan	8.38	2.00	0.22	2.48	0.96	0.17	0.98
鹤庆县	Heqing	14.46	5.79	0.18	4.24	0.79	0.60	0.64
德宏州	**Dehong**	**73.55**	**40.17**	**1.94**	**24.44**	**0.99**	**0.27**	**5.98**
芒市	Mangshi	22.39	12.84	1.00	7.06	0.32	0.07	1.16
瑞丽市	Ruili	9.31	4.40	0.06	4.63	0.05	0.01	0.18
梁河县	Lianghe	6.48	4.11	0.17	1.34	0.13	0.03	0.74
盈江县	Yingjiang	20.78	11.12	0.53	5.51	0.34	0.11	3.25
陇川县	Longchuan	14.58	7.70	0.18	5.90	0.16	0.05	0.65
怒江州	**Nujiang**	**19.83**	**3.91**	**1.09**	**9.52**	**2.02**	**0.36**	**2.13**
泸水县	Lushui	6.55	1.92	0.12	3.18	0.46	0.10	0.61
福贡县	Fugong	3.45	0.67		2.17	0.25	0.03	0.26
贡山县	Gongshan	1.12	0.10	0.03	0.77	0.06	0.01	0.11
兰坪县	Lanping	8.71	1.22	0.94	3.39	1.26	0.22	1.15
迪庆州	**Diqing**	**17.06**	**1.50**	**2.75**	**7.49**	**1.19**	**0.19**	**1.45**
香格里拉县	Shangri-La	7.19	0.54	1.31	2.52	0.27	0.13	0.80
德钦县	Deqin	2.77	0.07	0.63	1.37	0.11		0.11
维西县	Weixi	7.11	0.89	0.81	3.61	0.81	0.07	0.54

19-19 各州市县主要农作物产量(二)(2012年)

Output of Major Farm Crops by County and City (II) (2012)

单位:万吨 (10 000 tons)

州市县	Region	油料 Oil-bearing Crops	花生 Peanuts	油菜籽 Rapeseeds	甘蔗 Sugarcane	烤烟 Flue-cured Tobacco	茶叶 Tea	园林水果 Fruits
全省	**Yunnan**	**62.84**	**7.49**	**53.50**	**2 043.78**	**111.05**	**27.17**	**510.72**
昆明市	**Kunming**	**1.40**	**0.14**	**1.14**	**0.13**	**8.74**	**0.01**	**16.45**
呈贡区	Chenggong	0.01						1.01
五华区	Wuhua	0.01		0.01		0.09		0.31
盘龙区	Panlong	0.00		0.00				0.08
官渡区	Guandu	0.00		0.00				0.53
西山区	Xishan	0.01		0.01				0.65
东川区	Dongchuan	0.12	0.07	0.04	0.02			0.38
晋宁县	Jinning	0.14		0.12		0.23		0.43
富民县	Fumin	0.08	0.00	0.07		0.27		2.80
宜良县	Yiliang	0.07	0.03	0.02	0.01	1.27	0.00	0.75
石林县	Shilin	0.10		0.07		1.63	0.00	4.33
嵩明县	Songming	0.01		0.01		0.94		1.05
禄劝县	Luquan	0.22	0.04	0.17	0.10	1.48	0.00	1.03
寻甸县	Xundian	0.48		0.48		2.49		0.34
安宁市	Anning	0.14		0.14		0.35	0.00	2.76
曲靖市	**Qujing**	**20.54**	**0.11**	**20.02**	**0.03**	**22.53**	**0.00**	**19.69**
麒麟区	Qilin	0.07		0.06		2.04		4.20
马龙县	Malong	0.23		0.20		2.34		1.65
陆良县	Luliang	0.41		0.41		2.84		3.47
师宗县	Shizong	3.71	0.02	3.42	0.01	2.90		0.88
罗平县	Luoping	14.03		14.03		4.06		1.69
富源县	Fuyuan	1.86	0.01	1.79		1.67	0.00	1.09
会泽县	Huize	0.17	0.08	0.08	0.02	0.70		3.68
沾益县	Zhanyi	0.03		0.01		2.16		1.43
宣威市	Xuanwei	0.03				3.82	0.00	1.61
玉溪市	**Yuxi**	**4.00**	**0.15**	**3.78**	**90.40**	**10.68**	**0.19**	**39.01**
红塔区	Hongta	1.15	0.00	1.15		0.66	0.00	1.37
江川县	Jiangchuan	0.73	0.00	0.73		1.55	0.00	0.34
澄江县	Chengjiang	0.06	0.00	0.06		0.71		0.23
通海县	Tonghai	0.17	0.00	0.17	0.05	0.90		1.03
华宁县	Huaning	0.29	0.02	0.24	0.00	1.56	0.00	15.94
易门县	Yimen	0.31	0.01	0.28	0.15	1.28	0.00	0.46
峨山县	Eshan	0.78	0.01	0.75	0.59	1.25	0.02	0.24
新平县	Xinping	0.15	0.06	0.08	52.31	1.48	0.06	5.16
元江县	Yuanjiang	0.35	0.04	0.31	37.30	1.31	0.10	14.25

19—19 续表1 continued

单位:万吨 (10 000 tons)

州市县	Region	油料 Oil-bearing Crops	花生 Peanuts	油菜籽 Rapeseeds	甘蔗 Sugarcane	烤烟 Flue-cured Tobacco	茶叶 Tea	园林水果 Fruits
保 山 市	**Baoshan**	**6.59**	**0.15**	**6.39**	**197.69**	**8.13**	**3.56**	**7.42**
隆阳区	Longyang	1.32	0.07	1.23	62.24	1.71	0.24	4.02
施甸县	Shidian	0.37	0.02	0.34	35.18	1.80	0.11	1.66
腾冲县	Tengchong	4.28	0.00	4.26	1.99	2.28	1.01	0.37
龙陵县	Longling	0.10	0.03	0.07	36.08	0.85	0.66	0.29
昌宁县	Changning	0.52	0.03	0.48	62.21	1.50	1.54	1.08
昭 通 市	**Zhaotong**	**4.15**	**0.83**	**3.28**	**8.46**	**5.32**	**0.20**	**25.92**
昭阳区	Zhaoyang	0.02		0.01	0.59	1.33		21.28
鲁甸县	Ludian	0.09	0.02	0.06	0.05	0.95		0.97
巧家县	Qiaojia	0.12	0.10	0.01	5.10	0.43		0.62
盐津县	Yanjin	0.88	0.15	0.73	0.12	0.00	0.13	0.24
大关县	Daguan	0.06	0.04	0.01	0.08	0.25	0.01	0.05
永善县	Yongshan	0.77	0.09	0.67	2.26	0.10	0.01	1.35
绥江县	Suijiang	0.22	0.01	0.21	0.13		0.03	0.32
镇雄县	Zhenxiong	0.84	0.16	0.68	0.01	1.38	0.01	0.43
彝良县	Yiliang	0.43	0.07	0.35	0.07	0.63	0.01	0.33
威信县	Weixin	0.64	0.16	0.48	0.05	0.25	0.00	0.12
水富县	Shuifu	0.09	0.02	0.07	0.00		0.00	0.21
丽 江 市	**Lijiang**	**1.20**	**0.16**	**0.82**	**11.77**	**3.72**	**0.11**	**12.44**
古城区	Gucheng	0.16		0.14		0.30		0.60
玉龙县	Yulong	0.48		0.47		1.72		1.67
永胜县	Yongsheng	0.42	0.11	0.15	10.85	1.04	0.00	1.92
华坪县	Huaping	0.11	0.05	0.06	0.93	0.30	0.11	7.14
宁蒗县	Ninglang	0.03		0.01		0.36		1.11
普 洱 市	**Pu'er**	**1.88**	**1.22**	**0.65**	**201.60**	**6.53**	**7.95**	**22.59**
思茅区	Simao	0.07	0.06	0.01	0.02	0.27	1.30	0.70
宁洱县	Ning'er	0.25	0.17	0.09	0.08	0.71	0.76	0.17
墨江县	Mojiang	0.33	0.33	0.00	6.13	1.13	0.86	0.69
景东县	Jingdong	0.15	0.06	0.09	26.37	1.55	0.92	0.35
景谷县	Jinggu	0.45	0.21	0.24	45.98	1.17	0.77	2.46
镇沅县	Zhenyuan	0.23	0.07	0.15	2.35	1.66	0.24	0.66
江城县	Jiangcheng	0.04	0.04	0.00	7.11		1.21	12.53
孟连县	Menglian	0.09	0.08	0.00	31.54		0.30	1.88
澜沧县	Lancang	0.25	0.18	0.06	77.23	0.04	1.44	3.12
西盟县	Ximeng	0.02	0.02	0.00	4.79		0.15	0.03
临 沧 市	**Lincang**	**2.32**	**0.29**	**1.97**	**643.28**	**5.68**	**7.24**	**34.34**
临翔区	Linxiang	1.28	0.02	1.26	14.24	1.27	0.71	0.53
凤庆县	Fengqing	0.24	0.00	0.24	40.98	1.27	2.30	0.78

19-19 续表2 continued

单位:万吨 (10 000 tons)

州市县	Region	油料 Oil-bearing Crops	花生 Peanuts	油菜籽 Rapeseeds	甘蔗 Sugarcane	烤烟 Flue-cured Tobacco	茶叶 Tea	园林水果 Fruits
云县	Yunxian	0.17	0.05	0.11	77.41	0.77	1.14	1.34
永德县	Yongde	0.13	0.07	0.02	133.78	1.08	0.77	3.77
镇康县	Zhenkang	0.04	0.02	0.02	66.01	0.17	0.32	1.91
双江县	Shuangjiang	0.16	0.03	0.13	57.41	0.46	0.69	0.43
耿马县	Gengma	0.15	0.08	0.07	193.96	0.40	0.83	24.92
沧源县	Cangyuan	0.15	0.01	0.12	59.49	0.27	0.48	0.67
楚雄州	**Chuxiong**	**5.34**	**0.25**	**4.93**	**0.87**	**12.14**	**0.12**	**16.40**
楚雄市	Chuxiong	1.00	0.00	0.98	0.00	2.01	0.02	1.07
双柏县	Shuangbo	0.18	0.02	0.15	0.39	1.00	0.06	0.40
牟定县	Mouding	0.69	0.00	0.66		0.89	0.01	0.41
南华县	Nanhua	0.40	0.00	0.39	0.00	1.36	0.02	0.49
姚安县	Yao'an	0.68		0.68		1.34	0.00	0.64
大姚县	Dayao	0.31	0.00	0.26	0.13	1.05	0.00	0.64
永仁县	Yongren	0.24	0.02	0.18	0.02	0.67	0.00	2.53
元谋县	Yuanmou	0.18	0.16	0.02	0.04	0.35		6.92
武定县	Wuding	0.34	0.02	0.32	0.05	1.48	0.00	1.14
禄丰县	Lufeng	1.32	0.02	1.30	0.23	1.99	0.00	2.16
红河州	**Honghe**	**2.94**	**1.33**	**1.49**	**152.62**	**9.58**	**0.99**	**151.39**
蒙自市	Mengzi	0.24	0.14	0.08	14.72	0.90	0.01	23.09
个旧市	Gejiu	0.17	0.14	0.02	7.03	0.29	0.00	3.65
开远市	Kaiyuan	0.16	0.13		7.63	0.54	0.00	5.99
屏边县	Pingbian	0.09	0.06	0.04	4.13	0.13	0.16	3.32
建水县	Jianshui	0.19	0.16	0.03	10.89	1.30	0.00	15.15
石屏县	Shiping	0.23	0.07	0.14	11.07	1.56	0.00	8.02
弥勒县	Mile	0.40	0.02	0.37	46.62	2.47		8.54
泸西县	Luxi	0.84	0.00	0.82		2.39		10.16
元阳县	Yuanyang	0.21	0.21		21.09		0.16	2.79
红河县	Honghe	0.04	0.04	0.00	24.51		0.14	3.16
金平县	Jinping	0.17	0.17		4.55		0.05	37.51
绿春县	Luchun	0.17	0.17		0.19		0.46	0.11
河口县	Hekou	0.02	0.02	0.00	0.19		0.00	29.89
文山州	**Wenshan**	**6.01**	**2.48**	**3.19**	**210.55**	**7.84**	**0.91**	**32.25**
文山市	Wenshan	1.11	0.50	0.50	18.46	1.06		0.90
砚山县	Yanshan	0.85	0.75	0.02	0.05	2.30	0.00	0.74
西畴县	Xichou	0.19	0.08	0.10	6.14	0.42	0.04	0.48
麻栗坡县	Malipo	0.27	0.14	0.13	3.23	0.50	0.05	1.34
马关县	Maguan	0.60	0.17	0.41	7.78	0.60	0.02	24.99

19-19 续表3 continued

单位:万吨 (10 000 tons)

州市县	Region	油料 Oil-bearing Crops	花生 Peanuts	油菜籽 Rapeseeds	甘蔗 Sugarcane	烤烟 Flue-cured Tobacco	茶叶 Tea	园林水果 Fruits
丘北县	Qiubei	0.50	0.26	0.20	0.06	1.85		0.86
广南县	Guangnan	2.03	0.42	1.56	38.08	1.10	0.76	2.29
富宁县	Funing	0.45	0.18	0.27	136.76		0.03	0.66
西双版纳州	**Xishuangbanna**	**0.24**	**0.20**	**0.00**	**88.13**		**3.62**	**69.85**
景洪市	Jinghong	0.06	0.06		1.26		1.49	27.74
勐海县	Menghai	0.10	0.09	0.00	83.26		1.77	9.27
勐腊县	Mengla	0.08	0.06		3.61		0.36	32.84
大 理 州	**Dali**	**4.00**	**0.09**	**3.81**	**8.47**	**9.18**	**0.59**	**57.09**
大理市	Dali	0.19		0.19		0.39	0.02	1.74
漾濞县	Yangbi	0.11		0.11		0.26	0.00	0.53
祥云县	Xiangyun	0.48		0.48		1.95	0.00	0.90
宾川县	Binchuan	1.01	0.05	0.90	0.12	0.84		47.82
弥渡县	Midu	0.41	0.03	0.34		0.95	0.03	0.53
南涧县	Nanjian	0.16	0.00	0.16	0.02	0.98	0.43	0.36
巍山县	Weishan	0.65	0.00	0.64		1.04	0.05	0.88
永平县	Yongping	0.26		0.26	0.01	0.70	0.03	0.36
云龙县	Yunlong	0.21		0.21	0.04	0.54	0.04	0.52
洱源县	Eryuan	0.30		0.30		0.64	0.00	2.09
剑川县	Jianchuan	0.14		0.14		0.51		0.37
鹤庆县	Heqing	0.09	0.01	0.08	8.27	0.38	0.00	0.98
德 宏 州	**Dehong**	**1.60**	**0.08**	**1.51**	**422.62**	**0.69**	**1.69**	**3.96**
芒 市	Mangshi	0.19	0.05	0.13	68.98	0.26	0.95	0.83
瑞丽市	Ruili	0.10	0.00	0.10	37.20		0.02	2.23
梁河县	Lianghe	0.20	0.02	0.18	28.54	0.28	0.24	0.15
盈江县	Yingjiang	0.35	0.01	0.34	107.90		0.35	0.53
陇川县	Longchuan	0.76	0.00	0.76	180.00	0.15	0.12	0.21
怒 江 州	**Nujiang**	**0.21**	**0.01**	**0.13**	**7.15**	**0.06**	**0.01**	**0.74**
泸水县	Lushui	0.04	0.00	0.03	7.15	0.06	0.00	0.23
福贡县	Fugong	0.11	0.01	0.08			0.00	0.03
贡山县	Gongshan	0.01	0.00	0.01			0.00	0.07
兰坪县	Lanping	0.05		0.01				0.41
迪 庆 州	**Diqing**	**0.42**		**0.40**		**0.22**		**1.17**
香格里拉县	Shangri-La	0.27		0.25		0.21		0.31
德钦县	Deqin	0.00		0.00				0.57
维西县	Weixi	0.15		0.15		0.01		0.30

19-20 各州市县畜牧业、水产品生产情况（2012年）

单位:万头、万只、万吨

州市县	Region	猪 Hogs 存栏 Stocked	猪 Hogs 出栏 Slaughtered	猪 Hogs 肉产量 Output of meat	牛 Cattle and Buffaloes 存栏 Stocked	牛 Cattle and Buffaloes 出栏 Slaughtered	牛 Cattle and Buffaloes 肉产量 Output of meat	存栏 Stocked
全　省	**Yunnan**	**4 112.65**	**5 757.77**	**508.96**	**1 028.74**	**398.37**	**50.97**	**1 229.04**
昆明市	**Kunming**	**258.12**	**414.58**	**37.37**	**60.94**	**28.05**	**3.41**	**134.38**
呈贡区	Chenggong	0.30	0.31	0.02	0.13	0.03	0.00	0.34
五华区	Wuhua	7.14	11.41	1.00	0.64	0.14	0.02	1.42
盘龙区	Panlong	2.79	2.01	0.16	0.28	0.05	0.00	0.68
官渡区	Guandu	7.40	7.58	0.74	0.50	0.05	0.01	1.07
西山区	Xishan	7.56	9.66	0.96	0.69	0.36	0.04	2.91
东川区	Dongchuan	26.36	36.94	3.54	6.05	1.40	0.15	23.10
晋宁县	Jinning	12.51	26.65	2.39	2.48	0.81	0.13	3.53
富民县	Fuming	14.01	19.26	1.85	2.18	0.71	0.09	5.39
宜良县	Yiliang	30.51	64.01	5.83	5.55	1.87	0.40	10.69
石林县	Shilin	18.40	25.30	2.23	5.17	1.53	0.20	18.43
嵩明县	Songming	20.10	36.20	3.40	3.68	1.96	0.27	4.79
禄劝县	Luquan	41.02	59.00	4.78	13.21	6.36	0.66	33.03
寻甸县	Xundian	50.70	75.76	7.09	19.20	12.03	1.32	26.09
安宁市	Anning	19.33	40.47	3.37	1.18	0.85	0.13	2.89
曲靖市	**Qujing**	**798.71**	**1 392.53**	**143.89**	**127.27**	**69.74**	**11.44**	**255.51**
麒麟区	Qilin	56.28	120.48	12.33	4.84	3.57	0.35	7.99
马龙县	Malong	26.11	40.70	4.00	5.57	2.53	0.34	24.52
陆良县	Luliang	77.83	156.23	16.33	7.67	5.94	0.86	22.12
师宗县	Shizong	54.06	85.61	9.14	13.08	5.83	0.72	24.23
罗平县	Luoping	74.35	125.67	12.17	8.15	7.21	1.05	24.96
富源县	Fuyuan	95.11	174.53	15.71	14.41	8.08	1.70	30.97
会泽县	Huize	139.15	211.74	21.67	44.11	21.17	3.33	53.17
沾益县	Zhanyi	67.74	116.37	10.86	10.81	7.78	1.50	30.69
宣威市	Xuanwei	208.08	361.19	41.70	18.64	7.62	1.60	36.86
玉溪市	**Yuxi**	**163.11**	**252.08**	**21.54**	**28.48**	**15.90**	**2.14**	**38.37**
红塔区	Hongta	23.21	52.79	4.66	0.48	0.83	0.16	1.51
江川县	Jiangchuan	25.37	27.20	2.28	0.67	0.23	0.04	1.51
澄江县	Chengjiang	7.46	10.37	0.90	1.48	0.54	0.07	3.19
通海县	Tonghai	13.44	26.95	2.02	1.48	1.69	0.31	2.00
华宁县	Huaning	21.25	29.80	3.01	3.96	2.55	0.38	6.97
易门县	Yimen	17.34	30.04	2.47	2.76	1.97	0.23	4.48
峨山县	Eshan	12.07	22.18	1.76	2.88	2.46	0.29	4.34
新平县	Xinping	27.20	35.05	2.91	9.13	3.40	0.39	10.00
元江县	Yuanjiang	15.77	17.71	1.53	5.65	2.23	0.27	4.37

Output of Animal Husbandry Products and Aquaticts Products by County and City (2012)

(10 000 heads, 10 000 units, 10 000 tons)

羊 Sheep and Goats		家禽 Poultry			禽蛋产量	奶类产量		蜂蜜产量(吨)	水产品产量
出栏 Slaughtered	肉产量 Output of meat	存栏 Stocked	出栏 Slaughtered	肉产量 Output of meat	Poultry Eggs Output	Milk Output	#牛奶产量 Cow Milk Output	Honey Output(ton)	Total Output of Aquatic Products
848.35	**18.24**	**16 898.46**	**28 921.02**	**52.59**	**47.40**	**70.87**	**66.58**	**7 511**	**68.01**
83.70	**1.80**	**2 857.58**	**7 075.16**	**12.63**	**8.22**	**12.01**	**10.86**	**1 067**	**3.71**
0.06	0.00	30.86	65.48	0.13	0.40	0.17	0.17		0.01
0.45	0.01	16.48	28.61	0.06	0.08			70	0.08
0.25	0.01	26.04	10.71	0.01	0.15			1	0.18
0.63	0.01	70.78	51.75	0.11	1.39	0.00	0.00	4	0.15
1.52	0.05	31.30	58.08	0.11	0.09	0.01	0.01	635	0.12
10.91	0.19	102.90	201.33	0.40	0.13	0.01	0.01	27	0.13
2.09	0.05	293.68	419.23	0.74	1.32	3.18	3.18	19	0.33
2.03	0.07	77.89	80.78	0.19	0.63	0.00	0.00	55	0.04
6.95	0.18	620.56	2 145.23	3.53	0.60	4.68	4.61	49	1.01
10.00	0.26	637.47	2 030.29	3.45	0.32	1.91	0.83	28	0.14
2.63	0.08	116.86	148.62	0.31	0.55	1.77	1.77	12	0.78
23.44	0.50	90.13	169.96	0.32	0.11			115	0.06
20.48	0.33	200.61	218.77	0.36	0.62	0.02	0.02	28	0.54
2.26	0.06	542.03	1 446.33	2.91	1.84	0.27	0.27	24	0.15
200.94	**4.99**	**1 518.79**	**2 780.72**	**6.39**	**5.48**	**2.20**	**0.57**	**1 665**	**10.61**
6.92	0.21	165.86	434.02	1.07	1.39	0.34	0.34	15	1.26
16.51	0.40	100.00	134.27	0.27	0.36			37	0.31
19.14	0.39	261.81	453.04	1.13	0.50	1.72	0.09	13	1.24
20.60	0.45	109.93	191.33	0.29	0.25	0.02	0.01	84	1.00
20.27	0.34	58.93	218.34	0.39	0.27			1 305	2.90
24.76	0.59	139.36	246.75	0.56	0.40			10	0.75
50.11	0.94	261.16	386.85	0.69	0.94	0.07	0.07	147	1.02
22.12	0.99	149.52	339.62	1.17	0.44	0.05	0.05		1.03
20.51	0.67	272.21	376.50	0.83	0.92	0.01	0.01	54	1.10
25.07	**0.69**	**1 798.37**	**3 471.42**	**7.26**	**9.67**	**0.70**	**0.66**	**180**	**1.55**
1.28	0.04	339.44	716.83	1.63	1.86	0.01	0.00	7	0.13
1.00	0.04	128.83	259.12	0.59	0.93	0.01	0.01	6	0.38
1.29	0.04	88.36	205.77	0.43	0.23	0.14	0.14	4	0.15
1.97	0.07	626.36	643.99	1.16	5.37	0.50	0.50		0.32
3.34	0.10	99.35	259.02	0.57	0.14	0.04	0.01	18	0.15
3.68	0.09	211.92	641.63	1.43	0.22			10	0.07
3.46	0.09	70.34	262.05	0.56	0.30	0.01	0.01	10	0.08
6.66	0.15	156.91	378.02	0.72	0.34			104	0.12
2.39	0.07	76.86	105.00	0.17	0.28			21	0.15

19—20 续表1

单位:万头、万只、万吨

州市县	Region	猪 Hogs 存栏 Stocked	猪 Hogs 出栏 Slaughtered	猪 Hogs 肉产量 Output of meat	牛 Cattle and Buffaloes 存栏 Stocked	牛 Cattle and Buffaloes 出栏 Slaughtered	牛 Cattle and Buffaloes 肉产量 Output of meat	存栏 Stocked
保山市	**Baoshan**	**332.22**	**439.20**	**35.25**	**70.98**	**23.39**	**3.18**	**51.80**
隆阳区	Longyang	90.21	125.04	10.65	18.80	5.97	0.76	18.56
施甸县	Shidian	60.20	78.10	6.11	8.68	2.02	0.24	4.09
腾冲县	Tengchong	75.54	110.78	8.44	16.26	7.18	1.24	6.69
龙陵县	Longling	27.05	24.48	2.32	8.25	1.42	0.22	7.10
昌宁县	Changning	79.24	100.81	7.73	19.00	6.80	0.72	15.35
昭通市	**Zhaotong**	**361.29**	**484.17**	**42.33**	**60.15**	**21.09**	**2.50**	**66.47**
昭阳区	Zhaoyang	39.27	65.37	5.46	6.07	2.48	0.33	10.00
鲁甸县	Ludian	25.40	24.18	2.20	8.56	2.58	0.33	7.00
巧家县	Qiaojia	51.93	79.80	7.10	7.16	1.81	0.23	14.74
盐津县	Yanjin	44.61	54.82	4.14	2.34	0.38	0.04	1.04
大关县	Daguan	21.58	29.10	2.83	3.17	0.65	0.09	4.69
永善县	Yongshan	39.96	48.75	3.86	4.28	0.97	0.10	12.80
绥江县	Suijiang	7.96	12.88	1.19	0.92	0.36	0.06	1.17
镇雄县	Zhenxiong	69.80	100.07	9.29	11.63	7.84	0.84	4.10
彝良县	Yiliang	35.43	37.32	3.61	9.93	2.01	0.24	9.46
威信县	Weixin	20.14	23.74	2.02	5.98	1.96	0.24	0.57
水富县	Shuifu	5.21	8.14	0.65	0.11	0.03	0.01	0.90
丽江市	**Lijiang**	**125.85**	**134.31**	**9.87**	**43.14**	**11.75**	**1.45**	**114.66**
古城区	Gucheng	9.96	16.50	1.25	1.82	0.91	0.13	3.58
玉龙县	Yulong	36.10	45.07	3.34	10.60	4.00	0.57	16.92
永胜县	Yongsheng	34.97	42.30	3.18	13.26	4.50	0.47	42.28
华坪县	Huaping	16.66	12.69	0.85	4.87	1.18	0.13	13.36
宁蒗县	Ninglang	28.16	17.75	1.25	12.59	1.16	0.15	38.52
普洱市	**Pu'er**	**250.04**	**198.42**	**14.07**	**70.62**	**14.65**	**1.41**	**35.38**
思茅区	Simao	16.41	20.98	1.38	2.08	0.59	0.05	2.15
宁洱县	Ning'er	25.27	23.76	2.08	4.92	1.33	0.13	2.52
墨江县	Mojiang	33.41	23.21	1.71	13.65	1.83	0.17	4.17
景东县	Jingdong	43.16	31.84	2.23	10.63	2.95	0.24	12.61
景谷县	Jinggu	29.19	21.46	1.44	8.31	1.45	0.13	4.27
镇沅县	Zhenyuan	29.53	24.07	1.67	6.51	1.08	0.12	6.61
江城县	Jiangcheng	9.17	6.35	0.51	3.56	1.36	0.13	0.51
孟连县	Menglian	10.07	9.40	0.59	2.43	0.58	0.05	0.30
澜沧县	Lancang	49.47	33.00	2.14	16.71	2.98	0.35	1.95
西盟县	Ximeng	4.36	4.36	0.30	1.83	0.51	0.04	0.29
临沧市	**Lincang**	**280.34**	**317.33**	**21.23**	**72.10**	**17.92**	**2.20**	**65.82**
临翔区	Linxiang	25.02	27.10	1.81	5.12	1.32	0.15	6.27
凤庆县	Fengqing	53.45	79.62	5.33	13.02	4.67	0.54	18.37

continued

羊 Sheep and Goats		家禽 Poultry			禽蛋产量	奶类产量		蜂蜜产量(吨)	水产品产量 Total Output
出栏 Slaughtered	肉产量 Output of meat	存栏 Stocked	出栏 Slaughtered	肉产量 Output of meat	Poultry Eggs Output	Milk Output	#牛奶产量 Cow Milk Output	Honey Output	of Aquatic Products
36.87	**0.85**	**760.42**	**1 309.01**	**2.96**	**1.39**	**0.98**	**0.98**	**585**	**3.09**
10.81	0.24	234.08	426.73	1.03	0.60	0.29	0.29	81	1.01
2.30	0.05	70.83	174.70	0.35	0.10	0.00	0.00	21	0.42
6.43	0.16	251.00	425.62	1.00	0.46	0.69	0.69	370	0.64
4.13	0.11	81.84	89.63	0.16	0.07	0.00	0.00	20	0.39
13.20	0.30	122.67	192.33	0.42	0.15	0.00	0.00	93	0.64
40.18	**0.84**	**827.29**	**1 031.98**	**1.87**	**2.20**	**0.06**	**0.06**	**203**	**2.07**
6.23	0.10	70.42	113.93	0.18	0.21	0.06	0.06	1	0.30
3.75	0.07	65.09	52.78	0.09	0.14			2	0.23
10.41	0.23	68.47	140.05	0.22	0.14			17	0.26
0.68	0.02	93.89	124.25	0.24	0.11			28	0.20
2.71	0.06	31.20	35.56	0.07	0.08			8	0.11
7.56	0.13	51.71	56.46	0.09	0.09			8	0.17
1.15	0.02	24.02	51.47	0.09	0.10			47	0.12
3.38	0.09	258.58	277.42	0.55	0.91			26	0.21
3.56	0.09	81.71	78.64	0.15	0.18			12	0.17
0.37	0.01	59.95	71.06	0.12	0.20			35	0.18
0.40	0.01	22.25	30.36	0.06	**0.03**			19	0.13
54.01	**0.95**	**327.30**	**394.17**	**0.68**	**0.45**	**0.86**	**0.86**	**241**	**1.24**
3.58	0.09	21.13	25.58	0.04	0.05	0.01	0.01	1	0.10
12.06	0.19	72.43	79.96	0.12	0.19	0.73	0.73	121	0.24
22.38	0.41	103.01	106.74	0.22	0.12	0.12	0.12	77	0.52
4.63	0.07	76.52	127.51	0.21	0.05	0.00	0.00	12	0.33
11.37	0.19	54.21	54.38	0.09	0.03	0.01	0.01	30	0.06
16.66	**0.34**	**1 024.08**	**1 148.32**	**1.58**	**0.70**	**0.02**	**0.02**	**581**	**10.02**
1.11	0.02	85.10	97.91	0.15	0.11	0.01	0.01	11	1.50
1.52	0.04	53.10	82.75	0.13	0.08			15	1.00
1.95	0.04	121.59	139.98	0.16	0.13			46	1.90
6.80	0.13	197.70	258.68	0.43	0.09			88	1.20
1.22	0.03	146.54	185.16	0.25	0.06	0.00	0.00	48	2.60
2.60	0.05	84.95	92.58	0.13	0.12			102	0.30
0.22	0.01	24.04	26.81	0.04	**0.03**			20	0.36
0.16	0.00	46.47	45.61	0.06	0.02			14	0.20
0.85	0.02	246.53	199.08	0.22	0.05	0.00	0.00	237	0.90
0.23	0.01	18.05	19.76	0.02	0.02				0.04
32.43	**0.68**	**973.02**	**1 151.72**	**1.68**	**0.63**	**0.03**	**0.03**	**342**	**5.00**
2.76	0.06	82.32	91.25	0.14	0.03		0.00	55	0.49
8.03	0.14	149.84	206.50	0.33	0.08			75	1.00

19-20 续表2

单位:万头、万只、万吨

州市县	Region	猪 Hogs 存栏 Stocked	出栏 Slaughtered	肉产量 Output of meat	牛 Cattle and Buffaloes 存栏 Stocked	出栏 Slaughtered	肉产量 Output of meat	存栏 Stocked
云县	Yunxian	59.25	72.99	4.88	15.18	2.80	0.36	19.74
永德县	Yongde	52.24	61.16	4.09	12.34	3.38	0.52	9.68
镇康县	Zhenkang	26.95	16.26	1.09	7.28	1.15	0.14	4.19
双江县	Shuangjiang	19.51	19.16	1.28	5.05	1.21	0.12	2.73
耿马县	Gengma	26.00	25.24	1.69	7.77	1.95	0.19	4.14
沧源县	Cangyuan	17.93	15.80	1.06	6.34	1.44	0.17	0.69
楚雄州	**Chuxiong**	**236.54**	**342.44**	**29.45**	**74.65**	**34.71**	**4.80**	**133.23**
楚雄市	Chuxiong	35.05	53.82	4.63	9.86	6.20	0.86	13.43
双柏县	Shuangbo	24.11	27.69	2.38	8.73	3.18	0.44	17.29
牟定县	Mouding	16.43	23.22	2.09	4.49	1.75	0.24	5.40
南华县	Nanhua	21.01	29.41	2.44	7.33	3.49	0.46	8.24
姚安县	Yao'an	12.60	27.35	2.35	4.53	2.90	0.40	6.50
大姚县	Dayao	25.44	28.22	2.43	7.75	3.36	0.47	21.82
永仁县	Yongren	14.40	18.62	1.60	4.54	1.92	0.27	12.34
元谋县	Yuanmou	16.34	23.30	2.00	5.97	2.13	0.30	12.83
武定县	Wuding	24.77	41.42	3.56	8.26	5.04	0.70	18.42
禄丰县	Lufeng	46.41	69.40	5.97	13.19	4.73	0.66	16.98
红河州	**Honghe**	**439.05**	**668.84**	**57.58**	**101.54**	**31.07**	**3.71**	**66.07**
蒙自市	Mengzi	40.16	70.05	5.87	5.54	1.51	0.24	3.03
个旧市	Gejiu	24.20	40.16	3.78	3.91	2.51	0.40	3.05
开远市	Kaiyuan	17.96	27.75	2.41	5.96	1.82	0.21	6.92
屏边县	Pingbian	24.76	29.48	2.31	4.64	0.27	0.03	1.03
建水县	Jianshui	53.99	106.47	10.28	11.23	3.53	0.52	11.04
石屏县	Shiping	60.61	90.06	7.52	11.80	2.81	0.34	5.31
弥勒县	Mile	47.19	85.34	8.30	14.12	6.14	0.63	15.24
泸西县	Luxi	57.77	80.46	6.09	11.47	4.03	0.55	13.90
元阳县	Yuanyang	35.36	50.93	4.48	10.83	3.59	0.34	2.09
红河县	Honghe	24.24	30.38	2.31	8.78	2.59	0.26	3.41
金平县	Jinping	26.28	30.38	2.19	5.33	1.07	0.09	0.60
绿春县	Luchun	20.01	20.65	1.55	6.88	1.10	0.10	0.41
河口县	Hekou	6.52	6.73	0.50	1.04	0.11	0.01	0.06
文山州	**Wenshan**	**356.79**	**507.86**	**44.31**	**140.23**	**56.12**	**5.79**	**40.01**
文山市	Wenshan	39.15	51.91	5.02	11.90	2.84	0.32	3.23
砚山县	Yanshan	34.09	47.77	4.14	14.72	6.54	0.72	7.01
西畴县	Xichou	24.15	39.83	3.39	7.50	3.43	0.30	0.62
麻栗坡县	Malipo	29.26	41.01	3.98	11.64	3.13	0.31	1.77
马关县	Maguan	37.47	51.24	4.33	11.26	2.30	0.27	0.49

continued

(10 000 heads, 10 000 units, 10 000 tons)

羊 Sheep and Goats		家禽 Poultry			禽蛋产量	奶类产量		蜂蜜	水产品产量
出栏 Slaughtered	肉产量 Output of meat	存栏 Stocked	出栏 Slaughtered	肉产量 Output of meat	Poultry Eggs Output	Milk Output	#牛奶产量 Cow Milk Output	产量(吨) Honey Output	Total Output of Aquatic Products
11.11	0.24	261.07	330.18	0.48	0.11	0.03	0.03	100	0.85
4.08	0.09	137.66	159.06	0.23	0.09			83	0.35
2.47	0.07	68.57	94.07	0.15	0.03			7	0.45
1.66	0.03	76.22	85.31	0.10	0.08			20	0.64
2.04	0.04	120.76	126.27	0.16	0.06	0.00	0.00	2	0.76
0.29	0.01	76.58	59.08	0.09	0.16				0.46
98.17	**1.72**	**1 148.86**	**1 981.93**	**3.37**	**1.04**	**0.09**	**0.09**	**907**	**1.93**
9.44	0.17	200.30	361.47	0.61	0.28	0.07	0.07	37	0.44
9.40	0.16	65.35	72.51	0.13	0.03			44	0.07
3.82	0.07	45.05	66.09	0.11	0.08			41	0.17
6.19	0.11	141.46	247.26	0.42	0.09			19	0.13
5.95	0.10	54.60	115.47	0.20	0.07	0.02	0.02	62	0.40
16.26	0.28	78.62	106.04	0.18	0.09			510	0.07
10.55	0.18	38.86	43.81	0.07	0.04			8	0.04
8.71	0.15	48.53	76.17	0.13	0.04			22	0.21
17.42	0.31	184.07	526.48	0.90	0.12			107	0.07
10.43	0.18	292.02	366.63	0.62	0.21			57	0.33
43.59	**1.06**	**1 832.50**	**3 571.52**	**5.63**	**7.20**	**3.59**	**2.45**	**364**	**6.81**
2.52	0.08	126.58	260.09	0.43	0.78	0.05	0.01	24	0.53
2.22	0.06	136.94	182.29	0.28	0.70	1.63	1.63	5	0.46
4.04	0.07	243.05	703.11	1.10	1.47	0.08	0.01	12	0.40
0.40	0.01	77.28	120.38	0.15	0.07			8	0.27
6.15	0.17	345.73	738.53	1.14	1.72	0.20		2	1.02
3.02	0.06	130.01	240.62	0.37	0.47	0.30	0.25	28	1.02
10.12	0.29	99.72	263.38	0.51	0.58	0.95	0.56		0.43
10.08	0.20	193.61	237.94	0.48	0.76	0.38	0.00	237	0.57
1.37	0.03	99.35	157.09	0.25	0.30				1.01
2.68	0.07	92.91	162.70	0.20	0.18			40	0.35
0.50	0.01	152.44	253.74	0.38	0.06			2	0.40
0.40	0.01	110.57	225.22	0.30	0.09			6	0.25
0.07	0.00	24.30	26.44	0.03	0.02				0.10
40.60	**0.75**	**1 246.92**	**1 694.96**	**2.77**	**2.04**	**0.04**	**0.04**	**142**	**6.64**
3.46	0.07	109.68	146.00	0.27	0.40			4	0.58
8.08	0.17	163.72	246.24	0.37	0.42			6	1.01
0.72	0.01	148.40	220.34	0.31	0.21			10	0.17
1.61	0.03	106.41	151.14	0.23	0.14			12	0.31
0.53	0.01	145.39	192.00	0.30	0.24			3	0.38

19-20 续表3

单位:万头、万只、万吨

州市县	Region	猪 Hogs			牛 Cattle and Buffaloes			
		存栏 Stocked	出栏 Slaughtered	肉产量 Output of meat	存栏 Stocked	出栏 Slaughtered	肉产量 Output of meat	存栏 Stocked
丘北县	Qiubei	58.01	90.00	8. 91	18.73	11.01	1.21	19.83
广南县	Guangnan	95.35	135.16	10. 86	37.69	16.07	1.56	5.06
富宁县	Funing	39.31	50.94	3. 68	26.79	10.80	1.10	1.99
西双版纳州	**Xishuangbanna**	**50.75**	**37.25**	**2. 62**	**7.87**	**4.20**	**0.41**	**1.10**
景洪市	Jinghong	19.04	15.38	. 99	1.77	1.19	0.12	0.43
勐海县	Menghai	19.16	12.35	. 85	4.89	2.38	0.22	0.44
勐腊县	Mengla	12.54	9.52	. 78	1.21	0.62	0.07	0.23
大理州	**Dali**	**284.55**	**418.54**	**37. 38**	**107.54**	**53.96**	**6.73**	**149.03**
大理市	Dali	25.79	69.40	6. 25	4.69	4.83	0.68	1.55
漾濞县	Yangbi	13.35	13.10	1. 12	7.57	2.70	0.29	11.36
祥云县	Xiangyun	33.00	49.89	4. 57	5.03	1.92	0.27	6.72
宾川县	Binchuan	28.75	40.13	3. 97	5.95	1.64	0.17	14.05
弥渡县	Midu	27.03	41.81	4. 18	10.37	3.28	0.48	4.03
南涧县	Nanjian	18.08	18.50	1. 85	10.80	7.90	0.95	8.02
巍山县	Weishan	20.25	25.84	2. 33	10.05	8.64	1.08	15.81
永平县	Yongping	24.63	22.34	1. 62	8.84	5.31	0.52	15.86
云龙县	Yunlong	26.51	27.96	2. 68	14.57	5.67	0.85	26.40
洱源县	Eryuan	20.54	35.90	2. 88	14.68	4.10	0.41	16.63
剑川县	Jianchuan	19.74	21.61	1. 7	8.69	4.95	0.60	14.98
鹤庆县	Heqing	26.89	52.04	4. 25	6.30	3.01	0.44	13.62
德宏州	**Dehong**	**71.40**	**78.58**	**7. 47**	**21.24**	**8.85**	**0.97**	**7.83**
瑞丽市	Ruili	20.25	21.63	2. 05	5.75	2.09	0.23	2.14
芒市	Mangshi	7.94	12.42	1. 18	2.29	2.85	0.31	0.63
梁河县	Lianghe	12.54	9.21	. 88	2.19	0.60	0.07	0.77
盈江县	Yingjiang	18.15	24.17	2. 3	6.70	2.03	0.22	2.76
陇川县	Longchuan	12.53	11.15	1. 06	4.31	1.27	0.14	1.54
怒江州	**Nujiang**	**55.02**	**42.23**	**2. 61**	**17.07**	**3.24**	**0.36**	**46.38**
泸水县	Lushui	23.57	18.36	1. 19	5.95	1.33	0.13	16.64
福贡县	Fugong	9.36	7.42	. 4	2.29	0.67	0.07	6.69
贡山县	Gongshan	3.94	3.02	. 15	0.99	0.18	0.02	1.98
兰坪县	Lanping	18.14	13.43	. 87	7.83	1.05	0.14	21.07
迪庆州	**Diqing**	**48.86**	**29.40**	**1. 97**	**24.93**	**3.63**	**0.45**	**22.99**
香格里拉县	Shangri-La	24.23	13.48	1. 04	12.17	1.63	0.25	7.55
德钦县	Deqin	5.84	2.73	. 17	6.19	0.58	0.08	4.29
维西县	Weixi	18.79	13.19	. 77	6.57	1.42	0.13	11.15

continued

(10 000 heads, 10 000 units, 10 000 tons)

羊 Sheep and Goats		家禽 Poultry			禽蛋产量	奶类产量		蜂蜜产量(吨)	水产品产量
出栏 Slaughtered	肉产量 Output of meat	存栏 Stocked	出栏 Slaughtered	肉产量 Output of meat	Poultry Eggs Output	Milk Output	#牛奶产量 Cow Milk Output	Honey Output	Total Output of Aquatic Products
18.00	0.32	151.26	198.50	0.36	0.10			26	1.00
6.55	0.11	250.41	308.65	0.57	0.45	0.04	0.04	48	1.01
1.65	0.03	171.65	232.08	0.36	0.08			33	2.18
0.48	**0.01**	**397.95**	**375.68**	**0.48**	**0.25**			**67**	**5.02**
0.15	0.00	178.65	172.66	0.24	0.07			17	2.11
0.17	0.00	126.24	110.98	0.14	0.15			50	1.80
0.15	0.00	93.05	92.03	0.11	0.03				1.11
138.31	**2.91**	**1 524.98**	**1 932.93**	**3.78**	**7.35**	**48.52**	**48.19**	**755**	**6.63**
1.55	0.03	273.89	544.07	1.09	1.53	19.06	19.06	3	1.31
7.65	0.13	44.77	69.74	0.11	0.05	0.06	0.06	34	0.04
2.91	0.08	550.34	268.33	0.54	3.85	0.51	0.51	77	1.00
9.83	0.17	74.36	91.46	0.20	0.22	0.71	0.71	90	0.56
4.73	0.12	57.64	90.75	0.22	0.19	4.24	4.24	9	1.11
14.44	0.22	134.68	235.06	0.35	0.20	0.01	0.01	47	0.13
22.55	0.38	107.99	208.99	0.42	0.21	0.41	0.41	25	0.63
13.23	0.20	65.81	91.60	0.17	0.07			46	0.06
19.49	0.51	57.10	120.42	0.24	0.40	0.01	0.01	246	0.08
19.28	0.58	47.51	80.48	0.17	0.20	20.35	20.35	83	1.00
10.62	0.20	41.82	57.36	0.10	0.12	2.35	2.02	26	0.33
12.03	0.30	69.07	74.68	0.16	0.32	0.81	0.81	69	0.38
6.42	**0.13**	**376.73**	**734.98**	**1.10**	**0.53**	**0.32**	**0.32**	**86**	**3.36**
1.63	0.03	93.30	193.94	0.29	0.13	0.16	0.16	22	1.03
1.48	0.03	126.96	311.24	0.45	0.15	0.01	0.01		0.65
0.51	0.01	31.70	44.16	0.07	0.03	0.01	0.01	3	0.30
1.63	0.03	82.68	120.90	0.18	0.13	0.08	0.08	46	0.64
1.15	0.02	42.09	64.75	0.10	0.08	0.06	0.06	15	0.74
23.17	**0.39**	**164.32**	**191.06**	**0.28**	**0.13**	**0.01**	**0.01**	**163**	**0.06**
8.45	0.14	79.41	113.35	0.17	0.06			49	0.03
5.36	0.10	27.47	21.74	0.03	0.02			14	0.01
0.73	0.01	17.51	15.84	0.02	0.01	0.00	0.00	26	0.01
8.63	0.14	39.93	40.13	0.06	0.05	0.00	0.00	74	0.02
7.77	**0.14**	**119.36**	**75.45**	**0.14**	**0.11**	**1.45**	**1.45**	**163**	**0.27**
2.40	0.05	70.01	31.78	0.05	0.05	0.79	0.79	26	0.13
1.09	0.03	16.50	14.03	0.04	0.02	0.62	0.62	58	0.01
4.28	0.06	32.85	29.65	0.04	0.04	0.04	0.04	79	0.14

19-21 各州市县规模以上工业企业单位数和工业总产值(2012年)

Number of Industrial Enterprises above Designated Size and Their Gross Output Value by Region (2012)

(按当年价格计算) (calculated at current prices)

州市县	Region	企业单位数(个) Number of Enterprises (unit)	工业总产值(亿元) Gross Industrial Output Value (100 million yuan)	国有企业 State-owned Industry 单位数(个) Number of Enterprises (unit)	国有企业 总产值(亿元) Gross Output Value (100 million yuan)	集体企业 Collective-owned Enterprise 单位数(个) Number of Enterprises (unit)	集体企业 总产值(亿元) Gross Output Value (100 million yuan)	股份合作制企业 Corporations Enterprise 单位数(个) Number of Enterprises (unit)	股份合作制企业 总产值(亿元) Gross Output Value (100 million yuan)
全　省	**Yunnan**	**3 211**	**9 224.81**	**212**	**1 246.82**	**65**	**87.37**	**26**	**25.52**
昆明市	**Kunming**	**878**	**3 010.28**	**64**	**470.90**	**20**	**13.46**	**9**	**2.87**
呈贡区	Chenggong	70	251.43	5	29.97			4	1.17
五华区	Wuhua	101	797.89	11	20.03	1	0.35	1	0.26
盘龙区	Panlong	37	169.58	3	14.74			1	0.33
官渡区	Guandu	160	465.91	13	238.88	1	1.50		
西山区	Xishan	65	146.05	3	5.51	5	1.66		
东川区	Dongchuan	56	182.99			1	0.88	1	0.49
晋宁县	Jinning	64	118.49	2	15.22				
富民县	Fumin	34	42.58			1	0.49	1	0.11
宜良县	Yiliang	44	84.34	2	3.38	6	2.95		
石林县	Shilin	32	29.19	2	2.56				
嵩明县	Songming	63	108.78	4	4.85			1	0.51
禄劝县	Luquan	21	16.52	2	3.02				
寻甸县	Xundian	22	57.38	3	10.94	1	0.93		
安宁市	Anning	109	539.14	14	121.80	4	4.70		
曲靖市	**Qujing**	**507**	**1 455.14**	**37**	**286.53**	**24**	**13.63**	**1**	**0.25**
麒麟区	Qilin	110	555.96	8	180.51	3	2.05		
马龙县	Malong	21	64.09	1	2.82				
陆良县	Luliang	52	94.06	4	16.79	1	0.69		
师宗县	Shizong	40	72.12	7	17.81	4	4.10		
罗平县	Luoping	27	63.84	4	13.17			1	0.25
富源县	Fuyuan	109	185.42	5	16.45				
会泽县	Huize	14	91.83	1	10.51				
沾益县	Zhanyi	49	202.04	2	3.99	6	2.05		
宣威市	Xuanwei	85	125.78	5	24.48	10	4.73		
玉溪市	**Yuxi**	**302**	**1 258.46**	**5**	**51.49**	**8**	**55.19**	**3**	**2.76**
红塔区	Hongta	87	856.14			7	50.63		
江川县	Jiangchuan	30	26.20					1	0.49
澄江县	Chengjiang	20	32.64						
通海县	Tonghai	58	66.72	2	6.95			2	2.27
华宁县	Huaning	24	13.78						
易门县	Yimen	24	47.84						
峨山县	Eshan	24	41.27	1	1.85	1	4.56		
新平县	Xinping	16	156.62	2	42.69				
元江县	Yuanjiang	19	17.24						

19－21　续表1　continued

州市县	Region	企业单位数（个）Number of Enterprises (unit)	工业总产值（亿元）Gross Industrial Output Value (100 million yuan)	国有企业 State-owned Industry		集体企业 Collective-owned Enterprise		股份合作制企业 Corporations Enterprise	
				单位数（个）Number of Enterprises (unit)	总产值（亿元）Gross Output Value (100 million yuan)	单位数（个）Number of Enterprises (unit)	总产值（亿元）Gross Output Value (100 million yuan)	单位数（个）Number of Enterprise (unit)	总产值（亿元）Gross Output Value (100 million yuan)
保山市	**Baoshan**	**121**	**208.78**	**2**	**4.13**			**2**	**6.68**
隆阳区	Longyang	42	78.61	1	3.50				
施甸县	Shidian	9	11.28						
腾冲县	Tengchong	30	53.31	1	0.63				
龙陵县	Longling	18	34.06					1	6.44
昌宁县	Changning	22	31.53					1	0.25
昭通市	**Zhaotong**	**203**	**326.11**	**13**	**32.74**	**3**	**1.07**	**1**	**1.00**
昭阳区	Zhaoyang	29	107.36	3	15.75				
鲁甸县	Ludian	16	33.88	1	1.38				
巧家县	Qiaojia	9	11.49	1	1.03				
盐津县	Yanjin	8	18.24						
大关县	Daguan	9	5.42	1	0.97			1	1.00
永善县	Yongshan	4	4.32	1	0.93				
绥江县	Suijiang	7	5.31	1	0.91				
镇雄县	Zhenxiong	73	71.25	1	2.68	1	0.29		
彝良县	Yiliang	17	20.72	1	6.09	1	0.31		
威信县	Weixin	23	15.52						
水富县	Shuifu	8	32.60	3	3.01	1	0.46		
丽江市	**Lijiang**	**77**	**125.53**	**3**	**6.03**	**1**	**0.20**	**1**	**1.81**
古城区	Gucheng	12	27.84	3	6.03				
玉龙县	Yulong	7	8.44						
永胜县	Yongsheng	19	31.59						
华坪县	Huaping	27	50.03			1	0.20	1	1.81
宁蒗县	Ninglang	12	7.63						
普洱市	**Pu'er**	**119**	**163.03**	**13**	**27.75**	**1**	**0.25**		
思茅区	Simao	24	37.64	3	10.27				
宁洱县	Ning'er	14	12.77	2	2.58				
墨江县	Mojiang	9	16.28	2	5.53				
景东县	Jingdong	10	13.14	1	0.80				
景谷县	Jinggu	26	37.36						
镇沅县	Zhenyuan	8	7.31	1	0.37	1	0.25		
江城县	Jiangcheng	9	12.53	3	7.38				
孟连县	Menglian	3	3.10						
澜沧县	Lancang	12	21.20	1	0.82				
西盟县	Ximeng	4	1.70						
临沧市	**Lincang**	**84**	**161.36**	**5**	**5.30**				
临翔区	Linxiang	17	20.17	1	2.82				
凤庆县	Fengqing	10	29.60						
云县	Yunxian	17	36.41	1	0.76				
永德县	Yongde	8	12.71						
镇康县	Zhenkang	12	21.40	1	0.72				
双江县	Shuangjiang	6	11.39	1	0.51				
耿马县	Gengma	6	19.54	1	0.50				
沧源县	Cangyuan	8	10.15						

19-21 续表2 continued

州市县	Region	企业单位数(个) Number of Enterprises (unit)	工业总产值(亿元) Gross Industrial Output Value (100 million yuan)	国有企业 State-owned Industry 单位数(个) Number of Enterprises (unit)	国有企业 State-owned Industry 总产值(亿元) Gross Output Value (100 million yuan)	集体企业 Collective-owned Enterprise 单位数(个) Number of Enterprises (unit)	集体企业 Collective-owned Enterprise 总产值(亿元) Gross Output Value (100 million yuan)	股份合作制企业 Corporations Enterprise 单位数(个) Number of Enterprises (unit)	股份合作制企业 Corporations Enterprise 总产值(亿元) Gross Output Value (100 million yuan)
楚雄州	**Chuxiong**	**181**	**430.60**	**15**	**34.48**	**2**	**2.22**	**1**	**0.30**
楚雄市	Chuxiong	48	207.84	3	16.39	1	1.30		
双柏县	Shuangbo	13	10.49	1	0.40				
牟定县	Mouding	16	9.64	2	1.24	1	0.92		
南华县	Nanhua	13	20.17						
姚安县	Yao'an	9	4.29	1	0.48			1	0.30
大姚县	Dayao	23	27.56						
永仁县	Yongren	9	5.56						
元谋县	Yuanmou	12	13.14	2	1.32				
武定县	Wuding	13	15.33	2	5.02				
禄丰县	Lufeng	25	116.58	4	9.63				
红河州	**Honghe**	**226**	**997.94**	**22**	**198.32**	**2**	**0.36**	**2**	**2.79**
蒙自市	Mengzi	25	185.18	5	133.62				
个旧市	Gejiu	53	331.64	3	7.09	1	0.10		
开远市	Kaiyuan	33	129.78	5	39.95	1	0.26		
屏边县	Pingbian	8	7.33	1	0.33				
建水县	Jianshui	19	56.66	2	6.70			1	2.48
石屏县	Shiping	19	11.62	1	0.96			1	0.30
弥勒县	Mile	24	200.22						
泸西县	Luxi	17	43.05	3	8.75				
元阳县	Yuanyang	3	4.71						
红河县	Honghe	6	3.05	1	0.42				
金平县	Jinping	12	17.23						
绿春县	Luchun	4	5.02	1	0.48				
河口县	Hekou	3	2.44						
文山州	**Wenshan**	**132**	**306.06**	**8**	**57.13**			**1**	**0.87**
文山市	Wenshan	26	117.39	3	53.04				
砚山县	Yanshan	28	73.31	3	3.09				
西畴县	Xichou	3	2.25						
麻栗坡县	Malipo	10	17.65						
马关县	Maguan	19	35.05						
丘北县	Qiubei	19	13.12	2	1.01				
广南县	Guangnan	17	27.45					1	0.87
富宁县	Funing	10	19.84						
西双版纳州	**Xishuangbanna**	**51**	**69.94**	**9**	**9.98**			**1**	**1.54**
景洪市	Jinghong	24	36.28	6	8.12				
勐海县	Menghai	19	25.01	3	1.86			1	1.54
勐腊县	Mengla	8	8.65						

19－21　续表3　continued

州市县	Region	企业单位数（个）Number of Enterprises (unit)	工业总产值（亿元）Gross Industrial Output Value (100 million yuan)	国有企业 State-owned Industry		集体企业 Collective-owned Enterprise		股份合作制企业 Corporations Enterprise	
				单位数（个）Number of Enterprises (unit)	总产值（亿元）Gross Output Value (100 million yuan)	单位数（个）Number of Enterprises (unit)	总产值（亿元）Gross Output Value (100 million yuan)	单位数（个）Number of Enterprises (unit)	总产值（亿元）Gross Output Value (100 million yuan)
大理州	**Dali**	**207**	**538.43**	**10**	**47.12**	**2**	**0.55**	**2**	**1.57**
大理市	Dali	57	262.01	3	19.13	1	0.27		
漾濞县	Yangbi	11	8.77						
祥云县	Xiangyun	33	111.09	2	21.76			1	0.78
宾川县	Binchuan	15	16.56	1	1.78				
弥渡县	Midu	12	12.41			1	0.28		
南涧县	Nanjian	11	8.08						
巍山县	Weishan	15	12.02	1	0.62				
永平县	Yongping	7	2.52						
云龙县	Yunlong	5	7.49						
洱源县	Eryuan	13	38.25	1	0.93				
剑川县	Jianchuan	8	16.17	1	1.01				
鹤庆县	Heqing	20	43.06	1	1.89			1	0.79
德宏州	**Dehong**	**83**	**107.04**	**4**	**9.29**	**2**	**0.45**		
芒　市	Mangshi	23	40.98	1	4.21				
瑞丽市	Ruili	11	7.44	1	1.85				
梁河县	Lianghe	8	5.76			2	0.45		
盈江县	Yingjiang	34	37.27	1	0.91				
陇川县	Longchuan	7	15.59	1	2.32				
怒江州	**Nujiang**	**20**	**28.55**	**2**	**5.64**			**1**	**1.05**
泸水县	Lushui	12	13.87	2	5.64			1	1.05
福贡县	Fugong	1	0.20						
贡山县	Gongshan	2	0.70						
兰坪县	Lanping	5	13.78						
迪庆州	**Diqing**	**20**	**37.56**					**1**	**2.02**
香格里拉县	Shangri-La	15	29.12					1	2.02
德钦县	Deqin	2	5.23						
维西县	Weixi	3	3.21						

19–22 各州市县工业主要产品产量(2012年)
Output of Major Industrial Products by Region (2012)

州市县	Region	原煤 (万吨) Coal (10 000 tons)	发电量 (亿千瓦小时) Electricity (100 million kwh)	农用化肥 (万吨) Chemical Fertilizer (10 000 tons)	白酒 (万升) Liquor (10 kiloliters)	啤酒 (万升) Beer (10 kiloliters)	糖 (万吨) Sugar (10 000 tons)	水泥 (万吨) Cement (10 000 tons)
全　省	**Yunnan**	**7 610.37**	**1 533.94**	**345.43**	**6 497.57**	**88 643.62**	**205.93**	**7 793.66**
昆明市	**Kunming**	**637.92**	**546.16**	**153.24**		**30 604.40**		**1 528.96**
呈贡区	Chenggong		0.34	0.04				
五华区	Wuhua		70.18	0.06				
盘龙区	Panlong		0.12					6.07
官渡区	Guandu		384.67	11.19		3 675.90		159.14
西山区	Xishan		0.49	18.72				34.45
东川区	Dongchuan		0.39	1.79				89.04
晋宁县	Jinning		0.23	11.89				
富民县	Fumin		1.99					138.16
宜良县	Yiliang	241.60	38.34	11.08				629.27
石林县	Shilin	85.80	0.15					98.43
嵩明县	Songming					26 928.50		11.48
禄劝县	Luquan		7.95					45.06
寻甸县	Xundian	310.52	6.23	12.98				98.06
安宁市	Anning		35.09	85.50				219.82
曲靖市	**Qujing**	**3 168.08**	**285.72**	**43.06**	**156.30**			**1 241.34**
麒麟区	Qilin	427.09	3.21	1.24				130.86
马龙县	Malong		0.01					55.50
陆良县	Luliang		6.81	1.36				378.91
师宗县	Shizong	147.37	3.12					132.67
罗平县	Luoping	145.24	28.01	0.72				46.55
富源县	Fuyuan	1 896.15	135.39		156.30			
会泽县	Huize		12.70	8.90				152.24
沾益县	Zhanyi	25.78	47.35	28.52				96.93
宣威市	Xuanwei	526.45	49.12	2.31				247.68
玉溪市	**Yuxi**	**41.28**	**7.92**	**13.72**	**302.30**		**8.33**	**987.74**
红塔区	Hongta		1.69	2.98				196.53
江川县	Jiangchuan							90.36
澄江县	Chengjiang		1.36					121.78
通海县	Tonghai			3.87				36.83
华宁县	Huaning	20.90						99.27
易门县	Yimen							223.39
峨山县	Eshan	20.38		6.86	302.30			32.70
新平县	Xinping		3.37				4.82	30.78
元江县	Yuanjiang		1.49				3.51	156.10

注：本表统计范围为规模以上工业法人单位。
Note:The coverage of statistics are all industrial legal entities in this table.

19−22 续表1 continued

州市县	Region	原煤(万吨) Coal (10 000 tons)	发电量(亿千瓦小时) Electricity (100 million kwh)	农用化肥(万吨) Chemical Fertilizer (10 000 tons)	白酒(万升) Liquor (10 kiloliters)	啤酒(万升) Beer (10 kiloliters)	糖(万吨) Sugar (10 000 tons)	水泥(万吨) Cement (10 000 tons)
保山市	**Baoshan**	**7.66**	**41.93**			**2 364.30**	**22.89**	**282.20**
隆阳区	Longyang		31.08			2 364.30	5.54	34.14
施甸县	Shidian		0.09				4.22	153.44
腾冲县	Tengchong		3.25					85.68
龙陵县	Longling		7.35				6.75	
昌宁县	Changning	7.66	0.16				6.38	8.94
昭通市	**Zhaotong**	**1 674.40**	**111.68**	**28.35**			**0.26**	**432.00**
昭阳区	Zhaoyang	85.61	13.02					175.23
鲁甸县	Ludian		4.14	1.16				58.20
巧家县	Qiaojia		7.24				0.26	52.78
盐津县	Yanjin	109.14	9.94					
大关县	Daguan	39.13	2.45					18.25
永善县	Yongshan	18.27	0.45					7.36
绥江县	Suijiang	52.56						80.16
镇雄县	Zhenxiong	1 028.88	44.04					40.02
彝良县	Yiliang	142.96	4.36					
威信县	Weixin	197.85						
水富县	Shuifu		26.04	27.19				
丽江市	**Lijiang**	**433.76**	**121.08**	**6.75**	**435.10**		**0.70**	**385.36**
古城区	Gucheng		111.31					118.63
玉龙县	Yulong		5.97					
永胜县	Yongsheng		2.13		133.20		0.70	72.73
华坪县	Huaping	339.70	0.23	6.75				186.45
宁蒗县	Ninglang	94.06	1.45		301.90			7.55
普洱市	**Pu'er**	**50.12**	**66.58**		**857.80**	**2 116.23**	**17.47**	**287.13**
思茅区	Simao		48.56			2 116.23		150.90
宁洱县	Ning'er	6.34	0.17					77.16
墨江县	Mojiang		11.76		161.90		0.51	4.54
景东县	Jingdong	8.96	0.66				1.93	12.07
景谷县	Jinggu	15.93	4.38		695.90		3.33	19.84
镇沅县	Zhenyuan		0.04					11.32
江城县	Jiangcheng		0.04				0.87	
孟连县	Menglian		0.09				3.91	
澜沧县	Lancang	18.89	0.23				6.01	11.31
西盟县	Ximeng		0.65				0.91	
临沧市	**Lincang**	**8.15**	**11.31**		**1 986.77**	**14 682.70**	**76.79**	**137.65**
临翔区	Linxiang		1.69				2.23	
凤庆县	Fengqing		0.35				4.28	3.96
云县	Yunxian		1.95		1 986.77	14 682.70	7.26	10.63
永德县	Yongde		0.93				16.28	9.47
镇康县	Zhenkang		4.30				13.37	82.30
双江县	Shuangjiang		0.67				5.56	
耿马县	Gengma		1.26				20.60	
沧源县	Cangyuan	8.15	0.16				7.23	31.28

19–22 续表2 continued

州市县	Region	原煤（万吨）Coal (10 000 tons)	发电量（亿千瓦小时）Electricity (100 million kwh)	农用化肥（万吨）Chemical Fertilizer (10 000 tons)	白酒（万升）Liquor (10 kiloliters)	啤酒（万升）Beer (10 kiloliters)	糖（万吨）Sugar (10 000 tons)	水泥（万吨）Cement (10 000 tons)
楚雄州	**Chuxiong**	**123.04**	**12.05**	**9.09**	**179.70**	**13 482.90**		**119.99**
楚雄市	Chuxiong	25.25	2.26	0.64				83.35
双柏县	Shuangbo	4.00	2.55					
牟定县	Mouding		1.11		179.70			
南华县	Nanhua	65.71				13 482.90		
姚安县	Yao'an							
大姚县	Dayao		0.26					
永仁县	Yongren		0.17					
元谋县	Yuanmou		1.17					7.01
武定县	Wuding							
禄丰县	Lufeng	28.08	4.52	8.46				29.63
红河州	**Honghe**	**1 230.21**	**135.35**	**88.32**	**12.30**	**2 711.89**	**6.95**	**551.72**
蒙自市	Mengzi		4.31				0.54	166.92
个旧市	Gejiu		2.86	12.48	12.30			
开远市	Kaiyuan	1 041.49	66.30	67.11		2 711.89	0.33	285.94
屏边县	Pingbian		6.17					
建水县	Jianshui		0.05				0.43	75.91
石屏县	Shiping	61.20	0.36				0.43	0.87
弥勒县	Mile	17.11	32.12	5.48			1.81	22.08
泸西县	Luxi	110.40	11.33	2.76				
元阳县	Yuanyang						1.94	
红河县	Honghe		0.17				1.47	
金平县	Jinping		11.68	0.50				
绿春县	Luchun							
河口县	Hekou							
文山州	**Wenshan**	**152.36**	**47.80**	**2.90**	**1 767.90**		**10.10**	**391.29**
文山市	Wenshan		7.81	1.60			0.56	128.67
砚山县	Yanshan			1.30				151.98
西畴县	Xichou							29.99
麻栗坡县	Malipo		20.19					
马关县	Maguan		10.65					9.89
丘北县	Qiubei		4.39		1 767.90			8.64
广南县	Guangnan		1.12				1.56	62.12
富宁县	Funing	152.36	3.65				7.98	
西双版纳州	**Xishuangbanna**		**5.68**			**2 008.10**	**11.87**	**72.40**
景洪市	Jinghong		3.06			2 008.10		65.96
勐海县	Menghai		2.56				9.39	
勐腊县	Mengla		0.07				2.48	6.44

19-22 续表3 continued

州市县	Region	原煤 (万吨) Coal (10 000 tons)	发电量 (亿千瓦小时) Electricity (100 million kwh)	农用化肥 (万吨) Chemical Fertilizer (10 000 tons)	白酒 (万升) Liquor (10 kiloliters)	啤酒 (万升) Beer (10 kiloliters)	糖 (万吨) Sugar (10 000 tons)	水泥 (万吨) Cement (10 000 tons)
大理州	**Dali**	**83.39**	**22.99**		**334.10**	**20 673.10**	**0.54**	**1 077.25**
大理市	Dali		3.53			20 673.10		450.84
漾濞县	Yangbi		4.49					
祥云县	Xiangyun	43.52						118.54
宾川县	Binchuan	19.34	0.08					51.00
弥渡县	Midu							138.32
南涧县	Nanjian		0.10					
巍山县	Weishan		2.12					14.72
永平县	Yongping							
云龙县	Yunlong							79.53
洱源县	Eryuan		8.47					
剑川县	Jianchuan		0.51					98.33
鹤庆县	Heqing	20.53	3.69		334.10		0.54	125.98
德宏州	**Dehong**		**97.64**				**50.03**	**210.85**
芒市	Mangshi		11.27				3.52	116.08
瑞丽市	Ruili		0.92				36.05	5.06
梁河县	Lianghe		6.71				3.75	16.51
盈江县	Yingjiang		78.62				2.42	73.20
陇川县	Longchuan		0.12				4.28	
怒江州	**Nujiang**		**9.09**					**4.22**
泸水县	Lushui		5.75					
福贡县	Fugong		1.26					
贡山县	Gongshan		2.09					
兰坪县	Lanping							4.22
迪庆州	**Diqing**		**10.95**		**465.30**			**83.57**
香格里拉县	Shangri-La		10.95		465.30			83.57
德钦县	Deqin							
维西县	Weixi							

19-23 各州市县规模以上工业企业主要财务指标(2012年)

Principal Financial Indicators of Industrial Enterprises above Designated Size by Region (2012)

单位：亿元 (100 million yuan)

州市县	Region	资产总计 Total Assets	负债总计 Total Liabilities	所有者权益总计 Total Owners' Equities	主营业务收入 Revenue from Principal Business	利润总额 Total Profits	利税总额 Total Taxes and Profits
全　省	**Yunnan**	**13 076.97**	**8 255.51**	**4 801.03**	**8 942.15**	**586.52**	**1 758.58**
昆明市	**Kunming**	**3 582.86**	**2 143.38**	**1 439.49**	**3 133.30**	**168.46**	**451.53**
呈贡区	Chenggong	287.46	168.45	119.01	280.17	14.81	23.35
五华区	Wuhua	895.99	440.47	455.52	784.94	68.74	266.30
盘龙区	Panlong	232.55	137.98	94.57	188.58	10.75	17.75
官渡区	Guandu	668.14	446.03	222.11	530.77	22.24	47.80
西山区	Xishan	157.16	95.72	61.45	134.73	1.91	5.62
东川区	Dongchuan	83.80	52.06	31.74	180.88	6.35	14.05
晋宁县	Jinning	140.00	88.99	51.01	114.73	7.37	14.53
富民县	Fumin	56.87	43.79	13.08	40.52	1.75	3.10
宜良县	Yiliang	77.14	53.67	23.47	81.26	0.63	2.94
石林县	Shilin	30.84	13.57	17.27	28.56	2.51	4.24
嵩明县	Songming	59.84	36.57	23.27	103.62	4.12	6.65
禄劝县	Luquan	75.27	66.23	9.03	16.37	-0.33	1.02
寻甸县	Xundian	92.41	63.98	28.43	52.83	3.92	7.11
安宁市	Anning	725.39	435.87	289.52	595.35	23.68	37.05
曲靖市	**Qujing**	**1 953.85**	**1 341.61**	**591.92**	**1 407.37**	**64.41**	**230.54**
麒麟区	Qilin	626.95	398.64	207.60	516.93	43.68	142.22
马龙县	Malong	37.13	28.95	8.19	59.35	5.50	6.28
陆良县	Luliang	84.91	54.12	30.78	89.14	3.20	5.88
师宗县	Shizong	107.21	81.75	25.85	73.71	-1.39	0.85
罗平县	Luoping	55.60	35.08	20.51	61.07	9.54	12.22
富源县	Fuyuan	412.90	269.47	143.43	202.18	15.88	28.40
会泽县	Huize	115.51	60.80	54.71	90.07	11.15	47.35
沾益县	Zhanyi	354.45	279.79	74.65	188.93	-18.15	-14.26
宣威市	Xuanwei	159.19	133.00	26.19	125.99	-5.00	1.62
玉溪市	**Yuxi**	**1 225.04**	**536.38**	**688.66**	**1 146.41**	**90.86**	**408.31**
红塔区	Hongta	834.30	286.68	547.63	783.88	68.98	368.82
江川县	Jiangchuan	25.91	11.25	14.67	24.18	1.86	3.43
澄江县	Chengjiang	43.41	32.21	11.20	27.69	1.31	2.26
通海县	Tonghai	53.00	33.72	19.29	66.78	1.25	2.51
华宁县	Huaning	16.86	13.43	3.43	13.96	0.67	1.27
易门县	Yimen	35.53	17.07	18.45	41.40	6.15	8.01
峨山县	Eshan	45.46	30.54	14.92	36.03	3.36	5.56
新平县	Xinping	142.83	90.64	52.18	134.70	7.61	16.06
元江县	Yuanjiang	27.73	20.85	6.89	17.81	-0.33	0.39

19-23 续表1 continued

单位：亿元 (100 million yuan)

州 市 县	Region	资产总计 Total Assets	负债总计 Total Liabilities	所有者权益总计 Total Owners' Equities	主营业务收入 Revenue from Principal Business	利润总额 Total Profits	利税总额 Total Taxes and Profits
保 山 市	**Baoshan**	**431.64**	**298.91**	**132.73**	**188.60**	**16.39**	**29.41**
隆阳区	Longyang	182.67	130.17	52.50	64.17	3.67	8.52
施甸县	Shidian	17.27	10.94	6.33	10.64	1.37	2.01
腾冲县	Tengchong	58.75	33.78	24.97	54.54	5.66	9.61
龙陵县	Longling	48.94	31.37	17.57	29.64	1.22	2.49
昌宁县	Changning	124.01	92.66	31.35	29.60	4.47	6.79
昭 通 市	**Zhaotong**	**702.24**	**450.53**	**251.71**	**306.98**	**15.96**	**78.30**
昭阳区	Zhaoyang	210.62	112.41	98.21	106.08	8.16	53.72
鲁甸县	Ludian	67.41	50.83	16.58	21.57	1.20	2.68
巧家县	Qiaojia	28.13	20.95	7.18	10.27	0.29	0.99
盐津县	Yanjin	17.32	11.24	6.08	17.77	1.49	2.86
大关县	Daguan	6.42	2.84	3.58	5.37	0.48	1.01
永善县	Yongshan	4.04	2.65	1.38	3.31	0.25	0.77
绥江县	Suijiang	4.33	3.35	0.98	5.35	0.40	1.20
镇雄县	Zhenxiong	90.72	68.69	22.03	70.38	3.05	9.62
彝良县	Yiliang	34.14	24.17	9.96	20.08	0.63	3.08
威信县	Weixin	84.64	64.61	20.03	15.41	0.63	2.17
水富县	Shuifu	154.48	88.79	65.69	31.39	-0.62	0.21
丽 江 市	**Lijiang**	**323.08**	**239.79**	**83.29**	**121.12**	**15.30**	**27.40**
古城区	Gucheng	137.77	113.58	24.18	27.03	4.09	7.36
玉龙县	Yulong	9.85	4.40	5.45	6.81	0.99	1.08
永胜县	Yongsheng	117.24	87.95	29.28	30.47	5.92	9.10
华坪县	Huaping	53.07	31.41	21.66	49.19	3.18	7.65
宁蒗县	Ninglang	5.15	2.44	2.71	7.63	1.12	2.21
普 洱 市	**Pu'er**	**541.47**	**423.95**	**117.52**	**154.03**	**12.21**	**23.29**
思茅区	Simao	141.35	108.74	32.61	34.45	2.52	4.86
宁洱县	Ning'er	30.16	23.33	6.84	11.42	-0.03	0.80
墨江县	Mojiang	72.07	60.64	11.43	15.04	1.75	2.86
景东县	Jingdong	41.61	29.95	11.66	13.28	0.44	1.08
景谷县	Jinggu	91.29	74.27	17.02	36.74	4.06	6.81
镇沅县	Zhenyuan	11.05	8.88	2.17	7.09	0.99	1.24
江城县	Jiangcheng	56.01	48.06	7.95	12.72	-0.33	0.59
孟连县	Menglian	3.91	1.73	2.19	2.78	0.04	0.33
澜沧县	Lancang	90.38	66.71	23.68	18.80	2.67	4.54
西盟县	Ximeng	3.63	1.64	1.99	1.70	0.10	0.18
临 沧 市	**Lincang**	**569.95**	**416.08**	**153.87**	**144.60**	**16.94**	**27.52**
临翔区	Linxiang	72.06	43.74	28.32	20.18	1.48	2.49
凤庆县	Fengqing	267.72	207.11	60.60	27.81	6.23	9.62
云 县	Yunxian	124.53	91.21	33.32	34.69	5.46	7.16
永德县	Yongde	27.49	19.77	7.72	11.89	0.42	1.15
镇康县	Zhenkang	34.44	26.48	7.97	18.01	1.14	2.58
双江县	Shuangjiang	13.97	9.45	4.52	9.41	0.45	0.92
耿马县	Gengma	23.07	14.48	8.58	14.35	1.29	2.36
沧源县	Cangyuan	6.68	3.84	2.84	8.25	0.48	1.24

19-23 续表2 continued

单位：亿元 (100 million yuan)

州市县	Region	资产总计 Total Assets	负债总计 Total Liabilities	所有者权益总计 Total Owners ' Equities	主营业务收入 Revenue from Principal Business	利润总额 Total Profits	利税总额 Total Taxes and Profits
楚 雄 州	**Chuxiong**	**484.20**	**261.70**	**222.49**	**391.29**	**19.49**	**89.80**
楚雄市	Chuxiong	234.44	110.23	124.21	190.94	10.79	73.89
双柏县	Shuangbo	9.85	6.79	3.06	9.84	0.52	0.92
牟定县	Mouding	17.49	11.80	5.69	8.43	0.55	0.91
南华县	Nanhua	17.02	9.36	7.66	19.39	1.24	1.92
姚安县	Yao'an	2.40	1.85	0.54	4.12	-0.03	0.09
大姚县	Dayao	29.58	19.93	9.66	24.83	1.57	2.83
永仁县	Yongren	4.85	4.14	0.71	6.01	0.14	0.38
元谋县	Yuanmou	12.61	8.73	3.88	13.09	1.16	1.56
武定县	Wuding	20.34	18.18	2.15	13.73	0.58	1.40
禄丰县	Lufeng	135.62	70.69	64.93	100.90	2.97	5.89
红 河 州	**Honghe**	**1 348.80**	**894.24**	**454.56**	**944.41**	**39.60**	**173.20**
蒙自市	Mengzi	198.28	127.71	70.57	205.78	6.45	14.57
个旧市	Gejiu	477.03	368.72	108.30	304.35	-3.83	7.75
开远市	Kaiyuan	200.64	144.71	55.92	120.68	3.67	11.70
屏边县	Pingbian	8.52	4.01	4.52	6.24	0.85	1.04
建水县	Jianshui	76.51	51.93	24.58	39.20	-1.02	1.16
石屏县	Shiping	7.05	3.33	3.72	12.20	0.71	1.60
弥勒县	Mile	235.92	104.33	131.59	186.36	27.92	125.23
泸西县	Luxi	106.09	65.59	40.50	39.96	3.11	4.84
元阳县	Yuanyang	6.15	2.98	3.17	4.49	0.45	0.68
红河县	Honghe	2.54	1.50	1.04	3.01	0.37	0.65
金平县	Jinping	24.27	15.95	8.32	14.70	0.53	3.16
绿春县	Luchun	3.24	1.78	1.47	5.15	0.33	0.52
河口县	Hekou	2.57	1.71	0.86	2.29	0.05	0.30
文 山 州	**Wenshan**	**460.11**	**281.72**	**178.38**	**265.18**	**46.21**	**68.56**
文山市	Wenshan	184.67	107.35	77.31	102.66	25.45	36.35
砚山县	Yanshan	72.36	43.25	29.11	64.82	3.79	6.28
西畴县	Xichou	1.40	0.92	0.48	2.34	-0.03	0.10
麻栗坡县	Malipo	56.70	35.90	20.79	16.60	2.60	4.77
马关县	Maguan	64.45	40.28	24.17	26.86	6.02	8.55
丘北县	Qiubei	20.24	13.59	6.65	11.39	1.13	1.41
广南县	Guangnan	30.96	20.10	10.85	24.09	2.31	4.64
富宁县	Funing	29.34	20.32	9.02	16.42	4.94	6.46
西双版纳州	**Xishuangbanna**	**202.81**	**130.51**	**72.30**	**66.78**	**10.02**	**14.63**
景洪市	Jinghong	151.59	108.66	42.92	38.56	4.65	6.95
勐海县	Menghai	35.68	14.98	20.70	22.07	5.48	7.07
勐腊县	Mengla	15.54	6.87	8.67	6.15	-0.10	0.61

19-23 续表3 continued

单位：亿元 (100 million yuan)

州市县	Region	资产总计 Total Assets	负债总计 Total Liabilities	所有者权益总计 Total Owners ' Equities	主营业务收入 Revenue from Principal Business	利润总额 Total Profits	利税总额 Total Taxes and Profits
大理州	**Dali**	**817.56**	**530.93**	**286.63**	**509.04**	**60.70**	**113.60**
大理市	Dali	228.04	131.40	96.02	216.18	25.62	56.60
漾濞县	Yangbi	27.36	16.28	11.08	9.65	0.21	0.72
祥云县	Xiangyun	62.55	24.88	37.67	101.24	4.92	8.18
宾川县	Binchuan	21.14	15.56	5.58	19.45	1.90	3.11
弥渡县	Midu	12.00	8.44	3.56	11.52	0.11	0.54
南涧县	Nanjian	92.70	71.22	21.47	14.87	1.93	3.08
巍山县	Weishan	54.65	41.62	13.02	14.07	1.21	2.33
永平县	Yongping	53.82	40.56	13.26	6.80	1.35	2.22
云龙县	Yunlong	142.89	96.61	46.92	16.32	2.71	13.24
洱源县	Eryuan	43.95	32.28	11.67	46.98	4.83	5.35
剑川县	Jianchuan	14.75	9.13	5.62	11.93	0.60	1.32
鹤庆县	Heqing	63.71	42.95	20.76	40.03	15.31	16.91
德宏州	**Dehong**	**260.29**	**185.60**	**74.63**	**105.15**	**9.64**	**17.65**
芒市	Mangshi	87.85	71.34	16.45	43.32	-0.44	1.97
瑞丽市	Ruili	9.03	6.25	2.77	7.56	0.49	0.83
梁河县	Lianghe	14.09	10.89	3.20	5.62	-0.23	0.26
盈江县	Yingjiang	120.99	75.58	45.41	33.81	9.00	12.92
陇川县	Longchuan	28.33	21.54	6.80	14.84	0.82	1.67
怒江州	**Nujiang**	**84.98**	**52.98**	**31.96**	**27.20**	**0.04**	**2.14**
泸水县	Lushui	37.74	27.10	10.60	12.64	0.03	0.88
福贡县	Fugong	1.59	1.16	0.43	0.20		0.01
贡山县	Gongshan	3.67	4.25	-0.58	0.70	-0.03	0.03
兰坪县	Lanping	41.98	20.48	21.51	13.66	0.04	1.22
迪庆州	**Diqing**	**88.08**	**67.18**	**20.90**	**30.69**	**0.29**	**2.70**
香格里拉县	Shangri-La	69.15	53.66	15.49	25.91	0.74	2.60
德钦县	Deqin	10.59	9.87	0.71	2.78	-0.75	-0.46
维西县	Weixi	8.35	3.64	4.71	1.99	0.30	0.55

中国统计出版社最新图书简目

(仅供参考,以最后出书为准)

统计资料

中国统计年鉴-2013
中国统计摘要-2013
国际统计年鉴-2013
2013中国发展报告
中国第三产业统计年鉴-2013
中国区域经济统计年鉴-2013
中国劳动统计年鉴-2013
中国社会统计年鉴-2013
中国城市统计年鉴-2013
中国建筑业统计年鉴-2013
中国人口和就业统计年鉴-2013
中国工业经济统计年鉴-2013
中国商品交易市场统计年鉴-2013
中国房地产统计年鉴-2013
中国能源统计年鉴-2013
中国民政统计年鉴-2013
中国贸易外经统计年鉴-2013
2013中国地区经济监测报告
中国科技统计年鉴-2013
中国农村统计年鉴-2013
中国农产品价格调查年鉴-2013
中国高技术产业统计年鉴-2013
中国教育经费统计年鉴-2013
中国农村贫困监测报告-2013
全国农产品成本收益资料汇编-2013
中国科学技术协会统计年鉴-2013
工业企业科技活动资料-2013
大中型批发零售和住宿餐饮企业统计年鉴-2013
中国价格统计年鉴-2013
第二次全国R&D资源清查资料汇编—工业企业卷
中国住户调查年鉴-2013
中国县域统计年鉴-2013
中国农村全面建设小康监测报告-2013
第二次全国R&D资源清查资料汇编—综合卷
中国人才资源统计报告-2011
中国民族统计年鉴-2013
中国零售和餐饮连锁企业统计年鉴-2013
2010年中国第六次人口普查公报

2013年省级综合统计年鉴系列

北京 天津 河北 山西 内蒙古 辽宁 吉林 黑龙江 上海 江苏 浙江 安徽 福建 江西 山东
河南 湖北 湖南 广东 广西 海南 重庆 四川 贵州 云南 西藏 陕西 甘肃 青海 宁夏
新疆 新疆生产建设兵团

2013年市(县)级综合统计年鉴系列

天津滨海新区 石家庄 唐山 邯郸 太原 大同 长治 阳泉 晋城 朔州 晋中
运城 忻州 临汾 呼和浩特 包头 沈阳 大连 长春 吉林市 四平 哈尔滨 黑龙江垦区
上海浦东新区 南京 苏州 无锡 常州 徐州 南通 盐城 镇江 江阴 丹阳
杭州 宁波 绍兴 台州 温州 金华 嘉兴 衢州 福州 福州经济技术开发区
厦门经济特区 南昌 上饶 济南 青岛 潍坊 郑州 洛阳 三门峡 南阳 武汉 宜昌
十堰 荆州 咸宁 长沙 广州 东莞 惠州 深圳 桂林 南宁 柳州 来宾 河池 海口 成都 绵阳
贵阳 昆明 庆阳 西安 兰州 银川 乌鲁木齐

2010年人口普查资料系列

中国2010年人口普查资料
北京 天津 河北 山西 内蒙古 辽宁 吉林 黑龙江 上海 江苏
浙江 安徽 福建 江西 山东 河南 湖北 湖南 广东 广西 海南 重庆 四川 贵州 云南
西藏 陕西 甘肃 青海 宁夏 新疆 新疆生产建设兵团
河南省各市2010年人口普查资料丛书
中国分县2010年人口普查资料
中国分乡镇、街道2010年人口普查资料
中国分民族2010年人口普查资料

“十一五”规划教材

统计学（“十二五”规划，黄良文）
抽样调查理论与实践（“十二五”规划，冯士雍）
统计学（“十二王”规划，单微）
试验设计（“十二五”规划，茆诗松）
贝叶斯统计（“十二五”规划，茆诗松）
统计学：从数据到结论（十二五规划，吴喜之）
医学统计学（陆守曾）
非参数统计（吴喜之）
概率论与数理统计（茆诗松）
现代金融投资统计分析（李腊生）
多元统计分析（任雪松）
应用时间序列分析（王振龙）
统计指数理论及应用（徐国祥）
经济计量学教程（贺铿）
质量管理统计方法 （茆诗松）
统计实验系列教材（许涤龙）
社会统计学（蒋萍）
市场调查与预测（蒋志华）
统计学原理（非统计专业用，朱胜）
国民经济核算教程(杨灿)
概率论与数理统计(经济、管理类专业使用，朱胜)

重点图书

挑大学选专业2013—高考志愿填报指南
挑大学选专业2013—考研择校指南

中国统计出版社发行部电话：（010）63376907,63376908　同楫行书店电话：68783171,68783172

通讯地址：北京市西城区三里河月坛南街57号　邮政编码：100826

网址：http://csp.stats.gov.cn